基于产教城融合的技能天津建设研究

荣长海 / 主编

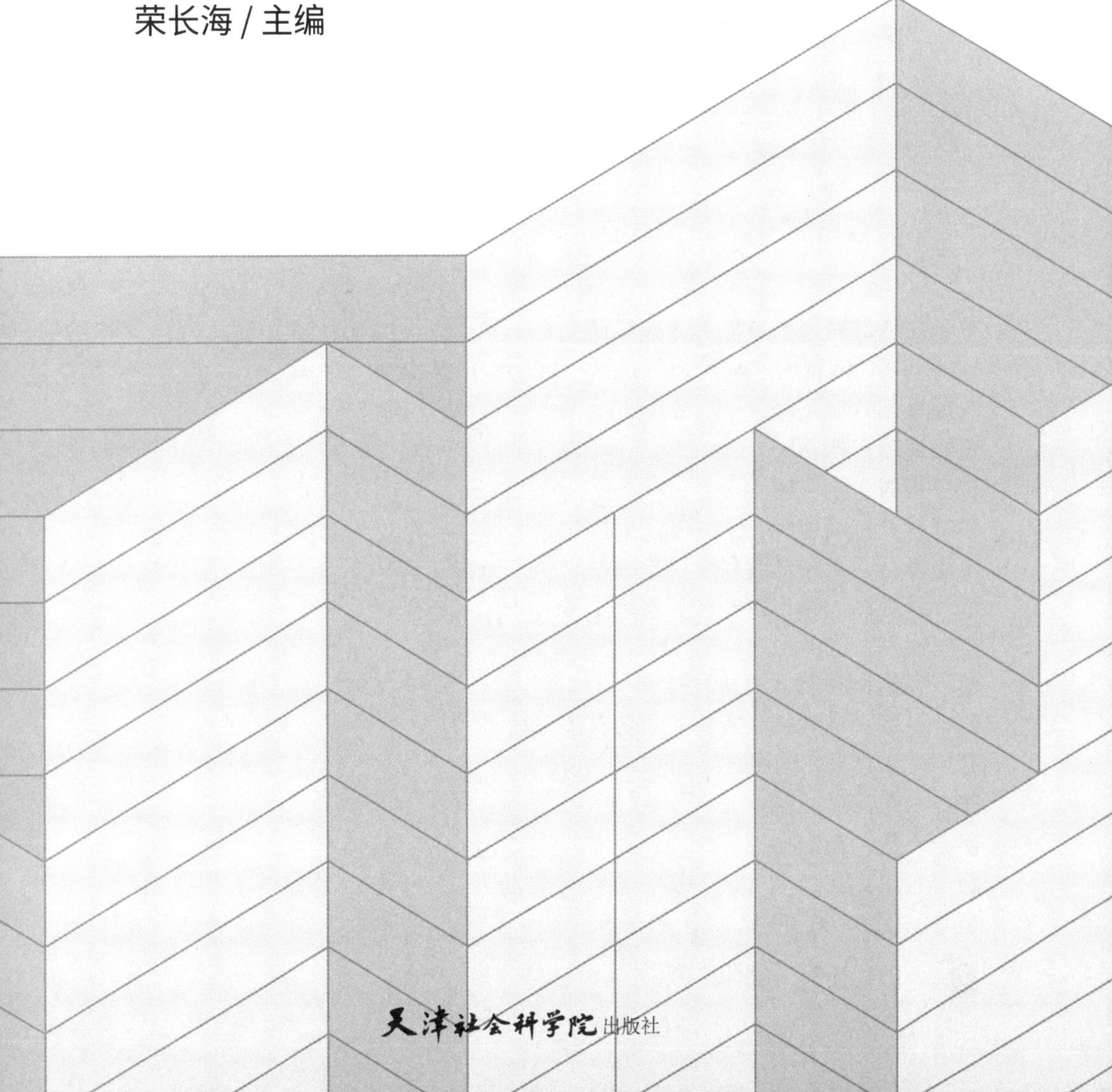

天津社会科学院出版社

图书在版编目（CIP）数据

基于产教城融合的技能天津建设研究 / 荣长海主编
. -- 天津 : 天津社会科学院出版社, 2022.11
ISBN 978-7-5563-0846-0

Ⅰ. ①基… Ⅱ. ①荣… Ⅲ. ①职业教育—产学合作—天津—文集 Ⅳ. ①G719.2-53

中国版本图书馆CIP数据核字(2022)第162437号

基于产教城融合的技能天津建设研究
JIYU CHANJIAOCHENG RONGHE DE JINENG TIANJIN JIANSHE YANJIU
选题策划：柳　晔
责任编辑：柳　晔
责任校对：王　丽
装帧设计：高馨月
出版发行：天津社会科学院出版社
地　　址：天津市南开区迎水道7号
邮　　编：300191
电　　话：(022) 23360165
印　　刷：高教社（天津）印务有限公司
开　　本：787×1092　1/16
印　　张：41.25
字　　数：730千字
版　　次：2022年11月第1版　2022年11月第1次印刷
定　　价：108.00元

本书编纂委员会

主　编：荣长海

副主编：赵丽敏　李维利

编　委（以姓氏笔画为序）：

卜学军　于兰平　于忠武　于海祥　马忠庚
王　伟　王喜华　孔维军　勾东海　刘　欣
刘春光　孙勇民　李　彦　李榆梅　杜学森
吴远志　吴宗保　孟繁华　张丹阳　张兴会
张彦文　张秋亮　张维津　韩福勇　戴裕崴

前　言

2021年,天津市高等职业技术教育研究会(以下简称“研究会”)为贯彻2020年中共中央、国务院印发的《深化新时代教育评价改革总体方案》精神,设立“新时代高职院校评价体系研究”重大课题,组织十余所高职院校联合攻关,出版了同名专著,受到业界的欢迎,对参与研究的各高职院校开展评价实施起到明显的推动作用。

同样在2021年,全国职业教育大会召开,此后中央和国家相关部委以及天津市先后出台了一系列推进职业教育改革创新的政策文件。为落实这些文件精神,研究会于2022年2月20日召开的会长会议决定,在2021年取得重大课题研究成效的基础上,再次设立重大课题,动员更多的职业院校联合攻关,所获成果由各参研单位共享使用权。

研究会学术委员会受托具体组织实施这项研究,以“基于产教城融合的技能天津建设研究”为题,拟出了包括综合性问题、党的建设和思想政治教育、专业建设、教材建设和教学改革、教师队伍建设、教学管理和学生管理、校企合作、职业培训、信息化建设、国际化发展10个方面、90个子项课题的研究框架,由各职业院校自愿申领。经过各方共同努力,在3月份完成立项工作,4月份完成开题工作,6月底各子项课题完成初稿撰写,7月初完成中期检查,8月底完成结题鉴定,9月中旬完成全部成果的统修整理,交付出版社出版。

设立本重大课题是为了贯彻以下七个重要文件:一是2022年4月新修订的《中华人民共和国职业教育法》,二是2021年10月中办、国办印发的《关于推动现代职业教育高质量发展的意见》,三是2021年1月《教育部 天津市人民政府关于深化产教城融合 打造新时代职业教育创新发展标杆的意见》,四是2021年7月《人力资源社会保障部天津市人民政府共建“技能天津”框架协议》,五是2021年11月人力资源社会保障部印发的《技工教育“十四五”规划》,六是2021年5月31日天津市教委等15部门印发的《天津市职业教育创优赋能建设项目和资金管理办法》,七是2022年3月18日人力资源社会保障部印发的《关于健全完善新时代技能人才职业技能等级制度的意见》(试行)。本重大课题的研究着眼于工作落实层面,不仅使参与研究的各单位进一步做好本校工作,同时也为天津市打造职业教育创新发展标杆贡献自己的力量。

本重大课题的研究特点鲜明,主要体现在以下几个方面:

第一,兼顾理论探讨和实践应用,以实践应用为主。本重大课题所研究的问题,均来自于2021年以来中央和国家部委以及天津市发布的有关职业教育的重要文件,其中绝大多数子项课题的内容,都是要具体执行的;也有一些文件中提出的重要概念,如技能型社会、现代职业教育体系、职业教育适应性等,这些概念则需要予以科学解读,要求有一定的理论概括性。当然,那些具体实践的提法中,也有少数兼具理论性和实践性特点,如中国特色学徒制、国家资历框架等。所以,总的来看,本重大课题的研究兼具理论性和实践性,以实践应用为基准,就是为参加研究的各职业院校提供一个当下如何去做的思路和方案。

第二,本重大课题的各子项课题所提供的研究成果,是一个开放性的结论和方案。即各子项课题的最终成果,是可以增减内容、甚至可以加以颠覆性修改的。这一点是由上一点决定的,因为职业教育的发展形势变化较快,许多进入文件的提法可能在下一轮文件中发生了改变。更重要的是,对同一个提法或要求,各个学校各个地区的理解都有区别,所以在各子项课题结题时,专家组都要求各课题组继续完善研究,因而对本书中的各个观点和方案的理解应当持开放的态度。

第三,有的选题有多所学校申领研究,表明这些课题是大家所热心关注的。这也是以上两点所决定的,加上本重大课题采取学校自愿申领的办法,往往会有一个选题由多所学校申领研究。其中选题较为集中的是"课堂革命"和产业学院。"课堂革命"已列入职业教育提质培优行动计划内容,是职业院校提升教学质量的一个具体抓手;产业学院则是职业院校深化校企合作的一个有效途径,而这方面又涉及职业院校的产权、分配等一系列重要改革举措,有很多难题需要突破。从这两个方面的选题和成果来看,各课题组对其内涵的理解和具体措施的选择各不相同,从另一个侧面证明了以上两个方面的特点。

参加本重大课题研究的天津市各职业学校,包括20所高职学校——天津中德应用技术大学、天津医学高等专科学校、天津电子信息职业技术学院、天津商务职业学院、天津海运职业学院、天津轻工职业技术学院、天津现代职业技术学院、天津交通职业学院、天津渤海职业技术学院、天津机电职业技术学院、天津铁道职业技术学院、天津工业职业学院、天津滨海职业学院、天津城市职业学院、天津城市建设管理职业技术学院、天津工艺美术职业学院、天津生物工程职业技术学院、天津石油职业技术学院、天津体育职业学院和天津艺术职业学院;5所中职学校(技师学院)——天津职业技术师范大学附属高级技术学校、天津电子信息技师学院、天津机电工艺技师学院、天津劳动保障技师学院和天津市信息工程学校。

本重大课题所涉及的内容以实践行动为主调,因而在开题、中期检查、结题鉴定三个阶段,主要约请参与课题研究学校的主要负责人参与,辅之以部分专门研究人员参与:前者主要负责实际操作中的可行性和需要注意的事项,后者主要负责文件和相关研究成果梳理的系统性和评述的准确性。从现有实际情况看,这种组合是符合实际的有效方式。在此,研究会对参与各个阶段评审工作的六十余人次的专家组成员,表示衷心的感谢!同时作为本项重大课题研究的组织者,对本项研究中肯定存在的疏漏和不足,敬请各位读者提出批评建议,以便及时更正和完善。

天津市高等职业技术教育研究会

2022年9月15日

目 录

第一部分 综合性问题

第二部分 党的建设和思想政治教育

第三部分 专业建设

第四部分 教材建设和教学改革

第五部分 教师队伍建设

第六部分 教学管理和学生管理

第七部分　校企合作

第八部分　职业培训

第九部分 信息化建设

第十部分 国际化发展

第一部分

综合性问题

第一章　技能型社会

技能型社会是2021年4月全国职业教育大会提出继而在重要文件和法律中加以确认的一个崭新概念，涉及职业教育学、社会学、经济学、政治学等多个学科领域。本研究从职业教育入手，从社会性视角对技能型社会及其建设作出分析和探讨，以与本书其他章节内容相呼应。

一、有关技能型社会及其建设的文件精神梳理

最先明确提出“技能型社会”这一概念的文件，是2021年中共中央办公厅、国务院办公厅印发的《关于推动现代职业教育高质量发展的意见》。该文件明确提出印发此件是“为贯彻落实全国职业教育大会精神，推动现代职业教育向高质量发展”，由此可见，“技能型社会”这一概念是由职业教育发展的需要而提出的。该文件有三处提到“技能型社会”概念：一是在“指导思想”中提出“建设技能型社会”；二是在“主要目标”中，提出到2025年“技能型社会建设全面推进”；三是在“主要目标”中提出到2035年“技能型社会基本建成”。从社会发展的阶段性这个视角看，“技能型社会”又是一个社会学的概念。

2022年新修订的《中华人民共和国职业教育法》，其“总则”部分的第一条即将建设“技能型社会”作为制定、修订该法的目标之一。该法的主体内容自然是职业教育，但在“总则”“职业教育体系”“职业教育的保障”“法律责任”等部分，则广泛涉及社会各个方面，这也从另一个侧面表明，“技能型社会”既是职业教育学概念，也是社会学概念。

我国人力资源社会保障系统是技能培养和提升的主管部门，其所制定的规划、政策也都将技工教育、技能培养纳入技能型社会建设之中。如2021年中华人民共和国人力资源和社会保障部印发的《技工教育“十四五”规划》明确指出：“大力发展技工教育，‘对加快构建技能型社会……具有重要作用’；认为技工院校是‘构建技能型社会建设的重要依托’。”2021年人社部发布的多项文件，均以

技能建设为主题,如《关于深化技工院校改革、大力发展技工教育的意见》《"技能中国行动"实施方案》等。2021 年人社部还与天津市政府签署框架协议,共建"技能天津"。这些都是积极推进技能型社会的重要行动。

二、关于技能型社会研究成果的综合性评述

技能型社会这一概念在官方文件中首次提出之后,对它的学术研究即已广泛开展起来。比较有代表性的论文包括:石伟平《发展高质量职业教育　建设技能型社会》①、张元宝《技能型社会建设的教育支持研究》②、张学英《技能型社会的内涵、功能与核心制度》③、李玉静《技能型社会:价值意涵与推进策略》④、王星《技能形成、技能形成体制及其经济社会学的研究展望》⑤;相关专著有:张学英《产业工人技能形成的国际比较与借鉴:来自日、新、韩印的观察》⑥、王星《走向技能社会:国家技能形成体系与产业工人技能形成》⑦;相关宣传阐释文章中,比较有代表性的是郑州铁路职业技术学院校长马玉霞发表于《中国教育报》2021 年 12 月 7 日第 5 版的《构建技能型社会,职教发展新使命》。这些研究成果的主要观点有:

关于技能型社会的内涵。学者们普遍认为,技能型社会就是更加重视技能的社会,是相对于过去偏重学历及其证书的一种新的社会状态。有学者提出"两历"对话:学历和资历都很重要。还有学者认为这是"学历"与"学力"之间的转换,即传统思维中学历最受推崇,现代社会更加重视学力,即学习的能力和实践的能力。有学者明确提出:"学力社会"可具象为"技能型社会"。

关于技能型社会的特征。在有关职业教育的研究专家和校长们看来,提出建设技能型社会,就是要进一步落实习近平总书记关于劳动光荣、技能宝贵、创

---

① 石伟平. 发展高质量职业教育 建设技能型社会[J]. 职教通讯,2021(05):1-2.

② 张元宝. 技能型社会建设的教育支持研究[J]. 职业技术教育,2021,42(25):54-60.

③ 张学英,张东. 技能型社会的内涵、功能与核心制度[J]. 职教论坛,2022,38(01):35-41.

④ 李玉静. 技能型社会:价值意涵与推进策略[J]. 职业技术教育,2021,42(16):1.

⑤ 王星. 技能形成、技能形成体制及其经济社会学的研究展望[J]. 学术月刊,2021,53(07):132-143.

⑥ 张学英等. 中国社科研究文库 产业工人技能形成的国际比较与借鉴 来自日新韩印的观察[M]. 北京:新华出版社,2021.07.

⑦ 王星. 走向技能社会 国家技能形成体系与产业工人技能形成[M]. 北京:中国工人出版社, 2021.05.

造伟大的职业教育新理念，就是要引导青年一代关注技能、学习技能、投身技能。这种新型的社会风尚，可以概括为：国家重视技能、社会崇尚技能、人人学习技能、人人拥有技能。

关于技能型社会研究的学科视角。关注技能型社会这一概念并提出研究见解的专家，其所从事的职业以及所选用的研究方法，折射出这个问题研究的学科视角。从事职业教育的专家，更多的是思考个人技能的习得、形成和改善；从事教育研究的专家，则更多地从宏观视野思考问题，社会学、经济学（人力资源理论）是他们的研究工具。这两个方面各有优势。但从"技能型社会"这个概念词组本身来看，"社会"是主词，"技能型"是这个社会的特点，因而要以社会学、经济学为主，职业教育学为辅去研究，才能达成良好的效果。

三、社会性视角下的技能型社会及其建设

（一）技能形成是一项社会性活动

1. 技能形成是一种群体活动

过去我们一直把职业学校作为技能人才培养的基本载体。实际上，技能形成超越了职业教育及教育体系，它涉及众多方面和因素，是一项社会性活动。

在一般人的理解中，技能是个体运用已有的知识经验，通过练习而形成一定动作方式或智力活动的方式，特指掌握并能运用专门技术的能力。从技能的社会功能来看，技能在生产力发展中起着决定性作用，可以提高生产力水平，缩短生产周期，增加社会财富积累。[①] 技能给国家和社会带来收益这一作用的发挥，单靠个别技术人员无法实现，必须依托众多具备劳动技能的劳动者。而技能形成不单纯是个人掌握、习得某一技能，更是一个国家或社会的成员通过职业学校、培训机构、非正式途径等多种方式形成的开发学习、创新和提高生产力方面的能力。

2. 技能形成与经济发展紧密相关

从技能形成的历史来看，在传统社会，社会化生产程度相对较低，主要以手工作坊式劳动为主，传统学徒制的技能形成方式最为普遍。随着工业化大生产的出现，所需要的大量劳动力已不能由学徒制来提供。于是专门的技能培训机

---

① 大卫·哈维.资本主义的地缘政治学[A].德雷克·格利高里、约翰·厄里.社会关系与空间结构[C].谢礼圣，吕增奎等译，北京：北京师范大学出版社，2011，135-136.

构和正规的职业学校便诞生了,而且直至今日以及将来很长一个时期内,它们都是技能培养的主要场所。

从当下技能形成的种类情况来看,产业结构决定着技能形成分化。王树林在《21 世纪的主导产业:第四产业》一书中,对产业进行了如下分类:第一产业涵盖农业、狩猎业、林业和渔业,其主要活动是生命产品(动植物)的生产;第二产业包括采矿业、制造业和建筑业,具体活动是人工产品的生产;第三产业包括分配、流通、消费部门,也即是物质性网络服务部门;第四产业包括科学研究、信息咨询服务、文化行业等,主要进行的是精神产品的生产。① 对四类产业需要的人才进行分析发现:第一产业对手工技能和专业技能要求较高,第二产业要求人才具有较宽的知识领域、复合型素养和创新技能;第三产业要求深度的专业技能和复合技能;第四产业要求从业人员具有较高的文化素养。

表 1-1 不同产业对技能形成的要求表

产业类别	产业特点	典型行业	技能形成要求
第一产业	生命产品的生产	农业	较高的手工技能和专业技能
第二产业	人工产品的生产	制造业	较宽的知识领域、复合性素养和创新技能
第三产业	物质性网络服务	通讯业	深度的专业技能和复合技能
第四产业	精神产品的生产	文化行业	较高的文化素养

资料来源:李玉珠. 中国技能形成模式与制度建构研究[M]. 北京:首都经济贸易大学出版社,2020,36.

(二)建设技能型社会的关键是制定技能形成的社会战略

1. 技能形成涉及多个主体

技能的社会性形成是一个复杂的过程,大致可分为四个阶段:一是技能供应,即谁提供、提供什么样的教育内容;二是技能投资,也就是谁投入的问题;三是技能评价,就是谁评价,如何评价;四是技能运用,也即是谁使用,如何使用。通过梳理众多国家的技能形成情况可以看出,技能供应主体主要是学校、企业、社区、培训机构;投资主体主要有国家、地区、行业、企业或个人;技能评价主体有政府、学校以及社会力量,包括行业协会、雇主联合会、工商会、手工业协会等;技能形成后主要应用于企业生产中。可以看出,技能形成的主体涉及政府、企业、雇主、工会、行会、学校、劳动者等。这些主体在不同国家会有差异,但核心主体

① 王树林. 21 世纪的主导产业:第四产业[M]. 北京:京华出版社,1996.

基本一致,主要是政府、企业、学校和劳动者。

2. 不同利益主体必须相互协作

相关各个主体均受益于技能应用,因此参与到技能建构中来。政府关注技能形成的动力有两个:第一,技能是国家创新体系的一部分,政府推动技能形成可以提高国家创新能力;第二,政府认为技能能够提高学生的生存能力、减少社会问题,有利于社会稳定、经济发展。企业可以通过技能人才收益、获取自身匮乏的资源、提高自身竞争力。学校通过与企业合作不仅可以获得企业的资金、资源、设备支持,还可以更好地培养学生,为学生寻找实习场所和就业单位。对于劳动者来说,技能培养能获得更多的知识技能,以此得到更多的就业机会和劳动报酬。这些主体在技能形成过程中发挥着特定作用,例如政府多做统筹工作,协调各项活动;企业多做供给、投资与评价工作;学校主要做供给和评价工作;劳动者则在技能培养中投入精力和财力。由于角色不同,各利益主体承担的功能作用不可替代,既需要各司其职,又需要分工合作,因而政府、教育体系、劳动力市场与企业之间在技能开发过程中要建立有效的协作关系,形成整合性的技能形成路径。

(三)当前我国技能型社会建设中存在的问题与归因

1. 职业学校技能形成中的问题

(1)职业教育管理体制尚不完善。我国的职业教育一直是多头管理,主要是教育部门和人社部门管理职业院校的政策不统一。以资格认证为例,大部分教育部门管理的院校,学生毕业要参加人社部门组织的考试才能获得资格证书,而人社部门管理的院校,学生基本上毕业时就能拿到证书。

(2)职业教育的承继性与统一规划不足。近20年来,我国技能培养经历了从“以学科内容为主”到“以职业分析导向为主”,再到“以技能可迁移为主”“以学习能力为主”以及当下的“以综合职业能力为主”的阶段变迁,多次变革使职业教育课程设置一直处于变化之中,没有基础性积淀。[①] 另外,中等职业教育与高等职业教育的专业内容缺乏统一规划设计,相当部分内容重复,难以形成有效衔接。

(3)院校人才培养模式创新不足。多数职业院校尚未建立现代学校制度,

---

① 李玉珠. 中国技能形成模式与制度建构研究[M]. 北京:首都经济贸易大学出版社,2020,108.

校企合作发展机制不健全,品牌创建意识不够,导致专业水平积累不足,难以引领行业发展;技术服务能力较弱,难以吸引企业参与。

2. 企业技能形成中的问题

多数企业的员工培训“徒有其表”。主要表现有:很多企业难以对员工培训进行较高投入;多数企业制订的培训计划与员工实际需求不符;培训效果评估和反馈工作的科学性有待加强。

3. 校企合作技能形成中的问题

(1)校企合作处于较浅层次。从学校方面来说,他们希望企业师傅能够带领实习生参与企业产品研发和技术更新。现实是大部分学生进入实际生产活动时只是充当简单劳动力,向师傅学习的机会比较少。从企业反馈来看,学校为企业提供的员工培训针对性不强,内容较为陈旧,跟不上企业技术革新的速度。

(2)校企合作评价机制不健全。职业院校选择合作企业尚无统一目标,他们需要企业提供资金、设备、场地,还是就业岗位?各个学校的目标并不相同。企业参与合作的效果也缺乏整体评价,不利于职业教育持续、规范发展。此外,职业资格认证与人才培养关联性不够,这主要体现在认证标准不符合企业实际发展要求,以及认证内容滞后。

(3)行业参与职业教育不足。很多地区行业指导职业教育较少,未能充分发挥其在岗位标准、课程标准制定中的主导作用,以及在校企合作中的监督作用。

4. 我国技能形成问题的归因

(1)政府作用有待进一步发挥。我国政府一直重视技能培养,但随着社会进步,各级政府对于自身在技能形成中如何更好地发挥作用缺少经验积累和路径探索,整合各方资源力度不够,在技能社会性形成过程中,发挥组织、协调、引导作用有待加强。

(2)相关制度规范体系不健全。①“十一五”以来,国家高度重视职业教育产教结合机制建设,但目前全国尚未出台专门的促进职业教育校企合作的法律制度。②我国相关法律没有明确规定行业企业具体履行哪些职业教育义务,使得行业组织的协调指导作用没有得到充分发挥。③目前的制度对企业承担教育责任缺乏强制要求,对参与技能培养的企业也没有相应的保障机制。

(3)职业教育在教育体系中的地位较低。在学历方面,大部分高等职业院校属于专科层次,与普通高等教育的本科、研究生层次相比,处于低层次状态。

这导致在招生录取上，高职院校多为最后批次录取；在待遇方面，职业院校毕业生在就业、落户、参加招聘、职称评审、晋升等方面，与普通学校毕业生享受不同等待遇；在社会认可方面，家长和学生也认为职业教育低人一等。这直接导致社会各方面对职业教育的关注和投入相对较少。

（四）技能型社会建设的基本路径

1. 依据区域环境选择技能形成模式

学者李玉静通过对我国不同区域经济社会发展情况梳理后指出，江苏、浙江、上海的经济基础比较好，产业布局合理，政策体系比较完善，各种社会组织运行比较成熟。这些地区适合选择以社会合作为主的技能形成模式。一些高新技术集中的区域，其产业居于产业链的上游，科技研发创新比较多，高等教育水平较高，与产业匹配度也比较高，这类地区适合选择以技能替代为主的模式。一些地区资源比较丰富，比如老工业基地、石油基地等，政府可以发挥更多的主导作用，形成类似新加坡的“国家发展模式”。而有些地区以上情况皆有，可以考虑选择多种模式。这方面必须充分发挥政府作用，在掌握技能形成整体规划以及各方需求的基础上，确定各地区的技能形成模式，科学确定各方的职责，使之分工合理，配合顺畅。

2. 健全职业教育和培训的法律和制度规范

（1）尽快出台《国家职业技术教育校企合作条例》等法律。将《关于深化产教融合的若干意见》《职业学校校企合作促进办法》上升到法律法规的层面，从法律层面为职业教育改革发展提供更加有力的保障和支撑。同时，继续完善职业教育集团化办学制度、职业院校教师专业发展制度、职业培训制度、职业资格制度、职业竞赛制度、现代学徒制度、1+X 证书制度，等等。

（2）制定确保企业培训质量的相关制度。建立起相对完善的培训体系，将培训纳入员工职业发展，实施多类型、多形式、多层次的培训模式；做好培训跟踪工作，利用调查、暗访、考试多种方法了解培训存在的问题及原因，及时整改；综合专家、员工、部门机构、相关单位组织的意见与建议，通过培训调研、培训设计、培训实施、培训记录、培训反馈，效果评估等多个步骤，进行有效的培训质量评价。

（3）推动形成“职教共同体”。建立企业深度参与院校专业规划、课程设置、教材开发、师资培养、教学实施等活动中的良性运行机制；对于积极参与现代职业教育的企业给予“金融+财政+土地+信用”的组合式激励，并按规定落实相关税收政策。此外还要对企业的技能培养实施保障，建立学生、企业、学校三者可信任的承诺制度，让行业参与校企合作机构管理，并承担主要责任，调动企业的积极性；行业要根据经济发展动态，研究新产业、新业态、新模式对职业教育专业建设的新要求，提出人才培养的目标与规格以及职业院校专业设置建议。

3. 提高技能人才社会地位

2021 年发布的《中国职业教育发展大型问卷调查报告》显示，社会认可度和人才培养质量是当前职业教育发展面临的最大困难。要想提升教育质量，职业教育应积极探索职业能力创新培养模式，有效对接经济社会发展和产业技术变革的新要求，形成技能人才供给和需求匹配机制，保障技能人才培养培训质量。通过建立“职教高考”制度、巩固中职基础地位、创新高职主体地位、稳步发展本科层次职业教育等，进一步完善现代职教体系，多元化、多层次、全方位培养高质量的技术技能人才。更为重要的是，要提升技能人才待遇。要打破技术技能人才受资历条件限制，推动职业院校毕业生在落户、就业、参加机关事业单位招聘、职称评审、职级晋升、人才奖励等方面与普通高校毕业生享受同等待遇。在当前技能人才收入偏低的情况下，有针对性地提高技能人才的经济待遇。要为技能人才提供更多参与企业经营管理决策的机会。通过提高他们在各类代表大会和委员会中代表、委员的比例，在工会等群团组织中挂职或兼职、纳入党委联系服务专家行列等多种途径，提升技能人才的政治地位。

（课题承担单位为天津社会科学院社会学研究所，课题主持人和执笔人为张品。）

第二章 职业教育适应性

近年来,增强职业教育适应性的职教理念日益深入人心,但对它的研究和实践还很不充分。本研究通过对相关重要论述和文件精神的梳理,在对相关研究成果进行综合性评述的基础上,结合课题组所在学校实践,提出高职院校增强职业教育适应性的思路和途径。

一、有关职业教育适应性的重要论述和政策文本梳理

在我国各个历史发展时期,党和国家领导人对职业教育的适应性都高度关注。1920 年毛泽东在《上海工读互助团募捐启事》中指出:“教育与职业相冲突,生活与学问相冲突,这不是合理的教育和生活。”而“合理的教育”“正当的生活”新模式应是“教育与职业合一、学问与生计合一”。邓小平曾要求,国家计委、教育部等部门特别要关注整个教育事业怎样同国民经济发展的要求“相适应”,解决“学生学的和将来从事的职业不相适应,学非所用,用非所学”问题。2021 年,习近平总书记在全国职业教育大会召开之际,对职业教育作出的重要指示中提出:“增强职业教育适应性,加快构建现代职业教育体系。”

改革开放以来,有关职业教育适应性问题,在有关文件中一再被提及。1985 年《中共中央关于教育体制改革的决定》中提出:“中等职业技术教育要同经济和社会发展的需要密切结合起来,在城市要适应提高企业的技术、管理水平和发展第三产业的需要,在农村要适应调整产业结构和农民劳动致富的需要。”这是较早关于职业教育适应性的文件表述。

2020 年和 2021 年,党中央和全国人大关于国民经济和社会发展第十四个五年规划和 2035 年远景目标文件中,均提出“增强职业技术教育适应性”的问题,以此为起点,“适应性”一词频繁出现在各份职业教育文件中。

2022 年新修订的《中华人民共和国职业教育法》中,有 10 次提到“适应”一词,特别强调“国家大力发展职业教育,推进职业教育改革,提高职业教育质量,

增强职业教育适应性，建立健全适应社会主义市场经济和社会发展需要、符合技术技能人才成长规律的职业教育制度体系，为全面建设社会主义现代化国家提供有力人才和技能支撑。”

二、有关职业教育适应性的研究成果综述

吕景泉在《增强职业教育适应性，打造新时代职业教育创新发展标杆——基于职教试验区、示范区建设，试论天津职教创新发展》中提出，“以提升适应性和服务力为抓手，加强职业院校现代治理能力建设和产教融合办学模式探索”。① 李政在《增强职业技术教育适应性：理论循证、时代内涵和实践路径》中指出，“增强职业技术教育适应性应以解决技能问题为突破口，将技能问题置于复杂的社会背景之中，从技能的形成、使用、发展三个环节入手，遵循技能形成层、技能功能层和技能环境层相互影响和嵌套的行动框架”。② 高文杰在《新发展格局下增强职业教育适应性的内容与对策》中指出，“新发展格局下，增强职业教育适应性的关键是主动满足经济发展‘双循环’战略、社会主义民主政治、社会主义文化、保障和改善民生水平的需求。”“增强职业教育适应性的路径包括：构建完善的职业教育与培训体系；优化制度体系；推进产教融合的深化”。③ 张理在《新时代增强职业教育适应性的核心内涵、逻辑主线与实践审视》中指出，“实践路径可以从四个方面加以审视：树立大职业教育观，更新教育教学思维理念；聚焦制度建设，构建现代职业教育制度体系新格局；重构职业教育办学新模式，推进职业教育办学开放化；围绕产业发展，优化专业及专业群建设。”④

综合各有关研究，有关职业教育的适应性有代表性的观点有：一是认为职业教育适应性是以服务经济社会发展与人的全面发展为旨归，在不同的发展阶段，适应性的内涵也呈现阶段性发展特征；二是从现实路径视角阐释适应性，认为适应性应抓住“类型特色、多元办学、融合发展、开放水平”四个关键路径；三是认

---

① 吕景泉. 增强职业教育适应性，打造新时代职业教育创新发展标杆——基于职教试验区、示范区建设，试论天津职教创新发展[J]. 职业教育研究，2022(03)：5-10.

② 李政. 增强职业技术教育适应性：理论循证、时代内涵和实践路径[J]. 西南大学学报(社会科学版)，2022，48(02)：133-143. DOI：10. 13718/j. cnki. xdsk. 2022. 02. 012.

③ 高文杰. 新发展格局下增强职业教育适应性的内容与对策[J]. 职业技术教育，2022，43(07)：14-20.

④ 张理. 新时代增强职业教育适应性的核心内涵、逻辑主线与实践审视[J]. 职业技术教育，2022，43(13)：26-30.

为适应性的落脚点是进一步健全职业教育制度标准、办学格局和结构体系；四是认为增强适应性，就是“要适应双循环经济发展新格局的需要和人民群众对多样化、高质量教育的需要，以促进自身体制机制格局更成型，专业结构更优化，产教融合协同创新贡献率更大”①。

三、增强职业教育适应性的路径探索

本研究以课题组所在学校——天津铁道职业技术学院（以下简称“学校”）为例，探讨在“增强职业教育适应性”新理念下，着力推进人才培养模式创新的具体问题。

1. 增强人才培养适应性的思路

随着我国轨道交通迈入智能时代，为解决智能轨道交通用人的迫切需要，轨道交通类院校要以增强职业教育适应性为指导，从产教融合、专业布局、专业建设要素、学生素养等方面入手，构建适应智能轨道交通发展的人才培养模式。

学校依托校企合作理事会搭建的“就业对接、人才共育、资源共享、技术共研”四大平台，在“需求导向、标准引领、对标升级、素养赋能”总体思路下，从专业布局调整与产业结构变化同向、教学标准体系与行业标准变化同频、专业建设要素与技术迭代升级同步、职业素养教育与高铁工匠标准同行四个层面架构产与教融通逻辑，构建智能轨道交通高铁工匠人才的“四同”人才培养模式（见图2-1），打通需求与供给融合路径，实现校企协同发展、共享发展，从而提高职业教育的适应性。

2. 增强人才培养适应性的实施路径

（1）标准引领、平台支撑，专业布局与产业结构变化同向。适应智能建造、装备、运营三大领域十个方面技术升级与运维模式的变革，以人工智能为基础，重构面向智能化的铁路工程技术、建筑工程技术等5大专业集群（见图2-2），对接工电供维修一体化、机辆整备一体化等新生岗位，采用“链上专业、链上融合”进行专业优化，撤销不适应需求的6个专业，新增高铁综合维修技术、智能建造技术等7个新专业，通过新兴专业引领推动传统专业转型升级，构筑人才链、创新链与产业链对接。

① 张理．新时代增强职业教育适应性的核心内涵、逻辑主线与实践审视［J］．职业技术教育，2022，43（13）：26-30.

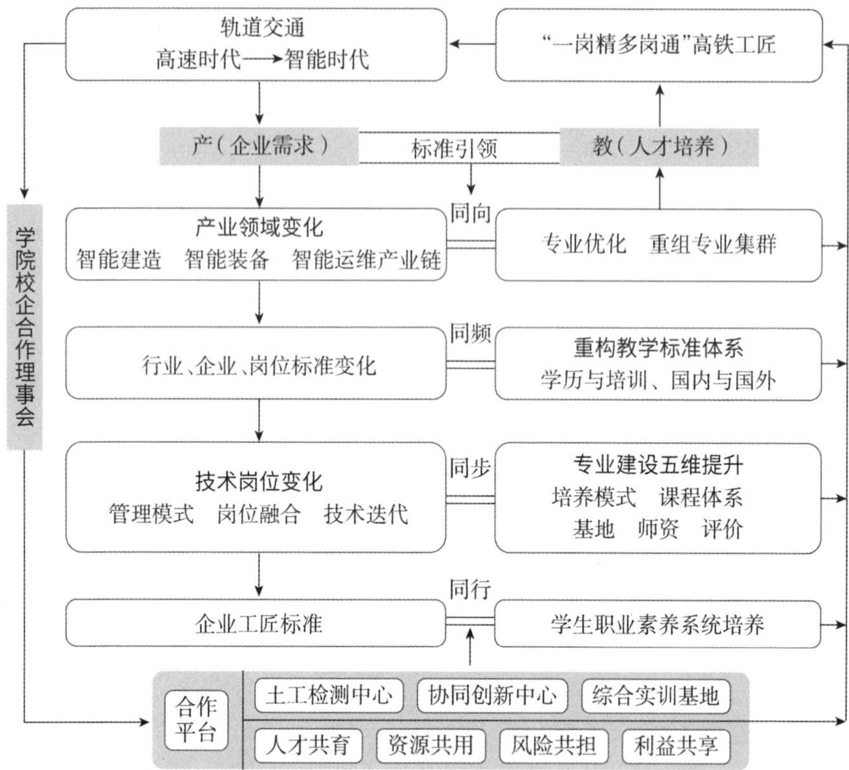

图 2-1 智能轨道交通高铁工匠人才的"四同"人才培养模式简图

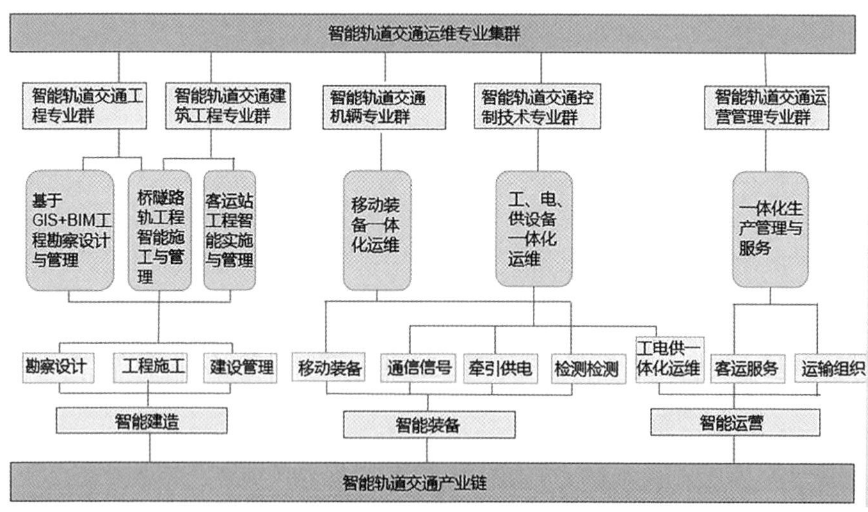

图 2-2 智能轨道交通 5 大专业集群简图

(2)对接行标,完善校标,教学标准体系与行业标准变化同频。依托"人才共育"平台新颁布的115项行业标准及智能化9项技术标准,发挥学校参与国家、铁路行职委组织的铁道工程技术、铁道供电技术等专业教学标准制订工作优势,遵循国家专业教学标准,根据智能轨道交通转型升级的新技术、新工艺、新规范以及典型案例,重构"六进"学历教学标准文件、优化"四融"职工培训标准文件。即:岗位变化进人才培养方案、岗位模块进课程标准、情景再现进教学设计标准、行业规范进实训教学标准、实岗实景进岗位实习标准、岗位标准进课程评价标准;新岗位融培训方案、新标准融培训标准、新技术融课程标准、新要求融评价标准;面向国际化人才培养开发高铁、城轨等国际化专业教学标准,率先完成对接智能轨道交通转型升级的校本教学、培训标准体系,保证人才培养质量与企业员工转型培训的要求相等。

表2-1 教学标准体系列表

学历教育		职工培训	
国内	国外(中、英、法文)	国内	国外(中、英文)
人才培养方案	国际化专业教学标准	培训方案	培训方案
课程标准	课程标准	岗位培训标准	岗位培训标准
教学设计标准	教学设计标准	岗位培训标准	岗位培训标准
实训教学标准	实训指导标准	培训课程标准	培训课程标准
顶岗实习标准	师资培训标准	评价标准	铁路特有工种规范
课堂评价标准			中国高铁规范

(3)专业升级、五维提升,专业建设进程与行业技术升级同步

①模式切入:与国铁集团实施"两期合一双证定岗"特色学徒制。按照国铁集团用人计划与职业标准中的职业能力特征制订招生计划和招生要求,以"入职即定岗"为目标,以"就业准入制"为抓手,在各专业6大教学标准体系指导下,与国家铁路集团制订"2+0.5+0.5"特色学徒制培养方案。"前2年"通过校企共上一门课、大师进校园、现场教学等过程,完成基本素质和基本职业能力培养。"后1年"学生与集团公司签署就业协议,以"准员工"身份,实施双主体管理,其中"前0.5"由校企双方根据学生拟定工种和《铁路特有工种技能培训规范》设计教学方案,共同编制教学与考核资料,采用"企业课堂"共同实施教学,完成职业素养和核心职业能力培养;"后0.5"学生在考取拟定工种的岗前资格

性培训证书后，签订“师徒制”协议，把在岗学徒期和就业见习期相结合，完成综合能力和创新能力实践，考取企业规定的职业技能等级认定证书，实现“入职就定岗”。

②体系重构：构建培养“一岗精多岗通”高铁工匠的模块化课程体系（见图2-3）。应对轨道交通智能化转型升级的机辆一体化、工电供一体化等新岗位出现以及自动驾驶、“人检”到“机检”等技术变化，依据全国铁道行业职业技能大赛、职业技能等级证书的要求，结合行业安全、质量、敬业等职业特质，突出思政教育、职业素养和信息技术培养，重构“铁色文化与信息技术两贯穿，平台课程—方向课程—融合课程—拓展课程”四递进课程体系。平台课程包括思政、体美劳、国际元素、创新创业等9个模块，注重厚实基础；方向课程包括专业集群中各专业模块课程，注重一岗精通；融合课程包括专业集群的各专业融合部分、职业技能等级证书融入部分，注重多岗融通；拓展课程包括铁路“四新”内容、职业特征训练、生产管理等课程，注重跨岗能力。课程进行基于生产过程的项目化、模块化改造，配套开发新形态立体化活页教材，实施“40%固定项目+40%改造项目+20%开放项目”的创新能力训练，培养企业急需的强化铁路基因、信息技术、创新精神为特色的“一岗精多岗通”高铁工匠。

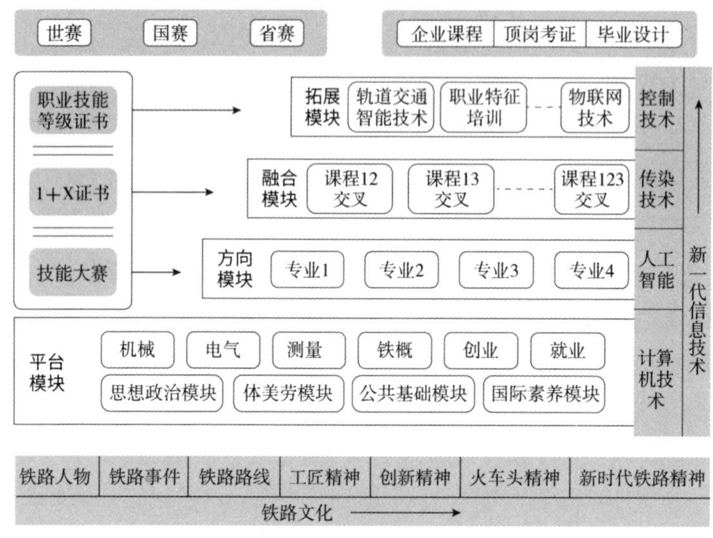

图2-3 “两贯穿四层次递进式”课程体系

③基地升级：对接真实智能化应用场景改造提升实训基地。联合中国中车、中国中铁等世界500强企业，依据岗位标准和实训基地建设标准，共同提炼智能

化的技能点和一体化作业融合点，对原有“六基地—两场—一线”实训基地（见图2-4）升级改造。在国内唯一的“高铁4S店”和“高铁车站”，增设智能售票、人脸识别、机器人检修、智能机器人检票等智能化设备，设置常见故障处理训练系统。对标岗位的初、中、高三级标准，构建岗位基础、核心、融合和拓展4个实训模块，培养熟练掌握生产流程和检修技能又能熟练处理常见故障的高铁工匠，让学生足不出校就能体验智能化轨道交通的设备、技术和工作场景。

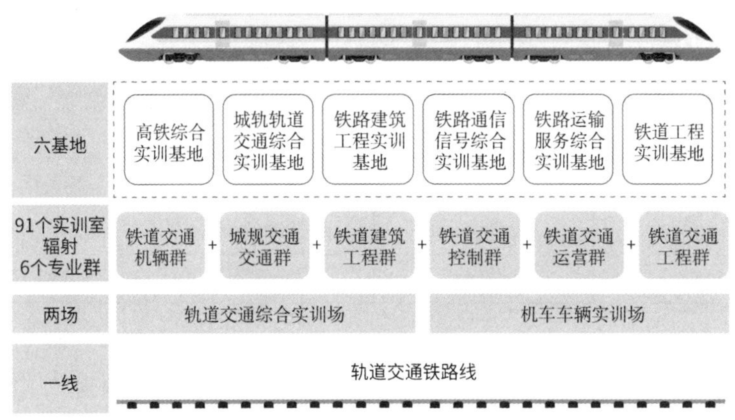

图2-4 学校“六基地-两场-一线”综合实训基地示意图

④教师提升：打造“德高、业精、技强、善研”的师资队伍。实施模块化课程改革与课程思政一体化设计、教学资源库与思政案例库一体化建设，提升教师思想引领能力；以掌握新技术、新设备为路径，把典型工作任务、企业生产实际案例引入课程，开发新形态立体化教材，提升教师工程实践能力；以“课堂革命”为抓手，用翻转课堂、线上线下混合教学设计与实施，提升师生信息素养；以高铁司机第一人李东晓等为引领，依托“协同创新中心”等开发专创融通项目，研制大赛装备，促进成果转化，提升教师技术研发能力。

⑤评价反馈：完善“平台监测、多元反馈、持续改进”的评价机制。通过搭建“人才培养智能一体化标准建设和监测系统”，监测专业—课程—课堂三层面的目标达成度，结合行业企业、麦可思第三方机构的毕业生跟踪反馈以及学生考取证书情况开展多维度评价，形成常态纠偏、持续改进的运行模式。

（4）系统设计，成长赋能，实现职业素养教育与企业工匠标准同行。以智能轨道交通高铁工匠职业素养标准为依据，传承铁军精神，弘扬“安全优质、兴路强国”新时代铁路精神，追逐“自主创新、赶超一流”高铁精神，对标高铁工匠的敬业、安全、精细、创新等职业特质，与合作企业共同从职业技能、职业态度、职业意识、职业道德四个层面提炼24个核心职业素养点并分解其核心内涵(见表2-2),通过“思政课程—课程思政—实践活动—大赛训练”四类实施载体,培养学生“择一事、精一技、终一生”,做乐业之子。

表2-2 核心职业素养24点

核心职业素养			
职业技能	**职业态度**	**职业意识**	**职业道德**
职业技术	爱国情怀	大局意识	爱岗敬业
职业知识	理想信念	团队意识	吃苦耐劳
职业能力	安全意识	协作意识	服务意识
创新能力	奉献意识	竞争意识	诚实守信
工匠精神	崇尚劳动	主动意识	法律意识
科学精神	责任意识	学习意识	自律自爱

(课题承担单位为天津铁道职业技术学院,课题主持人和执笔人为李志慧。课题组成员:郭宇、李立功。)

第三章　现代职业教育体系

从 20 世纪 80 年代至今,国家颁布的重要文件一再提及建立现代职业教育体系问题。2022 年新修订的《中华人民共和国职业教育法》,赋予职业教育更高的法律地位、更鲜明的类型特征,为构建并深入研究现代职业教育体系的框架与内涵提供了背景与条件。

一、有关现代职业教育体系的政策文本梳理

从 1983 年起,提及“现代职业教育体系”的政策文件约有 14 个(包括已经废止的文件)。最早把职业教育看成一个体系的文件,是 1983 年教育部、劳动人事部、财政部、国家计委联合下发的《关于改革城市中等教育结构,发展职业技术教育的意见》,其中提到:“要使职业教育逐步发展成为与普通教育并行的教育体系”。这里不仅首次提出职业教育体系的概念,而且明确职业教育与普通教育是并行的关系。

1991 年出台的《国务院关于大力发展职业技术教育的决定》提出,“初步建立起有中国特色的、从初级到高级、行业配套、结构合理、又能与普通教育相互沟通的职业技术教育体系”。这里初步明确了职业教育体系的内涵。

1994 年出台的《国务院关于〈中国教育改革和发展纲要〉的实施意见》,提出“大力发展职业教育,逐步形成初等、中等、高等职业教育和普通教育共同发展、相互衔接、比例合理的教育系列”。不仅指出职业教育体系是由初等、中等、高等三个层次构成,而且与普通教育体系并行。

1996 年颁布的《中华人民共和国职业教育法》(目前已废止)提出:“建立健全职业教育与职业培训并举,并与其他教育相互沟通协调发展的职业教育体系”。

2002 年国务院发布的《关于大力推进职业教育改革和发展的决定》提出:“初步建立起有中国特色的,从初级到高级、行业配套、结构合理、形式多样,又

能与其他教育相互沟通、协调发展的职业技术教育体系的基本框架”。

2005年发布《国务院关于大力发展职业教育的决定》提出，“进一步建立和完善适应社会主义市场经济体制，满足人民群众终身学习需要，与市场需求和劳动就业紧密结合，校企合作、工学结合，结构合理、形式多样，灵活开放、自主发展，有中国特色的现代职业教育体系”。

2010年发布的《国家中长期教育改革和发展规划纲要(2010—2020年)》提出，“到2020年，形成适应经济发展方式转变和产业结构调整要求、体现终身教育理念、中等和高等职业教育协调发展的现代职业教育体系型人才的需要”。

2014年教育部等六部门共同编制的《现代职业教育体系建设规划(2014—2020年)》，将教育体系分为职业教育、普通教育和继续教育，并明确将职业教育与教育体系的融合作为构建现代职业教育体系的重要任务。同年国务院印发《关于加快发展现代职业教育的决定》提出，“到2020年，形成适应发展需求、产教深度融合、中职高职衔接、职业教育与普通教育相互沟通，体现终身教育理念，具有中国特色、世界水平的现代职业教育体系”。

2015年由教育部、国家发展改革委、财政部联合发布《关于引导部分地方普通本科高校向应用型转变的指导意见》，提出“促进”应用型本科院校“与中职、专科层次高职有机衔接”并“建立与普通高中教育、中等职业教育和专科层次高等职业教育的衔接机制”。

2021年中办、国办印发的《关于推动现代职业教育高质量发展的意见》提出：“到2025年，职业教育类型特色更加鲜明，现代职业教育体系基本建成，技能型社会建设全面推进。”为此，要“推进不同层次职业教育纵向贯通”“促进不同类型教育横向融通”。

2022年新修订的《中华人民共和国职业教育法》提出，“国家建立健全适应经济社会发展需要，产教深度融合，职业学校教育和职业培训并重，职业教育与普通教育相互融通，不同层次职业教育有效贯通，服务全民终身学习的现代职业教育体系”。这是对现代职业教育体系的最新、最权威、最全面的表述。

二、已有相关实践和研究成果综述

(一)国内相关实践和研究

1. 关于现代职业教育体系构建的相关研究

主要集中在概念内涵、构建路径、建设策略等方面。比如，学者们从外部适应性、内部适应性和内在系统自身的协调性三个方面论述了现代职业教育体系的内涵[①②];从建立国家资格框架、中高等职业教育衔接、与区域经济协调互动、发展本科层次职业教育等方面论述了现代职业教育体系的构建路径[③④⑤];基于五大理念、新业态、新问题和新路向探讨了现代职业教育体系的建设策略[⑥⑦]。

2. 关于“中高本”衔接的相关研究

主要体现在问题—对策研究和衔接内容研究两个方面。具体而言,“中高本”衔接的问题主要表现为“政策落实不到位、培养目标不统一、课程与教材不衔接[⑧];职业教育认可度不高、发展动力不足,生源质量不均衡,统筹规划不到位[⑨];具体的对策为“人才培养目标的衔接、课程体系的衔接、专业布局的衔接、招生考试制度的衔接”等方面[⑩]。还有学者从“衔接机制、考核机制、沟通机制和保障机制”等方面进行了探讨[⑪]。关于衔接的内容上,主要体现为课程内容衔

① 范唯,郭扬,马树超.探索现代职业教育体系建设的基本路径[J].中国高教研究,2011(12):62-66.

② 马树超,范唯,郭扬.构建现代职业教育体系的若干政策思考[J].教育发展研究,2011,31(21):1-6.

③ 姜大源.现代职业教育与国家资格框架构建[J].中国职业技术教育,2014(21):23-34.

④ 徐国庆.确立职业教育的类型属性是现代职业教育体系建设的根本需要[J].华东师范大学学报(教育科学版),2020,38(01):1-11.

⑤ 张振元.系统看待“本科层次”高等职业教育问题[J].职业技术教育,2014,35(16):5-13.

⑥ 和震,杨成明.论五大发展理念引领下的现代职业教育体系建设[J].教育与职业,2017(17):5-11.

⑦ 杨磊,朱德全.我国现代职业教育体系建设:新业态、新问题、新路向[J].云南师范大学学报(哲学社会科学版),2020,52(06):142-152.

⑧ 李慧敏,井大军.构建“中高本”衔接的现代职业教育体系研究[J].辽宁高职学报,2013,15(01):5-6+9.

⑨ 忽杰.我国中—高—本衔接现状、问题及对策[J].中国职业技术教育,2016(03):68-70.

⑩ 刘红兵,郭辉.现代职教体系视域下“中高本贯通”衔接体系构建策略研究[J].劳动保障世界,2018(30):60.

⑪ 王一涛,路晓丽.“中高本硕”衔接的理论溯源、实施现状与路径优化——基于类型教育的视角[J].教育发展研究,2021,41(03):60-67.

接、教学标准衔接和人才培养模式探索三个方面[①②]。比如,有学者从师资互通的有效实施、课程体系的科学规划和实训环境的优质营造三个方面探讨了“中高本”教学标准的衔接。

3. 关于“高本”贯通的相关研究

研究视角包括理论探讨、案例研究和实践探索三个方面。比如,柯婧秋和石伟平从理论层面分析了“高本贯通”的政策逻辑、关键问题及理性实践;也有学者以具体专业为例,探讨了该专业在“高本贯通”中人才培养方案的制定策略、课程衔接的途径、师资队伍衔接的措施、校企协同育人等方面的问题[③④]。在实践探索上,2017 年上海市开始推出“高本贯通”政策,即“高等职业教育——应用型本科教育贯通培养模式”,采取“3(高职)+2(本科)”的五年学制进行人才培养;2018 年北京市开始推出“中高本(3+2+2)”的七年学制人才培养。需要说明的是,这种培养设计中,学生本科阶段的学习是在普通高校相对应的专业中,并没有体现出职业教育属性,毕业后取得的也是普通高校的毕业文凭。

(二)国外相关研究和实践

现代职业教育体系是我国提出的语境概念,国外相类似的研究简要阐述如下。

德国推出一系列新举措加快职业教育体系建设,一是组建国家级“职业教育创新团队”作为职教改革的指挥部;二是针对新兴的、创新的和高科技的行业,以及增长迅速的服务行业等,引入和推广“双元制”职教文化;三是开拓职教后教育,提高职业教育的通融性,主要是支持建立实践导向的高校,实现职业教育与高等教育的衔接。德国在“双元制”职业教育体系中,采用核心阶梯法实施课程体系衔接。以德国应用科学大学为例,其在确定人才培养目标之后,按人才工作任务及人才培养目标对课程目标进行分类,将专业课程分成知识、理解、应

① 朱军,张文忠. 基于能力层次结构理论的职业教育中高本贯通教学衔接探究[J]. 职教论坛,2020,36(08):54-58.

② 张海燕,王傲冰. “一体三面”:高职教育人才培养逻辑建构与实施路径[J]. 教育与职业,2019(22):5-11.

③ 郃康锋,任江维,门亚玲. “高本贯通”人才培养方案制订的逻辑审视与实践策略——以学前教育专业为例[J]. 中国职业技术教育,2022(01):92-96.

④ 钟铃. “3+2”高本贯通英语课程衔接研究——以苏州大学应用技术学院为例[J]. 中国职业技术教育,2020(32):25-28.

用、分析、综合、评价6个级别,强调不同层次院校同一门课程目标按由低到高的等级进行有序衔接。

澳大利亚的职业教育体系,根据层次可以划分为高中阶段的职业教育和高等教育阶段(包括本科层次)的职业教育。高中阶段的职业教育又可分为在国家资格框架下实施的职业教育和学校本位新学徒制。其通过国家资格框架加强高中阶段职业教育和高等教育阶段职业教育的联系和衔接。

英国整合职业教育与普通教育也是通过国家资格框架来实现,并在全国形成了"职业教育与普通教育的等值体系",采用单元衔接法将中职学校、高职院校与应用本科院校专业课程体系衔接起来。

美国的职业教育体系可以概括为基于课程的单轨制职业教育体系,典型特征是普职高度融合,不仅同一层次、甚至不同教育结构的课程学分互认和转换同样可以实现,从而将不同层次院校的课程直接衔接在一起。

三、现代职教体系基本框架构建

本研究以政策文本、实践探索和已有研究成果为基础,根据现代职业教育发展实际,提出构建一个"三维立体"化的现代职业教育体系。其中,"三维"指职业教育、普通教育和终身教育三个维度,"立体"指职业教育与普通教育之间的融通、职业教育与终身教育之间的衔接和转化(见图3-1)。

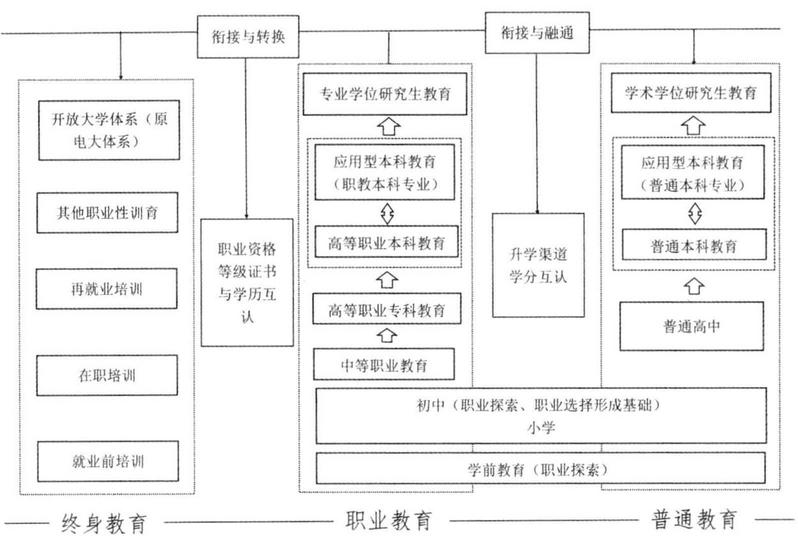

图3-1 现代职业教育体系基本框架图

(一)职业教育体系自身的结构与功能

构建现代职业教育体系首先是要建立内在纵向层次完整、衔接顺畅的人才贯通培养体系。从应然层面上看,我国的职业教育层次体系应包括中职、高职、职业本科、专业学位研究生硕士和专业学位研究生博士五个层次,但从实然层面上看,当前的职业教育层次体系主要包括中职、高职、职业本科三个层次,研究生层次的人才培养还未与本科形成贯通。需要特别说明的是,2014 年之后实施的地方本科院校向应用型高校转型发展的政策,旨在推动地方本科高校实施本科层次的职业教育人才培养;2019 年,我国正式开始实施本科层次职业院校建设工作,2021 年印发的《关于推动现代职业教育高质量发展的意见》也明确指出鼓励应用型高校开设职教本科专业。从这个意义上看,图 3-1 中将高等职业本科教育和应用型高校中开设职教本科专业的部分高校同时作为职业教育体系中本科人才培养的层次。

(二)职业教育与普通教育的关系与融通路径

1. 职业教育与普通教育的关系

职业教育与普通教育是两种独立的教育类型,在我国大教育观的视角下,两种教育类型密不可分、相互依存、互为补充、相互借鉴、共同发展。构建现代职业教育体系的背景下,职业教育与普通教育要实现一体化的职普融通不可能一蹴而就,需要经过双方充分借鉴、相互沟通与渗透,同时也要保持各自的特色。近年来,普通教育的不同教育阶段都在积极吸纳、借鉴、探索职业教育的先进理念与行动逻辑,在课程实质、教材形式以及教学模式等方面的先进理念,将职业教育行动导向的知识结构与实践逻辑融入普通教育的培养过程中,获得了亮眼的成绩。因此,构建新时代现代职业教育体系,在保持职业教育与普通教育各自鲜明的体系特征的条件下,通过学历学分互认、等值等价转化等沟通方式,为二者的进一步相互渗透做好准备。

2. 职业教育与普通教育的融通

职业教育与普通教育在现有阶段处于双方借鉴、彼此沟通渗透的阶段,距离二者间的融通还存在一定的现实距离。两种教育类型的融通围绕“谁靠拢谁”的问题一直是学界探讨热点,路径主要划分为两种教育类型的衔接与转化。

其一,职业教育与普通教育的衔接。这主要指职业教育自身体系内不同层次与普通教育体系内不同层次之间的衔接。经过40多年的努力,我国职业教育在学制上基本建立了中职、高职以及职业本科的层级结构,尽管本科层面的职业教育在办学名称与属性上不是很鲜明,但在功能上已经明确成为职业教育纵向阶段中的本科阶段。当前面临的问题主要是不同学制的阶段之间是独立的,相互之间没有形成纵向顺畅的衔接通路和体系,这就需要在职业教育结构内部明确各阶段之间的关系,建立各教育阶段之间的升学通道。因此,构建现代职业教育体系需要满足两个基本诉求:一是职业教育体系中需要建立完整的学制结构,不仅要有中等、高等职业教育阶段,还要有本科、硕士,甚至博士职业教育阶段,只有实现学制结构的完整,才能称之为独立的体系;二是各学制阶段之间要建立通畅的进路,即低一阶段毕业的学生能够进入高一阶段学习,而不是职业教育的每个阶段都更加偏向招收普通教育体系的学生。

根据图3-1,本研究认为,在基础教育的学前、小学和中学阶段是职普融合的探索阶段,通过职业课程、劳作课程、实践活动的开展,学生逐步形成对职业的初步认识与探索,为未来的职业选择打下基础。普通高中的毕业生可以同时选择高等职业专科教育、高等职业本科教育、普通本科教育和应用型本科教育四种不同的教育形式;但是中等职业教育的毕业生不能升学到普通本科教育和开设普通本科专业的应用型本科教育,原因在于,职业教育的实践性特征决定了这些学生的培养规格更注重的是实践性技能的形成,而普通本科专业侧重的是理论性知识的学习,二者难以实现很好的衔接。

在本—硕衔接上,本研究认为,本科层次的职业教育可以通过升学的形式攻读学术学位研究生,同时,普通本科教育中毕业的学生也可以攻读专业学位研究生。原因在于,不论是专业学位研究生教育或学术型学位研究生教育,二者培养的都是高层次的创新性人才。如果从职业本科升学到学术学位研究生,有利于进一步深化、完善和丰富学生的理论知识,依据理论是实践的向导这一原理,学生通过学术型研究生的训练,更具有创新的潜力,符合国家培养高层次、高素质技术技能型人才的目标。同理,普通本科专业的学生攻读专业学位研究生,更能发挥理论对实践的指导作用,尤其是一些工科专业的学生,更能激发其技术创新的潜力和科技成果转化的能力。

其二,职业教育与普通教育的转化。转化指职业教育与普通教育通过一定的方式或途径在同层次教育之间的转换。现代职业教育体系与普通教育的关系具有等值融通、相互渗透、相互衔接的特点。本研究在借鉴德国等国现代职业教育体系的构建经验,以及我国学界一直关注我国国家资格框架的设计与构建,认为可以通过国家资格框架的形式来实现职业教育与普通教育之间的融通功能。

(三)职业教育与终身教育的衔接与转换

2019年中共中央、国务院印发的《中国教育现代化2035》中提出了构建服务全民终身教育的方针,关键在于要统合各种教育资源为人的一生发展而提供支持。在开放大学体系(原电大系统)的基础上又并入了在职培训、就业培训、再就业培训等,支持学历教育体系之外的社会群体接受教育的权利。构建现代职业教育体系要处理好与终身教育的关系,主要体现为面向社会与公民个体的发展需求,在社会层面职业教育体系要实现其与各种类型教育的相互转换,为公民个体提供更多的选择与可能,使公民能够拥有更多的获得感与职业生涯发展的信心。早在2010年国务院印发的《国家中长期教育改革规划纲要(2010—2020年)》中就提出将职业教育纳入终身教育体系。伴随着我国从传统工业化向新型工业化的转变,从劳动密集型产业向知识密集型产业转变,产业结构及经济社会发展形式的转变,对于个体的素质、职业技能提出了更高的要求,任何个体要获得更好的工作机会或过上高质量的生活,接受终身教育不可或缺。现代职业教育体系构建的目的就是要为不同层次的学习者提供一个多样化的学习的机会,在学习过程中能够实现在不同类型教育和层次之间的转换。但从本质上看,职业教育主要是通过职业教育与培训的形式来体现终身教育需求,为此,如何在培训过程中实现终身教育与职业教育学历教育之间的融通或衔接就至关重要。基于这一逻辑关系,本研究基于既有的政策依据和理论研究依据,初步设定职业教育与终身教育之间通过职业资格与学历互认的途径进行衔接与转换。从实践上看,终身教育自身仍存在不少问题,一是终身教育体系与职业教育体系、普通教育体系的关系还没有厘清;二是作为开展终身教育的校外机构在机制体制上面临可持续发展困境;三是由于校内校外资源的不同归属,在资源整合上如何突破不同组织的藩篱还需进一步探讨;四是虽然终身教育的概念提出已有十几年,但从国家层面还没有建立其正式的内涵体系,这就使终身教育与其他两种教育体系的融合难以有效推进。

(课题承担单位为天津中德应用技术大学,课题主持人为吴全全,执笔人为吴全全、连晓庆、徐纯。课题组成员:郑晶、宋玲玲、李梦。)

第四章　职业学校办学形态

校企合作是职业学校办学的基本模式。从校企合作这一根本性要求出发，可以全方位探索职业学校办学形态的丰富性，推动形成产教良性互动、校企优势互补的发展格局，进一步推动现代职业教育高质量发展。

一、有关职业学校办学形态的政策梳理和解读

2017 年国务院办公厅印发了《关于深化产教融合的若干意见》，指出了构建教育和产业统筹融合发展格局、强化企业重要主体作用，推进产教融合人才培养改革，鼓励企业依托或联合职业学校设立产业学院和企业工作室、实验室、创新基地、实践基地，鼓励以引企驻校、引校进企、校企一体等方式，吸引优势企业与学校共建共享生产性实训基地。

2018 年教育部等六部委印发《职业学校校企合作促进办法》文件，提出了校企合作的六种形式，鼓励职业学校和企业以多种形式合作办学，合作创建并共同管理教学和科研机构，建设实习实训基地、技术工艺和产品研发中心等。

2019 年，国务院印发《国家职业教育改革实施方案》，指出职业学校应当根据自身特点和人才培养需要，主动与具备条件的企业在人才培养、技术创新、就业创业、社会服务、文化传承等方面全面加强深度合作，鼓励职业学校建设或校企共建一批校内实训基地，促进产教融合、校企合作“双元”育人，推动职业学校和行业企业形成命运共同体。

同年，中华人民共和国教育部、中华人民共和国财政部印发的《关于实施中国特色高水平高职学校和专业建设计划的意见》提出，要打造技术技能创新服务平台，职业学校要加强与地方政府、产业园区、行业深度合作，建设体现学校特色的产教融合平台，吸引企业联合建设产业学院和企业工作室、实验室、创新基地、实践基地，形成校企命运共同体。

2020 年教育部等九部委印发《职业教育提质培优行动计划（2020—2023

年)》,指出了要深化校企合作协同与人模式改革,支持国有企业举办或参与举办职业教育,全面推行现代学徒制和企业新型学徒制,鼓励企业参与校企合作,打造示范性职教集团、技工教育集团以及高水平专业化产教融合实训基地,并健全以企业为重要主导、职业学校为重要支撑、产业关键核心技术为中心任务的产教融合创新机制。

2021 年 4 月召开的全国职业教育大会,强调要加快构建现代职业教育体系,优化职业教育类型定位,深化产教融合、校企合作,推进育人方式、办学模式改革。为贯彻全国职业教育大会精神,同年 10 月印发的文件《关于推动现代职业教育高质量发展的意见》在“创新校企合作办学机制”模块中提到了要“丰富职业学校办学形态”。文件中提到职业学校要积极与优质企业开展双边多边技术协作,共建技术技能创新平台、专业化技术转移机构和大学科技园、科技企业孵化器、众创空间,服务地方中小微企业技术升级和产品研发。推动职业学校在企业设立实习实训基地、企业在职业学校建设培养培训基地。推动校企共建共管产业学院、企业学院,延伸职业学校办学空间。这是本研究的直接依据,也是主要的研究内容。

二、职业学校办学形态的相关实践和研究成果综述

(一)国外相关实践成果综述

德国是协调市场经济模式的典型国家,基于人力资源市场对劳动者的技能要求,德国逐渐探索出就业导向的职业教育办学模式,“双元制”是德国最主要的办学形式。“双元制”的核心是以企业需求为中心,企业需求确定职业培训标准、企业和学校共同确定教育标准、行业协会和用人单位共同确定考试标准;职业学校主要负责教学以及专业理论知识的传授,企业负责学生的实践性活动。

美国是自由市场经济模式的典型国家,基于人力资源市场对劳动者技能的要求,美国逐渐探索出生涯导向的职业教育办学模式。从办学形式来看,大致可将美国职业教育分为四种办学形式——学校教育、学徒制培训、社会培训、企业内培训。美国职业教育的主要机构是综合高中、社区学院和技术学院,培养理念是培训“宽专多能型”人才,是“以能力为基础的教育”。

(二)国内相关实践的历史概述

我国职业学校经历了由厂校结合到校企合作再到产教融合的办学形态。

1. 厂校结合的办学形态。20 世纪六十至七十年代是职业学校的初步探索时期,农业中学、城市职业中学以及半工(农)半读职业学校陆续开办,校办工厂、厂办学校成为职业学校的主要办学形式。1962 年以前,我国中等职业教育以农业中学发展为主,培养具有一定农业生产知识的初级技术人才。1963 年至 1964 年,城市职业中学开始出现,培养我国劳动和技术的后备力量。1965 年,半工(农)半读职业学校大量创办。此外,原来接管的高级职业学校(多科综合的职业学校)被改组成为培养目标明确的新型中等专业学校,主要培养国民经济各部门所需的技术干部。各类学校的办学以工厂做工、农业生产为载体,形成厂校结合的办学形态。

2. 校企合作的办学形态。20 世纪 80 年代,是职业学校在市场化下办学的改革时期,该阶段的校企合作具有三种形态:一是以专业为纽带的校企合作,大量普通高中开始转型,校企合作以合办职业班、合办试点专业展开;二是以跨部门为契机的校企合作,办学合作形式变得灵活多样,各地部门间、行业间、学校间的联合办学逐渐兴起;三是国际的校企合作,我国职业学校开展对外合作,办学更具国际色彩。

3. 产教融合的办学形态。自 20 世纪 90 年代以来,职业学校进入内涵建设时期,当校企合作发展到一定阶段时,院校与企业的双向合作将会转移到区域与产业间的对接合作。这一时期的职业学校将不再以个体身份加入合作状态,而是上升至区域层面,并服务于整个产业发展。产教融合关注的是经济模式与办学模式的匹配程度,其思维主线是“经济模式—产教融合—办学模式”。基于规模效益的参考,我国职业教育集团化办学的模式多样,如以地方政府牵头的职教集团、行业主导的职教集团、学校联盟的职教集团等。

三、职业学校办学形态多样化的实践形式

职业学校办学形态以校企合作的形式为依据,在实践中表现出多种形式。

(一)校企共建产业学院

产业学院是职业学校为了提升人才培养质量,与行业产业共同合作进行的一种促进工学结合的方式,是与企业深度合作建立的以教学为主体的实践教学基地。

1. 集成式产业学院

集成式产业学院指的是一处地点具有能容纳相当规模(一般应有数百人

计)的相关产业生产经营岗位职数,同时能实现生产经营、教学培训、研究开发、生活保障等四大功能,保证产学研一体化有效实现。如浙江经济职业技术学院与浙江物产物流投资有限公司共同建设"浙江物产—经济职业技术学院物流基地"。该基地由浙江物产物流投资有限公司提供土地使用权,学院出资购置一批先进的物流运输设备设施和建立新型的管理信息系统,共同建设具有强大的区域辐射功能,以培养人才为主,以适度盈利为辅的可控性实战化实训基地。

2. 连锁式产业学院

连锁式产业学院指的是每一处只能实现为数不多的生产经营岗位数,企业整个产业经营规模是通过分布在不同地区的不连续的多个生产经营点所构成的。如浙江经济职业技术学院的汽车售后服务产业学院是学院与浙江元通集团有限公司合作,双方通过增资扩股的方式,建设"元通快修下沙分店"作为校内外一体化的、更具有职场实战性的实训基地。

3. 校企综合型产业学院

校企综合型产业学院是职业学校根据合作的企业对象以及企业对人才的需求进行规划。以福建武夷学院为例,为对接南平千亿食品产业发展战略,学校与福建圣农集团合作共建圣农食品学院。学院以"建设成为集人才培养、食品安全检测、食品深加工研究、技术孵化于一体的省内一流的产业学院"为目标,整合食品科学与工程、食品质量与安全产业链对接,打造冷链物流信息中心、食品产业链示范中心等校企共享的科研平台。

(二)校企共建科技产业园—松山湖国际创新创业社区

松山湖国际创新创业社区是东莞市政府为了加快产业转型和产教融合进程所建设的项目,旨在为松山湖高新技术产业开发区引入高职研究院集群与高新技术企业,从而促进高职院校与本地产业技术结合,推动产业升级发展,形成产学研协同创新网络。

(三)校企共建合作实训基地

这方面的典型事例是杭州职业技术学院(以下简称"杭职院")与友嘉实业集团的合作。杭职院为友嘉集团免费提供培训场地,将友嘉培训中心迁至学院内,友嘉培训教师到杭职院工作,培训费由两个合作主体共同承担,并为学院分担培训的教学任务。通过构建"工场型"课堂、实施"岗位型"实习、推行 ISO 质量管理、推行"企业化"教育模式,引入企业化管理以及推行"双师共育"模式等来实施高技能人才培养形式。学院专业与友嘉集团及其下属企业的岗位相适应,使学生所学专业与企业职业工种有效对接,在人才培养、技术培训上直接支持友嘉集团在杭州钱塘江两岸的萧山、下沙、江东三个数控机床制造基地的建设与发展,并通过先进的理事会管理机制、学校教育与企业服务的融合、教学过程与课程开发零距离,实现校企一体化运作形式。

(四)职业教育集团运行模式

职业教育集团通过类似企业集团的组织形式和管理方式,以多种联结方式整合现有的职业教育资源,使各方利益获得共赢,共同发展。以联想职业教育集团为例,该集团的集团化办学主要有以下特点。第一,采用"一体化"人才培养模式。联想职业教育集团已经与33所中职学校、42所高职学校建立了合作伙伴关系,并以培养实用型技能人才和满足企业自身发展需求为办学目标,在职业院校面向学生和教师开设"一体化"专班。第二,改革教学方式。课堂上采用"九步教学法",教师转变为"导演"的角色,激发和引导学生学习。第三,实用的课程体系。集团将最新技术、工作流程等内容融入课程体系,学生的实践技能依据集团的岗位需求培养。第四,注重对外交流。联想集团通过冠名和参与技能大赛,帮助学生展示技能、提升能力的同时,也提高了集团化办学的影响力。

四、职业学校办学形态实践发展的措施建议

(一)开展校企技术服务与合作

职业学校要积极与优质企业开展双边多边技术协作,可以从共建技术技能创新平台、专业化技术转移机构和大学科技园、科技企业孵化器、众创空间等方面进行合作。以校企共建技术技能创新平台为例,一是职业学校教师需深入企业一线,企业把技术操作提供给学校,政府以服务、引导和推动为主,三主体共同发挥各自优势,形成研究、开发、生产、应用一体化机制。二是对接"1+X"证书制度,建设职业技能培训与鉴定平台,该平台同时向社会和企业人员开放,实现职业教育与技能培训服务社会,并满足企业对技能人才的需求。三是建设以聚焦区域发展,解决企业行业技术难题的重点实验室。如深圳职业技术学院工业控制技术国家重点实验室的重点研究方向,旨在推动深圳智能科学与工程领域相关产业创新和发展。四是以创新创业为导向,建好教师科研队伍,对接产业链缺

口或职业教育重点研究方向，引进优秀科研人才，组建创新团队。

（二）校企共建实习培训基地

1. 以企业为主体提供实训场地及设备的建设模式，推动职业学校在企业设立实习实训基地。一是要组建由企业生产主管和职业学校带头人共同负责的教学管理团队，及时沟通合作过程中出现的问题，并制定学生实习实训相关制度规定。二是职业学校与企业开设订单班，实行订单培养、定向就业。校企双方共同制定人才培养方案，建立以企业专家、能工巧匠为主，专任教师为辅的管理团队，并将企业生产理念与课程相互融合。三是建立“教师工作站”，企业每年接受职业学校的教师进行实践锻炼，教师在为企业提供技术和咨询服务、促进科研成果转化的同时指导学生实习实训，完成教学任务。

2. 以职业学校为主体提供实训场地及实训教学条件的建设模式，推动企业在职业学校设立培训基地。一是要利用职业学校的师资力量、专业技术和人才优势，与企业共建“教学工厂”，由职业学校提供场地、厂房、人员等，企业提供管理、技术、资金等，引入现代企业制度，校企共建共管。二是以教学工厂、技术技能平台、众创空间等为平台，创建专家工作室，合作开展企业产品研发。三是依托平台与专家工作室，在共建实训基地、人力资源交换、联合申报科研项目、成果孵化等方面进行探索，实现校企深度融合。

（三）校企共建学院

由行业企业与地方学校共建共管产业学院、企业学院。一是政府需起到协调引领作用，出台相关配套政策和实施细则，明确产业学院的主体地位，赋予产业学院相对独立的法人地位；出台相关法律法规，明确产业学院治理体系和治理机构建设应遵循的基本原则、组织规范和总体框架，在赋予产业学院和行业企业充分的治理权的同时，从整体上约束、规范办学参与主体的治理行为，同时明确产业学院治理的发展方向和可行路径，给予产业学院治理体系建设更加切实和具体的指导。二是职业学校发挥主动建设作用，找准办学的最佳切入点，整合学校的学科专业优势，构建学科专业集群，对接产业链、创新链，并通过有特色的产业学院建设，以点带面，实现地方高校特色化发展。灵活体制机制，强化组织架构、资源配置等方面的顶层设计，组建学科专业集群，推进科技创新与产业需求的深度合作，提高科技成果转化率。三是地方行业企业要发挥深度参与作用，主动将自身优秀人才、技术需求与职业学校的教育教学资源和科技研发力量相对接,解决产业发展过程中的人才和技术难题。

(课题承担单位为天津工业职业学院,课题主持人为柴娜娜,执笔人为贾婉婉。课题组成员:杨笑、郭晓娟、于月、徐君、王晨、王维。)

第五章　技术技能人才社会地位

职业教育作为国民教育体系和人力资源开发的重要组成部分，以培养企业所需的技术技能人才为目的。而技术技能人才的社会地位问题，又直接关系到职业教育的基础保障和发展前景。

一、有关技术技能人才社会地位的重要论述和政策文本的梳理和解读

习近平总书记就技术技能人才培养及其社会地位提升问题发表重要论述，他在党的十九大报告中指出："建设知识型、技能型、创新型劳动者大军，弘扬劳模精神和工匠精神，营造劳动光荣的社会风尚和精益求精的敬业风气。努力形成人人渴望成才、人人努力成才、人人皆可成才、人人尽展其才的良好局面，让各类人才的创造活力竞相迸发、聪明才智充分涌流。"2021 年全国职业教育大会召开之际，习近平总书记对职业教育工作作出重要指示强调："各级党委和政府要加大制度创新、政策供给、投入力度，弘扬工匠精神，提高技术技能人才社会地位。"这些论述是本研究的指导原则。

我国现行法律法规关于技术技能人才社会地位的规定，多散见于《中华人民共和国劳动法》《中华人民共和国职业教育法》《中华人民共和国就业促进法》及国务院与各部委的法规制度当中，尚未形成单独统一的专门法规。从 2003 年开始，中办、国务院先后印发了《关于进一步加强高技能人才工作的意见》《国务院关于大力发展职业教育的决定》《关于提高技术工人待遇的意见》《关于推进技工院校改革创新的若干意见》《技工教育"十三五"规划》《关于印发推进企业技能人才评价工作指导意见的通知》《关于深化人才发展体制机制改革的意见》《国家中长期人才发展规划纲要(2010—2020 年)》《中国制造 2025 年》等政策文件，对推进技术技能人才管理体制改革提供了重要的政策导向和操作路径。

中华人民共和国人力资源和社会保障部分别于 2018 年和 2022 年印发《技

能人才队伍建设工作实施方案（2018—2020 年）》《关于健全完善新时代技能人才职业技能等级制度的意见（试行）》，对加强技能人才激励保障、深化技能人才评价制度改革、健全完善新时代技能人才职业技能等级制度、提高技术工人待遇等提出具体举措，对提升技术技能人才社会地位产生直接影响。2019 年国务院印发的《国家职业教育改革实施方案》明确指出“有利于技术技能人才成长的配套政策尚待完善”的突出问题，提出“畅通技术技能人才成长渠道”“畅通技术技能人才职业发展通道”等宏观政策原则，并在第 15 部分专门用一个篇幅明确提出“提高技术技能人才待遇水平”，其内容涉及职务职级晋升、工资分配、绩效收入水平和地位、劳模精神宣传等一系列重要举措，为推动形成人人皆可成才、人人尽展其才的“技能中国”社会环境提供了政策条件。

在具体操作层面，2021 年人力资源和社会保障部办公厅印发的《技能人才薪酬分配指引》，突出了从工资待遇方面推动企业建立健全符合技能人才特点的工资分配制度，为科学衡量技能人才的地位以及建立与技能人才经济地位相适应的薪酬分配原则，提供了必要政策依据。

二、有关技术技能人才社会地位的相关研究数据述评

表 5-1　我国技术技能人才发展目标

目标	2020	2025	2035
技术技能人才供给总量（万人）	19515	24340	34275
技术技能人才占就业人员比重（%）	25.0	31.0	43.0
技术技能人才供需缺口率（%）	6.4	5.1	3.8
高层次技术技能人才供给总量（万人）	6901	8758	14597
高层次技术技能人才占技术技能人才比重（%）	31	34	40
劳动年龄人口（16-59 岁）平均受教育年限（年）	10.7	11.1	12

从技能人才队伍规模与发展趋势的量化数据来看，目前我国技能人才已超过 2 亿人，占就业总量的 25%，但高技能人才仅有 5000 万人，仅占技能人才总量的 28%①，与德国、日本等制造强国相比仍有差距。“技工荒”长期存在，与技术技能人才社会地位仍待提高密切相关，已经对我国经济社会实现高质量发展产生了深层次影响。

① 引自《新华每日电视》2021 年 4 月 14 日数据。

如表 5-1 技术技能人才供给与需求情况所示①，通过实证研究的量化对比可知：从 2020 年至 2035 年，技术技能人才供给总量呈现逐年递增趋势，技术技能人才占就业人员比重将从目前的 25%提升到 43%，平均受教育年限也将从 10.7 年提升到 12 年。这表明，技术技能人才规模对整个社会就业起到重要支撑作用，国家经济社会发展也亟需大量具有技术技能的人才队伍，其综合待遇与社会地位的高低，直接决定着整个国家人力资源质量的发展水平。

就数量规模而言，到 2035 年将有超过 3.4 亿人通过接受技能培训培养而成为技术人才，技术技能人才供需缺口率将呈现缩窄态势，也就是说随着职业技术教育预期规模的不断拓展，以及预期技术技能人力资源的不断增长，将会有越来越多的劳动力资源投身技术技能工作中去，这就必然要求支持和激励技能人才社会地位的国家政策和各项制度持续发挥作用，只有将提升技能人才社会地位的政策指向和实施举措不断落实，才能增加技术技能人才总量供给，为我国吸引和培养一支规模宏大、结构优化、布局合理、素质优良的技术技能人才队伍，满足 2035 中国制造以及基本实现社会主义现代化的人才保障。

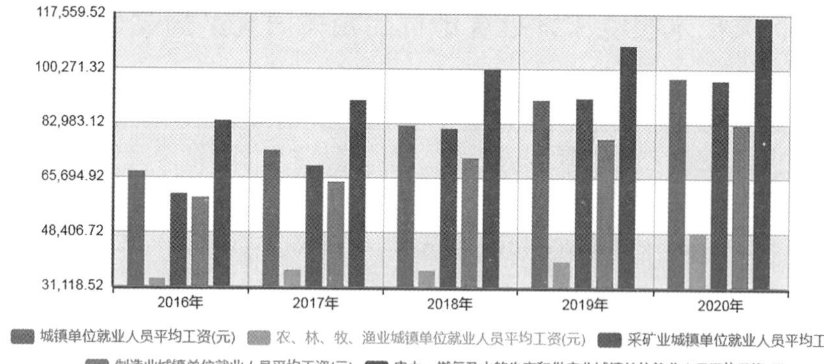

图 5-1　我国按行业分城镇单位就业人员平均工资

从技能人才队伍平均工资与城镇单位就业人员平均工资的对比数据来看，如图 5-1 我国按行业分城镇单位就业人员平均工资所示②，自 2016 年至 2020 年，城镇单位就业人员平均工资一直保持稳步增长（柱状图 1），而集中于制造业行业的技术技能人才平均工资（柱状图 4），却一直低于城镇单位就业人员平均工资，甚至低于采矿业、电力、燃气等供应业就业人员平均工资。从具体工资数

① 引自中国宏观经济研究院社会发展研究所数据。

② 引自国家统计局官网 2022 年度发布的数据。

额来看,2020 年制造业城镇单位就业人员平均工资为 82783 元,城镇单位就业人员平均工资 97379 元,在工资待遇上差距达 14596 元,这一明显待遇差别必然影响到技术技能人员占比为主的制造业发展,同时也证明提高技术技能人才工资待遇和社会地位势在必行。

三、提高技术技能人才社会地位的对策建议

(一)技术技能人才地位衡量标准的研究思路

技术技能人才地位的衡量标准应与经济社会发展要求和人才需求相适应。结合国家和地方有关发展和健全技能人才培养、使用、评价、激励制度的政策文件来看,技能人才在劳动过程中是否能够体现技能价值,是构成技能人才地位的主要衡量原则和导向。由此体现为技能人才在经济待遇上的薪酬分配制度,以及在包括职称职级、技能称号、职业环境、职业荣誉感等在内的社会待遇。由于这两部分待遇往往存在重叠关系,故在确定相应人才地位的衡量标准时,应根据具体政策导向,横向按工作性质、内容等划分不同技能序列,纵向按技能人才专业知识、技术技能、资历经验、工作业绩等因素,进行具有层级区别的标准制定,做到既体现技能人才个人能力,又反映岗位差别。由于技术技能人才地位所关涉的用人主体性质、工种类型、岗位体系十分庞杂,所以此处仅就技术技能人才地位的衡量标准作如下原则性框定。

1. 突出技能人才的职业技术技能导向

例如,技能人才对基本的职业技能操作方法和操作规范的掌握,职业意识、岗位操作熟练程度以及相应的专业知识结构等,衡量以技能人才所在岗位的胜任度以及国家制定的相关职业标准为尺度。人才地位体现在技能人才工资分配制度设计上,应合理评价技能要素贡献,突出按技能岗位、技术能力,以及由技术技能产生的绩效大小的工资结构设计,体现以技能水平高低为主要衡量标准的多劳者多得、技高者多得,形成由学徒工、初级工、中级工、高级工、技师、高级技师、特级技师、首席技师构成的职业技能等级(岗位)序列以及工资待遇结构。

2. 突出职业技能人才的岗位贡献导向

应坚持按劳分配和按要素贡献参与分配相统一的原则,建立基于岗位、技能、贡献的工资分配机制,使技能人才岗位贡献与其待遇薪酬相匹配、相适应。既充分考虑企业的组织架构、职位体系、定岗定编、岗位评价、薪酬分配、绩效管

理等相互联系的岗位实际，也充分考虑夜班津贴、作业环境津贴、班组长津贴、师带徒津贴等技能人才对岗位的衍生贡献，使普通技能人才的工资薪酬分配与岗位贡献相衔接。

3. 突出"高精尖缺"技能对国家经济发展和重大战略实施的服务导向

对于具有高超技艺技能和一流业绩水平，并长期坚守在生产服务一线岗位工作的高技能领军人才，例如全国劳动模范、全国五一劳动奖章和中华技能大奖获得者、全国技术能手等权威机关认定的"高精尖缺"技能人才，应作为技能人才队伍中的关键少数，本着高贡献、高薪酬、高待遇的原则，参照高级管理人员标准落实其经济待遇和相应的社会地位。

4. 突出岗位技术创新导向

在基于岗位价值、创新程度、业绩贡献的工资分配机制基础上，评估好技术技能人才特别是高技能领军人才对未来单位企业的潜在贡献与重要性，处理好岗位分红所得与薪酬所得的关系，突出技术技能特别是岗位关键技术创新所产生的业绩贡献。鼓励企业对高技能人才实行技术创新成果入股、岗位分红等激励方式，合理确定分红标准。参考岗位测评结果、操作技能、技术创新和经营管理等类别实际，对技术技能人才的职位职数标准、工资薪酬待遇实行动态管理。

5. 健全职业技能等级制度体系

在以技能人员为主体的规模以上企业和其他用人单位中，全面推行职业技能等级认定，普遍建立与国家职业资格制度相衔接、与终身职业技能培训制度相适应，并与使用相结合、与待遇相匹配的新时代技能人才职业技能等级制度。对关系公共利益或涉及国家安全、公共安全、人身健康、生命财产安全的职业(工种)，纳入国家职业资格目录，依法实行职业资格准入，并做好与职业技能等级认定的衔接，促进职业技能等级认定结果与培养使用待遇相结合。

(二)全方位提高技术技能人才社会地位的政策和措施建议

1. 国家政策层面

一是在就业服务、劳动人事、待遇保障等方面，革除一切对职业技术技能教育毕业生的"另类政策"，建立职业资格、职业技能等级与相应职称比照认定的制度，打破职业技能等级和专业技术职务之间的界限，有效解决技术技能人才发展的"天花板"问题。二是深化劳动人事制度改革，取消用人和人才流动中的身份、单位、部门、所有制、学历、性别等限制,构建以技术技能特别是综合素养为上的就业与劳动人事制度,支持用人单位自主开展职业技能等级认定,用人单位结合生产经营特点和实际需要,按照有关规定自主开展技能人才评价,建立与职业技能等级(岗位)序列相匹配的岗位绩效工资制,通过在工资结构中设置体现技术技能价值的工资单元,或根据职业技能等级设置单独的技能津贴等方式,合理确定技能人才工资水平。三是提高技术技能人才社会地位,探索实行高技能领军人才在工会等群团组织中挂职和兼职,纳入党委联系专家范围;鼓励行业主管部门、群团组织、行业协会、企业及社会各方面力量,以多种方式对高技能领军人才进行特殊奖励。

2. 行业企业层面

一是完善职业标准体系。建立健全由职业标准、评价规范、专项职业能力考核规范等构成的多层次、相互衔接、国际可比的职业标准体系。二是鼓励企业建立高技能人才技能职务津贴和特殊岗位津贴,切实提高技术技能人才的待遇水平,让具备工匠精神的技术技能人才获得更多来自市场的激励。三是落实提高技术技能人才和技术工人待遇的相关政策,完善符合技术技能人才特点的企业工资分配制度,鼓励企业吸纳高技能领军人才参与经营管理决策,适当提高其在职工代表大会中的比例以及相关政治待遇。

3. 职业学校层面

一是促进技工院校教学与企业用人需求紧密结合,推行工学一体化技能人才培养模式;二是深入推进育人方式、办学模式、管理体制、保障机制改革,为国家培养出越来越多的技术技能人才;围绕重大战略、重大工程、重大项目、重点产业,组织开展劳动和技能竞赛,对优秀选手给予奖励和荣誉激励。

(课题承担单位为天津市三方现代职业教育发展研究院,课题主持人和执笔人为李墨。)

第六章　普通教育与职业教育渗透融通

普通教育和职业教育渗透融通是我国建立健全服务全民终身学习的现代职业教育体系的重要理念和行动举措。本研究在梳理相关政策演进和国内外相关实践的基础上,从区域统筹职普比例、加快建立"职教高考"制度、推进国家学分银行建设、优化成长成才社会环境四个方面对加强职普渗透融通提出对策建议。

一、关于普通教育和职业教育关系的政策文本梳理和解读

2010 年《国家中长期教育改革和发展规划纲要(2010—2020 年)》指出,"职业教育和普通教育相互沟通,建立区域内普通教育、职业教育、继续教育之间的沟通机制等"。2014 年《国务院关于加快发展现代职业教育的决定》提出,"推动普通高中多样化发展,加强职业教育与普通教育沟通,为学生多样化选择、多路径成才搭建立交桥"。《现代职业教育体系建设规划(2014—2020 年)》指出,"统筹职业教育和普通教育、继续教育发展,建立职业教育和普通教育双向沟通的桥梁等"。在此阶段,国家政策强调的是普通教育和职业教育二者之间双向沟通,还未出现相互"融通"的表述。

2017 年教育部等四部门出台《高中阶段教育普及攻坚计划(2017—2020 年)》,明确将在确保义务教育优先发展的基础上探索建立综合高中,完善考试招生、学籍管理、课程实施等方面支持政策,实行普职融通。2018 年天津市教育委员会专门出台《关于进一步推进普职融通的指导意见》,旨在建立天津普通高中与中职学校相互融通路径,搭建学生成才"立交桥"。2021 年《中华人民共和国国民经济和社会发展第十四个五年规划和 2035 年远景目标纲要》提出,"深化职普融通,实现职业技术教育与普通教育双向互认、纵向流动"。这一阶段明确职业教育与普通教育之间要实现"融通",显然比"沟通"进了一大步。

2021 年中办、国办印发的《关于推动现代职业教育高质量发展的意见》,进一步明确提出职普"渗透融通",并对此进行详细描述:"加强各学段普通教育与

职业教育渗透融通,在普通中小学实施职业启蒙教育,培养掌握技能的兴趣爱好和职业生涯规划的意识能力。推动中等职业学校与普通高中、高等职业学校与应用型大学课程互选、学分互认。”这正是本研究的对象。

二、国内外有关职普渗透融通的主要实践

(一)国外职普融通的实践

德国的“双元制”将高中阶段的职业学校大致分为两类,一类是以就业为导向的职业教育,另一类就是职普融通的综合教育。德国的高等教育通过设立应用型科技大学,招收非传统的大学生,开设高教双元制课程,以实现高等教育与职业教育的融合。英国“课程转换机制”下的高中综合教育具有普通教育和职业教育同等向上的发展空间,通过调整职普融通结构,启动职普融通的课程计划,重塑技能教育体系,促进职业教育与普通教育深度融合和高质量发展,并将之作为国家经济复苏的策略。

(二)天津市职普融通的实践

1. 中小学各个学段渗透职业体验

天津市红桥区通过举行职普融通系列活动,使中小学生在技能体验中践行劳动教育。天津市东丽区持续深化军粮城中学职普融通办学特色实施,引领普通高中向多样化、特色化发展。

天津市经济贸易学校以送课上门的方式,选派优秀教师每周两次深入天津市第二南开中学,以“职业体验”课程为切入点,为七八年级学生送去食品雕刻、裱花、创意电子、二维动画、面塑等体验课程。天津市红星职专采用系统论方法设计职普学校双向沟通、协同育人的职普融通教育体系,以职普联动共建职业体验课程体系为载体,把学科学习和职业学习、劳动教育结合起来。

2. 中职与普高、高职之间的融通和资源整合

天津市机电工艺技师学院积极探索出一套以“课程共建、资源共享、师资互聘、学籍互转、学分互认”为重点的学分银行体系,构建职普融通班,建设职普融通教研室,打通了职普融通升学通道,逐步完善与职业教育发展相适应的评价机制。天津旅游外事职业学校于 2017 年率先开设了职普融通人才培养班,在专业课程基础上,将高中课程与艺术课相结合,培养学生多元发展,学生可参加两次

高考(天津市春季高考和秋季高考)。天津市电子计算机职业中等专业学校成立了职普融通班,在学习技能的同时,为学生提供高考升学的机会,经过4年的探索,该校取得了技能学业双丰收的成效。

(三)国内其他省市不断创新职普互融互通方式

2011年江苏省南京市正式启动职普融通高中试点改革,被视为高中多样化办学的"破冰"之举。2016年江苏省泰州市全面推行职普融通改革,探索普通高中与中等职业学校学分互认、学籍互转,初步建立普高与职教融合发展机制,以满足学生在普高和职教之间、升学和就业之间多次选择需求。

2016年山东省青岛市试点职普融通实验班,包括中职与本科"3+4"对口贯通分段培养(简称"3+4"本科)、五年制高等职业教育(简称五年制高职)、综合高中试点班等。2022年青岛市探索新型普职融通班,由对口合作的中职学校和普通高中共同制定人才培养方案,学生注册职业中专学籍,主要参加"职教高考",为应用型高校输送优秀技术技能人才;这类学生在高一下半学期,可以参加普通高中学校组织的测试考核,达到相关要求的学生,报市教育局审批后转入普通高中并注册普高学籍,学生在原学校获得的学分按照有关规定予以认定。

浙江省宁波市从2013年起试点职普融通教育,中职生可中途转学普高,职普融通班开办得越来越多。浙江衢州理工学校将职业启蒙教育渗透到当地的普通中小学校,在"双减"政策的加持下,开设了创客课程,送教中小学,一所学校主打一门精品渗透课程,将课堂作为职普渗透的主阵地,从而推动职普渗透走深、走实,从"人的流动"走向"课程渗透"。

三、普通教育与职业教育渗透融通的对策建议

(一)区域统筹职普比例,增强教育供给与劳动市场需求的匹配度

2022年新修订的《中华人民共和国职业教育法》提出,义务教育阶段之后职普发展要"因地制宜",表明政府不再统筹硬性规定各地的普职比例,加大区域发展教育的自主权。各地可以根据区域社会发展的程度、本地产业发展的需要、教育普及程度和当地现代职教体系建设的情况,合理规划职业学校和普通学校的招生规模,允许各地的"职普比"在一定范围内存在差异。

随着经济发展和地方劳动市场对各种人才需求的不断变化,人才培养的规格和要求也随之发生改变。现代化教育体系构建下,要切实满足人才需求结构,

办好人民满意的教育。必须聚焦培养复合型人才，因而职业教育的内容要加强文化素养、知识体系、道德规范的建构；普通教育则需要进行职业认知、职业规划、职业体验、劳动教育等教育内容的渗透和贯穿。普通教育与职业教育的数量规模上的比例和结构，要与产业发展同频共振，适应经济发展的实际需求。

（二）加快建立“职教高考”制度，优化升学评价方式

随着以“文化素质+职业技能”为内容的“职教高考”制度不断完善，职业学校学生和普通高中学生接受高等职业教育的主渠道已经形成。未来各地要持续深化“文化素质+职业技能”考试招生制度改革，通过扩大职业本科、应用型本科在职教高考中的招生计划，使职业学校学生与普通学校学生享有平等机会。2021年教育部办公厅印发《关于进一步完善高职院校分类考试工作的通知》强调，各地要合理安排所属高职院校招生计划，继续保持分类考试主渠道，同时保留高职院校通过普通高考招生的渠道。

地方政府和教育行政主管部门，要进一步出台政策和完善“职教高考”制度。一是突出职业教育特点。高职院校分类考试采取“文化素质+职业技能”的考试评价方式，其中职业技能考试成绩占比原则上不低于50%。二是完善文化素质考试。普通高中毕业生的文化素质成绩使用高中学业水平考试成绩。中职学校毕业生的文化素质成绩使用省级高校招生委员会统一组织或经省级招委会批准的少数高职院校组织的文化基础考试成绩，有条件的省份可使用中职学校学业水平考试成绩。三是完善职业技能考试。职业技能考试由省级招委会结合本地实际统筹组织实施，可采取省级统考、多校联考、高校校考等方式。

（三）推进国家学分银行建设

2022年新修订的《中华人民共和国职业教育法》规定，国家建立健全各级各类学校教育与职业培训学分、资历以及其他学习成果的认证、积累和转换机制，提出“推进职业教育国家学分银行建设”，促进职业教育与普通教育的学习成果融通、互认，同时明确“军队职业技能等级纳入国家职业资格认证和职业技能评价体系”。

接受职业培训取得的职业技能等级证书、培训证书等学习成果，经职业学校认定，可以转化为相应的学历教育学分；达到相应职业学校学业要求的，可以取得相应的学业证书；接受高等职业学校教育，学业水平达到国家规定的学位标准的，可以依法申请相应学位。

（四）优化成长成才的社会环境，树立正确的行业企业选人用人观

从更加长远的发展和宏大的背景看，职普渗透融通的必要条件，是不断提升职业教育培养出来学生的经济社会地位，进而提升职业学校的社会认可度。

2022 年新修订的《中华人民共和国职业教育法》对提高技术技能人才的社会地位和待遇，弘扬劳动光荣、技能宝贵、创造伟大的时代风尚，招录技术技能岗位人员的要求和条件等作出了明确规定。同年人社部印发的《关于健全完善新时代技能人才职业技能等级制度的意见（试行）》，明确“十四五”期末，在以技能人员为主体的规模以上企业和其他用人单位中，全面推行职业技能等级认定，普遍建立与国家职业资格制度相衔接、与终身职业技能培训制度相适应，并与使用相结合、与待遇相匹配的新时代技能人才职业技能等级制度。

随着职业教育与普通教育建立起完善的融通渠道，职业教育人才培养的“断头路”终将打通，各级各类学生的学习成果逐步实现融通、互认，社会对职业教育的认可度也必将随之发生质的飞跃，受教育者成长成才的通道会被拓宽，终将实现“人人皆可成才、人人都能出彩”的崭新局面。

（课题承担单位为天津工业职业学院，课题主持人为马建刚，执笔人为梁娈。课题组成员：梁娈、王义伟、玄洁、董文波、马叙。）

第七章 国家资历框架

建立国家资历框架是我国教育体系的一项重大制度创新。2019 年起,建立国家资历框架在某些地区和高校开始探索试点,全面推进建立国家资历框架战略已步入实践阶段。开展国家资历框架理论、政策和实践研究,对于推进职业教育高质量发展,具有十分重要的意义。

一、有关国家资历框架的政策文件梳理

自 20 世纪 80 年代第一个国家资历框架在英国出现以来,短短四十年,国家资历框架大有席卷全球之势。我国在 2016 年《国民经济和社会发展第十三个五年规划纲要》中正式提出建立国家资历框架。2019 年国务院印发的《国家职业教育改革实施方案》,提出推动资历框架发展、畅通职业教育和职业培训衔接和沟通的新举措;2019 年 2 月,同时国务院颁布的《中国教育现代化 2035》,再次强调"建立全民终身学习的制度环境,建立国家资历框架"。2021 年中办、国办印发的《关于推动现代职业教育高质量发展的意见》,更加系统地提出制定国家资历框架,建设职业教育国家学分银行,实现各类学习成果的认证、积累和转换,加快构建服务全民终身学习的教育体系。2022 年新修订的《中华人民共和国职业教育法》也提出,国家建立国家资历框架制度,建立职业教育国家学分银行,推进职业教育各类学习成果的认定、积累和转换。

二、相关研究成果和实践综述

借鉴国内相关学者的研究成果①,对国家资历框架研究的领域及其主要观点概括如下:

---

① 林素絮,张敏怡. 我国近 10 年来资历框架研究的文献分析[J]. 成都师范学院学报,2021,37(12):7-17.

第一个领域是学分银行的构建意义与局部借鉴。学分银行的概念起源于19世纪80年代美国的社区学院,而我国正式在政府文件中提出建立学分银行是在2004年。在资历框架的构建实施方面,学分银行是资历框架的制度核心,其主要功能和作用是实现学分的积累、互认和转换。同时,学分银行的建立也是推进教育资源共享,激发全民终身学习的重要环节。但是面对社区教育和老年教育等教育资源差异较大的领域来说,还存在财政支持能力不同的差别。所以,我国学分银行运行需要借鉴类似韩国的相应财政体系来保障其可持续发展。特别是在社会经济发展迅猛的今天,学分银行的构建对于提高边远地区的信息技术水平及新生代农民工的知识素养水平起到了一定的作用。

第二个领域是资历框架的运行机制与全面学习。随着国家关于建立资历框架的政策不断明朗,研究者对资历框架的相关研究不断深入和丰富。目前的资历框架涵盖各级各类教育和培训的终身教育体系,不仅包含职业教育、高等教育,还包含继续教育及其他教育培训机构。面对纵横交错的教育类型,资历框架需要完整的运行机制加以支持。综合研究者的观点,资历框架的运行机制主要包括:法律保障机制、沟通衔接机制、多元参与机制、质量保障机制、监督机制,等等。构建完整的运行机制可以实现学习成果认证有法可依,人才向上流动有通道可行,人才培养有质量保障的现实目标。

相比国内,国际上对资历框架的相关研究相对成熟,如澳大利亚、英国和德国等国家。综合研究者的讨论,对国外资历框架的研究内容主要包括:资格标准(资格证书、等级标准、规范资格、能力维度等)、学分转换与资格认定、课证衔接的沟通、资历框架组织架构、技能等级认证等。

第三个领域是资历框架的实施路径与全球化发展。资历框架的建设面临庞杂的教育体系及多变的教育政策等原因,我国应当采取逐步推进的模式构建资历框架。综合研究者的观点,主要的实施路径包括:在设想建设前,采用了通用KSC分类法、平衡计分卡、三元结构等科学分析方法;在建设过程中,采取地方先行试点,鼓励区域性框架建设,国家整体全面铺开,国际资历框架衔接的分阶段渐进模式;在具体推进中,以终身学习为理念向导,建立相关法律跟进保障,打通各教育类型的学分认定通道,政府组织院校、企业和学术机构专家学者多元参与,利用信息技术构建资历框架信息平台;在运行过程中,结合时代需求,完善资历框架质量保证体系,加强学分银行质量保障,增加学分银行公信力。

全球资历框架的建设显示出全球化的发展趋势。自联合国教科文组织于1947年首次提出“考虑学位对等问题”后,欧洲、亚太、非洲地区相继签订促进教育资历跨境认可的公约条款，同时，在欧盟、东盟等区域一体化组织的推动下，欧洲、亚洲也逐步建立起完善的教育资历跨境认可体系。资历框架构建是促进各国资历跨境认可的重要环节，世界各国纷纷建立起本国或本地区的资历框架，并寻求与世界各国的资历框架相衔接，以促进世界各国教育改革与发展，满足教育与劳动力市场协调发展的现实需求。截至 2019 年，全球已有 161 个国家建立或者采用资历框架；“一带一路”沿线的 71 个国家中，62 个国家已经建立了资历框架；我国已有 12 家省级学分银行正式挂牌，加入全国学分银行联盟的机构数量不断增加。

三、国家资历框架理论分析与模式和政策建议

（一）国家资历框架理论分析

1. 国家资历框架的概念

资历框架是由政府教育部门联合不同利益群体共同制定、反映各类学习成果的等级和通用标准体系，旨在建立各级各类教育系统和劳动力市场之间相互衔接的认证制度。

学习成果包括通过正规教育、非正规教育和非止式学习获得的学习结果：正规教育是由政府教育部门规定的教育系统组织开展的有目的、有计划、有组织、有系统的教育活动，如初等教育、中等教育、高等教育，以学历教育为主；非正规教育是指在没有预定目标和没有组织的情景中，个人在日常生活、工作场所、社区、家庭等环境中获得知识、技能、能力、态度、价值等的各类学习活动。

国家资历框架包括资历框架、学习成果认证、学分银行以及相应的标准。学习成果认证是实施资历框架的关键，学分银行是实施资历框架的管理制度。

2. 国家资历框架的理论基础

（1）终身学习理论。终身学习指个人持续一生的、有意义的和多方面的学习，人们通过终身学习，获得不同阶段所需要的知识、技能、能力、态度和价值。终身学习的目的是通过学习，应对社会的变化和挑战，实现人的全面发展。终身学习理论表明，人们从学校教育中获得的知识在一生中只是小部分，大部分知识、技能和能力都是在社会实践中通过不断地继续学习所获得。在终身学习的框架下，学习可以通过多种途径和形式在不同的场合中进行，包括正规教育、非

正规教育和非正式学习①。

(2)人力资本理论。人力资本理论把人的知识和能力作为经济增长的巨大源泉,认为劳动力的质量与劳动生产率存在着正相关,提升人的质量是经济增长的重要因素,其代表人物是舒尔茨(Schultz)和贝克尔(Becker)。人力资本理论指明具有专业知识和技术的人才是推动经济增长和经济发展的真正动力。在知识经济社会中,知识是核心的生产要素。人力资本理论为资历框架衔接教育和培训与劳动力市场需求的重要性提供了理论基础。

(3)成效为本理论。成效为本的倡导者斯巴迪(Spady)认为,成效为本的教育包括三个步骤:清楚地描述预期的学习成效;基于成效目标设计相应的学习活动;评价学生是否达到预期的学习成效目标,并将评价结果转换为标准的评价等级和学分。学生达到预期的学习成效目标,通过标准的学时及学分转换,学生就能获得相应的可互认和可转换的学分。成效为本是资历框架中保证各类学习成果公平对接的理论基础。

(二)模式与政策建议

1. 国家资历框架模式

(1)国家资历框架系统模式。构建国家资历框架应遵循目的性、整体性、协调性以及动态性四原则;发展国家资历框架应总结我国资历框架的研究和国际前沿的实践尝试;成立跨部门领导小组;整合地方资历框架,出台国家资历框架;建立质量保证体系,保障各类学习成果互认的对等性;建立公开的监管机制,成立政府认可的第三方权威认证机构;健全国家学分银行,逐步实现学分银行一站式和个性化精准服务。

(2)资格标准体系的结构。框架中的资格标准体系是一个二维结构,其中纵向上标示资格所属的等级和类型,相当于资格的名称,横向上则是各资格对应的资格标准,也即学习者应达到的学习成果要求。资格标准体系的横向维度构建以知识、技能及能力作为核心三维。知识维度是能够用语言表述的陈述性知识,技能维度主要包含程序性的认知技能和动作技能,能力维度用于表征学习者在工作情境或是共同生活中知识和技能的运用程度,包含对人和事的责任心、判断力及对自我学习过程的掌握能力等。资格标准体系的纵向等级构建以教育及

① 张伟远.国家资历框架的理论基础和模式建构[J].中国职业技术教育,2019(18):28-35+45.

职业资格体系为依据。在国家资历框架中,学历资格和职业资格是升学或就业的凭证。具有教育属性的学历资格,资格水平的提高基于学习者认知形成的规律,资格及资格标准的等级水平划分与教育体系的纵向水平划分基本一致;具有职业属性的职业资格,资格水平的提高基于学习者技能形成的规律,资格及资格标准的等级水平划分与技术技能人才职业能力的不同等级要求相适应。

2. 建设国家资历框架的政策建议

(1)建立中国资历框架。我国虽然还没有建立国家资历框架,但在资历框架的研究和创新实践方面取得了很大的进展。国家开放大学建立了学分银行制度模式和技术路径,研制了以学习成果为导向的学习成果认证框架,设计了一套完备的学分银行制度架构。广东终身教育学分银行采用标准化方法,构建地方资历框架的等级和等级标准,以标准作为学分计算和学分转换的基础,并开始探索和尝试粤港澳资历框架的对接。因此,在构建我国国家资历框架中,有必要总结各地已有的经验,凝聚全国的力量,实现中国标准和国际标准的对接,中国标准与本土需求匹配,中国创新和国际发展结合,并通过持续不断的创新实践,逐渐发展具有中国特色的资历框架理论。

(2)建立跨部门领导组织。我国有着世界上最为纷繁复杂的多元化学习成果类型,构建国家资历框架因而是特别复杂、难度极大的系统工程。这就需要由教育部联合人社部、民政部、发改委、工信部、财政部等多部门领导组成“国家资历框架建设领导小组”,负责组织协调工作,制定工作路线和时间表,特别是做好国家资历框架的法规条例、管理监督、质量标准、体制机制等的顶层设计。

(3)加速出台学习成果认证的标准和制度。非正规和非正式学习的学习成果认证具有复杂性、分散性和无序性的特点,如果缺乏严格的、科学的认证标准和制度,学习成果的认证难以保证公平和公正,难以获得全社会和各行各业的认可,甚至会适得其反。因此,学习成果的认证必须基于最权威的国家资历框架的等级、标准和评价体系,保证学习成果认证的公正和公平的量化及对接。

(4)整合地方资历框架。我国存在着不同的资历框架等级和等级标准,不同资历框架的资历标准维度和等级标准描述不尽相同,但可以通过资历等级标准的关键指标分析进行对接。在我国国家资历框架建设中,不是简单推翻和重建,而是要建立能把所有资历框架对接起来的国家资历参照框架,以国家资历框架为参照系,实现现有不同资历框架之间的对接,让所有人的学习成果从地方认可扩展到全国范围内的认可。

(5)保障与国际资历标准的对接。在构建我国国家层面的资历框架中,需要打通我国资历框架标准和国际资历框架标准,我国学习者在国外获得的资历通过认证得到认可,同时认可来我国的国外人士的资历,鼓励国外人士参与到我国终身学习社会的建设中,促进我国教育国际化和人才标准的国际对接①。

(6)建立公开的监管机制。学习成果的认证需要采用公开的监管机制,做到透明、公平、公正,保证认证过程和认证结果的权威性。可通过政府认定的、有公认的认证资质和明确的认证职责的第三方机构进行监管,以保证学习成果认证的权威性和公信力。

(7)健全国家学分银行。国家学分银行是从国家层面对各类学习成果进行学分积累和转换的电子数据库,学分银行的核心在于各类非正规教育和非正式学习成果的公平和等价的兑付。因此,需要在国家资历框架的基础上,建立学习成果认证的标准和机制,保证学习者获得的学分可存储、可查询和可兑换。建立国家学分银行,应采用互联网、大数据、人工智能、区块链等新兴技术,为全社会提供一站式的智能化和个性化的学分银行服务。

(课题承担单位为天津市三方现代职业教育发展研究院,课题主持人和执笔人为高文杰。)

---

① 张伟远,傅璇卿.搭建终身学习立交桥的七大任务:基于香港的实践[J].中国远程教育,2013(10):5-10+95.

第八章　德技并修

德技并修是立德树人在职业学校的特殊要求。本研究从构建“一二三四”课堂的角度,探讨德技并修的实践推进。以护理专业为例,探索高职院校贯彻落实德技并修的具体路径,为同类学校提供可借鉴参考的案例。

一、相关政策的梳理和解读

2017 年 5 月,李克强总理对第十届全国职业院校技能大赛作批示时指出,提升职业教育水平是我国教育事业发展的重要内容,职业院校应坚持“工学结合,知行合一,德技并修”,努力培养造就高素质劳动者。这是首提“德技并修”。同年教育部职业教育与成人教育司在《关于征求对〈教育部关于职业院校专业人才培养方案制订工作的指导意见(征求意见稿)〉意见的函》中明确指出:“把培育和践行社会主义核心价值观融入教育教学全过程,促进学生德技并修、全面发展。”

2018 年习近平总书记在全国教育大会上指出,要坚持把立德树人作为教育的根本任务,并强调“高度重视职业教育,大力推进产教融合,健全德技并修、工学结合的育人机制,源源不断地为各行各业培养亿万高素质的产业生力军”。这里将“德技并修”确定为“育人机制”。2021 年中办、国办印发的《关于推动现代职业教育高质量发展的意见》再次强调:“坚持立德树人、德技并修,推动思想政治教育与技术技能培养融合统一。”这里强调的是职业教育高质量发展的“工作要求”,将德技并修放在立德树人之后,用“思想政治教育与技术技能培养融合统一”展开其内涵。

二、已有相关实践和研究成果综述

(一)对已有德技并修相关实践的评述

有论者通过研究总结道:“德技并修”在具体实施过程中存在一定的问题,主要有:德技并修意识不强,产教融合发展不充分;德技并修、校院企合作育人机制不健全;出现“技能化”专业教育倾向,重视技术技能水平培养,忽视人文素养培育。①

许多研究中针对上述问题提出了诸多对策,例如:加强顶层设计,健全职业教育德技并修、产教融合协同育人机制;强化政府主导,构建协同育人的校院企关系,促使政府、学校、学生、医院、行(企)等职业教育多个主体实现共赢。②

(二)已有德技并修相关研究成果综述

2019 年第 4 期《中国职业技术教育》集中刊发了刘宝民、庄西真、汪永智、梅亚萍等研究者的一组文章,这些文章从政策、基本理论、实践路径和策略等角度对德技并修进行了较为系统的研究。③

此外,赵斌等人在《产教融合视域下的职业教育德技并修育人探析》文中描述了产教融合视域下职业教育德技并修育人路径。罗元元等人在《高职院校医卫类专业德技并修育人模式构建策略》文中重点阐述了高职医卫类专业“德技并修”育人模式创建措施。蒋强在《高职院校制造类专业德技并修育人体系与路径研究》文中深入浅出地讲解德技并修育人体系构建和实施路径。

(三)德技并修的内涵界定

综合以上各种观点,根据课题组的调研,本研究对德技并修做出自己的界定。“德”首先是指思想道德和品德修养,当然也包括职业精神、职业态度、职业尊严感等其他要素,是学生发展的根本与底蕴,是获得人生价值的保障。“技”

---

① 胡莉娜,程刚,邢菁.产教融合背景下金融科技人才职业素养培育研究[J].科技和产业,2022,22(03):240-244.

② 赵斌,孙标,胡革.产教融合视域下的职业教育德技并修育人探析[J].江苏工程职业技术学院学报,2019,19(01):79-82.

③ 赵蒙成,王洁.“四新”背景下职业教育德技并修研究的现状与反思[J].高等职业教育探索,2020,19(01):1-7.

是指手艺、本领、技术或职业技能，是学生安身立命的保障。“德技并修”即指在职业教育培养技术技能人才的过程中，在“修德”的同时“修技”，以德驭技、以技育德，两者缺一不可。

三、高职院校德技并修育人路径的探索

（一）德技并修育人路径的一般要求

坚持校企合作，整体规划人才培养各个环节，把技能训练和德育教育贯穿于人才培养全过程，搭建多维度的育人平台，细化学生考核评价体系，以专业建设和人才培养为主线，通过打造“一二三四”课堂，全面融入“德技并修”的理念。以“第一课堂——思政课程与课程思政建设”“第二课堂——职业精神培养品牌活动”“第三课堂——校院企合作”“第四课堂——网络思政教育”为途径，培养学生综合能力和职业素养，全方位提高学生培养质量，实现德技并修的高素质、高技能人才培养目标。

（二）德技并修育人路径的实践探索——以天津医学高等专科学校护理专业为例

1. 筑牢“第一课堂”，思政教育融入课程建设

（1）思政课程体现“德技并修”要求。作为医学院校，思政课程要从学生面临和关心的实际问题出发，融入“敬佑生命、救死扶伤、甘于奉献、大爱无疆”的职业精神，强化医学生精益求精、吃苦耐劳、服务基层等岗位素质要求，并打造“线上+线下”“校内+职场”全方位的实践育人模式，通过以问题为导向，提升教学针对性；以故事为线索，提升教学亲和力；以“请进来、走出去”为实践活动，突出教学的实效性；以体验式教学为补充，提升学生参与度。

（2）专业课程“课程思政”体现医学特色。护理专业联合医院、企业，联手打造护理专业课程思政案例素材库，开发课程思政案例资源建设标准、评价标准，以标准建设引领高质量课程思政示范课建设。联合兄弟院校创建“主题鲜明、内容丰富、案例鲜活、检索便捷”的护理专业课程思政案例素材库，以卫生职业领域的人物故事、行业发展、护理发展历史及护理临床实践中的思政元素为核心，重点展现卫生健康职业领域内的思政教育素材。开发“信仰、文化、榜样、传承、实践、伦理法规”六大模块，案例资源 120 余个。

（3）师资队伍建设紧扣“德技并修”。教师每年到临床实地感受能工巧匠在

一线的工作过程和精益求精的工匠精神。实施特聘兼职教师制度，聘请临床技术骨干到校任教，这些兼职教师在带来临床最新技术技能的同时，他们在长期的临床实践中形成的吃苦耐劳、一丝不苟的工匠精神能潜移默化地影响学生。

2. 依托“第二课堂”，加强劳动教育和职业精神培养品牌活动建设

（1）结合专业扎实开展劳动教育。护理专业与行业单位共建劳动教育实践基地，搭建学生在医院进行理论与实践学习的平台。与学校周边社区街道紧密联系，建立长期的志愿服务合作，每年 3 月份以“学雷锋”志愿服务活动和职业教育宣传周为契机，护理专业教师带领学生下沉社区开展义诊活动。每年护理专业学生都前往蓟州、宝坻、宁河以及甘肃省武威市开展大学生暑期“三下乡”社会实践活动。

（2）开展职业精神培养品牌活动。学校依托“5. 12”国际护士节，组织内容新颖、形式多样的系列护士文化节教育活动，如举办国际护士节庆祝大会和优秀毕业生学习分享会，邀请实习基地护理专家和带教老师做护生职业素质教育主题讲座，开展公益科普宣教活动，开展护理专业知识竞赛、护理职业技能大赛、护理礼仪大赛等。这些活动不仅丰富了校园文化生活，而且有利于提高学生的综合素质。

3. 积极开拓“第三课堂”，校院企合作培育人才

（1）构建校院协同育人平台，健全人才培养机制。将医院、企业等作为人才培养的“第三课堂”，与行业专家共同开创“总—分校，3+2 工学交替”的护理专业人才培养模式。建立“校院协同共育、医学人文融通”的职业素质培养模式，健全“总—分校，校院协同育人”的人才培养机制，形成“教室进医院，课堂进病房”3+2 工学交替的教学运行模式。

（2）建立兼职德育导师团队，加强学生思政教育的针对性。选聘由国际南丁格尔奖章获得者、好医生、好护士、优秀抗疫校友等组成“兼职德育导师团队”，实施兼职导师领航工程，导师覆盖率达 100%。受聘的兼职德育导师直接参与学校的各种思政教育活动，帮助专业制定学生职业精神和职业道德培养规划、实施方案及结果评价体系；参加学生思政教育活动，结合临床实际工作案例为学生进行思政教育讲座等。

4. 创新“第四课堂”，发挥网络育人实效

（1）构建网络育人平台，丰富德技并修育人途径。建设“天津医专学工在线”和“医专护理系 students”微信公众平台，两个平台通过文字、图片、视频等形

式弘扬正能量，构建旗帜鲜明、内涵丰富的网络育人阵地，借助学校优秀校友事迹讲好“德”和“技”的内涵故事，引导广大学生以德为本、以德引技、以技固德、德技互融。

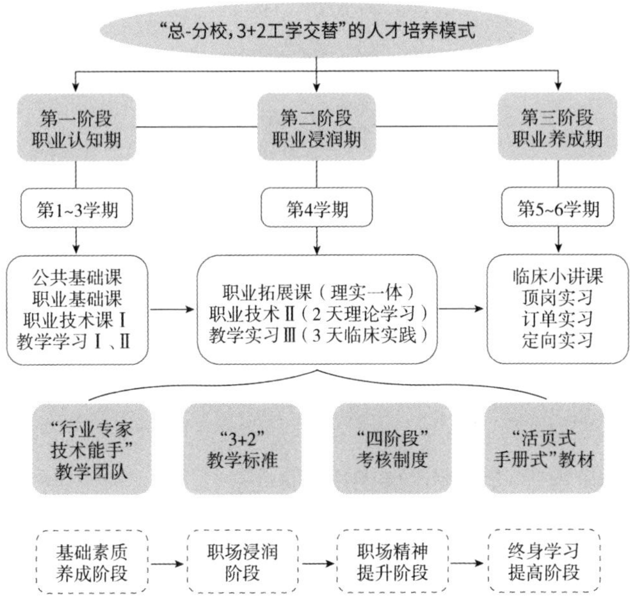

图 8-1　护理专业人才培养模式运行图

（2）依托智慧学工系统，用大数据记录学生成长。学校依托“今日校园”App初步构建学生服务管理信息化框架，系统包括第二课堂、学工队伍、学生住宿、迎新服务、困难生评定、学生问卷调查、学生基本信息、综合测评等模块，基本满足了学生日常学习、志愿服务、社会实践、评奖评优、生活资助等各个方面的信息化需求，有效记录并真实反映学生在校期间职业道德水平、专业理论知识和专业技能训练水平，实现了学生从入校到离校的全过程服务和管理，特别是能追踪学生德智体美劳全面发展的成长历程，为“德技并修”的有效推进准备了条件。

（课题承担单位为天津医学高等专科学校，课题主持人为左红，执笔人为张鑫、韩李梅。课题组成员：张鑫、薛梅、韩李梅、岳香君、高琳璐、臧婵媛、海润玲、刘娜、兰萌、王娜。）

第九章 职业教育产教城融合生态系统的构建

职业教育产教城融合是一个较为新颖的提法,特别是在国家政策层面提出这个概念更具有标志性意义。虽然在实践上产教城融合已有很多很好的案例,但需要加以总结和提炼。本研究主要是将产教城融合看作一个生态系统,提出其运行和构建路径等思路。

一、相关政策文本的梳理和解读

近年来,中央和各级地方政府相继出台政策,明确要求实现产教城融合,以此推进产业、行业、企业、专业、就业有效衔接、紧密互动、深度融合。其中有代表性的文件有:国务院办公厅印发的《关于深化产教融合的若干意见》,国务院发布的《国家职业教育改革实施方案》,国家发改委等部门印发的《国家产教融合建设试点实施方案》,中华人民共和国教育部、天津市人民政府联合发布的《关于深化产教城融合打造新时代职业教育创新发展标杆的意见》,中办、国办印发的《关于推动现代职业教育高质量发展的意见》,新修订的《中华人民共和国职业教育法》,人社部发布的《关于健全完善新时代技能人才职业技能等级制度的意见(试行)》等。这些文件聚焦国家重大战略,着眼于统筹产教城规划发展、明确产业需求导向、创新应用型高技能人才培养模式,以营造有利于技能人才成长和发挥作用的制度环境。

二、已有相关实践和研究成果综述

国内外相关学者就职业教育产教城融合、生态系统研究、产教城融合生态系统研究等问题开展了大量研究,为产教城融合的理论与实践探索提供了良好条件。

(一)国内研究概况

国内学者多从生态学视角研究职业教育产教城融合生态系统,研究重点主要集中在产教城融合生态系统的内涵、要素、运行机制,指导职教界与产业界互动发展。例如,何龙安指出产教城融合的系统中地方政府、产业体系、职教系统三方存在相互包容而稳定的关系。[①] 曾璐璐研究了产教城生态系统中地方政府综合协调、企业发挥市场主体作用、高校实施人才培养的分工协作与发展融合。[②] 曹靖分析企业主体参与现代学徒制的动力与保障机制问题。[③] 姜大源基于国家实施扩大内需战略、全面强化就业优先政策背景,以经济学视野探讨职业教育的跨界特点。[④] 张志平分析了职业教育产教城融合工作中存在的顶层设计碎片化等方面的问题,提出强化绩效质量管理的建议。[⑤]

(二)国外研究概况

国外学者主要从产教城融合的内涵、影响因素、人才培养模式等方面开展研究。TaranThune(2011)指出背景、组织和过程是产业与教育顺利实施合作的三个主要因素。对于通过产教城融合实施人才培养,各国都以本国国情为依据,从其本质及其特点来看,一是企业主导,以德国的"双元制"、日本的"产学官"为典型;二是校企并重,以美国的"契约合作"、英国的"学位学徒制"为典型;三是高校主导,以澳大利亚的"新学徒制"为典型,形成了一套较为成熟的人才培养模式。

三、职业教育产教城融合生态系统构建案例研究

本研究以天津相关高等应用技术学校和职业院校为例,以服务京津冀地区、

① 何龙安. 基于 OBE 视角产教融合生态圈构建研究[J]. 合作经济与科技,2018(05):130-133.

② 曾璐璐. 新时代高职教育产教共享生态系统的建构[J]. 哈尔滨职业技术学院学报,2019(04):13-16.

③ 曹靖. 产教融合型企业的孕育、生成和成长——基于企业生产要素变革的视角[J]. 职教论坛,2020,36(11):24-30.

④ 姜大源. 基于经济学视野的高职跨界研究——《中国高等职业教育发展的经济学研究》评介[J]. 中国职业技术教育,2021(10):95-96.

⑤ 张志平. 职业教育产教融合 2.0 时代的内涵演进、应然追寻、实然状态与路径抉择[J]. 成人教育,2022,42(03):66-73.

天津市滨海新区、天津市津南区产业发展的实际状况为据，探讨产教城融合的生态系统构建问题。

（一）产教城融合发展现状

1. 产教城融合模式

（1）“政—校—企”多元交流。天津市落实“京津冀协同”发展战略，确立了“制造业立市”战略部署，明确构建“1+3+4”现代工业产业体系。2020 年起由市人才工作领导小组牵头，联合承接区、普通高校、职业院校及企业、科研院所等，创立十大产业人才创新创业联盟。院校承办世界智能大会相关论坛，深入对接智能产业等重点领域发展，发布产教融合项目，推进大学科技园建设。天津中德应用技术大学发起成立天津市工程师学会，推动天津市工程师学会秘书处、天津市工艺美术学会秘书处落户学校；天津职业大学建设汽车职业教育集团等专业型职教集团。

（2）产教协同人才培养。以重大校企合作项目为牵引，校企双方签订人才培养协议，共同制定人才培养方案，切实发挥企业在实践教学环节的主体作用，形成“人才共育、过程共管、成果共享、责任共担”的工作机制。如天津中德应用技术大学实施不同模式定制化人才培养，与大众变速器合作实施的“双动力”人才培养项目和与博世力士乐合作实施的“博世力士乐双元制班”项目成为其中特色鲜明、成效显著、合作层次深入的典型案例；天津铁道职业技术学院与天津地铁、深圳地铁合作实施订单培养；天津职业大学联合天津市民政局、福老基金会等养老机构，创新现代学徒制人才培养。

（3）多元合作办学。以院校为主体，政府、行业、企业共同培养适应产业发展的高素质应用型、技术技能型人才。如天津中德应用技术大学与津南区政府共建“碳中和应用技术与职业创新研究院”，推动产教城深度融合，助力津南“双碳”工作先行示范区建设；与荣程集团共同发起成立“天津金属材料与质量管理工程产业学院”，构建高层次应用型人才培养模式。天津职业大学探索建立“华夏眼视光学院”“津菜学院”等混合所有制二级学院。

2. 各相关方诉求分析

通过对学生、院校、企业、政府等相关方进行调研，分析各方在产教城融合中的诉求。

(1)学生。作为职业院校学生,最希望通过企业实习,提升自身的知识、技能水平,进而获得一份有竞争力、职业发展前景广阔的工作,在为社会主义现代化建设贡献力量的同时,获得满意的收入。

(2)院校。作为职业院校,开展高质量人才培养需要政策激励与保障、政府资金投入,需要与合作企业按照经济社会发展需求,共同制定人才培养目标、设计教学计划,共同建设校内外实训基地,并且需要合作企业提供相关实习就业岗位,其核心诉求是通过产教城融合,深化培养模式改革,提高人才培养质量。

(3)企业。作为企业,实现可持续发展最重要的因素是获得具有专业能力的人才。除此之外,头部企业希望获得更多政策资源支持,以及通过产教城融合搭建更加宽阔的合作交流平台;中小企业更多希望同院校师资进行交流,共同开展科研技术合作。

(4)地方政府。地方政府承担着将政策链与教育链、人才链、产业链、创新链有机衔接的重要职责,需要学生、院校、企业将真实的需求情况进行及时反馈,以便政府随时制定相应政策,并推动产教城深度融合,从而构建经济文化生态良性持续发展态势。

3. 产教城融合效果分析

调研发现产教城融合过程中存在以下问题,需要各方努力解决。

(1)合作意愿强烈,但合作能力不足。在新发展阶段,企业在科研攻关、科技成果转换等方面有大量创新型技能人才需求,但作为人才供给侧的院校在教学、师资、生源情况等各有不同,企业人员教育教学经验不足,毕业生进入社会需要解决磨合期的矛盾等,校企之间难以形成紧密合作。

(2)合作关系容易确立,维持长时间合作难度大。在产教城深度融合的实施过程中,人才培养有其客观规律,需要长期投入且短期内不易见效;政府、企业、职业院校有各自管理及运行机制,在合作项目运行中需要进行持续沟通协调;遴选组建专项团队成立项目组,需要具有丰富的管理经验和专业能力,以应对诸如学生无法适应企业管理、流失率高的问题。这些问题的解决,需要有一个过程,有的问题可能长期无解。

(3)各方满意度还有提高的空间。学生、院校、企业、政府等相关各方在产教城融合过程中都有不同程度的收获,但是各方所表现的获得感仍不容乐观。就学生角度讲,对校企共同制订的教学计划、企业实习实训机会较为满意,但对所学知识的更新速度、企业岗位等反馈评价不高。从企业角度,对地方政府资源政策协调、高校生源支持评价较为积极,但对政府支持力度、学校社会服务能力的评价差别很大。从学校角度,对政府主导及企业提供实习实训资源和就业岗位较为满意,但对企业对人才培养过程的参与程度反馈仍有较大提升空间。

(二)产教城融合案例分析

以天津中德应用技术大学为例,学校坚持开放办学,服务京津冀、滨海新区、津南区等产业发展,在推进产教城融合中建设了一百余家企业的稳定的合作资源库,建成了一百四十余个校外综合实训基地。学校持续深化与博世力士乐、大众变速器、荣程钢铁等龙头企业的合作,不断创新人才培养模式,有力支撑了学校教育教学改革与专业发展,进一步增强了学校的社会服务能力和影响力。

1. 博世项目——服务京津冀协同发展战略

2011 年 6 月,学校与博世力士乐(北京)液压有限公司达成共识,按照“德国双元制模式”培养人才。自 2018 年起,以博世项目为抓手,联合承德应用职业技术学院共同对应专业学生为对象遴选组建“博世班”。自 2020 年起,以整专业联合培养模式共建“电气自动化”专业,并在此基础上按照“项目+团队”的模式,本科层次共同实施“功能与软件开发工程师”人才项目。截至目前已累计培养学生 178 人,毕业生逐渐锻炼成长为企业生产、质量、工艺等岗位的业务骨干。

2. 大众项目——服务天津滨海新区开发开放

2015 年 5 月,学校与大众汽车自动变速器(天津)有限公司、天津开发区管委会共同签署“双元职业教育备忘录”,三方就采取德国“双元制”教育模式的校企共同培养技能型人才达成高度共识。2016 年 2 月,大众“双动力”项目正式启动,校企双方共同制定人才培养方案,将学校理论课程与企业专业实践相结合组织教学,在“机电师”“质量师”“物流师”三个专业方向,在高职层次进行双元制人才培养。自 2020 年起以整专业联合培养模式共建“机电一体化”专业,并在此基础上以“德语”本科为试点,开展商务双元制合作,以市场需求为导向,培养具有德英复语能力、兼具职业技能的跨专业复合型人才,2021 年成功获批“天津市首批新文科研究与改革实践项目”。截至目前,大众项目已覆盖高职和本科共 21 个班次,惠及学生四百余人,其中机电一体化专业 2016 级毕业生殷时玉、2017 级毕业生张立冬分别在 2019 年、2020 年获得大众集团全球最佳学徒奖。

3. 荣程项目——服务所在地津南区企业

2021 年 10 月,天津中德应用技术大学与天津荣程祥泰投资控股集团有限公司共同发起成立“天津金属材料与质量管理工程产业学院”,并签署废钢、能源两个项目的技术服务合作协议，校企双方全面启动战略合作。2022 年 5 月，校企双方进一步贯彻落实国家“3060 战略目标”，深化产教融合，组建“荣程班”，推进智能制造背景下先进金属材料产业链、创新链、人才链紧密衔接，打造协同育人新模式。校企双方不断创新人才培养模式，持续提升人才培养质量，将具备学历资质、专业对口、技术技能过硬的人才输送到荣程的专业技术队伍中，满足企业人才战略发展和升级需求，为数字化转型绿色低碳高质量协同发展奠定人才基础。

（三）产教城融合生态系统建设路径

1. 聚焦政策协同，优化共生环境

在国家政策法规引导下，职业教育产教城融合各主体实施合作，要发挥政府主导、行业指导和企业主体作用，持续聚焦政策协同，营造深化产教城融合的良好的舆论环境，引导弘扬尊重知识和技能的正向舆论，集成政策、经济、文化、科技等相关要素，推进合作项目实施。

2. 强化共建意识，树立共赢思维

产教城融合各主体在追求提升人才培养质量、扩大社会效益的目标上的一致性，为各方树立共建、共赢、共享的意识，充分配合协作奠定了合作基础。创新人才培养方式，提升学生文化素养，吸收企业优秀文化，强化责任担当，培养工匠精神和职业精神。

3. 依托人才培养，串链强链补链

在产教城融合的生态系统中，人才培养是各主体的最大交集，需要政策链、教育链、产业链、价值观有效衔接，协同培养人才。“1+X”证书是围绕产教城深度融合开展的人才培养模式创新，是实现技能培训的等级化、模块化、学分化的有效路径。同时，要进一步整合、优化配置资源，搭建平台，确保资源时效性、有效性和价值最大化。

4. 关注利益诉求，构建分配机制

对政府而言，推动产教城深度融合是通过制定政策并推动实施，充分调动主体要素，实现经济社会可持续发展；企业的利益诉求是提升企业品牌和形象，获得人才、技术、政策支持以实现高质量发展；职业院校的诉求是打造校企合作升级版，服务人才培养中心工作，提升学校管理水平，锻炼师资队伍。因此，要综合考虑各方利益，激发各主体内在动力，实现“人才共育、过程共管、成果共享、责任共担”的工作机制和成效。

（课题承担单位为天津中德应用技术大学，课题主持人为吴亚军，执笔人为朱云龙。课题组成员：王守志、沈惠旺、孙娜、郑晶、徐纯、赵昌丽、王倩、张健、赵真、于洋、王姣姣。）

第十章　产教融合城市建设

产教融合城市建设尚在试点之中，天津市津南区为试点单位。本研究通过政策分析和相关调研，对产教融合城市提出界定，并对天津市产教融合城市建设提出具体实施路径，为相关实践提供理论支持。

一、相关政策文本的梳理和解读

2017 年印发的《国务院办公厅关于深化产教融合的若干意见》提出，根据国家区域发展战略和产业布局，支持若干有较强代表性、影响力和改革意愿的城市、行业、企业开展产教融合建设试点。2019 年国家发展改革委、教育部等六部委联合印发《国家产教融合建设试点实施方案》，提出试点建设首批 20 个左右产教融合型城市，并适时启动第二批试点，将改革向全国推开；通过 5 年左右的努力，试点布局建设 50 个左右产教融合型城市，从而进一步深化产教融合，促进教育链、人才链与产业链、创新链有机衔接，推动教育优先发展、人才引领发展、产业创新发展、经济高质量发展的相互贯通、相互协同、相互促进。2021 年国家发展改革委办公厅、教育部办公厅印发《产教融合型企业和产教融合试点城市名单的通知》，该通知作为《国家产教融合建设试点实施方案》下位细化方案，进一步明确了产教融合型城市的建设目的和要求。天津市津南区入选首批试点城市名单，面向区域经济发展战略，通过推出扎实有效的改革举措，发挥先行示范引领作用，确保如期实现试点目标。

2021 年《教育部　天津市人民政府关于深化产教城融合打造新时代职业教育创新发展标杆的意见》的发布和全市职业教育大会的召开，标志着天津职业教育创新发展正式进入 4.0 阶段，开启了高质量发展的新篇章。同期，市发改委会同市教委、市人社局、市财政局等部门，编制完成了《天津市产教融合型试点城市建设实施方案》，提出具体改革任务和举措，并分别制定《问题清单》和《举措清单》。2022 年津南区发改委发布了《津南区推进产教融合型试点城市核心区建设实施方案》。这一系列文件的出台,针对产教融合工作中存在的问题,提出了“金融+财税+土地+人才”等4个方面22条组合激励政策,全面构建产教融合发展的制度保障体系。

总的来看,关于产教融合的内涵和功能逐步发生了改变,校企均为主体,倡导在政府统筹管理下,发挥市场作用,聚合教育和产业体系的优势资源要素,建立健全协同创新机制。2022年新修订的《中华人民共和国职业教育法》明确强调:“国家发挥企业的重要办学主体作用,推动企业深度参与职业教育,鼓励企业举办高质量职业教育”,校企“双育人”主体得到法律上的肯定。这些都折射出未来打造产教融合城市将以城市承载改革的前提下,将各地区重点工作、民生大事,作为切实推进产教融合建设的具体项目来抓,建立以城市为节点、行业为支点、企业为重点的改革推进机制。

二、已有相关实践和研究成果综述

产教融合城市中的“产”指的是“产业”,具体表现为城市产业企业;产教融合型城市中的“教”指的是“教育”,表现为各类中等及高等教育学校,尤其是各类职业教育学校。全国较早出现“产教融合”这一词汇的,是江苏紫琅职业技术学院2007年12月发表于《中国职业技术教育》杂志、介绍其办学经验的文章《产教融合特色办学》。2019年发布《国家产教融合建设试点实施方案》以来,在国家、地方政府层面对产教融合的研究逐渐增多,针对产教融合城市建设的研究,目前有12篇。

根据对国外相对发达的产教融合城市,包括伦敦、纽约、东京、旧金山、波士顿、巴黎、筑波、新西伯利亚、慕尼黑、斯德哥尔摩、班加罗尔、新加坡等城市的生成和发展经验研究,发现产教融合城市的经济社会发展要高度繁荣,该城市必须高等教育是发达的,且类型健全,既有一流大学和地方重点院校,也有应用型高校、高职高专,并且有基于国家的战略规划和政策支持。在建设过程中,产教融合型城市注重创新产教联动方式,重视发挥科研院所联动作用,注重科技园、产业园和大学城之间的联动并促进产教融合组织间的联动融合;从政府放松管制、激发市场活力,打破围墙办教育、促进要素资源跨系统流动,创新学校治理结构、推进社会参与教育治理常态化等方面深入推进产教融合治理机制改革;从创新思维培养、营造良好创新创业氛围、培养合作意识、塑造合作文化、为创新和合作提供政策支持等方面营造良好的产教融合发展环境。①

国内第一批产教融合城市，如广州、常州、娄底、郑州、泉州等城市在对产教融合城市建设研究中分别从政府、教育、企业(产业)三方面开展。廖春萍等人对广州建设产教融合城市研究中提出要建设城市产教融合平台、引入优惠及政府扶持的产教融合项目来进一步为产教融合城市建设注入生机和活力。② 林春蓉在对泉州创建国家产教融合试点城市的研究中指出，要坚持以人民为中心的发展理念，实现产教科才城有效融合。③ 韩连权等人在对江苏常州产教融合城市试点建设的研究中指出，要建立以专业(群)为核心的产教联盟，围绕地区产业发展优化专业布局。④ 杨刚要在对郑州产教融合城市建设路径的研究中提出，可以通过建设产业学院、产教融合型实训基地、产学研合作育人项目等方式拓宽企业参与产教融合的途径。⑤

综合以上产教融合城市研究和天津市津南区目前建设的现状，可以发现存在着一些问题，如产教融合城市定义不清，也就没有明确的评价标准；政府、院校、行业企业分工不明确，有效交流和衔接的平台欠缺；企业参与产教融合城市建设的内生动力不足，市场调节作用欠缺。

三、以天津市津南区为例研究建设产教融合城市建设的具体路径

关于产教融合城市的定义，各界尚未形成统一的共识。本研究认为，产教融合城市是指工业城市发展到一定阶段后，产业资源与教育资源互相融通、优势互补、统筹发展、良性互动的城市新发展格局。基于此界定，产教融合型城市具有以下典型特征：一是具有先进的产业基础和产业结构，特别是高科技产业发达，紧跟国家战略需求；二是具有丰富的教育资源，至少需要具备中职、高职、本科三

---

① 陈星. 基于国际经验的产教融合型城市建设路径探索[J]. 中国职业技术教育，2020(06)：54-59.

② 廖春萍，郑志林. 广州建设产教融合型试点城市的体制机制创新研究[J]. 创新创业理论研究与实践，2020，3(21)：157-159.

③ 林春蓉. “晋江经验”引领下泉州创建国家产教融合型试点城市的路径[J]. 黎明职业大学学报，2021(03)：51-55.

④ 韩连权，臧志军，尤婷婷. 产教融合型城市试点：要素、困境与改革路径——以江苏省C市为例[J]. 职业技术教育，2021，42(12)：26-30.

⑤ 杨刚要. 郑州市建设产教融合型城市的实践路径[J]. 黄河科技学院学报，2021，23(09)：79-84.

级教育体系,以满足产业系统对不同层次技术技能人才的需求;三是具备成熟的产教融合型实践平台和载体,可以驱动产教融合横向发展与纵向深入,促使教育资源对经济发展贡献度增强,产业行业参与学校协同育人效果明显。

(一)政府主导与市场作用发挥相结合,创新城市管理机制

政府是深化产教融合的引导者,是各项实施政策的制定者和推进者,在推进产教融合城市建设中起着举足轻重的作用,要做好以下三方面工作:

一是以系统思维设计产教融合城市建设与发展的长远规划,统筹教育与经济社会发展布局,发挥市场配置资源决定性作用,探索建设路径和具体实施方案,设立专项建设资金,形成正确的政策导向和改革推力。天津市在建设产教融合城市中围绕"天津市制造强市建设三年行动计划""天津市产业链高质量发展三年行动方案"目标和产教融合试点城市建设要求,以深化供给侧结构性改革为主线,加快构建"1+3+4"现代工业产业体系,集中攻坚信息技术应用创新、集成电路、车联网、生物医药、新能源、新材料、高端装备、汽车和新能源汽车、绿色石化、航空航天 10 条产业链,政府应尽快科学编制并出台对接产业链的职业院校专业建设方案,重点扶持与产业对接比较密切的专业群建设,提升院校专业结构服务性与产业结构人才技术需求的契合度。

二是围绕"产"与"教"对接融合的需求,制定标准,通过认定市级产教融合型企业,将津南区内工业园区与教育园区统筹布局,推进产业集聚发展。在具体激励政策方面,政府应该尽快落实落细金融、土地、信用、财政等方面的支持细则,明确激励政策,营造良好舆论氛围,激发学校、企业及社会机构参与产教融合型城市建设的主动性、积极性,切实解决企业的问题,缓解企业的压力;同时运用"政府看得见的手"和"市场看不见的手"做好校企合作资源的配置与优化,发挥各自最大效能以达到最优状态。

三是建设产教融合发展平台。打破政策、制度等壁垒,结合"1+X"证书制度试点要求,津南区主动引进国际优质教学资源,将产业系统先进的工艺流程、产品标准等引入学校教学内容中,促进高技能人才供给侧结构性改革。同时,平台用于整合生产和教育,为学生、教师和企业之间的交流提供平台,畅通信息渠道,打破传统一家企业分别对接几所院校的模式。

(二)人才培养与服务产业相结合,强化院校产教融合地位

教育系统是提高产教融合成效的主力军,要把专业(群)、师资、培训高地建

设作为推动产教融合内涵式发展的重要着力点。

一是要以人为本,坚定不移做好人才培养工作。高等院校是应用型创新人才、技术技能型人才培养的主阵地,人才培养是其最重要和最核心的任务。虽然不同类型学校人才培养定位不同,但都要把培养面向生产、管理、服务一线的人才作为培养标准,同时注重学生创新思维的培养,只有将新的知识转化为新的技术和产品,才能有效推动学校、产业和城市的变革。

二是以产业学院、现代学徒制等模式主动对接津南区产业发展和人才需求。高等教育要深度参与地方经济社会发展,要密切与地方主导产业相联系,强化产教深度融合协同育人,促进教育与区域经济发展产业体系的有机衔接,促进人才培养供给结构和产业发展需求全方位融合。海河教育园区以创新产教深度融合机制为契机,推动高校内部体制机制改革,但在明确行业企业、高校、产业学院等多元办学主体的责权利、推动学校董事会的发展完善、激发办学活力方面还缺乏实际举措或典型经验。通过引导现代产业体系中的先进技术设备、资本管理等资源要素与高等院校拥有的学科专业、人才培养、科学研究等有机融合,可以切实提升高等教育、职业教育与天津市经济社会发展的融合度。

三是加快构建大学间协同育人项目,提高服务区域经济发展水平。津南区拥有南开大学、天津大学在内的 13 所院校,同时还拥有十二年一贯制的基础教育体系,要加强学校间的协同育人,打破学校间围墙,促进教育系统内部的资源共享与联合发展。具体路径为:根据比较优势,让研究型大学、应用型高校、高职高专和中职院校分别侧重对接产业发展的不同层面和方面,建立合作联盟,对接一个产业链,避免同质化发展倾向。让应用型高校和高职高专可以适当有偿分享一流大学的管理、师资、课程、设备等资源,充分发挥一流大学在撬动区域高等教育品质提升方面的作用。依托政府、行业和产教融合联盟,以产教融合领域和项目为导向成立跨校研究团队和教学团队,建立多层次跨校合作平台,改变在产教融合中学校“单兵作战”的局面。津南区目前在打造思政教育联盟、劳动教育联盟,开展海教园园区内集体备课,促进园区内各院校之间的交流与合作等方面已有初步行动,今后还应进一步加强各层级院校间的合作,不断拓宽合作的广度。

(三)技术研发与人才校企共育相结合,发挥行业企业主体作用

一是要建设一批产教融合型企业。国务院办公厅2017年发布的《关于深化产教融合的若干意见》明确提出:新时代产教融合要强化企业的重要主体作用。天津市从2019年11月起开始征集培育第一批产教融合型企业,其中第一批72家,第二批35家,第三批在本文写作期间尚未公布。政府通过引导现有的鸿远电气、海尔、荣钢集团等产教融合标杆企业深度参与职业院校教学改革,树立行业典范,引领建设一批产教融合型行业和龙头企业。企业可以通过共建产教融合型实训基地、共建产业学院、与院校开展订单班、现代学徒制等人才培养,建设职业教育师资培训基地等方式与院校开展合作,深度参与高校的教育教学、专业建设、课程改革、人才评价等全周期育人环节,将企业打造成产教融合型企业。

二是构建校企双方共商、共建、共享、共治的网络式合作新格局。具体路径为:以行业为主体建立产业、行业、企业、学校发展的多方协商平台与定期协商机制,由高校"智库"和企业"高管"协商制定企业发展战略规划和学校发展规划,协商攻关企业发展和学校发展中的重大难题。校企双方共建实验室、实习实训实践基地、研发团队、科研院所甚至独立学院,共建企业员工到学校培训和师生到企业实习实训等校企常态合作机制。目前津南区通过打造大学科技园、"双碳"研究院、应用场景清单、产业创新中心等方式,积极打造校企双方资源共享,为园区内院校、企业发展搭建合作平台、提供共享机遇。今后,校企还应进一步加强共同治理,在企业共治中充分发挥学校的智力和科技引领作用,技术技能人才的支撑作用,在学校共治中充分发挥企业在专业设置和人才培养中的引导和反馈作用。

三是打造产业资源与教育资源互通流动的服务平台。资源的融通是产教融合的基本形式和质量保障,要发挥生产设备、生产工艺等行业资源与知识、科研成果、人才等教育资源的优势互补作用,在促进企业产品升级、技术更新的同时提高职业院校人才培养质量。积极发挥行业和龙头企业在产业技术上的优势,引导学科、专业设置主动响应产业发展需求,促进供需双方的有效对接,促进产与教的真融真合。津南区先后组织多项企业揭榜挂帅、产教融合创新创业大赛、产教融合大赛等活动,以企业命题、院校揭榜的形式,面向"双碳"、智能制造、大数据及人工智能领域,搭建了校企有效衔接通道。同时鼓励行业协会、社会组织、龙头企业等共建现代学徒制、企业新型学徒制、双元制等产教融合项目,提高

产教协同育人的效率和质量。此外，行业企业应积极深度参与人才培养的全过程，产教双方协同制订有针对性的人才培养方案，为人才输出耦合社会需求奠定前提和基础。

（课题承担单位为天津城市建设管理职业技术学院，课题主持人为李清彬，执笔人为张冰。课题组成员：张冰、韩平、魏楠、张弛、党天伟、杜鹏、邹小雨。）

第十一章　产教融合型企业评价指标体系

建设产教融合型企业是推进教育链、人才链、产业链、创新链有机衔接的客观要求，也是深化职业教育改革、推动职业教育高质量发展的重要环节。本研究直面当前产教融合型企业存在的认定制度不完善、评价机制不健全等现实问题，从利益相关者理论、绩效管理理论和 IPO 模型出发，综合量化与质性研究，为天津市产教融合型企业评价构建一套指标体系，为相关部门制定产教融合型企业评价办法提供参考。

一、相关政策文本的梳理与解读

国家近年来出台了一系列旨在推动和深化产教融合的重要政策。2017 年国务院办公厅印发的《关于深化产教融合的若干意见》，提出“开展产教融合建设试点”“支持若干有较强代表性、影响力和改革意愿的城市、行业、企业开展试点”。产教融合由此成为国家制度安排。

为进一步推动产教融合型企业建设落地实施，2019 年国家发改委、教育部联合印发《建设产教融合型企业实施办法（试行）》（以下简称《办法》），明确提出了产教融合型企业的建设培育条件、认证标准、评价办法等内容，对我国产教融合型企业的认知逐渐由理论转变为实践层面。随后，国家发改委会同有关部门印发《国家产教融合建设试点实施方案的通知》，提出 5 年内“在全国建设培育 1 万家以上的产教融合型企业，建立产教融合型企业制度和组合式激励政策体系”。国家发展改革委又联合教育部印发《试点建设培育国家产教融合型企业工作方案》，进一步细化试点目标任务、试点重点领域、试点工作机制、主要工作任务、基本条件、企业经营财务指标参考标准等，产教融合型企业建设由此全面展开。

2021 年国家发展改革委办公厅、教育部办公厅联合发布《关于印发产教融合型企业和产教融合试点城市名单的通知》，公布了 21 个国家产教融合试点城市名单和63家国家产教融合型企业。同年中办、国办印发的《关于推动现代职业教育高质量发展的意见》，再次确认“培育一批行业领先的产教融合型企业”，将产教融合型企业建设作为推动现代职业教育高质量发展的重要内容之一。

各省级政府部门为贯彻落实《办法》要求，相继出台了促进产教融合型企业建设培育的地方政策。截至到2021年12月，全国已有辽宁、吉林、黑龙江、北京、浙江等26个省市公布了建设培育产教融合型企业的相关政策文本，在与国家政策总体保持一致的基础上，也有一定程度的深化和地方化，为进一步推进产教融合型企业发展提供思路，也为破解职业教育产教脱节难题、补齐职业教育和产业创新的短板提供地方智慧。

天津市作为首批国家产教融合型建设试点城市，先后于2019年和2020年出台了《关于公布第一批产教融合型企业名单的公告》《关于公布第二批产教融合型企业名单的公告》及《关于征集国家和我市重点培育的产教融合型企业的公告》，共有107家企业获批入库进行建设培育，这些企业在产教协同育人、师资队伍建设、学科共建、实训基地建设、科学研究及技术技能培训等方面推进产教深度融合，为天津市职业教育高质量发展提供了重要支撑。

二、已有相关实践和研究成果综述

(一)关于产教融合型企业概念的研究

对“产教融合型企业”概念的研究，根据其所侧重的内容不同而分为两类：一类主要关注产教融合型企业的育人价值。如周凤华等提出产教融合型企业是指积极主动参与校企合作、产教融合，能充分履行社会责任，发挥其职业教育重要办学主体作用，形成规模效应与示范效应，有一定社会影响力的，经审核认定通过的企业。① 张芬芬提出产教融合型企业是指具备良好的物质和技术条件，能够有效整合多方资源，独立举办或参与举办教育事业，积极主动发挥办学育人的主体作用，承建或支持校企实训基地建设，负责人才技能培训和实训教学，经政府审核通过的具有引导性、示范性的企业。② 另一类关注产教融合型企业育人与盈利并重的特性。如欧阳河等将产教融合型企业定义为“将商品生产经营

① 周凤华，杨广俊. 产教融合型企业建设培育的若干思考[J]. 中国职业技术教育，2019(18)：5-10.

② 张芬芬. 新时代行业型职教集团建设的成效、问题与路径[J]. 教育与职业，2020(10)：19-25. 70页：

服务与相关联的人才培养培训功能融为一体的企业”。[①] 董树功等提出产教融合型企业是指满足国家政策指定培育条件,以盈利为目标,以教育为责任,将生产服务、教育服务和社会服务融为一体,积极推动产品与人才高质量协同创新,经政府授权创办的具有整合性、示范性和引导性的企业。[②]

(二)关于产教融合型企业评价指标的研究

滕颖等提出制定产教融合型企业的量化遴选标准必须关注两个重要问题:一是企业的经营状态量化标准;二是企业的社会责任承担量化指标。[③] 吴学仕等提出应按企业未来前景、企业核心技术、企业经营规模、企业信誉、企业领导态度、企业文化、参与校企合作情况七个指标选择参与职业教育校企合作的企业。[④] 德国在《联邦职业教育法》中对“教育企业”资质提出了具体要求,主要包括工作的职业领域应涵盖提供培训的职业的范围,设备设施应满足培训的基本要求,所招收的学徒与企业员工及培训师应满足一定的人数比例,企业主与培训师应达到特定的职业资质及法律方面的要求。

具体实践方面,吴亚军从筛选指标和赋分类型两方面对天津市产教融合型企业认定评价指标体系的特点进行分析;[⑤]艾頔引入平衡计分卡理论,从企业盈利与投资维度、院校满意度与社会影响维度、内部运营维度、学习与成长维度构建产教融合型企业评价指标体系;[⑥]李国杰通过对广东省高职院校合作企业的调查分析,建立了契合产教融合型企业特点和校企合作需求的评价模型。[⑦]

总体上看,现有研究主要聚焦于产教融合型企业的内涵、价值、运行机理、特

① 欧阳河,戴春桃.产教融合型企业的内涵、分类与特征初探[J].中国职业技术教育,2019(24):5-8.

② 董树功,艾頔.产教融合型企业:价值定位、运行机理与培育路径[J].中国职业技术教育,2020(01):56-61.

③ 滕颖,王利华.产教融合型企业建设的现实要义、动因与关键点[J].教育与职业,2020(01):13-19.

④ 吴学仕,田育蜜,许新,刘佳芸.职业教育产教融合型企业遴选指标体系构建研究[J].职教论坛,2021,37(06):148-153.

⑤ 吴亚军.天津市产教融合型企业评定特征与建设培育研究[J].职业技术教育,2022,43(09):22-27.

⑥ 艾頔.产教融合型试点企业评价指标体系研究——基于平衡记分卡理论[J].高等职业教育探索,2021,20(01):36-42.

⑦ 李国杰.产教融合型企业评价实践研究[J].中国职业技术教育,2019(24):15-20.

征等,对产教融合型企业评价指标的研究成果很少。这正是本研究所要解决的问题。

三、产教融合型企业评价指标体系的构建

(一)选取评价模型

美国学者 Astin(1970)提出的 I-E-O 模型(输入—环境—输出),为大学教育质量与教育效果研究提供了理论基础。国内的学者在 I-E-O 模型基础上,将 E(环境)拓展为 P(过程),对原有评价模型进行了深化和拓展,形成 IPO 模型。该模型基于系统论的视角分析组织活动的整个流程,常被运用在教育评估、组织系统流程再造、团队和组织管理等领域。模型包含了输入绩效评价(Input)、过程绩效评价(Process)和输出绩效评价(Output)三个维度,兼顾过程型指标和结果型指标,突出改进和反馈的作用。本研究认为,这个评价模型可用于产教融合型企业的评价。

结合利益相关者理论、绩效理论、价值论等进行分析,产教融合型企业的生成是一个多元化与集成化的过程,因而对产教融合型企业进行评价是一项系统工程。对产教融合型企业的评价,既要针对政府、行业、院校等机构对产教融合型企业在资源、人力、硬件、制度等方面的投入和支持进行考量,又要密切关注校企双方深度融合、共建共生的过程,同时还要考量产教融合型企业发挥育人主体作用的成果及绩效达成度。IPO 模型可通过投入评价、过程评价及结果评价三个维度,将产教融合型企业的利益需求、资源条件、产教融合过程、结果及各利益方平衡与发展等因素融入到评价模型之中。该评价模型将绩效评价贯穿整个校企互融共建过程,扩展评价范围和内容,保证评价体系的针对性、改进性及可持续性,比较适用于产教融合型企业的评价。

(二)构建指标体系

选择 IPO 模型作为构建产教融合型企业评价指标体系的基本框架,确定"资源投入""产教融合过程""绩效结果"3 个一级指标;对二级、三级指标加以筛选和细化。这一方面是考虑从相关文献对"完善产教融合型企业评价机制对策建议"和"产教融合型企业评价指标体系"中提取关键信息;另一方面则归纳现有关于产教融合型企业的政策制度,从中凝练评价指标。在此基础上,通过小组座谈及问卷调查,面向相关领域专家学者,就初步构建的指标体系征询意见,

细化和丰富各级指标内涵,完成以下指标体系构建。

表 11-1 产教融合型企业评价指标体系

一级指标	二级指标	三级指标
资源投入	人力投入	企业一线技术人员或管理研发人员到院校兼职人数(人)
		企业专家担任院校兼职教师人数(人)
	财力投入	企业向合作院校投入的资金(万元)
		企业向合作院校投入设备、设施等价值(万元)
	硬件支持	校企共建校内实训基地数量(个)
		校企共建校外实训基地数量(个)
		校企共建产教融合创新平台(个)
	制度支持	是否参与组建行业性或区域性产教融合(职业教育)集团
		是否在企业内设立推进产教融合相应工作机构并配备专门人员
		是否在企业内制定了实习实训制度
产教融合过程	专业建设	与院校共建专业点数量(个)
		承担"1+X"证书制度试点任务数量(项)
	课程建设	共同开发课程数量(门)
		共同开发教材数量(本)
		参与国家教学标准开发数量(项)
	教学与培训	开展联合办学,如现代学徒制、企业新型学徒制、订单班(人)
		企业接纳教师岗位实践人数(人)
		承担各级培训项目(人次)
绩效结果	经济效益	毕业生在合作企业就业人数(人)
		产教融合过程中创造的经济效益(万元)
		企业社会效益或知名度提升程度(%)
	科研成效	承担各级培训项目收入(元)
		与合作院校共享知识产权证明数量(项)
		与院校联合申请各类科研项目、各级课题、教改项目数量(项)

1. 资源投入维度

产教融合是企业与学校双方不断投入资源、时间和精力的一种动态过程,而非始终处于一个既定的状态。虽然被认定的产教融合型企业已满足政府部门规定的建设培育条件,但持续的资源投入力度和相应制度完善程度仍是衡量产教融合型企业发挥育人成效的重要环节。本研究将资源投入维度划分为人力投入、财力投入、硬件支持及制度支持。

2. 产教融合过程维度

对产教融合型企业过程的评价主要是考察企业在校企合作期间在专业建设、课程建设、教学及培训三个方面所产生的绩效。其中专业建设情况反映产教融合型企业协助职业学校适应产业转型升级、服务区域产业发展方面的绩效;课程建设反映产教融合型企业对职业学校课程与教材改革方面绩效,主要通过共同开发课程数量、共同开发教材数量、参与国家教学标准开发数量三个指标检测课程建设成效;教学与培训重点考察企业在产教融合过程中针对人才培养和继续教育方面作出努力的程度。

3. 绩效结果维度

产教融合型企业的结果评价主要体现展现企业的价值实现和利益诉求,重点关注企业在产教融合的合作中经济效益的提高、科技创新能力的增强、成果转化效率的优化等。本研究主要从经济效益和科技成效两个方面对产教融合型企业的绩效进行评价。

(三)评价实施建议

1. 动态调整评价指标体系

本研究构建的产教融合型企业评价体系适用于国家级和省部级产教融合型企业,具有一定普适性。同时,针对各地区产教融合型企业的实际建设现状,可动态调整评价体系的指标和权重,保证产教融合型企业的评价指标体系与时俱进、切合实际需要。

2. 合理设计评价流程

产教融合型企业的评价涉及多元主体、多工作侧面以及多流程环节。在明确评价具体内容和项目基础上,要吸纳地方政府、教育行政部门、行业主管部门、行业组织、企业员工、职业院校师生、新闻媒体、社区等主体参与评价。同时对于企业评价频次可依据企业在产教融合中的发展阶段与实施进度而定,可按季度、年度分别进行不同规模的评价。

3. 完善信息管理平台

《办法》中提出各地应建立产教融合型企业建设信息服务平台和信息储备库,做好建设产教融合型企业的日常管理工作。在评价的具体实施过程中会产生各类信息,包括所收集的基础数据和各个指标的评价结果,因此应加快完善信息管理平台,加强产教融合型企业建设工作以及人才培养工作的信息公开,使各相关利益主体乃至社会各界能够及时了解企业建设状况和进程,从而有利于评价的顺利开展。

(课题承担单位为天津交通职业学院,主持人为于海祥,执笔人为于海祥、邱静,课题组成员:邱静、孙希月、陈晴、赵乃森、闫福刚。)

第十二章　产教融合服务组织

产教融合服务组织在促进产业需求与人才培养标准有效对接、生产过程与教学过程相对接、生产环境与教学环境有机融合等方面具有重要功能。但当前这类组织在认定标准、运行机制、发挥服务功能等方面都存在不足,需要制定专门政策加以推进。

一、有关产教融合服务组织的文件梳理

产教融合服务组织是从产教融合衍生而来的新事物。在党的十九大报告中明确提出"深化产教融合、校企合作"之后,这个新事物应运而生。2012 年国务院办公厅印发《关于深化产教融合的若干意见》,首次提出"产教融合服务组织"这一概念,并对这一概念加以一定的界定:"鼓励地方政府、行业企业、学校通过购买服务、合作设立等方式,积极培育市场导向、对接供需、精准服务、规范运行的产教融合服务组织(企业)。"

2021 年中办、国办印发的《关于推动现代职业教育高质量发展的意见》,对产教融合服务组织再次提出了明确要求:"积极培育市场导向、供需匹配、服务精准、运作规范的产教融合服务组织"。这里一方面提出产教融合组织要"积极培育",另一方面指出产教融合组织本身的建设和发展要求,即做到市场导向、供需匹配、服务精准、运作规范。这为产教融合组织的建设和发展指明了方向。

二、有关产教融合服务组织研究成果综述

(一)国外产教融合服务组织建设状况

德国的行业协会由三大类系统组成,第一类是"德国雇主协会";第二类是"德国工业联合会""手工业联合会""交通运输业联合会"以及其他专业协会;第

三类是“工商会”。[①] 德国行业协会对德国“双元制”教育贡献巨大，在职业教育人才培养中扮演着重要角色。例如手工业行业协会，规范引导并审核相应企业的资格，确定手工业职业标准与职业资格，在企业内部按照相应的标准开展人才培养，并对其培养质量进行有效的监督与评价。从宏观层面看，把行业协会作为并列于市场部门与政府部门的第三大部门，将行业协会的职能定义为市场补充功能和市场提升功能。邓志军、李艳兰从微观层面入手，认为德国行业协会的功能主要体现在参与职业教育的管理和决策、参与职业教育与培训机构的资格认证、参与职业培训过程的管理与实施、参与职业教育教师管理、获取职业教育经费、开展职业教育工作。[②]

（二）国内产教融合服务组织研究状况

近年来，我国有关职业教育产教融合的研究文献逐渐增多，综合收集到的相关研究成果分析，研究的主题主要有关职业教育产教融合的内涵、实现途径、融合机制、育人机制、发展模式、问题与困境、推进策略等方面。由于“职业教育产教融合服务组织”这一概念较新，未有文献对此概念进行明确界定，因此本研究将包括行业组织、行业职业教育教学指导委员会在内的组织界定为宏观层面的职业教育产教融合服务组织；将以社会力量自发形成的教育服务组织，包括教育服务型企业、培训评价组织等界定为微观层面的职业教育产教融合服务组织。

宏观层面的产教融合服务组织中，行业协会是在市场经济条件下，某一行业或某一专业内的生产经营者自愿组织起来的非官方组织。行业组织作为连接产业发展与教育发展的桥梁与纽带，在密切产教关系、促进产教融合方面发挥着巨大作用，确保职业教育发展规划、教育内容、培养规格、人才供给适应产业发展的实际需求。行业企业参与职业教育的组织机构基本覆盖国民经济各行业门类，包括 56 个行业教学指导委员会，覆盖了 95%的中高职专业设置，形成了政、行、企、校合力推进职业教育改革发展的大格局。关于行业组织参与职业教育的现状，王世斌、潘海生通过调研发现，行业组织在职业教育校企合作信息平台方面和参与职业教育人才培养能力方面发挥的作用有待提升。[③]

---

① 刘跃斌. 德国行业协会的中介服务职能[J]. 欧洲，1999(03)：93-95.

② 邓志军，李艳兰. 论德国行业协会参与职业教育的途径和特点[J]. 中国职业技术教育，2010(19)：60-64.

③ 宋亚峰，潘海生. 深化产教融合校企合作推进职业教育高质量发展研讨会会议综述[J]. 中国职业技术教育，2021(34)：92-96.

微观层面的产教融合服务组织是基于社会力量自发形成的，通过市场化运作机制，提供专业化服务，参与到具体办学层面，更多的是促进企业与职业院校直接对接。通过举办职业院校和设立二级学院、参与课程研发、共建实训基地等形式，具体参与到职业院校办学之中，满足相关企业发展的直接用人需求。至于教育型企业，《嘉兴市教育型企业认定与管理办法(试行)》(2017)对之进行了界定，包括生产设备设施与工艺水平较高；在区域内同行业中具有一定代表性和影响力；乐于承担社会责任；积极参与职业院校实训基地、师资队伍和专业课程建设；近3年在人才培养、社会培训、技术研发等方面与职业院校开展6项及以上合作。在实际工作中，教育型企业难以准确认定和分类。

三、产教融合服务组织建设发展和功能优化策略

(一)创设政策环境，推进产教融合服务组织的建设发展

1. 加大培育教育服务型企业的力度。教育型企业是指具备良好的资质基础，能够提供职业教育人才培养条件，承担教育实训内容，与职业学校共同或单独完成技术技能人才培养任务的企业。广义的教育型企业可以指一切参与职业教育人才培养培训，进行技术技能人才培养培训的企业。本研究所指的教育服务型企业是指具有一定资质基础，在相关法律法规的约束内，通过自身市场化运作机制，提供职业教育人才培养服务，促进企业用人需求标准与院校人才培养标准对接的服务型企业。服务型企业符合国家文件中所说的“市场导向”要求，应明确确认标准，在政策支持上有所倾斜。

2. 大力推进微观层面产教融合服务组织的实体化运行。微观层面的服务组织主要是校企合作共建共享的产业学院、职教联盟(集团)等。这些服务组织在形式上大量存在，但由于产教、利益关系尚未理顺，难以有效发挥作用。国家要专门对此制定文件，在注册社团法人、民办非企业法人等方面给以专门支持。

(二)提升产教融合服务组织在高职院校实践中的三维功能

1. 培养维：立足产业需求，参与人才培养。以教育服务型企业为代表的职业教育产教融合服务组织在充分调研的基础上，结合当前新技术、新产业、新业态的发展趋势，战略性新兴产业和现代服务业的发展需求、地方产业特色，差异设置特色专业与通用专业。根据企业提出的最新岗位需求，结合当前最新技术发展需求，广泛征求校内外专家意见，完成人才培养方案的顶层设计，将人才培养

融入职业教育教学过程;将企业真实项目开发融入职业院校课程建设之中,同时提供基于企业实际工作过程开发的专业教学资源,紧随产业升级更新和信息技术发展及时调整优化,实现课程内容的优化创新。

2. 支撑维:提供服务资源,强化支撑体系。职业教育产教融合服务组织通过开展实训教学建设,搭建真实工作环境,打造多层次实训体系。积极配合职业院校建设对接产业的生产性实训基地,将企业实践需求融入职业院校教学实践环节,强化对企业需求的专业性技能培养。协助职业院校开展师资提升工程,创新师资定位,优化师资队伍。给予教师企业标准的培训,提供合适的培训与提升机会,打造结构合理、业务精湛的高水平专业化师资队伍。参与职业教育课程建设,自主开发教材,打造专业教学资源。基于企业真实案例项目开发教材,以学生就业岗位为中心组织开发内容,按照工作流程编写企业案例项目,紧随产业升级更新和信息技术发展及时优化调整,实现教学内容的优化创新。

3. 评价维:开展监督评价,构建认证体系。通过引入第三方评价机制,建立教学质量监控机制,构建自有评价标准体系,完善相关行业技术技能专业标准体系,为技术技能人才教育和培训提供科学、规范的依据。同时,在企业特定岗位的技能要求基础上,对接国际先进标准与国际职业认证体系,根据本行业产业转型的需求,构建行业领域的职业教育标准体系。

(课题承担单位为天津交通职业学院,课题主持人和执笔人为谢建武。课题组成员:田亚南、依天威、赵乃森、陈晴、闫福刚、王学成、孙雪亮、张正亮。)

第十三章 “五业联动”产教融合机制

产业、行业、企业、职业和专业相互联动、协同发展的“五业联动”产教融合机制，是实现职业教育与经济、社会同步规划，与产业建设同步实施，与技术进步同步升级，落实“产教融合、校企合作”，推进区域发展的有效机制。这一机制是天津职业教育的重大创新改革举措，已在全国推广，并取得了大量实践成果。

一、有关“五业联动”产教融合机制政策文本的梳理

有关“五业联动”的文件，主要有两个：一是2020年印发的《国务院办公厅关于推广第三批支持创新相关改革举措的通知》，其中第四条有关人才培养和激励方面提出了“五业联动”的职业教育发展新机制，其具体表述为：“政府主导和统筹，行业企业参与、指导和评价，职业院校（含技工院校）培养，研究机构支持和服务，加强资源整合，建立就业、职业、产业、行业和企业协同联动的新机制，实现职业教育办学结构和效能优化。”这里的“五业联动”包括：就业、职业、产业、行业和企业的协同联动。二是2021年发布的《教育部天津市人民政府关于深化产教城融合打造新时代职业教育创新发展标杆的意见》中第二项“融入产业高端发展，打造职业教育技术创新样板”项目中提出：“打造职业教育技术创新发展聚集区，对接国家自主创新源头和自主创新能力策源地建设需要，完善‘五业联动’产教融合机制”。这个文件中所讲的“五业”是指产业、行业、企业、专业和职业，是天津市职业教育发展中的独到提法。相比上一个文件中的“五业”，区别在于国务院文件中更加强调了“就业”问题，这是“六稳”“六保”工作的头等大事；职业教育办学质量主要体现在专业建设水平上，专业建设的好坏决定人才培养质量，直接决定学生是否能够实现高质量就业。可见，政府管理角度提出的“保居民就业”和从职业教育发展角度提出的“专业”建设，其最终目的都是实现毕业生的稳定就业，两者在表述上虽有不同，但其核心要义是一致的。

在2022年新修订的《中华人民共和国职业教育法》中，随处可见这五个方

面的内容及在特定事项中各自相互关系的规定，只是没有使用“五业联动”的提法。

二、有关“五业联动”产教融合机制研究成果综述

通过对知网平台的查询情况，以“五业联动”为主题的研究论文共检索到265条，主要研究内容为：“五业联动”的定义、五业多元协同产教深度融合新机制探索与实践、“五业联动”如何推进区域职业教育高质量发展、“五业联动”对高等职业教育专业建设的促进作用、“五业联动”是职业教育科学发展的新途径、如何构建以就业为导向的“五业联动”人才培养模式等。其典型研究成果如下：

一是分析人才培养中的“五态融通”问题。有学者提出了“五态融通”的人才培养模式，探索学生的学业、职业、产业、就业、创业（五态）与“五业联动”相衔接的一体化新型人才生态链培养模式。①

二是提出为了解决校企合作不深入、产教融合层次低等问题，必须实现“五业联动”。有学者认为：将建设产业学院与培养专业、创新、综合型的人才理念相结合，探索实践产业、行业、企业、职业、专业，“五业联动”的多元协同产教深度融合新机制，有效整合学校与企业的资源，为企业培养专业型技术人才，保障企业的人才输送，并用下图表示。②

三是探讨“五业联动”对职业教育专业建设的促进作用。有学者提出：“五业联动”作为一种产生于职业教育改革实践中的新的发展模式，对于优化现代职业教育的办学结构及专业与课程建设发挥理念引领和机制创新作用。③

四是从高职院校产教协同育人平台建设的角度看待“五业联动”。有学者提出：对标行业标准，发挥行业组织作用；成立多方理事会，市场化运营；建立高端人才库，调整课程结构等方式和结合创新创业教育，打造自主品牌等方式，提

① 杨金勇. 浅析“五业联动”构建经管类人才供给侧“五态融通”的生态系统运行模式的必要性[J]. 山西农经，2017，(24)：12-13.

② 秦杰. “五业联动”多元协同产教深度融合新机制探索与实践——以柳州职业技术学院产业学院建设为例[J]. 现代职业教育，2022，(13)：4-6.

③ 许博，裴有柱，张扬. “五业联动”对高等职业教育专业建设的促进作用研究——以计算机信息管理专业为例[J]. 创新创业理论研究与实践，2019，2(2)：106-107.

升“五业联动”的产教协同育人效果。①

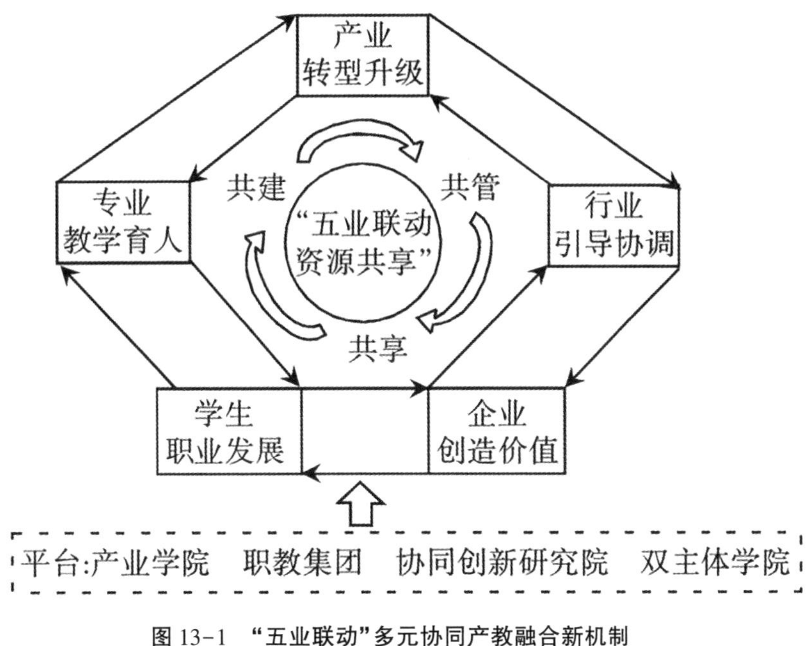

图 13-1 “五业联动”多元协同产教融合新机制

“五业联动”产教融合机制有一个发展过程:职业院校与企业的合作正在从“订单班”等初级阶段,逐步过渡到政府行业主管部门组织、指导,地方行业组织积极参与,校企深度合作,以市场化形式运作,通过建立职教集团、建设产业学院等形式具体实施,达到专业人才培养质量全面提升,最终实现毕业生高质量就业的良性循环。“五业联动”是对传统二元参与的校企合作模式的全面升级,具有鲜明中国特色的制度优势。在尊重市场规律的前提下,产业、行业、企业、职业和专业相互联动、协同发展,能够保证职业教育的正确办学方向,服务区域经济发展,提升行业组织对行业发展的指导、引领作用,帮助政府落实对于地方产业的发展规划,最终促进毕业生高质量就业。

① 曹吴玮,刘洪波. 高职院校产教协同育人平台建设模式探究[J]. 高教论坛,2021,(10):93-96.

三、“五业联动”产教融合机制的界定、问题与对策

(一)“五业联动”产教融合机制的界定

“五业联动”产教融合机制首先是由天津职业教育专家吕景泉教授提出的,并得到推广实施,取得了大量好的实践经验。“五业联动”是指产业、行业、企业、职业和专业相互联动、协同发展,是一种根植于产业发展,对接行业和企业需求,服务职业岗位及个人职业发展需要,落地于专业建设的职业教育办学新模式。“五业联动”的内涵可以具体表述为:职业院校以就业为导向,以职业能力为本位,在专业建设方面与产业、行业、企业、职业等要素密切联系,通过整合资源,相互对接、协同联动,将专业建设的各项内容落实到教学与实训的各个环节,从而实现办学结构和效能优化的一种办学模式。①

(二)“五业联动”产教融合机制的改革价值及现实意义

1. 改革价值

“五业联动”产教融合机制创新了职业院校制度建设。首先,“五业联动”作为职业院校办学结构的依托,是一种实现产业、行业、企业共赢的办学管理创新。它促使校企发挥各自优势,使职业院校与产业、行业、企业结成命运共同体,产教融合共同培养社会与市场需要的高技术技能型人才,从而更有效地促进职业教育与社会生产力可持续发展。其次,“五业联动”作为职业院校专业建设的组织结构支撑,有助于产、学、研合作促进职业院校专业教学创新。最后,“五业联动”作为人的职业发展平台,有益于技术技能型人才培养的教学模式创新。

2. 现实意义

职业教育作为技术技能人才的供给环节,它与社会经济构成了一个联动的体系。“五业联动”作为一项系统工程,其核心在于职业教育更好地服务于社会经济的转型升级;其要义在于促使职业教育自身的结构及所担负的社会功能与经济社会的发展更加适配。这种坚持就业导向,以人才供给为内驱力的供需结构改革,通过职业教育人才供给链与经济产业链的无缝对接,实现了技术技能型人才供给从“需求侧的拉动”到“供给侧的推动”的根本转变。

---

① 吕景泉. 五业联动——职业教育科学发展的新途径[J]. 中国职业技术教育,2018(10):30-36.

(三)"五业联动"产教融合机制的具体实践

一是组建行业职业教育教学指导委员会,形成联动机制。为探索"五业联动"产教融合的办学结构,天津市组建了电子信息、生物医药、装备制造等二十余个市级行业大类职业教育教学指导委员会。这些行指委由天津市教委和市行业主管部门或行业组织牵头管理,对相关行业(专业)职业教育教学工作提供研究、咨询、指导等服务。

二是成立多类型职教集团,搭建联动平台。自2003年建立第一个职教集团以来,天津市充分发挥行业办学优势,已先后成立了22个中高职教育教学相衔接,学历教育与职工培训相结合的"集约化、规模化"的行业型、区域型、社区型职教集团。每个职教集团内部都建立了校企合作董事会、校企合作执行委员会和专业建设委员会"三级贯通式"管理体制,有力地支撑了天津及区域经济的升级换代和转型发展。

三是以主导产业结构调整驱动专业建设。天津职业教育通过"五业联动"建立了以产业结构调整驱动专业建设的宏观协调机制,并通过市教委和各高职院校共同搭建的专业设置信息发布平台,面向市场引导职业院校压缩供过于求的教学专业以及办学质量与需求不适应的专业,支持校企合作设置反映未来产业变革和技术进步趋势的新专业,实现了专业建设的动态预警和及时调整。

四是实施职业院校优质教学资源建设工程。天津职业教育通过"五业联动"集结优势教育教学资源,实施了贴近岗位需求、对接现代工艺流程的职业院校精品课程资源建设工程,持续建设优质课程,开发特色教材。

五是携手行业企业,参照国际工艺流程,建立联动教学标准。天津市透过"五业联动"机制采取了多种措施:一是大力支持职业院校参与国际、国家和行业标准的制(修)订;鼓励专业教学团队开展国际化专业教学标准研究和实验。二是组织多元研究力量在教学实践中创新并发展符合中国国情、具有天津特色的专业设置标准和课程教学标准。三是推行"引进来"发展战略,将国际先进工艺流程、产品标准、技术标准、服务标准等引入教学和实训,增强天津职业教育的国际竞争实力。

(课题承担单位为天津机电职业技术学院,课题主持人和执笔人为孟志达。课题组成员:王兴东、王延盛、贺东梅、姜颖、张燚、刘新新、宋丽红。)

第十四章　中国特色高层次学徒制

我国职业教育推进学徒制时间不长，随后又陆续提出“高层次”“中国特色”学徒制新提法。本研究基于对我国国家层面推广现代学徒制和企业新型学徒制试点项目成果、案例和经验的总结，通过对欧盟高质量、高效率现代学徒制框架标准进行分析，提出中国特色高层次学徒制的内涵及构建路径。

一、国内外学徒制的由来与实施情况述评

（一）我国学徒制的相关政策文本分析

2014年《教育部等六部门关于印发〈现代职业教育体系建设规划（2014—2020年）〉的通知》中，首次将“学徒制”纳入我国职教改革的要素之一，第一次提出：“在有条件的企业试行职业院校和企业联合招生、联合培养的学徒制，企业根据用工需求与职业院校实行联合招生（招工）、联合培养。”随后发布的《教育部关于开展现代学徒制试点工作的意见》，启动了职业院校现代学徒制试点项目。该文件从试点工作意义、工作要求、工作内涵、工作流程和保障机制等五个方面对试点工作提出了明确要求和实施路径。

2015年国务院印发《中国制造2025》，其中明确提出“开展现代学徒制试点示范，形成一支门类齐全、技艺精湛的技术技能人才队伍”作为该规划落实的一项重要支撑与保障措施，这标志着现代学徒制成为国家意志支持的高质量技术工人培养政策。同年年底，人力资源社会保障部办公厅和财政部办公厅发布《关于开展企业新型学徒制试点工作的通知》，启动了以“招工即招生、入企即入校、企校双师联合培养”为主要内容的企业新型学徒制试点。该文件从指导思想和目标任务、试点主要内容、建立和完善相关政策体系、实施步骤等方面对企业试点工作的培养主体、培养对象、培养目标、培养投入机制、联合培养制度等方面详细阐述了试点工作要求。

2017年《中共中央国务院关于开展质量提升行动的指导意见》提出："加强职业教育技术技能人才培养质量，推动企业和职业院校成为质量人才培养的主体，推广现代学徒制和企业新型学徒制，完善技术技能人才培养培训工作体系，培育众多'中国工匠'。"同年年底《国务院办公厅关于深化产教融合的若干意见》提出："深化全日制职业学校办学体制改革，在技术性、实践性较强的专业，全面推行现代学徒制和企业新型学徒制。"

2020年10月和2021年3月，中共中央和全国人大先后在国家"十四五"规划的建议和设计中，明确提出了"探索中国特色学徒制"的要求。

（二）发达国家学徒制的实施情况简析

国际劳工组织（ILO）于2012年提出了一个具有较高接受度且具有现代意义学徒制的定义，即学徒制是一种独特的职业教育形式，是为满足特定能力和工作过程要求而实施的、将在岗学习与学校学习相结合的职业教育形式。这种教育形式受法律约束，并以包含补充性津贴的书面劳动合同以及社会保障制度的标准为基础。在明确定义的学制期结束后，会有正式的评估和受国家认可的认证。

2015年6月15日至26日，联合国教科文组织（UNESCO）举办了以"高质量学徒制"（QualityApprenticeships）为主题的学术研讨会，旨在探索现代化、正规化"高质量学徒制"的特征。在此基础上，ILO于2017年和2020年先后发表了《高质量学徒制系列工具第一卷：政策制定者指南》《高质量学徒制系列工具第二卷：从业者指南》。

尽管各国对于学徒制的做法与理解均存在较大的差异，但总体而言，各方均认为现代学徒制要实现高质量人才培养，必须满足下列标准或前提条件，即以学徒合同作为基础，明确学徒身份与待遇的差别，落实双主体协作育人的责任，确认学徒在企业学习与工作的条件标准，提升企业培训质量，取得国家认可的证书。

经济合作与发展组织（OECD）对三十余个成员国的数据统计，自2013起绝大多数成员国或重新启动学徒制培训项目，或积极推动现有学徒制的改革升级，以提升学徒制的吸引力、增加学徒位置、提升工作场所培训质量和雇主参与度。

2017年10月，欧盟委员会（UNESCO）出台了《欧洲高质量、高效率学徒制框架与标准》，从框架条件与标准、学习工作条件与标准两个维度各7项指标，对高质量、高效率学徒制进行了界定。对标指标体系，比利时、法国等14个国家的学徒制达标率不足一半;瑞典、荷兰、西班牙等6个国家的学徒制能涵盖上述标准的一半到三分之二;德国、奥地利、卢森堡等8个国家则超过了标准三分之二。这一诊断结果,为欧盟成员国的学徒制改革提供了明确的方向。

(三)学徒制在我国的试点情况分析

自2014年起,教育部分三批遴选558家试点单位(含地方政府、行业协会、企业、职业院校),共有一千多个学徒制专业点,至今已惠及学生(学徒)十万余名。试点单位产生了一批重要的实践和研究成果(其中国家级教学成果一等奖2项、二等奖6项),形成了一批可复制可推广的典型案例和经验做法,为进一步探索中国特色学徒制提供了思考和建议。

但在实质上,我国学徒制依然属于"供给引导型"模式,即在双育人中,职业院校承担了更多的教学任务与责任,属于院校主导,企业参与。同时在实践层面,我国学徒制普遍是以校企联合育人协议(合同)为基础的,属于校企双方的"自治"行为,即人才培养目标、教学内容与教学组织形式、教学方法、人才培养质量考核等都由校企两个育人主体协商确定,是两个主体的个体行为,其中即使形成了约束双主体的标准、规范等,但其适用范围仍然限于这两个主体之间,尚未跃升为行业与社会认定的模式。这方面与发达国家相比尚有较大距离。

二、中国特色高层次学徒制的建设意义与内涵界定

(一)中国特色高层次学徒制的建设意义

1. 世界学徒制高移化是中国学徒制发展的横向参照

"学徒制高移化"成为发达国家在学徒制升级改造中的一种普遍现象与趋势。自1974年德国南部巴符州成立第一所职业学院,联合3家企业采用"双元制"模式培养本科层次工程师起,因其教育质量高与人才实用性强,吸引越来越多的企业、职业院校、学生加入,2009年不仅使原有的职业学院升格为双元制大学,双元制高等教育还从本科层次拓展到研究生层次,德国教育部也将高等教育原来的两大类扩充为三大支柱:综合性大学、应用技术大学和双元制大学,甚至人们在选择高等教育时,都会优先选择后者。

为了呼应学历层次高移化和技能需求复杂化带来的人才培养模式复合化需求,英国2015年率先变革现代学徒制,在关键领域正式推出了九个学位学徒制项目,不仅吸纳了200多家企业首次参加由雇主开发并主导的"开拓者项目",

还承诺提供2.3万个学徒空缺职位，为学位学徒制的进一步蜕变奠定基础。与此同时，等同于博士学位的8级学位学徒制也纳入英国的职业教育发展考量之中。

通过国际横向对比分析，中国职业教育应积极借鉴国际先进经验，结合中国实际情况，积极探索高职与本科、研究生层次的高层次学徒制，实现技术技能型人才与工程师人才的高端化培养。

2. 中国特色高层次学徒制建设是“中国制造强国”和树立“中国创造”品牌的应然选择

作为世界制造业超级大国，经过几十年的积淀与探索，我国正满怀信心地迈向世界制造业强国的行列，不少企业所树立的“中国创造”品牌在世界的影响力也逐步加强。然而，进入全面质量时代的企业却面临着两个尴尬的问题：中国人口红利的消失，使得企业人力成本不断攀升；高技能技术人才匮乏，严重制约了企业转型升级发展。面对这两大困境，提前植入职业院校且联手培养，不仅可以增强学生对企业的认同感，更能精准地对接企业真实需求开展高质量人才培养工作，为实现“中国制造强国梦”和树立“中国创造”品牌提供保障。

（二）中国特色高层次学徒制的内涵界定

中国特色高层次学徒制是以高质量为前提的，也就是说将传统学徒培养与现代职业教育完美结合，以培养高质量实用型人才为己任。同时，中国特色高层次学徒制在层次上应该是多元的，即将原有的中职、高职专科层次移至本科、甚至研究生层次。相应地，参与各层次学徒制教育的双主体必须是对学徒制具有一致高认可与认同且具有高水平的学校与企业。

对于双育人主体的学校，中职层面的学徒制应该选择获批“国家级示范性中等职业学校”的学校，专科层次的应为纳入《高等职业教育创新发展行动计划（2015—2018）》的国家级骨干专业或入选“中国特色高水平高职学校和专业建设计划”的高职院校承担；现有职业本科与应用技术大学等可申报本科层次的高质量学徒制项目，支持符合条件的“双高计划”建设单位的骨干专业试办本科层次高质量学徒制试点。

对于双育人主体的企业，必须为省级及以上“产教融合型企业”和纳入省级及以上“新型学徒制企业目录清单”的单位，积极鼓励上市公司、行业龙头企业申报试点。重点推进现有职教集团统筹集团内龙头企业与符合条件的优质职业院校联合申报试点，推动“中职—专科—职业本科—工程硕士”四个层次职业教育在专业设置、培养目标、课程体系、培养方案系统化衔接。

三、构建中国特色高层次学徒制的对策建议

(一)整合资源构建统一框架的中国特色高质量学徒制专属标准

《欧洲高质量、高效学徒制框架与标准》在“框架条件与标准”维度的第一个指标就是“监管框架”。这里的“监管框架”指的是国家针对学徒制专门设置的相关法律、标准与制度等。欧洲职业培训发展中心(Cedefop)跨国研究结果表明,在其检测的38个实施学徒制项目的国家中,有24个国家都具有稳定有效的法律依据。

经过五年全国范围的“现代学徒制试点项目”和“企业新型学徒试点项目”的实践探索,这两类学徒制在管理部门、参与主体和运行机制上都存在差异,在实践教学和理论教学部分各占优势,在时间、资金成本和岗位学习机会方面存在诉求。当前教育部与人社部两个牵头部门可联合起来,共同确定符合中国国情又对接国际标准的现代学徒制定义,从国家层面为地方或校企双主体实施现代学徒制搭建财政、人事、组织等方面的框架条件,统筹双边现有条件和政策,为下一步中国特色学徒制的推行,提供更为明确而有力的环境和制度,形成一整套中国特色学徒制的专属制度和标准。

(二)积极推进基于行业或职教集团下的学徒制建设

参考瑞士与德国的先进经验,我国推行现代学徒制试点应该充分发挥行业协会的作用,将校企这两个育人主体的个体活动,上升为整个行业的集体行动。职教集团是我国近十年来职业教育创新办学体制机制的新成果,其最大的特点在于可以整合政府、学校、企业、行业等各方面的资源,达到资源的合理分配和运用。学徒制的探索和实践急切需要政、校、业、行等各方面的支持和配合。因此,将职教集团和学徒制有机结合起来,充分发挥两者的优势,取长补短,是提升职业教育人才培养质量的有效手段,也是当前职业教育发展的迫切需要。

鼓励职业院校与德国、瑞士、英国等国家的企业、职业教育机构或行业协会深度合作,支持职业本科高校、职业学校与国外高水平应用技术大学合作办学,在现有学位制度内探索高质量学徒制试点。

(三)双育人主体中的企业要发挥更大作用

发达国家在学徒制运行上都具有学徒合同和津贴、学徒制纳入国家正式职

业资格框架等特征，更为重要的是，这些是各个国际组织研究统计学徒制的基本标准。

相对而言，我国现代学徒制试点项目中，明确详尽的学徒合同在很多试点单位中仍然是一个难以逾越的缺项，同时在整个育人过程中校企教学内容和任务量的分配，仍然难以达到国际劳工组织（ILO）或《欧洲高质量、高效学徒制框架与标准》中提到的“企业占主导”。企业教学质量问题以及校企在合作内容、师资上的协作，自然是后续构建中国特色学徒制进程中亟需突破的关键问题。

（四）设立学徒制专项资金，增强其吸引力

世界经济合作与发展组织（OECD）2016 年发布的最新数据显示，26 个可获取相关数据的成员国在中学教育第二阶段（相当于高中阶段）中，对职业教育的生均投入比普通教育平均多 889 美元。德国、瑞士与奥地利等国实施的双元制不仅是最典型且标准化程度最高的现代学徒制，同时它也是其他发达国家重振其职业教育的范本，充足的资金也是保障德国、瑞士等国双元式学徒制高质量产出，并实现欧洲青年失业率最低国家的关键因素。在我国，职业教育经费投入短缺一直是制约其内涵发展的重要原因。企业无法按均等比例投入资金的背景下，学徒制的实施需要国家建立相应的激励政策，配套专项资金，有目标、有计划地分批支持有条件的学校与企业开展试点工作。

（五）多渠道多角度宣传学徒制，加强公众的认知度

2013 年 10 月，欧盟委员会专门成立了“欧洲学徒联盟（EuropeanAlliance-forApprenticeships）”，并推出了 10 项提升学徒制有效性和吸引力的指导原则，制定欧洲质量保障参考框架（EQAVET），提供职业指导确保学徒成功毕业并减少辍学率、提升学徒制入学条件的灵活性等措施。欧盟各国还针对学习者、家长、雇主开展了一系列有助于提高学徒制的形象和吸引力的社会活动。在我国，很多家长或学生将“学徒教育”视为一种非正规教育，认为“学徒工”是一种地位低下的无奈选择。因此，除了增强学徒教育的内涵质量建设，增强学徒制教育的吸引力也应该成为构建中国特色学徒制进程中的必然步骤。国家层面应在每年职业教育活动周设立专门的学徒教育板块，宣传学徒教育的优势，还可以设立学徒奖学金，建设专门的学徒招聘网站等，通过增强学徒教育的透明度而提升其影响力。

（课题承担单位为天津现代职业技术学院，课题主持人为岳鹍，执笔人为易艳明。课题组成员：陈慧、易艳明、许楠、宫道、张月新、李柯言、杨宇、梅锐。）

第十五章　天津行业企业办学特色

行业办学是天津职业教育的突出特色，全市80%以上的高职学校和50%以上的中职学校由行业举办或具有行业背景，形成了政府统筹、行业主办、教育管理、企业参与的天津行业企业办学特色的职业教育办学体制。在行业企业出现大变革的新形势下，如何看待天津行业企业办学特色，是需要认真研究的一个重要问题。

一、相关政策文件评述

2021年《教育部　天津市人民政府关于深化产教城融合打造新时代职业教育创新发展标杆的意见》发布，紧扣"产教城"和"高质量"两个关键，要求充分激发各类办学主体活力，以深化产教城融合为主线，以职业教育体制机制改革为重点，制定完善职业教育基本制度和重要政策，建立健全纵向贯通、横向融通的现代职业教育和培训体系，探索建立具有天津特点、中国特色、世界水平的职业教育发展模式，为中国特色职教创新发展提供"天津方案"。在这个文件中，明确提出要"坚持行业企业办学特色不动摇""确保行业企业办学的高职院校比例保持在70%以上"。这正是本研究的由来和依据。

2022年新修订的《中华人民共和国职业教育法》指出：行业主管部门按照行业、产业人才需求加强对职业教育的指导，定期发布人才需求信息；企业可以利用资本、技术、知识、设施、设备、场地和管理等要素，举办或者联合举办职业学校、职业培训机构。对深度参与产教融合、校企合作，在提升技术技能人才培养质量、促进就业中发挥重要主体作用的企业，按照规定给予奖励；对符合条件认定为产教融合型企业的，按照规定给予金融、财政、土地等支持，落实教育费附加、地方教育附加减免及其他税费优惠。国家鼓励行业组织、企业等参与职业教育专业教材开发，将新技术、新工艺、新理念纳入职业学校教材，可以通过活页式教材等多种方式进行动态更新。这些规定为行业企业参与职业教育办学工作提供了法律保障。

二、已有相关实践和研究成果简介

发达国家在20世纪初便有了校企合作办学方面的尝试。20世纪80年代以来，德国、英国、美国、澳大利亚等国家，从理论与实践两个方面对校企合作问题开展了广泛且深入的研究和探索，产生了很多切实有效的校企合作模式与制度，形成了较为全面、规范、丰富的职业教育理论及实践，如德国“双元制”、澳大利亚TAFE、英国BTEC、北美CBE等。①

天津是我国近现代工业发源地，职业教育在天津有着深厚的历史积淀和传统。从新中国成立之初的半工半读到试验区的行业办学，从示范区的职教体系构建到示范区升级版建设，职业教育一直走在全国前列，其中行业企业办学体制功不可没。这方面的典型代表如天津大沽化工股份有限公司、天津长芦汉沽盐场有限责任公司、天津维斯塔斯风力技术公司等天津大型支柱企业，均与不同院校签订了校企合作协议，就实习实训基地共建、校企联合人才培养、共同组建订单班、共建实训室等方面展开合作，实现了对天津企业高素质技术技能型人才的联合培养与个性化供给。整体上看，天津市职业教育坚持“面向社会、服务经济”的宗旨，发挥行业企业办学的主体优势，深化产教融合、校企合作；聚焦现代基础产业和智能制造业等天津支柱产业，通过开展一系列专项就业服务，稳步提升大学生就业创业服务水平，实现以高质量就业带动和提升职业教育服务区域行业协调发展的能力。

三、天津行业企业办学特色的发展和创新

（一）天津市行业企业参与职业教育的办学模式

1.依托行业搭建示范区平台

注重发挥行业办学优势，由各行业集团公司牵头，组织骨干企业与职业院校组建19个职教集团，建立了校企合作董事会、校企合作执行委员会和专业建设委员会“三级贯通式”管理体制。坚持每年选派万余人次专业教师到企业锻炼，引进500名企业技能高手到学校兼课任教。统筹推进中高职五年系统化培养和

① 严璇.德国职业教育集团化办学主要模式及特色［J］.江苏技术师范学院学报（职教通讯），2008，23（11）：38-41.

高职本科联合培养高技能人才试点。目前,全市职业院校专业结构与集团产业结构对接度超过90%。

2. 依托行业搭建海河教育园区平台

园区占地37平方公里,分三期建设。2011年,一期已投入使用,入园的7所职业院校全部由行业主办,老校区由行业负责置换,置换资金用于新校区建设,不足部分由政府投入。二期工程竣工之后,3所职业院校完成入驻。园区全部建成后,办学规模达到20万人,年培训职工30万人次,成为集学历教育、技术培训、技能鉴定、职业指导、技能大赛为一体的改革创新标志区。园区自建成以来,已经成为每年全国职业院校技能大赛项目最集中的主要赛场。

3. 依托行业提升服务能力

天津不断深化工学结合人才培养模式改革,积极推广"1+N"专业教学经验,即由1名专任教师全程组织教学,由"N"名企业优秀技术人员承担不同关键节点的实践教学任务,将现代工艺带入课堂。2013年,天津中高职学生顶岗实习转就业达到3.62万人,毕业生就业率超过96%,全市94%以上新增技术工人来自职业院校。同时,积极开展社会培训,15所高职院校已开发331个"职业培训包",年社会培训量超过30万人次。①

(二)天津市行业企业参与职业教育的办学模式存在的问题

1. 行业参与程度不高

由于行业发展不均衡,其在职业教育中发挥的作用也各不相同,加之经济效益差、财政资金拨付不及时等原因,行业院校主管部门参与程度不高,尤其在资金投入方面严重不足。

2. 行业校企合作优势不明显

在很多大型国企开办的高职院校中,可以依靠其内部准行政命令开展校企合作,而且这种合作具有天然的内部优势,有利于人才的培养和使用。但由于企业与学校的利益和使命的差异,这种优势却体现得不够明显。大型国企开办的高职院校在进行校企合作时,企业在设备和技术方面拥有明显优势,而学校则没有与之平等"交换"的资源,这不利于双方的平等、持久合作;加之集团内部之间以资金、技术、产权等为基础形成一种内部交易关系,各有自己的利益需求。因

① 依托行业企业办学 深化职业教育改革创新[J].职业技术教育,2014,35(18):61.

此，集团既要保障所属企业的利益，还要保障学校的人才培养需求，这就需要一种合理的保障机制，使两者能够在共同利益基础上实现良好、持久合作。而政府部门主管的职业院校则需要各个行政部门充分发挥自己的协调、促进作用，制定科学合理的保障机制，使行业企业和学校能够找到利益共同点，实现长期合作、长效发展。

3. 行业企业参与职业教育合作层次低，深度不够

天津市行业企业参与职业教育，只是与高职院校进行浅层次的合作，如员工培训、师资培养、实习实训等，与学校展开科研合作的并不多。高职院校要在科研方面狠下功夫，不断实现技术突破，在该行业领域取得优先地位，得到社会的赞誉和尊重，体现职业院校的存在价值；还可以通过研发为企业提供急需的技术，使企业主动与学校合作。①

（三）天津行业企业办学模式创新

行业企业是连接职业教育与产业发展的重要桥梁。国家对职业教育行业企业办学特色高度重视，天津要在以下几个方面先行先试，争取取得更大的突破。

1. 在多元主体职教集团发展方面先行先试

研究制定职业教育集团化办学支持政策，开展集团多元投资主体改革试点，完善集团运行机制和利益分配机制。组建覆盖主导产业和现代服务业的职教集团，发挥职教集团在促进教育链和产业链有机融合中的重要作用，提升经济贡献份额和就业贡献水平。在国企混改的新条件下，高职院校必须敢于创新，开创新时代特色鲜明的行业企业办学新模式。

天津渤海职业技术学院多年来在天津渤海化工集团有限责任公司党委的正确领导下，以深化产教融合，“产学研用”立体推进，提升人才培养质量为建设方向，成立了天津渤海化工集团有限责任公司教育培训中心，开展天津渤海化工职业教育集团的建设。职教集团成立以来，坚持“共建共享、共荣共赢”的发展理念，在集团体制机制建设、办学内涵建设、服务能力建设等方面取得了显著成效，形成了以政府、行业、企业、学校、科研机构“五方携手”为核心，推动形成产业、行业、企业、职业和专业相互联动、协同育人的职业教育集团化办学长效机制，实现了职业教育与经济、社会发展同步规划，与产业、行业发展同步实施，与技术进

① 徐文苑. 天津市行业企业参与职业教育的办学模式研究[J]科学与财富，2019(11)：1-2.

步同步升级,业已成为行业内高素质应用型技术技能人才培养中心和员工培训中心,具有鲜明的办学特色和行业优势,走出了一条具有化工特色的集团化办学创新之路。

2. 在健全企业参与制度方面先行先试

重点是加强顶层设计,加快校企合作立法,出台优惠激励政策,进一步调动企业参与职业教育的积极性。健全产教融合工作机制,完善学校治理结构,探索发展股份制、混合所有制职业院校,增强职业教育发展活力。①

3. 在完善现代职业教育标准方面先行先试

校企合作共同制定人才培养标准、专业教学标准和核心课程标准,为统筹推进中高职衔接和职业本科联合培养技能人才提供支撑。制定示范区办学标准、评估标准、生均经费标准、教师编制和评聘标准,为加快现代职业教育发展创造经验,提供样板。

4. 在技术技能积累创新方面先行先试

目前,天津行业企业已在职业院校建立技术创新中心 17 个。职业院校参与企业重大技术改造项目 76 个。下一步,要继续推进职教科研与产业需求对接,支持校企共建产品研发中心和技术创新平台,鼓励职业院校把科研课题做到产业转型升级主战场,为企业技术改造、产品开发、成果转化提供有效服务。

(课题承担单位为天津渤海职业技术学院,课题主持人和执笔人为徐霁堂。课题组成员:许珊、武国强、吴晓晴、孙宏图、李新、周旺发。)

① 潘海生,马晓恒. 职业教育中企业办学主体地位的内涵解读及政策启示[J]. 职教论坛,2014(22):9-13.

第十六章　“职教高考”制度

“职教高考”制度是相对于统一高考制度而言的一种特殊高考制度，目前正在探索之中。目前，我国高职学校（主体是专科再加少量本科）的招生主体还是沿袭高考主渠道的做法。根据职业教育高质量大发展的新形势，有必要专门研究和推进“职教高考”制度。

一、对相关文件的梳理和解读

针对职业学校学生上升通道不畅、不宽的问题，2022 年新修订的《中华人民共和国职业教育法》明确提出设立本科层次职业学校，打通职业教育学生上升的通道，还为两个方面的探索预留了空间：一是在普通高等学校设置本科职业教育专业；二是在专科层次的职业学校设置本科职业教育专业。这充分表明，职业学校的学生不仅可以读大专，还可以上本科，从法律层面畅通了职业学校学生的发展通道。

有关职业院校招生考试的文件，有两份重要文件直接提出了“职教高考”制度。一是 2019 年初国务院印发的《国家职业教育改革实施方案》明确提出：“建立‘职教高考’制度，完善‘文化素质+职业技能’的考试招生办法，提高生源质量，为学生接受高等职业教育提供多种入学方式的学习方式。”二是 2021 年中办、国办印发的《关于推动现代职业教育高质量发展的意见》明确提出：“巩固职业教育类型定位。因地制宜、统筹推进职业教育与普通教育协调发展。加快建立‘职教高考’制度，完善‘文化素质+职业技能’考试招生办法，加强省级统筹，确保公平公正。”“建设一批优秀中等职业学校和优质专业，注重为高等职业教育输送具有扎实技术技能基础和合格文化基础的生源。”“鼓励应用型本科学校开展职业本科教育。按照专业大致对口原则，指导应用型本科学校、职业本科学校吸引更多中高职毕业生报考。”

以上文件精神表明，随着职业教育改革的全面推动，对职教高考必然实施重大变革。我们评价职教高考的招生质量,不能仅用文化课成绩作为依据,因为职业院校主要以“文化素质+职业技能”的职教高考标准招生。即除了考查学生的文化知识之外,还要考查学生的职业技能。“职教高考”的这一改革和持续推进,将有力地促进技能型社会的建设。

二、“职教高考”的实践探索

“职教高考”这个名词虽然很新,但职业教育招生考试却已经在江苏实行了很多年。[①] 早在20世纪80年代末,江苏就出现了面向职业学校招生的“普通高校对口单独招生”(简称“对口单招”),此后不断完善招生政策。从2008年起,江苏又实施了“文化素质+职业技能”的考试制度。江苏组织实施的“对口单招”考试,主要考核学生的职业技能以及语文、英语、计算机等科目,总计1000分。目前的“对口单招”属于中职学生升学的主渠道,文化科目由省考试院组织进行统考,技能考试按国家考试的要求去做。经过多年实践,江苏已经基本形成了以“对口单招”、五年制高职、中高职衔接“3+3”和中职本科衔接“3+4”为主体的现代职教体系架构。目前,江苏中职学生升入高一级学校人数的比例达到40%左右,成为该省高等教育普及的一支重要力量。未来,“职教高考”还应继续实行“文化素质+职业技能”的考试形式,这也与职业教育为经济社会发展培养更多技术技能人才,实现更高质量、更充分就业创业的目标相符合。

“文化素质+职业技能”的考试方式,对已经有一定职业技能基础的中职毕业生来说,相对比较容易。对于普通高中毕业生报考,天津市从2017年起开始探索:市属高职院校在津招生计划主要安排在春季高考,招收普通高中毕业生和中职学校毕业生,实行“文化素质+职业技能”的评价方式。天津市的高职院校春季招收普通高中毕业生主要考查学生职业技能,考试科目为“技术”和“综合能力”,实行全市统一考试。文化素质考核使用考生的语文、数学、外语、物理、化学、生物、政治、历史、地理9个科目的普通高中学业水平合格性考试成绩,以绩点方式进行换算,计入录取总分(单科成绩合格等第计为20分、不合格等第不计分)。招生学校以考生普通高中学业水平合格性考试成绩和“技术”“综合能力”考试成绩为主要依据,参考高中学生综合素质评价材料,综合评价、择优

---

① “职教高考”畅通技能人才成长渠道——代表委员为改革完善高职院校考试招生制度建言献策,2019-03-15,http://www.moe.gov.cn/jyb_xwfb/xw_zt/moe_357/jyzt_2019n/2019_zt2/zt1902_mtbd/201903/t20190315_373560.html

录取。

面对不同类型的生源,通过渠道多元的招生方式,是为了将技术水平高、综合素质好的生源向优质学校聚集。这样做有利于提升高职院校的生源质量,也是高职院校质量提升的必然要求。

三、完善“职教高考”制度的建议

2022年新修订的《中华人民共和国职业教育法》第三十七条提到国家建立符合职业教育特点的考试招生制度。中等职业学校可以按照国家有关规定,在有关专业实行与高等职业学校教育的贯通招生和培养。高等职业学校可以按照国家有关规定,采取文化素质与职业技能相结合的考核方式招收学生;对有突出贡献的技术技能人才,经考核合格,可以破格录取。

教育部《关于做好2022年普通高校招生工作的通知》中关于完善高职院校分类考试,各地要坚持职业教育类型定位,加强省级统筹,立足当地经济社会发展,合理安排高职院校分类考试招生规模,保持分类考试主渠道。要优化招生院校专业结构,重点向区域经济建设急需、社会民生领域紧缺、技术技能培养要求高和就业质量高的专业倾斜。要遵循职业教育人才培养规律,进一步完善“文化素质+职业技能”的职教高考制度,服务现代职业教育高质量发展需要。要坚持立德树人、德技并修、面向实践、强化能力,完善分类考试内容、形式和招生录取机制,着力选拔培养高素质技术技能人才。

根据上述文件精神和职业教育人才培养规律,对进一步完善“文化素质+职业技能”的“职教高考”制度提出以下思路。

(一)加快建立“职教高考”制度

深化“文化素质+职业技能”考试招生制度的改革,通过扩大职业本科、应用型本科在“职教高考”中的招生计划,使职业学校的学生在升学方面与普通学校的学生享有平等的机会。要合理确定高职本科招生的生源结构,使高职本科发展有效拉动高职专科发展,发挥分工有序、功能互补、错位竞争、协调发展的体系优势。

(二)根据不同生源考生情况采取不同类型的考试方式

提供普通高考、综合评价录取、中职春季考试、“3+2”、特殊类型单独考试等升学通道,实施不同类型的考试方式:普通高中毕业生可通过综合评价录取和普通高考升学;中职毕业生可通过中职春季考试录取升学;退役军人、农民工等社会考生可通过院校单独考试录取。同时,加强招生计划管理,院校根据所在区域经济社会发展实际、考生报名情况等自主确定批次录取比例、调整批次计划结构,将“职教高考”提前录取的招生计划控制在50%~70%,有效保障招生计划的科学编制与合理分配。“职教高考”的考试招生办法应该因生源对象多元而形式方法多样,重点考查报考者的文化基础和技能专长,每个学校或专业设立各具特色的招录标准。在个人先前学习基础、学校招录标准、招考方式、专业培养方案、就业去向的完整逻辑中判别“职教高考”具体考试招生办法的科学性,尊重学校考试招生自主权并建立招考标准、过程、结果的公开公示监督制度。

(三)在推进“职教高考”体系建设上不断创新突破

按照国家职业教育专业目录分类别研究开发“职教高考”题库,按照有利于技术技能型人才培养和选拔原则,建设“职教高考”题库,完善职业技能考试体系,真正考出技术含量,让职校学生就业有优势、升学有渠道,技能成才、技能报国的道路越走越宽广,每个人都有人生出彩的机会。

(四)坚持德技并修的录取原则

立德树人、德技并修是新修订的《中华人民共和国职业教育法》对职业教育人才培养提出的目标要求。立德树人是各类教育的根本任务,职业教育突出培养实践能力,但决不能忽视育人本质,不能重技轻德。职业院校招生录取工作,也要将思政纳入“文化素质+职业技能”的考试内容中。这方面的工作带有开创性,要采取积极稳妥的态度和办法,使这一高考制度不断得到完善。

(课题承担单位:天津渤海职业技术学院,课题主持人为曹世民,执笔人为段乐田、曹秀娟。课题组成员:曹世民、段乐田、曹秀娟、方旭东。)

第十七章 长学制培养

对于培养周期长、技能要求高的专业开展长学制培养，有助于培养高质量技术技能人才。本研究着力探讨确立适用于长学制的专业类型、建立职业教育长学制培养模式，以为相关专业提供借鉴。

一、有关长学制培养政策的梳理和相关研究述评

2019年国务院印发的《国家职业教育改革实施方案》指出："完善高层次应用型人才培养体系，畅通技术技能人才成长渠道，探索长学制培养高端技术技能人才。"这是首次对职业教育培养高端技术技能型人才提出探索长学制培养模式的要求。

2021年中办、国办印发的《关于推动现代职业教育高质量发展的意见》提出："推进不同层次职业教育纵向贯通，一体化设计职业教育人才培养体系，推动各层次职业教育专业设置、培养目标、课程体系、培养方案衔接，支持在培养周期长、技能要求高的专业领域实施长学制培养。"这里针对"培养周期长、技能要求高的专业"再次提出长学制培养。其前后行文是各层次职业教育相衔接、开展职业教育本科教育。

2022年新修订的《中华人民共和国职业教育法》第三十六条第四款明确规定："在基本学制基础上，适当调整修业年限，实行弹性学习制度。"这就为本研究奠定了充分的政策和法律基础。

近年来，一些学者也对长学制培养进行了积极的实践研究。2020年中国医学科学院北京协和医院张勤在《长学制临床医学专业人才培养模式改革探索与实践》一文中，阐明北京协和医学院长学制临床医学专业培养模式改革的设计，

并提出医学长学制改革符合医教协同育人要求。① 同年孙名楷、颜梓在《职教论坛》发表文章《高端技术技能人才文化教育长学制初探》,提出建构高端技术技能人才文化教育"长学制"是提高现代职业教育人才培养质量的有效途径。② 2021年王小红、罗芳、张志亮在《电气自动化专业"3+2"专本衔接协同育人课程体系的构建》一文中,在对专本对接协同育人的课程体系进行探讨时,也涉及长学制。③ 由此本研究认为,长学制培养对于周期长、技能要求高的专业培养高端技术技能人才具有积极的推进作用,在长学制实施过程中应该延长思政素质类必修课的学习时间以落实职业教育立德树人的根本任务;同时应该深化校企合作,形成校企协同育人机制,更有助于培养符合行业、企业要求的高端技术技能人才。

二、有关长学制概念及实践的若干辨析

(一)对长学制概念的界定

从字义上看,长学制与一般学制的区别在于更"长",主要指某一国家或地区为提高人才培养质量或教育质量,允许在常规教育学习年限的基础上额外增加研修时长的教育制度安排。从两者关系上看,学制与长学制相辅相成。从两者的内部结构上看,学制多以法律、大纲、纲要等强制性措施予以固化,能够调整的幅度较小,属于一种稳固的生态系统。而长学制则多以动态著称,强调以社会实际需求为根本,随时做好应变准备,以追求更高的现实价值,是一种典型的动态平衡生态系统。长学制之目的,旨在突破常规学制规范的束缚,以学科知识融合、课程设置衔接、学位认证互通及学习时长变更等为手段,在有限的教育资源内,全面打造人才培养新范式,实现其现代技能人才塑造的自我追求。④ 由此可以认为,对培养周期长、技能要求高的专业领域实施长学制培养是为实现高端技术技能人才的培育与可持续发展的教育目的,而通过将素质教育与校企合作贯

---

① 张勤. 长学制临床医学专业人才培养模式改革探索与实践[J]. 北京教育(高教),2020(11):50-52.

② 孙名楷,颜梓. 高端技术技能人才文化教育长学制初探[J]. 职教论坛,2020(03):148-154.

③ 王小红,罗芳,张志亮. 电气自动化专业"3+2"专本衔接协同育人课程体系的构建[J]. 科技风,2021(25):16-18.

④ 孙名楷,颜梓. 高端技术技能人才文化教育长学制初探[J]. 职教论坛,150.

穿于较长的学习年限内，分层、分阶段、积累式的予以研习与考核，并最终完成学业则是一种特殊教育制度安排。这样，可将长学制区分为两个层次：一是对培养周期长、技能要求高的专业领域实施长学制培养；二是不同层次的职业教育贯通长学制培养。

（二）对比两种长学制

1. 对培养周期长、技能要求高的专业领域实施长学制培养

以四年制高等职业教育人才培养为例。四年制高等职业教育人才培养是指政府推动本科院校与高职院校合作，高职院校为人才培养主要承担者，实施四年制的本科人才培养。从外部表征来看，是高职院校与本科院校共同培养四年制本科人才的培养形式，但与本科高校人才培养不同的地方在于，四年制高等职业教育所培养的本科人才重视职业能力，获得职业资格证书是学生毕业的主要条件。调研发现，总体而言，在整个项目中高职院校发挥了主要作用，政府部门发挥了推动作用，而本科院校更多扮演的是被动合作者的角色。高职院校与本科学校联合培养或者升本带来的招生数量的增加、培养质量的提升，给高职带来的不仅是国家教育财政投入的增加，还包括了社会资源、社会地位、公众口碑的提升，这些正是推动高职教育高质量、可持续发展的重要影响因素。我国现代产业体系的建设需要与产业转型相匹配的劳动力结构的升级，是政府推动高职与本科院校开展合作的经济和政治动力。当前产业转型升级中遇到的困难之一就是缺乏技术人才支撑。因此，基于技术产业发展而延长教育年限，提升学生能力是教育尤其是职业教育对此做出的回应。

2. 不同层次职业教育的贯通长学制培养

近几年各地探索的长学制人才培养模式多种多样，如“3+2”“3+4”“3+3”“5+2”“2+3+2”等，与传统的中职 3 年、专科 3 年、本科 4 年等普通学制相比，这些“复合”长学制对应用型人才培养起到了重要的作用。北京市开展七年制贯通培养项目，提出要培养“国际化、高水平、创新型、复合型”人才；上海市教委印发《上海“专科高等职业教育—应用型本科教育”人才贯通培养试点实施方案》，支持一流高职院校积极探索开展五年一贯制职业院校试点改革，支撑现代职业教育体系建设；重庆市的专本贯通培养采取“3+2”模式，高职三年和本科两年分段培养，人才培养方案按照五年进行整体规划；湖南省采取“3+3”模式，高职和本科各三年培养。

不同层次职业教育长学制贯通培养作为一项职业教育创新改革，在实践中也出现了一些亟需解决的问题：

(1)多校分段培养，衔接育人有难度。贯通培养在政府主导下开展，不同层级的学校往往缺乏统一认识，对于如何做好不同学段之间的衔接过渡缺乏有效举措，可谓"搭桥牵手易、衔接培养难"。

(2)长学制贯通培养，易出现"保险箱"效应。学生和家长选择职业教育本科层次贯通培养的原因之一，就是缺乏直接考入本科院校的信心，将贯通培养视为上本科的"保险箱"，导致部分学生思想松懈、学习积极性下降，学生容易产生厌倦与疲劳。

(3)培养模式多样，对教学管理造成困扰。一方面，学段衔接与学籍管理不一致，给教学管理造成困扰。如"五年一贯制"在学籍上前 3 年为中职学籍，后 2 年为高职学籍；"5+2"中本衔接，虽然 5 年都在中职学校，但涉及高职阶段的学生管理、教学组织、评价考核则由中职学校和合作高校协商确定。由此带来学生身份混乱、教学转段与学籍转段错位、专业设置与管理平台、学籍管理平台、教务系统信息不匹配等诸多问题。另一方面，某些建设水平较高的专业会同时承担不同层次多种贯通培养任务，给专业建设与管理、课程及教学改革带来巨大挑战。

(4)人才培养中各段分工定位不清。不同层次职业教育的贯通长学制培养由不同的学习阶段组成，而中职、高职、职业本科都有自己的人才培养定位对应企业行业不同岗位的需求，长学制可能会造成不同学段人才培养定位界定不清。

通过对比两种长学制培养方式，本研究认为对培养周期长、技能要求高的专业领域实施长学制培养更能适应现在职业教育产教融合的发展要求。

三、适用于长学制的专业类型及人才培养方案制定

(一)适用于长学制的专业类型

长学制适用于培养周期长、技能要求高的专业，应特别考虑专业层次跨度大的专业。以本课题组所在的天津海运职业学院交通运输类航海技术专业为例，该专业培养具备海洋船舶驾驶、船舶运输管理等方面知识，能在海洋运输各企事业单位从事海洋船舶驾驶和营运管理工作，符合国际和国家海船船员适任标准要求的高级航海技术人才。从职业纵深来讲，航海技术专业技术人才在船工作分为支持级、操作级、管理级，每个级别有不同的技能要求，同时也有相同的基本

技能要求。从职业横向跨度来讲，该专业毕业生可以从事船舶驾驶、货运代理、船舶代理、航海仪器检测、船舶管理等行业。由此，从教育目标、课程体系、教学方法、评价标准四个方面制订航海技术专业长学制人才培养方案。

(二)航海技术专业长学制人才培养方案改革措施

航海技术专业长学制人才培养方案与传统的3年学制人才培养方案相比，更加注重校企合作、产教融合。

1. 确定航海技术专业长学制的教育目标和搭建校企协同育人平台

通过对全国近50家各类航运公司进行调研，特别是对航运企业一线船员的学历层次、知识结构、能力素质要求、未来用人需求、岗位需求等内容进行调研，确立航海技术专业长学制的教育目标。航海技术专业培养思想政治坚定、德智体美劳全面发展，具有良好的思想品质、职业道德修养、团队协作精神和创新创业精神，符合《1978年海员培训、发证和值班标准国际公约》、2010年马尼拉修正案及我国海船船员适任标准培训大纲要求，掌握船舶驾驶与管理必备的基础理论知识和专业知识，具备从事船舶驾驶实际工作的基本能力和基本技能，面向航运领域的复合型技术技能人才。

天津海运职业学院通过与中远海、大连国合、天津惠通等多家企业进行“订单式”培养合作，架起了学校与航运企业合作的桥梁，实现了船员培养与企业需求的紧密结合，使学校更加了解企业用人需求，根据企业需求制定教学目标，航运企业能够为在校学生提供实习的机会。“订单式”培养促进双方资源共享，优势互补，使企业真正参与到教学过程中，形成校企协同育人平台。

2. 构建航海技术专业四年制长学制培养课程体系

根据航海技术专业长学制的教育目标，对比全国同类专业的课程标准，构建航海技术专业四年制长学制培养课程体系。根据航海技术专业课程特点，如表17-1所示把课程分为公共基础课、专业(技能)课、实习环节、毕业环节。

航海技术专业长学制培养课程体系与普通学制的优势主要体现在：(1)延长了素质类必修课的学习时间，有助于完成培养德技并修人才的教学目标，落实职业教育立德树人的根本任务；(2)企业真正参与到教学环节，尤其是实习教育环节，更有利于学校了解企业的人才需求，真正做到产教融合。

表 17-1　航海技术专业长学制课程分类与学期安排

课程分类	课程类别	课程目标	开设学期
公共基础课	素质类必修课	以马克思主义为指导,以习近平新时代中国特色社会主义思想为价值取向,以培养担当起民族复兴大任的时代新人为着眼点,帮助大学生树立正确的世界观、人生观、价值观,逐步成为德智体美劳全面发展的高素质技能型人才和中国特色社会主义合格建设者	1~5,7
	航海类通识必修课	培养学生逻辑思维、空间想象能力、处理解决实际问题的能力、语言表达能力,为航海专业课学习打下坚实的基础	1
专业(技能)课	专业群通用课	培养学生水上基本安全、救生、消防等水上应急能力,取得海船船员合格证	2
	专业(技能)课	讲授学生航海、货运、避碰、船舶管理、航海英语等知识,使学生满足远洋船舶二三副技能要求,取得海船船员适任证书	2~5,7
实习环节	上船实践	通过学生到企业一线参加与本专业相关工作,实际参与船舶航行工作的各个环节,使学生接触社会,体验实际工作情景,运用所学专业知识解决工作中遇到的各种问题,培养独立分析问题、解决问题的能力,为步入社会奠定良好的基础	6
毕业环节	必修课	通过企业调研和实习等环节,对所在岗位工作情况及学习心得进行总结,并达到提升岗位职业能力的目的	8

3. 航海长学制教学方法改革

加强学校教师与企业能工巧匠的交流培训:航海类教师要真正进入航运企业进行实践,确保所持航海类适任证书有效的同时能够紧跟行业发展,不断更新知识和技能,真正达到"双师型";安排企业的能工巧匠作为学校的客座教师,以一线工作者的身份真正参与到教学中来。教学方法上,主动适应基于新技术应用的教学方法、教学内容改革,促进技术技能的高度融合。分层次改革教学方法,提倡职业教育实施基于以问题导向任务驱动的教学方法,提升学生解决问题、自主学习的能力,提升职业教育课程的育人实效性,实现长学制培养的优势最大化。

4. 健全航海技术长学制培养的评价体系

航海技术长学制培养采用校企多元协同评价的方式,因为多元协同评价结果往往比单一主体评价表现得更为科学、客观与真实。学校与企业共同制定评价标准,评价标准包含:知识评价、技能评价、素质评价、综合评价。

四、有关长学制探索的对策建议

(一)对准备实施长学制的专业进行科学评估审核

由教育主管部门牵头,组织院校、行业、企业专家,对准备进行长学制培养的专业进行科学评估。评估包括人才培养目标、人才培养方案、课程改革实施、课程评价体系等。对于满足职业教育立德树人的根本任务、培养周期长、技能要求高的专业可以通过评估审核,进行长学制培养。

(二)对实施长学制的专业进行政策帮扶指导

职业院校长学制最后一个学年往往安排学生真正参与企业的实习,比如医学专业会安排学生到医院轮岗实习,航海类专业安排学生上船实习,对于这类专业建议相关部门能够根据学生在校时间情况制定学费和住宿费的减免政策;同时与实习单位协调,给学生发放相应职务的实习补贴。通过这种方式解决由于学制延长造成的学习费用增加问题。

教育主管部门要协调行业、企业制定工龄认定标准,对于符合要求的在校实习生予以实际工龄的计算,比如航海专业毕业生除了通过海船适任证书考试外,还需要 18 个月海上资历才能取得适任证书。教育部门可以与海事主管部门共同协调制订在校生上船实习海龄计算政策,以解决由于学制延长造成的耽误海龄计算的问题。

为了培养高层次、高技能的应用技术型人才,教育相关部门应该鼓励符合要求的职业院校开展职业本科教育,为青年学生搭建多样化选择、多路径成才的“立交桥”,有利于提高职业教育的社会认可度。

(三)对实施长学制的专业监督考核

教育主管部门要根据长学制专业特点进行科学的监督考核,对人才培养方案和课程实施进行过程跟踪监督。对于毕业生采用校企多元协同评价考核,使长学制在促进校企合作、深化产教融合方面起到积极的作用。

(课题承担单位为天津海运职业学院,课题主持人和执笔人为熊海生。课题组成员:张如凯、吴泽亮、宁文才、宁海博、苑靖国、黄跃华、张海奉。)

第十八章 “岗课赛证”综合育人机制

“岗课赛政”综合育人机制是一个新的提法。本研究力图根据相关文件精神，参考已有相关研究成果，从课题组所在专业实际出发，提出这一新概念的内涵、运行和推进思路。

一、有关“岗课赛证”综合育人机制政策文本的梳理

“岗课赛证”综合育人机制的提法，起源于最初的“课证融合”。1991 年国务院印发的《关于大力发展职业技术教育的决定》提出，要逐步实行“双证书”制度，要求用人单位“把技术等级证书或岗位合格证书，作为择优录用和上岗确定工资待遇的重要依据”。1996 年《中华人民共和国职业教育法》规定，职业教育应“同国家制定的职业分类和职业等级标准相适应，实行学历证书、培训证书和职业资格证书制度”。2002 年劳动人事部《关于进一步推动职业学校实施职业资格证书制度的意见》提出，要“逐步实现职业学校学历证书与专业技术人员从业资格证书相衔接”，从政策层面明确将“双证书”界定为学历证书和职业资格证书。2019 年国务院印发《国家职业教育改革实施方案》，提出启动“1+X 证书”制度（即“学历证书+若干职业技能等级证书”制度）试点工作，正式提出职业技能等级证书。

“赛课融合”始于 2008 年启动的全国职业院校技能大赛。赛事紧扣市场需求的专业领域，以赛项为引领，使院校以大赛为“坐标”，调整专业课程设置，改进教学方法。2018 年教育部等 37 部门联合发布《全国职业院校技能大赛章程》，把“坚持以赛促教、以赛促学、以赛促改，内容设计围绕专业教学标准和真实工作的过程、任务与要求”确定为大赛总基调，经过多年的探索，形成了可借鉴、推广的“赛课”融合的经验做法。2020 年教育部等九部门《关于印发职业教育提质培优行动计划（2020—2023 年）的通知》等政策文件，为高职院校“岗课赛

证”综合育人的理论研究和实践探索提供了坚实的政策保障和高质量发展空间。①

2021 年中办、国办印发的《关于推动现代职业教育高质量发展的意见》指出，要完善“岗课赛证”综合育人机制。这一新理念要求高等职业教育的课程对应工作岗位和职业技能证书，体现了高职教育的社会适应性；课程对应的专业理论知识、教学实训和技能大赛，体现了高职教育的社会实践性。“岗课赛证”综合育人是职业教育与岗位要求之间的相互融合，学生通过课程学习考取所需职业资格证书，参加专业技能大赛，掌握未来工作岗位所需具备的专业能力。

二、有关“岗课赛证”综合育人机制研究成果述评

（一）“岗课赛证”综合育人机制下企业人才需求调研

通过对四十余家港航及制造类企业样本进行人才需求调研，着重了解企业当前的人才需求情况、任职资格、能力及素养要求，职业资格证书需求情况，并着重了解企业对于开展相关领域人才培养的教学方面的建议。

从调研结果可以看出，企业认为最重要的职业能力主要包括业务操作能力，达到 76%，依次是危机处置能力 72%、表达沟通能力 70%、学习能力 67%。在个人素质方面，占比最大的是质量意识 73%，其次是合作意识与安全意识都为 70%，吃苦耐劳 65%，心理素质 62%。上述企业更为重视的因素与现行的“岗课赛证”综合育人机制全面提升综合职业能力相契合。以职业技能大赛为载体，在促进学生素质提升和能力发展方面的积极作用是传统课堂无法比拟的，更多学生通过大赛培养了追求卓越和精益求精的大国工匠精神。

在调研过程中，企业对职业资格证书或职业技能等级证书的要求较为突出，调研的企业样本中，33%的企业要求员工必须持证上岗。例如，船务公司要求船员必须取得海船船员适任证书、基本合格证、值班水手证书等，方可从事相关行业；65%的企业认为，对职业资格证书或职业技能等级证书能够反映学生在校学习能力，高职院校开发和引入高质量职业技能等级证书能够帮助学生进一步提升就业的核心竞争力。

在教学建议方面，不同类型的企业都选择将与就业岗位能力关联度高的课

---

① 王丽新，李玉龙. 高职院校“岗课赛证”综合育人的内涵与路径探索[J]. 中国职业技术教育，2021(26)：5-11.

程设置为核心课程，并期望能将行业内新技术、新工艺、新标准、新方法融入教学中。并且，被调研对象中，三分之一的人愿意担任高职院校外聘教师，承担实践课程教学任务，这对高职院校双师型教师队伍建设、促进校企合作都有积极意义。

（二）现阶段我国职业技能大赛数据综述

我国现阶段职业技能大赛覆盖了《职业教育专业目录（2021 年）》19 个专业大类中的 15 个，仅有食品药品、新闻传播、公安司法和水利 4 个大类未覆盖。大赛为学生搭建了切磋技艺、一显身手的平台，一批批优秀的工匠能手脱颖而出。在历届比赛中，获奖院校达 984 所；还涌现出来自全国各地的优秀获奖选手 27487 人。其中：高职组一等奖 2019 人，二等奖 3936 人，三等奖 5966 人。2021 年教育部公布全国职业院校技能大赛分设 27 个赛区共有来自全国 32 个地区 2930 支队伍、6572 名选手和 4690 名指导老师参加了中、高职组的 102 个项目的比赛。①

对接职业技能设计大赛项目，比赛设备转化提升为教学设备，赛项任务转化设计为教学项目，赛项要求转化建设为课程内容，赛项工艺转化完善为教学标准，赛项评测转化形成教学评价，着力赛课融通，引领教学改革。以赛促学，以赛促教，课赛融合的模式，给了学生清晰的目标和展现的机会，注重学生专业技能的掌握，也强调教师技能的提升。

（二）我国“1+X”证书制度试点工作数据综述

2019 年教育部、国家发展改革委、财政部、市场监管总局联合印发《关于在院校实施“学历证书+若干职业技能等级证书”制度试点方案》。同年人力资源社会保障部最新公布的国家职业资格目录内含 139 项职业资格，2021 年开放的“国家职业技能标准查询系统”涵盖全部国家职业技能标准 1109 个。“1”为学历证书，“X”为若干职业技能等级证书。“1+X”证书制度试点工作启动以来，教育部先后于 2019 年 4 月、9 月和 2020 年 1 月、12 月公布了四批 447 个职业技能等级证书作为试点。首批职业技能等级证书试点共 6 个，第二批 10 个，第三批

① 刘晓宁. 大赛八年发展成果盛宴——全国职业院校技能大赛博物馆参观活动侧记[J]. 中国职业技术教育，2015（22）：140-148.

76个,第四批355个。[①] 教育部将结合实施“1+X”证书制度试点,探索建设职业教育国家“学分银行”,对学历证书和职业技能等级证书所体现的学习成果进行认证、积累与转换,促进书证融通,探索构建国家资历框架。[②]

“1+X”证书制度下有助于协调解决人才供给和产业需求失衡问题,让专业教学的内容符合职业岗位需求,适应当代新工艺、新生产模式的要求;通过完善教学评价体系,将符合岗位需要和职业需求的各类综合能力通过“1+X”证书得以展示和实现,最终提高学生的就业创业能力。

三、“岗课赛证”综合育人机制的实现

(一)“岗课赛证”的内涵关系

“岗”是指工作岗位,更是指岗位能力;“课”指课程、课标、课堂;“赛”不仅是指职业技能竞赛,包含校赛、市赛、省赛,以及国赛等,更是包含教师教学能力比赛等;“证”是指毕业证、职业资格证书及多种职业技能等级证书。岗是课、赛、证的逻辑原点,课、赛、证是围绕职业素养而进行的育人集合,都依岗而立,随岗变而改。课是岗、赛、证的枢纽,赛、证是人才评价方式,将不断修正与调节课程,而进行课程改革、教学改革、师资能力提升等。这就是“岗课赛证”综合育人的内涵。

(二)“岗课赛证”的融合模式

“岗课赛证”之间的相融,不仅仅是岗、课、赛、证主体的简单融合,更是标准、内容、过程、评价等育人要素的融合,相互之间是围绕人才培养形成的动态融合。以“三教”改革为核心推动育人模式变革,从技术岗位卓越人才需求出发;以典型工作任务为载体,与行业企业共同构建模块化、能力递进式的课程体系;以行业认证、技能竞赛的能力和素养要求为目标整合教学标准,形成闭环关联性融合形态。[③]

---

① 教育部:今年3月将启动1+X证书制度试点[J].时代主人,2019(02):45.

② 王丽新,李玉龙.高职院校“岗课赛证”综合育人的内涵与路径探索[J].中国职业技术教育,2021(26):5-11.

③ 曾天山.“岗课赛证融通”培养高技能人才的实践探索[J].中国职业技术教育,2021(08):5-10.

1.“岗课证”融合育人模式

专业课程建设完全基于职业资格证书或“1+X”证书展开，片面追求考证的通过率，忽视学生的全面发展，只是简单地融合发展，不能全面提升人才培养质量。应通过校企合作、产教融合，充分调研岗位工作流程及任务，对接岗位职业能力，并对典型工作任务进行分析总结，在分析结果基础上创建基于工作过程、岗位能力的课程教学体系。在教学过程中融入职业资格证书考核规范，融入岗位标准，学生在理实一体化的课程中学习到真本事，所学专业知识、职业技能与企业岗位需求精准对接。

一是应重构课程体系，实现专业课程与企业认证共生共长；二是开展分段、分层教学，实现人才培养与企业需求精准对接。① 教学改革应重构课程体系、课程内容，将专业课程教学与职业资格证书、企业认证等有机结合，通过多种方式将职业技能与知识转化为学生能力、素养，促进课程与证书之间相互融合，提升人才培养与企业需求共生共长。比如天津海运职业学院航海专业群实现全员订单培养，考取证书为海船船员职业资格适任证书和基本合格证。针对不同的船舶类型，考取基本合格证不同，像油化船需持有《油船和化学品船货物操作基本培训合格证》、客滚船需《客船船员特殊培训合格证》等证书。学校根据企业需求，重构课程体系，培养能够适任特定船舶需要的各类人才，使课程体系特色更加突出，也更能体现经济社会发展的现实需要。

二是职业院校应采取分层、分段教学方式，实现企业和学院在人才需求与人才培养方面的精准对接。为满足不同层次学生的需求，院校需引导学生了解企业与国家设置的资格证书状况，鼓励有能力的学生考取更高水平的资质证书，进行个性化、高阶段的学习。

2.“岗课赛”融合育人模式

将学院人才培养与全国职业技能大赛、企业组织职业技能大赛以及各个行业内的技能大赛相对接，将大赛的比赛项目融入人才培养方案、竞赛内容融入教学内容、考核评价融入课程评价等，以大赛为引领，不断提升人才培养质量。

部分院校存在只是关注大赛标志性、权威性等高利害性结果，因而把课程建设的重心放在比赛技巧的解读和训练上，热衷于比赛名次的获得，学生被动接受，这种做法与学生的实际需要相脱离，只有少部分学生的综合职业能力获得提

---

① 曾天山.“岗课赛证融通”培养高技能人才的实践探索[J].中国职业技术教育，2021(08):5-10.

高、就业得以促进,但却忽视了大多数学生的长期发展。①

为解决大赛受益学生面窄的缺点,应从人才培养方案、教学内容、课程评价进行重构,将大赛项目融入人才培养方案,将大赛内容融入课程教学内容,将大赛评价融入课程评价。② 为使教学与大赛更好地对接,将大赛项目进行教学化改造,分解项目中知识点和技能点融入课程设计,融入理实一体化的教材、课标等教学改革,并结合职业道德、职业素养融入教学评价,改变以往主观评价占比大的缺点,强化对学生素质、职业素养、职业能力、专业知识的综合评价要求。

3."岗课赛证"融合育人模式

学校的专业课程与技能大赛、企业认证或职业资格证书相对接,以行业认证、国家认证、技能竞赛的能力和职业素养要求同教学内容相融,实现学生"课程教学—技能竞赛—职业认证"的融合培养。

构建"模块化、递进式"课程体系,设计"技能逐级递进,能力渐次提升"的实践教学体系。③ 通过校企合作,校企共同开发人才培养方案,共同制定课程标准,共同建设校企双元理实教材,企业导师参与教学过程,动态更新教学内容,构建项目模块化,能力递进式的课程体系。将职业技能大赛、行业技能大赛等赛项所涉及本专业的技能点、新技术融入课标及教学,实现以赛促教、以赛促学。并以企业认证、职业资格证书为目标,提升人才培养质量,适应企业用人需求,推进"岗课赛证"综合育人改革。

(三)"岗课赛证"综合育人有效途径

1.建立健全"岗课赛证"融合的目标激励机制

在满足学生个性化和多样化需求的同时,重知行合一,建议推行 X 证书学分互换,支持将学生在职业技能等级证书中所体现的学习成果进行登记和存储,按规定兑换学分,免修相应课程或模块;出台奖励学分实施办法,对学生积极参加学生技能竞赛等活动取得的成果认定奖励学分,并作为学生评优评奖的参考

---

① 王丽新,李玉龙.高职院校"岗课赛证"综合育人的内涵与路径探索[J].中国职业技术教育,2021(26):5-11.

② 曾天山."岗课赛证融通"培养高技能人才的实践探索[J].中国职业技术教育,2021(08):5-10.

③ 曾天山."岗课赛证融通"培养高技能人才的实践探索[J].中国职业技术教育,2021(08):5-10.

依据；制定教师指导比赛、学生参与竞赛的激励措施，鼓励师生积极参赛，发挥竞赛对教学的助力作用，创设科学有序、保障到位的评估评价氛围。

2. 建立健全“岗课赛证”融合的教学评价机制

教学工作评估应将多方评价主体、多元评价内容纳入其中。在评价主体上，高职院校同系教师、校内督导、学生，以及校外企业行业专家、合作企业的师傅等多方参与；在评价内容上，课程标准、教学大纲、教案、教学方法、教学态度方面的评价，还应有学生的学习态度、实践技能、学习收获等方面；在评价范围上，应涵盖课程内容掌握、岗位职业能力、学生考证通过率、学生参赛获奖情况等方面。各个评价主体各有侧重、各有重点，以此构成多元化、科学化的评价体系。

3. 建设具有“岗课赛证”融合能力的“双师型”教师队伍

通过派遣参加社会培训、下企业实践，鼓励和支持教师积极参加教学能力大赛和指导学生参加专业竞赛等途径，提升教师队伍的创新能力和社会服务能力。通过引进与培养联动，构建“专业带头人、高级职称、青年教师”结构化的“双师型”教学创新团队，不断完善双师队伍培养标准，打造“岗课赛证”融合能力的“双师型”教师队伍，让教师既能在学校授课，又能攻关企业技术难题，还能在培训机构开展职业资格培训，不断提升教师专业能力。①

（课题承担单位为天津海运职业学院，课题主持人为吴泽亮，执笔人为吴泽亮、刘杨。课题组成员：刘杨、兰洋、熊海生、陈永利、代广树、蒋瑛珺、张如凯、李响。）

① 王成荣，龙洋. 深化“三教”改革提高职业院校人才培养质量[J]. 中国职业技术教育，2019(17)：26-29.

第十九章 技工院校办学模式

2021 年中办、国办印发的《关于推动现代职业教育高质量发展的意见》明确要求:“及时总结中国特色职业教育办学规律和制度模式。”技工教育作为职业教育的有机组成部分,对其办学规律和制度模式进行总结和研究也是必要的。本研究从“技工院校办学模式”的角度去展开,以期对技工教育发展有所助益。

一、有关技工院校办学模式的政策文件梳理

办学模式是学校对办学行为的规范,也是学校的管理制度、经费制度以及管理机制等的结合。从宏观上来说,办学模式是一个地区或国家对学校办学行为的规范,也可以说是办学的总思路。

新中国成立以来,随着经济形态和社会环境的变化以及教育体制的变更,技工院校办学模式在不断调整。

1952 年政务院发布的《关于整顿和发展中等技术教育的指示》提出:“培养技术人才是国家经济建设的必要条件,而大量的训练与培养中级和初级技术人才尤为当务之急。”

1956 年,劳动部颁布《工人技术学校标准章程(草案)》,明确技工学校的课程分为文化课、技术理论课和生产实习课三种。生产实习主要是结合生产进行,并定期轮换工作位置和实习作业岗位,不适宜结合生产的工种,可以采取实习、实验、模拟等形式代替。生产实习教学时间与文化、技术理论课教学时间原则上各占一半,有的工种生产实习教学时间在一半以上。生产实习的形式有两种:一种是在校内实习工厂进行,另一种是到厂矿企业进行。

“文化大革命”初期,各类技工学校被撤销、停办、停止招生或改为工厂。1971 年开始,技工学校逐步开始恢复办学。1973 年国务院批转国家计委和国务院科教组《关于中等专业学校、技工学校办学中几个问题的意见》,重申了职业教育与生产劳动相结合的办学方向。

1993 年劳动部发布的《关于深化技工学校教育改革的决定》提出了提高生产实习课程的比例，实行 1 年的岗位实习活动；鼓励校办厂为学生职业技能提供训练基地；在专业设置上推行部门之间横向联合；提倡委托培训。

2005 年《国务院关于大力发展职业教育的决定》具体提出："促进职业教育教学与生产实践、技术推广、社会服务紧密结合，积极开展订单培养，加强职业指导和创业教育……大力推行工学结合、校企合作的培养模式。"

2010 年《国家中长期教育改革与发展规划纲要（2010—2020 年）》提出，要"大力发展职业教育……建立健全政府主导、行业指导、企业参与的办学机制"。

步入新时代，党的十九大提出："完善职业教育和培训体系，深化产教融合、校企合作。"从国家战略的高度指明了职业教育产教融合的办学改革方向。2019 年国务院办公厅《关于深化产教融合的若干意见》进一步提出："逐步提高行业企业参与办学程度，健全多元化办学体制，全面推行校企协同育人，用 10 年左右时间，教育和产业统筹融合、良性互动的发展格局总体形成。"

2019 年印发的《国家职业教育改革实施方案》提出："深化办学体制改革和育人机制改革……经过 5 至 10 年左右时间，职业教育基本完成由政府举办为主向政府统筹管理、社会多元办学的格局转变，由追求规模扩张向提高质量转变，由参照普通教育办学模式向企业社会参与、专业特色鲜明的类型教育转变，大幅提升新时代职业教育现代化水平。"可见，党和国家已然将办学模式改革作为职业教育发展的国家战略。

2021 年人社部印发的《技工教育"十四五"规划》指出，要深化技工院校改革，推进办学模式创新，加强高技能人才和能工巧匠培养，注重德技并修、多元办学、校企合作、提质培优，实现创新发展，建设现代技术工人培养体系。技工教育又作为一种办学模式单独列出，需要我们积极探索和实践。

二、技工院校办学模式的关键问题与本质特征

（一）技工院校办学模式的关键问题

1. 办学主体

加大投资主体参与技工院校办学，是未来技工院校办学改革和发展的方向，吸引行业、企业、社会团体等参与办学与治理，形成多元主体协同办学的格局。2022 年新修订的《中华人民共和国职业教育法》第六条明确指出："职业教育实行政府统筹、分级管理、地方为主、行业指导、校企合作、社会参与。"还要强化行

业主管部门、行业组织、企业举办或者联合举办技工院校的权利与职责。行业、企业和社会团体的参与，可以丰富技工教育办学的投资渠道，有利于实现技工院校产权的多样性变革，调动多元主体的积极性。

2. 办学目标定位

按照技工院校的特点和技能人才培养规律，确定技工院校独特的办学定位。技工院校办学的实践效益很大程度上取决于与行业企业的联系程度以及对经济社会发展的贡献度。在中国劳动力市场发展过程中，企业用人需求随时发生变化，技工院校不能仅仅只以“供应市场需求”为目标，应该转向“以需求为动力”。

3. 校企合作

国家长期以来都倡导加强校企合作，提高企业参与办学、参与人才培养的积极性。办学模式的改革不仅仅是学校与企业参与办学与治理的问题，而是涉及教育与经济的关系问题。要处理好教育与产业、与社会的关系，技工院校办学模式改革的思维需要从处理好学校与企业之间的关系上升到教育与产业发展之间的关系。

（二）技工院校主要的办学模式

1. 集团化办学模式

集团化办学是同一区域技工院校与有关机构共享职业教育资源、加快职业教育发展、做大做强技工教育的重要途径之一。其基本内涵是以名校为主导，在相同区域、相同行业的院校、企业之间进行联合，实现资源共享、优势互补、共同发展的办学模式。

依据服务面向的模式可分为行业型、区域型两种类型。服务区域职业教育与经济社会发展的技工教育集团增长较快。依据合作方式的模式可以分为以资产为纽带的职教集团、以契约为纽带的职教集团、资产—契约联合纽带的职教集团。其中以契约为纽带的模式最为普遍。

职教集团组建的动力是适应市场经济体制及职业教育自身改革和区域经济发展的需要，其组建方式多为政府调控引导，行业提供依托，院校形成主体。

2. 新型学徒制办学模式

我国的新型学徒制是建立在我国已有校企合作办学实践基础上的。校企合作关系的达成有四种主要模式：一是职教集团或行业模式，职教集团或行业协会发挥平台作用；二是校企共建模式，学校与企业共同组建具有实体性质的“企业学院”;三是校企合作模式,这种模式最为普遍,校企合作以“点对点”的形式开展;四是“厂中校”或“校中厂”模式,这种模式与我国以往的技工教育模式较为相似,实际上是我国当前校企合作动力不足背景下的一种补充性实践方式。

3. 工学一体化办学模式

工学一体化办学模式可大致分为三种类型:一是学校主导型的一体化办学模式,指职业院校主要依赖自身所具备的物质与人才等优势资源,组建自主运营的实训中心与企业等实体,使学校的教育教学能够充分与生产实践、技术转化相结合,从而更好地提升人才培养的水平以及服务区域经济发展的能力;二是校企共建型的一体化办学模式,指职业院校和企业基于“共同规划、共构组织、共同建设、共同管理、共享成果、共担风险”的原则和理念,将职业院校、企业、科研院所等多种社会组织力量和优质职业教育资源有效整合,以协议形式缔约建设的相互开放、相互联系、相互依赖、相互促进的利益实体;三是中介平台型一体化办学模式,指以职教集团、园区等公共服务平台为组织基础,以提升职业教育高素质劳动者和技术技能人才系统培养和服务能力为目的,以合作开放、共建共享、互利共赢为途径的多元主体合作办学模式。

三、基于产教融合的技工院校办学模式改革方向

(一)技工院校办学模式改革的三个基点

1. 协调办学主体和管理主体关系

2022 年新修订的《中华人民共和国职业教育法》明确企业可以与技工院校、职业培训机构共同举办教育机构,开展多种形式的合作,并鼓励行业组织、企业等参与专业教材开发。同时,明确了行业和企业支持技能人才队伍建设高质量发展的社会责任,鼓励企业开展高质量技工教育。

2. 匹配产业发展需求与人才供给

随着技术的提升、对人才储备认识的提高、国家经济实力的增长,以及创新驱动发展理念的深入,包括技工教育在内的任何教育都应当考虑人才培养适度超前的思路,以一种带有未来洞见的方式合理设置技工院校的办学目标、人才层次结构、专业设置、对学生具体能力要求。

3. 促进教育教学与生产实践结合

产教融合、校企合作是技工院校办学的基本模式,也是办好技工院校的关键

所在。坚持理论学习和生产实践的结合是我国技工院校办学发展历程中的一条重要经验,今后也仍是技工院校发展的基本趋向。

(二)技工院校办学模式改革趋势

1. 构建需求导向的产教融合发展格局

深化产教融合的关键在于供需对接、资源转化、价值交换和利益共享,在于资源、平台与机制等要素的系统化,共同推动技工院校与产业协同发展。①

(1)推动技工院校办学对接产业需求。这是适应新一轮科技革命和产业变革趋势的必然要求。我国经济发展进入新常态,新经济对技术技能人才的能力结构与内涵的要求均发生了变化,迫切要求技工院校创新培养模式、组织形态和服务供给,实现校企协同育人。政府在制定经济社会发展规划,进行产业发展布局、规划城市建设时,需要同步考虑技能人才需求,对技工院校在内的职业院校进行统筹规划,为促进产教融合发展提供路径保障和政策支持。

(2)推动产业、企业、院校区域统筹。由区域政府统筹引领产业、企业和技工院校的供需对接和融合,建立区域层面的工学互动合作体系,才是实现产教深度融合。建立产业人才需求清单和技工院校供给清单,促进供需双方的信息匹配和对接。

(3)建立对接产业链的专业动态调整机制。结合国家重要发展战略,建立紧密对接产业链、创新链的职业教育专业体系。同时,技工院校还应建立专业动态调整机制,依据人才需求预测、毕业生就业质量评价、用人单位评价等依据,进行专业申报、调整、预警和退出,形成与产业需求良好互动的专业布局结构。

2. 健全企业参与的多元化办学体制

(1)拓宽企业参与办学途径。通过政策鼓励、引导、简政放权等方式拓宽企业参与办学的途径,包括参与举办技工院校、参与办学过程等。股份制、混合所有制改革将给技工院校办学带来活力,需要进一步规范企业以资本、技术、管理等要素依法参与办学的行为并保障企业相应权利。以引企驻校、引校进企、校企一体等方式,吸引优势企业与学校共建共享生产性实训基地。深入推进产教融合集团化办学,鼓励区域、行业骨干企业联合学校组建产教融合集团(联盟),带动中小企业参与,实现优质资源的整合,推进实体化运作。

---

① 马树超,郭文富.高职教育深化产教融合的经验、问题与对策[J].中国高教研究,2018,(第四期).

（2）创新多元化办学形式。在技术性、实践性较强的专业，全面推行企业新型学徒制。2018 年发布的《人力资源社会保障部财政部关于全面推行企业新型学徒制的意见》提出：按照政府引导、企业为主、院校参与的原则，在企业（含拥有技能人才的其他用人单位）全面推行以“招工即招生、入企即入校、企校双师联合培养”为主要内容的企业新型学徒制。区别于教育部推行的现代学徒制，该意见中提出的企业新型学徒制进一步凸显企业主体作用，由企业结合生产实际确定培养对象，进行“企校双制、工学一体”培养。

（3）推进校企协同育人。引导企业深度参与技工院校人才培养各个环节，包括专业规划、课程设置、课程资源开发、教学实施、实习实训和学习评价等。在培养内容层面，需优先考虑工匠精神的培育，还需要考虑先进技术技能的积累。在培养过程中，引入企业真实生产任务，以“做中学”“做中教”的方式开展学习。

3. 完善产教融合的制度环境

（1）建立跨系统不同部门的协同机制。单纯教育主管部门的政策与规定难以解决产教融合的问题，必须依靠不同系统部门系统的制度匹配。[①]

（2）落实配套资源保障。劳动保障制度也会对技工院校办学产生重要影响。如我国正在为技能人才探索建立“新八级”职业技能等级制度，这是为进一步改善技能人才职业前景、激励更多劳动者依靠技能成长成才。

（课题承担单位为天津职业技术师范大学附属高级技术学校，课题主持人为吴远志，执笔人为孙立群。课题组成员：刘新钰、鲍强、孙立群、张洁萍、董学文、张瑜、张培恩、王敬怡、刘美佳、杨磊、刘俊生、许艳霞。）

① 陈解放. 深化产教融合需要跨系统制度协同引领［J］. 中国高教研究，2018，（第四期）.

第二部分

党的建设和思想政治教育

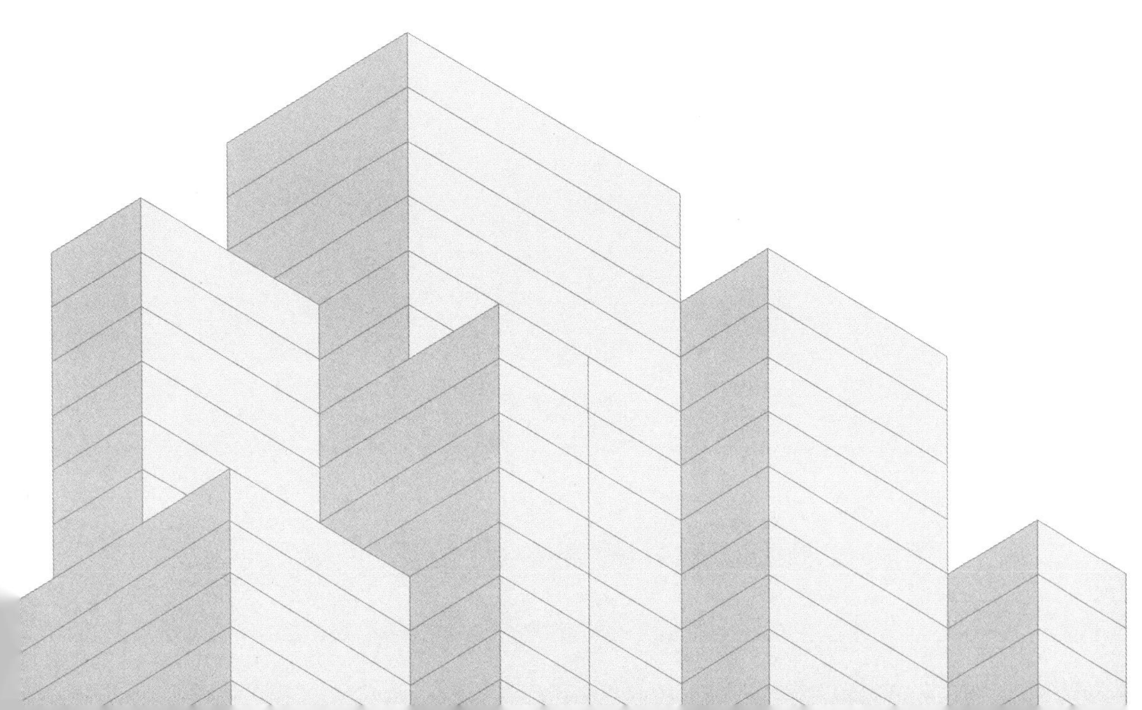

第二十章　新时代职业学校党组织示范创建和质量创优工作

新时代高校党建“双创”工作蓝图已绘就，需要各类学校、各级党组织在探讨中加以落实。本研究以量化基层党组织工作为基点，以标准化引领规范化，着力提升基层党建工作质量，推动党建工作和业务工作深度融合，使二者在融合发展中相互促进。

一、相关政策文本的梳理和解读

2018 年印发的《中共教育部党组关于高校党组织“对标争先”建设计划的实施意见》，明确提出“高校各级党组织‘对标争先’建设计划”，并对计划的总体要求、主要任务、方法步骤、组织领导作出了明确规定，特别提出“坚持把典型引领作为重要推动力，积极创建全国党建工作示范高校、党建工作标杆院系、党建工作样板支部”“通过形成可复制可推广经验打造高校党建工作‘特色品牌’”。随后印发的《教育部办公厅关于开展新时代高校党建示范创建和质量创优工作的通知》，进一步规范了培育创建全国党建工作示范高校、标杆院系、样板支部的基本条件、组织实施等，并要求“及时发掘、凝练、宣传入选党组织的探索经验、培育成果、创建成效，充分发挥引领示范、辐射带动作用，有计划有步骤地把点上的经验做法推广到面上去，引领带动高校党建工作质量整体提升”。

对于职业学校党建示范创建和质量创优工作，2021 年中办、国办印发的《关于推动现代职业教育高质量发展的意见》特别加以强调：“加强职业学校党建工作，落实意识形态工作责任制，开展新时代职业学校党组织示范创建和质量创优工作，把党的领导落实到办学治校、立德树人全过程。”这份文件的再次强调，证明本研究具有重要意义。

二、已有相关实践成果综述

按照《教育部办公厅关于开展新时代高校党建示范创建和质量创优工作的通知》要求，"参加培育创建的高校党委，要按照《实施意见》规定，严格做到'四个过硬'，所属院(系)党组织要普遍做到'五个到位'，所属基层党支部要普遍做到'七个有力'"。教育部办公厅先后公布了三批全国党建工作示范高校、标杆院系、样板支部培育创建单位名单，各入选高校着重围绕坚持和加强党的全面领导、健全党建工作体制机制、破除"中梗阻"现象、抓好党建重点任务落实等方面开展培育创建工作，形成了成熟有效的党建工作制度体系、机制办法、优秀基层党建工作法、典型案例、经验推广示范、辐射带动成效等方面成果，以点带面发挥引领带动作用。

从天津市来看，党的十八大以来，市委一直高度重视高校党建工作，制定印发了《关于加强天津市高校党的政治建设的意见》，压紧压实高校管党治党政治责任，坚决打好高校党的政治建设攻坚战。各职业院校按照工作要求，坚持软件建设和硬件建设相结合、统筹规划和分步实施相结合、整体提升和品牌塑造相结合，扎实开展工作，有效带动高校党建工作质量整体提升，形成了一大批具有示范引领作用的成果。

三、职业院校"双创"工作探索

(一)职业院校"双创"工作的基本经验和工作思路

1.夯实基础，落实党建基础性工作

注重运用"硬举措"，推动工作落实到位。部分职业院校制订相关工作细则，规范议事决策规则，压实各个基层党组织在重大事项中的政治把关责任。通过开展基层党组织互比互看、定期检查通报"三会一课"情况、推进支部自查整改全覆盖等方式严格考核评估，确保党支部标准化规范化建设全达标；补齐党建工作短板，通过制定出台规范性文件，充分发挥政治把关作用，以高度政治自觉落实各项工作；完善党委职能部门联系指导各院系、各支部的工作机制，严督实导推进项目建设。

关注重点任务，围绕"双创"工作建设的重点任务，建立"党员突击队"划分"党员责任区"，树立"党员标杆"，将建设任务的重点难点任务交给具体党组织和党员完成。例如，天津职业大学眼视光工程学院黄大年团队党支部，作为全国

党建样板党支部，由其团队党支部书记王立书教授带头组建“黄大年党员突击队”，承担天津职业大学34项年度工作任务中的22项，其中实践教学基地、技术技能平台建设、国际交流合作等任务均为任务重、时间紧、标准高、难度大的项目。党支部教育引导广大党员立足本职扎实工作，勇挑重担，发挥党员的示范引领和先锋模范作用。发挥“双带头人”头雁效应，使兼具专业过硬与思想先进的“双带头人”发挥关键作用；通过提升科研能力与水平，带动学科整体水平与青年教师工作能力的提高；使思想学习成果有效转化为支部工作领导力，将党建工作逐步扎实深化。

2. 推进创新，凸显特色和亮点

(1)将党建纳入校企合作范畴。开展教师党支部与企业结对共建基层党建工作新模式，提高教师党建育人能力。建立“支部+企业”的产学合作协同育人机制，拓宽党建育人渠道，以支部党员联系企业，带领学生承担企业项目，或联合企业建立校外实践创新基地。党员教师带头深入企业引进优秀教育资源和先进技术，将企业的实训模式和真实案例有效引入学院育人课程体系中。①

(2)利用红色资源探索育人模式。天津各职业院校积极构建基于天津红色文化资源转化的党建育人模式，以线上线下结合模式，推进红色文化育人工程。组织学生按教学内容参观周恩来邓颖超纪念馆、平津战役纪念馆等红色教育基地，现场讲授微党课，为学生提供更加直观、生动的思政课堂。通过组织红色文化实践活动，形成文化育人品牌。

(二)高职院校“双创”工作案例分析

本课题组所在的天津铁道职业技术学院积极开展“双创”工作，证明高职院校开展“双创”工作可以取得具有职业教育特点的成果。

1. 建设好基层党组织进而推进学校工作上水平

以《新时代高校党建“双创”工作重点任务指南(基层党支部)》为参考，根据指南中教育党员、管理党员、监督党员、组织师生、宣传师生、凝聚师生、服务师生七个要求，结合学院目前发展形势及工作实际，探索支部党建积分管理制度，制定了《党支部党建工作考核评价指标体系》，内容涵盖支部班子建设、支部作用发挥、严格执行党的组织生活制度、党员纪律作风建设、党员发展规定、党员教育

① 孔维敬，杨旭，倪晓昌，赵文慧.基层党支部三全育人体系探索研究与实践[J].当代教育实践与教学研究(电子刊)，2021，(第5期).

管理、意识形态工作、统一战线工作等多个方面。通过党支部标准化建设，把庞杂的基层党建工作，简化为管根本、可考量的指标体系，持续推进基层党支部标准化规范化建设工程，不断提升支部党建质量。

坚持目标导向和成果导向，建立激励保障机制。根据考核结果，对具有突出贡献及做出突出业绩的党支部、党员个人予以表彰奖励，及时发掘、凝练、宣传先进党支部的探索经验、培育成果、创建成效，充分发挥引领示范、辐射带动作用，推动学院各级党组织全面进步全面过硬，引领带动学院党建工作质量整体提升，激发全体党员干部干事创业的活力，并带动学院各项业务工作高质量发展。

2. 促进党建工作与业务工作深度融合

学院过去的党建工作，已创造了支部共建、阵地共创、活动共开、人才共育的“四共”品牌，推动学院党建工作与教育教学中心工作深度融合，已形成党建工作引领育人，思政、教学、群团、就业等一系列工作具有学院特色的党建系统工程。按照《教育部办公厅关于开展新时代高校党建示范创建和质量创优工作的通知》要求，“以政治建设为统领，以质量攻坚为动力，以提升组织力为重点，以推动事业发展为落脚点”，把党的领导落实到学院各项事业和改革发展稳定的各领域、各方面和各环节，促进党建与业务深度融合：坚持党建工作与业务工作目标同向、部署同步、工作同力、考核同频，使二者在融合发展中相互促进。

(1) 目标同向。学院在制定“十四五”发展规划及确定“创优赋能”建设项目目标时，同时确定党建工作的目标，切实将党建工作与学院“十四五”发展规划及“创优赋能”建设项目相融合，发挥党建工作、党支部、党员在学院事业发展中的作用。

(2) 部署同步。及时将党建工作与业务工作深度融合的成功经验和有效做法上升为制度，促进党建工作机制更加精准对接业务发展所需，做到业务工作开展到哪里、党建工作就延伸到哪里，使党建工作和业务工作的各项举措在部署上相互配合、在实施中相互促进。

(3) 工作同力。加强党组织领导和运行机制建设，推动师生党支部普遍做到“七个有力”，即教育党员有力，管理党员有力，监督党员有力，组织师生有力，宣传师生有力，凝聚师生有力，服务师生有力，围绕中心工作展开党建工作，把党的领导融入教学科研、人才培养、社会服务、专业群建设工作中。

(4) 考核同频。完善党建工作和业务工作联动考核评价机制，将党建工作对业务工作的促进情况作为考核的重要内容，以破解党建工作和业务工作“两张皮”等问题。

（课题承担单位为天津铁道职业技术学院，课题主持人为于忠武，执笔人为朱凯迪、侯剑。课题组成员：李博、陈娟、赵佳。）

第二十一章　天津市高职院校党建“领航工程”创建工作

天津市高职院校党建“领航工程”是天津市高职院校深入贯彻落实习近平总书记“三个着力”重要要求的生动实践。本研究在系统梳理相关文件精神和总结相应实践成就的基础上，结合课题组所在学校的党建工作实际，系统提出职业学校、二级学院和师生党支部三个层面的“领航工程”创建工作思路。

一、相关政策文本的梳理

2021 年印发的《中共中央国务院关于加强基层治理体系和治理能力现代化建设的意见》在“总体要求”中明确提出：“以加强基层党组织建设、增强基层党组织政治功能和组织力为关键。”在“主要目标”中提出：“党建引领基层治理机制全面完善。”这表明，党的基层组织在国家治理体系和治理能力现代化建设中占有重要地位，同时在高校党的建设中具有基础性作用。

同年中办、国办印发的《关于推动现代职业教育高质量发展的意见》中，提出加强职业学校党建工作，落实意识形态工作责任制，开展新时代职业学校党组织示范创建和质量创优工作，把党的领导落实到办学治校、立德树人全过程。这里更加直接地提出了学校党的基层组织建设的重要性和具体要求。

2022 年中国共产党天津市第十二次代表大会指出：“更好发挥基层党组织战斗堡垒作用和党员先锋模范作用，确保党的领导一根钢钎插到底。”这对高职院校党组织来说，同样具有指导意义。

本研究所涉及的问题，是 2019 年天津市教育两委印发的《新时代天津市各级各类学校党建“领航工程”实施方案》中所提到的“领航工程”实施问题。该文件对标教育部党组《关于高校党组织“对标争先”建设计划的实施意见》，提出开展“六大建设计划”，实施学校党建“领航工程”，创党建特色品牌，提升学校党建工作质量。

目前,新时代天津市教育系统第一批党建"领航工程"已完成成果验收,其成果已汇编成册;第二批新时代高校党建"领航工程"创建培育工作也已启动,以两年为建设周期,遴选产生党建工作示范高校创建培育单位10所(高职2所),党建工作标杆院系20个(高职4个),党建工作样板支部50个(高职9个)。

各相关单位均在按照创建培育要求,以高校党建"领航工程"创建工作为契机,以习近平新时代中国特色社会主义思想为指导,坚持培育为基、重在建设、典型引领、整体推进,按计划、分步骤开展培育创建工作,切实增强基层党组织政治功能,不断推进学校党建工作再上新水平,实现以高水平党建工作引领推动学校事业的高质量发展。

二、天津市职业学校党建"领航工程"创建工作述评

(一)创建工作的总体要求

各高职院校始终高举中国特色社会主义伟大旗帜,在习近平新时代中国特色社会主义思想的指引下,坚持社会主义办学方向,坚持立德树人根本要求,将党建工作与业务工作深度融合。

1. 学院党委统一谋划,架牢学院党组织的"四梁八柱"

以党建促进改革、以党建引领发展,通过实施"领航、铸魂、强基、治理、安全、品牌"等"六大工程",把党的领导贯穿办学治校、教书育人全过程,扎实推进各级党组织建设、领导班子和干部队伍建设、人才队伍建设和党员队伍建设,不断推进"大党建"工作格局形式。

2. 院系紧跟谋划,扎实推进党建、教学、科研、社会服务、育人"五位一体"内涵建设,激活院校党建品牌效能

紧贴国家发展战略,探索实施"五航"党建工作模式,持续深化校企合作,推进"1+X"证书制度实施、技能大赛、教师企业实践流动站、课程建设、教材开发、技术研发、虚拟仿真实训基地建设、人才培养等方面的工作。

3. 支部精准施策,打造"党建+育人共同体",助力党建提质增效

牢固树立党的一切工作到支部的鲜明导向,将全面从严治党的要求传递到基层支部,将"两学一做"学习教育常态化制度化要求延伸到基层支部,将思想政治工作的任务要求落实到基层支部,做好教师和学生党员发展工作,加强党员

队伍教育管理,使每个师生党员都做到在党爱党、在党言党、在党为党,打通思想政治工作“最后一公里”。

(二)创建工作的基本特点

1. 聚焦固本强基,突出一体化系统建设

天津职业大学提出了加强党的政治统领作用、抓牢两支骨干力量、坚持“三全育人”、筑牢四同融合“战斗堡垒”的“1234”党建工作思路。天津电子职业技术学院深入推进育人方式、办学模式、管理体制、保障机制改革,形成系统化科学化的高质量党建工作体制机制。

2. 铸牢互融互促,强调多方协同建设

天津医学高等专科学校通过实施党建“引航工程”、组织力提升工程、思政育人工程、人才质量提升工程和文化育人工程,形成一套完善的党建机制,确保党的建设与事业发展同部署、同落实、同考评,努力形成党建新模式。天津轻工职业技术学院提出了“五心五度”工程建设,从初心、强心、正心、匠心、暖心建设党支部,对照标准,努力达到“七个有力”。

3. 彰显职业教育类型特色,不断提升示范引领、支撑发展的能力和水平

天津职业大学树立“天职”党建工作品牌。天津商务职业学院以“国内一流高等商科职业院校”建设为抓手,主动聚焦商务需求,促进党建工作规范化、制度化,使学校党建工作体系更加科学严密有效。

三、天津市高职院校党建“领航工程”创建工作推进策略

(一)特色学院党建工作新思路

1. 实施“领航工程”,着力把牢办学方向

坚持把党的政治建设放在首位,以贯彻落实新时代党建总要求和新时代党的组织路线为主题,坚持和加强党对学校工作的全面领导,为学校高质量发展提供磅礴精神力量。深化党委主体责任“3510”体系,即:厘清“党委集体领导、党委书记第一责任人、其他班子成员分管责任”3层职责;抓实“深化政治学习、严明政治纪律、选好用好干部、加强作风建设、规范权力运行”5大任务;健全“组织领导、责任分解、压力传导、履责报告、监督检查、日常监管、廉情分析、警示教育、

考核评价、责任追究”10项工作机制,把牢办学方向,推进党建工作的有效落实。

2. 实施“铸魂工程”,着力提升思政工作实效

以完善“十大育人”体系建设为抓手,深化“三全育人”综合改革,健全思政工作评价体系,打造“三全育人”典型学校和“三全育人”优秀案例。探索推进学生社区“一站式”综合管理模式,完善学生日常教育管理制度体系。落实领导班子成员深入学生一线制度,推进课程思政和思政课程同向同行,全面提升学院思想政治工作水平。

3. 实施“强基工程”,着力提增基层组织政治功能

以提升组织力为重点,扎实推进基层党建示范创建、质量创优,培育一批党建标杆院系和样板支部。深入实施教师党支部书记“双带头人”培育工程,优化二级学院党组织党建工作评价体系,将党建和思想政治工作成效纳入目标管理考核,全方位强化基层组织建设。

4. 实施“治理工程”,着力提升治理能力现代化

以学院《章程》为基本准则,突出打造现代大学治理体系,健全党委领导下的决策与统筹协调、校长负责制为核心的行政执行与责任、依托学术委员会的教授治学、依托教职工代表大会的民主管理、自我管理的学生服务保障等五大机制体制,完善制度建设、开展内控评价、推进质量诊改、优化机构设置、探索实施以专业群为基点的跨专业教学组织,实现治理水平和治理能力全面提升。

5. 实施“安全工程”,着力构筑平安和谐校园

以“平安校园”创建为抓手,以政治安全为重点,坚持以师生为中心的工作理念,综合运用人防、技防、物防综合手段,持续构建校园安定稳定环境。严格落实意识形态工作责任制和网络安全责任制,推进校园各类思想文化阵地管理,加强对教材使用、教学管理、教师引进、学生活动等方面的把关,防范化解各类风险,筑牢师生思想防线,全力维护学院政治安全和校园稳定。全面压实安全责任,进一步健全安全责任体系,实现安全责任全员化、全覆盖。毫不松懈抓好常态化疫情防控,落细落实人防、物防、技防,构筑校园疫情防线。加强安全宣传教育,持续开展机制优化和集中整治,以平稳有序的安全环境保障事业发展。

6. 实施“品牌工程”,着力打造校企共建特色品牌

精心打磨基层党组织党建工作,创新“多维融合、协同育人”党建共建模式,培育形成多个特色校企共建党组织。通过实施党建共建活动,打造品质党建、先

锋党建、活力党建。

(二)特色院系党建工作创新思路

1. 思想导航,抓实政治学习和交流研讨活动

持续深入学习贯彻习近平新时代中国特色社会主义思想,跟进学习习近平总书记重要讲话和重要指示批示精神,抓实三级学习载体,实现党员干部、党员教师政治领跑,普通教师同心同行。严格落实“三会一课”制度,组织开展定时、定点、定主题的政治学习及交流研讨活动,以高质量理论武装进一步统一思想,引领事业发展。

2. 党建领航,推进基层党组织质量建设

完善支部工作机制,履行支部政治责任,完善内部质量考核体系。严格执行党内制度,加强党员教育管理与服务,创新载体丰富主题党日活动,落实谈心谈话制度。开展党员争先创优,设立党员示范岗,开展党员亮身份和优秀党员示范带动活动。严格党员日常管理,落实按时交纳党费,定期开展组织生活会、民主评议党员工作。积极推动党员发展工作,鼓励青年教师和优秀学生骨干积极加入党组织。

3. 师德助航,强化师德师风建设

把师德师风建设与提高教师思想政治素质相结合,把教师培养成为学生思想的引导者、知识的传授者、生活的指导者。把师德师风建设与建立教师管理机制相结合,培养教师进一步增强敬业意识,提高育人水平,塑造道德风范。严格执行教师十项行为准则和教书育人制度要求,引导教师自觉树立正确的教育观、质量观和人才观。把师德师风建设与提高教师自身修养相结合,培养教师在加强理论学习、转变教育观念、贯彻教育方针、实施学生培养的过程中,自觉适应改革发展需要,不断提高自身修为,成为示范引领表率。

4. 项目启航,实现党建与业务工作并进

打造院系合作、专业融合的学习型组织,完善对接产业链的专业动态调整机制,重点建设高水平专业群。构建“岗课赛证”融合、共享的模块化课程体系,深度推进“1+X”证书制度,探索创新复合型高素质技术技能人才培养模式。

5. 合作续航,推动校企深度融合

主动融入天津市“一基地三区”建设,服务区域传统产业向高端化、低碳化、

智能化、服务化发展，紧密对接现代服务业和产业高端需求优化重构专业组群。携手知名企业共建产业学院，打造产教融合新模式，形成校企双方“人才共育、过程共管、成果共享、责任共担”的紧密型战略合作关系，实现校企合作发展共赢新局面。

（三）特色党支部党建工作创新思路

1. 实施党建平台创新工程，打造高质量学习资源库

（1）依托学院数字校园学习平台大力推进“人工智能+党建”建设，持续建设线上数字资料馆及展馆，尤其注重结合重大时间节点及行业特点建设各类线上资源。

（2）打造党员教育新阵地，建设党建图书室，建设党员学习沙龙，扎实推进“学习型”党支部的建设。

（3）丰富思政课建设微信公众号栏目，增设微党建园地，实现基层党建与“互联网+”的深度融合，激发基层党建工作的新活力。

2. 实施“党建+铸魂育人”融通工程，形成“三全育人”聚能场

（1）实施“红色堡垒”行动，筑牢铸魂育人组织基础。建立党组织主导、骨干学生参与、多元联动的思政工作长效机制；落实书记带头讲“开学第一课”、带头讲党课、带头讲思政课、带头作形势政策报告“四个带头”制度；建设企业劳模、工匠先进模范人物教师库；强化校内支部及周边社区支部共建，增强党建统领思政育人工作活力。

（2）实施“红烛先锋”行动，建强铸魂育人党员骨干队伍。严格执行“三会一课”制度，设立固定党员学习日，搭建“名师+骨干”“先锋+引领”育人指导交流平台，将党员思想教育与思政课教师集体备课有效融通；依托各类平台开展全员党课培训；开展教学能力大比武、指导学生评比等活动，推进师生遵循中国特色学术评价标准和科研评价办法；鼓励教师开展思政课程、课程思政相关的科研立项和教学改革，实现政治素质与业务能力双提升。

（3）实施“红心向党”行动，在“党建+”上下功夫，搭建理论和实践相结合的学习平台，实现三个课堂全方位育人。党支部发挥课堂教学主阵地作用，开发师生红色研学基地，同步挖掘育人要素，开展党史国史进校园、师生全员进党性教育基地、工匠劳模进校园“三进”活动，将支部主题党日活动与思政课二课堂育人活动有效结合；突出重点内容，建设网络第三课堂，将支部党建与思政课三课

堂网络育人相结合,实现提高组织生活质量和提高立德树人工作质量效能倍增。

3. 实施党建红色导航工程,激活高质量发展推进器

(1)搭建共享型学习平台。协同各教学党支部开展课程思政优质课程建设;思政课教师一对一联系对接二级学院党支部、团支部、青马社团,开展各类培训,实现思政教育、课程建设、学生党员培养有效贯通。

(2)聚焦大中小一体化实践教学课题研究,与协议单位开展大中小思政课实践一体化教学的积极探索,扎实开展课程建设、教学改革、师资培养等一体化活动。

(3)发挥辐射带动作用,将党员专业优势融入志愿服务中,与周边社区开展共建活动,构建“资源共享、优势互补、互相促进、共同提高”的党建工作新格局,打造社会服务“品牌党建”。

(课题承担单位为天津交通职业学院,课题主持人为苏敬,执笔人为毕莹。课题组成员:刘春媚、胡月梅、毕莹、张丽静、张继艳、娄熠。)

第二十二章 完善组织领导、课程改革、队伍建设、课内课外“四个一体化”育人格局

高职院校“三全育人”不仅要与其他高校工作一样开展思政教育，更要体现职业教育特点。天津地区的职业院校在“三全育人”方面有自己的特色，完善组织领导、课程改革、队伍建设，课内课外“四个一体化”育人格局，是一个有效思路。

一、相关文件精神的梳理和理解

高校思想政治工作不是单纯一条线的工作，是一项全方位的，无处不在、无时不在的工作。2017 年中共中央、国务院印发《关于加强和改进新形势下高校思想政治工作的意见》，明确指出在高等学校坚持全员全过程全方位育人，把思想价值引领贯穿教育教学全过程和各环节，形成教书育人、科研育人、实践育人、管理育人、服务育人、文化育人、组织育人的长效机制。

2021 年 1 月印发的《教育部 天津市人民政府关于深化产教城融合打造新时代职业教育创新发展标杆的意见》(以下简称《意见》)，对天津市职业教育高质量发展做出了具体部署，其中对“三全育人”有一个新的表述：构建职业院校思政教育一体化育人体系，完善组织领导、课程改革、队伍建设、课内课外“四个一体化”育人格局。这是探索建立具有天津特点、中国特色、世界水平的职业教育发展模式，为中国特色职教创新发展提供“天津方案”的题中应有之意。从“三全育人”的角度，这是天津特色的理论与实践创新，值得认真研究和实施。

二、新时代高校育人主要模式及效果

(一)全员育人模式

全员育人模式突出是多方主体参与到育人过程中，关注的是育人队伍的整

体提升，形成全员育人的生动局面，这又分为校内全员参与和以校内人员为主、联合校外人员参与的育人模式。

由校内人员全员参与的育人模式，以内蒙古科技大学构建的“一二三四”型育人模式和四川文理学院的“322”型“三全育人”模式为代表。这两所学校都比较注重领导干部、教师、辅导员、班主任、学生干部等队伍的建设与管理，但在参与主体上有所欠缺，如后勤部门的服务育人功能关注不够。

以校内人员为主、联合校外人员参与的育人模式，以河南城建学院的“三全育人”国际化人才培养模式、汕头大学书院制“三全育人”模式为代表，均将育人主体从高校内部扩展到家庭和社会成员，实现多方参与育人过程。这类情况虽然有企业作为主体参与育人，但在家校共建方面仍存在不足。

（二）全程育人模式

全程育人模式是指全过程无阶段划分的育人循环闭合模式。

一是将育人过程分为不同阶段，每一阶段育人内容各有侧重。如内蒙古科技大学构建的“一二三四”型育人模式，按照受教育者身心发展特点，每一阶段的育人工作都有不同的侧重点；汕头大学书院制“三全育人”模式，通过明确不同学期的重点任务，帮助学生明确目标、做好自我规划，帮助他们实现目标。

二是不划分育人阶段，从整体上强调全程育人工作。如四川文理学院的“322”型“三全育人”模式、河南城建学院的“三全育人”国际化人才培养模式都没有划分具体阶段。在全程育人模式中也暴露一些问题，如育人团队建设不足、协同育人作用发挥不够以及缺少分阶段细致的规划。

（三）全方位育人模式

全方位育人是各学校普遍关注的育人模式。如四川文理学院的“322”型“三全育人”模式把校内和校外两大阵地作为思想政治教育的主渠道，并且通过“两微一端”等积极构建线上线下协同育人机制；福州大学物理与信息工程学院的“三全育人”模式通过不断夯实党团、实践、科研等五大阵地，推进实践、网络、课程等育人工程，全面推进全方位育人工作。整体上看，全方位育人是将校内校外、课上课下、线上线下连接起来，借助网络媒介、实践活动等形式实施全方位的覆盖。但在实践过程中也存在一些问题，如课堂教学效果仍需提升，课外思想政治教育水平有待提高，家庭、学校、社会之间缺乏联动。

根据以上实践状况的分析，具有天津特色的“三全育人”格局需要解决育人队伍能力不强、育人工作不全面、家校社合力不足、课程育人效果参差不齐、育人协同性不够等问题。

三、完善组织领导、课程改革、队伍建设、课内课外“四个一体化”育人格局

(一)坚持政治高站位,加强组织领导

1. 坚持学校党委统筹推进“三全育人”工作

学校成立由党政主要负责人任组长的思想政治工作领导小组,统筹推进“三全育人”工作。把“三全育人”工作纳入学校发展规划、人才培养方案中,纳入基层党组织书记抓基层党建述职评议考核、中层干部年度述职评议考核中,纳入教职工职称聘任、评奖评优、考核鉴定中,将“三全育人”标准内化于心,外化于行,将其切实转化为每一位教职员工的行为准则。

2. 落实意识形态工作责任制,维护学校安全稳定

切实落实意识形态工作责任制,学校领导班子成员至少联系一名思政课教师、参加一次教研活动、讲一堂专题思政课、做一次形势报告,领导班子成员要进班级、进宿舍、进社团、进教研室、进实训室,以具体工作形式落实习近平新时代中国特色社会主义思想进教材、进课堂、进头脑。协同推进宣传思想与网络育人工作,依托校园官网、“两微一端”等平台,在国家重大节日和关键时间节点开展国家网络安全周、网络中国节、网络作品大赛等主题教育活动,提升网络育人质量和效果。

3. 充分发挥基层党组织作用,确保“三全育人”落到实处

在发挥基层党组织组织教育管理党员和宣传引导凝聚师生作用的过程中,把思想政治教育作为首要任务。基层党组织书记和班子成员要结合业务工作内容开展有特色的活动,将党建与业务工作深度融合:教学基层党组织要在学生管理、教学管理等方面创造性地开展工作,深入一线与学生进行深度交流,及时做好学生思想工作;服务管理基层党组织要聚焦更好服务师生方面,通过提供更好的服务管理,为实现立德树人根本任务提供基础保障。

(二)以“大思政”格局构建育人体系,开展课程改革

1. 积极发挥思想政治理论课主渠道作用,坚定学生对中国特色社会主义的“四个自信”

思政课的关键是“思”,即必须坚持用习近平新时代中国特色社会主义思想铸魂育人;重点是“政”,即通过思政课的学习帮助学生切实增强政治认同,坚定爱党、爱国、爱社会主义、爱人民、爱集体的情感。为此,必须坚持理论与实际相结合,将课程内容与学生的思想问题相结合,对各门课程的教学内容实施优化整合,设置贴近职业素养与道德实践的实践教学内容;充实思政课教师队伍,将优秀毕业生、劳模工匠、专家学者纳入授课主体;充分发挥学生学习的主体作用,改变“满堂灌”的传统课堂教学模式,积极开展启发式、参与式、互动式、案例式、专题式、问题式教学,增强思政课的吸引力和实效性;充分发挥多媒体和网络等信息技术在思政课教学中的重要作用,实现教学手段现代化。

2. 积极推进课程思政建设,形成“课程思政”与“思政课程”协同育人

加强思政课程与课程思政协同共进,积极构建以思政课为核心、基础课为支撑、覆盖专业课、延伸实习实训课的“四位一体”课程体系。在课程建设、课程教学组织实施、课程质量评价体系的建立中,积极挖掘其中的思政元素,在课程教学大纲、教学设计等重要教学文件中突出“知识传授、能力提升和思政教育、价值引领”同步提升,积极推进教书与育人相统一,使思想政治教育贯穿教育教学全过程。学校成立由教务部门牵头的课程思政创新团队,加强对于课程思政的指导;通过指导教师参加各类课程思政比赛,不断提升课程思政建设水平和效果。

(三)组建切实能够全面提升人才培养质量的教学创新团队,加强队伍建设

1. 健全立德树人评价制度

学校党委把立德树人成效作为根本标准,并将成效内容细化,分别纳入学校各级领导干部、管理人员、教职工考核评价之中。坚持把师德师风作为评价教师素质的第一标准,贯穿新教师入职、青年教师培养、职称职务晋升、评议考核、表彰奖励、光荣退休等过程之中,实行师德师风考核一票否决制。

2. 配齐配强思政课教师和辅导员队伍

学校党委要高度重视马克思主义学院建设，落实思政课教师1:350的规范要求，充分发挥思政课主渠道主阵地作用；遴选优秀辅导员、党政管理干部和相关学科专任教师充实到思想政治教育队伍中，辅导员师生比达到1:200的规定要求。

3. 积极选树育人先进典型

持续开展“师德师风标兵”“最美教师”“两优一先”等优秀先进评选活动，通过开学典礼、毕业典礼、教师节表彰、先进事迹报告会等活动，利用官网、官微等校内宣传阵地，广泛宣传先进典型事迹，交流育人经验，讲好育人故事，营造浓郁的校园育人氛围。

（四）关注学生综合能力培养，开展家校企合作育人联通课内课外

1. 发挥课程育人功能，夯实育人主渠道作用

建立以思政课为核心、基础课为支撑、覆盖专业课、延伸实习实训课的四位一体课程育人体系，努力引导培育专业精神、工匠精神、双创精神。面向全体学生开设提高思想品德、人文素养、认知能力的哲学社会科学课程，引导广大学生坚定理想信念，肩负新时代新的历史使命。

2. 加强第二课堂建设，提升学生综合素质能力

（1）扎实推进校园精神文明建设。建立由学校党委统一领导、部门分工负责、全员协同参与的“文明校园”创建工作机制，将创建目标和建设标准纳入学校发展规划、年度计划和工作实绩考核中，使文明校园创建活动延伸到班级、宿舍和每个师生员工，使学校的育人环境进一步优化。充分利用优秀传统文化和学校办学历程中形成的深厚历史文化积淀，凝聚学校精神，增强师生对学校的认同感、归属感和荣誉感。

（2）加强校园环境文化建设。规划建设校园人文景观，打造优美人文环境，加大教室、实训室、学生公寓等场所的文化建设力度，使学校在精神理念、发展战略、典礼仪式、视觉标识等方面达到高度协调一致，持续提升学校整体形象，营造良好的育人氛围。加强行为文化建设，推进校园文化活动精品计划和品牌计划，推动各教学院系形成“一院一品”，各学生社团形成“一团一景”，持续加强对“校园文化艺术节”“社团活动月”等校园品牌文化活动的指导和支持。

3. 构建家校合作机制,打造协同育人新格局

探索建立与学生家庭联系沟通的机制,实现家校相互配合对学生开展思想政治教育,形成连续的、有效的家校教育合力。一是要保证家校双方在育人目标上的一致,基于一致性的目标双方再展开有效的沟通;二是要建立及时的沟通机制,家校双方在教育理念和方式上出现分歧时要尽快达成一致,保证沟通双方之间的矛盾问题能够及时有效解决;三是家校沟通中要聚焦关键问题,抓住那些具有代表性的、根本性的、对学生会造成深远影响的问题重点突破,在有限时间内实现沟通效果的最大化,避免浪费不必要的精力和时间;四是要秉持平等性的原则,家校双方彼此理解、相互支持、互相配合。

4. 在深化产教融合中构建校企育人共同体

企业作为办学主体,在合作办学的过程中,也要实现合作育人。企业参与到教育教学过程中,不仅要利用企业资本、技术、知识、设施设备等要素开展顶岗实习、专业实训,让学生在体验真实工作情境中增长工作本领;同时也要挖掘、利用好企业的育人资源,如企业发展史、企业精神、企业师傅、身体力行的工匠精神等,形成育人合力,在构建校企命运共同体的同时,构建校企育人共同体。

(课题承担单位为天津城市建设管理职业技术学院,课题主持人为李清彬,执笔人为张冰洁。课题组成员:邹小雨、张冰洁、李维、黄婷婷、张智明、李静玲、吕行、孙也、赵敏慧。)

第二十三章　天津特色职业教育思政工作体系建设

2021年印发的《教育部　天津市人民政府关于深化产教城融合打造新时代职业教育创新发展标杆的意见》，明确提出“构建具有天津特色的职业教育思政体系”。这表明作为职业教育领域重点打造的“标杆”，天津职业教育语境下的思政工作体系也需要对照“标杆”要求，达到“标杆”水准，发挥“标杆”作用。因此，科学提炼天津职业教育思政工作体系特色，对于推进天津职业教育创新发展，具有重要意义。

一、天津特色职业教育思政工作体系特色鲜明

（一）肥沃的职教“土壤”

天津是全国唯一一个现代职业教育改革创新示范区[①]。全国第一所本科层次的职业教育院校——中德应用技术大学和我国最早建立的职业技术师范大学成为天津职业教育的闪光点。天津职业教育首创的“鲁班工坊”被誉为职业教育的“孔子学院”。天津先后探索推出了工学结合、全国职业院校技能大赛、应用技术大学、五业联动、职继协同等重大创新成果，并上升为国家重大制度和政策，走出了一条制度创新之路，铸就了天津职业教育发展实力和国际影响力。天津得天独厚的职教资源使思政教育的发展具有了更高的起点。

（二）浓郁的思政氛围

一是领导直接谋划指导。中央政治局委员、天津市委书记李鸿忠亲任教育

---

① 先行先试改革创新——天津职业教育综合改革十五年综述[N]. 天津日报，2020-11-06(09).

工作领导小组组长,积极推进党对教育工作的全面领导,深入学校调研座谈,为全市高校党委书记、校长思政工作培训班学员作专题报告,出席教育两委领导班子思政工作专题会,主持召开全市加强新时代马克思主义学院建设座谈会,直接指挥全市大中小学思政课一体化建设。市委领导亲自对口联系高职院校,确保职业院校思政工作高水平推进。

二是基层学校全员参与。充分利用教育部确立的“三全育人”综合试点省市良机,天津市教委积极推进各项工作的开展。思政课改革、课程思政攻坚、实践育人立项①、管理育人、服务育人、文化育人等成果斐然。

三是党建思政融合。教育战线各级党组织注重将党建和思想政治教育相融合,在“三会一课”、主题党日等活动中有效融入思政元素,实现党员党性锤炼和思想政治素质的同频共振、互相促进。

四是加强各类主题教育。2019 年以来,持续推动市区两级领导干部、“两院”院士等进校园开展思想政治教育。引导学生自觉抵制“耽美”“饭圈”“躺平”等消极文化,对各种错误观点和思潮旗帜鲜明予以抵制。每年开展“我和我的祖国”爱国主义教育优秀案例征集活动、举办京津冀爱国主义教育论坛,有效利用重大活动、重大纪念日等契机和觉悟社、周邓纪念馆等重点文化基础设施开展爱国主义教育。把抗疫精神和劳动精神、劳模精神、工匠精神融入思政教育,广泛开展中高职“新时代先进人物进校园”“思政教育+工匠技能”劳模工匠进校园、思政“教授团”宣讲、优秀辅导员班主任和优秀学生巡讲等活动。举办“中华优秀传统文化节”活动,开展中职学校“礼敬中华优秀传统文化”成果推广活动,有力增强广大学生的文化自觉与文化自信。

(三)有力的队伍保障

一是人员配备到位。制定《天津市学校思想政治理论课教师队伍建设规划》。严格落实思政理论课教师、辅导员与学生比例不超过 1:350 和 1:200,在全国率先实现了人员配备 100%达标。高职院校按照在校生总数每生每年不低于 30 元的标准,设立思想政治理论课教师专项培训经费。完善思政教师、辅导员职称评聘制度,开辟专门通道为思政课教师、辅导员职称晋升提供硬核保障,确保“三单”要求落实到位。落实思政岗位奖励绩效。

二是开展思政人员实践锻炼。在全市各区、各学校实施思政课教师和辅导

① 陈欣然. 构建高校“三全育人”新格局[N]. 中国教育报,2018-10-31(1).

员实践锻炼计划，各学段思政课教师晋升职称，在满足国家和天津市职称评聘政策和其他有关政策要求的基础上，还需至少3个月的农村社区、国有企业、事业单位、政府部门等实岗锻炼经历。

三是建立思政人员开放流动机制。鼓励相关学科优秀教师、党政干部、辅导员经培训和考核合格后转岗担任专职思政课教师。制定《天津市马克思主义政治人才培养工程实施方案（试行）》，将思政工作者作为学校干部队伍建设的重要来源加以培养。加强对思政工作队伍的考核，对考核不合格的思政教师、辅导员实行退出机制。

五是推进领导干部进课堂。建立了党政领导干部进校园讲思政课的长效机制。市委教育工作领导小组专门印发《关于领导干部进校园开展思想政治工作的通知》，要求市委、区委教育工作领导小组成员每人每学期至少到学校讲一次思政课、开展一次工作调研、为学校办一件实事。2019到2021年，全市各级党政领导干部深入学校讲思政课、开展思政工作九百余次。其中，市领导讲思政课、开展思政工作一百一十余次，市各委办局负责人讲思政课、开展思政工作八十余次，各区领导干部讲思政课、开展思政工作七百余次，为学校解决实际困难和问题一百四十余个①。

（四）高效的协同联动

新时代思想政治教育是综合性的铸魂育人工程，也是复杂性的运行过程，协同联动是一个重要环节。

一是协同开展社会实践。每年组织中高职思政教师到外省市党校和红色教育基地开展社会实践3天，教师们同吃同住同学同交流。

二是丰富育人载体。开展由高职院校组织、中职学校共同参与的“思政课情景剧”比赛，通过寓教于剧深化学生对思想政治理论观点的认识与理解。

三是整合教学资源。鼓励天津海河教育园区思想政治教育实践基地、鲁班工坊建设体验馆、全国职业院校技能大赛博物馆、人防教育基地等一批校内思政实践教学基地与周邓纪念馆、平津战役纪念馆、天津觉悟社旧址陈列馆、天津时代记忆纪念馆等校外红色教育场馆开展共建，实现本市优质资源与学校思政教育资源的共建共享、互补融合。组织中高职学校优秀思政教师以线上专题讲座

---

① 张雯婧. 担当尽责铸魂育人党政领导干部进校园讲思政课成常态[N]. 天津日报，2022-03-19(02).

的形式开展思政素质提升工作,打造了法律、心理等课程群,学生自发地通过网络学习获得合格证书。组织开展中职学校教师互聘“结对子”活动,组织中高职院校共建思想政治示范课堂200个、协调中高职院校共建校外实践基地,将以上资源面向中职学校免费开放,促进资源共享。

四是协同开展教研活动。成立区校思政课协同培训与研修中心,跨学段组建思政课教师教研团队,开展协同备课。组织高职院校思政课教师到中职学校参与授课教研,组织中职思政课教师到高校观摩学习,协同课外活动。

五是加强安全教育。利用“4.15全民国家安全教育日”,开展国家安全进学校系列活动。要求中高职院校在思政课中,融入总体国家安全观内容。加强学生安全教育,举办防范电信诈骗讲座,开展消防安全演练活动、组织疫情防控专题演练。

(五)健全的体制机制

一是加强统筹规划制定《天津市深化新时代学校思政课改革创新的若干举措》《天津市深化新时代学校思想政治理论课改革创新先行试点工作方案》,聚焦10项基础改革任务和10项重点改革任务,完善具有新时代特色的思政课建设顶层设计。制定《高校“三全育人”工作实施方案》,深入推进首批全国“三全育人”试点省市建设。制定《加强高校日常思想政治教育工作的若干举措》《关于进一步做好高校学生社团建设管理的通知》等制度,将思想政治教育落到实处。精准认定家庭经济困难学生,通过“励志之星”“自强之星”评选活动,树立先进典型,有效推进资助育人。

二是建立专门机构。天津市成立学校思政工作委员会,统筹全市人力财力物力支持思政建设,专门在职业院校成立中高职思政课一体化培训与研究中心、天津市高职院校思政课协同创新中心、海河教育园思政课资源共建共享联盟、天津市中职学校思政课教师研究与培训中心,按照职责分工协同专职推进职业院校思想政治教育工作开展。

三是建立常态化交流学习机制。定期举办大中小思政工作一体化工作论坛、马克思主义学院院长(书记)高端论坛、青年思政课教师高峰论坛等活动,邀请教育部领导、思想政治教育专家等开展专题讲座和互动交流,推动职业院校思想政治教育工作纵向衔接、横向贯通、螺旋上升。

(六)充足的经费支持

一是经费保障到位。每年按照不低于1亿元标准设立思政一体化专项经费,将中高职院校思政课建设纳入重点投入范畴,加大支持力度。

二是培训经费到位。高职院校按每年生均30元安排学校思政课教师培训专项经费。拨付专项经费开展全市高校辅导员研修。

三是岗位绩效保障到位。2017年以来,按照思政课教师人均每月2000元、辅导员人均每月1000元标准设置岗位绩效,纳入绩效工资管理。

(七)有效的教学改革

一是教学方式多元化。教师采用进浸式教学方式,把思政课堂从教室搬进各实践教育基地,通过声光电模图以及红色故事、历史情境的模拟及再现,让学生在思政情境中学习马克思主义理论,将红色基因融入血脉、内化于心。在实践教学过程中积极创新教学方式,鼓励教师采用项目教学、情境教学、模块化教学的方式,推动现代信息技术与教育教学深度融合,提高课堂教学质量。

二是教学内容模块化。每个实践教学基地都结合自身资源打造N个实践教学创新模块,每个模块由1名经验丰富的教师作为负责人,并选派1至2名青年老师相对固定地承担该模块的教学工作。实践教学品牌化。打造实践教学模块,融合“进浸式”实践教学模式,形成思政课实践教学改革试点品牌效应。

三是打造教学精品。开展职业院校课程思政教学资源库建设暨“弘扬伟大建党精神,传承红色基因,喜迎党的二十大”“大思政课”协同创新微课大赛、职业院校“故事思政”微课大赛、中高职“思政课情景剧大赛”。围绕100个“美丽天津”思政典型案例和100节“百年辉煌”品牌课程编辑出版思政参考书。着力打造1000余节能够让学生真心喜爱、终身受益的示范课堂和思政金课。

四是大力深化课程思政建设。天津市成立课程思政教学研究中心,大力推动以课程思政为目标的课堂教学改革,梳理各门专业课程蕴含的思想政治教育元素和承载的思想政治教育功能。打造了市级课程思政示范课程50余门、教学研究示范中心1个、优秀教材8种。其中1个教学研究中心和3门课程被评为教育部课程思政示范项目。

(八)科学的考核评价

一是强化绩效考核评价。出台《天津市大学生思想政治教育工作人员岗位奖励绩效发放管理办法(试行)》并明确思政课教师、辅导员绩效评价的考量重点。

二是创新思政课评价体系。2020年,天津市教委印发《天津市学校思想政治理论课教学质量评价实施方案(试行)》,针对思政课组建录课团队和听课团队,依托思政课教学评价App平台进行线上听课评课。天津市高职院校的全体思政课教师每人每年有6节课被录制并上传至平台,在全国属于首创[①]。根据听评课年度结果,让在教学质量评价中连续两年排名后10%思政课教师退出思政教师队伍。

三是用好考核"指挥棒"。制定并细化思想政治工作考核指标,按年度对职业院校进行测评并进行排名和公示。学校将思想政治工作纳入整体发展规划和年度工作计划,各级党组织将思想政治工作纳入巡视巡察、领导班子考核、领导干部述职评议的重要内容。

二、天津特色职业教育思政工作体系建设中的问题和对策

1. 思政工作基础仍需进一步巩固

通过走访调研、问卷调查、座谈交流得知,高职院校思政工作的人员配备、经费支持、教育资源相对充足,但中职学校存在思政人员配备不足、专职化程度不高、思政教育一体化积极性不够等问题。中高职思政教育资源不对称、不平衡,不利于天津职业教育战线思想政治教育工作体系进一步升级完善。需要通过充实、优化中高职学校思政工作队伍、出台激励措施、强化组织领导、抓实督导考核等方式予以解决。

2. 各学段衔接的预见性稍显不足

"中职—高职—职业本科"思政工作一体化是培养德技并修技能人才的应然举措,是提高职业教育发展质量的内在要求。当前,天津市尚无职业本科院校,所以在职业教育思政工作体系构建中,人们习惯于聚焦中高职学段,而对未来"中职—高职—职业本科"思政工作一体化的必然趋势预见不足、准备不够。因此,在谋划部署职业教育思政工作过程中,一定要把职业本科思政工作放在与中职、高职思政工作同等重要的位置。在实践层面,要提前学习兄弟省市在推进"中职—高职—职业本科"思政工作一体化中的先进经验和做法,为打造天津职

① 陈欣然.思政课教学质量究竟该如何评价[N].中国教育报,2022-01-24(01).

业教育思政工作体系新特色、新亮点奠定坚实基础。

3. 品牌活动影响力仍需提升

经过多年努力，天津市职业院校打造了“思政课课本剧”“故事思政微课大赛”“学生思想政治课公开课”“大思政课协同创新微课大赛”“中高职同上一堂思政课”等思政品牌活动，形成了一定规模和影响。同时，在跨区域协同联动、向外省市推广等方面存在短板。因此需要通过提升品牌意识、加强宣传力度、提炼工作经验、形成工作模式等方式，不断增强品牌活动在外省市的辐射面、传播度。

（课题承担单位为天津现代职业技术学院，课题主持人和执笔人为华战胜。课题组成员：华战胜、孙勇民、杨朝阳、王宇苓、刘俊亮。）

第二十四章　职业学校思想政治教育课程教师教学能力标准

职业学校思想政治理论课教学既要符合国家关于思政课教学的一般要求，也要反映职业教育的特殊要求。相应地，关于思政课教师教学能力的标准，职业学校也要体现其特殊性。

一、相关政策文件的梳理和解读

2019 年教育部印发的《"新时代高校思想政治理论课创优行动"工作方案》指出，要"针对本科和高职高专不同教学需求分课程编写专题教学指南"，"每两年开展一次全国高校思政课教学展示活动，覆盖高职高专、本科和研究生各门思政课必修课"。2021 年中办、国办印发的《关于推动现代职业教育高质量发展的意见》在"创新教学模式与方法"的部分，首先提出要"提高思想政治理论课质量和实效，推进习近平新时代中国特色社会主义思想进教材、进课堂、进头脑"。并专门提到"举办职业学校思想政治教育课程教师教学能力比赛"。2022 年新修订的《中华人民共和国职业教育法》第四条规定："职业教育必须坚持中国共产党的领导，坚持社会主义办学方向，贯彻国家的教育方针，坚持立德树人、德技并修。"要求"实施职业教育应当弘扬社会主义核心价值观，对受教育者进行思想政治教育和职业道德教育，培育劳模精神、劳动精神、工匠精神"。这是从国家法律层面对职业学校思政课教学内容提出的基本要求。同年教育部印发的《关于开展职业教育教师队伍能力提升行动的通知》提出："结合职业分类大典修订，修订完善中等职业学校教师、校长职业标准，研制高等职业学校教师职业标准，逐步建立层次分明，覆盖公共课、专业课、实习实践等各类课程的教师职业标准体系。"这里明确区分了职业学校中的高职教师职业标准，表明本研究具有重要意义。在专门规范思政课建设标准方面，2021 年教育部印发《高等学校思想政治理论课建设标准》（以下简称《标准》），在 2015 年原《标准》基础上，结合新形势下思政课建设的新任务进行修订，更为精准地规范了思政课教学以及教师的组织管理、教学管理、队伍管理和学科建设等内容。

综合上述政策文件中关于职业学校思政课教师教学能力的有关规定，可归纳为几个方面：第一，职业学校落实立德树人根本任务，须在德技并修、工学结合机制建设上下功夫，这也要求思政课教师懂得职业教育的一般规律和职业内容，及时掌握与职业技能、职业精神相关的新闻信息与最新动态，在思政课课堂与实践教学中渗透职业精神教育，引领学生树立正确的价值观和职业观。第二，思政课教师作为职业学校教师队伍的重要组成部分，其教学能力建设标准不仅要聚焦思政教育这一课程内容，也要基于职业教育的类型特征、层次特色来制定。第三，国家和各地区以往思政课教师教学能力比赛的内容和评价标准，同思政课教师教学能力建设直接相关，其中有些内容可直接运用到本研究之中。

二、关于职业学校思政课教师教学能力的研究综述

目前，学界关于职业学校思政课教师教学能力的概念界定，主要聚焦于存在逻辑递进关系的三个层面：一般教学能力、职业教育教学能力和职业院校思政课教学能力。有的研究认为，职业院校思政课教学能力的概念内涵应突出职教特征，须“结合高职院校人才培养目标，通过寻找并挖掘出高职院校学生所需要具备的价值理念，坚持马克思主义价值观与时代精神相结合，通过与原有课程体系进行对接、融合和提炼，找到高职院校思政课的增长点”①。正如职业教育不同于普通教育一样，职业院校思政课教师应遵循职业教育本身的特殊性，相应的教学能力标准设定应突出职教特点。有的观点认为，“高职院校思政课教师必须把握工学结合的高职教育特点，既要懂理论又要会实践，既要懂教育的规律又要了解企业对人才的要求和期待，以学生的全面发展为出发点，在思想政治理论课教学中，突出以德立人、以技立业，体现高职教育特色”②，围绕提升学生职业精神开展思政教育，其教学能力标准的范围和重点应比照普通本科有所变化。有的研究则偏向于对职业教育校企合作、产教融合中思政元素的挖掘，强调思政课教师教学能力应从课堂扩展到职教全过程，其“教学能力主要包括教学设计能力、教学实施能力和教学反思能力”，例如“有效地将项目化结构与思政课教材

① 曾小林. 高职院校思政课教师教学能力提升探究[J]. 中国职业技术教育. 2020，(05)，61-64.

② 沈秋娜. 工学结合人才培养模式下高职院校思政课教师教学能力培养路径探索[J]. 湖北函授大学学报. 2017，30(19)，69-71.

紧密结合,设计出符合高职院校特色和思政专业特点的思政课实践项目”[①]。引导和培育学生的职业认知和动手能力,做到思政课教学从技能学习到岗位实训的全过程融入,对产教融合、校企合作以及职业精神教育资源的全方位挖掘,以此提升学生综合职业素养和职业能力。

综合以上研究和观点来看,可将职业学校思政课教师教学能力的概念界定为:以立德树人为根本任务,通过项目、任务、活动等形式,培养职业学校学生形成良好的思想觉悟与政治素养的一种综合教学能力,主要包括教学设计能力、教学实施能力和教学反思能力。具体看,职业教育与思政教育的出发点和根本任务都在于立德树人,其落脚点在于职业院校思政课教师与专业课教师在教学目标上的同心同向;思政课教师教学能力标准的设定不仅要做到突出职教特色,体现思政教育根本任务,更要注重对职教全过程思政教学能力的评价。

三、职业学校思政课教师教学情况以及教学比赛规则

思政课教师教学能力比赛的主办层级,有教育部主办的全国性思政课教师教学竞赛(教学展示),区域性如京津冀思政课教学与观摩竞赛,以及省级思政课教师教学基本功竞赛等。这些比赛虽在评判规则和标准上各有侧重,但都强调对教师教学设计能力、课堂组织与管理能力、知识的传授能力、语言表达能力、教学研究能力等诸多方面教学能力的综合考查。从发展趋势上看,教学能力的考查呈现更为精细化、具体化的特征。以天津市为例,自 2021 年开始的思政课教学竞赛,不仅保留原有思政课青年教师基本功的竞赛规则,还从本科、高职思政课的各门具体课程出发,单独设置了各门课程的“教学比武”竞赛及其评判标准,如在思政课教学能力比赛职业院校组中,设立“思想道德与法治”课程的教学比武。同时,教育主管机关还加大了对教案、微课、说课、慕课、线上课程等多种教学方式的竞赛制度设计,使思政课教学的各个环节、各种内容、各类方式都全面“竞赛化”,以期达到以赛促教的效果。

从思政课教师教学能力比赛的流程来看,以职业学校为单位,一般经过初赛(二级学院级)、预赛(全校级)以及决赛(省市级),整个比赛的时间进度根据层级和学校数量的多少而有所不同。初赛、预赛往往由参赛教师根据事先选定的教学主题进行规定时间的试讲,而决赛阶段的规则要求更加具体,除在内容上须

---

① 张莎莎. 基于项目化教学的高职院校思政课教师实践教学能力提升研究[J]. 学校党建与思想教育 2021,(18),68-69.

完成涵盖课程三分之二以上内容的 20 个学时的教学设计，形成与之相对应的 20 个教学主题选段，更要求参赛教师现场进行抽签，随机选取其中一个主题进行一定时长的现场课堂教学，这无疑增加了对思政课教师临场应变能力的考验。

从思政课教师教学能力的具体评价规则来看，可分为书面教案文本评价规则与现场教学活动评价规则。教案文本评价规则主要体现在教学设计上，即教师是否运用系统方法完成对学生学习特征、学情环境、策略手段、教学流程、教学预案的分析过程。现场教学活动评价规则则更多体现为一种关于教学方式、教学内容、教学特点、教师风采等的综合评价，至少包括以下几个方面：一是教姿教态。要求教师不仅能够集中学生注意力，引导学生思考，还能够生动形象地表达课程内容；二是书面与口头语言表达。要求教师熟练使用严谨规范的语言、适宜的语速、清晰的文字和声音，以进行生动并富有亲和力和感染力的授课；三是板书书写与多媒体教学设备使用。要求教师设计合理的板书且字迹清楚、层次分明，能够辅助学生理解课程内容，同时熟练掌握多媒体和信息化技术，确保在授课的合适时机使用以达到最佳教学效果；四是专业知识讲授。要求从整体角度设计各部分内容，做到重点突出、难点深入浅出、逻辑性强；五是教学方式。要求坚持灌输性和启发性相统一，采用引导和启发的方式引入和阐释问题。

总体来看，思政课教师教学能力比赛呈现精细化、模块化和综合化发展趋势。比赛项目的设置更加全面而具体，比赛层级跨度广、范围大，覆盖大部分教育类型和学段，比赛评价标准对思政课教师的教学能力要求越来越高，考查教师的综合能力素养越来越精准。这些比赛规则和要求对职业学校思政课教师教学能力的提高起到重要推动作用。同时，也要看到，职业学校与普通院校共同参加思政课教师教学能力比赛的模式一直延续至今，从赛项设置上仅根据院校性质进行本科、高职(中职)分组，而在教学能力评判的内容与标准上并无明显区分，对职业学校思政课教师教学的特征方面体现还不够充分，这在一定程度上影响了职业学校思政课教师聚焦职业教育特征和职教学生特点，有针对性开展思政教育的实效性。

四、职业学校思政课教师教学能力的标准设定

当前职业学校思政课教师，教学能力存在三方面的不足：第一，缺乏用马克思主义理论说理服人的专业理论知识。同普通高校相比，职业学校思政课教师的学科背景中，属于非马克思主义相关学科的占有一定比例，具有博士学历的教师更少，理论功底的缺乏体现在教学能力上，表现为理论知识讲述往往停留在教

材和政策原文的复述上，在讲到学生关注的问题时，无法用学生听得懂的教学语言回应和解决以网络舆情为表征的一些错误的观点观念，不敢讲、讲不清、讲不透，无法以马克思主义理论的学理解释，对学生的错误观点进行辩驳。第二，枯燥的教学方式难以激发学生的学习兴趣，教师没有注重教学方式的灵活创新，使学生在纯理论讲授中觉得思政课内容抽象枯燥，忽视了学生职业认知培育与动手能力培养的学生特点。第三，思政课教师自身的社会实践能力不足，对职业教育本身的特殊性把握不准，不能从丰富的社会生活和学生学习实际中发现问题，并运用扎实的理论知识分析解惑。针对以上问题，结合国家相关政策、学界研究观点和教学能力竞赛规则，对职业学校思想政治教育课程教师教学能力提出如下设计。

表 24-1　职业学校思想政治教育课程教师教学能力标准

一级指标	二级指标	主要观测点	目标值
思政课课堂教学一般情况	教学内容	1. 立德树人、德技兼修的标准落实；2. 积极创造条件开设思想政治理论课选修课。3. 重点围绕习近平新时代中国特色社会主义思想，党史、新中国史、改革开放史、社会主义发展史，宪法法律，中华优秀传统文化等设定课程模块，开设系列选择性必修课程。4. 弘扬劳动精神、劳模精神和工匠精神，在真实工作场景和工作过程中引导学生树立良好的职业道德与价值观，做到思政教育在学生专业技能学习过程中的隐性渗透	定量统计
	课堂氛围	1. 体现职业特色的思政教育做法、经验与理念，项目式、案例式教学是否源自真实工作任务和职业场景，课堂气氛活跃、师生互动情况良好。2. 课堂板书、多媒体设备运用、信息化教学方式使用，教姿教态、教学内容设计、教案撰写符合教学要求，严谨规范，教学态度良好	定量统计结合定性评价

续表

一级指标	二级指标	主要观测点	目标值
教学改革创新	实践教学	1. 网络思政教学能力与资源建设水平,线上线下融合教学能力。2. 是否做到课堂教学突出职业精神、企业实训锤炼职业精神、社会实践拓展职业精神;将实践教学纳入教学计划。3. 统筹思想政治理论课各门课的实践教学,实践教学覆盖全体学生,建立相对稳定的校外实践教学基地	定性评价
	信息化技术运用	1. 熟练制作运用 PPT 等全媒体教学设备。2. 网络课堂教学中与学生互动和对学生积极性的调动情况。3. 利用信息化技术广泛实施"案例教学""情境教学"等教法改革情况	定性评价
	改革创新的方法论掌握应用情况	1. 运用职业教育中广泛实施的"案例教学""情境教学"等教学方法,从问题提出、案例引入、师生互动、理论拓展、实践反思,到学生问题意识养成,通过案例导入的教学方式创新,构建正反两方面案例问题之间的逻辑链条,强化理想信念社会主义核心价值观教育。2. 在教学设计和教案内容上,聚焦学生在职业道德、职业素养、职业精神、岗位心理承受能力等方面的实际问题和解决方式。3. 突出教师思政教育能力融入职业技能和职业精神培育的全过程考查	定性评价
教学成效	"大思政课"与德技并修、工学结合的融入	1. 建设"大思政课",调动各种资源用于思想政治理论课建设,把思政小课堂与社会大课堂相结合,将生动鲜活的实践引入课堂教学,将课堂设在生产劳动和社会实践一线,全面提升育人效果。2. "大思政课"实施促进课程思政、学生思想动态把握、获得荣誉等	定量统计
	思政课程与课程思政有机结合	是否实现思政课作为关键课程的效果发挥,关注技术技能教学重点、难点、热点问题,做到思政元素结合与有针对性的隐性显性教育结合	定量统计结合定性评价
		1. 是否能够根据教学实践反馈情况及时调整教学,突出学生为中心,善用实践教学环境,强调知行合一、因材施教。2. 坚持政治性和学理性相统一、价值性和知识性相统一、建设性和批判性相统一、理论性和实践性相统一、统一性和多样性相统一、主导性和主体性相统一、灌输性和启发性相统一、显性教育和隐性教育相统一,不断增强思想政治理论课的思想性、理论性和亲和力、针对性	

(课题承担单位为天津市三方现代职业教育发展研究院,课题主持人和执笔人为李墨。)

第二十五章　思想政治教育、知识传授、技能培养融合统一

如何引导学生树立正确的思想意识和锻炼其优秀的意志品质，使他们能顺利地走入职场，是中职学校（技工学校）必须解决好的一个重要问题。本研究根据国家倡导的思想政治教育、知识传授、技能培养融合统一的基本要求，在对相关文件和文献进行综合性评述的基础上，结合课题组所在学校的实际，提出实现思想政治教育、知识传授、技能培养融合统一的思路和对策。

一、有关加强思想政治教育的重要论述和文件精神梳理

习近平总书记多次指出“学校是立德树人的地方”“要把立德树人融入思想道德教育、文化知识教育、社会实践教育各环节，贯穿基础教育、职业教育、高等教育各领域，学科体系、教学体系、教材体系、管理体系要围绕这个目标来设计，教师要围绕这个目标来教，学生要围绕这个目标来学。凡是不利于实现这个目标的做法都要坚决改过来。”习近平总书记的这些重要论述，是研究的根本指导。

对于中职学校和技工院校而言，其立德树人的要求，国家有关部委有专门规定。2021 年人社部等三部委印发的《关于深化技工院校改革大力发展技工教育的意见》中明确指出：“坚持为党育人为国育才，把立德树人作为检验学校一切工作的根本标准。深入推进习近平新时代中国特色社会主义思想进教材进课堂进学生头脑，把社会主义核心价值观融入人才培养全过程。贯彻党和国家教材工作总体要求，全面落实思想政治、语文、历史三科统编教材使用。将思政课作为立德树人关键课程，同时加强其他课程思想政治建设，实现思想政治教育、知识传授、技能培养融合统一。”从这份文件的实际表述内容来看，在技工院校立德树人工作中，思想政治教育是占主导地位的，知识传授和技能培养都要体现思想政治建设要求。这是立德树人对技工院校的特殊要求。

二、思想政治教育、知识传授、技能培养融合统一的实践述评

随着职业教育改革不断深入，对人才培养的创新探索成果层出不穷。职业教育的整体形象越来越好，毕业生的社会认可度越来越高。十年来，中职就业率（含升学）持续在96%以上，高职就业率（含升学）在91%以上，高于普通高校的平均值。在现代制造业、战略性新兴产业和现代服务业等领域，一线新增从业人员中70%以上来自职业院校毕业生。培养高素质技术技能人才，实行德技并修，培育劳模精神、劳动精神、工匠精神，校企双元育人已不再仅仅是口号，而是真真切切的现实。

天津市在“思政教育+工匠技能”劳模工匠进校园活动中，强调劳模工匠进校园首先要讲好思政课。劳模工匠进校园的中心任务，是持续探索“校内+校外”协同育人新模式，为学生增强创新意识、培养创新思维，勤学前沿知识、苦练技术本领，不断提高技能素质搭建平台，努力将“思政教育+工匠技能”劳模工匠进校园活动打造成为全市乃至全国有影响的特色品牌。从根本上讲，这些实践符合思想政治教育、知识传授、技能培养融合统一的大思路。

三、中职学校（技工院校）实施思想政治教育、知识传授、技能培养融合统一的对策建议

（一）基本思路

1. 做好顶层设计，深化课程改革

学校实施思想政治教育、知识传授、技能培养融合统一，不可能是几个人、几门课的改革，它应该是一个从学生培养顶层设计开始的人才培养模式的彻底转变。这一转变要面向全体学生，要根据专业特点有针对性地实施人才培养模式改革和课程体系建设，即把思想政治教育、知识传授、技能培养融合统一的思想贯穿于人才培养的全过程和各面。

2. 加强队伍建设，发挥专业特色

坚持“大思政”工作格局，将“课程思政”纳入学校工作大局整体规划，提升专业课教师、实践课教师思想政治理论素质，增强专业教师“课程思政”意识和“三全育人”教育理念，拓展人才培养中思想政治教育的深度和广度。建立学生成长中的思政导师制度，加强学生在实习期间的思想政治教育，打通思想政治教

育、知识传授与技能培养融合统一“最后一公里”。

3. 创新评价机制，促进素养提升

实现思想政治教育、知识传授、技能培养融合统一，就必须建立与之相适应的学生评价体系，加大对学生的思想意识、价值观、社会适应能力、良好意志品质和工匠精神等方面的评价力度，促进学生职业素养的全面提升。

（二）措施建议

1. 改革专业人才培养方案，构建思想政治教育、知识传授、技能培养融合统一的课程体系

引导学生树立坚定的职业理想，让他们能够全身心投入学业之中，是当前提升中职教育质量的首要问题。学校要站在学生的角度思考一下，为什么学生对学习提不起劲头呢？这个根本原因是培养目标没有触动到学生的内心，相当多的课程只具普遍性，而缺乏解决问题的针对性；只具知识性，而缺乏引导成长的思想性。为有效解决这一问题，本课题组所在学校尝试以下做法：

（1）从区域经济特点出发，构建“孝义+技能”的人才培养模式。2021 年全国职教大会明确指出了大力发展职业教育是促进社会就业和解决“三农”问题的重要途径。但是目前，农村职业教育面临的问题是农村孩子毕业后不愿扎根农村，不愿服务农业。青年人的趋利性和流动性造成农业人才短缺，而几年以后，这些“城市漂”又因为面临成家问题不得不回到家乡二次就业，也有的因此失去了最好的就业时机。针对这一问题，学校实施了“孝义+技能”人才培养模式改革。即一方面鼓励学生传承以孝义为先、以孝立家的中华民族传统美德；另一方面拓宽学生的专业发展方向。集中到一点，就是引导学生了解农业发展的广阔空间，激发学生的创业意识，让学生能够在学习期间为自己今后的就业找到方向。

（2）充分融入思政元素，打造全新的课程体系，为人才培养保驾护航。为了推进“孝义+技能”的人才培养模式，让学生立足家乡就能找到发挥才能的机会，在课程体系建设中要充分融入思政元素，引导学生发现更多的自我发展与建设家乡的衔接点，更早地树立职业理想，更努力地投入专业学习。具体体现在三个方面：

第一，课程设置方面。学校在原课程体系的基础上，增加与本地经济发展相适应的专业方向课程，如在汽车运用与维修专业增加农机维修方向课程，在旅游

服务与管理专业增加民宿管理与经营方向课程。既立足于区域经济发展特点，让学生可见、可感；又让学生有了更加广阔的就业、创业思路，使知识学习、技能训练更有针对性，立足专业，建设家乡。另外，增加通用课程的比例，比如在所有专业中开设中国传统文化、习近平新时代中国特色社会主义思想、工匠精神、劳动教育等课程，有利于筑牢学生坚持中国特色社会主义道路自信、理论自信、制度自信、文化自信，培养学生热爱劳动、尊重劳动优秀品质和干一行、爱一行、专一行、精一行，务实肯干、精益求精的敬业精神。

第二，专业学习方面。力求让课程更加实用，更贴近实际。近年来，随着互联网经济的高速发展，电子商务已经深入人心，为了让电子商务专业学生更有学习动力，学校建设了农村商品信息网，通过网络、微商、直播等形式，把更多的特色农产品推荐给千家万户，真正做到"做中学、学中做"。很多学生在亲身参与中体会到了收获的来之不易，感受到自己存在的价值，增强了学好本领、报效家乡的使命感、责任感。

第三，课程建设方面。全面加大各专业课程思政的实施力度，即在专业课程中深入发掘其思政元素：爱国主义精神、民族自豪感、中华传统文化、社会主义核心价值观、思想道德品质、职业素养等，并以潜移默化、润物细无声的形式融入课堂教学当中，真正做到在课程教学中知识传授、能力培养与价值引领的有效融合。此外，学校还扩大专业社团的参与范围，开设目标也由原来的仅注重知识、技能的提升，调整为更加关注引领学生深化对专业的认知和增强专业专注度，为学生后续能有良好的专业发展打下坚实的基础。

2. 加强师资队伍建设，建立校企思政导师制，让学生在学校和企业里均能接受良好的思政教育

（1）明确校企思政导师选配方法，组建高素质校企思政导师队伍。学校通过科学考察，遴选出思政理论课教师、专业课教师或实践课教师、心理健康辅导教师，并在与学校有稳定合作关系的企事业单位中遴选出一批技术骨干，以及采取兼职的办法从党政干部、社科专家、模范人物中遴选出学校特聘思政课教师，这些人共同组成校企思政导师团队。

（2）组织校企思政教师开展共编教材和集体备课。校企共同开发素质提升课程，做到传授知识、培养技能与思想政治教育同向同行。通过集体备课，对专业课教师在专业课程与思政教育有机结合方面开展日常训练，有效满足学生在专业课学习、技能培养和实习实训中的现实需求。

（3）理顺思想政治教育、专业学习和技能培养之间的逻辑关系，引领学生全

面健康成长。一是校企思政导师必须树立育人理念,具有过硬的思想政治素质,能够用自己的人格传思想、传技术、传作风,引导学生学习工匠精神、劳动精神、劳模精神,在提升技能本领的同时增强使命感、责任感。二是校企思政导师要与班主任、专业课教师、公共课教师、实践课教师协调各课程间的衔接,层层分解学生成长需求,有计划、有准备地在各门课程中有机融入思政元素,帮助学生树立科学严谨、求真务实的学习态度和工作作风。校内思政导师以结对子形式定期深入学生实习单位(校企合作企业),深入学生中了解实习学生的思想状况;企业导师和特聘思政课教师要不定期到学校给学生做思想辅导报告,结合自身在平凡岗位中敬业、勤业、创业、立业的奋斗经历,生动阐释工匠精神和家国情怀。

3. 创新学生学业评价机制,助力思想政治教育、知识传授、技能培养融合统一

中职学校(技工院校)做到思想政治教育、知识传授、技能培养融合统一,是一项系统工程,需要多维度的协同配合,而建立与之相适应的学生评价机制是其关键一环,直接影响着工作的成败。(如图 25-1)

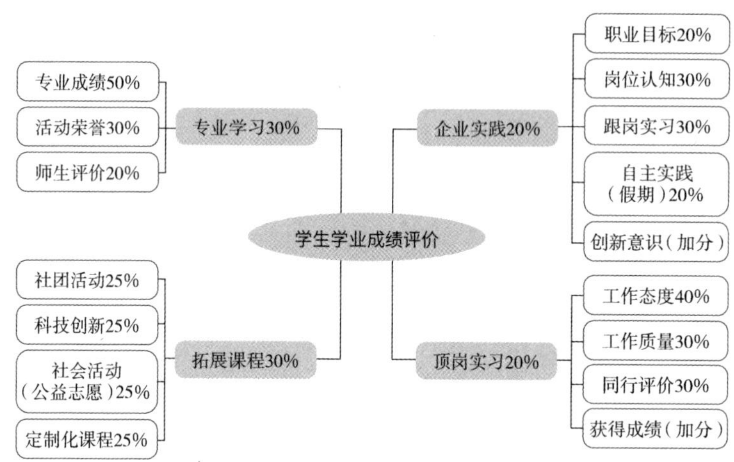

图 25-1　学生学业成绩评价框架图

适应思想政治教育、知识传授、技能培养融合统一的需要,学生学业评价机制必须改变原来只注重学业成绩的评价,拓展评价领域,建立立体、全面、多维度的评价体系:既有结果评价也有过程评价,既有局部评价也有整体评价,既有知识评价也有技能、态度和“课程思政”评价;既有主观评价也有客观评价,既有现场评价也有远程评价,既有学前评价也有学后评价,既有试卷评价也有网络评

价;既有个人评价也有团队评价,既有教师评价也有学生评价,既有学校评价也有社会评价,既有自我评价也有互相评价;既有对个人的评价,也有对小组、班级、年级整体的评价,既有对应届学生的评价也有与往届学生对比的评价。

学生多元评价体系的建立,有利于激发学生的积极性、主动性,充分发挥学生的个性特长,引导学生提升能力,缩短学生由学校到社会的适应期,保障学习、工作的稳定性。

(课题承担单位为天津市信息工程学校,课题主持人为张秋亮,执笔人为杨宁、韩树杰。课题组成员:杨宁、李占军、韩树杰、闫春艳、郑建会、田会艳、张立军、王艳明、刘洋、刘翠霞、谢昕、张迪、孙恒亮。)

第三部分

专业建设

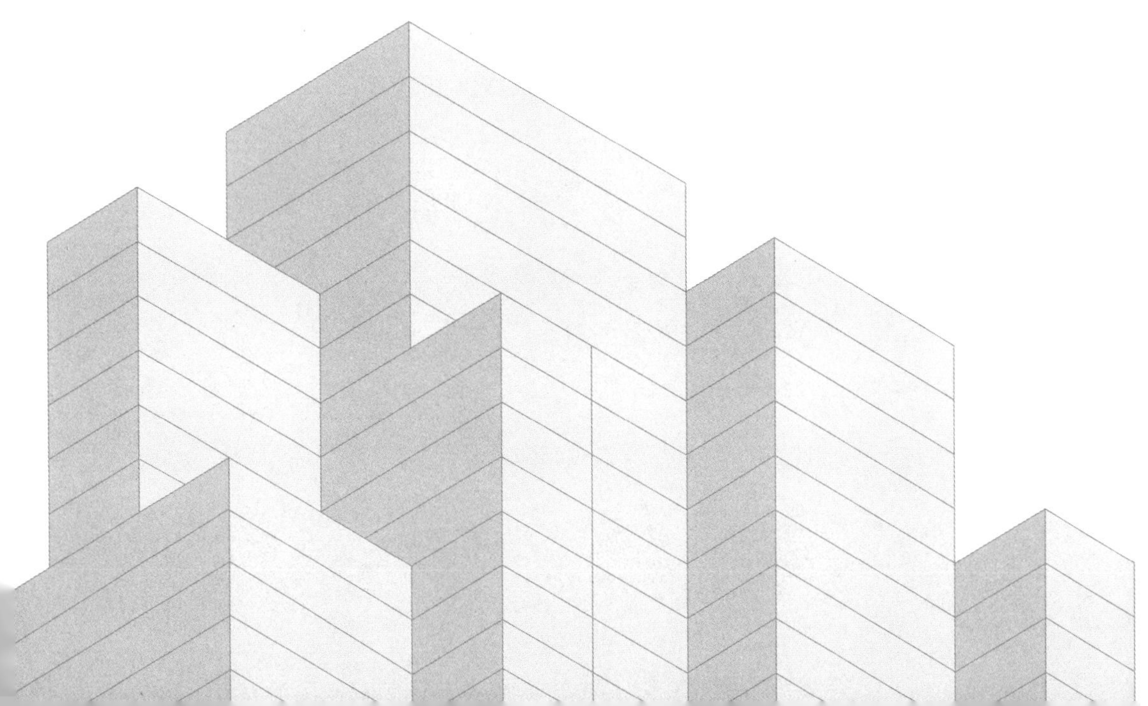

第二十六章　对接产业链、创新链的专业体系建设

“对接产业链、创新链的专业体系建设”是一个新提法，反映了产业升级和技术进步对专业建设的推动作用。加强对这个问题研究，对于改进职业学校的人才培养方案、提升培养质量具有较大的现实意义。

一、有关产业链、创新链与职业教育专业体系建设关系的政策文本梳理

目前，我国已连续多年成为世界第一制造业大国，但科技经济结合不紧密、产品附加值偏低、竞争力不强等问题仍然比较突出，亟需通过产业链、创新链融合发展提升产业附加值，促进产业链供应链现代化发展，增强产业综合竞争力，推动我国经济发展由要素驱动型转向创新驱动型，实现中国制造由大到强的转变。

2017 年国务院办公厅印发的《关于深化产教融合的若干意见》指出，深化产教融合，促进教育链、人才链与产业链、创新链有机衔接，是当前推进人力资源供给侧结构性改革的迫切要求，对新形势下全面提高教育质量、扩大就业创业、推进经济转型升级、培育经济发展新动能具有重要意义。

2021 年教育部在印发《职业教育专业目录(2021 年)》(以下简称《目录》)的通知时指出，按照“十四五”国家经济社会发展和 2035 年远景目标对职业教育的要求，在科学分析产业、职业、岗位、专业关系基础上，对接现代产业体系，服务产业基础高级化、产业链现代化，统一采用专业大类、专业类、专业三级分类，一体化设计中等职业教育、高等职业教育专科、高等职业教育本科不同层次专业，共设置 19 个专业大类、97 个专业类、1349 个专业。专业目录是职业教育教学的基础性指导文件，是职业院校专业设置、招生、统计以及用人单位选用毕业生的基本依据，是职业教育类型特征的重要体现，也是职业教育支撑服务经济社

会发展的重要观测点。要依据新《目录》的要求，优化专业布局结构，结合区域经济社会高质量发展需求合理设置专业，并做好国家控制布点专业的设置管理工作。

根据以上产业链、创新链和专业的建设状况，2021 年中办、国办印发的《关于推动现代职业教育高质量发展的意见》明确指出了这三者的相互关系："围绕国家重大战略，紧密对接产业升级和技术变革趋势，优先发展先进制造、新能源、新材料、现代农业、现代信息技术、生物技术、人工智能等产业需要的一批新兴专业，加快建设学前、护理、康养、家政等一批人才紧缺的专业，改造升级钢铁冶金、化工医药、建筑工程、轻纺制造等一批传统专业，撤并淘汰供给过剩、就业率低、职业岗位消失的专业，鼓励学校开设更多紧缺的、符合市场需求的专业，形成紧密对接产业链、创新链的专业体系。"这正是本研究所要考查的对象。

二、有关对接产业链、创新链的专业体系建设的实践与理论综述

一般认为，高校专业与产业链、创新链的紧密对接，对于推动高校实践基地的建设有很大的帮助，通过与企业的合作，高校将会获得一定数量的设备维修人员；当高校实践基地中的设备出现问题后，无须花费大量资金聘请专业技术人员。不仅如此，当维修人员进行维修时也可以很大程度地推动高校教师和学生的实践能力提升。将产业链和创新链进行紧密对接，对于推动专业课程设置合理化也有很大的帮助，在合作期间，高校可以与合作公司共同制订相关的技术培训计划，并进行科学的课程设置，使职业培训的目标与企业实际需求相符合，培养出企业所需要的人才，从而实现实践与理论的无缝衔接。①

随着产业升级和技术进步，要求高职院校建设紧密对接产业链、创新链的高水平专业群，大力培育数字创意、高效物流、电子商务等产业急需紧缺人才。创新基于产业链的产教融合、校企合作模式，回应新一轮科技革命和产业变革提出的挑战，紧抓新经济新业态产生跨界融通与混业发展的机遇。以产业链为立足点，对接产业链建设产业学院，构建校企命运共同体，推动行业企业技术进步，促进产业转型升级提档增速。②

---

① 张飞，王会波，孟强. 紧密对接产业链、创新链无人机应用技术专业建设内涵研究[J]. 中国多媒体与网络教学学报(中旬刊)，2021(03)：88-90.

② 曾三军. 对接产业链建设产业学院"四主体三领域三育人"模式探索——以广州科技贸易职业学院为例[J]. 广东轻工职业技术学院学报，2019，18(03)：41-44.

有论者认为，对接产业链、创新链，鼓励行业企业参与人才培养的全程，加强人才培养与行业产业的关联度，进一步推进政产学研的深度融合，根据社会和市场创新驱动需求不断改变教师的教学理念，更新其教学方法与手段，理论与实训教学内容和模式，让科研、生产、教学深度融为一体。针对产业链岗位群所需的综合知识与技能要求，跨学科组织"实验、实习、实训"与"创新、创业、创造"等实践教学环节，提供跨学科、能满足市场需求的经管类实验实训环境，引导学生面向产业链组织自己的知识链，强化学生的创新创业能力和职业变迁能力。①

三、以高职智能制造专业体系建设为例开展相关实证研究

（一）核心概念的界定

专业体系是由一个或多个办学实力强、就业率高的重点建设专业作为核心专业，若干个工程对象相同、技术领域相近或专业学科基础相近的相关专业组成的一个专业群；围绕着专业群展开的人才培养的课程体系、教学师资体系、评价体系等一系列专业群发展建设体系，二者构成专业体系。

产业链即为一个产业集群，是以众多产业链上业务关联企业为主体，相关企业、研究机构、行业协会与社会组织、政府服务部门共同集结而成的经济群体。

创新链是指围绕某一个创新的核心主体，以满足市场需求为导向，通过知识创新活动将相关的创新参与主体连接起来，以实现知识的经济化过程与创新系统优化目标的功能链节结构模式。

（二）高职院校智能制造专业体系建设现状

目前，我国高职学院智能制造专业群办学中存在的问题主要体现在以下几个方面：一是智能制造人才培养目标定位模糊、课程设置不合理；二是课程体系中课程相互孤立、未形成课程群，缺乏系统性；三是智能制造专业教材建设滞后；四是师资力量不足、师资水平不高；五是产教融合、协同育人模式有待加强。因此，高职院校培养的智能制造专业学生，其工作中呈现出应用能力和创新能力不强，与制造企业实际岗位需求存在一定的差距，人才培养与市场需求脱节，难以与制造产业链和创新链实现有效衔接。据有关院校对毕业生的跟踪调查，只有

---

① 杜永红．对接产业链的应用技术型高校经管类跨专业综合实训体系构建与实践［J］．高等职业教育（天津职业大学学报），2019，28（02）：41－45．

约17%的大学生毕业后可独立工作,83%的毕业生还要经过2至3年甚至更长时间的锻炼才能上岗。从市场需求的领域来看,主要集中在企业制造人才、咨询和规划制造人才、外向型国际制造人才和科研教学制造人才;从需求层次来看,主要分布在制造实际操作人员、制造管理人员和高层制造管理人才。制造产业链的快速发展将更多地依赖高新技术的应用,大型制造中心和配送中心建设前需要大量的工程技术人员进行分析和工程设计,建成后需要工程技术人员进行维护和管理。越来越多的企业加大技术升级力度,行业信息化、自动化、智能化和人才的专业化趋势加快。同时,随着国家产业结构调整,互联网、大数据、云计算和人工智能等新技术已经成为驱动产业发展的新动能,人才推动组织变革和科技创新驱动产业发展趋势明显。

智能制造专业群是一个实践性和操作性很强的专业群。该专业群既注重学生实践能力的培养,又注重创新能力的培养,其学科特点具有很强的应用性和制造工作操作性,与传统专业相比在专业体系、课程体系等方面还存在一定的区别。由于各高校办学历史和办学条件不同,在进行专业建设时必然要考虑自身的办学传统优势、师资力量和实验室条件等因素。智能制造专业必须与产业链、创新链实现"零距离"对接,才能实现智能制造专业建设的现代化,才能与国家及区域经济建设、制造业发展和学生个人发展的需要相适应。

(三)智能制造专业体系对接产业链、创新链的基本逻辑

紧密对接产业链、创新链的制造人才培养需求,要求智能制造专业人才培养目标是毕业生在毕业后5年左右能够达到的职业和专业成就,是毕业生就业的专业领域、职业特征、职业定位以及应该具备的职业能力的总体描述。智能制造专业人才培养目标应体现学科专业交叉融合的特征,突出专业办学特色,以紧密对接产业链、创新链为前提,积极推进产教融合、校企协同育人,注重知识、能力、素质协调发展,实施成果导向教学。基于此,本课题组所在学校智能制造专业群人才培养的总体目标为:培养适应经济建设与社会产业发展需要,具备智能制造基础知识、专业基本理论知识和基本技能,具有一定的工程文化素养和职业素质,具有继续学习能力、创新能力、管理能力、团队精神和国际视野的智能制造领域应用型高级技术专门人才。这个目标还可进一步细化成如下可评价的子目标:一是具有良好的人文科学素养、工程素质和职业道德,具有服务社会的能力和精神。二是能够胜任制造系统规划与设计、制造信息技术应用与制造管理、制造装备运用管理与维护等物流工程及相关领域工作。三是具有先进制造管理知

识，具有综合解决复杂问题的能力，能够胜任生产一线技术工程师和管理工作。四是具有一定的合作精神、协调能力和组织管理能力，在制造行业具有较强的竞争力。五是具备通过继续教育或终身学习的方式增长知识和提高的能力。

智能制造专业群课程体系要充分支持毕业要求的达成，主要由高职通识素质教育与培养、学科基础知识教育与培养、专业基础与专业知识能力培养、素质拓展与创新创业能力培养四个模块构成。理论课程及实践课程体系构建均以紧密对接产业链、创新链为出发点，以应用能力和创新能力培养为核心，按照知识、能力、素质协调一致的原则，注重知识应用和素质培养，体现学科交叉融合的特征。

智能制造专业建设要想实现人才培养产业链、创新链的高度对接，构建一个科学合理、教学及学术工作结构相匹配的师资队伍结构体系尤为重要。为此，学校要积极拓宽师资引进渠道，弹性制定人才引进标准，对有丰富实践经验的中高级管理人才和工程技术人才可以适当降低学历要求；学校要培育良性工程技术氛围，深化以政府管理为保障，以产业需求为媒介，以高校主导、企业参与的校企合作平台，多渠道增强广大教师尤其是青年教师对工程教育的责任感和严谨的治学精神。

（四）产业链、创新链对接专业体系的评价

一是通过与相关企业沟通，了解企业对学生的能力与需求、满意度，企业合作开展的方式以及项目；了解企业对学生工作过程中存在的不足，有助于专业群教学中加以改进。根据企业对专业学生数量与质量的认同度，了解专业群与产业群的对接程度。为了满足合作院校、行业企业多方分享交流共赢的需求，积极与企业沟通合作，在人才培养方案制定、教学模式改革、课程资源开发、实训基地建设、师资队伍培养、企业文化传播等方面，实现合作培养；从职业培训、区域企业技术服务、联合课题研究、研究创新成果转化、推广先进企业标准等方面，实现区域产业社会服务。

二是通过教师在实训过程中的交流，提升教师对先进制造技术应用的理解，提升对用人单位岗位的认识，从而实现人才培养能顺利与企业岗位对接、与现代技术对接。通过岗位任职资格研究、典型工作任务提取、“工学一体化”课程开发、微课设计比赛等，合作院校教师通过深度参与各项活动，共同探索新技术和新标准在教学中的转化，有利于教师对标企业产业链、创新链发展需求进行丰富的教学设计。通过先进制造技术研讨、行业新技术交流、师资交流、教学资源研

讨等活动,帮助教师拓展职业知识结构体系。每年聘请一定数量在职教师作为企业兼职培训师,通过社会培训服务,帮助教师拓展新产品、前瞻技术等方面的知识体系。

三是通过智能制造类专业群建设、企业人才需求以及产业对接情况调研,了解智能制造类专业对接服务的情况,并找准专业建设服务产业发展中存在的问题,通过进一步分析原因,提出对策,优化专业群人才培养模式。

四是通过对学生就业企业、专业,特别是通过已就业学生对企业的需求了解,学生对岗位的感悟、职业资格证的应用等,让学生自我思考教学过程的重心与企业需求的对接,智能制造类相关专业的课程设置和社会需求之间的契合度等方面,从不同视角分析专业群与产业群的对接情况。通过分析有助于提出基于区域产业链、创新链的"专业转型升级"方向,更好地服务天津地区的制造业转型升级。

(课题承担单位为天津机电职业技术学院,课题主持人和执笔人为王艳君。课题组成员:王存雷、袁淑宁、宫晓凯。)

第二十七章　职业教育专业质量评价机制

利用专业质量评价机制对专业质量进行监测和评估，是职业教育深化产教融合和校企合作，服务产业发展，推动专业建设和创新的重要措施。研究构建科学、合理、有效的专业质量评价体系，是持续提升职业学校专业质量的重要保证。

一、有关职业教育专业质量评价的文件梳理

从2019年国务院印发《国家职业教育改革实施方案》起，国家一直重视加强职业教育评价，该文件明确提出要“建立职业教育质量评价体系”“完善政府、行业、企业、职业院校等共同参与的质量评价机制”。2020年教育部等九部门印发的《职业教育提质培优行动计划（2020—2023年）》再提出：“完善政府、行业企业、学校、社会等多方参与的质量监管评价机制。完善职业学校评价制度，把职业道德、职业素养、技术技能水平、就业质量和创业能力作为衡量人才培养质量的重要内容。”但这些评价基本上是对职业学校的评价，就连中共中央、国务院2020年印发的《深化新时代教育评价改革总体方案》，对职业教育的评价，也是“重点评价职业学校”德技并修、产教融合、校企合作、育训结合、学生获取职业资格或职业技能等级证书、毕业生就业质量、“双师型”教师队伍建设等情况。

直接提出对职业学校专业质量进行评价的文件，是2021年印发的《教育部　天津市人民政府关于深化产教城融合打造新时代职业教育创新发展标杆的意见》，该文件提出：“绘制职业教育专业建设与产业发展谱系图，建立职业教育专业质量评价、专业预警调控机制，优化调整专业布局，着力升级改造传统产业相关专业。”这正是本研究要考查的内容。

二、有关职业教育专业质量评价机制的国内外研究综述

(一)国外研究述评

在对职业教育专业质量评价机制研究相关文献进行梳理时发现,国外学者主要聚焦在“职业教育专业”和“质量评价机制”上,其中关于评价机制研究主要有:1966年美国学者斯塔弗尔比姆(Stufflebeam, D. L.)在批判目标评价模式的基础上创立了CIPP评价模式,把评价过程分成背景、输入、过程和成果四部分评价,将成果评价细分为影响、成效、可持续性、可推广性四个维度,涵盖了专业建设过程中对专业建设背景、建设资源输入、建设过程和建设结果四个评价环节。①

美国职业技术教育课程质量评价观(RTECA)包含具体评价、整体评价、总体评价三种类型评价。具体评价考核课程内容与职业关联度、整体评价关注行业标准及实践、总体评价的实质是测试课程材料的有用性。②

德国的职业教育评价采取内外部评价结合的方式,其外部质量评价方法归纳为外部评价、质量分析与学校审查三个部分。外部质量评价标准以质量管理系统为基础,依据各州职业教育质量框架。内部过程质量包含学校管理、教学质量管理方式、教学评价过程与方式、开发与合作等。③

《欧洲职业教育与培训质量保证参考框架分析》采用合理的方式对职业教育与培训的过程进行内外监控与评价,框架规定职业院校与培训机构的内部评价与其利益相关者的外部评价结合。评价通过质量指标完成职业教育与培训的完成率、就业率、学习者所获技能在工作中的运用情况,该指标体现了定性数据和定量数据的结合,更具科学性。④

总的看,国外学者是从不同角度对职业教育进行评价研究,而对职业教育专

---

① 孙佳鹏.“双高计划”背景下高职院校专业群建设评价指标研究——基于CIPP评价模式[J].职教通讯,2021(05):44-51.

② 闫清景.美国职业技术教育课程质量评价量规[J].职业教育研究,2013(08):175-177.

③ 黄静梅,万朝丽.新世纪以来我国关于国际职业教育质量评估的研究综述[J].教育科学论坛,2020(30):22-28.

④ 吴雪萍,张科丽.欧洲职业教育与培训质量保证参考框架分析[J].教育研究,2011,32(03):93-97.

业质量评价未深入开展，但已有的上述研究对本研究在专业质量和专业质量评价方面提供了借鉴。

（二）国内研究述评

我国职业教育知名专家姜大源提出："专业设置的驱动因素包括三个方面，一是专业设置要实现实施主体的利益目标，二是专业设置要满足服务客体的特定需求，三是专业设置要适应运作机制的变化趋势。"[①]

沈军在《职业院校专业建设 CIPP 评价模式实践研究》中指出，职业院校专业建设是一项系统工程，专业设置是切入点，人才培养模式改革、教师队伍建设是核心，课程体系建设、教学模式改革与运用、实训基地建设等是前提条件，专业建设评价是保障。[②] 魏松提出职业院校专业建设是院校发展的主要内涵和重要手段，直接关系到人才培养的目标、规格和质量。职业院校专业建设需根据学校整体办学定位进行专业设置和调整。[③] 刘凌从建立系统专业评价理论、方法、指标体系，形成具有工作诊断和改进能力的专业剖析与反思机制为目标，从专业建设的外部要求、内部环节、表象特征等三个要素着手，开展"三诊断"式专业评估机制研究，有效推进专业建设。[④] 乌云高娃等从专业诊改角度，基于分析区域社会经济发展现状，调研行业企业发展要求，建立以专业认知、专业标准、专业诊断、专业诊改、专业提升为主要步骤的"六步一体自循环"专业质量保障模式，能够适应时代要求，保障高职院校专业质量。[⑤]

以上可见，国内学者主要从专业建设、专业诊改和专业评估等方面探究职业教育专业质量提升问题，而对职业教育专业质量评价机制的研究还没有看到，表明本研究在立意上具有一定的前瞻性和导向性。

---

① 姜大源. 关于职业院校专业设置的理论思考[C]//. 科学发展和谐社会职教创新——中国职业技术教育学会 2005 年学术年会论文集. ,2005:414-424.

② 沈军. 职业院校专业建设 CIPP 评价模式实践研究[D]. 西南大学,2016.

③ 魏松. 高职院校办学定位与专业建设探索——以北京信息职业技术学院计算机信息管理专业为例[J]. 价值工程,2015,34(02):213-214.

④ 刘凌."三诊断"式专业评估机制的建立:内涵、价值与实践[J]. 教育教学论坛,2017(47):2.

⑤ 乌云高娃,林献忠,白杨. 新时代高职院校专业质量保障研究与实践——以深圳职业技术学院为例[J]. 大学,2021(30):44-46.

三、基于服务产业能力的职业教育专业质量评价机制构建

(一)基于服务产业能力的职业教育专业质量评价体系构建

职业教育专业质量评价应以服务产业能力为中心,以多元化评价主体为载体,围绕育人能力评价、人才供给评价和社会服务能力评价指标及主要观测点,构建多维评价的职业教育专业质量评价体系。

1. 育人能力评价

从职业院校角度出发,构建基于服务产业能力的专业质量评价体系,应突出专业为服务产业发展的育人能力,主要考察评价专业人才培养中影响学生职业素质和能力培养的有关专业能力因素(见表27-1)。

表27-1 育人能力评价

一级指标	二级指标	主要观测点
专业师资团队	师生比	校内专任教师与在校生的比例
	学历结构	(1)获得硕士学位教师的比例 (2)获得博士学位教师的比例
	双师结构	来自行企的教师占专任教师的比例
	教学团队	(1)专业"双带头人"落实情况 (2)专业带头人、骨干教师在行业企业经历 (3)专业教师在教育教学比赛中获奖情况
专业课程设置	人才培养方案	(1)专业人才培养目标满足职业岗位对职业素质和专业技能的要求 (2)以符合最新行业企业实际岗位工作内容为依据,凸显就业及职业发展能力的课程体系设置
	实践教学	实践课时不低于50%
	校企开发	校企开发课程及教材编写情况
	课程、教材建设	(1)习近平新时代中国特色社会主义思想进课程教材情况,课程思政课程建设情况,教材编审、选用情况 (2)课程标准与职业岗位技能标准对接情况
	岗位实习	(1)岗位实习时常不低于6个月 (2)实习企业情况 (3)实习岗位对口专业率

续表

一级指标	二级指标	主要观测点
专业实训教学条件	实训基地	(1)校内专业校企共建的实训室数量 (2)校外满足专业实训与岗位实习的实训基地数量 (3)实训基地建设及使用情况
专业校企合作水平	合作企业	(1)与区域内知名企业合作的企业数量 (2)派企业技术骨干人员到学校任兼职教师占本专业兼职教师的比例 (3)接受岗位实习学生数量占本专业学生总数的比例

(1)专业师资队伍。强大的师资力量是人才培养的重要保障,职业教育中教师的实践教学能力尤为重要,因而在服务产业能力的专业质量评价体系中,应突出对所在专业的“双师”因素的评价。

(2)专业课程设置。实践教育是技术技能人才培养的中心环节,应考察能够体现专业课程与实际行业企业人才需求、岗位工作内容联系紧密程度的有关因素。

(3)专业实训教学条件。校内外实训基地的开发与建设是加强和提升专业实训教学条件的重要途径,为学生的职业素质和能力培养提供必要的环境与条件。

(4)专业校企合作水平。企业是技术技能人才培养中必不可少的主体。对专业与企业的合作情况进行评价,考察专业合作企业为学生职业素质培养所提供的条件支撑力度是关键。

2. 人才供给评价

以行业企业的视角来看,对职业教育服务产业发展的效果和质量评价,主要的衡量标准为校企“双元”育人模式下所培养的技术技能人才所拥有的专业素质以及专业能力是否能够使其成为高素质的职业劳动者。目前行业企业需求的高素质技术技能人才不仅需要扎实的专业知识及熟练的实操技能,也要具备较强的创新能力、灵活解决复杂问题的能力、良好的适应环境的能力和团队意识及纪律意识。

从行业企业的利益诉求出发来审视评价专业质量,关键是看产教融合模式下职业教育人才供给的综合职业素养,一方面对专业人才培养中的全面发展质量因素进行评价,包含学生思想道德水平、专业技能水平、创新能力等;另一方面评价毕业生就业质量因素,观测专业所培养的技术技能人才能否符合现代产业生产和服务的岗位用人需求，为产业发展提供长期的人力资源价值。（见表 27-2）。

表 27-2　人才供给评价

一级指标	二级指标	主要观测点
专业人才培养质量	全面发展质量	(1)学生 1+X 职业资格证书获得情况 (2)学生参加各级各类技能大赛获奖情况 (3)学生创新创业能力(参加创新创业能力大赛获奖情况及自主创业比例) (4)德育、体育、美育、劳动教育发展情况 (5)学生参与社会服务、专业社团等情况
	就业质量	(1)毕业生就业率 (2)毕业生就业专业对口率 (3)用人单位满意度

3. 社会服务能力评价

从政府角度出发，在推动产业发展、产业创新上，更应关注职业教育专业质量评价体系中的社会服务能力评价(见表 27-3)。

表 27-3　社会服务能力评价

一级指标	二级指标	主要观测点
专业社会服务水平	社会培训情况	专业面向社会提供专业职业技能培训服务能力
专业创新能力	校企协同创新	(1)专业现代学徒制情况 (2)专业 1+X 建设情况
	教学资源创新	(1)专业数字化、信息化水平 (2)专业教学资源库建设情况 (3)精品在线课程建设情况
	科技服务创新	(1)专业承担的教育教学改革项目情况 (2)专业承担行业企业横向科研课题情况 (3)依托专业为社会、行业企业提供的产品开发、技术服务、技术改良情况

(1)专业社会服务水平。职业院校通过与行业企业共建共享职业教育与培训资源，面向社会开展职业技能培训，有利于我国劳动人口技术技能水平和职业素质的提升，从而有效服务产业发展。

(2)专业创新能力。一是校企协同创新，有利于推动职业院校专业技术资源与人才资源更好地服务产业转型升级；二是教学资源创新，有利于整合专业教育资源，为产业发展提供有力支撑；三是科技服务创新，有利于充分发挥职业院校专业的技术优势和人才优势，促进职业院校科研成果高效转化，从而推动产业创新。

(二)职业教育专业质量评价机制构建

1. 建立多元化评价主体机制

建立专业自评、学校评价、产行企评价、政府评价及第三方评价的五位一体的多元化专业质量评价机制，赋予五个主体同等的评价地位和权利。

(1)组建职业教育专业质量评价工作队伍。由职业院校牵头，组建由专业带头人、职业院校教学管理者、行业组织协会代表、企业管理者，地方教育行政部门专业建设相关负责人等共同参与的职业教育专业质量评价领导小组，并由该领导小组组建职业教育专业质量评价工作队伍，由专职部门负责专业质量评价工作。

(2)引入专业化第三方评价。为保证评价工作的客观性，积极引入第三方评估机构对各个环节以及最终结果进行监督和评价。

2. 形成多维评价机制

职业教育专业质量评价从育人能力评价、人才供给评价和社会服务能力评价展开，充分融合专业教学质量、专业培养质量和专业服务质量要素，体现专业的产业人才培养、产教融合和产业创新相融合的评价导向；基于专业、学校、产行企、政府及第三方机构五大评价主体，形成专业自评、学校评价、产行企评价、政府评价及第三方评价的五位一体的评价递进机制。在评价过程中，依据五主体在专业质量评价中的作用，进行同步设计，完成递进式实施评价。在评价主体职责上，按照“各司其职”原则，明确相应的评价职责和权利。各方主体不仅应切实履行好自己的评价职责，还要协助、配合其他相关主体开展评价工作。

(三)确立评价框架，明确评价方法

以每三年作为一个评价周期，充分利用信息化手段，构建初始性评价、过程性评价和总结性评价的评价流程。

初始性评价在每一个评价周期的初期开展，相关参与评价的主体就专业在

本评价周期内的初始条件进行系统性评估,形成诊断性评价。

在每年度结束时应采用过程性评价,动态追踪专业在年度内相关工作情况和成效,不断形成阶段性评价报告,便于及时发现过程中的问题和不足。

在每一评价周期结束时则应采用总结性评价,全面回顾近三年来专业整体质量,形成书面总结性评价报告。

(课题承担单位为天津商务职业学院,课题主持人为荣宁宁,执笔人为唐烨、王志换。课题组成员:刘军华、赵红梅。)

第二十八章　职业教育专业预警调控机制

专业预警调控机制是促进专业建设内涵式发展的重要抓手。本研究在梳理职业教育专业预警调控机制相关政策文本基础上，提出职业教育专业在治理形式、服务理念、建设内涵、管理样态等方面的转变规律，注重从企业需求角度来建立专业设置预测机制。

一、有关职业教育专业预警调控机制的政策文本梳理

2018 年 9 月 10 日，习近平总书记在全国教育大会讲话中提出："调整优化高校区域布局、学科结构、专业设置，建立健全学科专业动态调整机制。"对这个重要的问题，早在 2014 年发布的《国务院关于加快发展现代职业教育的决定》即有明确要求："院校布局和专业设置更加适应经济社会需求。调整完善职业院校区域布局，科学合理设置专业，健全专业随产业发展动态调整的机制。"2017 年发布的《国务院办公厅关于深化产教融合的若干意见》则更加提出了"专业预警"，对专业预警的具体界定和退出机制进行了明确解释："严格实行专业预警和退出机制，引导学校对设置雷同、就业连续不达标专业，及时调减或停止招生。"这成为国家关于职业教育专业设置方面的原则规定和相关研究的指导原则。

此后，在已经颁布的国家文件中，如《国家职业教育改革实施方案》《关于推动现代职业教育高质量发展的意见》《职业教育提质培优行动计划（2020—2023 年）》等文件对专业的设置方向、评估方式、调整措施以及整改措施提出了更加清晰的界定和可操作的手段。2021 年，为落实职业教育专业动态更新要求，教育部组织专家对职业教育专业目录进行了全面修（制）订，并颁布了《职业教育专业目录（2021 年）》（以下简称《目录》）。该《目录》是在国家按照职业类型教育特点进行顶层设计，跨界联合教育、人社、科技等多部门进行一体化设计，涉及中等职业教育、高等职业教育专科、高等职业教育本科三个层次专业，包含 19 个

专业大类、97个专业类、1349个专业，其中中职专业358个、高职专科专业744个、高职本科专业247个。《目录》的颁布与实施为职业教育专业设置提供了方向指引。在省域层面，最值得关注的是《教育部　天津市人民政府关于深化产教城融合打造新时代职业教育创新发展标杆的意见》，文件不仅明确了天津市职业教育专业的整体布局，还推动成立产教研究院，将发布企业需求、绘制专业建设与产业发展谱系图、建立专业预警调控机制等作为产教研究院的核心功能。

国家在出台多种政策引导高职院校、主管机构以及行业企业构建专业预警调控机制的同时，也通过一系列制度、法规，不断扩大高校专业设置与调整的自主权。最具有权威性的属2022年新修订的《中华人民共和国职业教育法》，其第二十三条明确规定"行业主管部门、工会和中华职业教育社等群团组织、行业组织可以根据需要，参与制定职业教育专业目录和相关职业教育标准，开展人才需求预测、职业生涯发展研究及信息咨询"，以法律法规的形式约束相关组织和机构协同高职院校开展专业预警和设置；第三十六条也着重强调"职业学校在办学中可以开展下列活动：根据产业需求，依法自主设置专业"，从法律上进一步明确高职院校在专业设置中的自主权，也为国家有效制定和实施职业教育专业预警调控机制提供了法律保障。

二、有关职业教育专业预警调控机制的研究成果述评

国内外学者主要聚焦专业预警、专业动态调整、专业调控机制三个方面，在相关概念、内涵、行动路径等方面做了大量研究。大多数学者主要在学科建设背景下针对普通高等院校的专业预警和动态调整做了大量研究，并取得较为丰硕的理论和实践成果，有关普通高等教育领域专业预警、动态调控的理论研究较为成熟，在专业评估、调控措施上具有较多的学术文献，具有较强的可操作性，但将"职业教育专业预警调控机制"作为特定的研究对象，在精确的研究范畴条件下相关文献相对较少。

在相关理论研究方面，有关专业预警、专业动态调整的概念和内涵引起国内外学者的高度关注。具有代表性的学术观点是将专业预警定义为对影响专业设置和调控的各种信息进行采集、分析、监测和评估，对偏离人才和市场需求的趋势以及偏离的程度做出预报，借之调节工作方向、做出正确决策的相对稳定、相

互适应、具有整体性的若干模块的活动过程。[①] 国内研究者认为职业教育专业预警调控机制是指职业类院校在专业设置过程中,与政府、行业、产业、学生及职业类院校自身等内外部需求主体要素之间建立的多维度动态适应关系,是高深知识、学生个体、经济社会需求三重逻辑的耦合。[②]

在主体认识方面,国外学者比较关注职业教育的适应性研究以及通过课程调整来实现专业动态调整。美国职业教育专业设置和调整既要融合于社会的需求,也要在一定程度上引领社会发展,避免社会对人的异化。[③] 日本通过修订《大学设置基准》规定采用一般教育和专门教育相结合的“分段式”课程模式来实现专业的动态调整。[④] 我国台湾高校专业设置与调整的价值取向是以实用性为导向,劳动力市场的需求变化是台湾地区高校专业设置与调整的主要动力。

在具体实践方面,美国是通过高校调整机制、政府调整机制、认证机构的调整机制、市场调节机制的交互作用下完成专业的动态调整;英国是通过建立完善的高等教育质量保障体系来保持高校专业与社会发展的动态平衡。

从我国目前研究和实践现状来看,基于从国家层面上进行顶层设计和统筹推进的职业教育专业预警调控机制尚未形成,在省级教育主管部门(例如广东、山东等)已经有相关的指导文件和具体举措,在院校层面,通常是以联合相关行业、企业形成专业(群)预警调控组织或联盟,在某一特定专业领域或特定人群中实现专业预警、专业设置、专业调控,最终实现专业结构优化。总体来讲,我国职业教育专业预警调控机制的变革与发展整体趋势表现为:治理形式由“国家控制”向“多元共治”转变、服务理念由“被动服务”向“主动服务”转变,建设内涵由“注重总量”向“质量提升”转变,管理样态由“行政指令”向“多元共生”转变。

三、我国职业教育专业预警调控机制构建策略

职业教育专业预警调控机制的构建可按照政府主导、行业企业参与、院校履

---

① 汤金松,王文槿. 职业教育专业设置与调控预警系统探析[J]. 中国职业技术教育,2009(14):13.

② 张德祥,王晓玲. 高等学校专业动态调整的三重逻辑[J]. 教育研究. 2019,40(03):99-106.

③ Rudolph, *Frederick. Curriculum: a History of the American Undergraduate Course of Study Since* 1636[M]. San Francisco: Jossey-Bass Publishers, 1977: 2.

④ 田畑茂二郎,等. 战后历史与基本法规[M]. 日本:有信堂发行所,1970:198.

行的总体设计思路,在做好顶层设计、建立规范、调动积极性等方面统筹规划和系统推进。在利益相关者理论下,按照事前控制环节、事中控制环节、事后反馈控制环节的原则建立专业预测、专业预警、专业调整三类机制,有利于从宏观上促进专业合理布局,从微观上增强专业的活力和竞争力。

(一)以企业需求为导向建立专业设置预测机制

专业设置预测机制主要功能为及时通过互联网向各高职院校发布不同区域企业的用人需求,时间跨度可以延伸至未来5年或以上。其主要运行机制为:由人社部作为领导机构,牵头负责开发和建设网上专业设置预测公共服务平台,全国的行业组织、企业成为会员单位,在协议框架下共同参与企业用人需求信息数据库的建设工作;高职院校作为用户享有获取数据、交流和咨询的权利。企业用人信息数据库是高职院校专业设置的指南针和重要依据,主要包括人才的个体结构、群体结构、社会结构三个层次,其内涵及要素参见表28-1。

表28-1 人才结构内涵及要素

人才结构	内涵	要素
个体结构	人才个体内在的德识才学体诸要素的排列组合方式	知识结构、思想品德、智能结构、心理素质、职业素养等
群体结构	单位或部门的人才按一定的层次、序列和比例组合的构成形式	性别结构、年龄结构等
社会结构	一个地区或一个国家的人才按一定的层次、序列和比例组合的人才构成形式	专业结构、形式结构、布局结构、层次结构等

注:形式结构是指人才的培养形式,包括全日制、非全日制培养形式等;布局结构是指人才在全国不同区域的分布情况;层次结构是指人才的不同学历层次。

同时,在国家层面设立企业用人需求咨询小组,由技术人员、学者专家构成,并聘请各行业人力资源部门专业人士担任顾问,时时进行人才需求的数据分析、信息管理。以人社部为核心,连同行业组织、各类企业建立联席会议机制,通过专业设置预测公共服务平台定期更新和发布技术技能人才需求。

建议人社部成立职业教育专业设置预测指导机构,专业预测应瞄准四个方面:一是国家重大战略发展急需技术技能人才专业;二是产业转型升级自然演进即将衍生或发展出来的新职业;三是国家在某一特定时期为满足人民需求急需职业,如家政人员、护理人员等;四是人民对生活方式和精神生活需求变化可能衍生的不规则性职业,如网络销售、电竞陪练等;五是面向灵活就业、自主创业人群衍生的新职业,如微商、经纪人等。通过对企业需求做大数据分析及预测,形成具有指导性的专业设置文本供各区域教育主管机构和高职院校参考,高职院校则根据区域产业需求预测劳动力市场人员的需求结构、规格与规模,以及对紧缺专业、潜在紧缺专业的探测,为院校专业设置与持续改进寻找方向。

(二)以办学实际为准绳建立专业预警机制

专业预警机制的主要功能是对职业院校专业设置、运行及办学质量做出全面分析与前瞻性预测,根据大数据分析和预测模型推断危险征兆,并向组织机构发出明确的预警信号,以便相关人员提前采取措施进行干涉和补救。专业预警主要包括专业预警指标体系和专业预警监测两个部分。

专业预警指标体系能够全面、系统地反映专业的设置状态、人才培养质量、企业认可度、社会饱和度等,是专业预警的重要参照标准。指标体系的设计具有科学性和严谨性,由于职业教育的区域性因素,可由省级教育主管机构成立相应的专家小组,依据区域经济产业情况和职业教育发展现状,开发省级层面具有参照和指导性的专业预警指标体系;亦可由高职院校为主体,按照当地经济产业发展和办学特色开发适合自身发展的专业预警指标体系。当前职业教育专业预警指标体系通常从生源情况、人才培养、师资力量和就业质量四个维度来开发,其参考指标体系见表28-2。

表28-2 专业预警参考指标体系

序号	一级指标	二级指标	指标质量解析	权重
1	生源情况(15)	近三年新生报到率	原则上应高于90%	8
		近三年入学平均分	应保持逐年递增	4
		第一志愿报考率	应保持逐年递增	3
2	人才培养(30)	学生参加技能大赛获奖	按照获得国际、国家、省部、市级、学校不同层级考核	10
		学生考试通过率	应保持逐年递增	5
		学生考试平均分	应保持逐年递增	5
		学生证书拥有率	原则上为100%	10

续表

序号	一级指标	二级指标	指标质量解析	权重
3	师资力量(20)	专业生师比	原则上应满足1:18	4
		研究生及以上学位专任教师比例	高于65%;具有职业教育本科层次专业的博士研究生比例应高于25%	4
		教师参加技能大赛获奖	包括教学能力比赛、技能大赛等	4
		教师科研、学术水平	科研包括科技、人文、教科研课题;学术水平主要是各类学术论文。	4
		技术服务能力	包括各类专利授权、技术转让等	4
4	就业质量(35)	应届就业率	最低不少于85%	15
		专业对口率	最低不少于75%	10
		毕业一年薪资水平	与当地在职平均薪金基本持平	10

专业预警监测是通过多途径、多渠道、多视角搜集专业预警指标体系的相关指标数据或者定性关系,采用大数据、数学模型等工具进行分析和评估,并将结果及时反馈给实施对象以实现过程监测。通常可以通过以下三个方面实现:一是建立专业预警监测数据平台。在教育部职业教育主管机构的指导下,可建立国家、省属、院校三级专业预警监测数据平台,其架构和运行可参考教育部的高等院校人才培养状态数据平台,但需要实现时时采集的功能,而非年采的静态数据,同时平台应具有采集、分析、监测和报警的功能。二是建立专业监测工作团队。从事国家职业教育专业预警监测是一项复杂、系统的工作,从事人员应具有跨学科(专业)、宽领域、懂管理和强逻辑的要求,故此,为党和国家培养这类新型职业人才也是应然之义,可以由上至下开设三级培训机制,对国家、省域和院校三类对象开展有针对性的培训,亦可从国家、省级教育主管机构发布重大或招标课题,面向这三个层面组织研究团队进行课题攻关,实现在理论上的突破和方法上的创新,也能增强各层级专业监测团队的专业技术水平。三是政府组建专家评估队伍。专家评估队伍的构成主要包括教育和人社主管部门、职业教育专家、企业专家以及高职院校代表等,他们的职责主要是对专业监测数据平台中的数据和信息进行分析、清洗和梳理,并做出科学判断。

(三)以合理布局为目标建立专业调整机制

专业调整机制可以依据全面质量管理理论、戴明循环理论来构建,其目标是在全方位诊断数据基础上对专业的办学质量和运行情况进行纠偏和优化,通过内部重构(专业整改、课程调整等)、外部干预(减停招生、撤销专业等)的方式实现自我调节和改进,从而促进不同区域范围专业布局合理。建议从国家、省级、院校三个层面来实施。

在国家层面,教育部职业教育主管机构出台专业调整的指导性文件。从以往出台的国家相关政策文件分析,多是方向性、宏观性描述,目前国家层面针对职业教育国控专业有较为深入的研究和申报、审批、监控、退出规则,但是对于其他普通专业的准入和调控主动权交给了学校,在缺少可量化性、可操作性的制度条款前提下,各省教育主管机构和院校理解衰减和执行偏差各异,一定程度上影响了执行效果。建议教育部职业教育主管机构成立专家团队,连同专业监测工作团队在分析历年职业教育专业运行和调整数据基础上,通过聚类分析等方式制定有针对性、操作性强的专业调整制度文本。

在省级层面,教育厅(委或局)职业教育主管机构要严格落实教育部的相关文件,建立省域的专业调整平台和机制。专业调整平台和之前提到的专业预警监测数据平台具有紧密对接关系,两个平台之间没有数据孤岛,数据时时共享和更新。专业调整平台涵盖新专业申报、审批、监控、警示、调整等功能。首先,专业预警监测数据平台向各院校发布紧缺专业、饱和专业、过剩专业等信息;其次,组织院校进行新专业申报和遴选,分为系统自动遴选和专家答辩两个环节;再次,对于新专业各项数据入库管理,同时对已经运行但有问题的专业发布预警通告;最后,审查院校对问题专业的处理情况。

在院校层面,建立学校的专业预警调整制度。首先,设定合理的临界阈值。依据专业预警参考指标体系,组织校内外专家依据实际梳理每个专业的办学指标,临界阈值可以分为不同层级,例如,专业指标赋分在80~100之间:运行良好;60~80之间:一级预警;60以下:二级预警,等等。其次,调整专业。学校教学主管部门需要出台相应的专业调整指导文件,依靠校内外专家根据不同专业的警情严重程度提出相应的分析和处理方案,并将这一分析和处理方案以报告的形式提交学校主管部门,通过学校学术委员会或教学工作指导联席会议的形式来决议专业的调整方向。例如,当同一个专业连续两年一级预警,或者一次二级预警,则有必要对该专业调减招生数量或者停止招生,同时也需考虑专业师生的权益保护，停招和退出专业设置直接关系到该专业教师和在校学生的切身利益，也间接关系到该专业毕业生的利益，学校应当制定相应措施改善专业调控带来的不利影响。

（课题承担单位为天津工业职业学院，课题主持人和执笔人为谭起兵。课题组成员：梁娈、卢婉婷、陈红、范少雯、张运浩、玄洁、赵倩。）

第二十九章　职业本科专业标准

2019 年国务院印发的《国家职业教育改革实施方案》正式确定“开展本科层次职业教育试点”。显然，职业本科的专业设计与建设无疑是职业本科建构中的枢纽。

一、有关职业本科教育的政策梳理

早在 2014 年，《现代职业教育体系建设规划（2014—2020 年）》即已提出：优化高等职业教育结构，在办好现有专科层次高等职业院校的基础上，发展应用技术类型高校，培养本科层次职业人才。2019 年国务院印发的《国家职业教育改革实施方案》（以下简称《方案》）明确了职业教育的类型地位，《方案》在政策措施上要求开展本科层次职业教育试点，并鼓励有条件的普通高校开办应用技术类型专业与课程。2020 年教育部等九部门印发《职业教育提质培优行动计划（2020—2023 年）》，将开展本科层次职业教育试点作为体现职业教育类型特点的重要任务，是健全纵向贯通、横向融通的中国特色现代职业教育体系的重要环节。职业本科教育由此进入实践推进过程。2021 年初，教育部印发《本科层次职业教育专业设置管理办法（试行）》；随后印发《职业教育专业目录（2021 年）》，分为中等职业教育、高等职业教育专科、高等职业教育本科三个层次，共设置 1349 个专业，其中高职本科专业 247 个；年底，国务院学位委员会发布《关于做好本科层次职业学校学士学位授权与授予工作的意见》。

二、职业本科相关研究综述

有学者对职业本科的研究进行了总体概括，[①]其主要内容如下。

---

① 李博文. 本科层次职业教育研究现状、热点及趋势——基于知识图谱可视化分析［J］. 西北成人教育学院学报，2021（04）：23-30.

(一)关于职业本科本质或定位的研究

华东师范大学教育学部职成教所教授徐国庆认为:职业本科教育是本科层次的职业教育,是职业教育延伸到本科层次的结果,是完全按照职业教育人才培养模式举办的本科教育。把职业教育提升到本科教育层次是当前国际职业教育的共同发展趋势。我国职业教育发展要与国际趋势保持同步,并对当前面临的许多根本问题做出回应,需要认真、系统地考虑职业本科教育的发展问题。南京工业职业技术大学的王博认为:稳步发展本科层次职业教育是未来一定时期增强职业教育适应性的主攻方向。办好本科层次职业教育关键在专业。当前关于本科层次职业教育专业办学内涵存在"照搬论""延伸论""中间论""行动论"四种主要观点,这些观点的产生与我国职业教育发展历史、理论界对职业教育内涵理解的不一致等有着密切联系。办好本科层次职业教育专业要坚持转型与升级并举、继承与发展并重、融合与创新联动等基本原则,重定培养定位、重建课程体系、重配师资队伍、重塑管理机制,形成专业建设基本范式。同济大学的鄢彩玲认为,根据技术哲学观点,本科层次职业教育是面向生产、依据职业需要整合技术、重视物化技术对人的塑造与培养的职业性教育。基于职业本科试点学校的不同特点,相应培养需兼顾理论学习和技能培训。具体的发展策略包括根据技术应用的集成性设置职业本科专业,根据技术应用的综合性构建职业本科课程体系,根据技术应用的实践性开展职业本科教学。

(二)关于职业本科专业和课程建设的研究

华东师范大学李琪等认为,在专业知识分析视角下,职业本科课程内容开发应遵循的基本原则包括现实性与适度超前性并存、层次性与衔接性并重、专业性与跨界性并举。职业本科课程内容在开发依据方面,应编制职业本科课程标准,规范课程内容开发;在开发主体方面,应汇聚多方主体力量,助推开发工作科学高效;在开发方法方面,应回归抽象的工作情境,在工作问题中聚焦专业知识;在经验借鉴方面,应统筹试点学校开发工作,强化"经验分享"的示范作用。天津大学宋亚峰、潘海生等以十五所全国首批职业本科试点院校为例,分析职业本科院校的专业布局与生成机理,得出职业本科院校的专业布局在数量多寡、冷热程度、服务面向等方面存在差异性,并按照多科专业群协同、工科类专业群引领、应用社科类专业群驱动等布局模式形成特定的专业布局。特定的专业布局特点与模式,蕴含着原有专科层次优势特色专业个体的自我进化、专业之间的竞合演化、专业系统与外部环境系统的动态协同等生成机理。为促进职业本科院校的发展,应外优环境,破除体制机制障碍,完善制度标准;精炼内功,培育健康的专业生态,增强专业的可持续发展能力。

三、职业本科专业的理论分析与标准

(一)职业本科专业的理论分析

1. 职业本科教育的类型属性

本科教育从理论上划分成研究、应用、职业等三种类型。但这三类本科的本质属性不同,发展逻辑存在差异。研究型本科和应用型本科源自学科的分化,逻辑起点是促进学科发展,属于普通教育序列。职业本科是随着技术技能复杂程度上升而出现的,逻辑起点是职业发展需求,属于职业教育序列。这三种类型本科教育培养的不同类型人才,形成了发现、设计、实施等三环节紧密相连的人才链。

2. 职教本科教育的发展特色

职业本科的特色发展策略:第一,科学找准自身定位。第二,树立敢为人先的教育理念。职业本科学校承载"传承""创新"的使命,守正创新、敢为人先的教育理念对创建办学特色尤为重要。第三,创新产教融合人才培养模式。职业本科学校要探索服务地方或行业经济建设的产教融合人才培养模式,推动学校系统性变革,与产业界围绕产业与技术变革中的核心要素,构建新型的学校和产业之间的协作育人关系,服务国家实现科技自主创新与高端智能制造技术变革,以深化产教融合提升学校服务国家能力。第四,对接高端产业和产业高端设置专业。第五,建设高水平"双师型"教师队伍。

3. 职业本科专业定位

在专业知识分析视角下,职业本科课程内容开发应遵循的基本原则包括现实性与适度超前性并存、层次性与衔接性并重、专业性与跨界性并举。职业本科课程内容在开发依据方面,应编制职业本科课程标准,规范课程内容开发;在开发主体方面,应汇聚多方主体力量,助推开发工作科学高效;在开发方法方面,应回归抽象的工作情境,在工作问题中聚焦专业知识;在经验借鉴方面,应统筹试点学校开发工作,强化"经验分享"的示范作用。

(二)职业本科专业设置标准

教育部印发的《本科层次职业教育专业设置管理办法(试行)》,进一步规范和完善本科层次职业教育专业设置管理,引导高校依法依规设置专业。主要内容概括如下:

1. 职业本科专业设置的总原则

本科层次职业教育专业设置应牢固树立新发展理念,坚持需求导向、服务发展,顺应新一轮科技革命和产业变革,主动服务产业基础高级化、产业链现代化,服务建设现代化经济体系和实现更高质量更充分就业需要,遵循职业教育规律和人才成长规律,适应学生全面可持续发展的需要。

本科层次职业教育专业设置应体现职业教育类型特点,坚持高层次技术技能人才培养定位,进行系统设计,促进中等职业教育、专科层次职业教育、本科层次职业教育纵向贯通、有机衔接,促进普职融通。教育部负责全国本科层次职业教育专业设置的管理和指导,坚持试点先行,按照更高标准,严格规范程序,积极稳慎推进。省级教育行政部门根据教育部有关规定,做好本行政区域内高校本科层次职业教育专业建设规划,优化资源配置和专业结构。教育部制订并发布本科层次职业教育专业目录,每年动态增补,五年调整一次。高校依照相关规定,在专业目录内设置专业。

2. 专业设置条件与要求

高校设置本科层次职业教育专业应紧紧围绕国家和区域经济社会产业发展重点领域,服务产业新业态、新模式,对接新职业,聚焦确需长学制培养的相关专业。原则上应符合以下规定的条件和要求:

(1)设置本科层次职业教育专业需有翔实的专业设置可行性报告。可行性报告包括对行业企业的调研分析,对自身办学基础和专业特色的分析,对培养目标和培养规格的论证,有保障开设本专业可持续发展的规划和相关制度等。拟设置的本科层次职业教育专业需与学校办学特色相契合,所依托专业应是省级及以上重点(特色)专业。

(2)设置本科层次职业教育专业须有完成专业人才培养所必需的教师队伍,具体应具备以下条件:第一,全校师生比不低于1:18;所依托专业专任教师与该专业全日制在校生人数之比不低于1:20,高级职称专任教师比例不低于30%,具有研究生学位专任教师比例不低于50%,具有博士研究生学位专任教师比例不低于15%。第二,本专业的专任教师中,“双师型”教师占比不低于50%。来自行业企业一线的兼职教师占一定比例并有实质性专业教学任务,其所承担的专业课教学任务授课课时一般不少于专业课总课时的20%。第三,有省级及以上教育行政部门等认定的高水平教师教学(科研)创新团队,或省级及以上教学名师、高层次人才担任专业带头人,或专业教师获省级及以上教学领域有关奖励两项以上。

(3)设置本科层次职业教育专业需有科学规范的专业人才培养方案,具体应具备以下条件:第一,培养方案应校企共同制订,需遵循技术技能人才成长规律,突出知识与技能的高层次,使毕业生能够从事科技成果、实验成果转化,生产加工中高端产品、提供中高端服务,能够解决较复杂问题和进行较复杂操作。第二,实践教学课时占总课时的比例不低于50%,实验实训项目(任务)开出率达到100%。

(4)设置本科层次职业教育专业需具备开办专业所必需的合作企业、经费、校舍、仪器设备、实习实训场所等办学条件:第一,应与相关领域产教融合型企业等优质企业建立稳定合作关系。积极探索现代学徒制等培养模式,促进学历证书与职业技能等级证书互通衔接。第二,有稳定的、可持续使用的专业建设经费并逐年增长。专业生均教学科研仪器设备值原则上不低于1万元。第三,有稳定的、数量够用的实训基地,满足师生实习实训(培训)需求。

(5)设置本科层次职业教育专业需在技术研发与社会服务上有较好的工作基础,具体应具备以下条件:第一,有省级及以上技术研发推广平台(工程研究中心、协同创新中心、重点实验室或技术技能大师工作室、实验实训基地等)。第二,能够面向区域、行业企业开展科研、技术研发、社会服务等项目,并产生明显的经济和社会效益。第三,专业面向行业企业和社会开展职业培训人次每年不少于本专业在校生人数的2倍。

(6)设置本科层次职业教育专业需有较高的培养质量基础和良好的社会声誉,具体应具备以下条件:第一,所依托专业招生计划完成率一般不低于90%,新生报到率一般不低于85%。第二,所依托专业应届毕业生就业率不低于本省域内高校平均水平。

3. 专业设置程序

专业设置和调整,每年集中通过专门信息平台进行管理。高校设置本科层次职业教育专业应以专业目录为基本依据,符合专业设置基本条件,并遵循以下基本程序:第一,开展行业、企业、就业市场调研,做好人才需求分析和预测。第二，在充分考虑区域产业发展需求的基础上，结合学校办学实际，进行专业设置必要性和可行性论证。符合条件的高等职业学校（专科）设置本科层次职业教育专业总数不超过学校专业总数的30%，本科层次职业教育专业学生总数不超过学校在校生总数的30%。第三，根据国家有关规定，提交相关论证材料，包括学校和专业基本情况、拟设置专业论证报告、人才培养方案、专业办学条件、相关教学文件等。第四，专业设置论证材料经学校官网公示后报省级教育行政部门。第五，省级教育行政部门在符合条件的高校范畴内组织论证提出拟设专业，并报备教育部，教育部公布相关结果。

4. 专业设置指导与监督

教育部负责协调国家行业主管部门、行业组织定期发布行业人才需求以及专业设置指导建议等信息，负责建立健全专业设置评议专家组织，加强对本科层次职业教育专业设置的宏观管理。省级教育行政部门通过统筹规划、信息服务、专家指导等措施，指导区域内高校设置专业。高校定期对专业设置情况进行自我评议，评议结果列入高校质量年度报告。教育行政部门应建立健全专业设置的预警和动态调整机制，把招生、办学、就业、生均经费投入等情况评价结果作为优化专业布局、调整专业结构的基本依据。教育行政部门对本科层次职业教育专业组织阶段性评价和周期性评估监测，高校所开设专业出现办学条件严重不足、教学质量低下、就业率过低等情形的，应调减该专业招生计划，直至停止招生。连续三年不招生的，原则上应及时撤销该专业点。

（课题承担单位为天津市三方现代职业教育发展研究院，课题主持人和执笔人为高文杰。）

第四部分

教材建设和教学改革

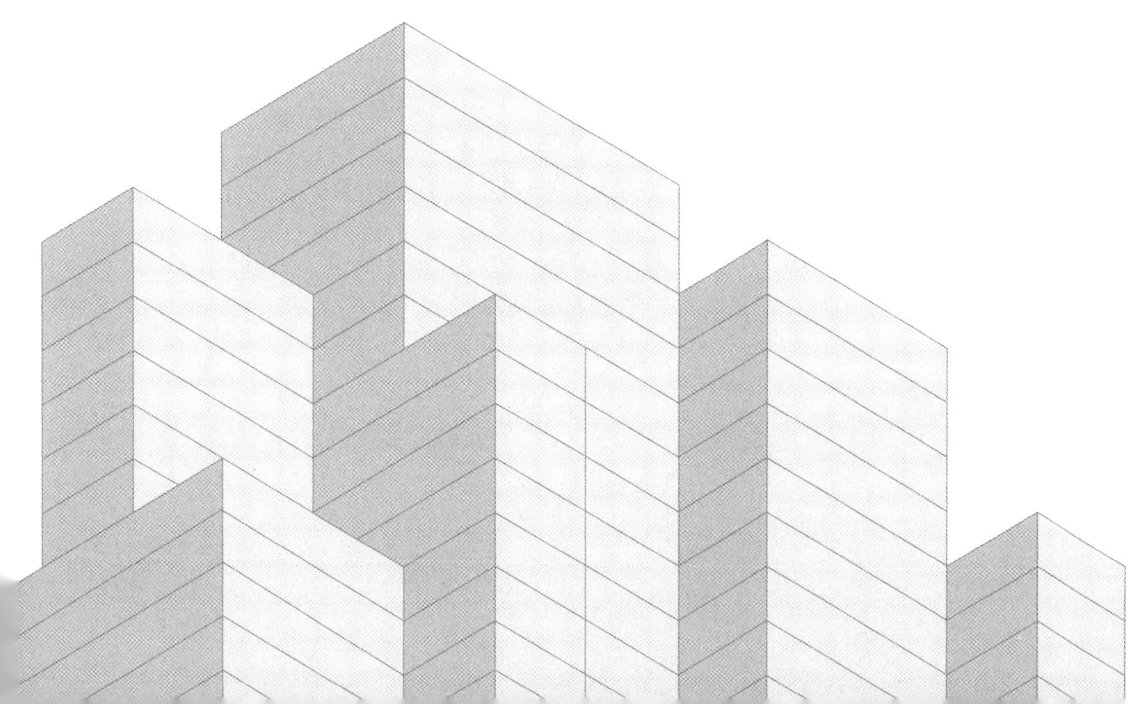

第三十章　职业院校校企共编活页式教材

职业院校校企共编活页式教材是一个新事物，但在国家重要文件中多次提及，说明它在职业学校“三教”改革中具有重要意义。本研究以高职电子商务专业为例，对活页式教材开发团队建设、开发设计等进行全面探索，以实现相对完整的教材编写与应用流程的可复制性。

一、有关职业学校校企共编活页式教材政策文本的梳理

2019 年国务院印发的《国家职业教育改革实施方案》文件中明确指出：“建设一大批校企‘双元’合作开发的国家规划教材，倡导使用新型活页式、工作手册式教材并配套开发信息化资源。”同年教育部印发的《职业院校教材管理办法》提出：“教材编写依据职业院校教材规划以及国家教学标准和职业标准（规范）等，服务学生成长成才和就业创业。”在对编写要求阐述之后，最后特别提到“倡导开发活页式、工作手册式新形态教材”。

关于校企共编活页式教材，先后有国务院和教育部文件明确提出，足以说明它在教材建设中的重要意义，是职业院校教材建设的一个重要抓手。本研究所要解决的问题，就是对校企共编活页式教材作出系统的论证和设计。

二、有关活页式教材开发的相关国内外实践研究述评

（一）德国“双元制”《电子商务人员培训框架教学计划》之借鉴

德国在遵循相关职业培训条例基础上，由国家颁布职业学校的《电子商务人员培训框架教学计划》，包含企业展示与个人角色定位、网络销售选品计划等十二项学习领域，形式上学员在职业学校和学徒企业两个地点交替学习，而本质上把培训内容、任务与功能做了“双元制”拆解。职业学校的任务是向学生传授与工作相关的专业知识和跨专业技能，使学生完成工作上的特定任务，训练学生

对职业变化的适应性,对社会、经济和生态的认知,培养学生的行动反思力和终身学习力。为了完成教学计划,职业学校需要与职业培训的学徒企业共同制订下一学年实践教学计划和学习安排,学校和企业的学习与考核内容各有侧重,"双元"的培训框架教学计划是关键,基于此校企双元教材开发才会成为可能。

(二)国内职业教育活页式教材的研究成果分析

国内职业教育专家及教师在新型活页式教材开发面临的问题、开发思路与流程、内容设计方面进行了深入的研究与实践,如高鸿等在《基于类型教育特征的职业院校教材建设思路探析》中分析了职业院校教材建设方向、面临的主要问题和建设路径,提到"在以学校为主的教材开发中,职业学校的教材内容与实际工作层面知识需求和呈现形态有着现实冲突,企业难以作为主体真正参与课程教材的研发,难以形成人才培养的动机,这是影响技术技能人才培养质量提高的根本障碍",同时也提到了处理好教材的相对稳定性与灵活开放性之间的关系。① 佘阳梓等在《高等职业教育活页式教材的开发流程研究》中提出职业需求分析、确定课程目标、明确能力要求、构建教材体系、设计典型工作任务、设计内容活页及教材评价与反馈的教材开发流程。②

(三)活页式教材开发专项调查结果分析

本课题组开展活页式教材开发专项调研,回收了有效问卷150份,从专业开发活页教材流程的调研数据来看,针对"活页式教材开发面临的最大短板和困难"一项,有46.34%的教师认为是校企开发团队的组建,有43.9%的教师认为是教材的顶层设计,其次在行业企业调研、模块化课程体系构建、工单设计及多元多维评价体系构建方面也存在一定的困难。

针对"活页式教材功能页设计"一项,在预设的任务目标等十项活页式教材功能页中,有85.37%(最高占比)的教师认为任务目标和工作案例活页是最有价值的;超过70%的人认为活页中应该包含工作背景、工作过程;有超过60%的人认为活页中应该包含学习建议、理论知识、总结反馈、知识扩展、效果评价。可以看出活页式教材由谁来开发、如何开发、开发什么样的教材仍然是当前面临的

---

① 高鸿,赵昕.基于类型教育特征的职业院校教材建设思路探析[J].中国职业技术教育,2020(08):15-19.

② 佘阳梓,余凡.高等职业教育活页式教材的开发流程研究[J].职教论坛,2021,37(11):75-80.

重大课题。

三、活页式教材开发方案
——以电子商务专业为例

(一)活页式教材的界定

活页式教材是职业教育教材的一种新形态,它不同于传统的固定装订本教材,而是可以拆装的类似操作手册的活页本模式的教材。在使用过程中,可以根据工作或岗位以及新技术、新工艺的变化而增减内容,随时拆装,在使用中具有灵活性,也能大幅减少教材成本。

从教材内容上讲,活页式教材更加注重学习与实践之间的匹配性,可以去掉传统教材中的逻辑思维以及全面系统性知识编排,而真正让学生使用时具有操作的指导性。一般来说,活页式教材往往配有视频、动画等更直观的教学形式,体现教材内容与信息技术的高度融合。

(二)从打造校企合作机制入手组建活页式教材的校企开发团队

1. 建立校企合作开发活页式教材的机制

校企合作高质量开发活页式教材是校企合作发挥长效机制的显性指标。本课题组通过所在天津交通职业学院电子商务专业历经第二批现代学徒制国家级试点项目六年多的实践,摸索出的“政行企校‘1+N’学徒企业联盟制”培养模式,在活页式教材开发方面取得了显著成效。

该培养模式的“1”指区域电子商务协会或行业商会的“孵化器”公司,“N”指协会或商会的若干用人单位,以三年为一个培养周期。由天津市商务局、行业协会或商会牵头,学院与“孵化器”公司签署《现代学徒制校企合作人才培养协议书》,“孵化器”公司与用人单位签订《委托培养协议书》,可接受多家用人单位委托,“孵化器”公司与学院共同组建校企项目导师团队,实施校企双元育人模式。历经校企导师的教学实践积淀,形成了双元化的教学计划与安排,以此为基础共同开发了双元化的工作任务式活页教材;该模式有效提高了电子商务人才培养质量,不仅使实体企业共享商业项目推广渠道,还能共享学徒培养红利,实现校企协同育人的良性循环及校企合作开发活页教材的稳定机制。

2. 组建活页教材的校企开发团队

有了稳定的校企合作教材开发机制就有了能够长期参与教材编写的企业专

家与骨干,校内长期驻扎了擅长不同专业领域(智能客服、数据化运营、视觉营销设计岗位群等)、不同商业平台和商业模式的企业导师资源,形成了业务型、教学型、研究型和学徒管理型结构化的校企导师团队,从而开展职业需求分析、教学目标设计、课程模块化体系重构,以及工作过程导向的教学项目、典型任务和活页式教材开发;以单个任务作为最小编写单元,企业导师编写岗位工作任务内容,学校导师编写支撑岗位任务的基础理论知识,通过教材把校企双元合作教学任务的颗粒度变小,小到单个任务上的教学合作。

(三)构建能力递进式模块化课程体系

根据高职电子商务专业教学标准,融入淘宝教育数十名资深讲师开发的三类岗位群 54 项岗位培训内容,归纳了行业企业认同、岗位成长与职业规划、熟悉电商业务、开店入驻等 12 个学习领域(典型工作任务),40 个工作项目,168 项工作任务,440 个职业能力及 27 条职业素养,形成了电子商务专业职业能力标准体系。

以目标岗位和职业能力标准为基础,形成四个课程模块,即包括公共基础课程的通识性课程模块,初步认知职业轮廓与岗位方向的职业取向认知课程模块,覆盖三个岗位群的学徒岗位课程模块以及技能选修课程模块(见图 30-1)。根据学习任务特征的差异,学徒岗位课程分三类:职业关联性课程让学生对三类岗位方向的工作系统、工作流程、组织间关系(人员间、部门间、技术与劳动组织间)建立整体性认识;职业功能性课程使学生掌握与常规岗位任务、复杂岗位任务和非常规任务相对应的功能性知识;知识系统化课程旨在建立学科知识与工作系统的全面联系,能够完成不可预见的工作任务。[①] 从职业取向认知与选择到知识系统化,三类岗位课程学习深度递增,对应的第一学年见习岗、第二学年专员岗、第三学年储备主管岗到毕业后的职业发展,逐步实现学生的职业认同感与职业责任感。

① 赵志群,庄榕霞. 职业院校学生职业能力测评研究[J]. 职教论坛,2013(03):4-7.

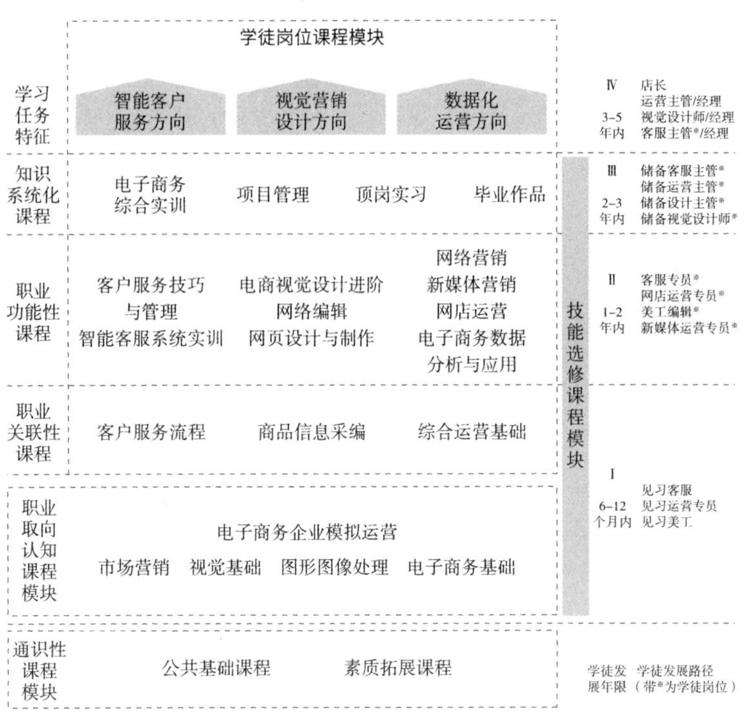

图 30-1 电子商务专业课程体系图

(四)活页式教材内容设计

1. 设计理念

(1)遵循学生技能发展规律设计教材的整体结构。澳大利亚墨尔本大学约翰·哈蒂在《可见的学习与学习科学》著作中就“如何发展专业能力”提出了技能发展的三个阶段,即陈述性阶段(或认知阶段)、联结阶段(实现陈述性知识到程序性知识的转变)和自动化阶段(能够展现专业级表现)。陈述性阶段中学习者运用语言和文字来指导行动;联结阶段中行动逐步由断断续续到快而顺畅地被联结起来,记忆负荷减小;自动化阶段中行动或操作顺畅而轻松,记忆负荷处于较低水平,但高度自动化后将阻碍技能的进一步发展。[①] 根据这一原理,教材的整体教学项目能力难度要逐级递增,每个任务的逻辑是基于岗位真实情境下的任务操作认知与刻意训练,在陈述性知识到程序性知识的转变过程中,要让工

① 新约翰·哈蒂(John Hattie),澳格雷. 可见的学习与学习科学[M]. 北京:教育科学出版社, 2018. 09.

作要素与知识之间形成联系，所以基于岗位工作任务的研究性学习非常重要，同时也给学生进行自主探究性学习设计必要的条件与空间。

（2）处理好工作岗位的具体特定性与知识的通用完整性之间的关系。教材中的岗位工作任务操作部分需要程序性知识做支撑，这部分知识具有岗位特定性，是企业导师教学的主要内容，如针对某家企业的某个类目产品，如掌握产品的特定知识、运营的具体电商平台、企业对业务操作的工作要求等，与岗位任务相关的工作知识实用性强，这部分知识的很大比例就要重新调整。但支撑岗位工作任务的一般性流程、方法、原理是通用的且稳定的，如电商客服售前服务中的消费者购买行为理论、FABE 销售法则，不会因企业及店铺的不同、电商平台的不同而发生改变，甚至能支撑岗位的变化与发展，如文字客服到视频客服（直播相关岗位）也同样适用这些工作原理，所以教材中每个项目任务的内容编排，根据知识的属性进行拆解，遵循从具体到通用，从特定性到完整性的原则。

（3）处理好教材的相对稳定性与灵活开放性之间的关系。电商行业技术、运营模式迭代周期短，据统计电商平台因技术应用和指标更新而导致的平台规则与功能升级年均十余次，需要随时把生产经营与服务中的新技术、新规则、新方法和新知识以教材活页的形式添加到岗位任务操作部分。另外教材中每个项目任务以独立功能模块及细分功能页的形式呈现，教师可以根据合作企业使用的电商平台和店铺操作，与企业导师合作完成岗位任务操作部分及研究性学习部分的编写，替换掉原有某些功能模块及细分功能页，而理论知识部分相对稳定，可以三年周期性修订，从而使职业教育的专业课教材具备相对稳定性、灵活开放性与结构重组性的特征属性。

2. 设计体例

在活页教材内容方面，在每一个教学项目的典型学习任务中，首先呈现出情境导入页和学习指南页；接下来在“岗位实践篇”“岗位研学篇”和“理论知识篇”三段式功能子模块中设置工作案例页、操作指南页、职业技能认证页、任务实施页、研学活动页、理论知识页和职业素养讨论页；最后是拓展阅读页、任务考核页和学习反思页。

3. 活页式教材的“学用评”多元化功能

教材开发基于学生认知规律，遵循学徒制在岗培养、育训结合的特色，实现了岗位实践指导、理论教学及岗位拓展等教学功能，序化项目教学案例情境、任务布置、任务实施、网络课程、岗位实践记录、理论学习讨论、专题汇报记录、学习反思、归纳知识图谱等学习过程，将学徒岗位课程实践与学习、岗位与课程考核融入活页式教材的整体设计中。全本教材每页设置空白区域，整本穿插用于记录的空白页（约占教材页 10%），学习资源与学习记录交叉设计。所以，活页式教材又是学生过程性学习的载体，记载着学生学习经历。任务考核页不仅设置常规理实考核，还要设置开放式问题的学习小报告，整体观测学生的职业态度与情感、程序与方法知识、操作技能、生态环保、经济核算等要素指向结论或报告成果的一致性，同时在业务实践中观测非常规业务下创见性地解决问题的能力。所以活页式教材既是学习指南，又是工作手册，还是开放式评价学生学习成果的考卷，具有“学用评”多元化功能。

（课题承担单位为天津交通职业学院，课题主持人和执笔人为荣瑾。课题组成员：张权、刘嗣睿、刘建莉、孙颖、杨学峰。）

第三十一章 职业院校校企共编工作手册式新型教材

职业院校教材,一直在很大程度上存在“重理论、轻实践”或“重实践、轻规范”的现象。在推进“三教”改革时,开展校企共编工作手册式新型教材,是一个有效尝试。

一、有关政策文件的梳理

2019 年国务院印发的《国家职业教育改革实施方案》,在有关教材改革方面明确提出:“倡导使用新型活页式、工作手册式教材并配套开发信息化资源。”同年教育部印发《职业院校教材管理办法》,其中第四章对教材编写提出了具体的要求,主要包括:要有正确的导向;要弘扬精益求精的专业精神、职业精神、工匠精神和劳模精神;要突出理论和实践相统一,强调实践性;要适应项目学习、案例学习、模块化学习。其中特别强调:“倡导开发活页式、工作手册式新形态教材。”

以上情况证明,“工作手册式”教材的编写和应用,已是职业院校的一项重要工作。

二、有关工作手册式新型教材开发的研究和实践评述

(一)国内有关工作手册式新型教材开发的研究现状

徐国庆提出,教材模式的本质不是教材的物理形态,而是其背后的课程模式,相反,课程模式又决定着教材内容的组织形式。对于工作手册式教材,只顾讲解实训过程,而忽略了方法技巧、质量标准、安全事项、潜在问题和解决方案等

系统化的实践知识的讲解，则会有实践教学空心化的倾向。①

在教材的配套资源方面，刘芳认为，要按照“以学生为中心、学习成果为导向、促进自主学习”思路进行教材开发设计，通过教材引领，构建深度学习管理体系。将“企业岗位（群）任职要求、职业标准、工作过程或产品”作为教材主体内容。② 曾庆伟、张君第认为，教材要运用现代信息技术，整合传统纸质载体和影音等数字资源，将以往比较抽象的理论和内容通过真实、直观的方式展现出来，形成动态开放的教材形式。③

在校企共同开发教材方面，深度不够、分工不明是导致教材编写质量不高的主要原因。尽管当前多数学校已经意识到了没有企业参与编写的教材都难以避免“职业性不强、职业特色不够凸显、内容滞后于行业发展”等问题，但在实际编写过程中，校企双方要想精准做到发挥各自优势，编写出符合行业企业生产或产品标准的且满足职业教育发展要求的教材实属不易。印伟认为，高职院校学科专家不熟悉岗位的实际工作任务及所需要的职业能力，而企业岗位专家对课程开发技术、学生的学习特点以及人才培养的基本规律并不熟悉，因此无论是学科专家还是岗位专家均不具备独立、完整的课程标准开发能力，各有自己的长处和不足，合理的课程标准开发机制应当是形成学科专家和岗位专家之间的长期而又稳定的互动机制，充分发挥他们各自在课程标准开发过程中的优势。④ 此外，教材编写应遵循职业教育教材的编写规范，及时将新技术、新工艺和新规范转化为教材内容，促使教材蕴含的知识技能与职业岗位能力要求相对接，为教材质量提升提供内生动力。⑤

（二）有关公共艺术类课程工作手册式教材开发的研究现状

调查数据显示，在高职院校，超过90%的公共艺术类课程尚未配有教材。以

① 徐国庆．“活页式、手册式教材”概念辨析与应用开发［J］．当代职业教育，2022（02）：4-9.

② 刘芳．“三教”改革背景下高职院校教材建设路径和策略研究［J］．鄂州大学学报，2020，27（06）：82-84.

③ 曾庆伟，张君第．高职院校教材建设质量提升机制研究与实践［J］．黄河水利职业技术学院学报，2021，33（01）：64-68.

④ 印伟．提高高职院校人才培养质量的内涵建设途径——基于面向工作过程的教材建设视角［J］．职教论坛，2019（03）：115-121.

⑤ 曾庆伟，张君第．高职院校教材建设质量提升机制研究与实践［J］．黄河水利职业技术学院学报，2021，33（01）：64-68.

中国传统手工艺课程为例,教师普遍认为培养学生的动手能力和艺术特长是第一位的,学生能动手、懂技艺就足够了,课程无需配备教材。其实,这种所谓的"重实践"也是有缺欠的,他们的实践教学往往会忽略方法指导、注意事项、质量与评价标准、难点预判和解决方案等内容,实际上属于不规范的实践教学。这种重实践、轻理论的现状尤为严重,从而走上了经验主义和实践教学空心化的两极。虽然有少数课程配有教材,但也是传统模式教材,在服务能力本位培养、理实一体教学、新技术新工艺传授方面仍然不够与时俱进。总之,多数研究还仅仅停留在纯粹的经验总结层面,以具体课程为切入点,针对以实践引领和能力本位培养为主要目的的公共艺术类新型工作手册式教材开发的相关理论研究明显不足。

三、职业院校校企共编工作手册式新型教材开发实践
——以《手作陶艺》为例

(一)工作手册式新型教材的界定

1. 工作手册式教材的含义

工作手册式教材是对职业教育教材的一个形象化称谓,其含义是职业教育教材内容要像企业的操作指导手册那样具有实践指导性。[①]《国家职业教育改革实施方案》把工作手册式教材作为教材开发的重要方向,是为了解决职业教育教材中的另一个重要问题,即实用性知识的缺失。

2. 工作手册式教材的本质

实践性课程教学既要传授正确的操作流程和方法,也要传授系统化的实践知识。所谓实践知识,是基于具体情境对实践过程中的操作步骤、安全事项、注意事项、异常情况等方面提出合理恰当的解决方案或策略。实践知识缺失的结果是实践教学的空心化,即在实践教学中,或者只有活动,缺乏对技能的系统学习;或者有基本的技能学习内容,但操作过程与操作标准不够清晰,学生习得的只是一些非常粗糙的技能,致使工匠精神、精益求精等职业素养只能停留在理想之中,而无法落地。

① 徐国庆."活页式、手册式教材"概念辨析与应用开发[J].当代职业教育,2022(02):4-9.

(二)项目实施

1. 校企合作情况简介

本课题组所在学校天津城市职业学院艺术教育中心与天津感光空间现代雕塑艺术研究院于2021年建立了校企合作关系。在教学方面,聘请研究院高级工艺美术师作为客座教授入校为学生讲授《手作陶艺》公选课,同时组织学生赴研究院陶艺工作室进行实地参观和陶艺制作体验。此举有效解决了校内教师不懂陶艺和陶艺专家不精教学的问题,双方在课程建设和教材开发方面形成了有效互补。简单来说,学院基本具备陶艺课程教学的硬件条件,如陶艺工作室、电动拉坯机、陶艺电窑炉等设备。学院教师虽然掌握了基本的陶艺制作技能,但在材料采购、温度控制等方面还是不够精准,往往会导致作品成色不佳、碎裂等情况的发生。然而,这些问题在陶艺客座教授的面前即可迎刃而解。在教材开发方面,校企双方多次对教材的形式、结构、内容等方面进行研讨和设计;研究院的陶艺专家亲自执笔,基本完成了教材的初稿编写;学院教师对课程思政、学习活动、考核评价等方面进行严格把关。这样编出的教材能够清晰指导操作流程,在传授实践知识的同时,使实践过程有章可循。

2. 工作手册式教材编写的基本原则

(1)简明性原则。工作手册式教材是以传授操作技能为主要目的的教材,它在结构体例和内容表达上应力求简明扼要,一目了然,确保操作过程的连贯性。在阐述特定操作环节时,尽量以列条形式或采用短段落进行阐述。简明性原则是工作手册式教材的最根本属性。

(2)直观性原则。直观性原则更加符合学习者的认知规律,例如采用短视频、图片加文字、文字加示意图等形式阐述操作流程和方法,在条件允许的前提下,尽量减少文字表述。

(3)教学性原则。虽然工作手册式教材在其内容和专业度上应当最大程度地向企业生产操作指导手册靠拢,但绝不能偏离其以教学为目的的基本原则。作为一本新形态教材,它对学习的目标、策略、方法、习惯、评价等方面仍要做出积极的引导。

(4)教育性原则。教材在介绍操作流程的同时,还要兼顾宣传行业典范,弘扬职业精神、工匠精神和节约意识,将思政育人融入实践的方方面面。

(5)便利性原则。教材是课程教学的指挥棒,它的外在形态与内在结构应当充分支撑混合教学模式下的各种学习形态。也可在工作手册式的基础上采用活页式装帧方式,以满足不同的教学需求。

3. 公共艺术课程工作手册式教材内容设计
——以《手作陶艺》教程为例

教材编写组确定了教材的整体结构(表31-1)。

表31-1 《手作陶艺》教材整体结构设计

序号	模块名称	教学目标	内容设计与呈现形式
1	与陶艺结缘	帮助学生迅速了解陶艺的历史发展、主要形式与应用等,建立学生与课程之间的情感联系。	文字、图片、短视频(扫码二维码获取)
2	选择陶艺材料与工艺初体验	帮助学生学会选择与陶艺创作相关的各种材料,进入工艺体验环节,形成学生对陶艺的基本认知。	常用工具、材料的选择; 塑形技术、素烧技术、釉烧技术、雕刻技巧、打磨抛光等 图片展示 教师示范 注意事项 安全提示 作品展示 版面:图片+文字 扫码二维码获取更多图片
3	陶艺创作体验	在工艺初体验后,引导学生进行不同主题的项目创作,形成学生对陶艺的深入认知。	1. 项目化学习内容: 项目一:实用餐具制作 项目二:酒具制作 项目三:茶具制作 项目四:花具制作 项目五:香道具制作 每个项目下设有若干子项目 2. 每个子项目均包含以下内容: (1)子项目描述(教师完成) (2)子项目目标(教师完成) (3)制作工序(含安全提示、注意事项等,教师示范完成子项目一,学生完成其余子项目) (4)子项目小结与学习反思(教师示范完成子项目一,学生完成其余子项目) 版面:图片+文字、自主学习文字作业区域 扫码二维码获取教学视频

首先,教材在整体结构上以“模块”为单位对内容进行划分,遵循能力本位原则,以成果产出为导向,突出学生主体和理实一体。各模块名称的落脚点均为某种学习行为,而非知识点。如:与陶艺结缘、选择陶艺材料与工艺初体验、陶艺创作体验等。学生将参与项目学习,在每个项目学习结束时能够独立制作出若干件陶艺成品。然而,以往的传统模式教材是以“章”“节”为内容划分单位,侧重理论知识传授。其次,教材在内容上是传统与创新的完美结合。虽然教材更侧重于服务实践学习,但在知识体系上保持了其应有的完整性,在陶艺的历史发展、主要形式与应用、陶艺材料的选择、创作技法、发展前景等方面都有具体的阐述。在此基础上,作为拥有悠久历史的非遗项目,陶艺也要做到与时俱进。教材在传授手作陶艺传统技法的同时,也注重结合现代社会生活,把传统艺术元素与现代元素相融合,引导学生创作出为现代人所喜爱的陶艺作品。在项目内容上更加注重实用陶艺的普及,例如,将传统陶艺与贴近现代生活的餐具、酒具、茶具、花具、香道具的制作相结合。再次,教材在活动设计上既注重教师的行为示范,也积极引导学生探索实践。在陶艺创作体验模块,鼓励学生自主完成项目任务,总结制作工序,反思实践过程,及时提炼经验和教训,形成书面内容后与学习同伴进行交流和分享。

4. 教材的主要特色

第一,教材内容紧跟时代发展。企业专家为教材带来了诸多的创新理念和技法,使传统陶艺与现代元素完美结合。

第二,模块学习突出能力本位培养。各模块都以项目和任务为学习载体,使学生在学中做,做中学,真正做到理论与实践相结合,在实践中发现问题和解决问题。

第三,评价标准助力学生自主学习和合作学习。教材体验模块中的项目任务均配有系统化评价标准,旨在帮助学生运用评价指标对自己的学习进行监控、评价、反思和调节。

第四,可视化呈现形式助力认知和理解。教材采用二维码嵌入短视频和图片加文字的方式帮助学生认知和理解知识点与能力点,提高了教学效率。

第五,“活页式”教材形态服务混合教学。教材在设计上充分考虑了自主学习、合作学习、翻转学习、班际交流、展览教学等需求,充分发挥了其“活”的优势,可在动态更新教学素材、学习成果输出、成果展示和差异化教学管理方面发挥有效作用,增强了学生与教材之间的互动性。

(课题承担单位为天津城市职业学院,课题主持人和执笔人为刘彦斌。课题组成员:邵宏、齐彦、邵欣、张靖。)

第三十二章　职业院校项目教学

项目教学从国外引进之后,主要在基础教育领域进行实验并总结提升。引入职业教育领域后,项目教学显示出明显优势,由此在国家相关文件中专门提到要开展项目教学,以提升教学质量。本研究将对项目教学的由来和实验进行初步总结,并提出具体实施案例。

一、有关项目教学的相关政策文件梳理

项目教学由域外传入中国之后,一直在民间开展实验并取得了良好成效,职业教育领域也深受影响。天津学者提出的 EPIP 教学模式,就叫做"工程实践创新项目"教学模式。

虽然国家政策一直提倡改进教学方法,创新教学模式,但一直没有专门对某个具体教学方法提出倡导。在可查的文件中,2021 年由中办、国办印发的《关于推动现代职业教育高质量发展的意见》文件中明确提出:"普遍开展项目教学、情境教学、模块化教学,推动现代信息技术与教育教学深度融合,提高课堂教学质量。"这样明确项目教学正式地位,证明本研究重要价值之所在。

二、国内外关于项目教学法研究和应用成果综述

(一)项目教学法的产生与发展

16 世纪在欧洲出现以培养优秀建筑师为目的而开展的建筑设计竞赛,要求学生参加一定次数的竞赛并获得奖项才能获得专业建筑师资格,启示人们开始关注通过"项目"开展学习活动。这可以视为项目教学的最早实践。18 世纪末,工业学校与职业学校的大规模建立使"项目方法"从欧洲传到了美国,范畴也从建筑业延伸到了工业,促进了"项目方法"的理论发展。美国华盛顿大学奥法龙工业学院院长伍德沃德把"项目"当作是一种"综合练习",教学与实践相结合,

使“教学”过程成为“产品制造”过程。1910 年,斯汀森的国内项目计划被美国教育署推广。19 世纪四五十年代,欧洲一些国家也开始了类似的尝试和实践,如德国等国家的“劳动学校”将项目教学应用到基础教育领域。

美国教育学家约翰·杜威创设的经验主义教育思想,提出“做中学”理论,为项目教学提供了理论指导。1918 年 9 月克伯屈在哥伦比亚大学《师范学院学报》上发表题为《设计教学法,在教育过程中自愿活动的应用》的论文,第一次提出了项目学习的概念并开始对项目课程的系统理论研究与实验。① 克伯屈在其所著的《设计教学法》中进一步细化、完善了项目教学理论框架,对“项目”做出了界定:“在特定的社会环境中所发生的、需要参与者全身心投入的、有计划的行动。”把“项目”的流程总结为:目标、设计、实施以及评价四个阶段。② 此后,关于项目教学的理论与实践成果日益增多,产生了重要影响。

(二)项目教学法在国内的应用进程梳理

项目教学最早从中国香港引进,在我国沿海城市初步发展。2001 年 4 月,查德博士在北京举办了项目教学法的讲座,引起了国内教育领域的诸多专家、学者的研究兴趣。许多研究者开始对“项目教学法”“项目教学”“项目学习”“项目教学模式”以及“基于项目的学习”等有关课题进行研究与实践。

关于项目教学的研究,主要包括项目教学的内涵、构成要素等。在项目教学的内涵方面,刘景福定义项目教学是以完成作品并运用多方资源进行探索活动,是解决相关性问题的新型探究性学习模式。③ 教育部发布的信息技术新课标在教学与评价建议中提出,项目学习的本质是用项目调整课堂学习,在信息技术课堂中运用项目学习可以提升学生的核心素养,增强学生的实践能力。④ 徐涵认为项目教学法是在真实情境中以一个工作任务或项目为依托并以学生为主体、以多种任务解决策略展示成果的互动式教学。⑤

---

① Ben Dyson, “The implementation of operative learning in an elementary physical education-program,” *Journal of Teaching in Physical Education*, 2002(22):69.

② (德)鲁道夫·普法伊费尔(Rudolf Pfeifer),傅小芳编著. 项目教学的理论与实践[M]. 南京:江苏教育出版社, 2007. 02.

③ 刘景福. 基于项目的学习模式(PBL)研究[D]. 江西师范大学,2002.

④ 中华人民共和国教育部. 普通高中信息技术课程标准(2017 年版)[S]. 北京,人民教育出版社,2018。

⑤ 徐涵:《项目教学的理论基础、基本特征及对教师的要求》,职教论坛,2007(06):9-12。

在项目教学的构成要素方面，刘景福指出项目学习的基本要素有内容、活动、情境和结果。徐朔认为项目教学法注重这样几个关键要素：学生自主性、有计划的行动、解决问题的过程、相应的社会情境。①

关于项目教学的实践，刘景福提出了项目教学的六大步骤："选定项目、制定计划、活动探究、作品制作、成果交流和活动评价"。有学者认为项目教学主要有两个步骤：确定项目和设计规划项目，要充分考虑到课程标准的要求、教学内容和学生的接受程度等多方面因素，同时要注意问题的落实。吴晓红等以梅瑞尔的五星教学原理为理论支持，提出项目实施过程分为"选定项目，激活旧知""活动探究，展示新知""作品制作，应用新知""融会贯通，成果交流"四个阶段。② 其中被大多数教师所认可和采用的实施步骤为："选定项目、制定计划、活动探究、作品制作、成果交流和活动评价"。

在国内职业教育领域，徐国庆等学者对项目教学有较深入的研究。他认为，"项目教学理论"在众多教学理论当中能够很好地代表职业教育教学理论，项目教学具有"以任务为中心开展教学""以实践性问题为纽带联系知识与工作任务""以产品激发学生学习动机"的几个特点。③ 另外，徐国庆在《职业教育项目课程开发指南》一书中介绍了项目教学，包括项目教学方案设计、选择项目的类型、项目设计的模式、项目教学知识的确定、教学方案编制等内容，梳理项目课程的实质内涵，深入、全面地诠释了项目课程的开发过程。

三、职业院校项目教学设计思路及实施

在开展本研究之前，本课题组在天津市部分高职院校进行了调研，发现许多教师都有项目教学的实践体验，基本上采取"确定项目目标—制订项目计划—确定项目目标单元—项目实施监管—项目评估—结果归档与考核"这样的教学流程。同时调研显示，采用项目教学能够更好地体现学生主体地位，引导学生主动参与学习，进一步培养学生自我分析和解决问题的能力，符合目前的教学理念。但存在学生基础参差不齐、学生参与度较差等现实问题。根据以上调研情况，下面提出项目教学的基本思路和实施案例。

---

① 徐朔.项目教学法的内涵、教育追求和教学特征[J].职业技术教育，2008，29(28)：5-7.

② 吴晓红，田小兰，蒋思雪.以培养学生 STEM 素养为目标的项目化学习设计——以"爱护水资源为例"[J].化学教学，2017(12)：38-43.

③ 刘德恩，徐国庆编.职业教育原理[M].上海：上海教育出版社，2007.12.

(一)项目教学设计思路

1. 项目设定

设定前期要掌握学生特点和学情情况,评估项目的可操作性和可评价性,考虑的因素应当全面且翔实。学生兴趣的激发、教师的知识储备及资源调动能力等均为前期考虑对象。

2. 制订项目计划

学生和教师对于项目认知要形成共识,围绕项目目标分为项目介绍、项目分组、项目周期、项目开题、项目实施及项目成果展示设定,实现对项目内容再学习的过程。

3. 项目实施

项目实施就是根据计划进行具体执行的环节,在实施过程中需做好阶段性总结工作,帮助学生在实施过程中提升解决问题的能力和创新能力,树立学生自信心,使项目实施顺利完成。

4. 项目结束

项目结束应按照项目计划设定进行成果展示、对整个项目进行总结,并梳理项目实施过程中不足之处,最后将整个项目过程中的资料进行整理归档。

5. 项目考核与评价

项目评价是全过程的,针对学生在项目过程中的参与程度及过程表现进行考核,其次针对项目成果及展示进行考核。项目参与的主体包含学生本人、学生小组组长、教师以及与项目相关的企业和专家均都参与考核与评价,形成多维度的考核体系。

(二)项目实施举例

以本课题组所在高职院校新媒体实践课程为例,按项目教学要求作出以下具体设置(见表 32-1)。

表 32-1 基于项目教学的高职“新媒体实践课”教学设计

<table>
<tr><th colspan="2">阶段设置</th><th>教师工作</th><th>学生工作</th><th>形式</th></tr>
<tr><td>项目设定</td><td rowspan="2">项目认知</td><td>对学生专业特点和学情情况进行了解,评估教学目标可操作性和可评价性</td><td>了解项目的目的及意义</td><td>集中讲解及讨论</td></tr>
<tr><td rowspan="2">制定项目计划</td><td>安排项目任务,项目进度设置,考勤制度,行为规范要求,阐述评价要求</td><td>形成项目组,选定小组负责人,完成组内分工</td><td>形成项目计划书</td></tr>
<tr><td>项目学习</td><td>组织企业和专家的教师指导团队。细致完善项目计划书内容,形成执行手册</td><td>根据项目计划书进行开题,各小组自主制定组内工作进度安排</td><td>知识讲座和分组讨论</td></tr>
<tr><td colspan="2">项目实施</td><td>教师全程指导,对学生组会及项目阶段任务进行考核</td><td>按照任务书开展各阶段任务,形成小组会议内容</td><td>集中或分组讨论</td></tr>
<tr><td colspan="2">项目结束</td><td>组织成果展示,建立展示专家评委会,提出评价</td><td>完成项目并成果展示,设计展示内容,做好项目总结、汇报</td><td>项目总结报告</td></tr>
<tr><td colspan="2">考核评价</td><td>完成考核评价并将记录归档</td><td>学生组长评价、学生互评,完成自我总结报告</td><td>考核评价报告</td></tr>
</table>

采用新媒体实践课程作为项目,是以学生职业能力和岗位需求作为主线。同时,该项目对于学生综合能力的要求相对较高,既包含了本专业所需技能,但又不局限于某一专业领域。所以将工作任务、教学项目和匹配的技能相结合确定为本次项目教学的核心目标,也是为学生岗位实习及就业做准备。

在项目的实施过程中发现,项目计划书的形成与制订过程需要指导教师充分准备。本次项目实施前,教师团队,包含企业教师及相关专家,集体完成了需要学生填写的完整、详细的项目任务书范本,帮助学生理解岗位职责,建立两级任务体系,划分每级任务完成时间,明确关键指标和成果呈现形式,让学生在项目过程中思路清晰,目标明确。在整个项目实施过程中,对小组组长开展集中培训,聘请校内外专家从项目管理、沟通技巧、压力管理及职场思维等方面提升学生领导能力。项目结束后发现,学生的组织管理、沟通协调和自我展现等综合能力有所提升。

（三）项目教学实施过程中的若干注意事项

项目教学通过国内外大量实践已经证明是行之有效的教学方法，但在实施过程中仍应注意以下几点：

1. 课程的设置

在课程设置方面需要合理安排整个教学时长和理论学习与实践学习的比例。此外，应当围绕学生职业能力、就业岗位及综合素养进行课程设置。

2. 教材重编

项目教学往往是对一个学生专业能力的综合培养，而传统教材是以系统的学科知识呈现，所以需要教师团队围绕项目将专业课程的知识点进行重新梳理、整合。

3. 评价体系建立

项目教学的评价体系应采用自评、互评、教师评价、企业评价及专家评价有机结合，全过程、多维度进行评价。

4. 教师团队组建

首先教师要有扎实的专业理论知识，其次对于教师的实践经验有一定要求，教师需主动参与到企业项目运营中以便开展深度合作。另外，将企业专家请到课堂中，有利于推动项目教学发展。

5. 资源保障

项目教学的实施需要一定的场地、设备以及平台，特别是依托各类技能比赛为项目的教学，需要设备和资金的支持。

总体来说，在实施项目教学过程中，应加强过程指导，提供有关项目实施方面的详细流程，加强学生对项目内容的理解并设计科学考核方式。可以说，项目教学是师生共同进步的教学方法，在职业教育中，项目教学有独特的优势。

（课题承担单位为天津体育职业学院，课题主持人和执笔人为周瑜。课题组成员：张彧、宋鑫鑫、吴朝晖、杜欣芮、于红、潘政彬、王虎、李征坡、窦嫣。）

第三十三章　职业院校情境教学

职业院校基于职业能力导向而加强和改善课堂教学效果，已经成为职业教育人才培养改革的重要方向。情境教学法强调通过创建一系列真实和生活化的学习情境吸引学生完全融入学习，在提升学生学习兴趣和对知识的综合运用能力上有其独特的优势。本研究以“中药药膳食疗技术”课程为例进行情境教学实证研究，证明在职业院校开展情境教学具有必要性和可行性。

一、有关职业学校情境教学的文件梳理和解读

在指导职业院校教学改革方面，国家有关部门一再发出文件予以强调。2021年中办、国办印发的《关于推动现代职业教育高质量发展的意见》，对“创新教学模式与方法”进行了直接阐述，明确提出“普遍开展项目教学、情境教学、模块化教学”。在此文件中明确职业院校开展教学改革的具体模式和方法，还是第一次，由此决定了本研究的重要意义。

本研究选取“中药药膳食疗技术”作为典型课程进行实证研究，通过在课程教学中引入情境教学模式，探索构建贴近生活、激发学生学习热情的教学情境，使学生直观感受我国中医中药传统文化与饮食文化的融合渗透，培养学生的民族认同感以及对文化传承的责任感，锻炼学生的劳动能力、动手实践能力。

二、有关情境教学的国内外研究综述

（一）国外情境教学法研究综述

夸美纽斯在包含情境教学思想的论著《大教学论》中指出：“情境教学能让学生身临其境，感受到具体的形象，将抽象的知识形象化，引起共鸣，使学习活动

由被动变为主动。”[①]该著作的产生,标志着情境教学思想的正式提出。

杜威进一步加深对情境教学法的探究,他认为,“思维起于直接经验的情境”[②],在此基础上,他主张将情境教学法作为课堂教学过程的有机组成部分,提出了五步教学法:情境—问题—假设—推论—验证。他强调创设的情境与学生实际生活的联系,进一步发展了在教学中运用和创设情境的观点。

美国远程教育家凯思利的投入型学习框架理论认为,学习只有在真实的情境中展开才能高效,而体验正是在真实或仿真情境中展开的一种图景思维活动,它能让人在个性思想、语言和行为共建的自我意识中投入性地感知现实、感受生命、积累经验,它的形象性和亲验性能够有效调动学生的角色情怀。

(二)国内情境教学法研究综述

在我国,情境教学最早可追溯到孔子的“相机教学”,是指在情境中对学生的思想进行适当的影响和启发,从而达到教育的效果。孔子的启发式教学即是一种情境教学。

教学专家李吉林在长期从事基层教学的过程中通过探索总结,提出了情境教学模式。在教学实践中,李吉林注重学生的全面和个性发展,在心理学相关知识的基础上,借鉴角色效应、暗示、移情等理论,开创了情境教学研究的新领域。孔凡成在《情境教学的研究发展趋势》一文中对情境教学的发展过程和趋势进行论述,深刻剖析了解情境教学法。冯卫东在专著《情境教学操作全手册》中将教学情境分为五种,提出总结实际课堂教学出现的一些问题并加以解决,丰富了情境教学法的内容。

(三)情境教学法概述

1. 情境教学法的形成和含义

情境教学法由英国应用语言学家在1930年代到1960年代发展形成。是指在教学过程中,教师有目的地引入或创设具有一定情绪色彩,以形象为主体的生动具体的场景引起学生一定的态度体验,从而帮助学生理解教材,使学生的心理机能得到发展的教学方法。情境教学法的核心在于激发学生的情感,是在对社会和生活进一步提炼和加工后对学生产生影响的,诸如榜样作用、生动形象的语

---

① (捷)夸美纽斯著;傅任敢译. 大教学论[M]. 北京:教育科学出版社, 2014.12.

② (美)杜威(Dewey,J.)著;姜文闵译. 我们怎样思维 经验与教育[M]. 北京:人民教育出版社, 1991.03.

言描绘、课内游戏、角色扮演、诗歌朗诵、绘画、体操、音乐欣赏、旅游观光等形式，都是寓教学内容于具体形象的情境之中，存在着潜移默化的暗示作用。

2. 情境教学法的特征

(1)形象化。在情境教学法中，用直观鲜明的形象让学生感知教学内容的亲切感，使枯燥抽象的知识变得生动具体，激发学生学习的兴趣，从而使学生的思维得到发散，更好地理解和掌握知识。

(2)生活化。“生活即教育”，运用情境教学法开展的教学要从生活中来，并回归到生活中去。因此情境教学法必须贴近生活，用学生熟悉的生活体验以及所感所知的事例作为情境素材，使教学内容富有生活气息，使学生容易接受，并成为学习新知识的依托。

(3)情感化。情境教学法的灵魂在于“情”，具有情感化特征。通过生动形象的教学情境激发学生的学习热情，在情感驱动下开展一系列学习活动，与情境融为一体，充分调动学生学习的主动性和积极性，使学生逐渐成为教与学过程中的主体。

3. 情境教学法的作用机理

脑科学研究表明，人的大脑功能左右两半球既有分工又有合作，大脑左半球掌管逻辑、理性和分析思维，包括言语活动；大脑右半球负责直觉、创造力和想象力，包括情感活动。传统教学模式下，无论是教师的分析讲解，还是学生的单向练习、机械背诵等，调动的主要是逻辑、无感情的大脑左半球活动。而情境教学是让学生先感受，后表达，或边感受边促使内部语言形成的积极活动。感受时，大脑右半球兴奋；表达时，大脑左半球兴奋。这种兴奋、抑制地交替或同时兴奋，协同工作，挖掘了大脑的潜在能量。因此，情境教学可以使学生在轻松愉快的气氛中学习，获得比传统教学更显著的教学效果。

三、情境教学法在高职“中药药膳食疗技术”课程教学中的实证研究

(一)课程概况

中药药膳技术作为中医药学的重要组成部分，是在中医药基础理论的指导下，研究中药药膳的起源、发展、制作与应用的一门综合性学科，是中药学专业临床应用性课程，也是中医康复技术和中医养生保健技术专业的核心课程之一。

该课程教学对于培养学生运用中医传统技能解决临床实际问题,培养学生的爱国意识、劳动意识和劳模精神,树立文化自信具有重要意义。

(二)课堂观察和调研

1. 课堂观察

疫情期间的网课学习与线下教室教学相比以及有力的教学监督以及现场教学的课堂互动,学生自主学习能力较弱,居家学习时间松懈,导致学习效果差。有的学生只有手机,易生厌倦心理;有的学生不善于调整疫情引发的心理压力,出现焦虑和抑郁倾向;有的学生缺乏合理的学习方法,由于每天要学习几门课程不能兼顾,跟不上网课节奏,自我效能感低;有的学生家庭学习环境差,注意力难集中,无心上网课。

2. 问卷调研

本课题组对中医养生保健专业的学生做了"中药药膳食疗技术"课程的问卷调查:学生最偏爱的上课方式依次为直播(44%)、回看(30%)、观看其他高校的课程视频(15%)、线下自学(11%)。从调查问卷的分析结果来看,疫情期间网课教学达到了预期要求和目的。学生偏爱直播与录播的授课方式,幽默轻松的网课氛围与易于完成的作业形式,也乐于参与互动,教师们则对网课互动效率、教材等既有资源限制较为关注。

(三)典型教学项目情境教学设计

以"中药药膳食疗技术"课程项目——养肝药膳任务"解郁药膳:黄花菜蒸排骨"为例,设计教学方案。

1. 情境构建,激发兴趣

在"中药药膳食疗技术"课程教学项目——养肝药膳的教学任务"解郁药膳:黄花菜蒸排骨"中,要求学生通过学习和实践,实现以下教学目标:掌握黄花菜蒸排骨的药膳食材组成以及药膳功效;了解该药膳适用范围及食用注意事项;掌握该药膳烹饪技巧和方法并独立完成烹饪制作;了解中药护肝的养生文化和饮食文化。

基于上述教学目标,结合线上教学特征,构建贴近学生居家生活的情境,并提出学生居家期间容易产生的各类抑郁、情绪暴躁的问题。教学情境的构建能够引起学生的共鸣,学生会主动走进教师构建的情境中积极思考,发现和探究问题。只有学生的思维被情境启发，才能更加深入地思考问题并解决问题。

2. 情境融入，发现问题

在线上学习过程中融入构建的教学情境，学生自主探究如何利用中药药膳技术的专业知识去解决问题。让学生融入情境亲身感受，一方面尊重学生的主体性，重视学生在学习过程中的感受；另一方面有利于学生获取直接经验，形成更加直观的认知。

3. 情境渗透，知识内化

教师依托情境，分析养肝护肝的重要意义以及养肝解郁药膳——黄花菜蒸排骨的养生疗效，让学生在情境渗透中提取知识精华，加深对中医养生食疗文化的理解，积累知识，锻炼技能。

4. 情境升华，价值引领

教师通过对中药药膳知识的总结概括，对学生进行价值观引导，使学生体会中医药养生文化的博大精深，培养学生的劳动意识，增强学生对中国传统文化的自信，激发学生的爱国情怀。

（四）情境教学在课程教学实践中的意义

一是情境教学使学生更加容易地理解教材，有助于学生对药膳相关知识的理解、消化和吸收，实现理论知识更有效地内化于心，外化于行，学生的动手能力和劳动能力在情境教学模式下的实践操作中得到了培养和锻炼。

二是情境教学更加贴近生活，使课程学习和生活紧密结合，药膳制作的实践操作可以充分利用家庭厨房的食材、餐具、设备等相关资源，解决了疫情期间线上教学方式对实践类课程的限制，增强了课程教学互动的趣味性和学生的参与感，同时教学成果的直观分享和呈现也让学生在动手实践的过程中获得了更多满足感。

三是情境教学法在课程教学活动中的实施，实现了学生从生活角度发现问题、思考分析问题、动手解决问题的探索过程，有助于学生综合能力和素质的培养锻炼。

四是情境教学法对中医养生食疗文化在学习和生活中的有效渗透，有助于学生在理解知识、操作实践的过程中形成正确的价值观，树立文化自信，增强学生的劳动意识，激发学生的爱国情怀。

(五)教学效果评价

通过对线上问题的探讨和学生动手制作黄花菜蒸排骨的成果照片,以及学生的学习互动情况给予学生适当的评价和反馈。通过情境教学增加了教学的直观性和趣味性,学生身临其境自觉思考问题和解决问题,实践能力有所提升。

(六)问题和对策

1. 实施情境教学法存在的问题

(1)教学项目设置与构建情境的有效结合和对应还需要长期的研究和探索,同时,配合情境教学模式的适合的教法也需要反复实践研究,教学效果的总结反馈还需要有更多的积累。

(2)教师在实施情境教学的过程中还需要不断挖掘情境元素,同时提升自身的教学实践能力,丰富完善教学内容,总结积累实施情境教学的经验。

2. 对策探究

(1)构建立体化活页教材,补充大量有针对性、适用的案例,对教材内容进行不断更新和补充。利用大数据、信息化、数字化等资源和平台拓展教材涵盖内容的宽度和深度,使教材成为实施情境教学的有效工具。

(2)以岗位需求和能力培养为导向,深入调研,确定课程教学目标,根据教学项目设置,深入挖掘可以构建的教学情境,使教学项目和所构建的教学情境有机结合。特别注重教学情境尽可能符合生活实际,具备时效性、实用性、趣味性、启发性等特征。

(3)教师通过大量的教学实践和课堂观察,深入了解学情,通过教学效果的比对和反馈,总结经验,逐渐优化情境教学法在课程教学中的应用和实践。

(课题承担单位为天津生物工程职业技术学院,课题主持人为张建,执笔人为康薇。课题组成员:庞磊、傅红、刘少梅、孙越鹏、谷珊、宋星憼、原嫄、韩璐、房静。)

第三十四章　职业院校模块化教学

2019年《国家职业教育改革实施方案》颁布以来，有关职业院校教师、教材、教法的“三教”改革问题逐渐引起重视，甚至提出了“课堂革命”的要求。模块化教学从民间引进和改造，逐渐成为国家文件中的正式概念。对这个问题的研究，成为职业院校推进“三教”改革的重要内容。

一、有关职业学校模块化教学的文件精神梳理

《职业教育提质培优行动计划(2020—2023年)》强调：“推动职业学校‘课堂革命’，适应生源多样化特点，将课程教学改革推向纵深。”在这个前提下，明确提出：“鼓励教师团队对接职业标准和工作过程，探索分工协作的模块化教学组织方式。”这表明，采用模块化教学的方法已从一般教学方法问题上升为国家支持的教学标准。模块化教学要求课程由多个模块构成，课程团队成员根据各自特长分工进行模块化的教学，突出其重要的应用价值。2021年中办、国办印发的《关于推动现代职业教育高质量发展的意见》，其中第十四条“创新教学模式与方法”部分中，专门提出“普遍开展项目教学、情境教学、模块化教学”。从推动现代职业教育高质量发展的方向论及模块化教学，所基于的是当前职业院校教学标准落后于企业生产标准，课程内容落后于一线技术，教学方法不能很好适应企业生产一线技能需要的现状，导致人才培养质量尚不能满足经济社会高质量发展的要求。

这表明，采用以模块化教学为代表的教学模式改革路径，组建分工协作的模块化教学团队，着重与企业共同打造适合产业发展、行业需求的模块化专业群课程体系，将更有利于实现专业技能人才培养的精准供给。

二、关于职业院校模块化教学的文献综述

“模块”教学的概念起源于20世纪70年代国际劳工组织提出的模块理论，

并在此基础上研究开发出模块化教学法(Modules of Employable Skills,简称为MES),旨在突出以现场教学为主,是以技能培训为核心的一种教学模式。职业院校模块化教学往往与具体项目教学密切关联,最早见于18世纪欧洲的工读教育和19世纪美国的合作教育,包括按照项目完成流程与学生接受程度因材施教,将原有课程知识点顺序重新编排教学安排,更加接近真实工作场景,使学生对知识技能形成完整认知,培养出适应岗位的实用性技能人才。我国在20世纪90年代学习欧美国家在模块教学方面的成熟经验,逐步开始在职业教育课程中尝试"模块"教学形式。

在教学理念方面,王蓬鹏、王洪义在《改革传统教学方法采用项目教学法》一文中,以德国联邦职教所制定的行动为导向的项目教学法为例,将其作为模块化教学的重要内容,强调该教学理念在于"把整个学习过程分解为具体的工程或事件,设计出具体的项目教学方案,按行动回路设计教学思路",[①]并指出这一教法可大大提升学生解决问题的能力、接纳新知识的学习能力以及与人协作和进行项目运作等交往能力。谢基邦在《项目教学法在市场营销教学中的应用》中,以项目教学法为路径,提出模块化教学基于专业课程教学过程的设计步骤,包括"打造师生互动的平台、选定企业项目、制定项目计划、学生分组实践、建立起一整套工作完成评价检查机制等。"[②]由此可见,教学模块所基于的是整个教学系统结构,把课程中相关知识整合到工作项目中,使这些知识变得更加具有逻辑性和关联性,旨在让学生在真实工作环境中能综合运用相关知识。

在教学特点方面,李丹峰在《浅谈"理实一体模块化"教学法在技工学校专业教学中的应用》中,结合理实一体模块化教学法的应用过程,指明其教学特点在于"从整个工作流程进行详细讲解、操作示范、巡回指导、课后总结,让学生更加全面、直观地体验教学,更容易理解和掌握教学内容"[③]。其改变的是传统教学中以教师为主体的教学模式,将学生变为教学主体并使之更为积极地参与到教学中。王姗珊等在《基于模块化教学的专业群人才培养模式改革研究与实践》中,从模块化教学模式改革的框架体系出发,提出"面向岗位群,建设专业技

---

① 王蓬鹏,王洪义.改革传统教学方法采用项目教学法[J].新课程,2011,10.

② 谢基邦.项目教学法在市场营销教学中的应用[J].现代职业教育2020,(47),20-21.

③ 李丹峰.浅谈"理实一体模块化"教学法在技工学校专业教学中的应用[J].职业2018,(10),84-85.

术技能培养方向模块"[①]的改革方向,对基于模块化教学模式的专业群人才培养模式改革实践进行了深入讨论。

本课题组通过文献梳理与概念区分,在同传统教学法对比中,将职业学校模块化教学的特点进行具体细分。以具体项目实施过程为载体,模块化教学法把技能岗位所需能力划分成模块,每个模块代表一种职业核心能力,由此在教学目标、教学形式、参与程度、激励机制及评价方式方面形成相应特点(见表34-1),对于全方位、多视角完成对职业院校学生的发展性人才培养目标提供了一种新的选项。

表 34-1 职业学校模块化教学法与传统教学法区别

教法	模块化教学法	传统教学法
教学理念	基于真实工作场景与岗位环境的知识与技能	基于学科体系与知识结构的知识与技能
教学形式	学生为主体,教师为主导	教师为主导
教学参与	学生全过程主动参与	学生作为被动学习主体
教学激励	以学生兴趣与岗位特征为内驱力	以教师与课程要求为外部约束力
教学评价	多元化的发展性评价	单一的终极性评价

在教学理论依据方面,对模块化教学产生重要影响的理论有以下几种:一是以皮亚杰、斯滕伯格为代表的建构主义学派。该学派提出以"学习情境""协作对话""意义建构"等为要素的教学模式理论,包括教师围绕学习主题搭建概念框架,设置情境并让学生带着问题进入工作任务,启发引导学生自主探索,并以小组探讨的形式,使学习者对具体工作问题获得规律性的认识,以真实工作场景和项目任务创设学习情境与问题,完成对所学技能的意义建构。二是以马斯洛和罗杰斯为代表的人本主义学派。该学派强调在促进学生人格充分发展的基础上,更关注学习与教学过程本身,认为教师是学生学习的促进者而非灌输者,教师的首要任务是启发性的促学而非灌输性的教学。在职业院校模块化实训教学过程中,人本主义理论更加突出学生通过小组协作、教师促进的方式提高自身工作技能,同时关注对岗位需要人际交流能力、处事方式等非技能素质的培养,以此促动学生核心素养与健全人格的全面发展。三是以杜威为代表的实用主义教

① 王姗姗等.基于模块化教学的专业群人才培养模式改革研究与实践[J].中国职业技术教育.2020,(35),85-88.

育理论,该理论认为教育即生活,强调从做中学、在学中做的"知行合一"教育观,将传统教育中教师、教材、课堂的资源要素,统合于学校与社会、教师与学生、岗位与工作等领域,注重教学设计在真实项目中的实施,以学生为整个教学设计的中心环节,将学习内容与教学过程、岗位要求的实际经验紧密结合。

三、关于职业院校实施模块化教学的基本要素与原则

第一,确定岗位关键能力与人才培养目标。通过对相关企业和岗位调研,根据企业行业需求与国家教学标准,确定该专业所须适应的工作岗位要求以及对学生职业能力要求。在对不同学段学生学情和毕业生就业反馈的调研分析基础上,制定对应具体工作岗位的职业关键能力与专业培养目标,作为参照标准体系,列出相应课程教学评价的子目标表。

第二,教学内容模块设计与任务分解。根据人才培养目标确定的学习内容模块,所基于的是各专业课中与岗位关键能力相关的学习内容,通过把岗位关键能力转换成课程培养目标,再根据课程培养目标设计学习模块。其中,岗位工作程序的任务分解是完成教学目标的重要环节,在被分解为各个教学模块的具体项目中,学生能够精确学习涉及每个工作程序的具体环节,这更有利于达成课堂教学在实践层面的工学结合与产教融合。在教学形式上,可根据企业技术人员培训和继续教育的需要,将企业新技术、新的生产项目融入教材建设中,广泛应用工作手册式、活页式、融媒体式教材,重在提升学生实践能力与岗位适应能力。

第三,真实工作情境创设与学生兴趣激发。在课程教学中,可根据岗位和项目所涉及的工作环境,以及学生普遍的兴趣关注点,将企业真实的生产项目引入课程教学,实现基于项目的模块化教学与岗位技能需要的适应和匹配。这是因为,真实工作情境的创设能够更精准地勾勒出每个课程模块内在的工作逻辑,能使学生更形象地认识理解岗位技能所涉及的知识结构与细节要求。因此,采用实景化、可视化手段近距离接触真实项目,或利用融媒体技术通过网络视频、VR虚拟仿真、工作角色扮演、案例引入等方式,已成为将学生吸引到真实工作场景中解决具体知识点学习的重要方式。

第四,学生团队协作与创新发展能力培养。学生主体性原则是"以学生为中心"教学理念的集中体现,不仅要求学生有权选择自己感兴趣的学习内容,也强调对学生学习主动性和创新能力的激发。在基于项目的模块化教学中,学生个人的力量应在团队协作中得到体现,教师要引导学生以小组为单位组织教学,重在培养学生独立思考、密切协作、交流分享、共同完成预定项目。教学过程在

强调学生主体性的同时，还应科学定位教师角色，教师作为启发者、引导者参与学生的学习过程，应保证对新知识和关键技能点进行讲授解释，并督促学生通过自主解决问题，推动项目教学顺利进行。

第五，多元教学过程评价与学习效果反馈。一方面，要求模块设计与项目采用，能够推动学生专业知识与职业素养的提升，学生学习效果可由完成工程项目的情况来衡量。另一方面，对教学效果也应坚持动态化的过程评价，过程评价主要包括小组间互相评价、教师对学生评价及学生自我评价。其中，各小组成员共同探索、师生共同讨论完成项目效果的优劣，学生自发反思和理解相应知识点，教师帮助学生明确项目的最佳解决方式，构成过程性评价的重点环节。

需要指出的是，模块化项目教学法作为日常教学环节的一个重要部分，并不意味着所有课程均必须完全使用该教法理念，或者说应根据具体课程内容和岗位技能需要，来确定是否全部或部分采用这种方法。基于项目的职业院校模块化教学，须注重项目选择和学生学习兴趣的适应程度；实践中是否适用模块化教学，应服从对学生实践技能的培养这一基本原则。

四、关于职业院校实施模块化教学改革的对策建议

（一）根据工作岗位需要与学生兴趣设计教学模块

学情分析是实施基于项目模块化教学的第一步，实践中，应紧密结合最新岗位标准和工艺要求，以更好激发学生学习兴趣为出发点。一方面，建立与学生自身发展需要相适应的教学模块，在知识技能点的设计上，始终以对接岗位工作内容为基础，为学生提供充足的软硬件学习资源，让他们感受到各模块学习与未来真实岗位之间的重要联系，从而调动学生主动学习的动机。另一方面，基于项目的模块化教学本质是一个跨学科、跨专业的学习过程，应在教学模块中注重多学科资源的融汇，有机融入能够突出学生发展个性与优势的自主类环节，鼓励学生挖掘自身潜能、发展创新思维。倡导学生在问题解决过程中发挥自己的优势，以可见图表、文字等形式呈现团队合作成果，帮助学生形成用自己知识结构建构的成果表述，增强他们在集体中自主解决问题的获得感。

（二）增强教师主导模块化教学的组织与实践能力

模块化教学要求教师首先完成从传统课堂教学到基于项目和真实工作情境的教学理念转变，重新定位自己所处教学过程的角色。一是通过灵活合理的搭

配模块课程，培养学生宽广的人文综合素养与适岗的专门职业能力，这要求教师作为课程主导，在整个教学过程中重新整合理论与实践知识，以完成学生咨询、提问与解惑等工作，引导启发学生自主认知整个课程所需相关基础知识、职业技能与职业道德要求。二是要求教师不仅应具备跨学科、跨专业的项目化实操技能经验，还应具备在企业岗位一线和技能前沿的知识习得能力，由此做到在具体的课程体系构建中，根据职业岗位能力要求确定公共基础素质课程模块、职业岗位基础课程模块及职业岗位专业提高课程模块，形成基于岗位需求的模块化教学风格与课程体系。三是要求教师具备反思教学过程的能力，从课程体系到教学设计、教学实施过程进行全方位的质量反思，保证模块化教学方法改革有标准、有依据、有痕迹。

（三）打造相关各方协同创新的制度合力

一是以校企合作为契机，拓宽各方协同创新模块化教学的制度渠道。政府、学校、社会、家庭、学生对模块化教学制度的协同创新，旨在做到与企业岗位需求接轨、适应社会对技能人才的需要，因此职业院校须在同企业行业深度合作的基础上，加强针对用人单位实际培养实用性人才的制度供给，以“订单式”“跟班式”“学徒制”等创新制度形式，既为实现模块化教学改革提供良好的外部支持环境，又为师生贴近真实岗位一线的全面发展提供便利。二是建立基于产教融合的教材编写、教师培养机制，教师应与企业专业人才合作设计教学模块，共同完成制定人才培养方案、确定教学项目、编写讲义教材的任务，企业也可充分利用职业院校的实训场地、教学设施与教师资源，共享模块化教学资源。三是加强教育行政部门对企业行业岗位信息的调研与资源统筹，本着服务地方经济和技能人才就业为出发点，全面调整职业院校人才培养方案及课程体系设置，及时收集学校、企业、行业、社会组织以及学生、家长关于教学质量评价的意见和建议，组织学校与企业一线人员编写标准相对统一的专业课教材，将模块化教学所涉及学科教材中项目任务分解、工作岗位环节、岗位技能要求进行原则性设计，为模块化教学改革创新提供政策性支持。

（课题承担单位为天津市三方现代职业教育发展研究院，课题主持人和执笔人为李墨。）

第三十五章　高职院校美育实施办法

美育是高职院校教育工作的重要组成部分,美育实施又是高职美育工作的重要环节。对高职院校美育实施展开研究有助于发现高职院校美育实施存在的问题、有助于落实高职院校美育工作、有助于丰富学校美育理论。

一、有关高职院校美育实施的政策文本梳理

党和国家高度重视美育工作并制定相关政策,为全面实施美育提供了良好社会环境。早在 1993 年中共中央、国务院印发的《中国教育改革和发展纲要》中即明确指出:"要提高认识,发挥美育在教育教学中的作用,根据各级各类学校的不同情况,开展形式多样的美育活动。"1999 年第三次全教会通过的《关于深化教育改革全面推进素质教育的决定》明确提出:"美育作为素质教育的有机组成部分,对于促进学生全面发展具有不可替代的作用。"随着社会文化的发展与进步,人们对审美的要求越来越高,学校美育的使命和职责日渐凸显。教育部在《全国学校艺术教育发展规划(2000—2010 年)》中强调指出:"切实加强学校美育工作,是当前全面推进素质教育、促进学生全面发展和健康成长的一项迫切任务。"

党的十八大以来,党和国家把学校美育工作摆在更加突出的位置。2015 年国务院办公厅印发的《关于全面加强和改进学校美育工作的意见》,既提出总体要求,也在构建科学的美育课程体系、大力改进美育教育教学、统筹整合学校与社会美育资源、保障学校美育健康发展等方面给出具体建议。2018 年 8 月习近平总书记在给中央美术学院 8 位老教授的回信中指出:"美术教育是美育的重要组成部分,对塑造美好心灵具有重要作用",充分肯定了美育不可忽视的价值。2019 年教育部印发的《关于切实加强新时代高等学校美育工作的意见》,对新时代高等学校美育工作提出了政策制度要求,规划了改革路径与前进方向。同年教育部印发的《关于职业院校专业人才培养方案制订与实施工作的指导意

见》，特别强调要加强学校美育工作，要"深化体育、美育教学改革，促进学生身心健康，提高学生审美和人文素养。"2020 年中办、国办印发的《关于全面加强和改进新时代学校美育工作的意见》，其中关于美育的工作原则中提道："健全面向人人的学校美育育人机制，缩小城乡差距和校际差距，让所有在校学生都享有接受美育的机会，整体推进各级各类学校美育发展，加强分类指导，鼓励特色发展，形成'一校一品''一校多品'的学校美育发展新局面。"其目标是"到 2035 年，基本形成全覆盖、多样化、高质量的具有中国特色的现代化学校美育体系"。

天津市积极响应党和国家关于美育工作的重要要求，2017 年印发《关于全面加强和改进学校美育工作的实施意见》，结合天津市美育工作情况，提出了推进学校美育的实际办法。

二、有关高职院校美育实施相关研究述评

（一）有关高职院校美育课程实施的研究

在建立美育课程体系方面，房文婷，梁庆东认为美育教育缺乏系统合理的人才培养方案，课程设置比例不合理，缺乏科学衔接规划等；必须针对高职学生的特点建立理论、实践、创意不同层次分明的课程，创新运用多种形式的教学方式合理展开教学。将美育教育渗透在专业课程与技术技能训练中，使学生感受专业知识中的审美内涵，在实践中探索美的应用。[①] 张科海，付胜利认为当下美育教育的问题在于美育育人机制建设与创新不足，其中美育课程教学作为美育工作的主渠道，需要开发和改革适合高职育人特点的美育课程，在形成良好美育课程体系的基础上，挖掘蕴含美育的课程内容，运用现代多媒体的教学手段和方法进行美育课程教学。[②] 冉祥华提出大学美育课程的主要目标是塑造审美意识、发展审美能力、提高审美表现和促进审美创造，并在实践中总结出美育课程体系应当由美育理论课程、艺术鉴赏课程和美育实践课程 3 类课程组成。[③] 付胜利，张勃在总结分析高职美育课程教学现状与环境的基础上，希望通过挖掘自然美的德育内涵，以社会主义核心价值观为思想引领，以传承中华民族传统文化精神

---

① 房文婷，梁庆东. 高职教育融合美育精神的路径与策略[J]. 中国职业技术教育，2020(34)：52-54+96.

② 张科海，付胜利. "立德树人"视角下高职美育育人工作机制的构建与创新研究[J]. 中国成人教育，2015(14)：80-82.

③ 冉祥华. 大学美育课程的设计与操作[J]. 黑龙江高教研究，2008(09)：177-179.

为重点开展艺术美教学,以人之美与职业美为核心培养精神品质和职业素养等方式,实现美育课程的立德树人目标和功能。① 付胜利认为美育课程是学生文化素质教育的主渠道,设计符合现代高职教育特点的美育课程十分重要。基于职业教育的思想和实际,他提出教学内容应包括美育与高职生成长关系,美学基本原理、自然美、职业美、艺术美;美育课程应突出职业综合素质培养,构建立体式教学实践模式,综合运用任务驱动法、项目导向法、案例分析法、角色扮演法等教学方法。②

在美育课程教学方面,刘敏玲认为建立以拓展培育美育目标为导向的教学课程体系,创新美育教学模式,增强美育教学体验,设置合理的科学课程,丰富美育教学内容,提高学生受教感,是应对美育的现状及存在问题的有效建议和对策。③ 王昆仑分析了高职院校美育课教学改革的必要性,探讨了美育课"谈美""赏美""创美"的"三级跳"教学模式的内涵及教学实践,为"教、学、做一体化"教学模式在高职院校美育课教学中的运用作出有益的尝试。④ 孙菱与蔡亚鸣以艺术欣赏课程作为案例,运用案例启发式教学、翻转课堂式教学、课后体验式教学、教学评价与反馈的教学方式优化美育课程教学,构建教学路径为审美层次、审美方法、教学方法、评价反馈的美育课程概念模型。⑤

刘常青认为高职院校美育教学中偏重技能训练,美育课程设置不合理,教学内容与教学时间不足,教学效果难以得到保障。他提出改善办学观念,使美育不仅着眼于开设美育课程,而且要把美育全面渗透到一切日常教育教学活动中,同时重视将美育寓于职业技能训练,根据高职学生的特点进行美育教育并建立完善的评价考核机制。⑥ 闫兴亚提出美育教育课程需要针对不同的课程实施不同的课程评价方法,要将形成性评价和终结性评价相结合,针对偏理论性和偏实践

---

① 付胜利,张勃."立德树人"视域下高职美育课程的理念革新与实践[J].教育与职业,2016(15):97-100.

② 付胜利.基于职业教育的美育课程改革研究与实践[J].教育与职业,2010(27):133-134.

③ 刘敏玲.拓展高职学生美育新途径的思考[J].教育与职业,2013(30):191-192.

④ 王昆仑.高职院校美育课"三级跳"教学模式的探索与实践[J].教育与职业,2013(33):164-166.

⑤ 孙菱,蔡亚鸣.在欣赏中感受美——高校美育课程教学方式与路径研究[J].美术大观,2020(08):150-152.

⑥ 刘常青.高职院校美育教学状况及对策[J].教育与职业,2013(35):57-58.

性美育教育课程灵活运用,评价出学生实际水平。[①]

(二)有关美育教材方面研究

孙荣春认为美育课程建设严重滞后的表现为教材建设不足。美育教材数量少,普适性不高,需要完整的、贯穿于学校教育全过程的、权威的美育教学大纲,以此为依据组织编写一套完整的、贯穿学校教育全过程的美育课群教材。[②] 于千千、文婷认为目前已出版的《大学美育》《大学美术》《大学音乐》等教材,为高校美育工作提供了参考,但"简约、概括性专业知识介绍"特征过浓。通识美育面对不同高校各学科专业的学生,如果不考虑院校的实际,不考虑学习需求,课程内容缺少个性和吸引力,往往会使学生失去兴趣。

(三)关于美育信息化研究

通过文献梳理发现,随着"互联网+"等信息化手段引入教育领域,给美育教育注入了一股新的活力。

第一,在课程教学方面,构建"互联网+"美育课堂教学新模式,主要涉及优化课程体系和教学内容、改进教学方法、促进美育与思想政治教育有机融合、专业课程与文化课程相辅相成等内容。基于移动互联网和大数据技术的替代、延伸、扩展、模拟辅助等特殊功能,将激发学生内生学习动力。李艺、曹亮认为"互联网+"的引入提高了高职学生的综合素质,提高了学生的专业技能,正确引导高职学生的思维。作为一种新的美育教学方法,打破了学生对传统职业道德教学方式不容易认同和接受的禁锢,应用学生喜欢的方式进行组织教学,进而得到良好的教学效果。石春轩子认为利用互联网信息技术,构建美育课程"超市",可以平衡高校艺术资源。[③]

第二,在构建校园网络共享平台方面,形成美育工作新阵地。高校可以开设多种类型的美育共享平台,使之成为美育工作的新领地,例如各大高校的微课、慕课、翻转课堂、网络公开课等相关课程。建立公共艺术教育资源服务平台,将优秀的文化艺术作品从海量的网络资源里筛选出来,整合开发,构建"网络美育

---

① 闫兴亚.对高校美育教育创新的思考[J].教育与职业,2012(03):121-122.

② 孙荣春.当前高校美育问题解析[J].黑龙江高教研究,2009(10):155-157.

③ 石春轩子.美育背景下大学生艺术素质评价体系及提升策略研究[J].中国大学教学,2020(06):60-63.

大课堂”。郑藤也提到了“互联网+”美育体现出了融合性、开放性和可参与性。[①]目前,独立特色的美育教学平台和实验平台的建设正处于起步阶段。[②]

第三,开展线上线下结合的美育实践活动,提升高职校园文化的美育功能。高职院校可以将美育潜移默化地融入校园文化之中。立足本校的专业特色,挖掘、培育、营造好美育校园文化氛围。

然而,众多研究也发现美育与“互联网+”不够深度结合的弊病。李艺、曹亮研究发现基于“互联网+”的高职美育改革中存在审美客体不明确的问题,审美客体质量参差不齐。[③] 同时,受发展规模、教育理念的制约,高职院校的美育工作大多存在工作机构不健全、工作评价机制缺失、美育校园文化淡薄等问题,美育工作开展没有抓手、氛围较差、不能有的放矢地找到自身美育工作的薄弱环节,导致相关职能部门、教学部门没有形成美育工作合力。[④] 安岩将教育信息化评价定义为按照一定的客观价值依据,对教育信息化所产生的能力进行的系统评判。它的目的在于推动教育信息化的整体性发展,提升教育质量。[⑤] 美育作为“五育”中的重要组成部分,其教育信息化建设评价在美育教育评价体系中也占有举足轻重的地位。通过对美育教育信息化过程以内的各项工作加以分析,可以真正了解评价对象所处的真实状态,特别是明确其优势及不足,最终给出的评价结果可以用于教育主体与教育客体交流。因此,建立美育教育信息化评价能够及时反馈“互联网+”与美育的深度融合的程度,有效促进美育教育发展,推进美育教育信息化建设。积极利用现代信息技术手段来破解高校美育评价的“难点”和“痛点”,扭转长期以来伪科学的或粗陋的评价方式,推动大学美育评价理念、评价内容、评价标准和评价方式的“升级换代”。[⑥]

---

① 郑藤.互联网+时代下高校美育教学工作的现实问题及对策研究[J].法制博览,2019(09):288.

② 陈笑浪,钟群.“互联网+”与美育深度融合的路径[J].中小学数字化教学,2019(07):27-29.

③ 李艺,曹亮.“互联网+”时代高职院校美育教育的改革创新[J].文化创新比较研究,2020,4(32):145-147.

④ 陈磊.高职院校美育教育工作协同机制的构建与创新研究[J].职教论坛,2020,36(12):148-151.

⑤ 安岩.教育信息化评价研究[J].中国成人教育,2016(09):131-133.

⑥ 颜佳玥.对构建中国特色现代高校美育评价体系的思考[J].艺术评鉴,2020(19):109-111.

三、高职院校美育实施的对策建议

本课题组在研究这一问题时,在一定范围内进行了问卷调查。根据这些问卷情况,对高职院校实施美育提出以下对策建议。

(一)强化高职美育的理解,制定美育目标

高职院校美育工作的实施始于高职美育的理解。只有深入理解高职美育内涵,才能够正确开展美育工作。通过调查我们发现,仅有2.85%的教师能够认识到美育包括审美和创造美两部分。而在学生问卷中,有13.49%的学生同时选择审美和创造美这两项。无论是教师还是学生对美育概念内涵理解均不深刻,这种现状极易阻碍高职院校美育实施形成。特别需要指出的是,还有一些教师没有选择审美或者创造美。这里面还包括了4位艺术类专业教师,这种现象必须引起我们的重视。通过分析,发现艺术类专业教师容易将美育与美术知识混淆,某种程度上说美学和美术知识属于智育范畴,并不是我们所讲的高职美育。可见,必须强化艺术类专业教师对高职美育的理解。

此外,高职院校还应当制定具体的美育目标。对此,美育专家赵伶俐认为美育总目标划分为:美育的主要目标;美育的同时目标。她指出,美育的主要目标包括审美欣赏能力、审美表现能力和审美创造能力三个方面;而美育的同时目标指达到主要目标时,同时也自然达到的另外一些目标,这些目标包括德、智、体、劳中体现的美育目标。

高职院校应将美育纳入各方面工作中,并制定具体目标。经过科学合理的专门设计与规划,形成合理的美育课程体系、开展课外美育活动、进行美育工作评价、构建美育校园文化,这需要高职院校深刻认识到美育的重要性,将美育纳入高职院校年度计划中,并根据美育工作的整体规划,在具体教学工作及实践中整体把握学校美育工作实施。

(二)设置美育公共课程,将美育渗透到思政课及其他专业课程

美育不仅仅是一门课程,它更是一种教育理念,贯穿于教育的各个方面。对高职院校来说,课程是美育的主阵地。只有构建适合的美育类课程体系,才能让学生在接受知识的同时,培养他们正确认识美、欣赏美和创造美的能力,为学生的全面发展打好基础。

高职院校美育类课程体系不应该全部由美育公共基础课来承担。学校所有

的课程内容都涉及美育元素，美育课程不仅要满足学生知识性的学习，还应满足情感性的升华与价值判断的获得；课程作为知识的载体，情感体验与价值取向作为知识的表达，使学生有途径接受美育，有兴趣感受美育。任何课程都可以引发学生对美的感悟、获得审美体验、享受美的陶冶，应把美育元素融合渗透到每一门课程中，进入每一门课程的课程目标，成为每一门课程的教学内容，使每一门课都可以培养高职学生健康高尚的审美情趣，增强对美的感受力，使每一堂课都能落实美育目标。

（三）加强美育培训，促进专业课教师提升美育素养

高职院校美育实施的关键在教师，教师的审美修养将直接影响大学生审美能力的培养。当教师对美育有自己的认识，能够在专业学习与研究中敏锐地感知审美体验，用审美的视角看待所教的课程内容，将美育与自己所教知识融会贯通，无论公共课程还是专业课程都能把教学内容中每一个知识内容、每一个技能要点、每一个职业素养内涵中所蕴含的美育元素传达给学生，才能担负起美育实施的重任。

必须看到，目前高职院校专业教师的美育素养普遍较低，难以全面实施美育教育。这就需要在高职教师中全面开展美育培训，普遍提升广大专业教师的审美素养、审美知识与审美能力，特别是学习将美学理念融入课堂教学中。

（四）开展多种活动，构建高职校园美育文化

高职院校的学生已经形成初步的世界观、人生观、价值观。浓厚的校园文化对学生具有潜移默化的影响，形式新颖的校园文化活动，富含着美育元素，是课堂教学外提高美育实施效果的重要方式和手段。

开展丰富多彩的课外活动是美育实施的重要途径，如开展社团活动，建立文学社，开展读书报告会、朗诵会、音乐欣赏活动，举办文化艺术节与艺术比赛，举办歌咏比赛、普通话比赛，举办各项书法、棋类、体育比赛，参加文艺讲座、美术展览等。这些活动都能拓宽学生的眼界，丰富学生的精神生活，让学生成为审美的主体，有更多的机会亲身参与到艺术实践和鉴赏活动中，培育、熏陶美好的内心世界，进而创造美，愉悦身心，培养自己的个人兴趣爱好。

（五）用科学的美育评价推动高职美育的实施

有研究者编制了高职美育评价体系。该评价体系共设有 3 个一级指标：第

一,“规划设计”,高职院校对美育工作应当有规划计划,必须了解学生的美育需求,将美育工作定位于有利于学生全面发展(这三个方面分别成为三个二级指标);第二个是“教学实施”,这是评价体系的主体部分,着重于过程评价,包括管理体制、运行体制、师资人员、课程安排、场馆设施、实践活动、检查评价七个二级指标;第三个是“教育成效”,评价学校美育工作在教改贡献、社会服务、学生发展、成果推广四个方面的成效(分别列为四个二级指标)。[①] 高职美育评价可判断学校实施美育行动后的效果,这不失为改善美育实践薄弱状况的一种管理办法。

(课题承担单位为天津工艺美术职业学院,主持人为马忠庚,执笔人为李博。课题组成员:顾雯雯、高培培、裘敬涛、冯宇星。)

---

① 荣长海主编. 新时代高职院校评价体系研究[M]. 天津:天津社会科学院出版社,2021.09.

第三十六章　中职学校美育实施办法

职业美育作为推进我国职业教育高质量发展的重要实现方式和有效途径之一,在贯彻落实立德树人根本任务和积极推动学生全面发展中发挥着重要的作用,也是提高学生审美能力和树立正确价值观的主渠道。本研究通过相关文件和已有成果的梳理,提出中职学校实施美育的基本方法和路径。

一、有关职业美育相关政策文件的研究

2018 年,习近平总书记在给中央美术学院 8 位老教授的回信中提到:“做好美育工作,要坚持立德树人,扎根时代生活,遵循美育特点,弘扬中华美育精神,让祖国青年一代身心都健康成长。”同年,习近平总书记在全国教育大会上强调:“要全面加强和改进学校美育,坚持以美育人、以文化人,提高学生审美和人文素养。”习近平总书记的这些重要论述,为我们做好新时代学校美育工作指明了方向。

早在 2015 年国务院办公厅印发的《关于全面加强和改进学校美育工作的意见即强调:职业院校要在开好与基础教育相衔接的美育课程的同时,积极探索开好体现职业教育专业和学生特点拓展课程的有效途径,并提出要探索建立学校美育评价制度。该文件还对美育工作改革提出了四个方面的举措:一是构建科学的美育课程体系,二是大力改进美育教育教学,三是统筹整合学校与社会美育资源,四是保障学校美育健康发展。

2019 年教育部印发的《关于职业院校专业人才培养方案制订与实施工作的指导意见》,特别强调中等职业学校应将艺术列为公共基础必修课程,将中华优秀传统文化列为必修课或限定选修课,以深化美育教学改革,促进学生身心健康,提高学生审美和人文素养。

2020 年中办、国办发布《关于全面加强和改进新时代学校美育工作的意见》,提出把美育纳入各级各类学校人才培养全过程,贯穿学校教育各学段,到

2035年，基本形成全覆盖、多样化、高质量的具有中国特色的现代化学校美育体系的主要目标。

2017年教育部与天津市人民政府签署学校美育改革发展备忘录，就天津市推进美育教育综合改革实验、开展美育教育教学改革等学校美育改革发展八个方面给予支持，其中要求中等职业学校将艺术课程纳入公共基础必修课，保证72学时。天津市及时印发了《关于全面加强和改进学校美育工作的实施意见》，为进一步强化美育育人功能提出了切实可行的工作方案。

以上论述和文件精神，为本研究准备了坚实的理论基础和行动依据。

二、有关中职美育的实践和研究成果综述

本课题组通过查阅文献、调研走访和实践研究，了解到各中职学校美育工作在美育环境营造、美育课程教学、美育活动实践和美育素质测评等方面，开展了有效的实践与研究。

（一）在美育环境营造方面

优美的校园环境渗透着学校集体对真善美的追求，其美育功能是润物无声的。《新时代背景下中职学校美育的现状与对策研究——以广西商业学校为例》一文提出，打造温馨的校园环境，可以从建筑风格开始，将学校教学楼、图书馆、宿舍等融入传统典雅的元素，使学生感受到浓浓的文化氛围，净化学生心灵，启迪智慧。[①]《以美术为载体的美育对校园文化建设的促进作用》一文则提出用学生的作品来美化校园环境，使学生通过形象的、直观的、感性的方式欣赏优秀的美术作品而创造良好的艺术氛围。[②] 天津市机电工艺技师学院则以创设"生态绿色"的校园环境为宗旨，在自然环境、校园建筑、绿化和文化传播工具等方面形成独特的校园文化品牌，校内枝繁叶茂，硕果累累，绿草青青，荷满池塘，野鸭惬意，白鸽徐起、孔雀鸣叫等自然景观，无处不体现人与自然和谐共生，"自强不息""社会主义核心价值观""责任良心品质服务"等标志性景观石和以"天行健，君子以自强不息；地势坤，君子以厚德载物"中的"健""坤"命名的道路也都赋予了美的韵味，现已成为学生读书、活动、交流、拍照（甚至是毕业学生拍结婚

---

① 文筱荟.新时代背景下中职学校美育的现状与对策研究——以广西商业学校为例[J].广西教育，2020(30)：17-19.

② 李永艳.以美术为载体的美育对校园文化建设的促进作用[D].河北师范大学，2018.

照)打卡的最佳地点。走进教室,具有学校育人理念的物化文化,体现班级专业特色的文化宣传栏,别具匠心的图书角,时时在陶冶师生们的情操。

然而,具备这种环境的中职学校仅占少数,天津市大部分中职学校受区域位置、占地面积、资金支持等限制,缺乏对美化楼宇建筑、生态环境、景观塑造等方面提升美育功效的投入,难以实现环境美育效果的最大化。

(二)在美育课程教学方面

1. 课程设置

技工院校将美育课程分为必修课程和选修课程①,中职学校美育基础知识模块及拓展模块不少于 72 课时。据不完全统计,"十三五"职业教育国家规划教材书目中,中职学校文化艺术类大致有 42 本,内容中除涉及音乐、美术等基本艺术形式外,增加了《3DMAX 应用》《游戏场景制作》专业技能类书籍,为中职学校美育课程设置提供了依据。

2. 课程现状

《探索解决中职学校美育教育现状的实践性研究》中提出,很多中职学校非艺术类专业没有音乐、美术这一类课程,学生很难在学校中系统地学会如何欣赏美、感受美、认知美。广西某职业学校总结出美育课程较少、美育课时较少、课程内容一味追求潮流等问题。② 天津市机电工艺技师学院通过第二课堂方式对第一课堂进行了有效补充,将空竹制作、戏曲脸谱勾画、戏剧人物的制作与车工、3D 打印等富有职教特色的内容加入美育课程之中。同时,每周三下午 1 小时进行全院学生统一美育社团课,做到美育课程全覆盖。

面对学生基数大、班级多、教师少、专业差等难题,大多数中职学校美育课也只限于开足,并未真正实现开好的效果。天津市非艺术类中职学校的美育课程均存在此问题。

3. 师资场地

调研海河教育园区内两所中职学校发现,不同程度存在美育专业教师配备率较低,美育教师仅占全校教师总比为 1.8%,师生比 0.2%。在美育设施方面,较天津市其他大部分中职学校都配有一定面积的艺术活动及展演场地,虽也存

---

① 技工院校公共基础课程方案(2022 年).

② 黄丹. 探索解决中职学校美育教育现状的实践性研究[J]. 记者观察,2018(12):71.

在数量少、与学生活动需求匹配度低的问题,但基本上还是有保障的。

(三)在美育活动实践方面

美育活动实践途径是以问题为导向,从微观层面探索可操作、可复制、可评价的中职学校美育实践和育人环境,以此推动提高职业学校美育水平。

广西商业学校以引导学生学习中华优秀传统文化,培育学生的文化底蕴和人文素养为主方向,举办诵读、诗歌美文朗诵等熏陶感染学生;组织开展校园文化节、唱歌比赛等系列化活动,并定期开展美育主题班会,为学生搭建丰富多彩的美育平台;开展全校性社团活动,成立音乐、舞蹈、戏曲等美育社团,逐步将各类活动做大做强。

天津市机电工艺技师学院搭建起全校教师担任指导教师、全校学生全员参与、全校场地统一调配的全员美育实践平台,重点建设学习类、文艺类、体育类、科技类、技能类等76个社团。邀请音乐或戏剧的专业人员、天津市非遗文化传人举办专题讲座,指导学生开展实践活动;与社区联合建立美育实践基地,开展"自然之美""艺术之美""科技之美""社会之美"四个模块的审美课程,以绘画、书法、手工等形式,结合时代主旋律,传播美育知识。

目前,虽然很多学校都在探索美育实践途径,但实践平台少、形式类别少、学生参与不广泛等问题依然存在,这就直接影响学校整体美育教学效果。

(四)在美育素质测评方面

了解掌握学生艺术素养发展状况,改进美育教学,提高学生的审美和人文素养,建立健全学生综合素质评价制度是重要的一环。[①]《艺术素质测评助推学校美育教学改革》[②]《推进艺术素质测评加快学校美育发展》[③]两篇文章中均详细阐述了具有地方特点的艺术素质测评方案,为中职学校提供了可实施的测评思路、办法和途径。

天津市机电工艺技师学院构建德智体美劳五育综合素质测评体系,实行全员、全程、全方位测评,组成涵盖7大类26个专业一百余人的测评专家团队,建立四百余平米的五育测评中心,根据学制特点,健全分类测评机制,形成了涵盖

---

① 中小学生艺术素质测评办法,教体艺〔2015〕5号.

② 王欢.以艺术素质测评助推学校美育教学改革[J].初中生世界,2017(04):8-10.

③ 华莉.推进艺术素质测评加快学校美育发展[J].初中生世界,2017(04):11-12.

政治素养、文体常识、读图能力、艺术赏析、劳动技能、操作实践、拓展思辨等多种类型、两千五百余道题的测评题库。并实施两级测评,二级测评由各二级学院组织实施,一级测评由学校测评中心组织实施,通过线上答题、现场回答、场地实操等多种方式实施。同时,将测评成绩纳入学生学业成绩评定中。通过五育测评大数据分析,学生在文明礼仪、美育常识、美术、舞蹈、音乐、书法等方面艺术素养得到了显著提升。

三、中职学校实施美育教育的途径和方法

(一)抓课程建设,促美育教学质量

1. 引导建立“美”的标准

根据中职生的心理及能力特点,教师先帮助学生建立评价美的标准化体系,帮助学生先构建“美”的认识标准,然后逐步引导学生自主增订评价体系。即前期先用量化的手段引导学生辨别美,后期可用量化手段帮助学生建立美、创造美。

2. 带动学生立美学习

所谓立美就是美育实践。通过立美实践的演练使学生在学习和接受过程中,获得表达食物美、生活美的能力。作为教育中的一个环节,学生要在学习过程中,结合自身的体会、情感和思维,从审美的角度表达对美的饮食、美的行为、美好生活的理解,从而对自己的思维及行为产生积极影响。

3. 开足开好美育课程

深刻理解并严格落实公共艺术课程是中等职业学校学生必修的一门公共基础课。课程教学设置由基础模块和拓展模块两部分组成:基础模块是所有学生必修的基础性内容和应该达到的基本要求,教学时数为36学时;拓展模块是针对不同专业学生学习或学生个性化发展需要而设置的限定选修内容,教学时数为36学时。课程内容以音乐、美术为主,根据教育运行规律和学生身心特点开展艺术鉴赏、艺术史论等学习,同时融入中华优秀传统文化,如戏曲、剪纸、书法等;根据中职学校专业设置,开设专业拓展类课程如动漫、游戏场景制作、服装设计等,建立优质的美育教育教学资源库。

(二)抓项目引领,促美育普及水平

1. 推进"一校一品""一校多品"工程

融入"工匠精神"的德育思想,把"德育"提升至"美德"的更高境界。创建和打造全国中华优秀文化艺术传承学校和基地,开展高雅艺术进校园活动,实施美育浸润行动计划,丰富和完善中职学校美育课程和实践形式。

2. 加强学生艺术社团建设

充分发挥社团"第二课堂"功效,动员全院力量建齐建好美育社团,设计好运行机制、课程规范、评价体系等,有效丰富学生的文化生活。

3. 建设美育工作室,打造美育名师

加强美育教学研究工作,加强教师与教师之间的交流,促进美育资源共享。开发校本美育课程,以职业美育为中心,根据学生身心发展特点,形成独具特色的美育理论课教材。

(三)抓评价改革,促美育落实成效

1. 把学校美育工作纳入督导和教学评估

在学校发展建设评价指标体系中列入美育内容,进一步调动各校各部门加强和改进新时代学校美育工作积极性。建立校级艺术素质测评部门,组建五育测评团队,在对学生实施综合素质评价时,明晰美育评价内容和标准。美育测评要反映学生参加社团、金秋艺术节美育成绩。形成"入校+学中+学成"三阶段测评模式,完善测评指标体系,进一步增强高素质技能人才培养的促进作用。

2. 提高教师队伍审美能力

加强美育专业师资配备,以 1 比 2000 位基数,配备一定比例的美育教师。加大对专业课教师美育技能与知识的培训考核,为美育融入专业教学准备条件,在条件具备时,考核专业课教师的美育业绩。

(课题承担单位为天津市机电工艺技师学院,课题主持人为王彩霞,执笔人为裴丽莎、刘婧。课题组成员:裴丽莎、刘颖、刘婧、王茜、刘毅。)

第三十七章　职业院校劳动教育实施路径

职业院校的劳动教育，因劳动形式与职业实践内容相似且难以区分，而显得既有特色又难以清晰实施。本研究在梳理相关文件精神和研究成果的基础上，以高职院校劳动教育为例，提出其实施的具体路径。

一、有关劳动教育相关文件的梳理和解读

2020年中共中央、国务院发布《关于全面加强新时代大中小学劳动教育的意见》（以下简称《意见》），明确提出了“加强劳动教育，培养学生热爱劳动，热爱劳动人民的情感”的劳动教育观念；要求职业院校将劳动教育纳入“三全育人”的全过程从而增强劳动教育实效性，从树立学生正确的劳动观入手，弘扬劳模精神、劳动精神、工匠精神，以适应新时代产业升级和科技迅猛发展的需求，培养一批动手能力强、创新思维活跃、具有艰苦奋斗精神和公共服务意识的“工匠”青年，培养在国家和民族进步的进程中发挥出巨大力量的国之栋梁。

为落实《意见》要求，教育部随即出台了《大中小学劳动教育指导纲要（试行）》（以下简称《纲要》），强调要让教育回归育人本质，让劳动助力学生的全面成长，并重点针对劳动教育是什么、教什么、怎么教等问题，面向各类学校提供了专业的指导。《纲要》还指明了职业院校、普通高等学校要注重结合产业新业态、劳动新形态，提升创造性劳动能力。这些要求为本研究提供了方向和依据。

二、有关学校劳动教育的相关研究成果综述

（一）国外相关研究和实践状况

1. 关于劳动教育价值的重要论述

马克思在《资本论》中提出：“未来教育对所有已满一定年龄的儿童来说，就是生产劳动同智育和体育相结合，它不仅是提高社会生产的一种方法，而且是造

就全面发展的人的唯一方法。”[①]法国教育家卢梭在著作《爱弥尔》提出“自然人”的概念,强调劳动教育的目的就是使儿童成为全面发展的“自然人”,认识并努力完成自身的社会责任。苏联教育家苏霍姆林斯基提出:“一个人的和谐全面发展、富有教养、精神丰富、道德纯洁——所有这一切,只有当他不仅在智育、德育、美育和体育素养上,而且在劳动素养、劳动创造素养上达到较高阶段时,才能做到。”[②]认为劳动一直是整个学校教育体系的重要组成部分,劳动的教育功能是促进人的全面发展。

2. 关于劳动教育的现状

职业教育发展较为发达的德国将劳动教育作为基础教育阶段学生全面素质教育的重要组成部分,且将劳动教育贯穿于基础教育的全过程。芬兰是世界上第一个将劳动教育作为必修课程纳入学校教育体系的国家,他们十分关注学生的生存教育,培养学生的劳动精神。如芬兰的手工课会随着社会环境与需求的变化不断进步、创新与发展,对传统手工艺传承坚守吸取精华、去其糟粕的原则,更加关注创新性理念与传统劳动的融合。印度在独立后,坚持“有益于社会的生产劳动”的教育方针,在中小学开设劳动教育课程,推动高中教育职业化并开展劳动教育,并在扫盲教育中开展劳动教育等具体举措。可见,各国都十分重视劳动教育,他们都将劳动教育作为育人的重要环节,注重加强对学生劳动能力培养,从而实现学生的全面发展。

(二)国内相关研究综述

通过中国知网(CNKI)搜集相关数据,看到关于劳动教育的研究成果,大多发表于2010年以后。在2018年全国教育大会上习近平总书记要求“把劳动教育纳入培养社会主义建设者和接班人的总体要求之中”后,劳动教育愈加受到关注。特别是《意见》和《纲要》发布之后,有关劳动教育的研究出现了“井喷式”发展。其研究内容主要包括以下几个方面:

1. 关于劳动教育基本内涵的研究

2015年之前,很大一部分研究者把劳动教育界定为德育内容之一;2015年之后,很多研究者提出劳动教育与德育、智育、体育、美育在概念上是并列关系,

---

① 马克思恩格斯文集(第5卷)[M].北京:人民出版社,2009.557.

② 蔡汀,王义高,祖晶主编.苏霍姆林斯基选集5卷本　第4卷[M].北京:教育科学出版社,2011.452.

如王毓珣把教育构成划分为德、智、体、美、劳五育，把劳动教育界定为“教育构成”的一个下位概念。① 部分研究者则把劳动教育界定为劳动技术教育的一个下位概念，或者界定为技术教育的一个下位概念，把劳动教育视为专门为培养技术型劳动人才的教育。2020 年《意见》中指出：“劳动教育是国民教育体系的重要内容，是学生成长的必要途径，具有树德、增智、强体、育美的综合育人价值。实施劳动教育重点是在系统的文化知识学习之外，有目的、有计划地组织学生参加日常生活劳动、生产劳动和服务性劳动，让学生动手实践、出力流汗，接受锻炼、磨炼意志，培养学生正确劳动价值观和良好劳动品质。”以此规范了劳动教育的内涵。

关于高职院校劳动教育的内涵，学者们一方面认为高职院校劳动教育应更突出“职业劳动”，比如梅纪萍提出“职业院校劳动教育应该有职业教育特质，更加突出‘职业’二字，培养有觉悟、有文化的社会主义劳动者”②；另一方面，高职劳动教育的时代价值是培养工匠精神，比如赵章彬认为“新时代职业院校应开展以劳模精神、工匠精神为主题的劳动教育，让劳模和工匠作为一面光荣的旗帜成为青年大学生不懈的追求和向往”③，陈永清等认为“高职院校劳动教育的核心价值是培养新时代学生‘敬业、精益、专注、创新’的工匠精神”④。由此延伸到高职劳动教育的目的上，学者们认为应是围绕培养学生平等的劳动观、职业劳动技能和全面的劳动素养开展，比如蒋丽君提出“高职院校的劳动教育是一个包含了专业学习在内的劳动价值观念的教育、劳动技术技能教育、劳动制度教育和劳动社会影响教育等方面的系统组合”⑤。

2. 关于当前高职院校劳动教育的现状和路径研究

国内学者将当前高职学生劳动教育存在的问题往往归于学生劳动意识淡薄、劳动价值观偏颇；学校忽视劳动育人的功能，未意识到劳动教育在学校教育

---

① 王毓珣. 对劳动教育列入教育构成的思考[J]. 中国德育，2015(16).

② 梅纪萍. 职业院校劳动教育内涵特质与实践路径研究[J]. 中国职业技术教育，2020(23)：30-33+40.

③ 赵章彬. 高等职业院校劳动教育的价值、内涵与实践研究——以培养目标为视角[J]. 中国职业技术教育，2020(23)：34-40.

④ 陈永清，陈小华，王笑. 高职院校应建立纲维有序的劳动教育新格局[J]. 职业技术教育，2020，41(15)：19-23.

⑤ 蒋丽君. 高职院校劳动教育理念辨析与实践刍议[J]. 中国高教研究，2019(02)：78-81.

体系处于边缘地位;家庭父母忽视劳动教育;社会劳动教育环境“生态失衡”等。这些问题是落实党的劳动教育方针、构建合理的职业院校劳动教育机制与培养高水平职业人才的瓶颈因素。

学者们关于加强当前高职学生劳动教育的路径思考均从学校、家庭、个人和社会几个方面入手。学校方面,李元敏提出“把劳动教育融入职教各环节”①,张雷提出“深化劳动教育理论研究、完善劳动教育体系、拓展劳动教育实践平台”②的实践路径,王汉江和姜伯成则指出职业院校应“搭建通识劳动教育课程、学校活动与社会活动的实施体系,充分利用校企合作深化核心劳动价值观培育,完善职业院校劳动教育制度保障”③。家庭方面,冯刚等提出要“积极配合学校开展劳动教育,在家庭生活中培养学生劳动习惯,提升劳动能力”④。个人方面,学生应认识到自身在劳动教育中的主体地位,同时正确认知劳动教育在“人的全面发展”过程中的价值作用,充分发挥主观能动性,主动参与学校、家庭和社会的劳动实践活动,全面提升个人的综合素养。社会方面则需要广泛传播劳动精神,营造“劳动最光荣”的社会氛围,为劳动教育提供良好的社会环境。

总的看,当前对劳动教育的研究取得了一系列研究成果,但也存在不足之处,如对劳动教育的研究对象大都以中小学生为主,对大学生尤其是高职学生的研究较少;相当研究者已经发现了高职院校劳动教育实施过程中存在的问题及其特殊性,并提出了多种策略,但提出实际可操作性方案的研究成果较少。本研究以此为基础,对高职院校劳动教育的实施路径提出具体思路和办法。

三、高等职业院校实施劳动教育的路径探索

(一)新时代高职院校劳动教育的内涵和特点

高职院校劳动教育必须体现职业教育的特点,其内涵应包括开展劳动专业理论课,帮助学生树立正确的劳动认知与劳动观念;重点结合产教融合、校企合

---

① 李元敏. 把劳动教育融入职教各环节[N]. 经济日报,2019-07-29(009).

② 张雷. 高职院校劳动教育的现实需要、理论价值、实践路径[J]. 湖北职业技术学院学报,2020,23(02):28-31.

③ 王汉江,姜伯成. 新时期职业院校加强劳动教育的价值意蕴与实践路径[J]. 教育与职业,2020(13):26-32.

④ 冯刚,刘文博. 新时代加强大学生劳动教育的时代价值与实践路径[J]. 中国高等教育,2019(12):22-24.

作中的专业实习实训环节实施劳动教育，增强职业荣誉感和技术应用能力，培育精益求精的劳动态度和爱岗敬业的劳动精神；以日常校园生活活动、社会公益活动载体为补充实施劳动教育，培养学生良好的劳动习惯和劳动情感。通过开展劳动教育，高职院校学生能够正确认识和理解劳动创造人、创造财富、创造世界、创造美好生活的思想，懂得劳动最光荣、最崇高、最伟大、最美丽的道理，做到辛勤劳动、诚实劳动、合法劳动与创造性劳动，从而促进个人德智体美劳全面发展。

根据以上界定，可以看到高职院校劳动教育的特点：

一是更加注重学生正确劳动价值观的确立。劳动价值观决定着学生的价值判断和价值选择。要培养积极的劳动态度，让学生愿意劳动；要培养朴实的劳动情感，让学生爱上劳动，培养学生认同“劳动最光荣、劳动最伟大、劳动最崇高、劳动最美丽”的价值观；要重视劳动过程，树立“一分耕耘一分收获”的价值观，同时让学生自己认识到消极价值观对自身产生的不良影响。

二是更加注重学生技术技能的提高。职业院校劳动教育以加强劳动技术技能学习为主要形式。职业院校有加强技术技能教育的专业优势，“学中做、做中学”是职业院校专业学习特征。要结合专业实训强化劳动教育，明确劳动教育时间，将理论学习与实践操作结合起来，促进学生在学做合一中提高技能水平。学生可以充分利用实习基地、技能大赛、创业创新大赛等职业院校专属实践平台，提升专业技能，通过这些平台强化劳动教育，培育劳动精神，培养技能达人。

三是更加注重学生劳动素养的提升。在真实的生产劳动中培育积极向上的职业精神，增强劳动自豪感。结合专业实习，依托专业劳动，培养精益求精的工匠精神，在服务性劳动中强化奉献意识，培育社会公德，厚植家国情怀。

四是更加注重工匠精神的培育。劳动教育是培养工匠精神的逻辑起点。工匠精神是在劳动中形成的职业精神，其核心要义是精益求精、一丝不苟、认真踏实、专注创新等品质。工匠精神需要“人与职、技和能”的“综合”，而职业院校面向生产一线培育人才，具有人、职、技和能的综合优势，有许多职场精英都来自职业院校。

五是更加注重学生社会实践的锻炼。职业院校劳动教育以社会实践为主要途径。在劳动实践锻炼中，学生才能增进劳动情感，增长劳动知识，磨炼劳动意志，培植劳动本领，提高劳动素养，培养社会责任感。职业院校劳动教育社会实践形式多种多样，生产实习、勤工俭学、技能比赛、创新创业比赛、社会调查、志愿活动、三下乡服务等多形式的实践为学生劳动教育提供了广阔的实践舞台。

(二)高职院校劳动教育实施的具体路径

1. 健全课程体系

第一,将劳动教育与思想政治理论课有机融合。思政理论课是育人的主渠道、主阵地,要将劳动精神、劳模精神、工匠精神、奋斗精神、马克思主义劳动观等内容有机融入课堂教学,努力打造一批劳动教育的“金课”,提升“思政课程”的实效性。第二,将劳动教育与专业课程有机融合。劳动教育是一项复合育人工程,贯穿于专业课程的方方面面,只有这样,劳动教育才具有真实性、生动性、活泼性。第三,将劳动教育与实践课程的有机融合。实践课程主要是指学校学业要求中的专业实习、实训、社会实践、专业调查等,广义上还包含勤工俭学、创新创业、技能大赛、志愿服务等。这些实践课程不仅丰富了劳动教育内容,还拓展了劳动教育实践渠道,搭建起多元劳动教育平台。

2. 完善保障体系

第一,进一步完善组织领导体系。采取有效举措,把劳动教育贯穿于学校立德树人各环节。第二,进一步完善劳动教育运行机制,将劳动教育真正纳入教育教学和人才培养中,从课程建设、人力配备、资金筹措、考核管理等方面加以落实。

3. 搭建共育的劳动教育协同体系

以学校为中心,搭建政府、学校、行业、企业、社会、家庭六位一体共育的劳育体系。一是发挥政府对公共资源的整合作用,积极开放资源,带头倡导全社会关注劳动教育,整合劳动教育资源,为学校开展劳动教育提供政策、资源等支持。二是发挥行业、企业在劳动育人中的示范引领作用,用真实的案例故事激发学生崇尚劳动、尊重劳动、热爱劳动的情感。三是在全社会弘扬和积极营造劳动最光荣、劳动最崇高、劳动最伟大、劳动最美丽的社会氛围。四是发挥家庭在劳动观念培养中的基础性作用,鼓励家长让学生走进社会、走进社区,增强学生劳动的主人翁意识。

4. 拓展劳动教育实践平台

高职院校通过校企合作模式深挖专业理论教育与实习实训过程中的劳动教育内容,保持人才培养、课程内容、教学手段与社会发展需求的契合。第一,在劳动实践中增加生产劳动机会,让学生体会到劳动价值,增加获得感与成就感。第二,在开设劳动技能教育的同时,融入劳动思想教育,帮助学生掌握关键性的劳动技能,树立正确的劳动态度。第三,开展专业对口的劳动教育,激发学生的劳动潜力与创造力,养成优秀的劳动品质,使高职院校学生更好地适应生产技术一线岗位的需要。

5. 发挥社会实践与社会服务的支撑功能

第一,将劳动教育融入学生社团活动,日常的社团活动既可以凸显青春的劳动之美,又可以培养学生之间团结、互助与合作的劳动精神。第二,将劳动教育融入志愿者活动,使学生在锻炼自我过程中培养劳动奉献观念。第三,将劳动教育融入专业化的"职业劳动",鼓励高职学生将学到的专业知识技能服务家庭、社会。比如,旅游管理专业的学生,可以成为亲人或者朋友的志愿"导游";会计专业的学生,可以变身为亲人朋友的"理财顾问";电商专业的学生,可以带动家乡特色产业的"网络销售";汽修专业的学生可以为亲人朋友提供免费"车辆检修"服务等。

6. 健全劳动教育考核评价体系

高职院校将劳动素养纳入学生综合素质评价体系,以劳动教育的目标与内涵要求为参考,注重过程性与结果性的结合,更加突出过程性评价,让学生在劳动中有据可循,获得成就感;对标职业教育考核管理办法,完善学生劳动素养评价标准和步骤方法,建立健全新时代高职院校劳动教育体系;鼓励利用现代信息技术手段,记录学生在校期间的劳动实践,监督劳动教育过程,充分发挥劳动考核评价的育人导向和改进功能;制定专门的奖惩措施,严格落实劳动教育课程的教学任务。

(课题承担单位为天津交通职业学院,课题主持人为唐东存,执笔人为李名静。课题组成员:张娟、李名静、陈钟、刘凯、唐琤。)

第三十八章 职业院校学生综合素质评价实施办法

职业院校学生综合素质评价是指根据党的教育方针、政策,采用科学、合理的方法对在校学生的德、智、体、美、劳发展状况,并结合学校培养特色而制定一系列符合职业院校教育目标的量化指标与实施细则,并据此收集、整理和分析大学生在校学习、生活、实践等主要活动领域中反映出的素质的表征信息,对学生做出价值或量值的综合评定及判断过程。学生综合素质评价是高校评价学生成长与发展的重要手段,是职业院校教育评价的重要组成部分。

一、有关职业院校学生综合素质评价的政策文本和理论依据

(一)相关文件精神梳理和解读

2018 年全国教育大会明确提出提升落实立德树人根本任务的针对性实效性,对准“五育并举”体系中的短板弱项,保持定力、持续用力、精准发力。2019 年教育部发布《关于职业院校专业人才培养方案制订与实施工作的指导意见》,明确指出落实立德树人根本任务,健全德技并修、工学结合育人机制,构建德智体美劳全面发展的人才培养体系。随后,《关于全面加强新时代大中小学劳动教育的意见》《关于全面加强和改进新时代学校体育工作的意见》《关于全面加强和改进新时代学校美育工作的意见》等重要文件陆续印发。

这些文件都强调各类学校以立德树人为根本,以社会主义核心价值观为引领,以服务学生全面发展、增强综合素质为目标,并特别对学校体育、美育、劳动教育具体要求:学校体育要树立健康第一的教育理念,聚焦教会、勤练、常赛,帮助学生在体育锻炼中享受乐趣、增强体质、健全人格、锤炼意志;学校美育要坚持以美育人、以美化人、以美培元,聚焦提高学生的审美和人文素养,把美育纳入各级各类学校人才培养全过程,贯穿学校教育各学段;学校劳动教育要纳入人才培

养全过程，贯穿家庭、学校、社会各方面，与德育、智育、体育、美育相融合，紧密结合经济社会发展变化和学生生活实际，积极探索具有中国特色的劳动教育模式，使学生理解和形成马克思主义劳动观，牢固树立劳动最光荣、劳动最崇高、劳动最伟大、劳动最美丽的观念、具备满足生存发展需要的基本劳动能力、形成良好劳动习惯。总之，通过加强体育、美育和劳动教育，培养德智体美劳全面发展的社会主义建设者和接班人。

（二）职业院校实施学生综合素质评价的理论依据

1. 马克思关于人的全面发展学说

马克思关于人的全面发展学说是研究人的培养、发展、形成以及对人进行管理、教育的重要理论基础。马克思所说的“人的全面发展”应包含四个层面的内涵，即完整发展、和谐发展、多方面发展和自由发展。[①] 人的全面发展在本质上是一种理想、追求和信念，也是人的一种本能。人在通常情况下是不喜欢单调和乏味的，更倾向于新异、丰富和多样化，喜欢在变化中发展、生活和寻求新异与挑战，这是人不断追求自我完善和超越自我发展的强大动力。追求自身的发展和不断完善，还有更为重要的外在动力，这就是来自社会发展的要求。人的全面发展首先是指人的完整发展，即人的各种最基本或最基础的素质必须得到完整的发展，人们通常所说的人的全面发展，是把人的基本素质分解为诸多要素，即培养受教育者在德、智、体、美等方面获得完整发展。

2. 素质教育的相关理论

素质教育以全人教育为理念，力求通过德、智、体等多方面的教育培养完整的人，而不是“半个人”或者“机器人”，强调给人以广博训练而不仅仅是专业训练，认为教育的目的是使人的身心全面而协调发展，使人成为真正的人并实现人的全面价值。高等职业教育作为高等教育一种类型，不等同于技能教育，即不能只注重专业技能教育。加强体美劳教育，不是要减少专业素质教育，而是为了使学生具备良好的综合素质，这有助于学生的专业素质、专业能力向更高层次发展，自然有利于学生素质的全面发展和未来职业生涯。

---

① 扈中平．“人的全面发展”内涵新析［J］．中学课程辅导（九年级），2005（12）：55.

二、实施职业院校学生综合素质评价的对策建议

(一)职业院校学生综合素质评价实施的研究思路

在大学生成长成才的过程中,大学生综合素质测评发挥着重要的引导作用,特别是在当前全员育人、全过程育人、全方位育人大背景下,不断优化、完善大学生综合素质评价体系,对促进大学生全面发展具有重要意义。本研究以天津海运职业学院“准军事化管理、礼仪教育”的办学特点为例,探索职业院校学生综合素质评价实施办法。

1. 遵循人才成长规律,让第二课堂成为学生全面成长的助推器

按照习近平总书记提出的“构建德智体美劳全面培养的教育体系”的要求,必须把德智体美劳教育作为一个整体予以考虑,并揭示德智体美劳“五育”之间的内在联系与相互融合、相互促进的发展逻辑。加强体美劳教育需要在教育全过程的人才培养中得到彰显,从落实立德树人根本任务的立意出发,构建科学合理的体育、美育、劳动教育实施体系。

团中央、教育部印发《关于在高校实施共青团“第二课堂成绩单”制度的意见》,提出第二课堂是培育德智体美劳全面发展的个人的重要平台。第一课堂的理论知识可以更好地指导学生第二课堂实践活动,二者相辅相成,互不矛盾。第二课堂的实践经历是让学生褪去“学生气”,逐渐由“校园思维”向“社会思维”转变的过程。① 职业院校体美劳教育一体化实施要依托第一课堂与第二课堂的互动互补互融,在两大课堂中将体美劳教育贯穿于人才培养各个环节,实现体美劳教育的全员覆盖、全过程、多元化、可评价。②

第二课堂围绕理想信念与道德修养、学术科技与创新创业、社会实践与实习见习、志愿服务与公益劳动、文化艺术与身心发展、社会工作与任职履历、自主学习与技能特长等内容设计体育、美育、劳动教育的课程体系。聚焦人才培养目标,充分借鉴第一课堂教学模式,坚持开放包容、协同育人,充分吸纳团学组织、社会各界等举办的可以促进学生全面发展、能够科学反映学生成长状况的活动

---

① 周天一.时代新人视域下高职学生第二课堂综合素质培养体系的构建研究[J].才智,2021(36):79-82.

② 倪志宇,白金,李卫森.高校劳动教育课程的体系建构[J].中国高等教育,2022(01):36-38.

和项目。

2. 搭建“第一课堂+综合素质评价平台”的人才培养体系，建构学生核心素养新阵地

聚焦培养目标，确立以学生发展核心素养评价指标为引领，以“第一课堂”为主阵地，以“综合素质评价平台”为延伸通道，把核心素养培育贯穿于学习、生活多个环节，实现学生综合素养的全面养成。让学生德育为先“优”起来，智育为重“慧”起来，体育为基“壮”起来，美育为要“雅”起来，劳育为本“强”起来。

综合素质评价作为学校人才培养体系的重要组成部分，围绕思想品德、勤思好学、身心健康、艺术审美、劳动实践和学校特色六个维度，制订出具体的综合素质评价指标体系，拟订每个维度中的评价要素，以及学生发展目标的具体评价标准，使评价标准具有衔接性性形成一体化，以期将学生的德智体美劳全要素横向评价和自身发展的纵向评价整合起来，促进学生全面而有个性地发展。以综合素质学分的形式展现学生的综合素质水平，综合素质学分主要是指教学计划课程之外，学生利用课余时间实施或参加的各种有目的、有计划、有组织的课外实践教育活动所获得的学分内容，是对学生在校期间非专业素质提高状况的反映，学生修满规定学分方可毕业。

（二）职业学校综合素质评价体系实施建议

1. 组建学校各层面综合素质评价组织机构

（1）成立学校综合素质评价工作领导小组，学校党委书记、院长任组长；分管学生工作校领导，分管教学工作校领导任副组长；成员由学工部、教务处、党委办公室、科研处、招生就业处、质量管理体系办公室、基础教学部、思政教学部以二级学院（系部）部门负责人组成。职责是审定综合素质评价体系实施方案，统筹教育教学资源，监督综合素质评价体系的实施，裁决学生对综合素质评价结果的申诉。

（2）成立学院综合素质评价工作办公室。该工作办公室设在学工部，办公室主任由学工部部长担任；成员由学工部、教务处、党委办公室、科研处、招生就业处、质量管理体系办公室、基础教学部、思政教学部部门副职以二级学院（系部）负责学生工作的副书记组成。职责是制定综合素质评价体系实施方案，审批学校各部门发布的综合素质活动计划，指导综合素质评价体系的日常工作。

（3）二级学院（系部）成立综合素质评价工作组，组长由党支部书记、二级学

院(系部)院长(主任)担任;成员由二级学院(系部)副书记和辅导员组成。职责是组织本二级学院(系部)综合素质评价的实施,包括组织和开展各类综合素质活动,认定审核等工作。

2. 确定综合素质评价指标与标准

将思想品德、勤思好学、身心健康、艺术审美、劳动实践和学校特色六个维度作为一级评价指标。以天津海运职业学院军事化管理特色为例,设立思想成长、工作履历、荣誉称号、科技能力、创新创业、体育比赛、体育活动、心理健康、美育比赛、美育活动、图书选读、劳动精神养成、生产劳动实践、社会劳动实践、服务劳动实践、一日生活制度养成、军事素质活动、国防教育 18 个二级指标。整个框架和具体指标设计如(表 38-1)。

综合素质评价依托综合素质评价平台开展。设计开发学生综合素质评价平台,实现学生教育阶段完整成长记录与综合素质评价档案化管理。学生参与综合素质活动可获得对应类别的学分。学校各部门在综合素质评价平台上申请综合素质活动,由综合素质评价工作办公室进行审核和批准方可发布。学生完成相应的综合素质活动,并提供支撑材料,由认定部门审核后获得相应学分。对因特殊原因需在学工系统外开展的项目,由组织单位进行线下申报,学校综合素质评价工作办公室审核通过后,在学工系统内认定学分。

表 38-1 综合素质学分认定细则

一级指标	二级指标	内容及标准		认定学期
思想品德	思想成长	新生开学典礼	参加并完成学院统一组织的开学典礼1分	1
		新生入学教育	参加并完成学院统一组织的入学教育1分	1
		新生专业教育	参加并完成各系组织的专业教育1分	1
		新生班团干部培训	参加并完成全部学时新生班团干部培训任务1分	1
		团学干部培训	参加并完成全部学时团学干部培训任务,每次1分	1-4
		主题团日活动	参加并完成各级团组织组织开展的主题团日活动,单次活动1分	1-6
		团员发展	团员1分	1-6
		党员发展	递交入党申请书1分 积极分子1分 发展对象1分 预备党员1分 正式党员1分	1-6
		思想政治类学习活动	参加并完成思想政治类学习活动,单次活动1分	1-6
		文明守纪	受到学院警告一次扣1分 受到学院严重警告一次扣2分 受到学院留校察看一次扣3分	1-6
		其他	开展的其他活动,单次活动1分	1-6

续表

一级指标	二级指标	内容及标准		认定学期
思想品德	工作履历	于院级团学组织中承担工作	考核合格及以上等次计 1-3 分	1-6
		于系级团学组织中承担工作	考核合格及以上等次计 1-2 分	1-6
		社团工作	承担社团工作,考核合格及以上等次计 1-2 分 积极参加社团活动,计 1 分	1-6
		担任助理辅导员工作	考核合格及以上等次计 1 分	3-4
		其他	承担校内、外的其他工作的(主要指团学工作方面),计 1-8 分	1-6
	荣誉称号	获优秀学生、优秀学生干部、优秀团员、优秀团干部、各级各类奖学金,励志奖学金除外等国家级荣誉	每个学年认定 1 次,每项 12 分	1-6
		获优秀学生、优秀学生干部、优秀团员、优秀团干部、各级各类奖学金,励志奖学金除外等省市级荣誉	每个学年认定 1 次,每项 8 分	1-6
		获优秀学生、优秀学生干部、优秀团员、优秀团干部、各级各类奖学金,励志奖学金除外等局级荣誉	每个学年认定 1 次,每项 5 分	1-6
		获优秀学生、优秀学生干部、优秀团员、优秀团干部、各级各类奖学金,励志奖学金除外等院级荣誉	每个学年认定 1 次,每项 3 分	1-6

续表

一级指标	二级指标	内容及标准		认定学期
勤思好学	科技能力	专业技能竞赛	国家级专业技能竞赛中获得荣誉,每项12分 省市级专业技能竞赛获得荣誉,每项8分 局级专业技能竞赛获得荣誉,每项5分 校级专业技能竞赛获得荣誉,每项3分 参与校级专业技能竞赛,每项2分 参与系部级专业技能竞赛,每项1分	1–6
		专利	取得发明专利授权,每项12分 取得实用新型专利授权,每项8分 取得外观专利授权,每项8分 取得软件著作权,每项8分	1–6
		论文	以第一作者身份发表论文在核心刊物上,第一单位为天津海运职业学院,每篇12分 作为其他作者发表论文在核心刊物上,第一单位为天津海运职业学院,每篇8分 以第一作者身份发表论文在普通刊物上,第一单位为天津海运职业学院,每篇8分 作为其他作者发表论文在普通刊物上,第一单位为天津海运职业学院,每篇5分	1–6
		证书	职业资格证书或技能等级证书,每证2分	1–6
			学生取得普通话证书、英语等级证书、驾驶证、计算机等级证书等,每证2分	1–6

续表

一级指标	二级指标	内容及标准		认定学期
勤思好学	创新能力	创新项目	国家级科技创新项目中获得荣誉,每项12分 省市级科技创新项目获得荣誉,每项8分 局级科技创新项目获得荣誉,每项5分 校级科技创新项目获得荣誉,每项3分 参与校级科技创新项目,每项2分	1-6
		创业项目	国家级比赛中获得荣誉,每项12分 省级比赛中获得荣誉,每项8分 校级比赛中获得荣誉,每项5分 参与校级比赛,每项2分	1-6
			参与的创业项目入驻众创空间创业项目,每个项目2分 成功申请营业执照,学生为法人或股东创业项目,每个项目5分 成功申请营业执照,企业处于经营状态,学生为法人或股东,每个项目8分	1-6
		创意比赛	国家级比赛中获得荣誉,每项12分 省级比赛中获得荣誉,每项8分 校级比赛中获得荣誉,每项5分 参与校级比赛,每项2分	1-6
		其他		1-6

续表

<table>
<tr><th>一级指标</th><th>二级指标</th><th colspan="2">内容及标准</th><th>认定学期</th></tr>
<tr><td rowspan="7">身心健康</td><td rowspan="2">体育比赛</td><td colspan="2">国家级比赛中获得荣誉 12 分
省市级等比赛获得荣誉 8 分
局级比赛中获得荣誉 5 分
院级比赛中获得荣誉 3 分</td><td>1-6</td></tr>
<tr><td colspan="2">获得与体育相关的证书,证书以最高标准认定,单个证书 3 分</td><td>1-6</td></tr>
<tr><td rowspan="3">体育活动</td><td colspan="2">组织、策划、参与校级活动 2 分</td><td>1-6</td></tr>
<tr><td colspan="2">组织、策划、参与系部、区队、班际活动,单个活动 1 分,上限 3 分</td><td>1-6</td></tr>
<tr><td>心理测评</td><td>按时参加并完成心理测评 1 分</td><td>1</td></tr>
<tr><td rowspan="2">心理健康</td><td>活动/比赛</td><td>国家级荣誉及以上 12 分
省市级荣誉及以上 8 分
院级比赛中获得荣誉 5 分组织参与校级活动/比赛,每人每次 1 分,上限 3 分</td><td>1-6</td></tr>
<tr><td>心理委员</td><td>参加心理委员相关培训及讲座,每人每次 1 分,每学期上限 3 分</td><td>1-6</td></tr>
</table>

续表

一级指标	二级指标	内容及标准		认定学期
艺术审美	美育比赛	国家级比赛中获得荣誉 12 分 省市级等比赛获得荣誉 8 分 局级比赛中获得荣誉 5 分 院级比赛中获得荣誉 3 分		1-6
		获得与美育相关的证书,证书以最高标准认定,单个证书 3 分,上限 6 分		1-6
	美育活动	参加校外各类美育交流活动	国家级交流活动每人每次计 8 分 省市级交流活动每人每次计 5 分 市内院校交流活动每人每次计 3 分	1-6
		参加校内各类美育大型活动(各类文艺汇演、大型社团活动等)	组织、策划、参与比赛,获得 2 分 以观众身份参与,得 1 分	1-6
		积极参加学院艺术团活动(扬帆合唱团)	参与学院扬帆合唱团日常排练、演出等活动,并通过考核,每人每学期 1 分	1-6
		其他		
	图书选读	选读图书馆推荐书目	学生每学期至少选读二本,每本 1 分	1-6

续表

一级指标	二级指标	内容及标准		认定学期
劳动实践	劳动精神养成	开展讲座、参观活动	大国工匠进校园、劳模进课堂、优秀职校生校园分享,每参与一次活动计1分	1-4
		日常生活劳动	校园环境创设活动、日常家务劳动、学农劳动等,每参与一次活动计1分	1-4
	生产劳动实践	校内生产劳动实践	系部根据专业特色设计生产劳动实践项目,学生参与一项即可,每参与一次活动计1分	1-4
		校外生产劳动实践	校外劳动基地参与劳动实践,每参与一次活动计1分	1-4
	社会劳动实践	西部计划	完成当年"西部计划"招募选拔工作,并成功选派到"西部计划"岗位,计12分	5-6
		其他社会劳动实践活动	"三下乡"活动、"返家乡"社会实践活动、新时代·实践行系列主题实践活动及其他活动,组队参加并完成,团队主要成员计2分,一般成员计1分	1-4
	服务劳动实践	校内服务劳动实践	校内开设"菜单式"志愿劳动项目,每参加活动计入时长,0.1分/小时,"雷锋月"志愿服务活动,计1分	1-4
		校外服务劳动实践	校外公益志愿服务,每参加活动计入时长,0.1分/小时	1-4

续表

一级指标	二级指标	内容及标准		认定学期
军事化	一日生活制度养成	早操	按时、按要求参加早操,并完成早操活动内容,每学期1分(根据学生实际学制进行计算) 学生无故旷操累计超过总学期次数五分之一者,此项不得分并扣除该项分值 因事、病假缺勤累计超过每学期周次三分之一者,此项不得分并扣除该项分值	1-6
		课前站队	按时参加课前集合站队,并按队列要求行进到指定位置,每学期1分 学生无故旷工累计超过总学期次数五分之一者,此项不得分并扣除该项分值 因事、病假缺勤累计超过每学期周次三分之一者,此项不得分并扣除该项分值	1-6
		宿舍内务	宿舍内务达标,每学期1分 内务卫生优秀者,每次增加0.1分;内务卫生差者,每次扣除0.1分 优秀宿舍,宿舍全体成员每人各增加0.2分;不达标宿舍,宿舍全体成员每人各扣除0.2分	1-6
		仪容仪表	仪容仪表达标者,每学期1分 不按规定着装,头发过长、染发、烫发等不符合要求者,每次扣0.1分	1-6
		积极参与院系两级准军事化管理办公室工作	承担相应工作,考核合格及以上等次,每学年1-2分	1-6

续表

一级指标	二级指标	内容及标准		认定学期
军事化	军事素质活动	参加学院军事化素质比武活动	以中队为单位参加比赛,荣获“一等奖”团队主要成员 3 分,一般成员 2 分 荣获“二等奖”团队主要成员 2 分,一般成员 1 分 荣获“三等奖”团队主要成员 1 分,一般成员 0.5 分	1-6
		新生区、中队长培训	参加并完成全部学时新生区、中队长培训任务 1 分	1
		参加市级及以上“国旗护卫队”比赛等活动	荣获“一等奖”团队主要成员 8 分,一般成员 5 分 荣获“二等奖”团队主要成员积 5 分,一般成员 3 分 荣获“三等奖”团队主要成员 3 分,一般成员 1 分	1-6
		军事五项比赛	获得国家级荣誉的“一等奖”每名成员 12 分 “二等奖”每名成员 8 分 “三等奖”每名成员 5 分	1-6
		军事素质训练营	获得国家级荣誉的“一等奖”每名成员 12 分 “二等奖”每名成员 8 分 “三等奖”每名成员 5 分 参加省市级比赛荣誉的“一等奖”每名成员 8 分 “二等奖”每名成员 5 分 “三等奖”每名成员 3 分	1-6
		军歌嘹亮比赛	以大队或区队为单位参加比赛,荣获“一等奖”团队主要成员 3 分,一般成员 2 分 荣获“二等奖”团队主要成员 2 分,一般成员 1 分 荣获“三等奖”团队主要成员 1 分, 般成员 0.5 分	2-6

续表

一级指标	二级指标	内容及标准		认定学期
军事化	国防教育	国防教育讲座	参加并完成学院统一组织的国防教育讲座，以观众身份参与，每名成员1分	1-6
		国防教育知识竞赛	获得国家级荣誉的"一等奖"每名成员12分 "二等奖"每名成员8分 "三等奖"每名成员5分 参加省市级比赛荣誉的"一等奖"每名成员8分 "二等奖"每名成员5分 "三等奖"每名成员3分	1-6

3. 综合素质学分的应用

综合素质学分纳入人才培养方案，作为学生毕业的必要条件；对休学、保留学籍的学生已经获得的素质学分予以保留；学生在毕业前仍不能完成素质学分要求者，将按照结业处理。综合素质学分作为学生评奖评优、就业推荐等重要参考依据。

综合素质学分成绩单纳入学生个人档案。高职学生在校期间应完成六个模块的单项及总分的达标要求，建议高职三年制学生总分不低于50分，高职"三二分段"学生总分不低于40分。具体分配见(表38-2)。

表38-2　综合素质评价基础学分分配

一级指标	高职达标学分	三二分段达标学分
思想品德	10	10
勤思好学	8	6
身心健康	8	6
艺术审美	8	6
劳动实践	8	6
学校特色	8	6
合计	50	40

(课题承担单位为天津海运职业学院，课题主持人为张朝伟，执笔人为张朝伟、王青、刘芳君、徐燕铭。课题组成员：张朝伟、王青、刘芳君、徐燕铭、史连峰、杨旭、王皓、李亮宽、王战、赵秀强、赵秀花、李明。)

第三十九章　职业院校“课堂革命”案例研究
（数字图文信息处理专业）

“课堂革命”是高职院校持续深化“三教”改革的具体抓手。目前，各职业院校针对“课堂革命”开展的课题研究形成了较多的成果，但具体到课程教学改革实践以及实施效果微观层面的案例研究还比较少。因此，以具体的专业或课程为案例开展职业院校“课堂革命”教学改革实践研究，具有重要意义。

一、有关“课堂革命”政策文件以及相关理论梳理

早在2006年印发的《教育部关于全面提高高等职业教育的若干意见》就明确指出：“课程建设与改革是提高教学质量的核心，也是教学改革的重点和难点。”2017年9月8日，时任教育部部长陈宝生在《人民日报》上发表题为《努力办好人民满意的教育》署名文章，提出“课堂革命”的新概念。他指出：“深化基础教育人才培养模式改革，掀起‘课堂革命’，努力培养学生的创新精神和实践能力”。这一论述吹响了深化课堂教学改革的号角。2020年9月，教育部等九部门印发的《职业教育提质培优行动计划（2020—2023年）》，明确强调：推动职业学校“课堂革命”，适应生源多样化特点，将课程教学改革推向纵深；同时提出要遴选一千个左右职业教育“课堂革命”典型案例，职业教育教学成果奖评选向课堂教学改革倾斜。

“课堂革命”概念的提出，引发广大学者的热议。其中，教育部教育发展研究中心副主任陈如平研究员认为，开展“课堂革命”需要厘清课改的四个问题，即明晰“为什么革命”“往哪儿革命”“为谁而革命”“该怎么革命”。他认为“课堂革命”既要为学生而“革命”，也要为教师而“革命”，还要为学校而“革命”。另外，他指出，“课堂革命”要想改得准、改得稳，需要把握和处理好三组重要关系：一是要处理好自上而下的顶层设计与自下而上的基层探索之间的关系；二是要处理好整体建构与重点突破之间的关系；三是“课堂革命”是一项系统工程，

既要雷厉风行又要持之以恒。

华东师范大学教师教育学院院长周彬则从课堂本质的角度进行了解答。他在《让"课堂本质"落地》一文中指出,课堂教学要以生为本、以学为本、以人为本,这是对课堂本质的回应。课堂要以生为本,其实重心不是对教师提什么要求,甚至要求教师从讲台上退下去,而是如何改变学生,如何让学生在课堂上站立起来。要推动学生的学习,支持学生的学习,诊断学生的学习,只有把学生扶持起来,只有让学生在课堂中站立起来,教学才能变得有针对性,才能变得有意义。

陕西师范大学历史文化学院副教授宋永成则从整体推进层面给出了建议,他认为推动"课堂革命"必须把先进的教育理念和教学方法运用到课堂教学改革中,实现从"教中心"到"学中心"的转变,构建全新的课堂教学模式。

二、职业院校"课堂革命"相关研究成果述评

"课堂革命"这一概念提出以后,很多职业院校积极开展了"课堂革命"教学改革研究与实践,形成了很多研究成果。例如,南京工业职业技术学院王云凤开展了职业院校"课堂革命"的策略与方法研究,通过科学编排教学班级,建立学生助教制度,构建专业共建共享联盟,加强教师培训,建立保障机制等策略,为"课堂革命"提供基础条件,并通过具体的学习设计、教学组织、教学评价变革等,为职业院校实施"课堂革命"提供了可借鉴的策略与方法。① 江苏经贸职业技术学院裴勇研究了"双高计划"背景下高职院校推进课堂革命的动因、主体与策略,提出建立分类分层培养机制,为课堂革命创造条件;建立动态调整机制,为课堂革命保持动力;建立教师培训机制,为课堂革命培养力量;建立健全评价激励机制,为课堂革命激发活力。② 湖南省教育科学研究院欧阳河研究员开展从"跟我学"到"帮你学"的"课堂革命"研究,就帮学课堂结构和流程设计提出了很好的建议。③ 湖南长沙环境保护职业技术学院陈安琪开展了高校立德树人视域

① 王云凤,张跃东.职业院校"课堂革命"的策略与方法[J].中国职业技术教育,2020(08):72-75.

② 裴勇."双高计划"背景下高职院校推进课堂革命的动因、主体与策略[J].教育与职业,2021(21):108-112.

③ 欧阳河.帮学课堂:从"跟我学"到"帮你学"的课堂革命[J].职教论坛,2021,37(01):49-55.

下“课程思政”的“课堂革命”路径分析。[①] 乌鲁木齐职业大学刘惠开展了基于“以学生为中心”的“课堂革命”路径探究，从教学方法创新、考核方式变革、真实工作环境创设等多个方面提出了针对性的策略。[②] 甘肃工业职业技术学院刘芳开展了生源多样化趋势下以“课堂革命”为抓手的高职院校课程教学改革实践，提出了职业院校进行“课堂革命”的具体举措，包括“转变课堂观念，落地课程思政”“提升教师能力，构建有效课堂”“开发活页式教材，转化学习内容”“强化课堂实践特征，改善信息化教学条件”“课程紧跟产业变化，课堂适应学生需求”等具体策略。[③]

目前，各职业院校针对“课堂革命”开展的课题研究大多仍停留在理论研究层面，也提出了比较好的“课堂革命”实施路径和策略，但具体到课程教学改革实践以及实施效果微观层面的案例研究还比较少。因此，以具体的专业或课程为案例开展职业院校“课堂革命”教学改革实践研究，显得尤为迫切。

本研究认为，在微观教学实践层面，“课堂革命”就是要革除当前知识本位、教师主体、教室局限的弊端，重构课堂教学内容，突出“学生素养核心”，使课堂成为落实立德树人、服务学生全面发展的主阵地；突出“学生中心”，课堂由教授的场所转变为学习的场所；突破“时空限制”，课堂学习场域从有限场突破到无限场、虚拟场。

三、数字图文信息处理专业实施“课堂革命”的策略

（一）以学生学习成果为导向设计课堂教学内容

课堂教学的核心使命是让学生获得支持自身持续发展的关键能力、必备的道德品格和正确的价值观。因此，“课堂革命”首先要以学生学习成果为导向进行课堂教学内容的重构，这种重构首先考虑的不是教师教什么和怎么教的问题，而是学生经过课堂教学活动后，能够获得哪些学习成果，比如学生学习后能够了解什么？理解什么？能够具体做些什么？要根据这些来设计课堂教学内容，并

① 陈安琪. 高校立德树人视域下“课程思政”的“课堂革命”路径探讨[J]. 中国多媒体与网络教学学报（中旬刊），2021(04)：37-39.

② 刘惠. 基于“以学生为中心”的“课堂革命”路径探究[J]. 中国多媒体与网络教学学报（中旬刊），2021(10)：63-65.

③ 刘芳. 浅议生源多样化趋势下以“课堂革命”为抓手的高职院校课程教学改革[J]. 科技视界，2021(11)：112-113.

做好相应的课堂教学安排。数字图文信息处理专业要推进“课堂革命”，需要对接产业和行业需求，以培养学生关键能力和职业素养为导向，首先对开设课程的教学内容进行重构，以《数字色彩及应用》课程的第一章和第二章教学内容为例：通常的课程教学内容设计是通过梳理和分析该课程涉及的知识点来确定教学目标，然后选择教学内容，按知识点的逻辑结构来组织课堂教学内容，这种做法容易使课堂教学变成一种非常机械的传授知识点的活动，课堂教学过程缺乏自主思考与交流对话，学生只能勉强地被动学习，而且学生学习完相关知识点后，不知道这些知识有什么用，也不知道自己掌握了哪些能力。而以学生学习成果为导向进行课堂教学内容重构后，让学生带着具体的工作任务去开展学习活动，例如，学生去“选择合适的颜色复制的照明光源”“选择适合的能从事颜色复制工作的人员”，并“设计适合于进行颜色复制工作环境”，要完成这些具体的任务，学生需要全身心调动已有的知识、技能、思考等各种认知和非认知的心理资源投入到学习任务中，并需要积极主动去学习新的知识和技能，从而使学生在完成具体工作任务的过程中学会自我反思、自我调控，并学会寻求合作帮助。

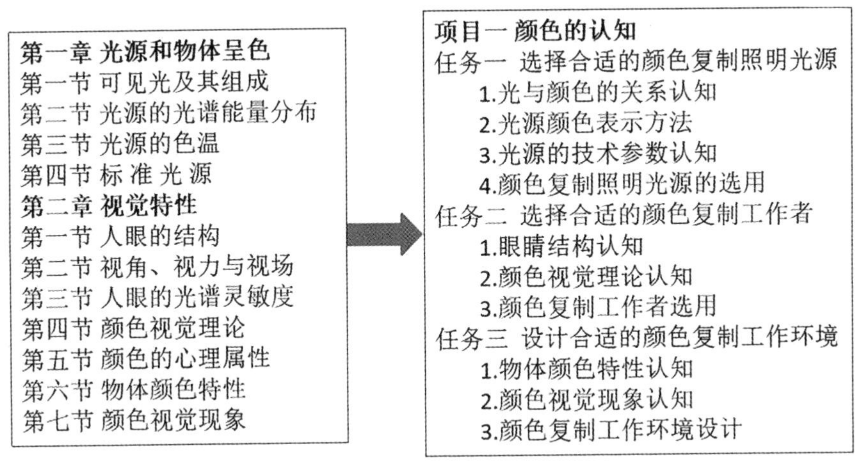

图 39-1 《数字色彩及应用》课堂教学内容的重构

以学生接受教育后所取得的学习成果为导向的教学内容设计，使课堂教学目标聚焦于学生最终有意义的学习结果上，课堂教学完全围绕学生的最终“学习成果”来组织和开展基于问题的教学、基于项目的教学以及参与型教学，采取自主、合作、探究的学习方式，引导学生以小组形式开展学习活动，积极主动参与讨论，建构知识库，确定经验概念，完成相应的学习任务，从而使学生真正成为学习的主人。

(二)创设“立德树人”课堂,寓价值塑造与知识传授、技能培养于一体

“课堂革命”要打破传统课堂单一教授知识、技能的模式,将课堂教学关注点转移到“立德树人、全面发展”的科学目标上,创设“立德树人”新课堂,任课教师不能只做传授书本知识的“教书匠”,而要成为塑造学生品格、品行、品位的“大先生”。于此,数字图文信息处理专业在设计培养方案时,要充分挖掘该专业在政治信仰、理想信念、科学精神、工匠精神、劳模精神、创新精神、环保意识、安全意识、成本意识、质量意识、社会责任意识和个人诚信意识等各方面的思政元素,形成专业课程思政元素库,并结合每一门课程的教学内容设计课程育人目标,选择合适的课程思政元素进行有机融入,制定寓价值引领于知识传授、技能培养于一体的实现路径。例如,在讲授《数字色彩及应用》课程的项目一的“眼睛结构认知”时,设计几个讨论话题如:“为什么夜间开车不建议开远光灯?”“地震时被埋的人救出来时为什么要用黑布蒙上眼睛?”“给刚出生的婴儿拍照时为什么不能使用闪光灯?”通过生活中发生的实际案例来引导学生运用所学的知识积极思考,让学生理解眼睛视网膜上杆体细胞的特点,同时也培养了学生的安全意识。

(三)突破传统“教学关系”,创设师生“共同课堂”

“课堂革命”要求破除传统教师知识权威的教学观念,重塑教学角色,建立新型教学关系,形成学习共同体,体现师生的共同价值,使教学关系由单向变为交互,由“教师中心”变为“学生中心”,让课堂成为学生合作、讨论、展示、质疑的重要场所,使学生成为主动学习者。例如,在《数字色彩及应用》课程的“项目五颜色测量”的“任务三印刷过程中的参数测量”,在课堂教学过程中,通过实际印刷生产中的典型工作任务作为学习任务,引导以小组的形式共同完成具有一定挑战性的工作任务,教学过程完全以学生为中心,既有学生个体通过查询相关学习资料独立完成的工作任务,也有小组协作完成的工作任务。整个教学过程,教师前期进行知识点的讲解,在任务实施时,只给适当的引导,不过分干预,学生边做边学,并主动查阅相关资料,在完成工作任务后,各小组间相互分享学习成果。任课教师对各组的学习成果进行精彩点评,并精讲释疑,教师以引导者、合作者的角色分享见解和信息,引导学生主动作为、积极回应,以强烈的主观能动性和

积极的合作时效性，理解、吸收、迁移所学知识。这种通过创设师生共同课堂的做法，有利于促进教学相长。

（四）突破“传统教室”局限，创设“无限场域”课堂

“课堂革命”要重构对课堂的理解，就要突破传统教室和固定桌椅的束缚，将学习空间拓展到更广阔的网络空间，充分利用信息技术创建智慧的学习空间，采取线上线下相结合的混合式教学模式。一方面配套课堂教学开发丰富的线上课程教学资源，包括知识点讲解的微课，技能实际操作演示视频、虚拟动画、在线测试试题库等学习资源，以及线上话题讨论、学习成果分享等活动，打造有用、有景、有趣、有效的线上课堂。同时，配套课堂教学开发集课程建设、教材编写、配套资源开发、信息技术应用统筹推进的活页式、工作手册式新型立体化教材，通过二维码将开发的教学微视频、虚拟动画、VR、AR 等课程数字化教学资源与活页式、工作手册式教材融为一体，使学习场域从有限场拓展到无限场。

（五）突破传统“知识技能”评价，构建综合素质评价体系

“课堂革命”要突破传统的基于学生知识技能掌握程度的课堂评价模式，构建基于德智体美劳过程性评价的综合素质评价体系，突出职业教育课堂考核评价体系的“职业性”，将学生的创新思维能力、工匠精神、工作能力、技术解决能力、合作能力、创新能力、发展能力、组织管理能力和劳动观念等纳入课堂评价标准，建立基于“五育”的学生课堂学习过程性评价指标及标准，重点关注学生在课堂学习中学到了什么，学会了什么，同时建立学习终结性的评价指标及标准，从学习过程和学习成果两方面，全面、科学评价学生综合素质。例如，数字图文信息处理技术专业在进行课堂评价时，采取课堂学习过程考核和课堂学习成果考核相结合，而且课堂学习成果考核权重要小于课堂学习过程考核权重，如表 39-1 所示。

表 39-1 数字图文信息处理技术专业课堂评价指标权重

考核阶段	一级指标	权重(100%)	二级指标	权重(100%)
课堂学习成果考核	专业能力	45%	专业知识	15%
			专业技能	23%
			专业素养	7%
课堂学习过程考核	方法能力	22%	分析能力	9%
			策划能力	7%
			决策能力	6%
	社会能力	20%	团队协作能力	8%
			社会责任意识	5%
			组织协调能力	7%
	发展能力	13%	创新能力	3%
			劳动意识	2%
			信息检索能力	2%
			学习能力	3%
			自我管理能力	3%

课堂学习过程考核主要是评价学生在课堂教学过程中参与教学活动并完成具体的工作任务时所展示出来的方法能力、社会能力和发展能力,其中方法能力主要是考核学生分析问题、解决问题的能力,社会能力主要考核学生团队协作能力、组织协调能力和社会责任意识,发展能力则考核学生创新能力、劳动意识、信息检索能力、学习能力和自我管理能力。课堂学习成果考核则注重于课堂学习形成的学习成果,评价学生在完成课堂学习的具体工作任务过程中专业知识和专业技能的掌握情况,以及在完成具体任务过程中所表现出来的职业素养,比如成本意识、质量意识、安全意识、专业态度等。

(课题承担单位为天津现代职业技术学院,课题主持人和执笔人为金洪勇。课题组成员:魏真、易艳明、黄瑞芳、任骊安、吴振兴、石玉涛、李成龙。)

第四十章　职业院校"课堂革命"案例研究（铁道信号自动控制专业）

关于职业院校实施"课堂革命"，可以有无数的案例加以体现。本研究以高职铁道信号自动控制专业为例，以各种教学形式全方位展示"课堂革命"的实施路径。

一、有关"课堂革命"的政策文本梳理

"课堂革命"属于"三教"改革的内容。近年来，国家对于"三教"改革特别是职业院校的"三教"改革一再加以强调。2021 年全国职业教育大会上，副总理孙春兰传达了习近平总书记重要指示和李克强总理批示，指出要一体化设计中职、高职、本科职业教育培养体系，深化"三教"改革，实现"岗课赛证"综合育人，提升教育质量。

从 2003 年开始，中办、国办、国务院以及教育部等部门在有关文件中，反复要求职业学校开展教学改革，不断提升培养质量。直到 2021 年中办、国办印发的《关于推动现代职业教育高质量发展的意见》中，仍然强调要深化教育教学改革，强化双师型教师队伍建设，创新教学模式与方法。

关于"课堂革命"的提法，源自 2017 年 9 月 8 日时任教育部部长陈宝生在人民日报上发表的文章《努力办好人民满意的教育》。此后，"课堂革命"一词在各类报刊文章和重要文件中不断出现。关于职业院校开展"课堂革命"的文件，有代表性的是 2020 年教育部等九部门印发的《职业教育提质培优行动计划（2020—2023 年）》，其中明确要求推动职业学校"课堂革命"，并在全国遴选 1000 个左右职业教育"课堂革命"典型案例。本研究以"铁道信号自动控制"专业为例，探讨职业院校实施"课堂革命"的有关问题。

二、有关“课堂革命”研究成果综述

（一）国内相关研究综述

腾跃民指出，高校开展课堂教学不仅需要关注学生专业知识发展情况，还要重视学生专业知识的内化，促进学生的专业技能发展。为响应“课堂革命”号召，高校的课堂教学必须正视不足，切实通过深化改革，以真正实现“课堂革命”。① 裴勇指出，高职院校需要厘清学校、企业、教师、学生等各主体在课堂教学中的作用，共同发挥力量开展革命性的创新探索，从开展分类培养、建立对接产业的动态调整机制、常态化开展提升教师教学能力的培训、科学设计课堂教学综合评价体系等方面推进课堂革命。② 吴笑伟提出了有用、有景、有趣、有效的“四有”“课堂革命”特征，从政策拉力、管理张力、课改动力和学习压力等方面给出了高职“课堂革命”建议。③ 王云凤针对当前课堂教学中的现实问题，提出了通过科学编排教学班级，建立学生助教制度，构建专业共建共享联盟，加强教师培训，建立保障机制等策略，为“课堂革命”提供基础条件。④

上述研究者对“课堂革命”策略的研究较为系统，对“课堂革命”的内在组成部分进行整体建构，对“课堂革命”的发展寄希望于先进价值观念的引领、课堂教学自身的转向和以及相关的保障。

（二）国外相关研究简介

国外有关课堂教学改革的研究和实践从未停止，而且不断推出新成果和新案例。发达国家教育界一直都重视探索课堂改革并建立新的教学模式。

韩国首尔大学林哲日团队近年来主要致力于高校翻转课堂教学设计模型（InstructionalDesignModelforFlippedLearninginHigherEducation，IDMFLHE）研究，他

① 滕跃民，韩锋.“课堂革命”视角下的高校课堂改革对策分析[J].四川职业技术学院学报，2019，29(01)：57-60.

② 裴勇.“双高计划”背景下高职院校推进课堂革命的动因、主体与策略[J].教育与职业，2021(21)：108-112.

③ 吴笑伟.关于高职“课堂革命”的思考[J].商丘职业技术学院学报，2021，20(06)：60-63.

④ 王云凤，张跃东.职业院校“课堂革命”的策略与方法[J].中国职业技术教育，2020(08)：72-75.

们成功构建了 IDMFLHE 并在高校教学实践中获得了良好的教学效果。美国芝加哥大学教授施瓦布大力主张学生自主进行探究学习,逐步透过现象寻求解决问题本质的方向和方法;在整个教学过程中,教师务必明确学生的自主地位,凸显学生的主体精神。[①] 这些成果具有代表性,对我国教学改革产生了一定影响。

三、职业院校“课堂革命”案例研究

本研究以本课题组所在高职专业——铁道信号自动控制专业为例,提出职业院校“课堂革命”的基本思路和方法。

(一)以学生为中心,重构课堂教学设计

1. 教学安排

学生可以利用多终端(电脑、平板电脑、手机)通过智慧职教及职教云平台注册和登录进入课程学习。为保证学生线上自主学习和教师线下面授时间与教学效果,课程线上线下学习时长比要求 1:1。

2. 教学实施

以项目为引领,以任务为驱动,按照信号工岗位工作流程开展教学,“课前课中课后”教师利用案例进行引导;学生根据引导,利用线上线下教学资源开展自主学习与探究学习,体验岗位实际需求,形成线上有资源、线下有活动、过程有评估的跨时空教学全过程。(如图 40-1)

(1)课前。群里布置,线上预习,让学生提前“动”起来。学生运用云课堂领取任务;虚拟仿真培训系统辅助自学体验;通过抖音等交流软件拓展思政教育;按预习要求完成课前准备。教师根据统计数据,分析学情、调整授课策略。

(2)课中。课程进行基于新媒体、新技术、信息化的国家级专业教学资源库、自主开发的虚拟线上实训系统等资源。

聚焦任务环节,根据课前任务,展示、点评学生预习情况。通过精选行车故障案例、视频、信号抢修先进事迹等,创设工作情境引入教学任务,激发学生学习兴趣,引发学生思考,“以境生情”提升岗位责任感。

探索新知环节,奠定基本原理、标准、步骤和方法的理论基础。通过头脑风暴、微课讲解、对照图纸进行实物演示及操作、小组体验和汇报等教学活动,学习

① 张念,王慧君,贺楚杰. 国外高校翻转课堂教学设计模型的构建及启示[J]. 数字教育,2021,7(02):80-85.

图 40-1　教学过程设计

信号工程设计方法步骤；信号工程施工流程以及标准，解决重点。通过虚拟设备、微课、动画等直观展示，突破难点；进行随堂测验、虚拟演练和讨论总结等活动，逐层递进，巩固重点，训练逻辑推导能力。

专技应用环节，组织实操演练、夯实核心技能。运用真实设备教师有效示教，学生实岗演练难点；通过虚拟仿真教学系统训练、个性化指导，实现分层教育，巩固重点。

融通拓展环节，组织拓展训练、小组竞赛，巩固核心技能，提升拓展能力。各小组合作完成拓展任务、开展自评，上传任务对抗的视频，进行查漏补缺，教师线上点评、答疑、统计数据、做好反思评价。

(3)课后。教师通过职教云平台发布作业和通知，运用智慧职教和职教云平台提供基于 WEB 和多终端运行的提交作业功能、批改与点评作业功能，完成作业批改与相应管理。

3. 考核评价

分为过程性考核和终结性考核两部分，设计“学习—考核—反馈”闭环考核体系，利用云课堂收集考核数据，结合大数据分析结果作为过程性考核依据并调整下一步教学侧重；分组实训考核团队合作精神和安全意识；学生通过收集信号工程施工资料，形成调查报告，使学生感受我国铁路建设的发展，增强学生的民族自豪感,评价思政育人效果。

最终成绩由过程评价+增值评价组成。考核设计如下:

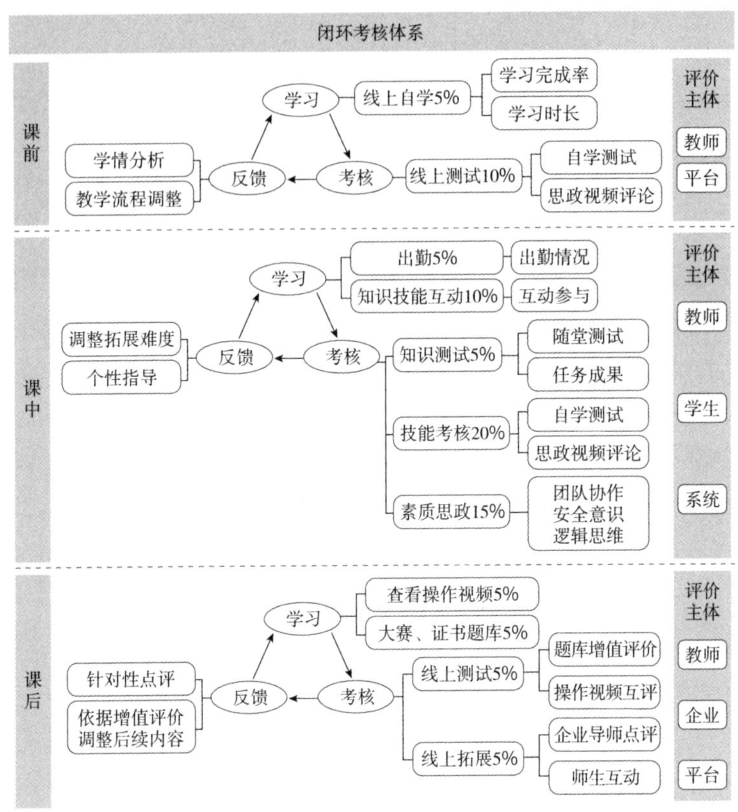

图 40-2 考核体系设计

(二)课程思政融入,落实立德树人任务

1. 有效挖掘课程思政元素

课程以"思政引领、岗位导向、学训交融"的人才培养模式,结合专业五育工作实施方案,促进学生综合素质养成,引导学生树立正确的世界观、人生观、价值观,成为我国铁路事业合格的建设者和接班人。职业素养培养目标,贯穿每个教学环节。(如图 40-3)

2. 探索课程思政有效实施路径

(1)依托行业发展,厚植爱国情怀。结合我国铁路发展史、新时期我国高铁快速发展趋势及国产化铁路信号装备在国内外的广泛应用,使学生深刻体会我

国轨道交通技术在世界的领先地位,激发学生爱国情怀,增强民族自豪感。

(2)明确岗位职责,培育敬业精神。学习任务中明确铁路信号工岗位具体职责范围,使学生深刻理解所从事岗位直接关系行车安全,在学习中建立职业自豪感和高度的责任心,引导学生爱岗敬业,激励学生在铁路现场平凡的工作中一丝不苟、专心致志、精益求精、追求卓越。

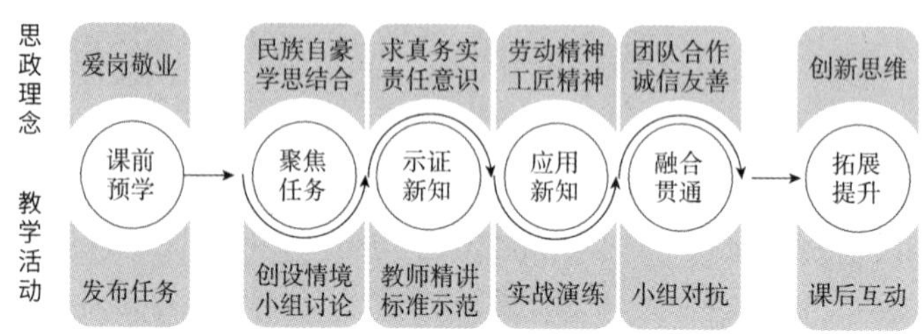

图 40-3 课程思政融入实施

(3)引入现场案例,增强安全意识。学习项目引入来自生产一线的素材,将信号故障引发的事故案例立体化呈现,使学生切身感受铁路安全生产的重要性,增强学生的安全意识以及不断提升自身素质的责任意识,建立恪守安全规章和遵章守纪的职业操守,使学生走出校园前就将安全意识入脑入心。

(4)强化实操训练,提升职业素养。建立基于铁路现场真实设备及作业环境的实训基地,检修维护实训均严格按照铁路一线标准化流程规范操作,强化学生的岗位实践技能,培育学生严谨求实的做事原则和工作态度,形成铁路标准化作业的工作作风和行为习惯,促进职业素养的全面提升。

(三)配套数字化资源,拓展模块化学习

1.理虚融合,构建多维数字化教学资源

基于拓展学生独立思考和终身学习理念,通过智慧职教和职教云平台配备丰富、完整的答疑讨论区,建立课程辅导微信群,针对学生学习中的问题及时沟通与解决,提供基于 Web、多终端运行的讨论区内容浏览、提交与管理等功能。与企业合作共同开发三维仿真虚拟培训系统,针对实际工作任务自主开发工作手册式立体化教材、活页式实训指导书、VR 实训系统,为学生营造多元化自主学习条件。(如图 40-4)

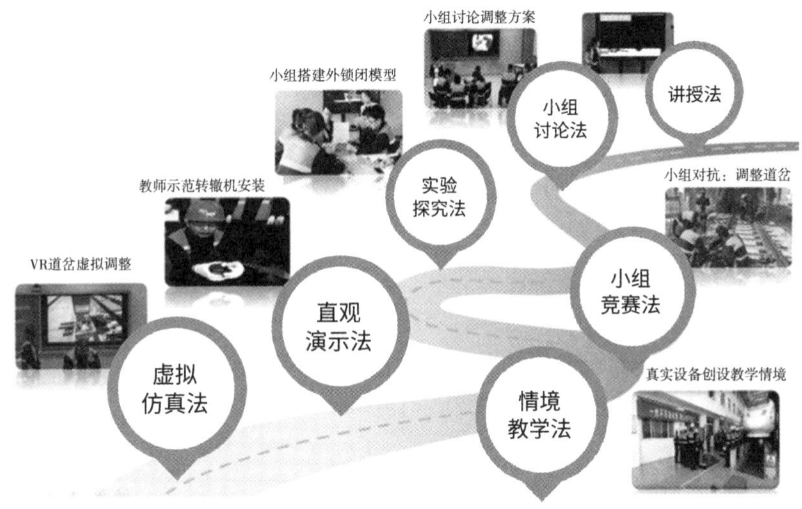

图 40-4 基于数字化资源教学方法应用

2. 模块化教学，聚焦学生学习能力提升

（1）阶段化设计，模块化分解课程体系

校企共同制定实训实习制度 12 项，对标企业岗位能力要求，严格作业标准，培养精益求精、认真负责的工匠精神。实习实训共分四个阶段，第一阶段大一学生通过企业参观和考察进行认知实习，第二阶段按照 EPIP 教学模式，针对不同能力要求进行模块化实训，第三阶段汇总各单项实训成果，进行综合实训并接受项目评审；第四阶段为岗位实习阶段。（如图 40-5）

图 40-5 “四阶段”实习实训示意图

(2)分工合作,实施模块化课堂教学

开展"1+X"课证融合体系下教师分工协作的模块化教学,实施"岗课赛证"一体化教学过程设计,根据教师能力进行模块匹配。创新教学组织模式、重构教学流程、升级信息化手段、促进智慧赋能,搭建"教、学、训、测、评、管"信息化全流程教学体系。课前思政及专业教师探讨专业和思政结合点,落实课堂思政;课中采用"线上线下,虚实结合"的教学手段,对接"1+X"知识点,解决教学重难点;课后连线企业教师,通过远程答疑、传递现场新技术,实现学生与企业岗位的无缝对接。

(四)课堂实施效果评价

适应线上线下跨时空教学全过程现实,利用信息技术手段实施多维多元考核评价。一方面由学生、同行、督导、企业等构成的多主体评价,包括学生自评及评教、同行教师评教及评学、督导评教及评学、企业用人单位对毕业生评价;另一方面针对课堂每个环节进行全过程评价,包括课前课中课后的课堂过程性评价、教学效果总结性评价和综合性评价等。

(课题承担单位为天津铁道职业技术学院,课题主持人为秦武,执笔人为李丹丹。课题组成员:李丹丹、王露、赵春东、侯启同。)

第四十一章 职业院校“课堂革命”案例研究
(思政课“一体四维”教学改革)

职业院校思政课教学改革也属于职业院校“课堂革命”的范畴。本研究选取中国特色社会主义理论体系中关于“‘五位一体’总体布局”的内容,设计出“一体四维”的教学改革方案,以此体现“课堂革命”的基本要求。

一、有关教学改革和“课堂革命”的政策梳理和解读

国家有关部门一直重视教学改革。早在2001年教育部颁布的《基础教育课程改革纲要(试行)》中即提出了基础教育课程改革的具体目标,指出要改变课程实施过于强调接受学习、死记硬背、机械训练的现状,倡导学生主动参与、乐于探究、勤于动手,培养学生搜集和处理信息的能力、获取新知识的能力、分析和解决问题的能力以及交流与合作的能力。2014年教育部印发《关于全面深化课程改革落实立德树人根本任务的意见》,指出要改进学科教学的育人功能,全面落实以学生为本的教育理念,强调要提高学生综合分析问题、解决问题能力。在职业院校开展教学改革方面,最新、最直接的指导性文件是2021年中办、国办印发的《关于推动现代职业教育高质量发展的意见》,该文件专门阐述了“强化教育教学改革”,对“双师型”教师队伍、教学模式与方法、教学内容与要求均有明确规定。这些都是本研究的指导原则和实践依据。

2017年9月8日,时任教育部部长陈宝生在《人民日报》发表的《努力办好人民满意的教育》一文,明确提出了“课堂革命”的概念。2020年教育部等九部门印发的《职业教育提质培优行动计划(2020—2023年)》,强调要推动职业学校“课堂革命”,适应生源多样化特点,将课程教学改革推向纵深;提出遴选1000个左右职业教育“课堂革命”典型案例。这就提出了研究“课堂革命”的新任务。

二、有关“课堂革命”的相关实践和研究成果综述

（一）发达国家有关“课堂革命”的研究和实践

发达国家对“课堂革命”的研究和实践起步较早。日本教育学会前会长、著名教育家佐藤学（ManabuSato）遍访日本全国各地学校，深入课堂，倡导创建“学习共同体”，对日本学校教育改革影响深刻。佐藤学关于教育变革的多部著作在教育界影响较大，其中，《课程评论——走向公共性的重建》《教师这一难题——走向反思性实践》的主要内容已结集成中译本《课程与教师》（钟启泉译，教育科学出版社，2003）出版，《改变教学，学校改变》的中译本《静悄悄的革命》（李季湄译，长春出版社，2003）亦已出版。2015 年，美国心理学会学校心理与教育联盟在“基础教育教学和学习中最重要的 20 项心理学原理”中，提出了课堂教学与学习的五大方面。这些都为课堂教学改革提供了丰富的研究成果和实践经验的参考。

（二）我国关于“课堂革命”的提出和研究现状

关于“课堂革命”的内容，陈宝生在那篇《努力办好人民满意的教育》文章中提出：“坚持内涵发展，加快教育由量的增长向质的提升转变。把质量作为教育的生命线，坚持回归常识、回归本分、回归初心、回归梦想。深化基础教育人才培养模式改革，掀起‘课堂革命’，努力培养学生的创新精神和实践能力。”

“课堂革命”一经提出就引起了教育界人士的高度关注，教育教学领域对“课堂革命”进行了一系列的研究和探索。钟启泉在《课堂革命》中指出，21 世纪是“课堂革命”的世纪，他从理论与实践相结合的角度，为一线教师应对“课堂转型”挑战提出了很多对策和建议。很多一线教师也对“课堂革命”进行一些有益的探索。但总的来看，对“课堂革命”还没有形成全面系统的理解和认识，加上长期以来形成的教育传统和教育理念还没有真正被打破，很多改革形式大于内容，甚至有些探索存在“偏离靶心”的现象。本研究认为，应当从具体的课堂教学实践入手，探讨“课堂革命”的规律性特征，逐步形成共识。

三、高职院校思政课"课堂革命"的实践探索

(一)党和国家高度重视思政课改革创新

党的十八大以来,以习近平同志为核心的党中央高度重视大中小学思政课建设,并对推动思政课改革发展作出了一系列重要指示。2019 年 3 月 18 日习近平主持召开学校思想政治理论课教师座谈会时发表重要讲话,对思政课教师提出了"六要"的要求,强调了推动思想政治理论课改革创新的"八个统一"。同年中办、国办印发《关于深化新时代学校思想政治理论课改革创新的若干意见》,要求统筹大中小学思政课一体化建设,推动各类课程与思政课建设形成协同效应。2020 年教育部等九部门印发《职业教育提质培优行动计划(2020—2023 年)》进一步明确强调:"遵循职业学校学生认知规律,开发遴选学生喜闻乐见的课程资源,因地制宜实施情景式、案例式、活动式等教法,建设学生真心喜爱、终身受益、体现职业教育特点的思政课程。"以上表明,党和国家高度重视思政课的改革和创新,既为思政课建设提供了良好的空间,也对职业院校思政课改革提出了更高的要求。

(二)高职院校思政课"一体四维"的"课堂革命"框架设计

本课题组根据多年的实践探索,尝试提出高职院校思政课实施"一体四维"的"课堂革命"框架和思路,其中"一体"即以学生为主体,实现课堂教学由教师主体向学生主体的转化;"一体"必须通过"四维"来实现,"四维"即价值目标提升、教学场景转换、教学模式转化、评价体系转变。

1."一体"即以学生为主体

实现教学主体由教师主体向学生主体的转化,这既是对"课堂革命"途径的概括,也是对"课堂革命"目标的概括。思政课改革首先要转变教学价值观,"教"是途径,"学"是目的,"教"为"学"服务,教师的"教"是为了学生的"学"。"课堂革命"就是要实现真正以学生为主体,将课堂变成学生的课堂,让学习成为学生自己的事情,让学习按照学生的方式进行,使课堂由"教"的场所转变为"学"的场所。

2."一体"必须通过"四维"来实现

(1)价值目标提升。思政课教学的价值目标由单一明确立德树人的育人目

标，提升为思政课育人目标与专业价值目标相结合，实现思政课与专业课的协同育人：既要强调专业课与思政课的同向同行，也要发挥思政课对专业课的深层支撑作用。以环境专业为例，思政课教学与学生专业有机结合，在教学目标制定、教学思路设计、教学案例选用、课后作业设计、实践教学开展等方面贴合环境专业实际，促进专业素养目标达成和学生发展，在更好促进思政育人目标的同时，为学生的专业能力发展提供价值引领。

（2）教学场所转换。教学场所转换就是要由“教的场所”转换为“学的场所”。例如打造校内红色教育和实景体验基地、充分利用校内和校外周边资源、依托学校思政教学综合资源库打造云端虚拟资源等实现教学场所的转换。通过教学场所转换构建全新学习平台，建设全新课堂，引导学生在真实体验中完成知识构建与知识内化。

（3）教学模式转化。通过任务驱动推动思政课教学进程，教师引导学习过程，学生在完成任务的进程中构建知识体系，形成学习共同体。通过启发式、互动式、探究式、体验式教学，在教师创设的情景中通过任务或问题驱动学习，加上各种媒体的综合运用，激发学生的学习好奇心，充分挖掘他们的潜能，促进学生的发展与成长。

（4）评价体系转变。要实现思政课教学的革命性变革，必须重新构建教学评价体系。思政课教学要坚持多元主体评价，发挥学生、教师、同伴、企业、社会等不同主体的作用，从不同视角进行评价；坚持多样化评价，将课堂学习评价和实践活动评价、过程性评价和终结性评价、量化评价和质性评价有机结合，综合考核学生对所学内容的理解和实际运用。

（三）高职院校思政课“一体四维”改革教学案例设计

本研究以高职院校有关中国特色社会主义理论体系中的“‘五位一体’总体布局”教学内容为例，在讲授基本理论知识之后，结合环境专业培养目标，设计以下拓展式的教学方案：

表 41-2 “‘五位一体’”总体布局”深化拓展课教学设计

<table>
<tr><td>课题名称</td><td colspan="3">假设我是×××县长(区长),晒晒我的主政方略</td></tr>
<tr><td>学生班级</td><td>2021 级环境工程 1 班</td><td>课时</td><td>2</td></tr>
<tr><td>教学内容分析</td><td colspan="3">在学习“‘五位一体’总体布局”的第一节“实现经济高质量发展”和第五节“建设美丽中国”相关知识后,引导学生提高政治站位,通过知识迁移,以认识论和方法论原理,以家乡所在区县为基础,设计教学“假设我是×××县长(区长),晒晒我的主政方略”。</td></tr>
<tr><td>学生分析</td><td colspan="3">学生对“五位一体”总体布局、“实现经济高质量发展”和“建设美丽中国”等相关知识有一定基础,对环境相关问题比较敏感;学生在学习特征上呈现出求知欲强,热爱新鲜事物,喜欢感官激发;运用所学知识解决实际问题的能力不足,根据现有理论正确理解国家方针政策的能力有待提高。</td></tr>
<tr><td rowspan="3">教学目标</td><td>素养目标</td><td colspan="2">更加坚定对党的大政方针的政治认同,坚定对习近平新时代中国特色社会主义思想的理论自信。</td></tr>
<tr><td>知识目标</td><td colspan="2">全面理解“五位一体”总体布局,深入理解“实现经济高质量发展”和“建设美丽中国”的关系。</td></tr>
<tr><td>能力目标</td><td colspan="2">能够运用所学知识“一地一策”解决实际问题,能够根据现有理论正确理解国家方针政策。</td></tr>
<tr><td>教学重点</td><td colspan="3">“实现经济高质量发展”和“建设美丽中国”的关系。</td></tr>
<tr><td>教学难点</td><td colspan="3">结合“实现经济高质量发展”和“建设美丽中国”,如何一地一策解决家乡的发展问题。</td></tr>
<tr><td>教学策略的选择与设计</td><td colspan="3">以建构主义学习理论为基础,将行动导向教学模式的研究成果应用于课堂教学,以家乡发展为切入点,通过“假设我是×××县长(区长),晒晒我的主政方略”来构建学习共同体,以问题驱动法通过“讨论—展示—质疑—分享—总结”来推动学生的学习进程。</td></tr>
<tr><td colspan="4">课前准备</td></tr>
<tr><td colspan="2">资源准备</td><td>教师准备</td><td>学生准备</td></tr>
<tr><td colspan="2">教材、教案、课件、小组学习的版纸等材料。</td><td>向学生布置学习任务,说明教学要求。</td><td>按照学生家乡划分 5 至 8 人的学习小组,采取围坐的形式。</td></tr>
</table>

续表

课中实施			
教学过程	教师活动	学生活动	设计意图
一、创设情境导入新课(5分钟)	1. 重申教学任务和教学要求,明确教学流程和分工任务; 2. 组织引导各团队命名并喊出团队口号。	1. 组建团队,拟定团队名称及口号,进行团队分工; 2. 团队共同喊出团队名称及口号。	1. 创设情境,团队共建,形成团队意识; 2. 预热团队氛围。
二、团队共建“假设我是×××县长(区长),晒晒我的主政方略(40分钟)	1. 明确问题:“假设我是×××县长(区长),晒晒我的主政方略; 2. 以问题引导学习过程 (1)你家乡的发展存在哪些仍待解决的问题? (2)你的家乡有哪些可利用的资源和条件? (3)假设你是×××县长(区长),你的主政方略是怎样的? (4)你的主政方案中如何关注了经济发展和环保要求? 3. 现场巡视引导,了解讨论情况,适时加入小组讨论,引导讨论方向。	1. 队长组织团队讨论; 2. 团队合作构建学习共同体,立足家乡现实情况和特点逐项分析探讨,分析家乡发展存在的问题和可利用的资源,找出破解问题的办法和思路; 3. 书记员画出鱼骨刺图,逐条记录团队讨论结果; 4. 汇总团队讨论结果,形成简单的“主政方略”。	1. 创设特定情境; 2. 以家乡为切入点,以有逻辑性的问题为引导,促进学习共同体的构建和有效推进; 3. 促进学生合作探究与知识建构; 4. 结合所学知识,思考如何“一地一策”解决家乡发展问题,完成知识内化。
三、成果展示与质辩(30分钟)	1. 组织学生团队轮流进行汇报; 2. 引导学生团队的质询与答辩; 3. 发放团队评价表,引导学生团队互评; 4. 控制课堂流程与秩序。	1. 团队轮流展示团队讨论成果; 2. 接受其他团队质询并答复; 3. 对其他团队进行质询; 4. 进行团队互评。	1. 团队展示,增强成就感与获得感; 2. 团队质辩,促进合作探究,实现学生主体; 3. 加强过程评价。
四、团队分享(10分钟)	1. 组织学生分享感受; 2. 引导学生思考:经济发展与环境保护二者能否共存; 3. 引导学生团队互评。	1. 团队代表分享团队协作中的感受; 2. 分享对经济发展与环境保护二者关系的思考; 3. 进行团队互评。	1. 通过分享促进学生的反思; 2. 增进学生对知识的梳理; 3. 加强过程评价。

续表

课中实施			
教学过程	教师活动	学生活动	设计意图
五、课堂小结(5分钟)	1. 总结团队表现; 2. 厘清经济发展与环境保护的关系,引导学生认识:经济发展与环境保护是相辅相成的,经济发展不能以破坏环境为代价,因此要转变经济发展方式,实现经济高质量发展;绿色发展才能实现永续发展,必须坚定不移走生产发展、生活富裕、生态良好的文明发展道路; 3. 提出开放式问题。	1. 感受团队成果,总结经验教训; 2. 在教师引导下,进一步厘清经济发展与环境保护的关系; 3. 结合自己专业思考开放式问题:两年后自己将从环境专业毕业,走上工作岗位,绿色发展理念会对自己以后的工作产生什么样的影响。	1. 进一步梳理知识、理清思路; 2. 以开放式问题作为小结,有效联系思政课程和学生专业,引导学生树立正确的专业价值,实现思政课的教育功能。
课后拓展			
教学过程	教师活动	学生活动	设计意图
六、课后延伸	1. 线上对课后开放式问题进行引导; 2. 引导学生完成课下线上自评。	1. 通过线上平台完成线上讨论; 2. 根据自己表现完成课下线上自评。	及时评估学习效果,为教学评价和调整教学策略积累第一手资料。
教学评价	课上团队互评+课下学生自评+教师评价,构成本次课平时成绩		

(课题承担单位为天津石油职业技术学院,课题主持人为姜峰,执笔人为田新蕊。课题组成员:田新蕊、李振华、陈丽、袁艳霞、李徐东、马军、谢卫娟。)

第四十二章　职业院校“课堂革命”研究（冶金专业）

“课堂革命”在职业院校的推进实践和理论研究已有一个时段，但多集中在宏观、中观层面探索。本研究力图从微观课堂教学改革着手，对“课堂革命”实践作出新的尝试。

一、有关“课堂革命”相关政策文本梳理

2017 年 9 月 8 日，时任教育部部长陈宝生在人民日报撰文《努力办好人民满意的教育》提出：“坚持内涵发展，加快教育由量的增长向质的提升转变。把质量作为教育的生命线，坚持回归常识、回归本分、回归初心、回归梦想。深化基础教育人才培养模式改革，掀起“课堂革命”，努力培养学生的创新精神和实践能力。”这是本研究的由来。

2019 年教育部印发的《全国职业院校教师教学创新团队建设方案》提出：“研究制订专业能力模块化课程设置方案，积极引入行业企业优质课程，建设智能化教学支持环境下的课程资源，每个专业按照若干核心模块单元开发专业教学资源。组织团队教师集体备课、协同教研，规范教案编写，严格教学秩序，做好课程总体设计和教学组织实施，推动课堂教学革命。”

2020 年教育部等九部门印发的《职业教育提质培优行动计划（2020—2023 年）》，明确要求加强课堂教学日常管理，规范教学秩序；推动职业学校“课堂革命”，适应生源多样化特点，将课程教学改革推向纵深；通过建设，遴选 1000 个左右职业教育“课堂革命”典型案例。上述文件表明，“课堂革命”是一个教学改革的新要求，在职业教育领域更要坚持。

二、有关“课堂革命”相关研究成果述评

自从“课堂革命”这一提法出现后，有关课堂革命的研究已经成为近年来职

业教育研究的热点。这些研究主要涉及课堂革命的内涵、当前课堂教学存在的问题、课堂革命的实施路径与策略等。

郑硕从职教类型化、学生主体地位、职教吸引力,以及现代信息技术的发展四个维度进行分析,并以现存问题为导向,从课程思政、教学标准、教师队伍、校企合作,以及教师科研五个方面提出了推动职业教育“课堂革命”的路径。①

壮国桢提出推进高职课堂革命可分三步实施:在认识上,要根据当前高职学生来源多元与求学诉求多样的实际,确立尊重差异、坚持学生中心的教学理念;在行动上,要构建行动导向教学体系,着力打造有用、有景、有趣、有效的“四有”课堂;在政策制度上,教学管理的张力、教师的动力、学生的压力、教育主管部门的拉力是确保课堂革命取得成功的重要保障。②

张露颖等则剖析了高职教育课堂革命的内涵要义,并着重从能力革命、内容革命、策略革命、角色革命、质量革命与管理革命等维度,针对教师、课程、学生、评价、制度等六个关键要素,提出了高职教育课堂革命的实施要径。③

裴勇则从当前高职院校面临生源多元化、学习需求多样化、教学技术手段创新、教学内容适应产业发展、教学模式转变等诸多新挑战,提出高职院校需要理清学校、企业、教师、学生等各主体在课堂教学中的作用,共同发挥力量开展革命性的创新探索,从开展分类培养、建立对接产业的动态调整机制、常态化开展提升教师教学能力的培训、科学设计课堂教学综合评价体系等方面推进课堂革命。④

张丽颖等从教师教学、学生学习、教学关系和教学文化四个维度阐述了高职课堂革命内涵,从职业教育类型化、高职院校“三教”改革和现代信息技术发展三个角度对高职课堂革命动因进行分析,从师生关系、教师培训、课堂文化、学生学习能力和教学评价 5 个方面提出高职课堂革命的策略。⑤

王云凤针对当前课堂教学中的现实问题,提出要开展学校办学条件和专业

---

① 郑硕,杜德昌.高质量发展背景下职业教育“课堂革命”的路径研究[J].中国职业技术教育,2022(02):19-23.

② 壮国桢.高职课堂革命:缘起、路径与保障[J].职业技术教育,2019,40(26):38-42.

③ 张露颖,于志宏.高职教育课堂革命的要义、要素与要径研究[J].教育与职业,2022(06):104-108.

④ 裴勇.“双高计划”背景下高职院校推进课堂革命的动因、主体与策略[J].教育与职业,2021(21):108-112.

⑤ 张丽颖,张学军.高职课堂革命:内涵、动因与策略[J].中国职业技术教育,2021(02):18-22.

特色建设,通过科学编排教学班级,建立学生助教制度,构建专业共建共享联盟,加强教师培训,建立保障机制等策略,为课堂革命提供基础条件,并通过具体的学习设计、教学组织、教学评价变革等,推动职业院校课堂革命。[①]

从已有关于课堂革命的实践和研究成果看,多是从宏观、中观的角度对课堂革命进行分析研究,而立足于微观课堂的教学改革实践探索不多,鲜见较为具体的以某一专业的一门课程为例进行课堂革命的案例,说明我国的职业教育课堂革命正处于摸索试验阶段。

三、冶金专业"课堂革命"的具体实践

所谓"课堂",既指物理形态的课堂——线下教室和线上网课,也指抽象形态的课堂——教育教学。课堂是无处不在的,只要适合课程上课的地方就是课堂。课堂是教育教学的主阵地,是学生除家庭外置身时间最长的地方,是学生学习成长、汲取知识技能、全面发展自我的重要途径。新时代的课堂是立体的、灵动的、超时空的,也是可以突破围墙和固定桌椅束缚的,是学生获取知识技能、提升人格品行的生命场域。

所谓"革命",是指实现一定颠覆性的变革。但这种颠覆绝不是对传统课堂教学的全盘否定,而是对课堂真正深刻而富有颠覆性的批判和重构,以一个全新的维度去重新认识课堂、构建课堂、发展课堂、提升课堂。

所谓课堂革命,就是坚持以学生为中心、以立德树人为根本,遵循多元智能理论,打破传统的"三教中心"模式,充分运用人工智能、互联网、现代信息技术革新教学手段,改进教学方法,创新教学模式,拓展教学时空和场域,企业深度参与教与评,新技术、新工艺、新标准及时融入教学内容和新形态教材,并有机融入课程思政,为区域经济社会发展提供德智体美劳全面发展的高素质技术技能人才。

1. 专业教学有机融入课程思政

结合钢铁智能冶金技术专业特点,深挖专业课程思政元素,充分发挥建设的冶金文化发展史长廊和新中国成立以来108位冶金劳模精神事迹展厅的思政教育功能,让学生感受中国钢铁冶金产业发展的光辉历程和冶金劳模无私奉献、奋发进取的精神力量。邀请冶金企业优秀毕业生回校现身说法,深切理解要从一

① 王云凤,张跃东.职业院校"课堂革命"的策略与方法[J].中国职业技术教育,2020(08):72-75.

名普通学生成长为企业生产的中坚力量，既要学好知识技能，更要具备爱岗敬业、脚踏实地、一丝不苟的职业素养。带领学生参观建有国家级4A景区钢铁工业园的新天钢集团，让学生真实感受在习近平新时代生态文明思想指引下，中国钢铁冶金企业的生产工艺装备、生产作业环境和环保水平等发生的翻天覆地变化，进一步增强学生热爱专业，增强为中国钢铁工业强国建设贡献自身力量的责任感和使命感。

2. 创新教学模式

运用大数据、人工智能等现代信息技术，构建以学习者为中心的教育生态，建立师生之间、生生之间互动，企业深度参与的“学校、企业、网络”三维职业教育课堂。根据岗位能力要求，引进企业真实项目，实行“做中学、学中做、边做边学”和“做中教、教中做、边做边教”的教学模式。拓展课堂教学空间，组织学生到冶金企业学习、交流和体验。新型课堂教学模式如图42-1所示。

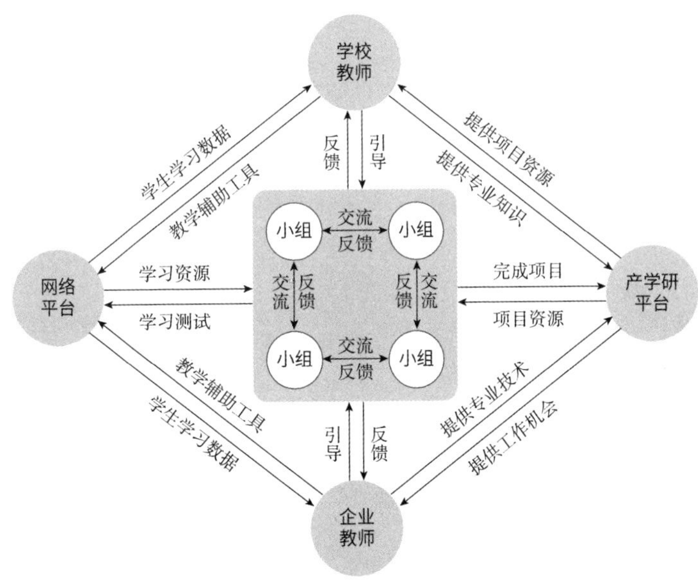

图42-1 新型课堂教学模式

3. 校企共建教学内容

根据现代冶金数字化、智慧化、绿色化发展方向，以企业岗位需求为导向，以典型工作任务为载体，校企共同制订人才培养方案，依据岗位能力要求，完善课程标准，基于企业国际化发展要求和职业工作过程重构课程体系（图42-2），合作开发活页式、工作手册式新形态教材，融入企业生产的关键性技术、行业标准、岗位标准、企业文化、企业工作流程等内容，突出教材的针对性、先进性和职业性。对照职业标准和岗位操作规范，以开发的钢铁智能冶金技术国际化专业教学标准为导向，建立产业技术进步驱动课程改革机制，不断优化课程资源供给。通过建设精品在线开放课程和黑色冶金技术国家级专业教学资源库，增强课程的开放性、共享性和灵活性。

围绕能力迭代培养需求，重构核心课程，在专业中教学进行冶金机电设备点检 1+X 证书制度试点，探索书证融通模式，将证书培训内容纳入人才培养方案，实现课程教学与岗位要求一致，学历证书与职业资格证书融通。

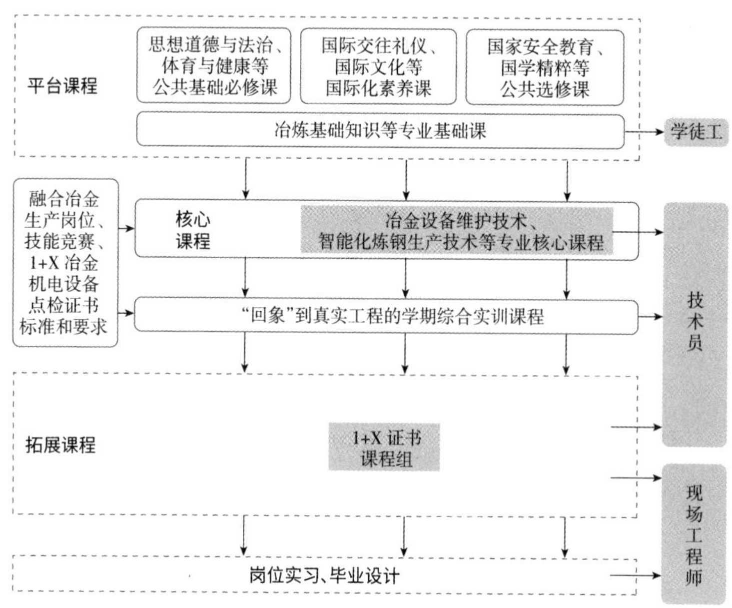

图 42-2　钢铁智能冶金技术专业课程体系

4. 应用信息化教学手段

(1)打造“互联网+”教育形态。借助“云班课”“学习通”“学银在线”“职教云”等信息化教学平台拓展教学空间，实现“先学后教、精教优学”。课前，教师利用网络教学平台发布任务，学生借助平台进行预习与测试，教师监测学生的学习情况并给予反馈；课中，教师根据学生预习情况答疑与点评，围绕工作任务组织教学，引导学生完成任务，并借助平台的提问、讨论等功能实现与学生的互动；课后，学生利用网络教学平台完成巩固复习及拓展任务，教师负责检测学生任务完成情况。

(2)虚拟现实与虚拟仿真技术的应用。冶金行业具有一定危险性且生产成本高,在传统教学中一直存在实训难的问题。按照“实训系统职场化、生产过程仿真化、设备运行可视化、教学活动(理实)一体化、教学资源立体化”的思路,校企合作基于国内一流冶金企业开发了从烧结、炼铁、炼钢、连铸、钢材轧制全冶金生产工艺流程的虚拟仿真模拟实训教学平台。虚拟现实与仿真的应用可化抽象为具象,使学生对冶金生产过程有更直观的认识和体验,符合体验式学习认知规律,可有效破解冶金生产“看不见、进不去、动不了、难再现”的实践教学难题。

下面以烧结生产操作与控制课程中的某一单元为例,进行教学方案设计,展示钢铁智能冶金技术专业在教学过程中如何开展课堂教学改革。

本教案设计主要从以下几方面体现了“课堂革命”:

一是以劳动模范的职业精神为榜样,树立学生的职业精神,围绕大国工匠的责任感,体现对学生职业精神的培养;

二是学院优秀毕业生参与教学过程,拓展了教学场域,教学内容更贴近实际生产,体现毕业生对工作的执着、专注与业绩,提升学生对专业的热爱;

三是虚拟仿真和新形态教材的使用,解决了冶金生产教学实训难的问题,使学生更好了解和掌握企业烧结实际生产工艺流程和标准,更好增强未来职业适应性;

四是以企业实际案例实施项目化教学,以小组探究合作方式进行配料结构优化,增强降本增效的节约意识。

《配料操作与控制》教案

<table>
<tr><td>课程名称</td><td colspan="4">烧结生产操作与控制</td><td colspan="2">授课对象</td><td colspan="2">钢铁智能冶金技术二年级</td></tr>
<tr><td>周次</td><td>5</td><td>课时</td><td>2</td><td>地点</td><td colspan="2">炼铁生产仿真实训室</td><td>课程形式</td><td>混合式教学</td></tr>
<tr><td>授课名称</td><td colspan="8">配料操作与控制</td></tr>
<tr><td rowspan="3">学情分析</td><td>素质</td><td colspan="7">1. 在之前烧结原料准备学习中,已培养学生安全防护和团队合作共同完成生产任务的意识
2. 学生缺少严谨计算,求真务实的意识</td></tr>
<tr><td>知识</td><td colspan="7">掌握烧结对原料的要求,知道配料的目的及对烧结生产意义,个别同学不清楚各种物料在烧结配料中的作用</td></tr>
<tr><td>能力</td><td colspan="7">能够识别原料,但不清楚怎样按照要求进行原料搭配</td></tr>
</table>

续表

教学目标	素质	1. 通过学习烧结配料操作与控制，增强学生安全防护，团队合作意识 2. 在配料计算过程中培养学生求真务实，一丝不苟，精益求精，节约意识 3. 培养学生创新思维，应变思维 4. 通过动手完成烧结配料，培养学生劳动意识，提升职业素养
	知识	1. 掌握烧结配料方法 2. 理解配料原则、标准 3. 了解各种原料波动对配料的影响
	能力	1. 能够按照生产要求构建烧结配料结构 2. 能够根据生产情况熟练进行配料结构的优化调整
教学重点	1. 能够正确理解烧结配料的原则与标准 2. 能够根据生产情况熟练进行配料结构的调整	
教学难点	1. 根据目标任务要求，通过调整烧结配料结构降低配料成本 2. 影响配料精度的因素分析	
教辅材料	实体教材：高职高专“十三五”规划教材《烧结球团生产操作与控制》 活页教材：烧结 3D 仿真漫游系统 手册教材：烧结生产操作规程与工艺标准	
教学资源	资源库、仿真系统、视频、动画、PPT、3D 漫游系统	
教学方法	1. 任务驱动法 2. 案例教学法 3. 合作探究法	
教学流程	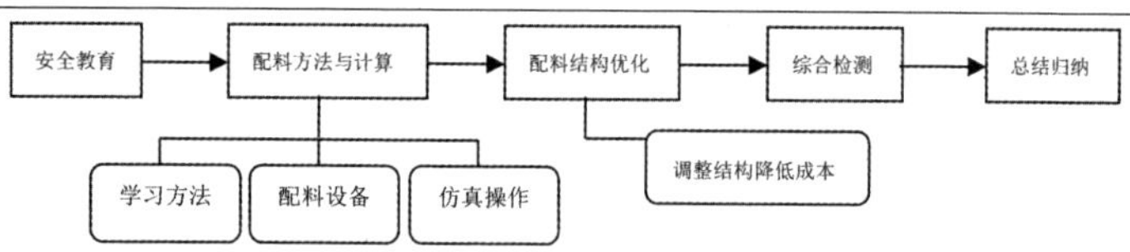 安全教育 → 配料方法与计算 → 配料结构优化 → 综合检测 → 总结归纳 配料方法与计算：学习方法、配料设备、仿真操作 配料结构优化：调整结构降低成本	

续表

教学内容		教师活动	学生活动	备注
课前	任务1:视频预习 (现代烧结配料——宝钢 $660m^2$ 烧结机配料系统)	发布视频:介绍世界最大的烧结机——宝钢 $660m^2$ 烧结机配料系统和配料对烧结质量的影响	通过观看视频,了解烧结生产配料系统及其对烧结矿质量的影响,增强对世界第一钢铁生产大国的民族自豪感	提出任务,突出配料工序的重要性
	任务2:认识宝钢 $660m^2$ 烧结机配料单	在学习平台发送配料单,组织学生讨论配料结构	认识配料单,思考配料结构特点	
课中	一、安全教育(5min) 配料岗位安全认识:劳动保护用品的穿戴、配料设备安全	1. 图片示范:配料岗位“两穿两戴” 2. 介绍配料岗位安全注意事项	学习配料岗位人员劳动保护用品的穿戴及现场安全防护	引导文:掌握配料岗位安全操作
	二、配料方法及计算(50min) 1. 方法介绍体积配料、质量配料、化学成分配料(5分钟)	1. 介绍配料在烧结生产中的目的和作用 2. 结合具体使用的案例讲解配料方法	1. 初步了解和认识配料在烧结生产中的作用 2. 听教师讲解配料方法	任务驱动:学习配料计算突出重点1
	2. 配料计算:将配料计算公式化,使学生能够正确理解烧结配料的原则与标准 (5分钟讲解+5分钟学生练习)	1. 讲解配料计算的基本要求 2. 讲解配料计算公式如何应用 3. 测试学生配料计算的掌握情况	1. 掌握配料的基本要求并在配料计算中认真执行 2. 听教师讲解配料计算 3. 在EXCEL编辑配料公式	
	3. 认识配料设备:圆盘给料机、电子皮带秤、螺旋给料机 (5分钟+5分钟学生练习)	采用活页教材(烧结3D漫游系统)带领学生认识设备	能够正确指出配料设备	任务驱动:更加直观认识配料设备

续表

教学内容		教师活动	学生活动	备注
课中	4. 仿真操作(10 分钟) 使学生能够根据生产情况熟练进行配料结构的调整 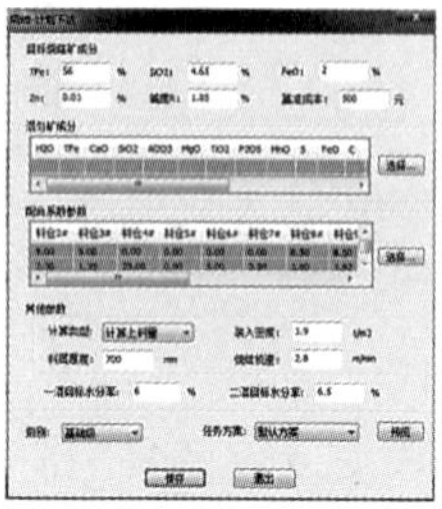	教师出示企业真实的配料单,讲解配料原则,演示配料操作要求和步骤	学生观看教师演示,归纳主要操作步骤	教学做:在仿真操作中掌握技能,突出重点 2
	5. 小组远程仿真练习(5 分钟安全测试+10 分钟仿真练习) (1)配料安全测试 (2)配料任务:成分合格,成本在范围内	教师出示工作任务(与示范任务同类,但不同)	分组进行远程仿真练习	
	三、配料结构优化(23min) 1. 优化方法讲解:使学生能够根据目标任务要求,通过调整烧结配料结构降低配料成本(15 分钟) (1)前次任务安全测试情况 (2)调整配料结构降低配料成本	1. 学生分组,教师通过仿真系统深入讲解调整配料结构与成本之间的关系 2. 介绍天津钢铁集团炼铁厂王存志和天津钢管制造有限公司管加工部主任电气师李刚的先进事迹	1. 听教师讲解,以小组形式优化之前的工作任务 2. 学习先进人物事迹,感受精神力量,提升爱岗敬业、追求卓越、一丝不苟的职业素养	通过企业案例,解决难点 1
	2. 影响因素分析: (1)原料条件 (2)设备状况 (3)操作因素 使学生理解影响烧结配料精度的因素分析(8 分钟)	1. 视频连线在中天钢铁炼铁厂担任高炉炉长的优秀毕业生王亚坤介绍其工作成长经历和实际生产过程中影响配料的因素 2. 引导学生归纳影响配料精度因素及控制方法	1. 归纳影响配料精度的因素,并理解影响原因,分析解决方法 2. 增强分析问题的全面性,以优秀毕业生为榜样目标,增强献身冶金事业的责任感和使命感	任务驱动:解决难点 2

续表

教学内容		教师活动	学生活动	备注
课中	四、综合检测(10 分钟) 检测本课程内容学生的掌握情况 	课堂发布工作任务单,组织学生使用仿真软件远程操作完成	用仿真软件远程完成课程内容检测	评价本课程内容掌握情况
	五、总结归纳(2 分钟)	公布和分析学生测试情况,重复配料操作过程中如何进行配料计算,如何根据实际情况进行配料结构调整和影响配料的因素等重难点知识	掌握重点知识	突出重点知识,实现技能掌握
课后	任务 1:任务拓展 宝钢 660m² 烧结变料任务	发布工作任务,组织学生变料调整	完成探索任务	拓展学习,丰富学生视野
	任务 2:学习企业规程	在学习平台上发布手册教材:宝钢 660m² 烧结机配料岗位操作规程(学习平台)	学习企业实际操作规程	巩固学生对本节课程知识的掌握,开拓生产实践知识的探索
	任务 3:了解国家"双碳"目标和现代冶金发展方向	发布"双碳"信息搜集工作任务	通过信息搜索,了解冶金生产降碳新技术、新工艺	拓宽学生专业发展视野

续表

课后记	
优点	1. 运用远程仿真帮助学生掌握烧结配料方法,理解配料原则与标准。在配料计算过程中培养学生劳动意识,提升职业素养 2. 运用生产实际案例使学生了解各种原料波动对配料的影响,能够按照生产要求构建烧结配料结构,并根据生产情况熟练进行配料结构的调整,培养学生创新思维,应变思维 3. 通过小组合作探究,培养团队合作意识,合作精神
不足	1. 在配料结构影响成本的学习中,学生的节约意识还有待于进一步加强 2. 学生对优化结构的探索热情,还有待于进一步开发
改进思路	1. 通过校企合作获取企业真实原料数据,配料标准及要求与生产实际相同,让教学内容更加有效对接生产实际 2. 学生线上通过远程控制学院仿真实训系统,掌握实践技能 3. 小组合作建立企业岗位衔接,通过轮换角色使每名同学在仿真任务操作中掌握不同岗位操作技能,今后通过增加小组活动,以及在小组活动中增加一些奖励机制等提高学生参与热情 4. 进一步丰富企业案例,用企业案例及大数据分析,说明降低配料成本对烧结生产的作用,使学生知道降低配料成本对企业生产的重要性,培养节约意识

(课题承担单位为天津工业职业学院,课题主持人和执笔人为刘均贤。课题组成员:林磊、于万松、张志超、李秀娟、刘桂华、张菲菲。)

第四十三章　基于现代学徒制的高职旅游专业群“课堂革命”探究

本研究以天津商务职业学院旅游专业群教学改革实践为例，以现代学徒制为手段，挖掘校企双方的育人优势，以期实现“产教融合、校企共育、德技并修、课证并举”的高职旅游专业群“课堂革命”创新。

一、有关“课堂革命”的相关政策梳理和解读

将企业对技术技能人才持续变化的需求有机融入职业教育课堂教学，实现教师、教材、教室、教案、教风“五教合一”，完成产教深度融合，始终是高职院校课堂教学改革面临的重要课题。

2006 年教育部印发《关于全面提高高等职业教育教学质量的若干意见》，要求开展以典型产品或服务为载体的项目课程模式、工作过程系统化课程模式等具有高职教育特色的课堂教学改革，开始在各级各类职业院校中尝试开发使用。

2017 年 9 月 8 日，时任教育部部门长陈宝生撰文《努力办好人民满意的教育》提出：“把质量作为教育的生命线，坚持回归常识、回归本分、回归初心、回归梦想。深化基础教育人才培养模式改革，掀起‘课堂革命’，努力培养学生的创新精神和实践能力。”“课堂革命”这一概念由此流行起来，引发广大教育工作者热议和思考。

2020 年教育部等九部门印发的《职业教育提质培优行动计划（2020—2023 年）》，提出到 2023 年将遴选一千个左右职业教育“课堂革命”典型案例，职业教育教学成果奖评选向课堂教学改革倾斜。

2021 年教育部等八部门联合印发的《职业学校学生实习管理规定》，深入分析数字经济背景下岗位升级、职业场景变化新形势，着眼实习全流程、聚焦关键环节，坚持标本兼治，明确实习是实践教学的重要环节，将符合条件的生产性实训基地、厂中校、校中厂、虚拟仿真实训基地的实习明确为教学活动。这在事实

上确认了将教学场所从教室拓展到实习实践各场景的必要性。

从以上相关文件精神梳理中可以看到，职业院校的教学改革，将课堂从学校扩展到企业，将教室从校园延申到工厂，引入企业真实项目，校企导师双向培养，学生学习与实习并重，这些将是职业教育“课堂革命”的必然方向。

二、已有相关实践和研究成果综述

20世纪10年代，美国学者开始进行“科学性、实证性”课程设计的研究，开创了课堂改革研究的先河。

日本著名教育家佐藤学在《教师的挑战：宁静的课堂革命》中指出：“现在，全世界学校的课堂都在进行着‘宁静的革命’。全世界的课堂都在由‘教授的场所’转变为‘学习的场所’；从以‘目标—达成—评价’的程序型课程转变为以‘主题—探究—表现’的项目型课程；从班级授课模式转向合作学习模式；学校不仅仅是学生合作学习、共同成长的所在，还是教师作为教学实践、专家共同学习和成长的所在。”①

国内学者对高职教育“课堂革命”的研究更重视职业教育与行业企业的密切关系。在理论层面的研究，如裴勇《双高计划”背景下高职院校推进课堂革命的动因、主体与策略》提出，高职院校要厘清学校、企业、教师、学生等各主体在课堂教学中的作用，共同发挥力量开展革命性的创新探索，从开展分类培养、建立对接产业的动态调整机制、常态化开展提升教师教学能力的培训、科学设计课堂教学综合评价体系等方面推进“课堂革命”。

更多的则是基于实践层面的研究，如谭正清、夏念恩《高等职业院校“课堂革命”探索与实践——以建筑工程计量计价与成本控制课程为例》、李蕙羽《高职高专人力资源管理专业“课堂革命”的思考》等从专业或者课程角度对“课堂革命”做实施性分析。

与此同时，基于校企合作进行“课堂革命”的实践在国内各大学持续进行。如2014年起，南京工程学院针对教师推行以“课堂大于天、课堂属于学生、教师尊严来自课堂、我的课堂我做‘主’、解放课堂”为主题的系列课堂教学改革。2020年厦门大学教师发展中心开展疫情期间高校在线教学调查，证明大规模在线教学实践为传统教学注入了新技术、新理念和新活力，是教育教学时空观、教

① ［日］佐藤学著．钟启泉陈静静译．教师的挑战——宁静的课堂革命［M］．上海：华东师范大学出版社，2012：序言．

学观、知识观和治理观的深刻思想革新。

总体上看,国内外目前对"课堂革命"的探索与实践,偏重在政策法规、体制机制等宏观、中观层面进行论证,缺少实践指导性分析;而实践性研究又多局限于各自课程或专业,研究成果缺少普遍应用价值。理论研究与实践研究缺少操作对接,导致职业教育专业群建设、课堂改革的研究深度不足,说服力不大,从而为本研究提供了广阔的创新空间。

三、基于现代学徒制的高职旅游专业群"课堂革命"探究

在高职教育中,课堂既包括静态的"硬件":教室、实训室、实习单位;也包括动态的"软件":教学内容、教学方法和教学评价及师生关系的重塑、学习环境的再造等。本课题组认为,基于现代学徒制的"课堂革命",把"课堂"作为教学改革的"主战场",以行业企业真实项目为基础,以现代学徒制为手段,以有共同培养基础的专业群为对象,设立基于行业企业需求的课程标准、考核方案,校企共同主导人才培养,是高职院校"课堂革命"的有效方式。

(一)基于现代学徒制高职旅游专业群"课堂革命"的实证研究

本研究以天津商务职业学院旅游会展专业群(教育部第二批现代学徒制试点院校、天津市创优赋能项目重点建设专业群)为研究样本,分析其"产教融合、校企共育、德技并修、课证并举"的现代学徒制视域下高职旅游专业群"课堂革命"创新与实践。(如图43-1)

1."优势互补"的高职旅游专业群课程互通

基于高职旅游专业群服务对象相同、服务产业相同,专业基础相通、校企资源共享等特征,集合专业教育资源优势,实现专业基础课程共享,专业能力拓展课互选,创新专业教育理念,形成专业集群化人才培养体系。

2."工学交替"的项目式现代学徒制模式转换

以多阶段——不以教学学期而以行业人才淡旺需求分段;多项目——不以一个企业一个项目而以多企业多项目为依托;多岗位——不同项目、不同企业既可单岗位持续提升也可多岗位轮换学习;多层次——基于不同项目不同阶段进行基础服务及基础管理等不同层次岗位交替的项目式现代学徒制模式。

3."合作并举"的项目式现代学徒制专业提升

形成高职旅游专业群"产教融合"的现代学徒制教学实践、"校企共育"的现

代学徒制师资建设、"德技并修"的现代学徒制人才培养、"课证并举"的现代学徒制考核机制等层面的创新建设。

4."互利共赢"的项目式现代学徒制行业助推

重塑高职旅游专业群行业发展中的位置:既是行业人才培养基地——在校园完成学生价值观塑造、人文素养提升、专业理论和技能培养,也是用工需求储备池——行业企业因项目推动和行业旺季有大量员工需求时高效率输出可用员工;既是行业发展智库——基于项目深度合作,校企共同引领探究行业发展需求趋势,也是社会前进助推器——分析优势项目和行业淡旺季规律,服务区域经济。

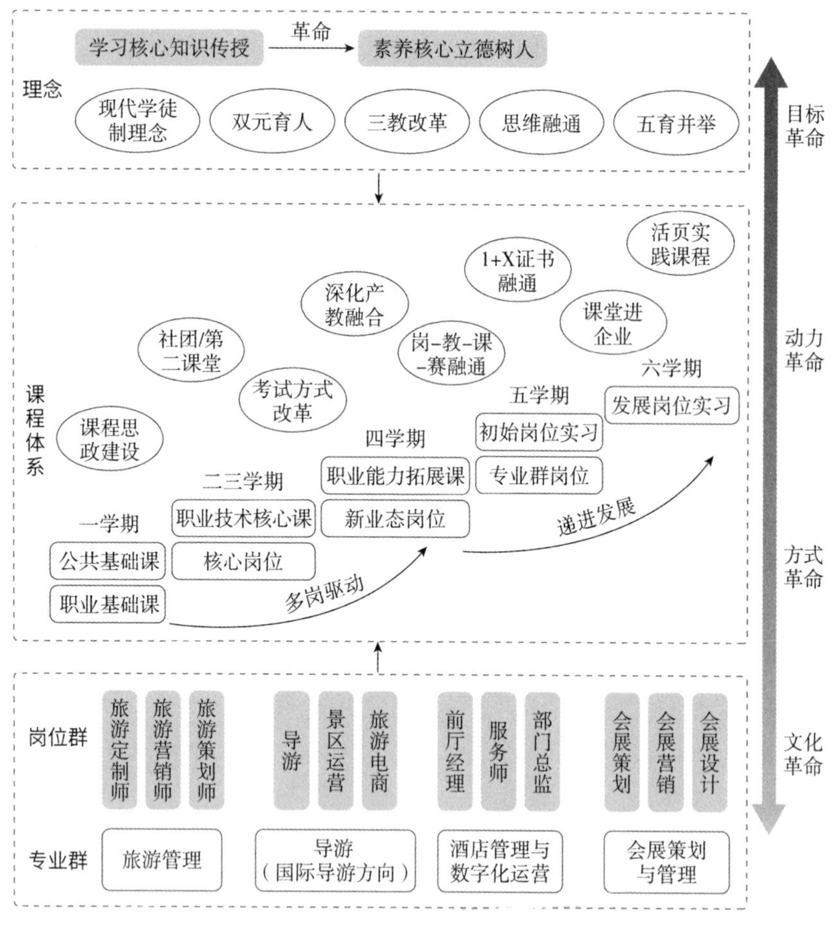

图 43-1 天津商务职业学院基于现代学徒制旅游会展专业群"课堂革命"实施示意图

(二)对基于现代学徒制高职旅游专业群课堂革命的理论研究

1. 一个理念——以现代学徒制的理念深化“双主体”模式

从标准体系、双导师团队、教学资源、培养模式改革和管理机制等方面实现专业设置与产业需求对接。校企共同论证人才培养方案、制定课程标准、开发专业核心课程、制定岗位实习教程。

2. 双元育人——以“双元育人、交互训教,双重身份,工学交替”驱动“双导师”育人

企业、学校共同承担育人责任,探索合作路径,充分发挥行业企业优势,将学习空间从课堂拓展到企业现场,将企业项目搬进课堂,教学团队实现教师与师傅对接,形成企校联动育人的共赢格局。

3. “三教”改革——以“教师、教材、教法”突破的方式实现“双身份”的转换

在产教融合模式下,实现教师“双向双融通”,建立结构化师资团队;教材体系从知识本位进化为实践本位,形成数字化教学资源充分参与的“纸质+多媒体”教材模式;教法尝试在线开放课堂“互联网+”形态,形成“行动导向”教学理念,以仿真和真实环境开展教学,实现学生与员工的共通。

4. 四维融通——以“岗—课—赛—证”的手段递进“双证”融通

实现岗——工作岗位、课——旅游专业群课程体系、赛——职业技能大赛、证——职业技能等级证书的融会贯通,以对岗的需求认知和赛、证的品质选择,设计“系统建构、对接融合、模块序化、学测一体”课程改革,将工作领域、工作任务变成课程模块、竞赛模块,充分调动社会力量参与职业教育的同时,提升院校应对行业发展和就业市场需求的能力。

5. “五育”并举——以“德智体美劳”全面推进的素质教育实现“双向”融合

以行业企业人才综合素养需求为切入点,以国家观念、职业道德为起点,将体育、美育、劳动教育以多样灵活的方式融入教育教学和社会实践,将课堂从知识场拓展成生活场、生命场,将培养目标从知识技能提升到人格信仰、劳动精神;课堂从知识场拓展到生命场,达成立德树人任务,实现职业教育与终身教育对接。

(三)基于现代学徒制高职旅游专业群课堂革命的实施案例

2021年,天津商务职业学院旅游会展专业群会展策划与管理专业以与国家会展中心(天津)的合作为契机,以2021年6月24日至27日国家会展中心(天津)首展——GIB中国建筑科学大会暨绿色智慧建筑博览会为项目依托,签订校企合作协议,通过校企双方选拔招聘,组织2019级会展专业学生进入首展项目组开展实践活动,进行基于现代学徒制"课堂革命"实践(表43-1)。

一是引入企业的真实项目作为核心教学手段,以展会需求调整学生课程设置、弹性学习时间安排,学生分阶段、分批次进入展会项目组实践,实现课堂教学"活动现场化",构建学岗"直通"车道。

表43-1 天津商务职业学院会展专业进入GIB实习安排及对接课程

工作岗位	工作时间	人数	工作内容	对接课程
GIB主场	3月31日—6月30日	8人	1. 前期工作准备,联系客户,资料收集、录入、审图等 2. 开展期间作为工作人员在服务点负责搭建商报到、现场问题处理	会展服务实践 会展设计项目实践
工程助理	4月1日—6月30日	6人	1. 处理文件,登记、归档、统计资料 2. 日常文书工作,草拟部分信件、表格 3. 协助对图纸材料、技术资料、安全台账进行核查并分类 4. 协助吊点审图工作	会展文案项目实践 会展设计项目实践
物料管理	5月10日—6月30日	3人	1. 协助沟通礼品供应商,对接制作工期、礼品运输 2. 协助在会前进行本版块物料的验收、交接、存贮 3. 协助制订物料管理方案,包括物料清单、出入库清单、物料分配清单等现场可能涉及的管理单据 4. 进行本版块志愿者的培训及管理	会展项目管理实践 会展服务实践
服务区管理	5月20日—6月30日	3人	1. 前期场地考察,协助进行咨询点位的选取 2. 了解展会并协助进行咨询问题手册及咨询点工作手册的制订 3. 进行本版块志愿者的培训及管理 4. 收集现场未能解决的问题,进行总结反馈	会展服务实践 会展项目管理实践 会议策划与管理项目实践

续表

工作岗位	工作时间	人数	工作内容	对接课程
志愿者后勤管理	5 月 20 日—6 月 30 日	2 人	1. 协助沟通展会志愿者带队老师,进行志愿者培训、交通、用餐等保障 2. 协助进行志愿者培训手册的制订,对志愿者进行岗前培训 3. 进行志愿者出勤的统计,纪律的监督及反馈	会展服务实践
会展教育论坛	论坛筹备期间		筹备及现场服务管理	会议策划与管理项目实践 会展项目管理实践
商务局会展处	首展筹备期间		筹备相关辅助工作	会展服务实践 会展项目管理实践

二是实施校企双导师联合指导模式。在校期间,专业教师做服务实践前的各项教育及专业指导;进入展会项目组后,企业导师进行上岗前的模拟场景培训,以课程置换、学分互换为基础,进行以“课堂革命”为导向、以产教融合为目标的有益尝试;

三是将专业课程内容与实际会展项目的策划与实施过程对接。根据会展项目的进度安排,将部分集中实践课做创新设计,把校内的课程学习延展为展馆和会展活动项目组的实践学习,企业导师和专业导师根据学生综合表现(包括大局观念、团队协作能力、爱岗敬业意识、创新意识等)和具体岗位职责完成情况,分别给出课程分数,以不同分数占比,确定课程的最终成绩。

表 43-2 天津商务职业学院旅游会展专业群会展策划与管理专业 GIB 首展实践学习评价

<table>
<tr><td rowspan="2">课程名称</td><td colspan="3">第一批
(4 月 1 日—6 月 30 日实践)</td><td colspan="3">第二批
(5 月 10 日或 20 日—6 月 30 日实践)</td></tr>
<tr><td rowspan="6">在校已完成平时成绩 10%</td><td>跟岗期间课程作业(20%)</td><td rowspan="7">企业实践成绩 70%</td><td rowspan="7">在校已完成平时成绩 40%</td><td>跟岗期间课程作业(20%)</td><td rowspan="7">企业实践成绩 40%</td></tr>
<tr><td>会展服务实践</td><td>首展服务实施方案</td><td>首展布展期间展位搭建指南及安全应急预案</td></tr>
<tr><td>会展文案项目实践</td><td>首展立项策划案</td><td>首展展中调研报告</td></tr>
<tr><td>会议策划与管理项目实践</td><td>企业年会项目组织工作方案</td><td>企业营销会议项目组织工作方案</td></tr>
<tr><td>会展项目管理实践</td><td>展会可行性分析报告</td><td>会展项目管理甘特图</td></tr>
<tr><td>企业参展项目实践</td><td>参展商参展市场调研报告(附调研调查问卷)</td><td>参展商参展实施方案</td></tr>
<tr><td>会展设计项目实践</td><td>AI 设计 10%</td><td>使用图形及钢笔工具临摹三所天津高校 LOGO,说明设计理念</td><td>使用图形及钢笔工具临摹三所天津高校 LOGO,说明设计理念</td></tr>
</table>

上述案例是对现代学徒制视域下“课堂革命”的探索,坚持以社会需求为导向进行教学体系建构,以培养适应行业企业要求的技术技能人才,相信对于高职院校专业建设具有一定探索意义。

(课题承担单位为天津商务职业学院,课题主持人为尹明远,执笔人为姜洪涛。课题组成员:尹明远、岳辉、王远、姜洪涛。)

第四十四章 产业数字化背景下专业群人才培养模式创新

本研究以石油企业数字化升级而对人才需求产生变化为例，探讨产业数字化背景下以专业群为例开展人才培养模式创新问题，以期通过培养高素质复合型技术技能人才的有效实践，为高职院校改革人才培养模式提供借鉴。

一、产业数字化发展背景

2021年3月13日发布的《中华人民共和国国民经济和社会发展第十四个五年规划和2035年远景目标纲要》提出："加快推动数字产业化"和"推进产业数字化转型"。同年习近平总书记在广西考察时强调，"要推动传统产业高端化、智能化、绿色化，推动全产业链优化升级，积极培育新兴产业，加快数字产业化和产业数字化"。

石油行业很早就开始应用物联网、大数据等新技术。2020年8月21日，国资委发布《关于加快推进国有企业数字化转型工作的通知》，加快建设推广智慧管网、智能油田等智能现场。2021年，中石油集团公司发布《关于数字化转型、智能化发展的指导意见》，并启动相关试点。随着国内石油勘探开发力度不断增加以及油田数字化升级，行业急需培养适应数字化发展的技术技能人才。

二、产业数字化背景下创新人才培养模式必要性分析

近年来，随着石油产业链数字化转型升级，现场管理模式、生产流程、工艺、技术不断更新，油田企业急需懂专业知识、熟悉数字化技术、具有较强创新能力并具有较高石油文化认同感的高素质复合型技术技能人才。这就需要进行人才培养模式创新。本研究将在课题组所在学校践行多年的"工学交替、分段递增"人才培养模式基础上，重新定位人才培养目标，重构课程体系，发挥行业办学优势，利用校内实训基地集群和企业实习岗位群，把石油精神培养、信息技术应用

和创新能力提升分阶段融入工学递升全过程，创新人才培养模式，培养石油企业急需的高素质复合型技术技能人才。

三、产业数字化背景下专业群人才培养模式创新

（一）组建石油工程专业群

为适应石油产业智慧化、智能化转型升级需要，以石油工程技术、油气储运技术、城市燃气工程技术 3 个石油类专业组建石油工程专业群，对应石油工业上、中、下游产业链，群内各专业的服务对象一致，教学内容上环环相扣、紧密衔接。（如图 44-1）

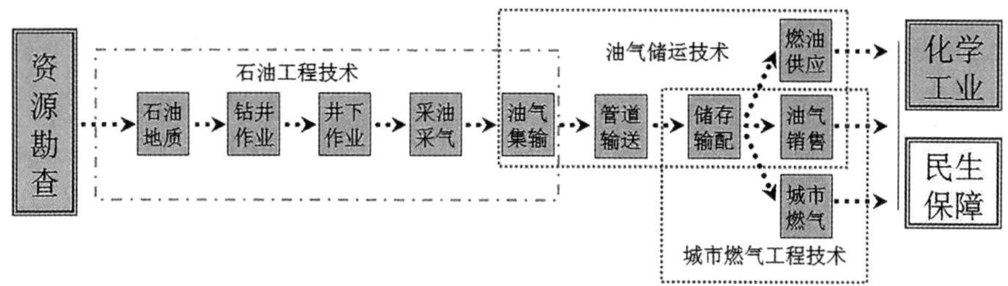

图 44-1　专业群与产业链对应关系

（二）校企合作，共建双主体育人机制

1. “双主体”育人明确校企责任

校企双主体联合育人，双方承担各自责任与义务，企业参与人才培养全过程，企业主体的支撑实现专业设置与产业需求对接、课程内容与职业标准对接、教学过程与生产过程对接。学院与中石化管道公司、江苏钻井公司等企业合作，明确双方主体责任，共同参与制定人才培养方案、课程体系、教学标准，共建共享实训基地，联合开发教学资源、优质教材，校企联合考核、择优录用学生。

2. 联合培养确定学生“双重身份”

校企共同研究招生招工方案与标准，招生与招工一体化展开，并在企业和学校同时备案，联合培养的学员具有“学生”和“学徒”双重角色。校企共商课程标准与岗位标准，课程标准的要求是起点，针对的是学校学生；职业岗位标准的要求是终点，针对的是企业员工。

3. 实施校企“双导师”制

校企共建共享师资队伍,教学任务不同阶段由学校教师和企业师傅各自承担,形成“双导师”制度。学校将指导教师企业实践和技术服务纳入教师考核,并作为晋升专业技术职务的重要依据。师傅选拔通过个人申请、企业推荐的形式,优选吃苦耐劳、敬业爱岗的能工巧匠、业务骨干等纳入学院外聘专家库。校内老师负责学生校内、外理论课程,校外导师负责企业实习课程,“双导师”共同负责校内实训课程。

4. 校企联合考核,企业择优录取

学生最后考核由学校理论考核和企业职业能力考核组成。校企联合对学生进行采油工、集输工等技能等级证书和压力容器证、HSE 证等职业资格证书取证考核,企业择优录取。

5. 搭建合作平台,完善校企协同育人机制

一是搭建技术交流新平台。与华北油田公司各采油厂创新中心、渤海钻探公司培训中心等单位协同共建校内技能大师工作室。聘请企业专家组建大师团队,制定规章制度,服务学校教学和企业生产。二是召开专业指导委员会诊断人才培养方案。校企合作专业指导委员会,由企业技术专家、生产工程师和校内资深专业教师担任委员,校企合作共同修(制)订专业人才培养方案,实现校内教学、生产实践及行业需求的无缝对接。三是资源共享,优势互补。校企共建智慧油田生产仿真实训基地、天然气采集输实训基地等校内共享实训基地,共同开发数字化教学资源、优质教材,联合开展学生培养和员工培训。企业作为学校校外实习基地,为教师提供企业锻炼机会。校企联合进行科研课题和技术攻关。

(三)人才培养过程“三融”,提升专业群建设内涵

1. 融入思政教育,培养石油情怀

(1)创新课堂育人,推进课程思政教学改革。专业群全面推进课程思政教学改革。调整人才培养方案和课程体系,把大庆精神、铁人精神、工匠精神等思政元素融入课堂教学、实训基地、专业教材。

(2)深化第二课堂育人,加强学生综合素质养成教育。注重学生日常综合素质养成教育,着重培养良好的生活、卫生习惯。加强学生心理健康教育和石油传统文化教育,强化毕业生职业素质养成。通过参观石油文化教育基地、邀请劳动模范进校讲座等形式加强石油传统文化教育。

(3)强化校内实训育人,提高学生行业认知感。加强石油企业文化融入实训基地建设。通过增加企业文化标语、展示现场标准化工作规程、引入现场5S管理体系等进行实训基地文化氛围改造,把石油文化融入日常实训教学中。加强学生职业规范养成教育。从课堂教学的纪律抓起,从实训操作过程的规范性抓起,严格执行企业职工劳动标准。

(4)拓展企业实习育人,增强学生行业认同感。校外育人主要指学生岗位实习期间,与企业建立联合育人机制,利用企业文化培养学生对石油行业认同感,在生产过程培育职业素质养成,把安全教育、劳动教育贯穿实习全过程。依托华北油田公司政策支持,建成15个校外实习实训基地,在校外实训基地设立思政培训中心,定期派思政老师对现场学生进行教育。

2. 搭建“双创”平台,培养创新能力

将创新创业教育融入人才培养方案,贯穿专业人才培养全过程,优化课程体系,实现“双创”教育与专业教育深度融合。

一是开设“创新创业教育”“职业生涯与规划”等“双创”通识教育课程,培养学生创新意识,激发学生创新能力,使学生初步确立创新创业思想。二是聘请企业专家开设石油特色创新课程“石油创新发明与专利实务”,依托学院“互联网+”创新创业孵化基地、“天创空间”等平台实施“双创”教育。聘请企业创新创业导师,开展创新创业教学方法的研究,加强学生的创新创业思维培养。开展“互联网+”大赛的培训与指导。三是以中国创新方法大赛、大学生“互联网+”大赛为指导,提升学生创新创业创新精神和实践能力。四是校企合作帮扶学生创新创业实践,指导学生创新发明。

3. 提升专业内涵,引入“智慧”内容

为了更好地满足企业需求,服务产业转型升级,引入“智慧油田新技术”,优化课程体系,培养学生信息技术知识应用能力。

(1)调整人才培养方案,优化课程体系。校企合作根据现场岗位变化、人才需求调整,梳理出企业最新岗位职责和职业标准。校企联合,根据企业最新岗位职责、职业标准和人才需求,调整人才培养方案、课程体系、教学标准,实现课程内容与职业标准对接、教学过程与生产过程的对接。

新增“Python语言程序设计”“石油自动化综合应用基础”等信息技术基础课程,删减了“油层物理”“工程流体力学”“石油地质基础”等课程内容,调整钻采仪表及自动化等,新增选修课“油气田大数据分析”。通过这些调整,特别是增加智慧油田新技术生产下新工艺、新内容,有效提高了学生信息化应用能力。

(2)校企共建新型实训基地群。近五年新建实训室 8 个,根据油田生产需要开发新型实训项目。

(四)工学交替"四阶"递升培养

人才培养分为四个阶段。

第一学段,分岗定项,基础教学。学生在校内进行基本理论、基本技能学习,掌握专业基本知识和工具仪表使用、工艺流程认识、设备基本操作等专业基本技能。

第二学段,岗课融通,技能训练。学生进行校外学习性实习,实施师带徒跟班实习,熟练掌握初级操作技能;将课堂延伸到生产一线,选择与生产结合最紧密的课程实施现场教学,由校外兼职教师进行专业技术培训,实现"做中教、做中学",学生初步达到专业中级工水平。

第三学段,赛证结合,综合提升。校内专业课程学习,掌握专业理论、专项技能、综合提升,通过该学段学习,学生应具备独立分析、处理实际工作中常见问题或故障的能力。利用校内智慧油田生产仿真实训基地、智慧油田大数据分析处理中心等,进行现场全过程模拟实训,培训学生考取现场需要的采油工、钻井工等技能等级证书和 HSE 证、硫化氢证、压力容器等职业资格证书。校企联合考核,择优录取学生。通过实训课程,模拟员工日常生产流程,进一步深刻理解石油精神。

第四学段,岗位适应,规划发展。学生到校外完成岗位实习,强化理论应用,提高实践能力和岗位适应能力。学生全部被编入企业生产班组顶岗,由企业工程技术人员或具有高级职业资格的技术工人担任指导教师,按照实习教学安排指导学生完成规定的实习项目。学生由在师傅指导下"顶岗"逐步过渡到独立顶岗。为保证岗位实习质量,企业把指导学生实习纳入师傅绩效考核体系。学生成为独立合格石油员工。

校企联合培养学生,使石油主干专业的教学要求与石油企业岗位资格要求有机融合,在校学习与到企业实习、工作有机对接,培养理论扎实、技能过硬、素质优良的合格毕业生。

(五)人才培养模式创新概述

产业数字化背景下,产业链转型升级,企业对员工综合素质有更高要求。石油工程专业群创新“三导、双主、三融、四阶”人才培养模式,发挥好政府主导、行业指导、产业引导作用,校企双主体联合育人;培养过程分为:分岗定项、基础教学,岗课融通、技能训练,赛证结合、综合提升,岗位适应、规划发展等校企交替、连续递升的四个学段,把石油精神培养、信息技术应用和创新能力提升分阶段融入人才培养全过程,发挥行业办学优势,创新校企联合育人机制,为石油行业培养适宜产业数字化发展的高素质复合型技术技能人才。(如图 44-2)

图 44-2 “三导、双主、三融、四阶”人才培养模式

(课题承担单位为天津石油职业技术学院,课题主持人和执笔人为孟琦。课题组成员:刘丰臻、杨培伦、王若男。)

第四十五章　技能人才培养创新模式

高技能人才是我国人才队伍的重要组成部分，是支撑中国制造和中国创造的重要力量。进入新时代以来，随着产业升级、技术创新，对技能人才培养的要求日益提高，创新技能人才培养模式已是职业院校的当务之急。

一、有关技能人才培养的相关政策文本梳理

2014 年印发的《国务院关于加快发展现代职业教育的决定》，提出要牢固确立职业教育在国家人才培养体系中的重要位置，以服务发展为宗旨，以促进就业为导向，适应技术进步和生产方式变革以及社会公共服务的需要，推进人才培养模式创新，培养数以亿计的高素质劳动者和技术技能人才。同年印发的《教育部关于开展现代学徒制试点工作的意见》，提出深化工学结合人才培养模式改革，各地要选择适合开展现代学徒制培养的专业，引导职业院校与合作企业根据技术技能人才成长规律和工作岗位的实际需要，共同研制人才培养方案、开发课程和教材、设计实施教学、组织考核评价、开展教学研究等。

2021 年人力资源社会保障部印发《“技能中国行动”实施方案》，明确提出“十四五”期间，实现新增技能人才 4000 万人以上，技能人才占就业人员比例达到 30%，东部省份高技能人才占技能人才比例达到 35%，中西部省份高技能人才占技能人才比例在现有基础上提高 2 至 3 个百分点。在此基础上，天津市与人力资源社会保障部签署共建“技能天津”框架协议，提出进一步完善技能人才培养、使用、评价和激励制度机制，加速培养更多高素质技术技能人才、能工巧匠、大国工匠，推动天津制造业立市和高质量发展。同年中办、国办印发的《关于推动现代职业教育高质量发展的意见》，提出创新校企合作办学机制，探索中国特色学徒制，大力培养技术技能人才；深化教育教学改革，创新教学模式与方法，提高课堂教学质量。同年人力资源社会保障部印发的技工教育“十四五”规划更加明确指出：深化技工院校改革，推进办学模式创新，加强高技能人才和能

工巧匠培养,注重德技并修、多元办学、校企合作、提质培优,实现创新发展,建设现代技术工人培养体系,培养德智体美劳全面发展的社会主义建设者和接班人,为全面建设社会主义现代化国家提供高素质技能人才支撑。

二、有关技能人才培养模式的实践与理论成果综述

国外技能型人才培养的研究,主要集中在对技能型人才培养模式的研究。欧美等发达国家在技能人才培养的实践中积累了较为丰富的经验,并形成了各具特色的人才培养模式和体系。比较成功的模式有美国的"合作教育"、英国的"工读交替"、德国的"双元制"以及澳大利亚的"TAFE",新加坡的"教学工厂"等人才培养模式,他们的主要特色是强调办学者与企业界的交流与合作,实现"学"与"工"的交替培训过程。[①] 德国"双元制"不仅实现了企业培训与学校教育的融合,更打通了专业(学科)设置与产业链的高度吻合,将行业企业标准、规范、技术、方法与学校教育融为一体,将实践创新与教育生产相互渗透,"双元制"教育模式成为德国享誉国际的教育模式。美国从国家层面重视职业教育发展,走"产教融合"(欧美多称为产教结合)的职业教育发展道路,职业教育实现了一定程度上的产业(链)与专业(群)的高度对接、教学内容和生产技术渗透、校企优势互补、互惠共赢的协同发展。立足区域产业发展、产教融合、校企互补协同发展,已成为欧美发达国家职业教育的鲜明特色。

我国关于技能型人才培养模式的创新研究和实践主要有以下几个方面:

一是"订单式"人才培养模式。"订单式"人才培养是面向生产、服务线的岗位群或技能性领域培养应用型技术人才的一种模式,对于高职教育实现从传统教学体系到现代教学体系的转变,提升学生文化素质、技术能力素质、职业素养素质解决学生就等方面发挥着重要的作用。比如,天津中德应用技术大学的"空客""大火箭"订单班,天津机电职业技术学院的"奔驰"班等。

二是现代学徒制人才培养模式。现代学徒制人才培养模式是深化职业教育体制改革,加强校企合作、产教融合,促使工学结合、知行合一的有力保障和行之有效的方法。目前开展现代学徒制人才培养模式的试点院校比较多,比较典型的航空类试点院校有成都航空职业技术学院、长沙航空职业技术学院等。

三是国际化人才培养模式。我国职业教育的国际化人才培养模式主要体现在以"鲁班工坊"为代表的创新型职业教育的合作与交流。比如,天津渤海职业

---

① 石丽敏.国外校企合作办学模式的分析与研究[J].高等农业教育,2006(12):81-84.

技术学院与泰国大城技术学院创建的中国首个境外“鲁班工坊”、天津机电职业技术学院与葡萄牙塞图巴尔理工学院合作建立的葡萄牙“鲁班工坊”，培养了一批既具备国际视野、通晓国际规则，又具有批判性思维和创造性思维、实践能力和创新能力的国际化技术技能人才。

四是产业学院人才培养模式。山东商业职业技术学院张志东等人将产业学院从联合共建者组合的角度划分为七类[①]。即：高校与行业龙头企业联合共建的“校—企”型产业学院；高校与行业协会（或职教集团等）联合共建的“校—行”型产业学院；高校与地方政府（或部门）联合共建的“校—政”型产业学院；高校与行业协会（或职教集团等）、行业龙头企业联合共建的“校—行—企”型产业学院；高校与地方政府（或部门）、行业龙头企业联合共建的“校—政—企”型产业学院；高校与地方政府（或部门）、行业协会（或职教集团等）联合共建的“校—政—行”型产业学院以及高校与地方政府（或部门）、行业协会（或职教集团等）、行业龙头企业等联合共建的“校—政—行—企”型产业学院。其中，比例较高的是由高校与行业龙头企业联合共建的“校—企”型产业学院（占比 47%），之后是“校—行—企”型产业学院（占比 18%）及“校—政—行—企”型产业学院（占比 14%），其他类别比例较低。行业龙头企业在产业学院组建过程中几乎不可或缺，“学校+行业龙头企业/行业协会+数个关联企业”的“1+1+N”产业学院建设模式，在产业链与教育链对接过程中发挥了主力军作用。

三、技能人才培养创新的问题研究

（一）技能人才培养模式创新的概念

人才培养模式是指培养主体为了实现特定的人才培养目标，融合多种特性的有关人才培养的理论模型与操作样式。在明确人才培养模式的可复制性和操作性的基础上，人才培养模式改革才具有普遍性和推广度。人才培养模式创新主要是指重组和革新相关的构成要素。郑群指出，“人才培养模式由培养目标、培养过程、培养制度、培养评价”四个方面构成。[②] 姜士伟在郑群的基础上将“教育理念”纳入人才培养模式。董泽芳提出的人才培养模式“八要素”则只提及

① 张志东，王华新，陈琳. 高职院校产业学院的现状、问题及发展建议［J］. 中国职业技术教育，2021（34）：77-81.

② 郑群. 关于人才培养模式的概念与构成［J］. 河南师范大学学报. 哲学社会科学版，2004（01）：187-188.

“人才培养理念”。理念是行动的先导,目标是行动的指南。“培养理念”与“培养目标”实则是围绕同一核心的不同层次的表征,前者是宏观层面的理论阐述,后者是中观层面的操作规定。故此,本研究认为,技能人才培养模式创新应该体现在培养理念创新、培养方式创新、素质结构创新、培养评价创新四个方面。

(二)技能人才培养模式创新的途径

以天津机电职业技术学院飞行器数字化制造技术专业群为例,阐述航空高技能人才培养模式创新。

1. 丰富人才培养参与主体,实现多元化人才培养

政府和行业具有引导功能,能够有效促进企业与院校融合,而企业是人才的使用者也是最终的受益者。天津机电职业技术学院根据实际情况,调整现有人才培养方案,实施多元化协作育人模式,将政府、职业院校、行业、企业有机结合起来,以产业学院模式共建飞行器数字化制造技术专业群,充分发挥各自优势和作用,强化人才培养效果,为社会发展及企业转型输送更多高质量人才。

2. 实施教学改革,培养高素质技能人才

高职院校要培养锻炼学生的职业技能、创新能力和职业素质,必须立足企业实际工作岗位,结合职业内容、流程环节进行能力培养和提升,使学生在面对动态出现的实际问题时,思考和综合分析后得出有效的解决方法,从而锻炼提升综合职业能力。天津机电职业技术学院在航空产业人才培养上,面向产业转型发展和区域经济社会需求,实施基于工程实践创新项目(EPIP)的教学模式改革,以强化学生职业胜任力和持续发展能力为目标,推动课程内容与行业标准、生产流程、项目开发等产业需求科学对接,培养高素质航空制造与维修技能人才。

3. 加强教师队伍的建设,促进技术技能人才培养

高端复合型技能人才培养需要重视师资队伍的能力提升。天津机电职业技术学院飞行器数字化制造技术专业群以专业带头人与专业骨干教师队伍建设为核心,促进“双师型”师资队伍建设。一方面,大力从企业选拔和引进高技能、高技术、高素质人才到学校担任客座教授,聘请行业企业集团技术骨干或能工巧匠到学校担任兼职教师,实现实践技能课程主要由具有“双师”素质的专业教师和高技能水平的企业兼职教师共同讲授的机制。另一方面,着力培养教师企业实践能力,教师轮流下企业实践锻炼,鼓励重点建设专业的带头人或骨干教师在企业中兼职,参与企业技术指导和产学研项目开发。

4. 整合资源，打造高水平产教融合实训基地集群

统筹各类实践教学资源，充分利用产业园、行业龙头企业等优质资源，通过引企入校，共建高质量产教融合实训基地、航空维修紧缺人才实训基地，逐步构建功能集约、开放共享、高效运行的专业实践教学平台，构建“基础层—专业层—产业层”三层递进的阶梯化专业实训体系，有力促进技能人才培养质量提升。

5. 创新人才培养多元评价监督机制

充分发挥企业育人主体作用，建立行企校“三方”共同参与的质量评价机制，邀请行业企业协会对人才培养质量进行监督，实施“工学四合”育人模式即教育与产业结合、学校与企业结合、教学与生产结合、学习与就业结合，持续更新专业群教学标准、课程标准、顶岗实习标准、实训基地建设标准、社会培训服务标准等。

(三) 各相关方在实现技能人才培养模式创新中的作用

1. 政府层面

加强组织领导，多措并举鼓励企业参与产教融合校企合作，强化政策扶持保障，增强企业的责任感和获得感，从而激发企业参与校企合作的自觉性和积极性；做好协调工作，为校企合作双方提供支持和帮助，推动产教融合的有效落实，在提高技能人才培养质量的同时，实现互利共赢。

2. 行业层面

行业协会作为非营利性社会公益组织，是沟通产业界和教育界的桥梁，其组织成员很多来自院校和企业，可以很好地发挥校企联络纽带作用。在全面推进职业教育治理现代化、深化产教融合、校企合作过程中，行业协会要树立服务意识，做好校企联络中介，定期深入企业院校内部，了解企业的用人需求和院校技能人才培养状况，协调配置校企资源，促进校企共赢。

3. 企业层面

企业虽然是以营利为目的的组织机构，但要增强社会责任感，根植“技能强企”意识，落实“技能强企”行动方案。通过现代学徒制和企业新型学徒制，企业在人才培养中实现全过程的参与和管控，加强学习内容针对性和有效性。

4. 职业院校层面

职业院校要依靠自身优势，一是创新激励机制，鼓励教师研究发展新的技术

技能，为企业发展提供真正的技术支持，逐步成为企业技术创新基地；二是与时俱进优化更新教学体系和教学组织模式，与企业用人需求紧密结合，加强课程内容与职业标准对接、教学过程与工作过程对接；三是深入推进育人方式、办学模式、管理体制、保障机制改革。

（课题承担单位为天津机电职业技术学院，课题主持人和执笔人为周铁玲。课题组成员：张文健、杜晓坤、许睿、宫晓凯、刘健、吕炜帅、王振兴、闫丽花、杨丽萍。）

第五部分

教师队伍建设

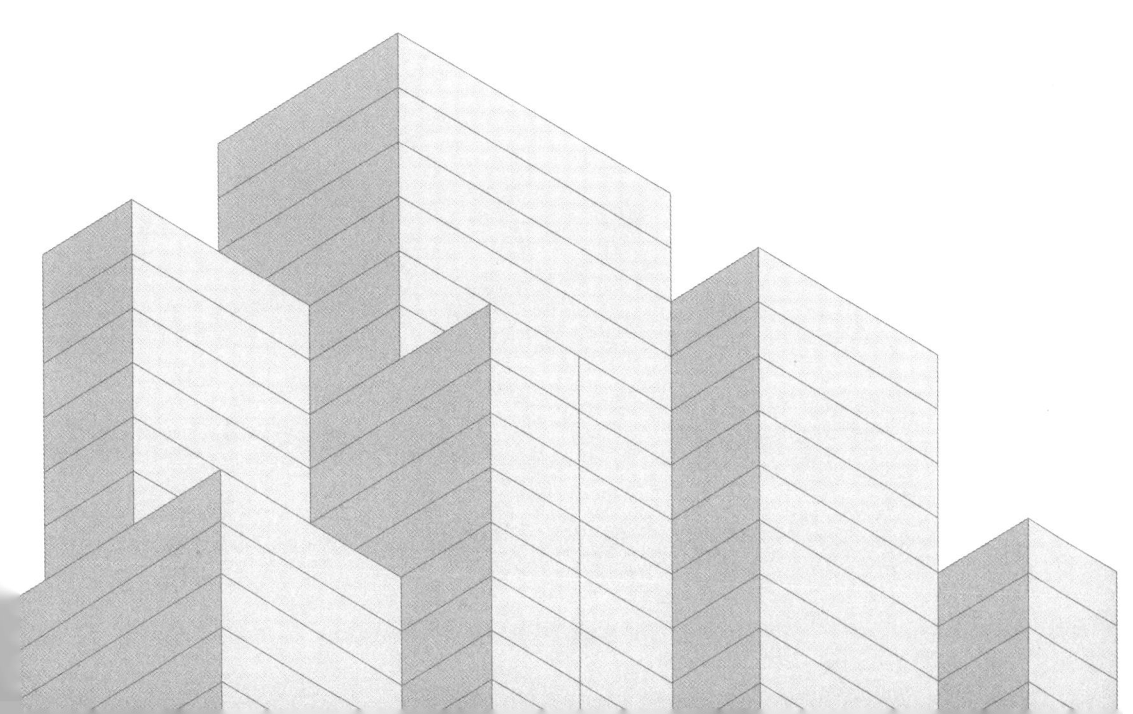

第四十六章　职业院校教师招聘办法

教师队伍建设是决定职业教育能否实现高质量发展的关键因素，而教师招聘工作则是教师队伍建设的首要环节。正确判断教师招聘工作现状，科学设计招聘流程，确保招聘工作规范有序，是本研究所要回答的主要问题。

一、有关职业院校教师招聘办法的政策文本梳理

目前，天津各职业院校招聘教师所依照的指导性文件有两个，分别是《天津市事业单位公开招聘人员实施办法（试行）》（津人社局发〔2011〕10 号）和《关于进一步完善事业单位公开招聘工作的通知》（津人社局发〔2017〕37 号）。这两个文件对招聘的程序有明确的规定，如《天津市事业单位公开招聘人员实施办法（试行）》中第九条规定：事业单位招聘应按照以下程序进行：（一）制订招聘方案；（二）上报核准或备案；（三）发布招聘信息；（四）受理应聘人员申请，对资格条件进行审查；（五）考试或考核；（六）体检；（七）考察；（八）确定拟聘人选；（九）公示招聘结果；（十）报批或备案；（十一）签订聘用合同，办理聘用手续。对急需引进的高层次人才、紧缺人才，具有高级专业技术职务或博士学位的人员，可以采取直接考核的方式招聘，也可经市级事业单位主管机关批准，简化程序进行招聘。《关于进一步完善事业单位公开招聘工作的通知》中也有规定：招聘具有高级专业技术职务或博士学位的高层次人才，以及本单位特别急需紧缺专业人才，经市事业单位人事综合管理部门批准，可以采取直接考核的方式招聘，或简化招聘程序进行招聘。

探讨职业院校教师招聘办法的改进，必须站在更高的角度，从国家相关政策、法规中获得启示。2022 年新修订的《中华人民共和国职业教育法》在这方面有明确的规定，其第四十六条明确规定："具备条件的企业、事业单位经营管理和专业技术人员，以及其他有专业知识或者特殊技能的人员，经教育教学能力培训合格的，可以担任职业学校的专职或者兼职专业课教师；取得教师资格的，可

以根据其技术职称聘任为相应的教师职务。取得职业学校专业课教师资格可以视情况降低学历要求。”第四十七条规定:“国家鼓励职业学校聘请技能大师、劳动模范、能工巧匠、非物质文化遗产代表性传承人等高技能人才,通过担任专职或者兼职专业课教师、设立工作室等方式,参与人才培养、技术开发、技能传承等工作。”

除新修订的职业教育法这个最权威的文件之外,近三年来国家层面的相关文件,对职业院校教师招聘工作也有明确要求。如2019年国务院印发的《国家职业教育改革实施方案》提到了,从2019年起,职业院校、应用型本科高校相关专业教师原则上从具有3年以上企业工作经历并具有高职以上学历的人员中公开招聘,特殊高技能人才(含具有高级工以上职业资格人员)可适当放宽学历要求,2020年起基本不再从应届毕业生中招聘。

又如,2020年教育部等六部门关于加强新时代高校教师队伍建设改革的指导意见专门提及完善高校教师聘用机制:充分落实高校用人自主权,政府各有关部门不统一组织高校人员聘用考试,简化进人程序。高校根据国家有关规定和办学实际需要,自主制订教师聘用条件,自主公开招聘教师。不得将毕业院校、出国(境)学习经历、学习方式和论文、专利等作为限制性条件。严把高校教师选拔聘用入口关,将思想政治素质和业务能力双重考察落到实处。建立新教师岗前培训与高校教师资格相衔接的制度。拓宽选人用人渠道,加大从国内外行业企业、专业组织等吸引优秀人才力度。按要求配齐配优建强高校思政课教师队伍和辅导员队伍。探索将行业企业从业经历、社会实践经历作为聘用职业院校专业课教师的重要条件。

根据上述指导性文件,天津市于2021年出台了《市人社局关于为事业单位引进人才提供便利有关问题的通知》(津人社办发202139号),文件中规定:支持事业单位引进高技能人才。天津本市职业院校(含技工院校)、公共实训基地及其他相关事业单位,可通过直接考核方式引进高技能人才,到与所获技能奖项相关的岗位工作。

通过上述有关职业院校招聘相关政策法规的梳理,可以看出,职业教育的特点决定了职业院校招聘工作所面向的人群与普通高校有很大区别,必须根据这些特点制定招聘办法、考核内容,通过科学有效的设计和实施,真正把事业发展所需的人才招聘进来。

二、职业院校教师招聘工作现状分析

随着“双高校”建设及“双师型”教师队伍建设的需要,各高职院校在开展教师招聘工作时,传统的招聘办法已不能完全适应当下选人用人的目标要求。

表 46-1 7 所“双高”建设院校专业课教师招聘计划及拟录用人员基本情况①

序号	学校编号	近三年专业课教师占总招聘人数比例/%	拟录用职称情况分布	拟录用人员学历学位分布	已录用人员社会在职人员占比/%
1	D	>80	中级及以上	均硕士及以上学历学位,应届生均具备博士学历学位,最高学历均毕业于“双一流”院校或海外院校	>90
2	G	>80	中级及以上	均硕士及以上学历学位,应届生均具备博士学历学位,最高学历均毕业于“双一流”院校或海外院校	>95
3	M	>70	中级及以上	均硕士及以上学历学位,应届生均具备博士学历学位,最高学历均毕业于“双一流”院校或海外院校	<80
4	T	>80	2019—2020 年均为初、中级;2021 年以高级职称为主要招聘对象	以硕士为主,应届生均具备博士学历学位,本科毕业生在行业内具有一定影响力	<80
5	Y	>95	未提及	均硕士及以上学历学位,应届生均具备博士学历学位,最高学历均毕业于“双一流”院校	<30

① 赵右南.“双高计划”建设院校专业课教师招聘现状与改进策略——以京津冀地区为例[J].北京工业职业技术学院学报,2022,21(01):56-60.

续表

序号	学校编号	近三年专业课教师占总招聘人数比例/%	拟录用职称情况分布	拟录用人员学历学位分布	已录用人员社会在职人员占比/%
6	B	>80	中级及以下	均本科及以上学历学位，硕士学历学位及以上占比60%以上，最高学历均毕业于“双一流”院校	<50
7	K	>60	未提及	均本科及以上学历学位，硕士学历学位及以上占比85%以上	<70

上表中7所“双高”建设院校专业课教师招聘计划及拟录用人员基本情况显示，已录用人员中，社会在职人员比例不足30%；拟录用人员毕业于“双一流”院校或海外院校的比例很高，唯学历现象仍然比较普遍。

表46-2　7所“双高”建设院校专业课教师招聘管理和考核方式①

序号	学校编号	招聘考核(测评)方式及所占分值比重	招聘组织部门	面试类型	试讲要求	简历接收方式
1	D	笔试(40%)+面试(含试讲，合计占60%)	人事部门及用人部门	非结构化	自拟	报名系统
2	G	面试(50%)+试讲(50%)	人事部门	半结构化	自拟	邮件接收
3	M	面试(30%)+试讲(40%)+实习(30%) 硕士及以下人员：笔数(50%)+面试(50%)	人事部门及用人部门	未提及	未提及	邮件接收
4	T	博士或高级职称人员：试讲(50%)+代表成果展示(50%)	人事部门及用人部门	未提及	自拟	邮件接收
5	Y	硕士及以下人员要求参加专业理论笔试，所有人参加面试(800%)+试讲(20%)	人事部门	未提及	未提及	报名系统

① 赵右南.“双高计划”建设院校专业课教师招聘现状与改进策略——以京津冀地区为例[J].北京工业职业技术学院学报，2022，21(01)：56-60.

续表

序号	学校编号	招聘考核(测评)方式及所占分值比重	招聘组织部门	面试类型	试讲要求	简历接收方式
6	B	笔试(40%)+面试(含试讲,合计占60%)	人事部门	半结构化	按照试讲大纲自选	报名系统
7	K	笔试(40%)+面试(含试讲,合计占60%)	人事部门	非结构化	自拟	报名系统

从上表可以看出,目前很多职业院校在招聘考核过程中仍然沿用传统的笔试+面试+试讲的方式,并未突出职业教育重视动手实践能力的素质要求。

根据资料收集及课题组日常工作总结,当前职业院校招聘教师工作存在以下问题:

(一)招聘条件针对性不强

目前职业院校发布招聘计划及条件时,多以学历、年龄、所学专业、专业技术职称等作为基本条件,岗位区分度不够,针对性比较差。出现这个问题的原因主要是前期准备不充分,对于所需岗位的任职条件缺乏细化,没有对所要招聘的岗位做进一步的研究与分析,所招聘的人员大多缺少岗位针对性。通过查阅近几年职业院校招聘人员的基本情况可以看出,专业教师中仍有很大一部分为应届毕业生,985 或者 211 的名校毕业生也占了相当比例,“唯学历”的情况仍然比较严重。

(二)岗位定位模糊不清

职业院校的培养目标是把学生培养成技术技能型人才,这就需要教师不仅能教授理论知识,更能教会学生以技术,让他们在走出校门时可以无缝对接一线生产需要。但从 2022 年招聘数据看,职业院校招聘的教师与普通高校趋同,尤其是在招聘考试中,笔试分数基本上占到了 40%以上,权重较大,导致那些真正技能型的应聘者在笔试环节就被淘汰了;面试环节也多以试讲和结构性面试为主,对于职业背景及实操环节的考核基本上处于缺失的状态。

(三)招聘工作效率低

目前,职业院校招聘多数仍采用传统的程式化方式,应聘者与招聘单位缺乏必要的交互式沟通。直至考试环节,应聘者仅仅能知道自己应聘的岗位名称和所需条件，而如果应聘成功之后，对这个岗位所要履行的工作职责、未来的发展方向等都不甚明了，从而就必然为今后的入职带来一定的不确定性。

（四）招聘宣传渠道狭窄

职业院校发布招聘公告多通过人才服务网站、上级主管部门要求的渠道以及自己的官网，辐射度有限，同时由于公告时间多为7个工作日，时间比较短，所以宣传力度不大。同时，受传统招聘公告固有模板的束缚，招聘公告中对于岗位的描述一般都比较简单，应聘者对于招聘存有诸多疑问，不利于求职意愿的确认。正因为获取信息有限，后续考核成绩也就具有一定的偶然性和随机性。比较理想的状况是：能够在最短的时间内，让更多的适岗人群能够获取信息并积极备考，通过考核把优秀的人才选拔出来。

（五）招聘工作成本过高

按现有工作程序，基本上一个轮次的招聘需要贯穿全年。但这样高的成本，往往因为各种原因，导致应聘者入职后短期内出现离职意愿。通过分析，最多的原因是：入职后与报考时的预期出现偏差，而这也恰恰说明，招聘宣传时的信息缺失对应聘者入职后的稳定与职业发展都是有重大影响的。

三、提高职业院校教师招聘效能的对策建议

（一）摸清真实需求，科学制订招聘计划

师资队伍建设是一个系统工程，学校层面有规划，二级学院有计划，而教师招聘工作必须站在学校层面，以更高的站位来统筹实施。招聘工作的开始也绝不是发布公告的那一刻，而是要把工作做在前头。学校到底需要什么样的教师人才，单靠招聘部门自己是搞不清楚的，必须要有一线教学部门的数据支持。明确了岗位需求，就要设置合理的招聘条件，除了传统意义上的“基础条件”外，针对职业教育特点，可以根据上级政策要求，增加对于“企业工作经历”“职业资格取证”“各类技术技能称号”或是“比赛获奖情况”等。

（二）针对岗位需求，优化招聘工作流程

除做细招聘前期的需求分析工作外，针对“双师型”教师的特点，创新招聘工作流程，增加笔试考核中对于实际操作层面的题量，同时在面试环节，除结构

化面谈和试讲外，增加实际操作的演示环节，着重考核应聘者的动手能力。要提高二级学院在招聘工作中的参与度，从应聘人员的筛选、资格审核到实地考察，应充分听取用人单位的意见。要制订一套科学的评价机制，除了审核应聘人的基本条件，应同时对应聘人员的政治素养、科研能力、性格特点等作出有效分析，从而真正将品德高尚、乐于奉献、热爱职业教育的高素质人才引进学校。

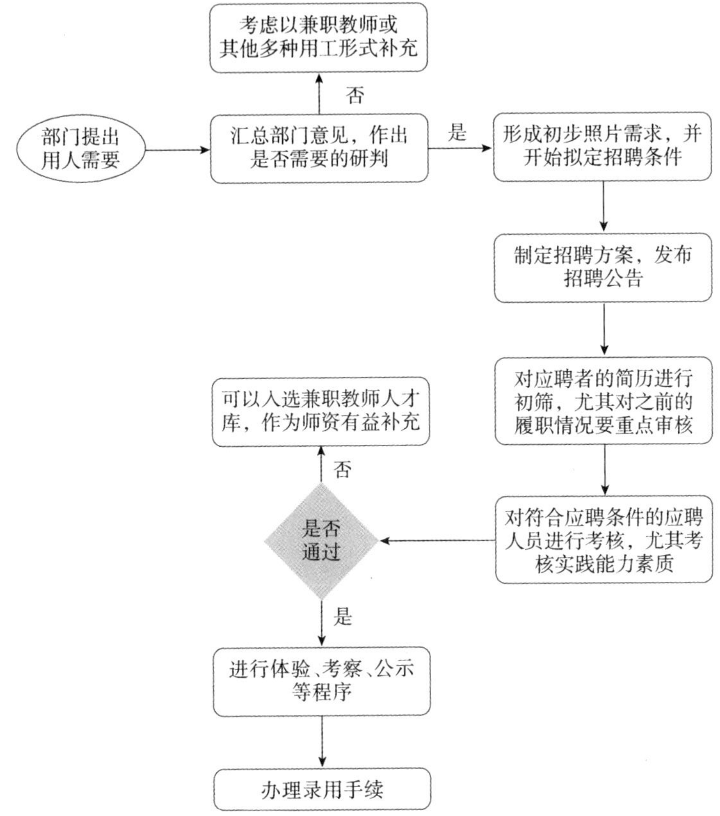

图 46-1“双师型”教师招聘流程设计

以上所设计职业院校“双师型”教师招聘流程，主要强调部门需求的研判以及对于应聘者简历的初步筛查环节，同时通过招聘最大限度地补充学校“兼职教师库”的人员储备。

表 46-1 教师综合素质考核评分表

考核要素	结构化面试			专业动手能力测试				专业课试讲		
	气质仪表	语言表达	创新思维	测试完成度	对新工艺的了解	流程讲解	未来的想法	政治性原则性	思想性理论性	针对性亲和力
权重	5%	5%	10%	20%	10%	10%	10%	10%	10%	10%
观测要点	衣着得体，符合教师的职业特点，举止自然大方，有亲和力	普通话标准，口齿清楚、语速适宜	思维缜密，条例清晰；具有一定的创新意识；具有较强的应变能力	能够在规定时间内完成专业动手能力测试项目	结合从业经历，考核应聘者对当前工艺发展趋势及新工艺的熟悉程度	能够将专业动手能力测试环节以简明凝练的语言讲解清楚	对于动手实践环节如何设计以及今后讲授及指导学生的想法	重点考核能否讲透“灵魂一句”、“关键一句”，发挥画龙点睛的作用，考官视情况酌情给分	重点考核理论分析是否科学、严谨、得当，重难点是否突出，考官视情况酌情给分	重点考核教学过程是否层次递进、逻辑严谨，是否具有感染力，考官视情况酌情给分
满分	5	5	10	20	10	10	10	10	10	10
得分										
综合评价										

以上是对“双师型”教师招聘综合素质考核的量化标准的再设计，专业动手能力的测评权重达到了 50%，从一定程度上保证了录用者的实践与理论教学能力的双达标。

(三)拓宽招聘渠道，构建多元发布平台

为解决招聘渠道单一的问题，职业院校可以考虑建立一套高效的在线招聘系统，该系统除了在招聘工作开展时作为报名、资格审核之用，亦可在日常工作中，供有求职意愿的人投递简历，便于学校储备人才。该系统可以根据不同功能

分为若干个模块，比如招聘信息发布模块、报名及资格审核模块、二级学院需求报送模块、后台信息处理模块、简历投递模块，等等。通过建立系统，将招聘工作模块化、具体化，将责任落实到人，提升工作效率，更让招聘工作环环相扣，更具规划性和操作性。同时，为了打造专兼结合的教师队伍，学校人事部门应统筹考虑兼职教师资源的储备以及校外实训基地、校企合作等多渠道双向流动相互兼职的机制建设。在拟定校企合作协议时，将企业高级技能人才、能工巧匠、高级管理人员到学校兼任专业课教师设为必列条款，从而进一步保障专业课教师的数量及质量，也为今后可能的招聘工作做人才储备库的数据准备。

（课题承担单位为天津滨海职业学院，课题主持人为刘水涓，执笔人为张景。课题组成员：杜学森、张景、邵远琴、谢家亮、邵远琴、贾瀛、刘秋艳、张洪亮、王月玲、柴智。）

第四十七章　高职院校专业技术职务评聘办法

职业院校专业技术职务评聘模式改革是深入推进教育“管办评”分离和政府职能转变的一项重大改革措施，对理顺政校关系、促进职业院校办学自主权、加强师资队伍建设有着重要意义。本研究通过对职业院校职称评聘相关文件进行梳理、开展实地调研等，提出职业院校专业技术职务“自主评审”的实施方案。

一、相关政策文本的梳理和解读

2017 年教育部等五部门印发《关于深化高等教育领域简政放权放管结合优化服务改革的若干意见》，将高校职称评审权下放至高校，由高校自主组织职称评审、自主评价、按岗聘用；尚不能独立组织评审的高校，可采取联合评审的方式。这标志着我国高校教师职称评审完全进入校评阶段。

在高职院校专业技术职称评审权下放后的实际操作过程中，仍暴露了学术力量薄弱、职称评审监督机制不健全、申诉体系不完善等问题。2017 年，教育部、人社部印发《高等教师职称评审监管暂行办法》，要求高校制订的教师职称评审办法、操作方案等文件须符合国家相关法律法规职称制度改革要求；文件制定须按照学校章程规定，广泛征求教师意见，经“三重一大”决策程序讨论通过并经公示后执行。同时明确：高校教师职称评审中申报一旦被发现弄虚作假、学术不端等，按国家和学校相关规定处理，各高校须完善对评审专家的遴选，对违反评审纪律的评审专家，列入“黑名单”。

天津市为深入贯彻落实《职称评审管理暂行规定》和《天津市关于深化职称制度改革的实施意见》，进一步加强本市职称评审管理，规范评审工作，保证评审质量，制定《天津市职称评审管理暂行办法》，办法中对职称评审委员会组建、申报、组织及监督管理进行了明确说明，具有极强的可操作性。

三、已有相关实践和研究成果综述

（一）国内相关文献综述

这方面的研究成果不多，一般认为职称评审权的下放必然会引起职称评审主体、评审模式、评审方式的改变，在各项配套政策还不完善的情况下，各高校的评审条件和标准体系的可行性、院校在实施评审中的责权利的落实、评审过程中社会监督等方面难以到位。在实际操作中，总会出现一些意想不到的问题，需要在实践中不断完善。

（二）天津市职业院校调研情况

本课题组对我市 10 所已开展专业技术职务“自主评审”的高职院校进行调研，反馈问题及课题组分析建议如下：

一是校内推荐时，对申报人员采取何种方式进行推荐，量化打分或是评委主观投票？

通过调研，有 7 所职业院校提出此问题。本课题组主张，在将拟推荐人员材料提交至评审委员会前，须通过 2 次推荐环节，分别为基层推荐与学校推荐。

基层推荐一般由申报人员所在二级学院（系、部）负责，主要考查申报人员师德师风、教学质量、履职履责情况等，职数比例相比较学校层面压力较小，由二级学院（系、部）党政主要负责人任组长、副高级以上教师代表及学校教务、督导等部门人员组成推荐小组。可采用申报人员个人述职、材料审阅、无记名投票模式进行。

学校推荐前，一般由学校主管职称工作人事部门考查申报人员专业技术能力、教学效果等，职数比例相比较基层推荐竞争激烈。由学校党政主要负责人、正高级教师代表及教务、督导、科研等部门及校外评委组成学校推荐委员会。在会议前期，应结合学校实际情况及工作重点，多方筹措信息建立专业技术职称量化体系，对一般材料（如论文数量、校内获奖等）制订代表性成果界定及最大量化指标，对于产教融合项目、技能大赛获奖等突出体现职业教育特色指标，适当提高赋分标准。将量化成绩作为学校推荐的重要依据，但绝不能作为唯一依据，最终以推荐委员会委员无记名投票结果作为最终结论。

二是推荐环节投票模式如何选择？如果出现拟推荐人员不足，该如何解决？

通过调研，有 5 所职业院校提出此问题。本课题组认为，投票环节的模式及投票的轮次,要在校内专业技术职称《推荐方案》中明确,基于现拟推荐人员需得票数超过推荐委员会成员总数 2/3 方可推荐,可采取三轮次(可根据学校实际情况拟定)等额投票模式。

三是对于教师、实验技术、教育管理研究系列人员推荐职数的权衡如何解决?

通过调研,有 3 院校提出此问题。本课题组认为,职业院校须按照市人力社保局要求进行岗位设置,在设置期间应明确教师系列为学校专业技术职称主系列,其他系列为辅系列,并明确各专业技术系列占专业技术人员总数比例;学校在未超过既定比例前,可根据实际需求进行推荐评审;如个别系列超过设置总量,可通过岗位设置变更或暂缓该专业技术系列人员晋升,以实现各专业技术系列平衡。

三、职业院校专业技术职称“自主评审”方案

按照《教育部等六部门关于加强新时代高校教师队伍建设改革的指导意见》(教师〔2020〕10 号)和《天津市关于深化职称制度改革的实施意见》(津党办发〔2018〕7 号)文件精神,依据《市人力社保局关于印发天津市专业技术职称自主评审工作办法(试行)的通知》(津人社局发〔2018〕33 号)和《市教委市人社局关于天津市高等职业院校开展专业技术职称“自主评审”工作的通知》(津教规范〔2019〕21 号)等文件要求,结合各院校实际,制订办法及流程。

(一)适用范围

我市范围内,已开展“自主评审”高职院校。对院校内申报高等职业院校教师、教育教学管理研究和实验技术系列的专业技术职称人员。对申报其他系列人员的专业技术职称按原渠道、原办法执行。

(二)组织机构

1. 学校专业技术职称工作领导小组(以下简称“领导小组”)

组长:学校党政主要领导。

副组长:学校党委委员及班子成员。

成员:学校党委教师工作部、人事处、教务处等及部分教职工代表。

主要职责:负责起草、审批学校专业技术职称的评审条件和各项配套制度;审批学校专业技术职称评审专家库人员;审批拟聘岗位和职数;研究确定岗位职

数的学科组分配;审批决定其他评审过程中有关事宜等。

领导小组下设专业技术职称领导小组工作办公室(以下简称“职称办”),由学校主管职称工作部门承担,办公室主任由其部门主要负责人兼任,成员包括为院校内负责起草、审核申报专业技术职称条件相关部门主要负责人等;负责学校“自主评审”和评审机构的管理,以及领导小组、职称评审委员会日常工作等。

2. 学校专业技术职称评审委员会(以下简称“职称评审委员会”)

主任委员:1人

副主任委员、成员等按照《天津市职称评审管理暂行办法》(津人社规字〔2019〕4号)文件,结合学校实际情况执行。

主要职责:依规开展学校专业技术职称评审工作,对学校各学科评议组推荐的申报人员进行综合评议,按照院校拟聘岗位职数,研究确定专业技术职称拟通过人选;对学科评议组在评审中出现的专业性、公正性存疑问题进行质询,向学校领导小组提出意见建议等。

3. 学校专业技术职称学科评议组(以下简称“学科评议组”)

成员不少于5人(便于投票统计工作),由本学科具有正高级专业技术职称的校内外专家组成(可视职称评审委员会评审人员等级进行调整),设组长1名。学科评议组成员应从各学科评议组专家库中抽取产生(抽取模式按照《天津市职称评审管理暂行办法》津人社规字〔2019〕4号)文件执行),组长由领导小组在学科评议组成员中选定。

主要职责:负责对本学科评议组申报人员的学术水平和专业技能进行评议,向职称评审委员会提交学科(专业)评议意见。

根据学校专业(群)分类,或按照理工农医、文史财经、思想政治、基础课、教育管理研究进行分类,科学设置学科评议组。例:

(1)理工农医学科组涉及机械工程、电气工程、信息与通信工程、计算机科学与技术、电子科学与技术等理工农医类专业申报教师、实验技术系列的专业技术人员。

(2)文史财经学科组涉及工商管理、专业英语、理论经济学、应用经济学等文史财经类专业申报教师、实验技术系列的专业技术人员。

(3)思政学科组涉及大学生思想政治教育、辅导员等申报教师系列的专业技术人员。

(4)基础课学科组涉及数学、中国语言文学、外国语言文学、体育学等申报教师系列的专业技术人员。

(5)教育管理研究学科组涉及教育学、其他从事教育管理研究工作申报教师、教育管理研究系列的专业技术人员。

按照市人力社保局《天津市职称评审管理暂行办法》(津人社规字〔2019〕4号)文件规定,学校按照既定学科评议组1:3比例建立专家库,并按照遴选标准确定专家库成员。

4. 学校专业技术职称推荐委员会(以下简称"推荐委员会")

主任委员:学校党政主要领导。

副主任委员:学校其他校级领导。

委员:学校党委教师工作部、人事处、教务处、科研处等主要负责人及专业(群)、二级学院(系部)专业带头人、其他具备高级以上专业技术职称教师代表。

主要职责:负责学校专业技术职称在学校层面的推荐工作,对基层推荐小组推荐人员进行综合评议,按照学校当年专业技术职称结构比例等额或差额向学科评议组及职称评审委员会提交推荐人员意见。

5. 学校专业技术职称基层推荐小组(以下简称"基层推荐小组")

学校以二级学院(系部)为单位,设置若干基层推荐小组。其中,行政人员兼课教师申报专业技术职称的,须接受主要任课二级学院(系部)或专业(群)相近二级学院(系部)所属基层推荐小组的评议推荐。

每组成员为7人(学校按照实际情况设置),以各二级学院(系部)主要负责人为组长,成员由本部门党政中层领导、具有高级专业技术职称的教师代表等组成(基层推荐小组中本专业〈群〉高级专业技术职称教师代表不得少于50%)。基层推荐小组成员由各二级学院(系部)自行确定,报送领导小组审定备案后生效。领导小组视情况从职称推荐委员会专家库中选择1至2人进入各基层推荐小组完成推荐工作。

主要职责:负责对申报人员的思想政治表现、师德师风、学历资历、业务水平和工作实绩进行审核,根据相应岗位职称的评审条件,按照既定比例,向推荐委员会提交推荐人员意见。

6. 监督和申述处理机构

监督机构:学校纪委监察室(根据学校实际情况确定)负责对专业技术职称"自主评审"工作进行全程监督。

申诉处理机构:根据《新时代高校教师职业行为十项准则》(教师〔2018〕16

号）、《高校教师师德失范行为处理的指导意见》（教师〔2018〕17 号）、《天津市事业单位工作人员考核办法（试行）》（津人社局发〔2012〕66 号）及《事业单位工作人员处分暂行规定》（人社部、监察部令〔2012〕第 18 号）等文件要求，结合学院实际情况，制订学校专业技术职称教师处理及申诉机制，负责申诉受理、调查取证、提交申述处理建议等工作。

（三）评审标准

根据《人力资源社会保障部教育部关于深化高等学校教师职称制度改革的指导意见》（人社部发〔2020〕100 号）、《教育部等六部门关于加强新时代高校教师队伍建设改革的指导意见》（教师〔2020〕10 号）、《天津市关于深化职称制度改革的实施意见》（津党办发〔2018〕7 号）及《市人社局市教委关于深化高等学校教师职称制度改革的实施意见》（津人社规字〔2021〕16 号）等文件精神，本着充分发挥专业技术职称评审的导向作用、推动学校教育发展，结合本校实际，制订教师、教育教学管理研究和实验技术系列专业技术职称评审标准。

（四）工作程序

1. 预报名及代表性成果鉴定

职称办发布预报名及代表性成果鉴定的通知，各二级学院（系部）、职能科室主要负责人对预申报人员的师德师风、学历资历、业绩成果进行资格预审，并将通过预审的人员名单上报职称办。其中，申报正高级、副高级专业技术职务的人员须进行代表性成果鉴定，由人事处（学校主要负责职称评审机构）负责。

2. 公布学校结构比例信息

根据学校岗位设置结构比例和师资队伍实际情况，领导小组研究确定各级别岗位职数。职称办在学校公开发布各级别岗位职数信息。

3. 个人申报

申报人按要求填写《院校专业技术职称材料审核表》（根据学校制定评审标准结合实际拟定），并附申报人的师德师风档案、学历、资历、业绩、学术成果与科研成果等相关佐证材料，按规定统一报送职称办。

4. 资格审查

学校根据评审标准，由职称办组织人事处、教务处、科研处、学生处等部门对申报人佐证材料进行审查，并将审查结果通知申报人所属基层推荐小组。凡不符合申报条件的申报人,各基层推荐小组一律不得推荐。

5. 基层推荐

基层推荐小组按照材料审阅、个人业绩陈述、集体讨论、无记名投票的方式组织开展基层推荐会议,达到应到会人数的 2/3 及以上且不少于 7 人方为会议有效。各基层推荐小组推荐人数不得超过当年公布结构比例对应等级岗位职数,申报人须获得不少于到会人数 2/3 的同意票方可被推荐至学校推荐委员会。

各基层推荐小组须对推荐人成果进行公开展示(不少于 2 天),并对推荐结果进行公示(不少于 5 天)。基层推荐会议结束 7 日内,将公示无异议的推荐结果以工作报告形式报送职称办。

6. 学校推荐

推荐委员会按照材料审阅、个人业绩陈述、集体讨论、无记名投票的方式组织开展学校推荐会议,达到应到会人数的 2/3 及以上且不少于 15 人方为会议有效。学校推荐人数不得超过当年公布结构比例对应等级岗位职数,申报人须获得不少于到会人数 2/3 的同意票方可被推荐至学科评议组及职称评审委员会。

推荐委员会须对推荐人成果进行公开展示(不少于 2 天),并对推荐结果进行公示(不少于 5 天)。推荐委员会会议结束 7 日内,将公示无异议的推荐结果报送上级主管单位审批。

7. 上级主管单位审批

学校推荐人员名单及材料上报上级主管单位审批后,报学科评议组及职称评审委员会评议。

8. 学科评议组评议

学科评议组按照材料审阅、集体讨论、无记名投票的方式组织开展学科组评议会议,达到应到会人数的 2/3 及以上且不少于 5 人方为会议有效。申报人须获得不少于到会人数 2/3 的同意票方可作为学科组通过人员进入评审委员会评议阶段。

9. 职称评审委员会评定

职称评审委员会按照材料审阅、集体讨论、无记名投票的方式组织开展评委会会议,达到应到会人数的 2/3 及以上且不少于 13 人方为会议有效。申报人须获得不少于到会人数 2/3 的同意票方可确定为当年学校专业技术职务拟通过人选。

10. 公示

职称办在学校门户网公示当年各级别拟通过人选，公示期 7 天。

11. 备案

评议通过结果上报市教委、市人社局、上级主管单位备案。

(五)其他规定

1. 纪律要求

(1)各级评审、推荐机构评委及相关工作人员，必须自觉遵守职业道德规范、认真履行职责、客观公正、公道正派、严格保守评审工作秘密。

(2)评审工作实行回避制度。申报人员亲属不能作为当年基层推荐小组、推荐委员会、学科评议组、职称评审委员会成员参加评审和推荐工作。

(3)各级评审、推荐机构成员不得委托他人代为投票或补投票。

(4)对于在工作中徇私舞弊、泄露内部讨论情况、收受申报人员贿赂、干扰各级评审、推荐机构的评委及工作人员，将取消其评审、推荐资格，调整工作人员岗位，情节严重的要给予纪律处分。

(5)申报人员须保证提交材料的真实性，签订承诺书，凡发现弄虚作假等行为或贿赂相关工作人员等情况，立即停止其参评程序，并按学校工作人员师德师风考核、学术不端管理及国家和我市相关评审纪律规定处理。

(6)院校专业技术职称“自主评审”工作，接受市人社局、市教委、各级纪检监察部门和学校全体教职工的监督。

2. 材料存档要求

按照市人社保局、市教委文件规定，自主评审过程中产生的有关材料档案应妥善留存至少 10 年，保证评审全程可追溯。各级组织机构要做好资料收集整理工作并上报职称办统一存档。

3. 其他说明

(1)在各级评审、推荐过程中若出现空缺职数情况，不再补报。

(2)学校专业技术职称“自主评审”工作每年开展 1 次，当年 12 月底之前完成，如遇特殊情况顺延。

(课题承担单位为天津工业职业学院，课题主持人和执笔人为邓昊。课题组成员：佟沛育、王维、贾婉婉、柴德意、蔡琦、杨笑、郭晓娟、王青。)

第四十八章　高职院校专业领军人物遴选标准

高职院校的办学质量很大程度上取决于专业建设成效,而专业建设水平高低与是否有一支德才兼备的优秀专业师资团队紧密相关,高水平专业领军人物则是高水平师资团队的关键要素。本研究专门探讨专业领军人物的遴选标准,对做好相关工作具有重要意义。

一、有关职业学校领军人物的相关政策文本梳理

本研究所指"专业领军人物遴选标准",来自 2021 年印发的《教育部天津市人民政府关于深化产教城融合打造新时代职业教育创新发展标杆的意见》一文中。该文件明确指出:"明确职业学校专业领军人物遴选标准。"这是从强化职业学校师资队伍建设角度提出的研究任务。

"专业领军人物"一词在职业院校工作中时常使用,但在文件中很少见到。2020 年教育部等九部门印发的《职业教育提质培优行动计划(2020—2023 年)》,提出完善职业学校自主聘任兼职教师的办法,实施现代产业导师特聘计划,设置一定比例的特聘岗位,畅通行业企业高层次技术技能人才从教渠道,推动企业工程技术人员、高技能人才与职业学校教师双向流动。这是与本研究相关的内容表述。在 2021 年中办、国办印发的《关于推动现代职业教育高质量发展的意见》中,更提出了与之相关的概念:实施职业学校教师教学创新团队、高技能领军人才和产业紧缺人才境外培训计划。这些与本研究内容相关的提法,可成为本研究的重要参考。

二、高职院校专业领军人物的界定和能力素质

(一)高职院校专业领军人物的界定

关于高职院校专业领军人物的概念和定位,职业教育界并没有具体的定义,这一角色跟目前高职院校专业带头人的角色定位相似,但是又比普通的专业带头人要求更高。他们是专业开发和建设的第一梯队,是教学的骨干、行业的专家,是教师团队的领军人物,是形成高职特色、专业特色的关键所在。[①] 他们不仅要有较高的学术造诣,而且具有远见卓识,具有引领专业发展方向,根据社会市场发展需要,提出专业队伍建设目标,制订产学研和专业发展总体思路,选拔培养年轻的专业骨干能力。

(二)高职院校专业领军人物的能力素质

本课题组通过查阅高校学科带头人、高职院校专业负责人等相关角色的能力体系指标,参考行业领军人才、高层次人才、教学名师等人物的评选指标,提出以下几项专业领军人物应该具备的关键能力。

1. 师德风范

师德是教师从事教育工作时所遵循的行为规范和必备的品质,主要包括忠诚党的教育事业,全面贯彻党的教育方针,坚持立德树人,政治立场坚定,以教书育人为己任;爱岗敬业,以全身心投入为常态;治学严谨,知行统一,师德高尚,为人师表。无违反新时代高校教师职业行为十项准则的情况。

2. 企业经历与行业影响力

累计具有企业相关技术岗位工作经历,拥有职业资格证书;在行业协会、单位、机构等兼任相关技术(或管理)职务,在行业企业的技术领域具有一定影响力,且取得了行业企业公认的实质性工作成果或业绩,比如在生产制造领域有被社会公认的绝招绝技,或在生产实践领域创造和总结出先进操作方法,在开展技术革新、技术改造、技术难关攻克或提出技术改造合理化建议中作出重要贡献,并取得明显经济和社会效益等。

---

① 冯拾松,何农,傅拥军. 高职教育专业师资团队建设的“雁阵战略”[J]. 金华职业技术学院学报,2009,9(01):1-4.

3. 教学能力和水平

教学实施规范有效，教学效果好，学生评价高，教学研究能力强，有独到见解。能借鉴先进职业教育理念和经验，结合实际，研究高等职业教育教学特点与规律；发挥行业影响力优势，跟踪产业发展趋势和行业动态，研究校企合作人才培养有成效；重视研究成果共享与交流，有效整合社会资源，推进校企合作育人落到实处，资源利用率高；开发各种高职数字化专业教学资源，并为行业企业和其他高职院校所共享，建设水平高，社会广泛认可。

4. 教学团队建设能力

榜样作用明显，利用自身影响力，吸引行业企业一线技术骨干参与人才培养，兼职教师队伍水平高；指导专业教师参与教学实践和企业实践，提高青年教师执教能力；有良好的"传、帮、带"团队建设文化。

5. 领导能力

具有专业教学组织能力、专业建设组织管理能力、团队带领能力。能对本专业教师专业水平和教学水平的提高进行示范和指导；能根据专业发展需要和教师个人特点指导教师确定科研发展目标和方向；能带领教师团队高效完成各类专业建设任务。

6. 社会服务能力

能带领专业教师团队为企业和社会提供优质服务和培训，做好科研成果转化工作，并与行业企业合作开展技术应用性研究及应用推广。

三、高职院校专业领军人物遴选的对策建议

（一）高职院校专业团队现状分析

1. 缺乏高水平的专业团队领军人物

目前职业院校大多采用专业带头人负责制，在选拔专业带头人时大都考虑职称、学历等因素，对带头人的领导能力、专业建设能力等其他因素考虑较少。学校对教学团队建设重视不够，专业带头人选拔不严，培养投入不足，致使专业教学团队建设普遍滞后，不能发挥集体力量，妨碍了高职教育专业和课程改革与

建设的有效实施。①

2. 偏重从学校内部选聘,人选往往缺乏实际生产经验

从历史上看,我国高职院校大部分教师都是由普通高校毕业后直接从教的,实际生产经历普遍缺乏。近年来,虽然各院校重视从企业引进高技术人才改善师资结构,但伴随高职教育的规模化发展,师资急剧扩充,形成了学历逐年提高、动手能力逐年降低的师资队伍。在师资队伍的管理上,目前高职院校沿用普通高校的职称评定指标体系,使教师将精力投注在论文写作上,而没有引导教师参与实际生产。

3. 难以发挥团队领导力,教师单兵作战团队弱化

高职院校教师相对中小学教师来说,自由时间更多,这就造就了高校教师的"独行侠"形象,教师之间在教学、科研、管理等方面的合作比较松散。目前,大多数职业院校的专业带头人不属于行政职务,不是日常事务的组织者,也不是基层教学单位的领导人,在团队建设中很难起到组织协调凝聚团队力量的作用。

(二)高职院校专业领军人物遴选的基本思路

1. 构建科学的评价体系

对专业领军人物的选拔与任用要看其专业建设能力和经验,重视专业领军人物的师德、行业影响力等。具体内容见下表:

表 48-1 高职院校专业领军人物评价标准

一级指标	二级指标	三级指标
师德风范(10)	师德高尚(5)	1. 忠诚党的教育事业,全面贯彻党的教育方针,坚持立德树人,政治立场坚定 2. 爱岗敬业,以全身心投入为常态;治学严谨,知行统一,为人师表 3. 无违反新时代高校教师职业行为十项准则的情况
	育人成果(5)	1. 近 3 年担任专业课程教学工作 2. 指导学生参加全国职业院校技能大赛、创新创业大赛等各类竞赛获奖

① 郝宏强,孙祎敏,邸青. 高职院校教学团队建设的研究与实践[J]. 教育与职业,2009(30):46-47.

续表

一级指标	二级指标	三级指标
行业影响力(30)	企业经历(10)	具有企业专业技术岗位工作经历或具有相关企事业单位一线实践工作经历
	行业兼职(5)	近3年一直在企业(或行业协会、单位、机构等)中兼任相关技术(或管理)职务
	个人专业技术水平(10)	1. 拥有高级专业技术职务或者拥有至少一项高级职业资格; 2. 获得国家一类技能竞赛前20名
	重要贡献(5)	3. 在行业企业的技术领域具有一定影响力,且取得了行业企业公认的实质性工作成果或业绩 4. 在开展技术革新、技术改造、技术难关攻克或提出技术改造合理化建议中作出重要贡献,并取得明显经济和社会效益
领导能力(10)	团队带领能力(5)	1. 能对本专业教师专业水平和教学水平的提高进行示范和指导 2. 能带领教师团队高效完成各类专业建设任务 3. 能有效调动教师工作主动性,加强教师的沟通与了解,形成良好的团队工作氛围
	组织建设能力(5)	能结合现状和专业发展需要制订本专业发展建设规划
专业建设能力(40)	教学团队建设(10)	1. 利用自身影响力,吸引行业企业一线技术骨干参与人才培养 2. 指导专业教师参与教学实践和企业实践,提高青年教师执教能力;有良好的"传、帮、带"团队建设文化
	教学资源开发(10)	1. 有效整合社会资源,推进校企合作育人落到实处,资源利用率高 2. 开发各种高职数字化专业教学资源,并为行业企业和其他高职院校所共享,建设水平高,社会广泛认可
	人才培养方案(10)	1. 能根据市场调研情况开发工作任务及对应的职业能力 2. 能组织教师编写与修订专业人才培养方案和各类教学方案
	教学改革与创新(10)	1. 能根据教育教学改革发展趋势和专业现状制定本专业教学研究和改革规划 2. 借鉴先进职业教育理念和经验,结合实际,研究高等职业教育教学特点与规律 3. 发挥行业影响力优势,跟踪产业发展趋势和行业动态,研究校企合作人才培养有成效

续表

一级指标	二级指标	三级指标
专业科研与服务引领力（10）	科研能力(5)	1. 个人主持或参加过省市级重点项目 2. 能鼓励和指导教师积极申报横纵向课题
	服务行业引领(5)	1. 能带领专业教师团队为企业和社会提供优质服务和培训,做好科研成果转化工作 2. 能与企业合作开展业务,带领教师承担企业委托的开发和管理项目

2. 制订完善的选拔程序

专业领军人物的遴选可以根据能力标准从企业引进或者在优秀的骨干教师群体之中择优选拔,在程序上应该尽可能公平、公正,可通过本人自主申报、公开答辩竞聘、专家评审等程序选拔。在严格依据能力标准基础上综合考虑各个利益相关主体的诉求和意愿,从而选拔出本专业真正的学术权威。

3. 构建合理的人才梯队

合理的专业人才梯队结构是专业领军人物得以施展才华和表现能力的重要支撑和保障,是专业发展必不可少的战略平台。职业院校不论是自己培养、选拔还是从外面引进专业领军人物,都离不开原有专业人才队伍的基础。原有专业人才梯队的知识结构、职称结构、学历结构、年龄结构、性别结构等都为专业领军人物的选择提供了有效的参考标准。

(课题承担单位为天津机电职业技术学院,课题主持人为刘勇,执笔人为周铁玲。课题组成员:梁宇栋、王兴东、张文健、宋海强、毛蕊、杜晓坤。)

第四十九章　高职院校实践导师队伍建设办法

高职院校建设实践导师队伍,对于保障学校持续发展、提升学生学习效果、促进教师自身发展、实现高职人才培养目标、构建校企双方共赢的合作机制,具有重要意义。

一、有关实践导师队伍建设的政策依据和研究成果综述

2021 年发布的《教育部天津市人民政府关于深化产教城融合打造新时代职业教育创新发展标杆的意见》在打造“工匠之师”培养培训体系部分指出:“实施教师职业能力提升工程,遴选海河名师和创新教学团队,培育传承绝活、弘扬绝技的技能大师,实施现代产业导师特聘岗位计划,建设标准统一、序列完整、专兼结合的实践导师队伍。”这是本研究的直接来源和依据。

黄艺娜等对产教融合背景下职业院校产业导师的现状进行了分析;①②旷利平对产业导师研究意义和培养模式进行了探讨;③李辉等提出构建“政府搭台、校企融合、多方联动、协同发展”的产业导师队伍建设模式,建立职业院校专任教师和企业兼职教师“互兼互聘、双向交流”机制,建设产业导师发展中心等措施。④ 这些有限的研究可以作为实践导师研究的前期成果,为高职院校实践导

---

① 黄艺娜,旷利平. 产教融合与职业院校产业教师(导师)队伍建设[J]. 文教资料,2019(1):146-147.

② 黄艺娜,旷利平. 产教融合背景下职业院校产业教师(导师)现状分析[J]. 文教资料,2019(12):110-111.

③ 旷利平. 中南地区高职院校产业教师(导师)的培养模式研究[J]. 经济师,2020(2):37-38.

④ 李辉,戴琨. 职业教育产业导师队伍建设模式探索与实践[J]. 职业教育研究,2022(6):65-70.

师队伍建设提供参考和借鉴。

二、高职院校实践导师队伍建设办法探索

(一)遴选机制

1. 明确实践导师的认定对象

高职院校实践导师的能力结构较为复杂,不仅需要具备丰富的专业理论知识,而且需要具备扎实的实践操作能力。这就决定了实践导师队伍需包含同时具备理论教学和实践教学两种能力的专业教师和受聘于高职院校兼职担任特定专业课或实习指导课教学任务的专业技术人员、高技能人才,这两部分人员均可成为实践导师,共同组成了实践导师队伍,也成为实践导师的认定对象。高职院校应更新聘用机制,专兼并举,同时搭建校企对流双向通道。

由此,实践导师是指指导学生专业实践或开设实践类课程的企事业单位专业技术人员或高技能人才,采取专兼职任教、校企合作研究、共同完成教科研项目等方式参与高等职业院校人才培养。实践导师序列可参照专业技术人员或高技能人才所在行业领域职称等级,可也采用自主评审方式,依据实践导师对高职院校人才培养贡献度确定等级。

2. 制定实践导师的认定标准

实践导师认定范围涵盖为高职院校人才培养做出贡献的企业能工巧匠、工程技术人员与职业院校专职教师。政府有关部门应在遵循动态性、差异性以及可操作性的原则下,编制出符合本区域发展需求的实践导师资格认定标准,既要突出教师专业发展的动态性特征,同时又要体现不同阶段下实践导师认定与考核条件的差异性特征,形成从初级到高级、逐级发展、逐步深化的实践导师认定标准,保障实践导师资格认定标准的权威性、科学性与规范性。

3. 规范实践导师的认定程序

在实践导师认定过程中,有必要改变现有的以审核教师申请材料为主的认定机制,转而以材料审核与实际考核并重为主。可建立由校内领导、相关行业企业专家等在内的实践导师认定工作小组,在对实践导师申请材料进行审核基础之上,通过现场听课等方式对实践导师进行考核认定,进一步规范他们的资格认定制度。

4. 开辟实践导师的来源渠道

高职院校可与企业和科研机构合作，拓宽实践导师的来源渠道。高职院校根据办学实际，设立流动岗位、挂职岗位，使行业企业尖端技术人才、科研领军人才在短期或者不固定时间内直接参与学院的教学、项目建设和课题研究工作。高职院校需要明确固定岗位和流动岗位的工作职责、资源配置和薪资待遇，增强对科研人才和行业专家的吸引力，实现专业人才的有效交流互动。

（二）工作机制

1. 强化社会实践意识，明确产教融合型实践导师定位

通过国家政策文件引导，强调对产教融合型实践导师的重视；通过学校在招聘教师时，对应聘教师的实践生产能力的重点关注、社会实践经历的严格要求，强化实践导师的社会实践意识；通过学校定期或不定期宣传实践导师的突出成绩和先进事迹，树立实践导师的良好形象。同时，实践导师自身要严格要求自己，均衡发展社会实践能力和学术科研能力，提升自身创新力。

2. 提升职业技能，在实践层面真正实现课程教学内容与职业岗位任务对接

高职院校实践导师应秉持发展的职业教育理念，在实践层面真正实现课程教学内容与职业岗位任务对接。主动面向企业、面向生产开展科技服务，不断拓宽自身的职业发展通道。灵活多样地采取“短期与长期结合”“脱产与在职结合”“现场与网络互补”的方式，充分利用校内和社会资源全面提升职业技能，并寻求团队合作促进共同进步，积极承担“横向课题”等校企合作项目，通过为企业提供技术咨询，开发产品、研发专利，切实参与企业的生产、建设和管理。

（三）激励机制

健全高职院校实践导师激励机制对于促进实践导师队伍长效发展具有重要意义。实践导师队伍中的行业企业优秀工程技术人员，是企业骨干力量，由于各种因素影响，其主要时间精力依旧在企业工作上，对兼职教师工作积极性不高，难以全身心投入。基于此，在产教融合的背景下，高职院校需要建立高效的激励机制，鼓励企业实践导师积极参与教育教学过程，增加组织归属感，提升主观能动性。

1. 坚持定性与定量相结合，实行分层分类管理

科学设计“职称型”“证书型”“能力型”等不同类型的实践导师激励体系，注重实践导师队伍的知识结构、能力结构和技能结构的整体优化。通过建立灵活有效的利益激励机制，持续激发实践导师的内驱力和进取心。企业实践进修、教学能力大赛、指导各级各类技能竞赛等都可以作为激励约束机制的重要指标。完善各类奖励基金管理办法，奖励在校企合作、“双高建设”等方面做出突出贡献的实践导师，鼓励支持他们出国进修业务或提升学历。

2. 坚持政府和职业院校共同管理，促进实践导师队伍稳定发展

政府和职业院校共同参与实践导师管理，给予实践导师良好的社会福利、工作条件等，使实践导师队伍相对稳定，具有很强的吸引力和凝聚力。政府应充分发挥实践导师主导作用，出台相应的政策法规激励行业企业积极参与高职院校实践导师队伍建设，吸引更多优秀专业技术人员到高职院校任教；亦可协调高职院校与企业外部环境关系，鼓励企业选拔优秀专业技术人员到高职院校任教；在给予相应奖励的同时，明确企业的义务及权利。

（四）考核评价机制

1. 建立多方参与、分类分层的动态考核评价机制

职业院校需要建立学院、行业企业、专业建设指导委员会等多方参与的动态考核评价机制，将师德师风、工匠精神、技术技能、教学实绩等纳入考评范畴，采取分类分层考评模式，不同专业和水平的实践导师的考核实施标准也应该有所不同。

2. 构建实践导师考核评价指标体系

该指标体系除纳入对实践导师教育教学能力的考评外，更应侧重对教师实践指导能力、新技术开发与应用能力等实践技能的考评，淡化学术科研标准，突出实践特性。丰富考核形式和方法。可采用自评与他评相结合、平时考核与定期考核相结合、单项考核与全面考核相结合等多种考核形式。形成评价主体多样化、考核方式科学化的开放性评价，增加考核结果的可信度和权威性。

3. 保证实践导师考核评价功能有效释放

一方面可将实践导师考评结果，作为教师绩效考核评估、专业技术职务聘任以及职称晋升方面的参考，使得实践导师的教学能力、科研能力提升的方向和渠

道更加清晰,建立以能力和业绩为导向的实践导师考核激励机制。另一方面可通过建立教师考核奖惩激励基金,采用奖惩结合的手段,推动教师进行自我提升。需注意的是,奖惩只是促进教师专业发展的手段,而并非目的。关键在于发挥考核评价机制的积极作用,激发实践导师专业发展的内在需求,使他们能自发地、长期地进行自我提升,同时鼓励广大教师投身实践导师队伍建设,使实践导师队伍建设工作有序推进。

(课题承担单位为天津渤海职业技术学院,课题主持人和执笔人为周平。课题组成员:杨国宾、魏文静、穆蒙蒙、张洪民、靳华蕾、焦晓龙、赵朋、刘一波、徐胜男。)

第五十章　技工院校一体化教师标准

随着我国技工院校一体化课程改革的全面推进，一体化师资建设成为推动高质量发展的关键。虽然2013年人社部印发了《技工院校一体化教师标准》，但新时代技工教育新要求以及地域、专业之间的差异，决定了对一体化教师标准必须进行重新审视。本研究在解读一体化教师概念及梳理相关政策和研究成果的基础上，对技工院校一体化教师标准的实施提出具体方案。

一、一体化教师概念解读

技工院校一体化教师的概念最初由天津职业技术师范大学（原天津职业技术师范学院）于20世纪90年代初提出，具体标准为：大学本科以上学历，具有中级及以上专业技术职称，具有高级工以上职业资格，接受过系统教育理论的培养和培训。[①] 重点是指既能讲授理论知识课，又能指导技能训练和生产实习的一体化课程教师。随着社会经济等各项事业的发展，我国技工院校的改革不断走向深入。2010年9月，人力资源社会保障部召开了技工院校"一体化"课程教学改革试验工作启动会，标志着技工院校"一体化"课程教学改革进入实质性阶段。"一体化"教师这一概念与"一体化"课程改革是相伴相成的，可以把"一体化教师"理解为具有一体化课程改革及课程实施能力的专业教师。具体来讲，技工院校的"一体化"教师是指在工作过程系统化课程模式下，根据教学项目的要求将专业理论教学、实践技能教学和企业生产管理于一体，既能讲授专业理论，又能指导专业技能训练的教师。[②]

技工院校"一体化"教师的内涵，与中、高职院校所要求的"双师型"教师的

① 卢双盈. 职业教育"双师型"教师解析及其师资队伍建设[J]. 职业技术教育，2002，23(10)：40-43.

② 张文. 论一体化教师的本质属性[C]//. 中国职协2013年度优秀科研成果获奖论文集(上册). 2013：880-888.

内涵有所不同。这两类教师都应具有丰富的专业理论知识和专业实践能力,“双师型”教师重点在于强调教师在专业理论教学和专业实践教学两方面都能胜任,而“一体化”教师重点在于能胜任专业理论知识、专业实践技术、实际生产和管理于一体的工作系统化课程的教学。[①] 显然,“一体化”教师是建立在“双师型”教师基础上的,是对教师能力更加全面、更高标准的要求。

二、有关一体化教师的政策梳理

2013 年人力资源社会保障部印发的《技工院校一体化教师标准》,从基本条件、典型工作任务、能力要求三个方面设立了一体化教师标准的三个等级,即三级、二级、一级,三个级别的标准依次递进,高级别涵盖低级别。这在宏观上为技工院校一体化教师的认定、考核、评价等管理提供了依据。2019 年教育部、国家发改委、财政部、人力资源社会保障部四部门联合印发《深化新时代职业教育“双师型”教师队伍建设改革实施方案》(又称“职教师资 12 条”),对教师培养补充、资格准入、培训发展、考核评价、待遇保障等提出解决举措,推动“双师型”教师培养进入专业化轨道。鉴于“一体化”教师具有“双师型”教师的内涵,因此,“职教师资 12 条”对技工院校的一体化师资建设同样具有指导意义。2020 年,教育部等九部门印发的《职业教育提质培优行动计划(2020—2023 年)》提出,“实施新一周期‘全国职业院校教师素质提高计划’,校企共建‘双师型’教师(含技工院校‘一体化’教师)培养培训基地和教师企业实践基地,落实 5 年一轮的教师全员培训制度。”2021 年人力资源社会保障部印发的《技工教育“十四五”规划》,在创新举措的第六部分中提出“实施一体化师资专项培训计划,实现专业、教材、教师、一体化教学等联动发展”。这里直接从技工教育的角度,对培养一体化师资建设提出要求。2022 年人社部印发的《推进技工院校工学一体化技能人才培养模式实施方案》明确指出:“在全国技工院校大力推进工学一体化培养模式,加快工学一体化教师队伍建设。”这些文件中虽然有时把“双师型”教师和一体化教师相提并用,但一体化教师就是专指中职学校(技工院校)的专业教师。

三、一体化教师标准实施的综合性评述

在 2010 年人社部提出我国技工院校一体化课程改革全面推进之后,有关一

① 孙秀华. 校企合作,顶岗锻炼:职业院校教师队伍建设的有效途径[C]//. 中国职协 2014 年度优秀科研成果获奖论文集(中册). 2014:1035-1046.

体化教师的研究成果不断涌现。广州市工贸技师学院曾庆娟在《论技工院校一体化教师的职业能力》一文中，从多年从事一体化课程教学经验的角度谈到教师的人格魅力、专业技术能力、课堂掌控能力在一体化教学中的重要性。① 济宁市技师学院毕新英在《培养职业院校一体化教师的多重角色探析》一文中，提到复合型一体化教师在教学过程中应承担着社会代言人、教员、学生心灵牵引者等多重角色，各种角色相互联系融合、叠加就是一体化教师的发展方向。② 江苏省盐城技师学院王建林等在《技工院校一体化教师资格标准的初步研究》一文中，以该学院为例，初步探讨了技工院校一体化教师的资格标准，并从一体化教师职业能力要求的角度，对初、中、高三个级别分别从基本条件、教育教学能力要求、工作业绩及教研成果三个方面对一体化教师资格标准进行了分析。③

在 2013 年 9 月人社部出台《技工院校一体化教师标准》之后，有关一体化教师标准实施的研究更加深入与细致。北京工业大学包英华在其硕士论文《技工院校一体化师资队伍培养管理研究》中，以北京市工业技师学院的一体化师资建设为样本，从完善一体化师资发展规划、培养、认定、聘任、评价、激励等方面，对技工院校的一体化师资队伍培养提出系统性建议。④ 金华市技师学院陈爱华在《呈现技工教育特色推进一体化课程教学改革——对〈技工院校一体化教师标准(试行)〉的解读与思考》一文中提出，《标准》作为技工院校一体化教师级别认定的试行文件，在“典型工作任务”的全面性、客观性，“能力要求”的针对性、合理性等方面还有待商榷。⑤ 此文对推动一体化教师标准实施具有一定启示意义。进入新时代，随着产业升级及社会经济转型，对技工院校一体化师资必然提出更高的标准。2022 年 6 月镇江技师学院何峰在《关于技工院校“一体化”教师标准的思考》一文中，分析了现行的“一体化”教师标准的不足之处，就制定满足新要求、适应新环境的“一体化”教师标准进行了深入的思考，从职业品德、职业能力、职业拓展三个方面提出对一体化师资的新要求，并就标准达成提出了相关

---

① 曾庆娟. 论技工院校一体化教师的职业能力[A]. 中国职协 2014 年度优秀科研成果获奖论文集(中册)[C]. 中国职工教育和职业培训协会秘书处,2014:1379-1386.

② 毕新英. 培养职业院校一体化教师的多重角色探析[J]. 工会论坛(山东省工会管理干部学院学报),2013,19(06):113-115.

③ 王建林,陈亚. 技工院校一体化教师资格标准的初步研究[J]. 职业,2013,(15):22-24.

④ 包英华. 技工院校一体化师资队伍培养管理研究[D]. 北京化工大学,2015.

⑤ 陈爱华. 呈现技工教育特色推进一体化课程教学改革——对《技工院校一体化教师标准(试行)》的解读与思考[J]. 中国培训,2014(05):32-33.

的措施与建议。①

以上可见,虽然对一体化教师已有国家标准,但在具体实施中仍有许多问题需要研究和解决。

四、新时代技工院校一体化教师标准的实施

随着技工教育的不断发展,技工院校一体化教师标准的具体内容也必然发生变化,不同专业的一体化教师标准也会呈现差异性。本课题以天津市电子信息技师学院机电工程系的数控加工应用专业为例,展开一体化教师标准在某所技工院校某个专业的具体实施情况。本研究认为,一体化教师必须具备职业学校教师资格,在具备教师基本职业能力的基础上,根据教师的专业成长规律,从师德要求、教师资质、教师能力、典型任务、工作业绩、创新成果六个要素具体落实一体化教师标准,并将一体化教师分为初级、中级、高级三个级别。

(一)初级一体化教师

1. 基本条件

一是师德要求。坚持以习近平新时代中国特色社会主义思想为指导,将社会主义核心价值观贯穿于教育教学的全过程,努力实施课程思政。践行《中华人民共和国教师法》《中小学教师职业道德规范》及教育部《关于进一步加强中小学教师职业道德建设的若干意见》等政策法规,准确把握师德规范要求,塑造良好的师表形象,学院实行师德一票否决制。二是教师资质。学历:大专及以上学历(等同于技工学校毕业获得高级工及以上技能等级),并取得初级职称三年以上,或全日制大学本科学历(等同于技工学校毕业获得预备技师技能等级),并担任教学工作二年以上。职业资格:具有相关专业教师资格证及高级工以上技能等级。企业实践:每两年下企业实践 2 个月以上,掌握与本专业相关职业岗位完整的工作过程与生产工艺。工作经历:从事实习教学一年以上;承担班主任工作两年以上。

2. 典型任务及教师能力要求

一是系统担任过一门专业一体化课程的教学,每学年教学工作量不少于 180 课时。学生考试优秀率 20%以上,任教课程合格率 95%以上。二是担任本

① 何峰. 关于技工院校"一体化"教师标准的思考[J]. 职业,2022(12):60-62.

专业中级工技能鉴定培训工作一个周期以上,每学年实习教学或技能鉴定培训工作量300小时以上,中级工职业资格鉴定通过率95%以上。三是能独立进行一体化课程授课进度计划及教案编写。四是能管理一体化教学班级,形成与一体化课程教学特征相适应的班级管理模式,培养学生的职业能力。五是能完成一体化教学场所的规范管理,维护保养教学设备设施,满足一体化课程教学的要求。

3. 工作业绩、创新成果要求

基本要求:一是近两年内累计有两个月以上的企业或基层相关岗位工作实践,或校内外技术应用实践。二是在系部举办的各类教学竞赛活动中获得三等奖以上,或在学院举办的教学竞赛活动中获奖。三是开设系级公开课1次以上。四是班主任工作考核合格。

创新成果:须具备下列条件中的一项:一是参与校级以上课题研究,承担具体研究工作,课题通过评审验收,或参与部、省、院级教学改革试点、课题研究、科技项目,承担具体相关工作。二是近两年主要参与一项校内实践教学设施的建设或技术改造工作,使用效果良好。三是近两年主要参与一项应用技术研究,成果已被采用,效益较好。四是近两年主要参与一项本专业实践性课题研究,成果经行业专家认定,有实际借鉴意义。五是近两年指导学生参加本专业职业技能竞赛获局级以上奖项。

(二)中级一体化教师

1. 基本条件

一是师德要求同上。二是教师资质。学历要求同上。中级以上职称,担任一体化教学2年以上。职业资格:具备教师资格证及与专业相一致的技师职业资格。企业实践:每两年下企业实践累计不少于3个月,掌握与本专业相关职业岗位完整的工作过程与生产工艺。

2. 典型任务及教师能力要求

一是系统担任过两门专业一体化课程的教学工作,每学年教学工作量不少于180学时,近两年来教学质量考核二等及以上。二是担任本专业高级工技能鉴定培训工作,每学年实习教学或技能鉴定培训工作量320小时以上,高级工职业资格鉴定通过率90%以上。三是指导青年教师进行一体化教学并取得实效。四是担任班主任3年以上并被学院表彰为优秀班主任。五是能组建和带领团队,结合教学实际情况,依据学习任务设计编制教学项目。六是能熟练讲解本专业的基本理论知识,及时将行业发展信息与本专业最新理念、知识传授给学生。七是每年在正式刊物上发表专业教研论文一篇以上。

3. 工作业绩、创新成果要求

基本要求:一是近两年内累计有两个月以上的企业或基层相关岗位工作实践,或校内外技术应用实践。二是至少开设系级或院级一体化教学公开课一次以上。三是参加校企合作中设备改造、产学结合、教材编写等,并取得物化成果,或将下企业实践的生产工艺与生产过程应用于课堂教学,经院级专家组评审确认。四是参加学院教学竞赛获得三等奖以上。

创新成果:须具备下列条件中的两项:一是近两年主要参与(或主持)一项校内实践教学设施建设或技术改造工作,使用效果良好。二是参加校级以上课题研究、专业建设、课程改革、产学研工作。三是近两年主要参与(或主持)一项应用技术研究,成果已被采用,效益良好。四是近两年主要参与(或主持)一项本专业实践性课题研究,成果经行业专家认定,有实际借鉴意义。五是近两年指导学生参加本专业职业技能竞赛获省部级以上奖项。

(三)高级一体化教师

1. 基本条件

一是师德要求同上。二是教师资质。学历要求同上。副高以上职称,担任一体化教学时间 3 年以上。职业资格:具备教师资格证及与专业相一致的高级技师职业资格。企业实践:每两年下企业实践累计 3 个月以上,或具备企业一线实际工作经历,参加与本专业相关职业岗位完整的工作过程与生产工艺,或直接承担企业生产与研发任务。

2. 典型任务及教师能力要求

一是系统担任过 2 门专业主干课程的一体化教学工作,每学年教学工作量不少于 180 学时,近 3 年教学质量考核均为二等及以上等级。二是担任本专业高级工及技师的技能鉴定培训工作,每学年实习教学或技能鉴定培训工作量 320 小时以上,技师职业资格鉴定通过率 80%以上。三是开展传帮带活动,指导青年教师进行一体化教学成绩显著。四是担任班主任 3 年以上并被学院表彰为优秀班主任。五是能熟练讲解本专业的基本理论知识,及时将行业发展信息和本专业最新理念、知识传授给学生。六是能独立指导实验和实训、实习,具有一定的技术创新能力，并能理论联系实际地对本专业的发展提出意见。七是两年内在正式刊物上发表论文三篇以上。

3. 工作业绩、创新成果要求

基本要求：一是主持校级以上课题研究、专业建设、课程改革、产学研工作，课题或科技项目获学院以上相关部门立项，并通过专家组评审验收。二是参加专业建设调研，实施企业实际工作项目与教学项目的转换，编写一门以上课程标准，主持编写校本教材或学生工作页，并指导实施。三是担任部、省一体化师资培训或其他师资培训工作，主持编写教学文件且授课。四是主持校企合作中设备改造、产学结合、教材编写等，并取得物化成果，或将下企业实践的生产工艺与生产过程应用于课堂教学，经院级专家组评审确认。五是指导教师或学生在各类职业技能竞赛或教学竞赛中获得省级前三名、国家级前六名。

创新成果：须具备下列条件中的三项：一是近两年内累计有两个月以上的企业或基层相关岗位工作实践，或校内外技术应用实践。二是近两年主持一项校内实践教学设施建设或技术改造工作，使用效果良好。三是近两年主持一项应用技术研究，成果已被采用，效益良好。四是近两年主持一项本专业实践性课题研究，成果经行业专家认定，有实际借鉴意义。五是近两年指导学生参加本专业职业技能竞赛获国家级奖项。

（课题承担单位为天津市电子信息技师学院，课题主持人为朱勇，执笔人为王丽娜。课题组成员：杨红梅、王丽娜、王焱、万文艳、孙吉楠、王超。）

第五十一章　应用型高校特色师资队伍建设

应用型本科与职业本科的区别与联系，在实践中和理论上的探索一直在进行中。国家有关文件中目前只有关于应用型本科教师的要求，可以用于职业本科教师的参考。应用型高校建设特色师资队伍，既要加快建立师资队伍建设的标准，包括整体标准和个体标准，又要大力拓宽师资队伍建设的有效路径，通过在“引、育、管、评”等机制上的改革和创新，有效破解应用型高校建设特色师资队伍建设难题。

一、相关文献梳理和综述

（一）相关文件精神解析

2020 年中共中央、国务院印发《深化新时代教育评价改革总体方案》，提出要突出教育教学实绩，把认真履行教育教学职责作为评价教师的基本要求，同时要求“推进高校分类评价，引导不同类型高校科学定位，办出特色和水平”“探索建立应用型本科评价标准，突出培养相应专业能力和实践应用能力”。同年底印发的《教育部等六部门关于加强新时代高校教师队伍建设改革的指导意见》中指出“高校要健全教师发展体系，完善教师发展培训制度、保障制度、激励制度和督导制度，营造有利于教师可持续发展的良性环境”“完善教师职称评审标准，根据不同学科、不同岗位特点，分类设置评价指标，确定评审办法”。我国应用型高校起步较晚、短板较多，师资队伍是制约学校水平提升和特色发展的最大瓶颈，在新时代教育评价改革背景下，需要进一步加强对应用型高校师资队伍的规范标准、层次结构、评价体系与激励机制的研究与探索。

（二）相关概念的界定分析

关于什么是应用型高校，很多学者和研究机构都进行了相关研究。具体见

表51-1。

表51-1　关于应用型高校的含义

作者	时间	来源	关于应用型高校的理解
潘懋元	2005	21世纪国家的核心竞争力——“教育——人才”的合理结构	专业性应用型的多科性或单科性大学或者学院,以各行各业有关的应用学科(专业)为主,学习研究专门知识,培养应用性高级专门人才,将高新科技转化为生产力
陈厚丰	2004	中国高等学校分类与定义	履行应用型、技能型人才培养职能
中国教育科学研究院	2013	欧洲应用技术大学生国别研究报告	一种与普通大学并行、以专业教育为主导和面向工作生活的教育类型,肩负培养高层次技术应用型人才、开展应用科学研究与技术创新、服务就业和区域发展及促进终身学习等多重使命
中国应用技术大学(学院联盟)和地方高校转型发展研究中心	2013	地方本科院校转型发展实践与政策研究报告	基于实体经济发展需求,服务国家技术创新积累,立足现代职业教育体系,直接融入区域产业发展,集职业技术教育、高等教育、继续教育于一体的新型大学类型
刘海峰 顾永安	2014	我国应用技术大学战略改革与人才培养要素转型	以应用科技为特色,以服务地方(行业)为主旨,以产学研一体化、校企合作育人为人才培养模式的一类高校
刘彦军	2014	中国特色应用技术大学:内涵、外延、路径与展望	适应和满足我国新时期经济社会发展需要而产生,与其他普通本科高校并行和等值,以科学知识和技术成果的应用为导向进行办学,为社会培养高层次技术技能人才的高等学校
陈星	2017	应用型高校产教融合动力研究	以培养本科及以上层次的应用型人才为目标,侧重应用研究,以服务地方经济社会发展为导向的实施应用型教育的高等院校

从以上关于应用型高校的理解当中可以发现,“应用”是应用型高校的本质特征。无论是立德树人的定位,还是科学研究与技术成果的导向,都要紧紧围绕对国家和社会的发展所起到的实际应用作用。因此,本研究将应用型高校界定

为“以培养应用型人才、开展服务区域经济发展的应用型科学研究和实施技术成果转化为主要任务的高等院校”。

（三）相关文献研究

以“应用型高校”和“师资”或“教师”为主题，搜索知网收录相关研究，共检索相关研究文献1119篇。从最早研究提出至2020年，研究一直呈发展趋势，近两年趋缓。

在诸多研究学者中，邢赛鹏、陶梅生、朱士中、苏志刚、尹辉等学者的研究成果被引和下载数量较高。邢赛鹏和陶梅生在《应用技术型本科高校师资队伍体系构建研究——基于“产教融合和校企合作”》中指出：“产教融合和校企合作”是应用型高校培养师资队伍的重要途径。① 朱士中在《论应用型本科高校师资队伍的转型发展》中论述了应用型高校教师向“应用型”转型的必要性，要通过多种途径全面提高教师素质，促进学校健康可持续发展。② 苏志刚和尹辉在《科教产教融合建设高水平应用型本科师资队伍》中指出：建设高水平师资队伍，应用型高校应该“科教”和“产教”双融合，对内要处理好科研与教学的关系，对外要处理好产业与教育的关系③。

邢赛鹏除研究产教融合和校企合作对应用型高校师资队伍建设的作用外，与杜玮卉进一步深入探索了应用型高校建立双师型教师队伍的困难瓶颈以及建设路径，指出要转变观念，引入行业、企业丰富技术经验的教育工作者，建立有效的激励机制和双师型教师资格认证制度，强化校企合作。④ 刘井飞聚焦应用型高校实践教师队伍群体，指出实践教师队伍建设存在诸多困难，需要转变观念、加强能力提升、加大引进力度，并建立科学的考核评价机制。⑤ 张泳对应用型本科院校师资队伍建设进行了回溯、反思，探索了其特色发展的内涵、意义与发展

---

① 邢赛鹏，陶梅生. 应用技术型本科高校师资队伍体系构建研究——基于“产教融合和校企合作”的视角[J]. 职教论坛，2014(29)：4-8.

② 朱士中. 论应用型本科高校师资队伍的转型发展[J]. 当代教育科学，2010(09)：47-49.

③ 苏志刚，尹辉. 科教产教融合 建设高水平应用型本科师资队伍[J]. 中国高校科技，2018(11)：8-11.

④ 杜玮卉，邢赛鹏. 关于应用型本科院校双师型教师队伍建设探究[J]. 新校园(上旬)，2016(11)：147-148.

⑤ 刘井飞. 加强应用型本科院校实践教学师资队伍建设的策略研究[J]. 湖北科技学院学报，2015，35(12)：91-93.

途径,并聚焦青年教师群体探索培养青年教师工程实践能力的培养路径。① 胡戬、金向红分析了应用型高校产教融合型队伍研究现状、热点、培养建议,并以常州工学院探索了应用型高校专职科研队伍建设路径。②

从发表时间看,近年来学者们从不同角度探讨应用型高校师资队伍建设的发展路径和提升策略。孟令威、沈洪艳等人,对吉林省 23 所应用型大学的 27 名教学名师和学科带头人进行访谈调研和分析,探求应用型高校教师教学能力提升的策略。③ 李海梅深入分析了当前应用技术型本科院校普遍存在的队伍结构比例严重失调、素质良莠不齐、发展体系建设滞后等问题,提出师资队伍素质提升相关建议。④ 李亚珍、王靖等对河套大学 11 个教学部系的 357 名在校专人教师进行了问卷调查,深入分析了一线教师对如何成为"双师型"教师、对成为"双师型"教师希望获得的学校支持以及教师们理解的"双师型"教师的培养途径等进行了深入调研;指出"双师型"教师培养可以通过教师参与实验室工作、申报科研课题、深入行业企业开展社会服务或挂职锻炼、参加专项技能培训、参与行业企业的新技术推广工作、深入行业企业参观考察、参加各类相关学术会议与专家论坛以及政策的倾斜、制定致力于提升教师实践能力的制度等途径可以实现。⑤

二、关于应用型高校师资队伍发展的调查

本课题组以所在的天津中德应用技术大学为例,从 2020 年下半年至 2022

---

① 张泳. 应用型本科院校师资队伍特色发展的内涵、意义与途径[J]. 教育评论,2017(01):115-118. 张泳. 应用型本科院校师资队伍建设的回溯、反思与展望[J]. 黑龙江高教研究,2014(02):75-78. 张泳. 应用型本科院校青年教师工程实践能力培养研究[J]. 中国成人教育,2013(09):72-74.

② 胡戬,金向红. 我国产教融合型师资队伍研究现状、热点及建议——基于 CiteSpace 的文献计量分析[J]. 教育理论与实践,2022,42(15):34-38. 金向红. 地方应用型高校产教融合型师资队伍培养机制研究[J]. 江苏大学学报(社会科学版),2021,23(01):118-124. 金向红. 应用型高校专职科研队伍建设的探索与思考——以常州工学院为例[J]. 常州工学院学报,2020,33(06):68-71.

③ 孟令威,沈洪艳,张国福,孟令玺. 新发展阶段应用型本科高校教师教学能力提升研究——以吉林省 23 所应用型大学为例[J]. 时代汽车,2022(09):109-110.

④ 李海梅. 新时代背景下应用型本科高校师资队伍建设路径[J]. 人才资源开发,2022(08):19-20.

⑤ 李亚珍,王靖,夏美茹,石晶红. 新时期应用型高校教师实践能力培养研究——以河套学院为例[J]. 大学教育,2022(01):179-182+191.

年上半年共开展了4次问卷调查,每次调查的教师人数在400人以上,为深入了解一线教师职业发展和成长需要提供了支持。

(一)关于应用型高校教师必要素质的认识

关于"应用型高校教师必要素质"的认识,被访教师回答最多两个选项为"道德品质"和"工作能力"。教师深刻理解师德师风的重要性以及专业能力、教学科研能力对成为一名合格教师的重要作用。研究中也发现,不同职称等级教师对教师必要素质的重视程度不同。职称等级较高的教师更加看中研究能力,而职称等级较低的教师选择内容比较分散。

(二)关于职业期待

课题组首先调查了被访者的远期目标,52.83%的教师最高目标是成为学者型教师,8.13%的被访者是学科带头人,18.73%的教师希望成为学校管理者,也有20.32%的教师表达保持现状即可。对于近期目标。大部分被访者表示期待"提升学历层次或技术技能水平""参加培训或进修""晋升职务或职称"等。关于对学校管理政策的期待,教师们普遍期待学校"完善职称/职务晋升通道,灵活且高效""提供良好的培训机会""提供良好的科研环境和平台"。

(三)关于培训学习情况

课题组也深入调研了一线教师对学校当前开展的培训学习情况的满意度。非常满意和比较满意的分别占25.48%和40.9%,29.34%的教师表达满意度一般,有将近5%的教师表达非常不满意。整体来说,教师对参与培训、提高个人能力有着较高期望值,希望获得更多更好培训学习机会。访谈中,多数教师表达希望通过培训学习提高终身学习的能力,提高教育学生和服务社会的实践能力。调查也显示,培训更多为被动,针对自身需求、量身定制式的培训机会较少,培训的广度和深度都需要加强。

三、应用型高校特色师资队伍建设的标准与路径

（一）建设标准

1. 整体标准

（1）数量足够。专任教师、兼职教师、思政课教师、心理课教师、辅导员配置和生师比等均达到教育部相关标准。

（2）结构合理。师资队伍的年龄结构、学历结构、专业结构、职称结构、学缘结构等均合理，其中专任教师中具有博士学位和硕士学位比例可以不高于普通本科院校但要高于本科层次职业教育专业标准，专任和兼职教师中“双师型”教师比例不低于本科层次职业教育专业标准，专任教师中有一定比例具有企业工作经历或海外留学经历。

（3）服务产教城融合。能够主动适应产教城融合，通过应用型人才培养、技术应用与成果转化等为区域产业链布局和创新提供有力支撑。

2. 个体标准

（1）学历标准。达到高校教师任职资格要求，具有高校教师资格证书。

（2）师德师风。无师德师风问题，年度师德考核合格。

（3）专业能力。教育教学能力达标，熟悉和掌握本专业前沿知识和技术，能够开展专业课教学与实践并培育应用型人才“工匠精神”，能够开展技术研发和成果转化应用工作，帮助企业解决技术难题并将企业实践转化为教学案例。

（二）建设路径

1. 引入机制

依据学校师资队伍建设规划，加强教师引进机制创新。一是科学设定入职条件，淡化获得博士学位、发表高水平学术论文等学术性条件，强化具有企业工作经历、工程系列专业技术职务、承担重大横向课题等应用性条件；二是设立“人才特区”“绿色通道”等，为高层次人才引进提供政策支持；三是采用柔性引进方式，对急需人才提供特惠条件。

2. 培育机制

坚持“引育并举”，加强对师资队伍培育的体系化设计。一是组织好日常培训，将政治理论、师德师风、教育教学能力、专业知识培训等活动进行体系化设计

和常态化落实；二是组织好新教师岗前培训、教师资格考试培训、高校国培计划培训等专项培训；三是制订专任教师下企业实践制度，推动教师定期深入企业进行学习和实践；四是注重学历提升，为教师学历提升提供政策支持；五是扩大专业交流，鼓励教师到国内外访学、参加学术会议、挂职锻炼、援外交流等。

3. 管理机制

坚持约束与激励并重，在管理中强化“依法依规，定岗定责，任务导向，绩效考核”。在约束机制方面，一是建立师德档案和年度师德考核机制，对师德师风问题在各类考核中实行“一票否决”；二是修订岗位职责，进一步明确和完善教师岗位的职责和要求；三是制订考核任务，明确各类教师在一个聘期和每个年度的任务要求，依据工作绩效兑现待遇；四是签订聘用合同，依据合同对教师进行管理。在激励机制方面，一是对高层次人才提供年薪制、科研启动费、租房补贴、职称评审“绿色通道”等支持政策；二是修订科研奖励政策，提高科研绩效、成果转化收益比例；三是为教师攻读高一级学位、国内外访学等提供政策支持；四是完善相关政策，支持教师离岗创业等。

4. 评价机制

对教师坚持分类型和差异化评价，将专任教师分为教学科研型、教学为主型和科研为主型三类。对于教学科研型（理工类、文管类）教师，强调教学业绩与科研业绩并重；对于教学为主型教师（含辅导员教师），突出教学成果、教学评价等业绩，兼顾科研业绩；对于科研为主型教师，突出科研获奖、技术服务、成果转化等科研业绩；对于思想政治理论课教师，突出通过高质量思政课教学和思政课相关教科研成果，做好学生思想政治教育工作；对于实验技术人员，突出实验室管理、实验仪器设备维护和实验教学成效。

（课题承担单位为天津中德应用技术大学，课题主持人为黄利非，执笔人为黄利非、李奕。课题组成员：李奕、叶頔、曹宝文、裴文杰、纪玉蕊、陈梦莹。）

第六部分

教学管理和学生管理

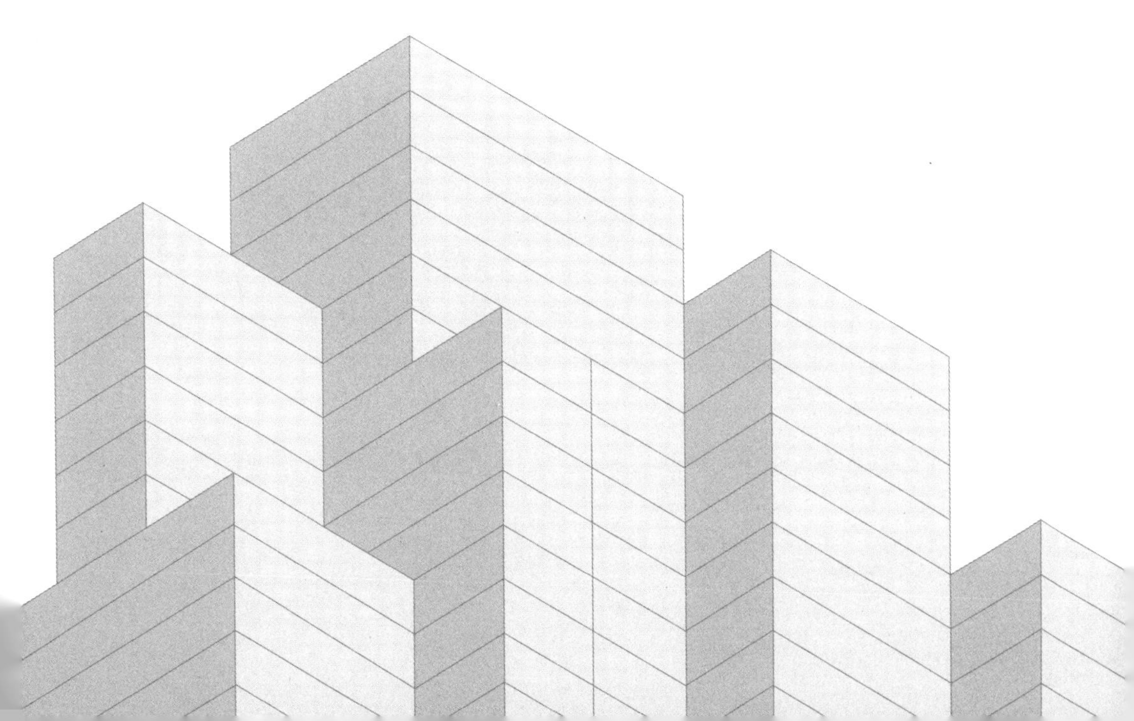

第五十二章　职业院校弹性学制与自主选课制度

"建立弹性学制与自主选课制度"是天津市建设职业教育创新发展标杆的一项重要工作。这类工作在各地均有一些基础,但从打造标杆的要求来看,有必要开展系统研究。本研究将对此类政策规定和已有研究状况进行系统梳理,在此基础上提出系统对策。

一、有关政策文本的梳理和解读

弹性学制狭义的定义是指学习内容有一定的选择性,学习年限有一定的伸缩性的学校教育教学模式。它在学分制的基础上演进而来,是学分制的另一种表现,其最终目标就是构建各类教育相互沟通、衔接的"立交桥",以满足人们对教育选择的个性化、多样化要求。

(一)有关弹性学制的政策梳理和解读

为了让更多学生根据自己的学习特点、学习需求和学习节奏来安排大学生活,把学生从大学课程的接受者变为决策者,自1996年起,我国各级政府和各级教育主管部门制订了有关"弹性学制"的文件,从不同级别、不同层面、不同角度推动弹性学制在我国的实践。

表 52-1 关于国家层面的政策

序号	时间	文件名称	文号	发文部门	内容梳理及解读
1	1999 年 6 月	关于深化教育改革全面推进素质教育的决定		中共中央、国务院	高等学校和中等职业学校要创造条件实行弹性的学习制度
2	2001 年 7 月	关于印发《全国教育事业第十个五年计划》的通知	教发〔2001〕33 号	教育部	允许学校根据条件实行弹性修业年限和更加灵活的学分制
3	2002 年 9 月	关于大力推进职业教育改革与发展的决定	国发〔2002〕16 号	国务院	要根据不同专业、不同教育培训项目和学习者的实际需要,实行灵活的学制和学习方式,推行学分制等弹性学习制度
4	2006 年 11 月	关于实施国家示范性高等职业院校建设计划加快高等职业教育改革与发展的意见	教高〔2006〕14 号	教育部、财政部	根据区域和行业人才需求状况以及职业技术与职业岗位的特点,积极探索弹性学制和以学分制为主要内容的灵活的教学管理制度
5	2017 年 2 月	普通高等学校学生管理规定	中华人民共和国教育部令第 41 号	教育部	第二十六条学校可以根据情况建立并实行灵活的学习制度
6	2020 年 8 月	关于进一步加强和规范教育收费管理的意见	教财〔2020〕5 号	教育部等五部门	鼓励各地适应弹性学制下的教学组织模式,探索实行高等学校学分制收费管理
7	2021 年 1 月	关于深化产教城融合打造新时代职业教育创新发展标杆的意见	津政发〔2021〕1 号	教育部天津市人民政府	推进职业教育、高等教育、继续教育机构试点实施完全学分制,建立弹性学制与自主选课制度
8	2022 年 4 月	中华人民共和国职业教育法			在基本学制基础上,适当调整修业年限,实行弹性学习制度

表 52-2　关于地方层面的政策

序号	时间	文件名称	发文部门	内容梳理及解读
1	2019 年 9 月	江苏省高等职业院校面向社会人员开展全日制学历教育试行办法	江苏省	推行学分制改革,单独制定人才培养方案、课程体系,实行弹性学制和弹性学期制
2	2022 年 1 月	持续实施“农民大学生培养计划”	湖南省委组织部等六部门	符合条件的,经湖南开放大学录取、取得开放教育学籍,或经湖南网络工程职业学院录取、取得全日制高职教育(弹性学制)学籍后,纳入“农民大学生培养计划”培养范围

表 52-3　针对高职扩招的专项政策

序号	时间	文件名称	文号	发文部门	内容梳理及解读
1	2019 年 5 月	关于印发《高职扩招专项工作实施方案》的通知	教职成〔2019〕12 号	教育部等六部门	采取弹性学制和灵活多元教学模式,对退役军人、下岗失业人员、农民工和新型职业农民等群体可单独编班
2	2019 年 12 月	关于做好扩招后高职教育教学管理工作的指导意见	教职成厅函〔2019〕20 号	教育部办公厅	针对扩招生源,鼓励实施灵活多元的教学模式,可实施弹性学习,最长不超过 6 年
3	2020 年 7 月	关于做好 2020 年高职扩招专项工作的通知	教职成厅〔2020〕2 号	教育部办公厅等六部门	科学编制专业人才培养方案,在采取弹性学制和灵活多元教学模式的同时,严格保障集中教学学时

表 52-4　针对创新创业、农民工、贫困地区、退役军人的专项政策

序号	时间	文件名称	文号	发文部门	内容梳理及解读
1	2015 年 5 月	《关于深化高等学校创新创业教育改革的实施意见》	国办发〔2015〕36	国务院办公厅	实施弹性学制，放宽学生修业年限
2	2016 年 3 月	关于印发《农民工学历与能力提升行动计划——“求学圆梦行动”实施方案》的通知	教职成函〔2016〕2 号	教育部 中华全国总工会	建立校企双导师制和弹性学制，真正实现校企一体化育人
3	2019 年 10 月	关于办好深度贫困地区职业教育助力脱贫攻坚的指导意见	教职成厅〔2019〕4 号	教育部办公厅	采取弹性学制和灵活多元教学模式
4	2020 年 10 月	关于进一步做好高职学校退役军人学生招收、培养与管理工作的通知	教职成厅函〔2020〕16 号	教育部办公厅	退役军人入学后可实行弹性学制、弹性学期、弹性学时，学业年限 3 至 6 年

表 52-5　针对中等职业学校的政策

序号	时间	文件名称	文号	发文部门	内容梳理及解读
1	2001 年 3 月	关于做好 2001 年中等职业学校招生工作的通知	教职成〔2001〕6 号	教育部	实行学历教育与非学历教育并举，推行学分制和弹性学制，允许学生分阶段完成学业
2	2009 年 1 月	关于制订中等职业学校教学计划的原则意见	教职成〔2009〕2 号	教育部	积极推行学分制等弹性学习制度，建立“学分银行”
3	2012 年 12 月	关于制订中等职业学校专业教学标准的意见	教职成厅〔2012〕5 号	教育部办公厅	实行弹性学习制度的专业，可根据实际情况安排教学活动的时间

续表

序号	时间	文件名称	文号	发文部门	内容梳理及解读
4	2014年3月	关于印发《中等职业学校新型职业农民培养方案试行》的通知	教职成厅〔2014〕1号	教育部办公厅 农业农村部办公厅	新型职业农民中等职业教育实行弹性学制，有效学习年限为2至6年

(二)有关自主选课的政策梳理和解读

弹性学制的最大特点是学习时间的伸缩性、学习过程的实践性以及学习内容和学习方式的选择性。我国也颁布了关于自主选课的相关文件。

表52-6 有关自主选课的政策梳理和解读

序号	时间	文件名称	文号	发文部门	内容梳理及解读
1	2004年8月	关于在职业学校逐步推行学分制的若干意见	教职成〔2004〕10号	教育部	大力开发或引进各类选修课程，为学习者自主选课创造条件
2	2012年3月	关于全面提高高等教育质量的若干意见	教高〔2012〕4号	教育部	探索在教师指导下，学生自主选择专业、自主选择课程等自主学习模式

二、有关弹性学制与自主选课制度的研究成果综述

(一)国内外实践情况

1.基于学分制的弹性学制和自主选课制度

学分制源自选课制，选课制18世纪末首创于德国，1779年美国第三任总统托马斯·杰斐逊首先把选课制引入威廉和玛丽学院，后来在美国发展并且完善。不同国家采取的学分制也不同，像美国采取的就是“完全学分制”、德国实行的是“双元制”。

弹性学制于19世纪70年代在美国哈佛大学诞生，随后在世界各国相继仿行，并逐步得完善，迄今已有一百多年的历史。

国外实施的弹性学制，以因材施教、尊重个人发展为理念，以完全学分制为

基础,以自由的选课制为核心,以严格的导师制为支撑来保障其实施,只要学生在弹性化的期限内修满毕业所要求的最低学分和符合相关条件,就可以毕业或获得相应学位。

国外对弹性学分制的研究主要围绕学分互认制、学分年级制、自主选择专业等管理制度展开,体现了弹性学制遵循个体发展的教育理念。在实施学分制的同时,一定要推行导师制,以避免学生在专业、课程选择上的盲目性,这一点在国外高校已形成共识。

国内学者关于弹性学制的研究主要集中在教学管理、课程体系和学籍管理等方面,分析了学分制与现有教学管理模式之间的矛盾,提出应基于学分制背景构建新的教学管理机制并提出了解决之道。一些院校也制定了自己的弹性学制管理实施细则、自主选课管理与评价条例等。

2. 基于"学分银行"的职业教育弹性学制

以学分银行为基础的弹性学制已经在一些发达国家得到了有效的实施,并且成功取得了政府的支持。以韩国为例,政府针对学分制度的应用实践,专门加大投入,建立了"国家多媒体教育支援中心",为国家职业教育"学分银行"和"弹性学制"的实施提供全面的支持,从而成功打通了学校教育与社会教育之间的通道。这样能让学校教育更具有实用性,且学生也能够自主选择自己感兴趣的学习内容,有效推动了韩国教育的发展。

3. 国内各省市、职业院校弹性学制和自主选课的改革和实践

2013 年 11 月,山东科技职业学院深化体育教学改革,实行学生自主选择教师、自主选择项目和自主选择时间的"三自主"上课模式。

2015 年 4 月,鹤壁职业技术学院实施"三大提升工程"提高人才培养质量,包括引进先进管理系统,构建了学生自主选课、师生及时评价、见习实习管控、考试证书结合等具有高职特色的综合性教学管理模式。

2015 年 12 月,辽宁省实现了近三十所高校的万余学生在线跨校取得学分。

2021 年 7 月,浙江省探索教材教法改革,引入浙江职教办学经验,积极探索自主选课的第二课堂、教与学时间"对分课堂"等教学方式改革。

2022 年 3 月,三门峡职业技术学院制订了弹性学制人才培养方案,开展"线上+线下"教学,实行学分置换。

(二)相关理论研究综述

相关人才培养教育理论支撑职业院校实施弹性学制,既是多年教学反馈的

结果,也体现了教育自我修正的必然。

1. 多元智能理论

多元智能理论认为个体的智能不是单一的,而是多元的,教育者要根据学生的差异,运用多样化的教学模式,促进学生多项潜能的开发,最终促进每个学生自由地发展。

依据该理论,每个学生的智能特点、智能表现形式、学习类型、学习方法和发展方向是各不相同的,每一个教育工作者都要重视学生的不同智能特点,因材施教,充分挖掘每个学生的特长。职业院校要积极推行学分制改革,就必须让学生根据自身特点、兴趣、爱好、发展方向以及人才市场需求等因素进行自主选择。

2. 人本管理理论

人本管理理论在实质上是以人的全面发展为核心,强调人性化管理,即一切管理工作以人为出发点和归宿点。它要求把学生的成长作为学校的根本任务,尊重学生的内在需求、主体地位,最大限度地发挥学生参与管理的主观能动性。

职业院校开展弹性学制和自主选课制度建设,根据学生多样化和灵活性的学习需要,建立灵活的教学管理模式,创造有利于学生全面而自由发展的环境和条件,将学习者职业经历、工作能力和培训经历等成果纳入学分管理,能充分发挥学生的主动性。

三、职业院校实行弹性学制与自主选课制度的对策

(一)基于学分银行,做好弹性学制的制度建设

首先,为在校学生建立一个属于自己的个人学习账户,主要目的便是用于学分的积累与存储。学生获得在职业院校的学习资格以后,可以先对获取学历相关条件加以了解,同时还需要了解具体专业课程内容以及相应的学分分配,然后结合自己的实际学习需求,做好学习时间的合理安排。

其次,在实际进行学习时,若学生不在校内进行学习,可以通过网络学习平台,选修规定的课程,在完成课程作业以后,通过信息网络进行提交。但仍需要到校接受课程学习考核,在确认课程考核合格之后,获得相应的学分,存入自己的学分账户中,如此一来,学生便可以结合自己的实际需要,灵活选择学习内容,并根据自己的时间来安排学习。这个教育过程更具弹性,还能为学生带来更多的学习便利性。

最后，兑换学分。学生在根据职业院校的要求修满一定的学分之后，可以提出申请，即将修得的学分进行兑换，符合条件后获得相应的学历。上述学分兑换时间需要在一段时间内完成，但整体仍比较自由，因人而异。

（二）开拓学生发展时空，建立“导向式”选课制度

引导学生根据自己的学习基础和学习特点选择适合的学习形式，比如“现代学徒制班”“科技创新班”等。根据学生的选课信息、学习基础和发展需求，按课程模块建立线上线下相结合的教学班级、学习团队或项目组，实施分项、分层教学，并在分项、分层教学中，依据学生情感态度、学习能力，适时引导学生调整选课内容和学习路径。

在职业院校学生的选课中，学生通常情况下会出现盲目选择的现象，而且因为从众心理有时候还会跟着其他学生选，有的学生根本不适合学习所选的必修课，这种情况对学生的学习效率肯定有一定影响。

学校应该制订一些针对学生选修课的制度，比如“自主选课管理及评价条例”，让学生根据相关的选课原则以及程序进行选修课的选择，从而帮助学生端正选课态度，同时对学分制与弹性学制也能有更深入的认识，提高选课效率。

（三）加强传统教学创新，倒逼教师教学水平提高

教师要自觉参与竞争，做好教学内容创新呈现，改进教学方法，吸引更多学生；构建一个师资力量强大的师资库，可以是校外挖掘，也可以是校内选拔，并按照课程开设的相关要求对教师进行专业技能培训，提高其教学能力和职业素养。

在同类选修课的教学中，可以让教师实行挂牌授课，既能方便学生对教师进行公开的教学评价，还可以根据教学难度较大的选修课增加教师的课时费，这样不仅能提高教师的教学积极性，而且促使教师提升他们的教学质量，让师资队伍变得更加强大，也给教师配置方式的创新打下基础。

建立“导师制”，让一个导师带领多个学生，使学生对自己的专业有正确认知，日后再根据自己的兴趣选择喜欢的课程，导师也可以根据学生的特点，引导学生挑选适合他的课程。“导师制”的建立可避免学生盲目选择课程，从而更有利于开展学分制。

（四）建立动态机制，配置充足的教学资源

完善职业院校基础设施，为教学管理工作的正常进行创造有利条件，比如应

有足够的教学资源和教学场地。另外,教学管理人员应对学校各类选修课程的门数以及实际的开课进度足够了解。学校应成立专门的教学资源中心,让学生可以用于网上资料和课程相关内容的查询,从而让学校教学资源的配置充分满足选修课的实际需要。

(课题承担单位为天津城市职业学院,课题主持人为刘盛,执笔人为袁美灵、雷珊珊。课题组成员:袁美灵、雷珊珊、王立鹏、吴彦云。)

第五十三章　职业院校弹性学习和学分制管理

职业院校弹性学习与学分制教学管理模式符合因材施教、促进学生全面发展的教育思想及教育规律,有利于激发学生学习积极主动性、整合学校教学资源、提高教师的教学质量和教学水平。为了实施弹性学习和学分制管理,学校必须加强课程体系和师资队伍建设,并建立相应的管理制度。

一、相关政策文本的梳理

教育部早在 2001 年就出台了指导中等职业学校开展学分制试点的相关文件,在 2004 年《教育部关于在职业学校逐步推行学分制的若干意见》中已经提出了"实行分类指导的原则,逐步推行学分制"的具体要求。在学分制试点工作逐步向高等职业教育延伸的过程中,自 2014 年开始,国务院、教育部等部委先后出台的各种政策措施中都对学分转换、学分制和弹性学习提出了要求。

2014 年国务院印发的《关于加快发展现代职业教育的决定》,明确提出了"建立学分积累与转换制度,推进学习成果互认衔接"的要求。

2019 年初国务院印发的《国家职业教育改革实施方案》,要求"有序开展学历证书和职业技能等级证书所体现的学习成果的认定、积累和转换"。随后教育部等四部门联合发布的《关于在院校实施"学历证书+若干职业技能等级证书"制度试点方案》提出:"国务院教育行政部门探索建立职业教育'学分银行'制度。"同年,教育部职业教育与成人教育司发布的《高职扩招专项工作实施方案》中所列的主要任务中,提出"分类编制专业人才培养方案,采取弹性学制和灵活多元教学模式"。

2020 年中共中央、国务院印发的《深化新时代教育评价改革总体方案》中明确指出,"在促进终身学习方面,提出探索建立学分银行制度,推动多种形式学习成果的认定、积累和转换"。

2021 年 10 月，中办、国办印发的《关于推动现代职业教育高质量发展的意见》要求："全面实施弹性学习和学分制管理。"这正是本课题名称的直接来源。

2022 年新修订的《中华人民共和国职业教育法》规定："在基本学制基础上，适当调整修业年限，实行弹性学习制度。"这就为职业教育实行学分制和弹性学习制度提供了法律依据。

天津市为推进学分制改革也出台了很多举措：2017 年市教委、市发展改革委、市财政局印发《天津市普通高等学校学分制收费改革试行方案》，直接提出了普通高等学校学分制教学和收费改革，为职业院校相应工作提供了参考方案。2019 年市教委等八部门印发《关于 2019 年落实高职百万扩招任务的九项举措的通知》要求："高职院校创新教学组织形式，采取弹性学制，开展分类教学，各院校要建立和完善适合弹性学制和学分制的教学质量评价体系和考核制度。"2021 年发布的《教育部天津市人民政府关于深化产教城融合打造新时代职业教育创新发展标杆的意见》中明确提出："推进学分银行在天津落地运行。推进职业教育、高等教育、继续教育机构试点实施完全学分制，建立弹性学制与自主选课制度。"

二、已有相关研究成果综述

（一）国外学分制发展分析

美国高校实施学分制较早，有以下几点共性：一是不规定具体的修学年限，学生可根据自身情况安排学习计划，学生只要满足学校规定的学分就可毕业；二是学校除了规定一定比例的基础课程外，其余课程学生可根据自身兴趣选修，达到所规定的学分即可毕业；三是学生随时可以转专业和辅修，还可以实现双主修。①

（二）国内学分制的研究现状

我国学者对学分制的研究也取得了一定的成果。一是国外学分制实施的经验对我们有一定的启示作用，如凌占一发表的《美国高校学分制的推行对我国教育改革的启示》总结了美国高校学分制发展的特点，归纳出有助于我国学分

① 周洲，戴浩. 高职学分制改革研究综述[J]. 山西青年，2022(09)：1-4.

制发展的成熟经验。[①] 二是国内学分制发展,如徐华等发表的《国内外高校学分制发展历史综述》梳理提炼了高校学分制的研究历程中的核心问题,对今后发展方向作出展望。[②] 三是国内学分制制度建设研究,如李彬发表的《高等职业院校完全学分制改革研究——以青岛职业技术学院为例》中提到要加快职业教育国家"学分银行"建设,各项制度建设应围绕学生自主化建设设计。[③] 四是国内高校学分制改革现状及问题分析研究,如胡顺义等发表的《高职院校学分制改革现状调查及对策分析》分析了高职院校实施学分制面临的问题,并提出建立适应学分制改革的教学管理及运行机制等对策。[④]

(三)我国各地学分制改革的状况

在一系列法律政策文件指导下,全国多个省区开展了学分制和弹性学制方面的大胆尝试和创新,山东、广东、山西、宁夏等省区教育行政主管部门先后发布了学分制改革的文件。2018 年,山东省教育厅等部门出台《关于深化高等教育领域简政放权放管结合优化服务改革的实施意见》,提出加快推进全面学分制等教学管理制度改革,扩大学分制收费试点范围。广东省教育厅出台《广东省教育厅关于普通高等学校实施学分制管理的意见》,指导高职院校学分制改革实践。宁夏回族自治区教育厅牵头成立学分银行高职扩招试点联盟。

三、职业院校弹性学习与学分制管理可实施方案探索

(一)职业院校弹性学习与学分制管理的内涵

弹性学习的特点是具有灵活性、自主性、个体性、创造性、多样性,主要包含两方面的含义:首先,它是一种人才培养理念,学校通过向学生提供开放、灵活和个性化的学习环境、条件和机会,由学生进行学习选择,进而促进学生提升的一

---

① 凌占一.美国高校学分制的推行对我国教育改革的启示[J].中国成人教育,2015(20):121-122.

② 徐华,郭炳心.国内外高校学分制发展历史综述[J].中国科教创新导刊,2014(01):11+21.

③ 李彬.高等职业院校完全学分制改革研究——以青岛职业技术学院为例[J].教育教学论坛,2020(39):34-35.

④ 胡顺义.高职院校学分制改革现状调查与对策分析[J].重庆电力高等专科学校学报,2020,25(01):59-62.

种理念;其次,它可以作为一种人才培养的体系,弹性学习体系是灵活性与自主性相统一的一系列具体政策、措施、规定、办法、组织机构和设施的组合。

学分制是实现弹性学习的一种具体制度。它是基于学生学分完成情况来衡量学生学习情况并进行相关管理工作的教学管理制度。学分制改革是为了解决职业院校在发展过程中遇到的问题,也是进一步推动职业教育改革的需要。在学分制不断发展的过程中,由于受多方面因素的影响,最终使得学分制以学年学分制、完全学分制等不同的形式存在。目前我国职业院校实行的学分制并不是完全的学分制,更多的是学年学分制。

学年学分制要求学生在规定的学年里拿到规定的学分,是一种处于传统学年制和学分制之间的管理制度。其主要特点是:各类性质的课程都会开设一定的数量供学生选择,要求学生完成各种课程类别学分要求,给予学生一定的选课自由,但仍然保留学年制的专业分类、固有的行政班级,学生必须在规定的年限内毕业而不能申请提前毕业。学年学分制只在一定范围内实行选课制,学生的选择空间相对比较小,并不能完全适应弹性学习的学习模式。

完全学分制,也可称之为弹性学分制。首先在学籍管理上修业年限没有了严格的限制,实行弹性学制;其次是学习内容的弹性,即学生要选择符合自己工作需要或满足自己的兴趣爱好的学习内容,进行有目的的学习或培训;第三是学习时间的灵活性,即学生根据自身实际情况,灵活选择学分课程上课;第四是以选课制为基础,必须配套实施导师制、学分互换互认制、免修制、学分绩点制、主辅修制等相关管理制度。当然,完全学分制的内涵还需要不断完善,目前也不能做到真正意义上的“完全”。在契合弹性学习理念上,完全学分制更为合适。

(二)职业院校弹性学习体系设计

职业教育弹性学习人才培养体系是一项复杂的社会系统工程,人们不仅需要在教育思想和教育观念上做出重大转变,同时由教育行政部门所指导的相关教育制度方面也需要做出重大变革。

从国家政策层面及职业院校层面提出了弹性学习体系模型框架,如图 53-1 所示。

该模型国家政策层面包括学分银行、收费制度、弹性学制等管理制度。职业院校层面,是以完善的学分制管理制度为基础,从三个方面构建:一是从学的角度,学习的时间、地点、类型、方式、进度、效果等维度的灵活性是弹性学习体系的基本要求;二是从教的角度,主要从院校、专业、班级、课程体系、课程内容的选择

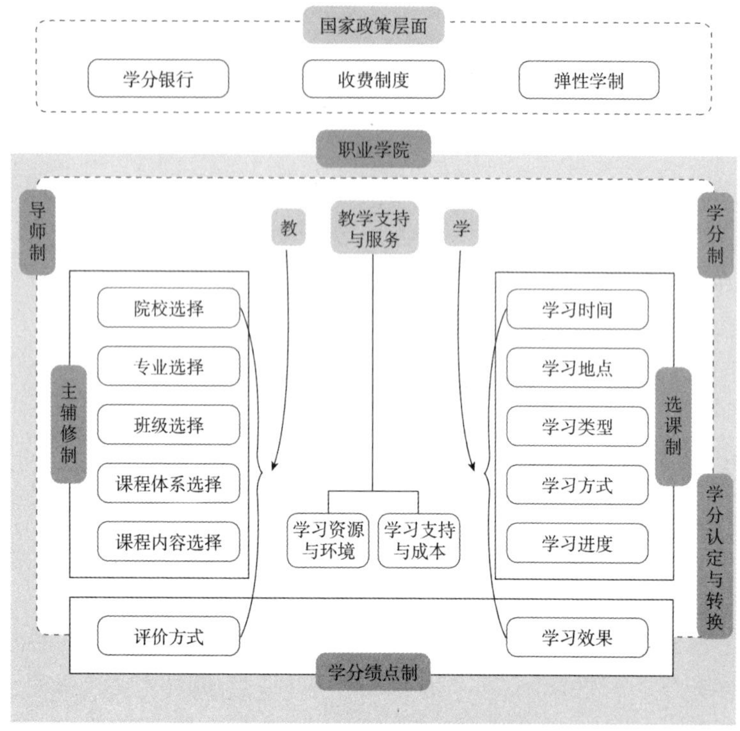

图 53-1　弹性学习体系模型

以及教学评价等维度进行构建。教的自主性是弹性学习体系构建的核心内容；三是从教学支持与服务角度，良好的学习环境、完善的学习资源、先进的管理手段、信息化的管理平台等维度进行构建，完善的教学服务体系是实行弹性学习的重要保障。①

为便于职业教育教师开展弹性教学，要从学生层面构建弹性教学过程模型。学生在导师的指导下，根据行业企业所提供的岗位需求及自己的基础知识、兴趣爱好、认知能力等方面来制订自己学习方向和专业课程。导师提供学习支持与服务，做好学生学习情况评价与反馈，帮助学习者修正、改进后续学习过程，如图 53-2 所示。

① 杨继龙. 信息时代高职教育弹性学习制度研究[J]. 宁波广播电视大学学报，2019，17(04)：102-108.

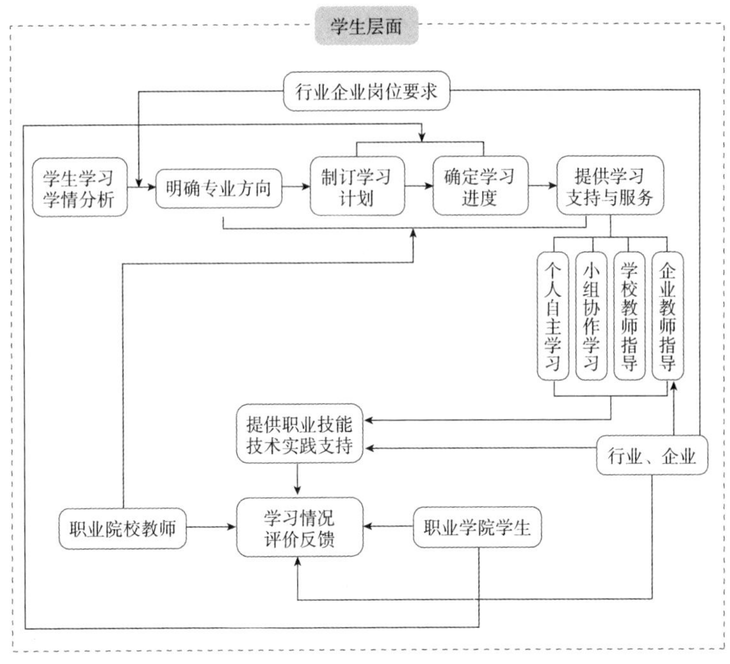

图 53-2 弹性学习过程模型

(三)职业教育弹性学习和学分制管理改革的对策建议

1. 地方政策层面

虽然新修订的《中华人民共和国职业教育法》明确提出了国家学分银行的建设、各级各类学校教育与职业培训学分互认、建立学习成果积累和转换机制建设、实行弹性学习制度等,但事实上各地还没有与之相配套的制度体系。例如,真正意义上的弹性学制,应当根据学生的学业情况随时毕业,即只要符合毕业条件,应即时审批,即时发放,但目前各职业院校的毕业证发放基本都是集中审批,学生并不能提前毕业,这样就难以实现弹性学制。

政府作为高校的管理部门,为促进高校办学自主的发展,应赋予高校足够的自主决策权。在政策制度上,应构建与市场经济和教育规律相适应的教育体制,加快学分银行建设步伐,建立健全适应学分制改革的收费制度,加大教育经费的投入,加快人才市场用工制度方面的改革,给予高校更多的政策支持,让在弹性学制下能够提前毕业的学生顺利毕业,能够及时拿到自己的毕业证,并给予社会认可。

2. 优化高职教育教学管理机制

（1）优化学分制相关管理制度。弹性学习体系要求有与之相配套的完善的学分制管理制度。如《学籍管理制度》在学分制管理模式下，必须弱化学生对于固定年级的概念，以学生所修学分作为学生学籍异动的主要依据；只要学生达到毕业要求即可提前或延后毕业，并为此提供足够的支持与保障。

与传统的教育机制相比，学分认定转换更可以实现学生的弹性学习，使学习更具“灵活性”“多样性”。天津滨海职业学院为推动学分制改革，以商贸物流学院为试点，建立了学分认定和置换管理办法以及《智慧商贸物流专业群学分认定和转换细则》，有效推动学生自主学习能力以及创业能力的提升。同时，此类转换机制，还可以为学生提供更多技能学习机会，包含“职业证书技能”“企业工作经验”等，融合了职业培训与学历教育的优势。

与此同时，必须配套推进选课制度改革，要整合课程资源，尽量做到每门课程都能建立一个教学团队，并完善教务选课系统，为学生选课提供强有力的系统支持。

（2）构建合理科学的课程体系。实施学分制最主要的就是实行选课制，但对于高职院校来说，课程资源及师资的相对匮乏一时难以满足学生的选课要求。目前可以采用专业群构建课程体系的办法来解决这一问题。专业群教学改革为高职学分制课程体系构建提供了几方面的基础：第一，极大地丰富了教学资源，特别是课程资源，为学生选课提供了保证；第二，专业群招生大大地提高了招生规模，使按专业分流成为可能。仍以本课题组所在智慧商贸物流专业群为例：按照专业群平台课共享、模块化方向课互选、专业群拓展课提升的思路设置专业群的课题体系。对接智慧商贸物流通用能力，设置“现代物流基础”“电子商务基础”“市场营销”“客户关系管理”“商务数据可视化”5门课程为专业群共享的平台课；根据群内核心岗位群所对应的工作岗位任务和核心技能，设置由“智能仓储与配送管理”“跨境电商数据分析”“终端门店数字化运营”“移动电商实务”等42门核心课程组成的面向7个岗位群模块课程包。

（3）加大教学投入，重点是加强师资和改善基础设施。教师是职业院校学分制改革的主要实施者，没有足够数量的教师就不能开出足够的选修课让学生选择。另外，职业院校学分制的顺利推行需要配备完善且较高水平的基础设施。上级教育主管部门应针对职业院校的现状，加大教育经费的投入，以利于完善教育教学设施，开通多方位人才引进渠道，为学分制的发展保驾护航。

（课题承担单位为天津滨海职业学院，课题主持人为王颖，执笔人为王颖、柴智、单俊芳。课题组成员：柴智、曹月、杨晶、郭玮、单俊芳、陆清华、杜学森。）

第五十四章　职业院校专业教学资源库建设

职业教育专业教学资源库建设已有许多年的实践，需要认真总结和提升。本研究以高职无人机应用技术专业教学资源库建设为例，提出搭建交互式教学平台，增强教学资源库的服务功能，完善教学资源库评价体系，打造教师教学实践共同体，完善资源库共建共享管理与运行机制等策略，真正做到"以学习者为中心"，满足学生随时随地自主学习的需要。

一、有关职业院校专业教学资源库建设的政策文本梳理

2022 年新修订的《中华人民共和国职业教育法》中明确提出了国家鼓励和支持开展职业教育的教学资源开发，推进职业教育资源跨区域、跨行业、跨部门共建共享。教育部"职业教育专业教学资源库建设工作指南"中提出资源库服务对象扩大到企业职工和社会学习者，并探索建立基于资源库应用的学习成果认证、积累和转换机制，为形成灵活开放的终身教育体系服务。2020 年教育部等九部门联合印发的《职业教育提质培优行动计划（2020—2023 年）》（简称《行动计划》）提出"建立健全共建共享的资源认证标准和交易机制，推进国家、省、校三级专业教学资源库建设应用，进一步扩大优质资源覆盖面"，为新发展阶段资源库建设提供了根本遵循。本研究以高职无人机应用技术专业教学资源库为例，分析资源库建设存在的问题并提出解决问题的相应办法，以促进教学资源库可持续发展。

二、有关职业院校专业教学资源库建设的相关研究述评

在国家投入巨资进行高职院校专业共享资源库建设的同时，如何能够真正发挥"以学习者为中心"的专业教学资源库的预期效益，避免走入资源闲置和堆积的困境，成为摆在建设者面前的难题。

首先是职业教育专业教学资源库的有效评价。现有对职业教育专业教学资

源库建设评价,是为了验收职业教育专业教学资源库建设是否符合基本要求,通过验收评价并不能系统反映资源库建设过程中存在的问题。通过数据监测方式,能够对资源库的运行数据进行客观反映,但忽略了用户体验,所以现有资源库建设效果评价需要从多元视角进一步完善,才能有力地推动资源库可持续发展。① 本研究主张通过构建职业教育专业教学资源库建设效果评价指标体系,最大限度保障对资源库建设效果评价结果的科学性和合理性,从而为职业教育专业教学资源库可持续发展提供必要的支持。

其次,国家级职业教育专业教学资源库的应用困难,看似是推广不力,然而本质上却是由于资源库建设中欠缺教师参与机制造成的。我们提倡教师针对自己学生的特点,充分使用库里的资源,通过搭建自己的课程,达到最好的教学效果,同时留下一门针对性的、个性化的课程。如此,一个老师做、两个老师做,十个老师做、百个老师做,资源库就可以提供更有针对性的学习资源。而且从这个角度上,用的人越多,资源就会越丰富。② 只有教师群体能够参与职业教育专业教学资源库的治理,才能让教师群体的意见获得尊重,才能提高多元参与者意见的能见度,才能实现数字化教学资源的开发紧密地面向教学实践,最终让广大教师更加愿意去使用数字化教学资源。

最后,资源库存在资源质量不高、课程体系不完善、资源库应用不平衡等现实问题。主要表现在建设过程中,只考虑资源数量达到目标,这样导致很多资源的滥竽充数;有些资源只是简单的文本类、图片类;有些视频动画资源就把文本、PPT 转换成视频、动画;甚至有些资源有较多错别字,画面、音质清晰度不够,严重影响了学习者的体验;素材随意堆积,庞大凌乱,资源的名称随意标注,缺少资源之间的逻辑关系。③ 在建设过程中,参建单位各自独立承担一门或两门课程的建设任务,缺少足够的交流和沟通,使得各门课程的建设更像一个个独立建设的项目。特别是缺少良好的共建机制,导致资源库的课程相对独立,难以形成一个层次分明、结构清晰的课程体系。④ 实际应用中,各院校只跟踪、监督自建课程在本校的应用情况,而忽视课程的共享,忽视了以“学习者为中心”,自建课程

① 高峰. 职业教育专业教学资源库建设效果评价研究[D]. 北京科技大学,2017.

② 引自林宇:职业教育专业教学资源库的建设方向.

③ 引自董杰,罗炳金. 职业教育专业教学资源库共建共享管理与运行机制研究[J]. 教育现代化,2020(29),135-138.

④ 引自康琦,岳鹍. 高等职业教育专业教学资源库优质资源共建共享研究[J]. 中国教育信息化,2019(17),28-30.

也就很难推广到其他院校，导致建好的资源库的课程使用率较低，失去了资源库大规模协同教学和共享的本来意义。

三、完善高职无人机应用技术专业教学资源库的建设路径

（一）坚持以学习者为中心的理念，创造交互式学习平台

无人机应用技术教学资源库采用具有资源库建设、管理、教学、学习、分析等功能智慧职教平台。该平台导学功能强大，可实现针对不同学习者的资源检索、智能推送、在线学习、讨论互动、跟踪评价、过程管理等功能。依托职教云平台推进线上线下混合教学模式，能够满足“以学习者为中心”的要求，为学习者提供优质资源与在线学习服务，提升学习兴趣与效率。该平台可开展对外无人操控、维修、植保、巡线等技术的培训和职业资格鉴定，满足企业培训和在职人员继续教育和新技术的推广应用，提升专业服务产业的能力。

（二）建立教学资源库评价体系

1. 评价体系建立过程

基于信息资源输入输出的系统分析视角，主要反映专业教学资源库的教学资源的输入一直到最终用户使用输出的全过程，因而无人机应用技术专业教学资源库的建设效果评价指标从评价指标系统出发，兼顾资源库的整个产生过程，即资源输入环节（资源中心）、资源库运行环节（资源平台）、最终输出（用户使用）。

2. 评价维度设计

（1）一级指标的设计。为方便资源库用户使用，基于“输入—加工—输出”评价指标系统为指标体系设计和构建思路，无人机应用技术专业教学资源库设计了资源中心、资源平台以及用户使用三个维度的评价指标。

（2）二级指标的设计。资源中心的二级指标为内容质量、资源形式以及资源更新；资源平台的二级指标为个性化设计、教学型性设计、互动性设计、安全性设计以及稳定性设计；用户使用的二级指标为宣传推广、使用环境。

3. 评价指标要素

（1）资源中心指标要素。内容质量的指标：全面性、规范性、有用性、实践教学性；资源形式的指标：多样性、实践教学创新性；资源更新的指标：资源内容年

更新比例不低于存储总量的10%。

(2)资源平台的指标要素。个性化设计的指标:功能定制、内容定制、界面定制;易用性设计的指标:资源检索、下载功能,导航功能;资源平台的交互性指标:学习者之间的互动、学习者与教师之间的互动、用户与资源库间的互动;资源平台的安全性设计的指标:系统运行安全、数据传输安全、个人账户安全;资源平台的稳定性设计的指标:运行环境、网站响应速度。

(3)用户使用的指标要素。宣传推广的内容指标:宣传推广的方式、宣传推广的效果、宣传推广的持续性;使用环境的内容指标:所在单位的重视程度、资源库与所在单位的合作。

(三)体现教师协同发展,打造教师教学实践共同体

1. 以教师教学为中心,促进专业教学资源建设

第一,教师充分利用已有教学资源中的优秀部分,充实课堂教学。第二,要不断学习职业教育相关教学理论和信息化技术,提高自身的信息化教学的能力和教学资源的开发能力。第三,区分不同教师的应用性:新入职教师,专业教学资源库作为一个学习的重要参考;有一定教学经验的教师,专业教学资源库是与同行交流教学经验的平台;有较丰富教学经验的教师,专业教学资源库是分享教学心得的重要平台。第四,尝试不同的教学资源开发形式和策略,开发适合职业教育课堂教学和实训教学的教学资源。第五,教师积极引入"1+X"等级证书标准,实现课证融合,书证融通。

2. 以教师参与为核心,由教师建设,为教师服务

无人机应用技术专业教学资源库通过智慧职教平台,将教师个性化的教学转为借助互联网展示给其他教师、学生、企业员工和社会人员,有效激发和展示了教师自身的教学能力和课程领导力,通过各方的反馈和评价,进一步调整教学设计和教学方法。借助智慧职教平台,教师间可以取长补短、相互学习,丰富教学资源建设的内容。各参建单位教师依托专业教学资源库,配套设计新型活页式、工作手册式等多样化的教材形式,实现教学资源多样化的呈现方式,为个性化的在校学生、社会学习者的能学以及个性化的教师辅教服务。

(四)资源库共建共享管理与运行机制完善策略

资源库是建设者、学习者、平台、资源、技术等要素集合的大系统,其本质是

优质教学资源的共建共享，通过强化过程管理，创建高效能的建设与应用管理机制，优化可持续发展的资源共建共享运行机制。

1. 加强组织建设，完善顶层设计

首先成立资源库工作领导小组，做好组织、监督、协调项目建设的实施，研究决定项目建设中的重大事项。其次，资源库主持单位牵头成立共建共享联盟。联盟为项目建设、信息交流、资源共享、政策咨询、人才培养培训、科学研究、学术研讨搭建了平台，可促使资源库建设和运用推广形成良性互动。第三要建立联建对接工作小组。通过对接小组，建立起主持院校与联建院校的联通工作机制，形成建设与应用网络，使联建院校与主持院校同频共振、同步同向。第四聘请专家组建指导团队。专家团队由企业行业专家、学科专业专家、信息技术专家等组成，能对资源库的顶层设计、资源建设起到有效的指导、评估，确保高起点设计、高水平建设资源库。

2. 建立质量标准，加大资源审查力度

资源库主持院校针对资源类型建立配套的资源质量标准，特别对视频、动画、音质要有明确的规定和严格的要求。加强对资源的审核力度，对素材、习题、微课、课程等都应予以审核，即时审核即时反馈，及时改进资源质量。对课程的信息技术合理性和专业内容的科学性进行双线检查，从课程负责人到初审人员再到专家团，建立进阶循环式资源检查审核机制，持续对资源的质量进行检查，以保质保量完成相关任务。

3. 建立数据发布制度，加强课程应用的过程化管理

无人机应用技术专业教学资源库通过数据监测平台能够完成课程应用的数据检测、分析和反馈，在建设和使用过程中及时发布课程应用相关数据，有效起到监督作用。以学校应用课程和课程在学校应用两个维度对课程的应用情况进行监测，同时辅以单个指标的排名。通过数据的统计分析，强化课程应用的过程化管理，营造敢先争优的良好氛围，促进各门课程的推广应用。

4. 完善学分互认，深化校际资源共享

教学资源库联盟内各院校签订《校际学分互认协议》，建设学分互认平台，该平台可以实现每个学生的在线学习内容、学习活动、学习进程、学习评价等进行智慧管理，通过平台内评价策略和评价机制，认定学生的学习成果，实现各院校学分互认。

5. 优化平台功能，完善应用服务

资源库作为一个平台，能够实现技术规范统一、对外开放共享、人机交互友好，使用便捷、管理高效，可以实现定制开发。在教学管理上，开发特色消息推送、在线研讨、辅导答疑、投票抢答、师生互评、布置作业、问卷调查、在线考试、评教评学等。在学习管理上，针对不同课程开发学生的学习行为记录与分析功能。实现在线个性化课程的建设和应用，为教师和学生便捷利用资源库开展线上线下混合式教学提供条件。

（课题承担单位为天津现代职业技术学院，课题主持人和执笔人为高月辉。课题组成员：易艳明、孔祥蕊、岳鹍、宫道、陈志刚、李柯言、张学欢、陈明。）

第五十五章 职业教育督导评估办法

教育督导是我国的一项基本教育制度，也是现代教育治理体系的重要组成部分，而职业教育督导又是教育督导的一个组成部分。由于国家层面关于职业教育督导只颁布过有关中职教育的文件，本研究以该文件为基础，对职业教育督导提出一般性阐述。

一、中国教育督导发展脉络梳理

教育督导也称“教育视导”，是教育领导机关代表国家行使检查、督促的职责，对下级机关及各级各类学校的工作进行视察、监督、指导的活动。

中国督导制度始建于 1906 年，清政府学部颁布《视学官章程》，决定各省提学司设置省视学。1913 年《视学规程》颁布，将全国分为 8 个视学区，视察普通教育与社会教育。中华人民共和国成立后，在中央和地方教育行政部门中，分别设立了视导司、室、科、组，但于 1958 年中断。1977 年以后，教育部设置了若干巡视员，恢复巡视工作。1986 年 9 月，国家教委建立了督导司，各地区教育行政部门也建立起相应的督导机构，全面恢复了教育督导工作。

新中国成立七十多年教育督导不断演进发展，有五个标志性时期和做法为教育督导新时代再出发、再开拓提供了的宝贵经验。①

第一个标志性时期：建国初期，制度创立。新中国成立后，中央人民政府教育部内部设立视导司，专门履行教育督导职能，其主要任务集中在检查中央政府的教育政策执行、视察各级各类学校的教学工作以及研究教育政策、制定有关教育法规等。

第二个标志性时期：拨乱反正，全面恢复。1977 年邓小平在《教育战线的拨

① 田祖荫. 共和国 70 年教育督导的五个精彩瞬间[R/OL].(2020-02-20)[2022-06-2]. http://so. moe. gov. cn/s? siteCode=bm05000001&tab=all&qt。

乱反正问题》讲话中，提出了恢复我国教育督导机构和制度的设想；强调督导工作最主要的任务就是掌握教育真实情况、聚焦解决突出问题，由此形成了我国教育督导工作求真务实的优良作风。

第三个标志性时期："两基"国检，打响品牌。1992 年，党的十四大提出到 20 世纪末全国实现"基本普及九年义务教育，基本扫除青壮年文盲"的战略目标。督导工作成为实现"两基"目标的有力保证，"两基"也成为教育督导淬炼成钢的舞台。此时督导理论和体制机制形成：构建了决策、执行、监督三位一体的总框架。

第四个标志性时期：颁布《条例》，规范运行。2012 年《教育督导条例》正式颁布。随后，31 个省（自治区、直辖市）教育督导委员会相继成立，构建了高层级的中央领导，多个职能部门横向覆盖，中央、省、市、县四级纵向延伸的教育督导组织架构。

第五个标志性时期：出台《意见》，深化改革。党的十八大以来，教育督导工作走上了全面改革、加速发展的快车道。《关于深化教育体制机制改革的意见》等重大文件，都对教育督导提出了要求、提供了依据，同时也吹响了新一轮教育督导改革的号角。党的十九大以来，中办、国办共同出台《关于深化新时代教育督导体制机制改革的意见》，着眼新时代完善国家治理体系和教育事业发展全局，对深化教育督导体制机制改革作出系统部署。

二、有关教育督导的研究成果综述

有学者将我国教育督导评价的研究现状作出如下概括。①

一是在比较视野下对英美等西方发达国家教育督导制度的探析及其本土化启示。如王璐研究了英国现行教育督导制度的机构、职能与队伍建设，探讨了对我国教育督导与评价制度改革的借鉴意义。王黎对荷兰教育督导制度的特点及其最新实施的"基于风险的教育督导"模式进行了探析。李帅军等考察了法国教育督导制度。谢琴等考察了美国教育督导制度的特征与发展趋势。

二是针对我国教育督导制度存在的现实困境提出改革与发展的对策建议。如胡延玲等从法治的视角主张加强我国教育督导体制的法制化建设。穆岚、李帅军、凌飞飞等从教育督导制度的机构设置、督学队伍的结构与专业化职能发

① 阎亚军，李鑫宇，金琦. 我国教育督导研究现状及发展态势——基于 1990—2020 年 CNKI 刊载文献的计量可视化分析［J］. 教育文化论坛，2022，14(01)：100-111.

挥、法治建设等问题切入，提出了改革与发展的建议。

三是探究教育督导制度、组织机构的发展历程。张彩云等研究了中华人民共和国成立70年以来，促进教育督导制度化和法治化的重要法律文件，特别是对2014年颁布的《深化教育督导改革转变教育管理方式的意见》进行解读。苏君阳认为，改革开放40年以来，教育督导的组织机构及其职能的变迁经过了5个递进式的发展阶段，教育督导日益专业化、制度化和独立化。

四是探索督导评估。学者们认为，从现代教育行政管理的观点和发展趋势来看，积极开展教育评价，对于提高教育质量有着巨大的作用。教育评价的内容概括起来主要有，对教育行政部门管理水平的综合评价、对教学工作的评价、对学生的学习态度与学习质量的评价。

三、职业教育督导评估的方法和标准

（一）职业教育督导的一般过程与方法

2011年教育部印发的《中等职业教育督导评估办法》，对职业教育督导评估过程方法等进行规定，阐述了职业教育督导评估的一般规律。其基本过程和方法涵盖国家对省（区、市）的教育督导，也适合省（区、市）对市、县的教育督导。督导评估工作由国家教育督导团组织实施。督导评估要坚持导向性、发展性、科学性与可行性相结合的原则。国家教育督导团定期对各省级人民政府履行发展职业教育职责情况进行督导评估，督导评估采取审核评估与实地督导相结合的形式。

1. 督导评估内容

督导评估主要围绕职业教育发展的宏观政策建设与制度创新、经费投入、办学条件保障及发展水平与特色等方面展开。国家教育督导团根据国家有关职业教育法律、法规、方针、政策制定督导评估指标体系和督导评估标准，督导评估的内容与标准根据职业教育发展的目标任务进行动态调整。

2. 督导评估程序

国家教育督导团向省级人民政府发出职业教育督导评估工作通知。省级人民政府接到督导评估工作通知后3个月内，组织政府相关职能部门根据本办法先进行自查，完成自查报告，并报送国家教育督导团办公室。各省（区、市）报送的中的数据，应以公开统计数据为准，没有公开统计数据的以自行上报数据为准,省级人民政府对上报的数据的真实性负责。国家教育督导团依据教育督导评估标准,对各省(区、市)报送的相关材料进行审核和评估。同时,按照督导工作安排,组织国家督学和有关专家,选取部分省(区、市)进行实地督导。国家教育督导团根据审核评估和实地督导的结果,向各省级人民政府下达职业教育督导意见书,向社会发布中等职业教育督导检查公报。各省(区、市)根据国家教育督导团的督导意见书制定整改措施,进行认真整改,在接到督导意见书3个月内,将整改方案书面报告国家教育督导团。国家教育督导团根据各地整改情况进行复查。

3. 表彰与问责

督导评估的结果主要用于反映各省(区、市)职业教育发展的基本情况,总结各地职业教育发展的经验与特色,指出发展中存在的问题和建设方向。同时,督导评估的结果作为对被督导检查单位表彰和责任追究的重要依据。各省(区、市)人民政府要建立职业教育工作表彰与问责机制,对职业教育发展和改革成效突出的地区进行表彰,对发展职业教育职责落实不到位的地区给予通报批评。

(二)职业教育督导评估价值取向与标准

1. 职业教育督导评估价值取向

在职业教育督导评价理论框架中价值融入、强化价值引领应该置于突出的位置。一般而言,教育评价具有的职能是鉴定合格职能、评价优劣职能、评选先进职能、估价成就职能等,显然,在这些职能实现过程中无不渗透“价值性”。由于教育评价在教育社会具有较强的导向性,因此,在教育评价的实践设计中要自觉判断其中的“价值取向”,并有效呈现。

职业教育督导评估的重要取向是突出“类型特征”。在评价内容方面,要结合职业教育的类型特点与《评价改革总体方案》要求,重点评价职业院校德技并修、产教融合、校企合作、育训结合、学生获取职业资格或职业技能等级证书、毕业生就业质量、“双师型”教师队伍建设等情况,扩大行业企业参与评价,引导培养高素质劳动者和技术技能人才;深化职普融通,探索具有中国特色的高层次学徒制,完善与职业教育发展相适应的学位授予标准和评价机制。

职业教育督导评价要突出对职业教育功能的评价。办学质量评价是对办学效应的总体评价,在一定意义上说是对学校的整体评价,但办学质量的评价主要是职业院校功能所达到的状态的判断，主要包括教学质量、培训质量、科技产出、社会服务质量、人才培养质量、办学绩效评价等。更关注从产出的视角出发审视办学效果。评价模式可综合结合增值评价、结果导向评价、过程评价、综合评价进行优选。

2. 职业教育督导评估标准

2014 年 3 月 18 日，习近平总书记在河南省兰考县委常委扩大会议的讲话中指出："标准决定质量，有什么样的标准就有什么样的质量，只有高标准才有高质量。"教育督导是代表国家的意志对学校及其活动进行评估，对教育督导评估设立什么样的标准，代表了国家对教育的总体要求。建立全国统一的教育督导评价标准是教育督导工作的现实需要。

2018 年教育部发布的《关于完善教育标准化工作的指导意见》，对教育标准化工作进行了全面部署。其中，对标准和教育督导评价标准进行了界定：标准是可量化、可监督、可比较的规范，是配置资源、提高效率、推进治理体系现代化的工具，是衡量工作质量、发展水平和竞争力的尺度，是一种具有基础性、通用性的语言；教育督导评价标准主要包括：研制督政工作分类标准、地方政府教育等职能部门及各级各类学校督导评估标准、各级各类教育评估监测标准、督学队伍建设标准；研制义务教育县域教育质量、学校办学质量和学生发展质量评价标准；明确国家教育考试考场基本要求；建立来华留学质量标准；逐步建立高等学历继续教育质量标准体系。

关于职业教育督导评价标准，比较有代表性的是 2011 年教育部颁布的《中等职业教育督导评估标准》（见表 55-1），它深刻地描述了中等职业教育所要满足的基本条件、发展水平和制度政策等方面的规格。

表 55-1 中等职业教育督导评估标准

一级指标	二级指标	评估标准
A1 政策制度	B1 职业教育规划	是否把职业教育纳入当地经济社会发展和产业发展规划,能否保证职业教育规模、专业设置与国民经济和社会发展需求相适应
	B2 联席会议制度	是否建立了以职业教育部门联席会议为载体、各级政府职责明确、各部门密切配合、社会各方共同参与的新机制
	B3 就业准入与职业资格	是否完善并落实就业准入制度和职业资格证书制度,积极推进"双证书"制度
	B4 教产合作与校企合作	是否建立教育部门会同有关部门、联合各社团及行业组织的经常性的对话协商机制和工作平台,是否制定促进校企合作办学法规,推进校企合作制度化,推动行业企业参与教学改革
	B5 学生资助与免学费	是否健全和落实中等职业教育资助与免学费政策
	B6 质量保障与评价考核	是否建立健全职业教育质量保障体系,吸收行业、企业等参加教育质量评估;是否探索学生综合素质的多种评价方式,健全技能竞赛制度
	B7 教育管理与教师队伍管理	是否完善中等职业学校学生德育与管理工作制度;是否建立并落实中等职业学校学生实习管理制度;是否落实中等职业学校兼职教师管理办法、职业教育教师资格标准和专业技术职务(职称)评聘办法等相关管理制度

续表

一级指标	二级指标	评估标准
A2 经费投入	B8 中职预算内教育经费占预算内教育经费总量的比例	与全国或中部、西部、东部地区平均水平比较
	B9 教育费附加安排用于职业教育的比例	达到 30%
	B10 中职生均预算内教育事业费与普通高中之比	是否制定本省(市)中职生均经费标准,与普通高中之比不低于 1
	B11 中职生均预算内公用经费占生均预算内教育事业费的比例	与全国或中部、西部、东部地区平均水平比较
	B12 师资队伍建设师均投入经费年增长率	与全国或中部、西部、东部地区平均水平比较
	B13 免学费的中职学生数占在校生总数的比例	与全国或中部、西部、东部地区平均水平比较
	B14 获得国家助学金的中职学生数占在校生总数的比例	与全国或中部、西部、东部地区平均水平比较

续表

一级指标	二级指标	评估标准
A3 办学条件	B15 中等职业学校办学条件达标率	是否制定本省的《中等职业学校设置标准》,并与全国或中部、西部、东部地区平均水平比较
	B16 生均实训基地建筑面积	与全国或中部、西部、东部地区平均水平比较
	B17 生均仪器设备价值	不低于 2500 元
	B18 教学用计算机拥有量	每百生不少于 15 台,并与全国或中部、西部、东部地区平均水平比较
	B19 专任教师生师比	达到 20:1
	B20 省市级专业带头人或骨干教师的比例	与全国或中部、西部、东部地区平均水平比较
	B21“双师型”教师比例	不低于 60%
	B22 高级专业技术职务教师比例	不低于 20%
	B23 教师学历达标率	达到 90%
	B24 兼职教师比例	达到 25%
	B25 教师培训规模	与全国或中部、西部、东部地区平均水平比较
A4 发展水平	B26 高中阶段招生职普比	基本达到 1:1
	B27 职业培训规模	与全国或中部、西部、东部地区平均水平比较
	B28 中职毕业生一次就业率	与全国或中部、西部、东部地区平均水平比较
	B29 中等职业教育的社会满意度	达到 80%以上
	B30 中等职业教育发展特色	反映本省中等职业教育发展的特色、经验和优势。

国家关于高等职业教育的督导评估标准目前还没有明确的文件规定,但我们可以从以上中等职业教育的督导评估标准中可以获得相应的启示。

(课题承担单位为天津市三方现代职业教育发展研究院,课题主持人和执笔人为高文杰。)

第五十六章　高职院校质量年报编制办法

高职院校教育质量年度报告制度是由政府推动的自上而下的过程。本研究通过对政策文本分析，梳理年报从萌芽到规范化的过程，在对现实情况进行分析时找出问题，提出相应的改进策略。

一、有关高职院校质量年报编制办法的政策文本梳理

高等职业院校年度质量报告自 2012 年以来已连续发布 11 年，高职年报制度最早追溯至 2010 年《国家中长期教育改革和发展规划纲要（2010—2020 年）》（以下简称《纲要》）的发布，该《纲要》明确指出，高等学校要建立质量年度报告发布制度。2012 年教育部职成司印发了《关于报送高等职业教育质量 2012 年度报告的通知》，质量年报编写、报送工作正式开启，到 2016 年实现了从院校、到省再到国家的三级报告制度。而中职年报从无到有走向规范，是自 2015 年《职业院校管理水平提升行动计划（2015—2018 年）》提出“建立中职学校质量年度报告制度”开始，2016 年起，教育部要求中职院校要开展中等职业教育质量年度报告工作并及时向社会公布。2018 年至 2020 年《中国中等职业教育质量年度报告》从第三方评价的角度向社会报告中等职业教育的发展状况。

以下是 2010 年以来国家相关部委发布的有关高职院校年报的文件及内容简表。

表 56-1　高职院校质量年报相关政策梳理

序号	时间	文件名称	发文单位	相关内容
1	2010 年 7 月	《国家中长期教育改革和发展规划纲要（2010—2020 年）》	国家中长期教育改革和发展规划纲要工作小组办	首次提出“建立高等学校质量年度报告发布制度”

续表

序号	时间	文件名称	发文单位	相关内容
2	2011 年 2 月	《推进高等职业教育改革创新引领职业教育科学发展的若干意见》	教育部	指出“各地和各高等职业学校都要建立人才培养质量年度报告发布制度，不断完善人才培养质量监测体系”
3	2014 年 5 月	《关于加快发展现代职业教育的决定》	国务院	要求“完善职业教育质量评价制度，定期开展职业院校办学水平和专业教学情况评估，实施职业教育质量年度报告制度”
4	2015 年 10 月	《高等职业教育创新发展行动计划(2015-2018 年)》	教育部	对年报内容提出要求：“巩固学校、省和国家三级高等职业教育质量年度报告制度；提高年度质量报告的量化程度、可比性和可读性；强化对报告发布情况和撰写质量的监督管理。”
5	2019 年 1 月	《国家职业教育改革实施方案》	国务院	进一步强化“实施职业教育质量年度报告制度，报告向社会公开”
6	2019 年 4 月	《中国特色高水平高职学校和专业建设计划项目遴选管理办法(试行)》	教育部、财政部	年报成为遴选“双高计划”立项建设学校的 9 项标志性成果之一。要求建立校级质量年报制度，近五年连续发布《高等职业院校质量年度报告》
7	2020 年 9 月	《职业教育提质培优行动计划(2020—2023 年)》	教育部等九部门	进一步强调“巩固国家、省、校三级质量年报发布制度，进一步提高质量年报编制水平和公开力度”
8	2021 年 10 月	《关于推动现代职业教育高质量发展的意见》	中共中央办公厅、国务院办公厅	指出加强年报运用：“健全国家、省、学校质量年报制度，定期组织质量年报的审查抽查，提高编制水平，加大公开力度。强化评价结果运用，将其作为批复学校设置、核定招生计划、安排重大项目的重要参考。”

资料来源：http://www.moe.gov.cn/jyb_xxgk/

从上表可以看出质量年报要求主要呈现三个规律：一是定性要求与定量标准密切结合，职业教育质量年报的报送立足类型教育，从 2012 年开始内容要求从模糊到清晰,从没有定量指标要求到定性与定量标准相结合。二是要点要求稳中有变,在年报编写的进程中,由学生发展、教学改革、政策保障、服务贡献等内容构成的基本稳定存在,服务贡献、国际合作、学生反馈等各类报表等要求渐次出现,院校的人才培养质量评价指标体系逐渐构成。三是因势而动,内容要求紧扣当年职业教育大事件,及时回应国家发展战略规划。

二、有关高职院校质量年报编制的相关研究综述

(一)年报质量维度分析

高职院校质量年报一直被视为促进人才培养与市场需求对接的重要抓手,如何发挥好"抓手作用",未来年报该如何立足职业教育类型特色、瞄准高质量建设目标,规范职业院校人才培养活动,首先要厘清"报告什么、向谁报告、怎么报告"三个基本问题,这里的关键是明确质量年报的"质量"是什么。质量就其本质来说是一种客观事物具有某种能力的属性,也就是客观事物对外界需要所能满足的程度。①

结合职业教育内涵及质量定义,以及上文中分析的年报框架内容,高职院校质量年报的"质量"应该包括以下四个维度,即服务贡献质量、人才培养和院校管理质量(学生发展和教育教学)、政府投入或履职质量(政府责任)。这四个方面还可以进一步细化:政府履职质量可包括政策落实、经费保障、专项引导、质量保障;人才培养质量可包括:育人成效、就业质量、创新创业、成长成才(或职业发展);院校管理质量可包括专业建设、"三教"改革、信息技术、产教融合、国际合作和治理能力等;服务贡献质量可包括服务终身学习、服务区域发展、服务市场需求和服务国家战略等。基于对职业教育质量的进一步分解,四个维度对应的高职教育利益相关者涵盖政府、学校、学习者及企业,精细地观察到各利益相关者的诉求,寻找质量证据,以此回答质量年报"报告什么"的问题。

(二)调研分析

本课题组针对年报编写发布工作对天津市23所高职院校进行了调研。调研内容主要分为四个部分:年报机制建设、内容规范、发挥作用、问题难点,每部分设置2至4个问题。调研提纲如下。

① 萧宗六,贺乐凡. 中国教育行政学[M]. 北京:人民教育出版社,1996. 65.

表 56-2　高职院校质量年报工作

序号	类型	具体问题
一	机制建设	1. 您所在学校年报编写流程是什么?
		2. 您所在学校是否有稳定年报编写团队?
二	内容规范	3. 您所在学校年报对年报编制是否有明确的格式要求?
		4. 您所在学校年报编写框架、内容来源是什么?
		5. 您所在学校是否建立年报审核机制?
		6. 您所在学校每年年报上报审核后被退回修改情况? (①从未退回修改;②有过退回修改;③多次退回修改)
三	发挥作用	7. 您认为年报的编制发布对学校教学管理质量的提升与改进是否发挥了促进作用?
		8. 您认为年报的编制发布对学院哪几个方面发展有促进作用? (①学生发展;②校企合作;③国际合作;④服务社会)
		9. 您认为年报的编制发布对学院相关部门发展是否发挥了促进作用?
		10. 您认为年报的编制发布工作主要有哪些作用? (按重要程度排序:①落实上级要求;②回顾、总结学校工作;③回复社会关注办学问题;④督导学校内部诊改;⑤提升学校影响力;⑥其他)
四	问题难点	11. 您认为年报编制工作中主要问题难点是什么?
		12. 您对年报编制工作有哪些意见建议?

1. 发展现状

各职业院校年报工作均建立了稳定的机制。各院校年报工作团队主要由以书记院长为组长,各行政部门负责人为成员的工作领导小组;同时设立了负责质量年报编制工作的常设机构,组建了由质量办公室、党政办公室或教务处牵头,各个职能部门配合、各系(部)共同参与的质量年报编制队伍。

年报编写、发布流程规范。年报内容框架主要来源于教育部文件要求,同时结合院校发展中的办学特色。工作流程一般包括:提纲拟定、任务分工、任务发布、统计报表、案例征集、初稿拟定、领导班子审核、对外发布等几个环节。

年报编写发布工作对学院发展发挥促进作用。各高职院校普遍认为质量年报为其诊断人才培养质量、调整发展思路、明晰办学道路提供了改进方向,通过收集和分析同类院校数据,分析自身不足,找到解决问题的途径。

2. 现存问题

调研发现在年报的编写过程或年报利用中,还存在一定不足:

对数据要求理解不到位。一是对文件要求的数据含义理解不到位,大部分院校存在上报不规范数据后退回修改的情况。例如对 2018 年的年报要求中新增了“学生反馈表”,表中涉及的“课次”“社团活动”等内容理解不透彻,导致产生不规范的数据。二是个别数据在统计口径上存在差异。例如“计分卡”中计算就业率的毕业生只统计的取得毕业证的学生,而填写全国高校毕业生就业信息管理系统时,毕业生是按照毕业班所有学生数计算的。

编写过程的规范性有待提升。首先,在体制机制上,各职业院校年报工作均建立了稳定的机制,但鲜有建立专门的工作制度,校内工作的开展主要依据通知文件。其次,是在年报内容上,在数据指标填写过程中缺乏一定的规范性。例如“学生反馈表”中的相关教书育人满意度的调研数据,个别学校突击调查,以致数据缺乏相应规范性,反馈情况与实际情况存在一定差距。再次,缺乏深入的数据分析,多数院校年报中仅对数据指标进行简单描述性解释,缺乏深入的分析。最后在案例的选取上不够典型,在表达上可读性有待提升。

国家与省级上报的时间要求不一致。近几年,教育部质量年报编写工作的通知在 9 月至 10 月份,职业院校质量年报的编制工作为当年 10 月至 12 月份。数据年报采集的内容为过去一年的 9 月初至当年 8 月底,而省级质量年报的发布在 3 月至 5 月份之间,2012 至 2020 年国家质量年报的发布在 5 月下旬至 7 月中旬,展示的是前一年度中国职业教育发展的基本概貌,二者在时间上不一致。

学校对年报运用重视不够。据大部分院校反馈,质量年报的编写工作主要是以完成任务为导向,缺乏对院校发展的反思,实质性内容和诊改意见有所不足。在对年报的运用上,对年报作用认识不足,注重罗列取得的成绩,而忽略了对学校发展中问题的总结,没有进行深刻分析反思,或对未来的展望不足,导致质量年报对推进学校诊改工作的价值不高。

三、提高职业学校质量年报编制的对策建议

(一)年报编制基本范式

1. 编制流程

(1)建立质量年报工作机制。成立由学校党委书记、校长为组长,分管领导

为副组长,其他校领导、校长办公室、纪委监察处、质量管理办公室、教务处等部门主要负责人为成员的质量年度报告编制工作领导小组。其主要职责是:①研究、决定、部署学校质量年度报告管理的重要事项;②指挥、协调、监督全校质量年度报告提交与总报告编制工作;③审定质量年度报告。设置质量年度报告管理工作组办公室设在质量管理办公室,主要职责是:①制定学校年度报告和分报告编写细则;②负责汇总和编制学校年度总报告;③组织评价工作组对各分报告提交时效性、总体质量进行评价。各二级部门主要负责人、二级学院(或教学系部)院长(主任)为质量年报编制与管理工作的第一责任人,负责本部门质量年报编制任务的组织、协调与完成提交系统工作。

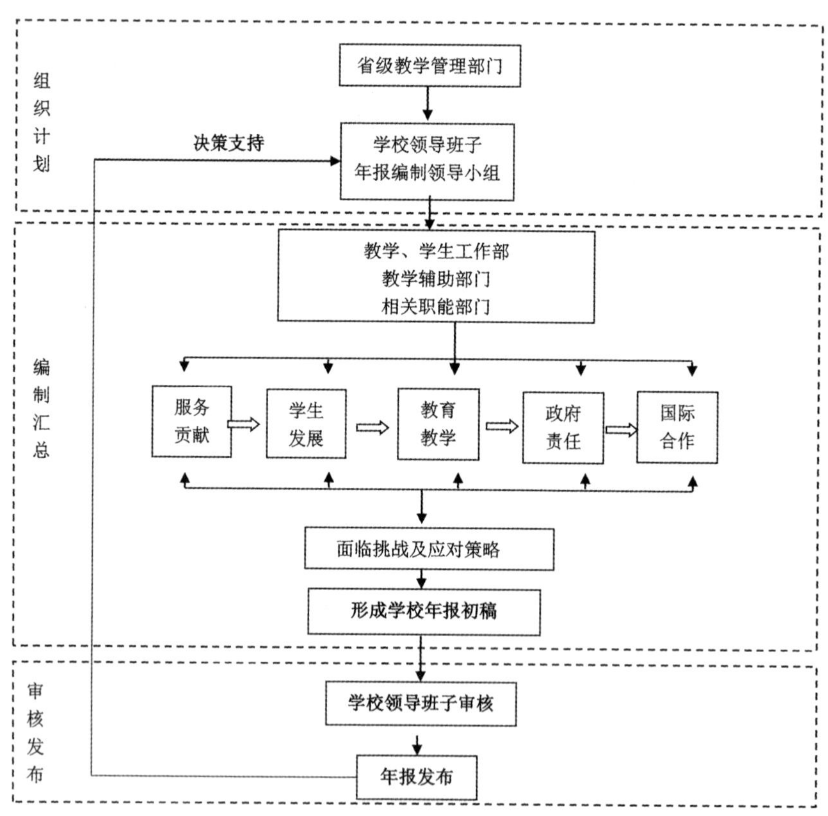

图 56-1 质量年报编制工作基本流程

(2)规范年报工作流程。统筹学校质量年报编制工作,通过组织计划、编制汇总、审核发布三个部分,规范年报工作流程,根据学校机构设置情况,设置二级或三级年报编制流程，学校层面、二级学院和职能处室层面、教研室层面，学校层面分别制订职业教育质量年度报告，系（部）编制专业人才培养质量报告，职能处室层面编制各分项工作质量报告，如就业办编制就业质量报告，学生处编制学生发展质量报告等。

2. 编制内容

按照近年国家年报工作要求，学校质量年报的主要内容至少包括以下几部分。（见表 56-3）

表 56-3　年报核心内容

一级标题	二级标题	基本内容
服务贡献	服务国家战略	脱贫攻坚、“一带一路”、乡村振兴、中国制造
	服务区域发展	服务地方、服务产业、服务区域战略
	服务社会市场需求	技术服务、社会培训、人才输送
学生发展	育人成效	育人体系、素养提升、立德树人
	就业质量	就业率，专业相关度，雇主、学生满意度，薪酬，晋升
	创新创业	创新创业能力、自主创业情况
	学生发展	职业发展、职业稳定、职业晋升
教育教学	专业（群）建设	专业（群）建设、重点特色专业、现代学徒、1+X 证书
	师资队伍	教师结构、教学能力、双师素质
	信息化建设	数字校园、信息化课程建设
	产教融合	支持产业发展、校企合作、订单培育
	教学资源	生师比、基础设施建设、课程资源
	三教改革	课程改革、教材建设、教法改革
政府责任	政策落地	政策设计、宏观政策、地方政策
	经费投入	经费保障、生均学费
	专项引领	职教体系、职教政策落地落实情况
	质量保障	教学诊改工作
国际合作	留学生教育	规模、管理情况、培育成效
	境外办学	办学机构、办学标准、技术和培训服务
	创新合作平台	合作机制、合作形式、核心成效

(二)年报编制建议

1. 提升质量年度报告的重要性认识

质量年报已经成为人才培养质量保障体系的重要组成部分,在职业教育的发展过程中具有重要的作用。提升对年报重要性的认识,要从顶层上设计年报框架,系统全面地整合资源,才能提升年报编制效率和水平。

2. 建立年报编制—诊改体系

将诊改工作情况纳入年度质量报告中是《关于建立职业院校教学工作诊断与改进制度的通知》中明确要求的,但目前很多院校诊改体系不完善。

年报的编制—诊改体系概念框架如图 56-2 所示,体系分为三个阶段:组织计划阶段、编制汇总阶段以及诊改反馈阶段。组织计划阶段,由省级教学管理部门在教育部年报编制工作通知的基础上制定本省编制要求,各职业院校年报编制小组在分析教育部、省级通知的基础上,对年报通知文件进行解读,同时制订

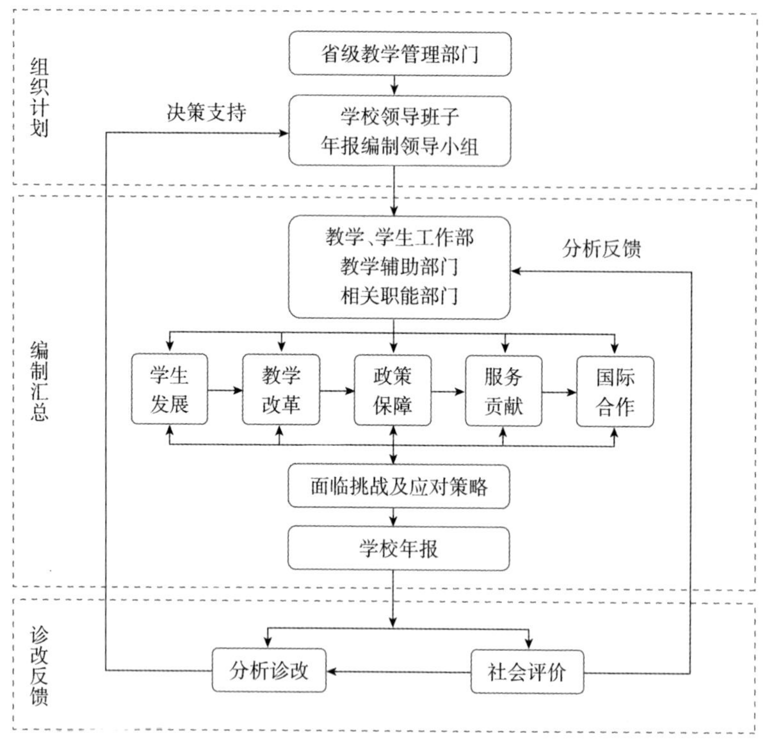

图 56-2 质量年报编制-诊改体系

本校年报编制通知计划。校年报编制小组发布本校文章框架、内容要求任务分工,学校各部门按照学校通知要求提交年报内容,交年报编制小组汇总,完成年报初稿;年报初稿经审核后面向社会发布。诊改反馈阶段,年报编制小组根据年报反馈出的学校在发展中遇到的问题和挑战,具体落实到诊改工作的各个层面,反馈到各个对应部门,通过质量年报与常规工作的结合,进一步明确诊改任务,实现人才培养质量螺旋上升。

3. 提前谋划,注重日常积累

质量年报编制工作现已成为职业院校的一项常规工作,这项工作的启动不能等到教育部、省级教育主管部门下发通知才开始,而要提前准备。质量年报编制要填报、核查六百多个数据,还要征集案例、构思内容,需要学校提前部署。

注重日常积累获取数据、组织材料,同时质量年报撰写需要认真严谨、科学务实的态度,及时处理人才培养资源、过程、结果性状态数据,而这就需要建立全面覆盖校园管理的大数据应用系统,实现教务系统、学生系统、科研系统、人事系统等各平台互联互通和数据共享。

(课题承担单位为天津工业职业学院,课题主持人为周雪松,执笔人为陈红。课题组成员:王青、梁静。)

第五十七章 国际技能赛事研究训练中心建设标准

世界技能大赛是最高层级的国际技能赛事,我国自2011年起参加世界技能大赛,经过多年研究和训练,已经取得诸多荣誉。在备赛过程中,建设国际技能赛事研究训练中心显得格外重要。本研究通过总结国内外世界技能大赛的备赛经验,以云计算赛项为例,设计出一套国际技能赛事研究训练中心建设标准。

一、世界技能大赛及大赛集训相关实践和研究综述

2019年8月22日至27日,第45届世界技能大赛在俄罗斯喀山举行,中国63名选手参加全部56个项目,获得16枚金牌、14枚银牌、5枚铜牌和17个优胜奖。[①] 在此之前一年,人社部专门组织了世界技能大赛的集训工作。此后,国际技能赛事研究训练工作陆续展开。2020年底人社部同意设立世界技能大赛中国(天津)研究中心、世界技能大赛中国(上海)研究中心、世界技能大赛中国(广州)研究中心、世界技能大赛中国(重庆)研修中心。[②] 此外,世赛重要赛项在国内均设有集训基地,集训基地承担世界技能大赛国家队选手选拔培养任务,保证选手集训选拔、备赛、参赛等环节的顺利开展。李杰、田永军研究我国世界技能大赛集训基地建设情况,提出质量优先、可持续性、均衡性原则。[③] 张俊深入研究了应用型本科高校世界技能大赛基地建设情况,对世赛专项工作提出五个对

---

① 世界技能大赛官网,https://worldskills.org。

② 人力资源和社会保障部.人力资源社会保障部设立一批世界技能大赛中国研究(研修)中心[R/OL].(2020-02-21).http://www.mohrss.gov.cn/SYrlzyhshbzb/dongtaixinwen/buneiyaowen/rsxw/202009/t20200923_390728.html

③ 李杰,田永军.我国世界技能大赛集训基地建设:所为与所愿[J].当代职业教育,2019(03):14-20.

接与五个推进。[①] 张良深入研究了优化世界技能大赛备赛工作流程，提出世赛工作方案优化主要包括以下五个方面：强化制度保障、优化世赛组织机构设置、有效管理世赛经费、打造核心教练团队、注重选手的选拔过程。[②]

韩国和日本是两个世界技能大赛强国，具有成熟高效的备赛经验和制度。韩国为强化职业技术教育与职业教育结构的改革，自 1963 年起，相继出台《产业教育法》《职业培训法》《技能奖励法》以及一系列相关法案，对优秀技能人才的表彰和奖励提供了法律依据。此外，韩国技能组织与企业密切配合，对选手进行系统培训，包括选手的职业特点和心理素质，通过举办国际评委研讨会来制订训练计划、选定战略技能项目、讨论参赛具体事项等。

日本高度重视技能人才的培养，在丰田、日产、日立、精工等知名企业建立训练基地，负责世界技能大赛选手的培训，同时也兼顾企业内职工的培训。日本在世界技能大赛上获得金牌的项目主要集中于大企业擅长的制造与工程技术以及汽车维修项目上。[③]

根据以上国内外备赛经验及集训基地建设研究成果，在国际技能赛事研究训练中心建设标准研究中，需要综合考虑硬件环境、团队建设、服务能力、制度保障、企业合作等多方面因素。

二、国际技能赛事研究训练中心建设标准

本研究依托世界技能大赛竞赛规则、组织原则、组织章程，以课题组所在单位的世界技能大赛云计算项目中国集训基地及多个赛项天津市集训基地为基础，对国际技能赛事研究训练中心建设标准进行研究，具体内容分成训练中心载体、运行模式、竞赛团队、科学集训备赛、制度保障五个方面，以信息与通信技术领域云计算赛项研究为例，制定以下标准范例。

---

① 张俊. 应用型本科高校世界技能大赛基地建设的思索与探讨——以武汉工商学院为例[J]. 创新创业理论研究与实践，2022，5(09)：110-112.

② 张良. 优化世界技能大赛备赛工作流程 提升技工院校选手世赛成绩[J]. 职业，2020(30)：25-26.

③ 陶文婷，王春楠. 韩国和日本职业技能竞赛培训教育体系比较及启示[J]. 天津职业技术师范大学学报，2019，29(04)：74-78.

(一)训练中心载体

1. 竞赛项目遴选

国际技能赛事研究训练中心应依据地区、行业产业布局和所在单位优势遴选赛项。以天津电子信息职业技术学院为例,在《新一代信息技术产业发展“十四五”专项规划》指导下,天津积极发展以信创产业为特色的新一代信息技术产业,软件和信息技术服务业发展迅速。学校聚焦“云计算、大数据、物联网、人工智能”等新一代信息技术产业集群,不断优化专业布局,曾获批世界技能大赛云计算项目中国集训基地及多个项目天津集训基地。于此,遴选出世赛信息与通信领域中云计算、信息网络布线、移动应用开发、商务软件解决方案、网站设计与开发等 5 个赛项。

2. 训练场地要求

训练场地是选手进行技能集训的场所,其供电、采光、照明、通风、安全与卫生及各种仪器设备的安装、使用都应符合有关国际标准、行业标准及世赛标准。云计算赛项集训基地针对以上方面的具体要求如下:

(1)供电。各种仪器设备的安装使用都应符合有关国家或行业标准,接地应符合 GB16895. 3-2017 的要求;需接入电源的仪器设备,应满足国家电网规定的接入要求,并应具备过流、漏电保护功能;需要插接线的,插接线应绝缘且通电部位无外露。

(2)采光。采光应符合 GB/T50033-2013 的有关规定;采光设计应注意光的方向性,避免对工作产生遮挡和不利的阴影;需要识别颜色的场所,应采用不改变自然光光色的采光材料。

(3)照明。照明应符合 GB50034-2013 的有关规定;当天然光光线不足时,应配置人工照明,人工照明光源应选择接近天然光色温的光源。

(4)通风。通风应符合工业企业通风的有关要求;通风应符合 GB50736-2012 中供暖通风与空气调节的有关要求。

(5)防火。防火应符合 GB50016-2014 有关工作场地防火的规定;应配置消防设备,配备醒目标志,并设置防火安全通道,保持出口的畅通;电子信息系统机房内安装有自动喷水灭火系统的房间,地面应设置挡水和排水设施。

(6)安全与卫生。安全与卫生应符合 GBZ1-2010 和 GB/T12801-2008 的有关要求;安全标志应符合 GB2893-2008 和 GB2894-2008 的有关要求;训练场地应保持接通水源、电源，保持运输和消防道路畅通；训练场地内不同电压的电源插座，应有明显标志；训练场地内严禁吸烟，严禁存放易燃、易爆等危险物品。

在训练场地的装修过程中，营造良好的文化氛围和行业气息，带有简洁科技感，布置宣传标语，设计宣传画面，激励选手有为国争光的奋斗感和使命感。

同时，应聘请专家按照世赛基地标准设计场地，接轨国际赛项要求，例如：场地分为主竞赛区、监控室、库房等区域。以云计算赛项为例，设置选手竞赛区、裁判工作区、选手休息区、物品寄放区、登分区及技术服务区等，如图 57-1。

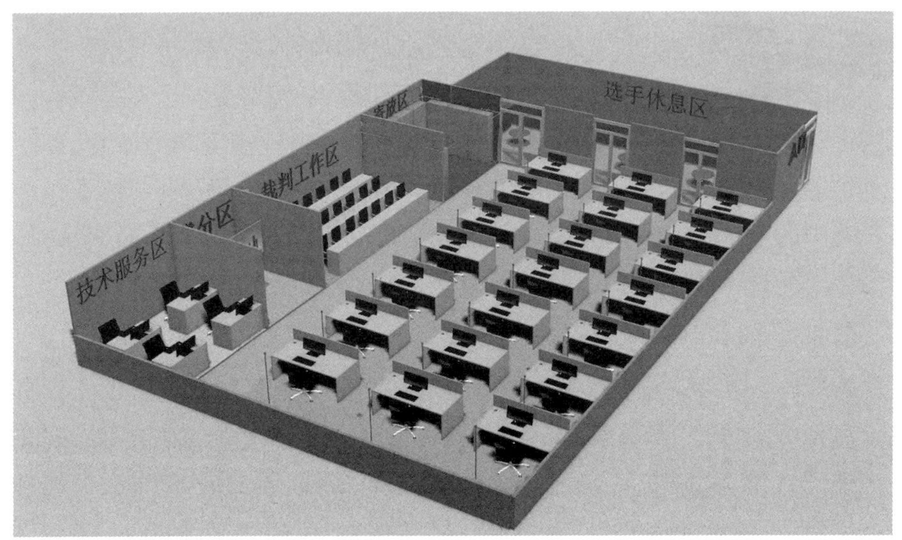

图 57-1　竞赛区场地

3. 设备要求

依据各个赛项规程、工作技术文件，对接世赛标准，严格按照世赛要求配置设备设施。必须保证设备质量，严格按照世赛标准要求采购设备，包括核心设备和所有外围设备及耗材，确保引进设备的先进性和标准性。同时，设备数量能够满足集训队备赛选手的项目训练需求。以云计算项目为例，应具备 PC 设备，包含显示器、键盘、鼠标等，具体 CPU、内存、硬盘、网卡及相关软件，同时配有录屏监控设备和 UPS 设备。

4. 后勤保障环境

在赛事研究训练中心的建设过程中，除了上述用于选手专业技术集训的训练场地及场地中的设备外，也应提供整体的后勤保障环境，确保竞赛团队的衣食住行和良好的心理和体能状态。因此，研究中心同步建设良好的住宿环境、休息环境,并提供专业的心理训练环境和体能训练环境,共同为赛事备赛保驾护航。其中,心理训练环境配备心理指导人员,设置2个心理咨询室,体能训练环境配置体能训练人员,配套跑步机等训练器材。

(二)运行模式

国际技能赛事研究训练中心的运行模式,主要涉及管理人员、职能部门、全过程管理备赛保障人员。

1. 管理人员

国际技能赛事研究训练中心在日常运行过程中,可能受制于人力、财力、物力等多种因素,为了提升研究训练中的管理效率,应成立管理领导小组,设置专门的管理人员,负责日常工作的组织管理与协调。例如定期召开包括中心工作人员在内的工作会议,响应最新的技能竞赛政策,对基地运行情况及时掌握,对运行中出现的问题及时分析解决等。

2. 职能部门

国际技能赛事研究训练中心在管理人员的统一领导下,配置各项任务的具体实施人员,职能人员可以为多个赛项团队服务,具体人数依据研究中心规模进行匹配,例如备赛、研究多个赛项的国际赛事研究中心可以增加职能人员名额。

表 57-1 职能部门及具体职责

序号	职能人员	部门职责
1	后勤人员	提供后勤、安保服务
2	医疗人员	提供健康医疗服务
3	心理训练人员	提供心理调适及训练服务
4	体能训练人员	提供体能训练服务
5	语言训练人员	提供英语训练服务、中心对外交流及其他语言支持

3. 全过程管理备赛保障人员

国际技能赛事研究训练中心在运行过程中,将起到接轨国际赛事的研究训练作用。在对赛项的研究训练过程中,除了专业的竞赛团队外,还应配置全过程备赛保障人员,要求具备赛项相关的技术背景,能够为竞赛团队提供多方向的支持与协助。具体设置的备赛保障人员职责、人数可参见表57-2。

表 57-2　备赛保障人员

序号	备赛保障人员	职责
1	调研人员	进行前期调研,为竞赛教练组提供赛项基本情况
2	资料收集人员	收集赛项相关资料,为竞赛团队提供资料支持
3	备赛经验转化人员	将赛项备赛过程中的有效经验、突出方法等进行文字转化留存
4	档案管理人员	将赛项备赛过程的培训资料、赛项样题、规程文件等进行整理保管,丰富本中心的数字资源
5	沟通联络人员	负责与上级部门、其他研究中心、企业、赛事主办方间的联络沟通。
6	技术支持人员	负责集训场地设备的支持与维护

(三)竞赛团队

竞赛团队是备赛国际赛项的主要成员,主要包括教练组和选手。

1. 教练组

教练组是整个技能备赛集训的组织者,选拔教练组成员应符合国家对国际赛项技术指导专家和教练的基本能力要求和数量要求,设教练组长 1 名、教练若干名。集训过程中,教练组要关注选手的培养目标,了解选手的认知能力,深入钻研集训内容,制订出科学、合理、有效的集训计划。其中教练组长是教练组的核心,起到集训过程中的决策作用,同时对于赛项内容不仅集中在单一技能方向,也配置能够覆盖竞赛涉及到的综合交叉学科内容的教练人员。教练组选拔虽然受限于教练组人数要求,但是不应受到地区、单位的限制,可以通过专兼职配备的方式,向全国范围的行业优秀人才发起邀请,组成专业、全面、高效的教练组团队。

教练组长按照集训工作方案要求具体组织选手训练;集训期间应始终跟踪掌握选手技术技能、综合素质等各方面发展变化情况,及时发现训练中的技术问题,对集训工作方案提出调整意见建议,协助集训基地做好选手各项安全保障工作。教练应根据集训工作方案和教练组长安排对选手进行训练;及时向教练组长反映训练中的技术和安全保障方面的问题,并提出解决意见建议。

2. 选手

选手的选拔应通过公平、公正、公开的选拔机制，集中组织竞赛，参照国际竞赛形式组织命题和评判，将最优秀的选手选拔出来加入集训队中。集训期间，对选手进行科学有序的培养，并且严格按集训综合成绩分阶段再次进行参赛选手的二次选拔。在集训过程中，对选手的训练不仅有教练组主导的技能水平训练，也有实施心理素质水平训练、体能水平训练方案。

（四）科学集训备赛

国际技能赛事研究训练中心在赛事备赛过程中，将组织以国际竞赛为最终目的集训工作，教练组为选手制订科学的集训计划，同时集中备赛不是闭门造车，将实时关注技术动态，保持对外交流。通过与企业的深入交流，提供企业实训等手段，对选手进行合作培养，使选手获得技能知识和实际经验的双重进步，通过与其他集训基地的交流以及其他国家竞赛人员的交流对而完善集训计划，提升备赛的全面性。

1. 训练计划制订

在备赛初期，教练组深入研读竞赛规则，并且聘请企业、行业人员研讨论证，制定集训计划。将根据国际技能赛事的时间大致分为基础训练阶段、全模块集训阶段、强化训练阶段。同时，针对不同集训选手制订差异化训练计划。在详细的训练计划中，明确细分职责，例如教练组、选手、技术支持等不同角色的职责，以表格方式规划出三个阶段的训练内容、具体训练方式和预计时间。

2. 对外交流

在有序备赛中，应保持对外交流工作，例如与企业的交流；与其他赛事研究中心、赛项集训基地的交流；与其他国家人员的交流，通过研讨优化训练方案，建立科学的国际技能赛事研究训练中心运行机制。以云计算赛项，与世界技能大赛合作企业亚马逊云科技开展产教融合，同时与国内其他省市的集训基地进行定期交流。

（五）制度保障

健全的管理制度是国际技能赛事研究训练中心有序运行和有效解决问题的依据。将根据国际技能赛事研究训练中心的工作职能制定通用的全过程管理制度，如设备采购制度、耗材使用制度、资金使用制度、选手考核制度、教练管理制度、出差交流制度等，编制《教练工作日志》和《选手工作日志》等相关过程标准化文件，同时根据不同赛项差别建议制定结合赛项和中心实际情况的差异细化管理制度，为中心健康运行提供保证。在中心运行过程中，接受上级部门的考核与监督，加强对集训过程的管理指导和补助资金使用监督，定期进行考核、评估和检查。

（课题承担单位为天津电子信息职业技术学院，课题主持人和执笔人为孙健、陈雪。课题组成员：崔宝才、杨阳、张文、陈雪、孙会珍、任雁汇、曹晶莹、王以民、郝霞、闫明。）

第五十八章　高职院校工程创新中心建设

本研究通过对工程创新中心服务效能、服务效果、服务作用、服务效益等成效的实践建设探索和总结，使工程创新中心建设更加标准、完善和固化，突破产教深度融合的体制性障碍，成为校企共同育人的命运共同体，成为服务产业不可或缺的高端技术技能型人才培养基地，进而使工程创新中心的建设模式形成扩散效应。

一、有关工程创新中心建设的相关政策文本的梳理和解读

"高职院校工程创新中心"是高职院校技术创新的平台或载体。早在 2014 年国务院颁布的《关于加快发展现代职业教育的决定》中，即提出了"强化职业教育的技术技能积累作用""推动职业院校与行业企业共建技术工艺和产品的开发中心、实验实训平台、技能大师工作室等，成为国家技术技能积累与创新的重要载体"。2019 年教育部、财政部提出实施中国特色高水平高职学校和专业群建设计划，对此则有专门的论述："双高"学校必须"打造技术技能创新服务平台"。一是"建设集人才培养、团队建设、技术服务于一体，资源共享、机制灵活、产出高效的人才培养与技术创新平台"；二是"建设兼备科技攻关、智库咨询、英才培养、创新创业功能，体现学校特色的产教融合平台"；三是"建设兼具产品研究、工艺开发、技术推广、大师培养功能的技术技能平台"。表明为企业提供技术技能服务，是"双高"学校的功能或任务之一。但在实际工作中，这一部分工作是许多高职院校一个普遍的短板。

正因为如此，在 2021 年出台的《教育部　天津市人民政府关于深化产教城融合打造新时代职业教育创新发展标杆的意见》中，提出"打造职业教育技术创新发展聚集区""实施高职院校技术创新能力提升计划，在高职院校试点设立工程创新中心和技术转移中心"。工程创新中心作为教育实践、校企对接、技术研发、成果孵化、创新实践等的有效载体，工程创新中心的建设有利于高职院校在

人才培养、社会服务、应用技术协同创新等方面实现全方位提升。

二、有关工程创新中心建设已有实践和研究成果综述

综合考察我国高职院校,以产教融合模式共建的工程创新中心,发现其管理和运行存在的主要问题有:一是工程创新中心管理体制选择,由于企业和学校运营模式和决策方式不同,缺乏系统的管理运行体系导致双方责权不明晰,企业追求的是经济利益,而高职院校重视的是人才的培养质量,影响企业参与的积极性和合作的稳定性。[①] 二是"双师型"师资力量薄弱,我国的职业教育近年虽然快速发展,但毕竟起步较晚,目前在从事高等职业技术教育的教师中年轻教师占比较大,这些年轻教师基本上是由普通高校毕业直接从事高职教育的,理论知识功能深厚,缺乏实践技能的锻炼,在观念上停留在简单的理论教学上,缺乏对学生职业技能培养的意识,对技术设备创新、科技成果推广与应用、专业实践指导等工作的积极性不高;而企业中有技术的技能大师或师傅虽然以兼职教师的角色能走进课堂,但是他们的本职是企业的一员,不可能把全部精力放到实训教学中去,同时他们对于高职院校人才培养模式以及学生的具体情况不是十分了解,难以保证达到预期的效果。三是创新性不足,体现在教师发挥技术储备优势不足,参与企业核心技术研发能力不强。学生创新能力与实践能力培养不足,实现创新和创业机会途径不够通畅。[②] 总的看,我国高职工程技术研究中心建设处于快速发展阶段,尚未形成有显著影响力的成功管理运行模式。

发达国家对职业教育的探索比较早,这些国家的职业教育工程中心的管理和运行模式有以下几个特点:一是政府通过立法给予长期有效的支持,政府充当社会环境的维持者和多方利益协调者,在技能培训、科研成果转化、技术应用等方面,给予一定的政策和法律支持。二是工程创新中心独立运营、产权明确、收入分配清晰,能够紧跟实践创新教育的发展方向,发挥在人才培养创新、科研成果转化、企业员工再培训等方面的积极作用。这些做法可以为我们所借鉴。

---

① 荣新艳.高职院校校内生产性实训基地管理评价研究[D].燕山大学,2012.

② 魏来,徐宗,涂小进,金学平.基于工程中心的高职学生创新能力培养模式研究[J].教育教学论坛,2018(11):225-227.

三、高职院校工程创新中心建设思路探索

（一）工程创新中心的内涵与特征

本研究将工程创新中心定义为以产教融合模式引入行业企业等社会优质资本，通过共同投入共同建设，共同开展技术研发、专业建设、教学改革、师资队伍建设、人才培养等教育教学、科学技术转化等活动的教、研、训一体的公共创新服务窗口和平台。工程创新中心应具有较完备的工程技术综合配套硬件条件，具有专兼一体的稳定师资队伍，能够开展融教学、研发、生产、培训为一体的技能人才培养，尤其是对技术应用能力和创新能力等综合职业素质的培养。工程创新中心中的企业通过合作能够获取技术创新智力资源，获得技术创新与应用收益，降低人力资源培训成本，实现企业长远发展。工程创新中心的建设与发展能够为推进供给侧结构性改革和行业高质量发展提供技术支撑，对区域人才培养、就业和服务经济等起到较大的辐射作用。

（二）工程创新中心建设任务

受体制机制的束缚，行企校产教融合深度不足，在发展战略、目标、行动方面匹配性和互补性存在较大差距，难以建立起有效的协同合作机制和育人载体，人才需求与供给的矛盾难以及时调整并适应产业的发展，限制了职业院校与产业链的有效对接。工程创新中心作为产教融合协调和对接的创新服务平台应具备解决以下问题的功能：一是建立校企命运共同体化的合作平台；二是解决人才培养体系构建的创新性与实效性不足；三是解决“双师”型师资问题；四是解决人才培养与企业需求和企业职工专业技能和学历再提升问题；五是解决技术服务能力不强而服务地方经济不足的问题。

（三）工程创新中心建设路径

1. 基于“四共”并举，共建工程创新中心

（1）共建基地。以提供合格的高素质复合型技术人才为突破口，以技术服务和职业培训为驱动，通过国家“双高计划”项目建设资金支持、地方财政专项、学校自筹、行业企业捐赠、准捐赠等多种形式，吸引多元社会资本进入生产性工程创新中心的建设中，人才培养和行业企业技术服务与培训的“双适应”，“培养”和“服务”在不断循环中相互作用、互为支撑、同向并行。课题组所在的天津

轻工职业技术学院通过引入中国模具工业协会、瑞士 GF、天津汽车模具股份有限公司等行业企业等社会优质资本,通过共同投入共同建成华北地区高职院校首套精密模具智能制造生产线,将行业先进设备、前沿技术、先进工艺,运用于实践教学和技能训练。

(2)共研标准。行业企业掌握行业前沿的标准和技术,工程创新中心要突出以“研”为中心的可持续发展的行企校合作模式,通过校企合作将行业前沿技术、智能化生产标准和要求及时转化为满足企业核心岗位能力要求的学生培养标准,形成“多元整合、国际对接”的专业人才培养模式。

(3)共用资源。充分发挥载体作用,通过与产业学院、职教集团等互为支撑、密切配合,以“合作办学、优势互补、资源共享、共同发展”为原则,深化产教融合、校企合作,整合产业上下游优势资源,引导区域之间、行业之间、职业院校之间全方位合作,促进区域之间产业结构升级及产业链延伸,使产教融合、校企合作做到内外相连、上下贯通、点面结合、资源共享。

(4)共享成果。创建激励企业协同育人的“四中心一融入”运行机制,即校企共建技能人才培养、技术协同创新、技术与产品推广和员工培训中心,将企业发展战略融入专业规划。作为技能人才培养中心,校企协同培养的技术技能人才满足企业客户核心岗位和转型升级的需要;作为技术协同创新中心,校企协同创新研发,参与企业核心技术研发,并将研发过程转化为教学资源;作为技术与产品推广中心,利用学术交流、职教论坛、行业会议等诸多平台为合作企业进行产品宣传和技术推广;作为员工培训中心,开展各类技术服务、员工培训和客户培训,为技术链下游企业提供技术服务和人力资源支撑。

(5)校企合作“双主体”向“同一主体”转变,构建“厂校一体”人才培养机制。校企共同组成领导小组,双方在共同选拔学生、共同制定人才培养方案、共同开发课程和教学资源、共同进行理论和实训教学、共同进行项目研发的前提下,实现优质资源共享,探索由“厂校双主体”转向建设“厂校一体”(即校企组成同一主体实现技术技能型人才培养机制),充分发挥创新性的功能优势,即可为学生提供专业系统的理论知识教学,提升学生的专业水平和综合素养,又有企业提供真实的工作情境,使学生专业技能训练与真实工作要求相一致,从而实现技术技能型人才培养与企业需求无缝对接,达成培养企业所需高端技术技能型人才之目的。

2. 依托工程创新中心建设,构建新型人才培养体系

以专业(群)建设与类型教育、教学标准与数字化生产标准、继续教育与职

业导向、育人方式与岗课赛证融通四个对应探索人才培养体系构建的创新性与实效性。紧跟行业企业职业岗位从单一岗位的孤立式发展转向产业化集群式共生共联的新要求，将一流数字化生产标准融入教学标准，引入“1+X”证书，构建以职业能力培养为目标的课程标准，并以各级各类职业技能大赛和专业(群)鲁班工坊建设输出标准促进课程标准的持续性改革与创新，做到岗课赛证相互衔接和融合，实现教学标准与数字化生产标准、育人方式与岗课赛证融通相对应；根据行业企业需要，开展百万扩招继续教育，为企业在职员工开展培养，实现继续教育与职业导向相对应。

3. 通过“走出去”与“引进来”实现师资与产业需求相对接

工程创新中心的建设严格落实《国家职业教育改革实施方案》对教师的素质要求，制订《现代学徒制“双导师”队伍建设管理办法》，以文件和制度实现学院教师和企业教师(师傅)互聘机制，同时进行挂职锻炼交叉轮岗。建设以国家技能大师为领衔、天津市教师教育创新团队为核心的高水平、结构化教师教学团队。按照“双师型”教师认定管理与建设等相关要求，强化师德师风建设，以天津市科技特派员、企业挂职锻炼等形式让专任教师走出去，着力培养一批能够上讲台为学生传技授艺，下工厂为企业解难排忧的适应产业转型升级和专业集群发展的骨干教师。同时把企业高级技术人员以产业导师的形式引进来，依托产业导师行业优势资源和实践经验，推进人才培养与产业需求、课程内容与职业标准、教学过程与生产过程的实时对接与修正。

(四)工程创新中心的功能与标准

一是具备高效集聚行业外部载体的能力，以项目为抓手，成为产教融合、校企合作的共同体，探索新发展阶段教育链、人才链、产业链、创新链共生共荣的生态均衡系统，实现产教和校企的常态化对话机制和合作机制，增强多元资本进入职业教育的积极性。

二是具备持续输出优质教学资源的能力，综合运用国内外创新资源，开展多层次、多形式、多领域的技术交流与合作。注重产学研相结合，与行业、高校和科研机构建立长期、稳定的合作关系，提高承接重大科技项目的能力。

三是具备柔性优化微观教学生态的能力，构建校企深度合作体制机制，破解人才培养体系构建的创新性与实效性不足的问题。培养、聚集相关专业的高层次的工程技术人才和管理人才，为本行业、企业提供工程技术人才培训。

四是具备敏捷服务区域经济发展的能力，能够开展适应行业需求的多元类型技术技能型人才的培养，根据行业的发展现状，开展重大共性与关键技术的工程化研发，为产业化提供成熟、配套的技术、标准、工艺、装备和新产品，提升行业、领域的技术创新能力。

五是具备深入开展国际交流合作的能力，开展多种形式的国际、国内科技合作与交流，开展相关的标准制定工作和行业信息服务，促进行业、领域的技术发展。

（课题承担单位为天津轻工职业技术学院，课题主持人和执笔人为周京。课题组成员：周树银、苏越、杨国星、李杨、史清卫、赵慧、赵玲玲、王称。）

第五十九章 “通用技能+专业技能”实训基地集群建设

实训基地集群化发展是实现职业教育治理现代化、促进教育资源均衡优质发展的有益尝试。对“通用技能+专业技能”实训基地集群建设开展整体性研究,是职业院校复合型、创新型、发展型技术技能人才培养目标指向下的载体建设规范的必然要求。本研究通过相关文件梳理和相应理论与实践探索的资料综述,提出“通用技能+专业技能”实训基地集群建设的基本要求。

一、相关文件精神的梳理和解读

国家对实训基地建设历来十分重视,在职业教育相关文件中,几乎都要提到实训基地建设问题。2019 年印发的《国家职业教育改革实施方案》中,对此有如下要求:“带动各级政府、企业和职业院校建设一批资源共享,集实践教学、社会培训、企业真实生产和社会技能服务于一体的高水平职业教育实训基地。”“积极吸引企业和社会力量参与,指导各地各校借鉴德国、日本、瑞士等国家经验,探索创新实训基地运营模式。”

2021 年《教育部 天津市人民政府关于深化产教城融合打造新时代职业教育创新发展标杆的意见》进一步提出了当前天津市已经进入高质量发展阶段,迫切需要发挥职业教育高地优势,以世界一流职业教育支撑经济转型服务产业升级,“主动对接产业发展、技术进步和流程再造,建立中国(天津)职业技能公共实训中心市场化运行机制,鼓励社会资源参与公共实训中心项目建设”,拓展部分高校的专业实训基地功能,“打造‘通用技能+专业技能’的实训基地集群”。这里将实训区分为通用技能实训和专业技能实训、将实训基地建设升级为“实训基地集群”建设,值得我们认真思考和积极探索。

二、国内外有关实训基地集群建设的实践与研究综述

(一)国内研究现状

德国双元制和澳大利亚的 TAFE 模式下实训基地及实践教学模式都不可能在我国复制。在我国现行制度以及传统延续条件下,企业以自身生存发展为主要任务,承担的教育职能很小,不可能像德国一样出资建造并维护一个功能完备的校外实训基地,保有一支专业的实训教学队伍供学生实训教学。政府和学校有限的教育投入也不可能像澳大利亚一样建成功能完备的校内实训基地。但由于历史原因,我国行业办学特色突出,职业院校要充分利用行业优势,与企业紧密合作,采取校内外相结合的方式,规划建设校内与校外互补的实训基地,即一般专业通用性强和关键能力形成的设备,以校内为主,校外为辅;而专用性强,尤其是巨型设备,以校外为主,校内为辅。①

深圳职业技术学院创办的工业中心,将现代工厂的经营、管理观念引入学校,将现代工厂的生产、经营环境浓缩并模拟到学校的教学过程之中。宁波职业技术学院"敏孚机械系"的校企共建实训中心模式,在传统的实践教学基地基础上,以"零租金"出租场地的方式将企业生产、开发功能引入校内,与校内实践教学基地的实习、鉴定和培训等功能相结合,构建产学研培"四位一体"的人才培养平台等。南昌的国家职业教育虚拟仿真示范实训基地,联动全国实训基地,形成虚拟仿真实训基地集群和网络等。② 这些做法对本研究颇有借鉴意义。

(二)国外实训基地的特色和优势

国外实践教学和实训基地建设的共同点与我国实训基地建设相比,国外职业教育实践教学和实训基地建设体现出如下的优势和特色。

一是政府在职业教育上具有完善的政策法规和资金投入保障。

二是实训教学设施完备,校企合作紧密,社会和企业对实践教学承担了很多责任和义务,投入和贡献很大。

三是实训教学内容与职业岗位和能力要求密切相关,多采用模块化教学,各

---

① 李强,刘继平,任国外. 高职实训基地建设模式的启示[J]. 中国职业技术教育,2008(12).

② 周桂瑾. 高职院校专业群建设模式的研究与实践[J]. 职业技术教育,2017(29):24-27.

模块具有相对独立性,完成相应模块或单元的学习,可以具备相应岗位或完成相应工作任务的能力。

四是实训教学人员具备丰富的实践经验,大多来自企业,除专业技能外,同时对教学技能具有较高的要求,准入和考核制度严格。

五是对学生的职业能力评价具有客观性和权威性,考核标准统一,执行严格。

三、"通用技能+专业技能"实训基地集群建设对策

(一)管理体制及运行机制

1. 制定管理体制及运行机制

"通用技能+专业技能"实训基地集群建设标准必须健全对接产业、动态调整、自我完善的建设发展机制,建立健全多方协同的可持续发展保障机制。建立健全兼具教学、科研与服务社会功能的"一体化"管理机构和相应运行机制,体现"教学、科研、社会服务同向、协调、集约发展"理念。

2. 建立专业集群建设指导委员会

吸收行业、企业专家参加专业集群建设指导委员会,听取他们在通用技能、专业技能、人才培养方案制订等方面的建设性意见,发挥他们的智库作用。

3. 重建与创新学校基层教学科研学术组织

"通用技能+专业技能"实训基地集群建设作为新型学术组织形态,突破了原有院校、二级学院、系(或教研室)基层学术组织设置与管理机制,按照有利于应用型人才培养宗旨,重新建立基于专业集群的行业学院或产业学院,在"通用技能+专业技能"实训基地集群建设形式上开展探索。按集群带头人—基地带头人—专业带头人三个层次配备,共享教师队伍。

4. 实施资源设备设施共享

建立资源资源共享机制,形成虚实统一、相对独立的实验、实训、实践、实习、教学、竞赛平台等,合理配置与有效利用的设施。

(二)对接产业,重构人才培养方案

聚集职业院校与区域经济社会的力量,聚焦校地双方的特色、优势,按照"市场导向、地方需求、产业对接、集成建设、特色发展"原则,针对不同产业链环

节或层次的人才需求，构建符合不同院校特色的专业集群，使专业集群更好对接产业集群、融入产业链与创新链；围绕特色专业集群开展产业（行业）学院应用型人才培养探索，使产业（行业）学院办出特色；围绕行业需求发展特色专业，使一批特色专业形成优势、品牌，更好服务人才培养和区域与行业发展。

"通用技能+专业技能"实训基地集群建设完成基本布局架构、组织机制、管理制度等之后，各相关专业必须突破单个专业办专业的孤立专业观，改变专业各自为战的局面，统筹做好集群内各专业人才培养方案顶层设计，基于集群战略思维，推进产业、学科、专业、课程一体化建设，修订集群内各专业人才培养方案。

组建实训基地集群内相关专业共建课程模块，构建集群内各专业共享实验、实训、实践、实习基地与平台资源，实现专业集群内师资调配使用的相互贯通与相互支撑。课程设置既要考虑工作岗位所需专业技能的相关标准与要求，又要考虑职业生涯和持续发展需要的通用技能，提高学生专业迁移能力。

提升实训基地集群人才培养契合度，促进学生成长成才。形成实训基地集群优势，可促进跨专业、跨行业的深度合作互动，提升专业建设水平，促进提高教学质量，拓展和延伸学生未来基于专业创业与就业的空间。同时，实训基地集群适应学生将来在产业集群、产业链相近职业岗位群流动性的需求，增强学生就业市场适应性和专业竞争力，为实现学生高质量就业与高质量发展奠定基础。

（三）完善实训基地集群的评价办法与标准

以立德树人为根本，以产教融合为主线，准确定位"通用技能"标准的研究和"专业技能"标准的研究，以及在实训基地群建设过程中两者之间的关系。把准"通用技能+专业技能"实训基地集群建设的创新维度，重构实训基地集群对接产业集群的专业发展链条。

1. 评价的基本原则

（1）评价要体现建设目标的综合性。评价不仅要关注实训基地集群建设科学性、规范性、示范性，同时也要重视学生通用技能和专业技能的标准要求、人才培养模式、课程体系、资源平台、师资队伍、组织实施、产教融合、岗位就业等关键性指标。对学生通用技能和专业技能的评价要以任务为基础，以实训基地群的软硬件资源为依托，以产教融合的产品为载体，通过让学生在"干中学""悟中学"，并通过完成任务的过程对学生应达成的知识目标、技能目标和通用职业技能目标进行综合评价，促进学生综合职业能力的提高。

（2）评价要体现建设内容和形式的多元性。对于实训基地集群建设的评价不应仅局限于基地的制度、运行机制和平台建设,也应融入对基地的通用技能和专业技能的培养全过程。要体现多元、全面的、动态的评价理念,在评价内容、评价标准、评价方式上都应具有多样性。特别是既要对学生掌握专业知识和技能水平进行评价,又要对其思想品质、职业道德、职业态度、创新精神、行为规范、学习方法、思维能力等综合能力进行评价。就评价方法而言,要将量化评价与质性评价相结合。就评价主体而言,要采取自评与他评相结合的过程评价,"他评"的实质是促进学生内在的自我评价,是学生素质养成的重要内化过程。形成全方位立体化的多元评价体系,以确保基地的人才培养质量和建设成效。

(3)评价应注重基地人才培养的发展性。对于实训基地集群建设对人才培养贡献的评价应该是一种发展性评价,重点是要关注基地长效机制的形成和学生的发展变化,坚持"以评价促发展"的评价理念,变"评价优劣"为"督促进步与发展",提升评价的长效作用与教育价值,使评价过程具有激励性和促进性,有利于基地建设的持续性和建立学生的自信心。要用发展的观点看待评价结果,要以动态的发展性评价模式了解被评对象的实际水平,并把评价的重点放在纵向评价上。

(4)评价要体现过程性。通用技能和专业技能的培养应强调教学的教育性。教育性是通过过程而不是结果来实现的,故学习评价更应该从过程的角度入手兼顾学习结果。"体现过程"就要在学生学习过程中观察其平时的表现,观察学生平时的行为及其变化,及时对学生的学习质量水平做出判断,肯定成绩,找出问题,促使学生对学习的过程进行积极地反思和总结,从被动应付变为主动地参与和持续改进。

(5)评价应具有可操作性。在评价培训基地的集群化建设时,要处理好评价内容全面性与可操作性的关系。仅就评价内容而言,涉及的内容很多,但如果在评价实践中构建一个大而全的评价指标体系,什么都要评价,势必要增加实训基地和教育教学实施的负担,而且会影响评价的实效性。因此,我们在全面关注基地的集群化建设与发展的基础上,可以选取部分关键性指标和要素开展比较规范的评价。评价工具的选择和设计要体现简洁、有效、可行的原则。

2. 评价考量的主要方面

借助 CIPP 评价模式的四个维度(背景、投入、实施、评价)进行研究,并综合进行实施主体、主要内容、运行模式、资源配置、业绩评价等方面的考量。

(1)实施主体。本研究项目评价考量的实施主体是由多元和复合型的实体组成,主要包括:师范类院校、职业院校、行业企业、培训机构、公共实训基地等,整合软硬件资源,发挥各自的优势,共同推进产业、教学研究、学科、专业、课程一体化建设,共建共享人力、教学条件与平台、科研条件及竞赛平台等资源要素。

(2)主要内容。本研究项目评价考量的主要内容包括:组织架构、运行机制、管理制度、保障机制、专家智库建设、共享平台建设、教学实施(含人才培养标准、课程体系、教学资源平台、产教融合等)、师资队伍、实习与就业、协同与集约发展、科研与社会服务等。

(3)运行模式。本研究项目评价考量的运行模式是:成立由各实施主体组成的实训基地集群建设联盟,各主体负责人共同组成基地集群建设管理委员会,并由牵头单位作为委员长单位负责召集和开展基地集群建设管理和协同工作;委员会负责基地的中长期建设及开发管理的协调与监督工作,其办公室设在委员长单位,具体负责与联盟各实施单位进行基地集群建设的日常运行管理、协调与宏观情况的评价考量;组建基于专业的各专业教学研究工作小组,组长和组员来自联盟各实施单位的专业骨干教师,负责各专业人才培养、标准制定、教学研究、课程一体化、教学资源平台、科研条件及竞赛平台等具体工作实施与评价考量。

(4)资源配置。实训基地集群建设联盟建立软硬件资源共享机制,形成相对独立的实验、实训、实践、实习,教学、竞赛平台建设等,合理配置与有效利用经费等投入。

(5)业绩评价。通过实训基地集群建设联盟的运行,对联盟的整体运行和社会效益进行综合评价。对各实施单位的通用技能和专业技能的人才培养和实训基地建设进行人才培养质量、实训基地建设、师资队伍、教学成果、社会服务等方面的综合评价,使联盟各实施单位的规划更趋于互补性和发展的可持续性,人才培养模式不断完善,教育教学质量不断提升,产教融合、科学研究和社会服务能力进一步增强。

(课题承担单位为天津职业技术师范大学附属高级技术学校,课题主持人为易贵平,执笔人为张瑜。课题组成员:杨红梅、赵文平、吴远志、张瑜、董学文、姚继蔚、孙立群、韦玮、张培恩、孙仁伟、张瑞丰、田洪江、葛云涛、邵洁。)

第六十章 职业院校实习生管理

关于职业院校的实习生管理，国家有专门文件做出了详细规定，但在实际执行和实践过程中，仍会随时出现一些具体问题。对这些问题进行收集整理并提出有效解决对策，是一项非常重要的研究工作。

一、相关政策的梳理和解读

对职业院校学生的实习管理，教育部等五部委于2016年专门制定了《职业学校学生实习管理规定》，2022年教育部等八部委又对该文件进行了修订，对一些具体问题提出了解决办法，这些具体问题中，2021年中办、国办印发的《关于推动现代职业教育高质量发展的意见》专门提到了“积极探索职业学校实习生参加工伤保险办法。加快发展职业学校学生实习实训责任保险和人身意外伤害保险”。综合这些文件的规定，包括实习组织、实习管理、实习考核、安全责任、保障措施、监督与处理等方面，看起来文件的内容已非常全面和详细，体现了党中央、国务院及各相关职能部门对职业院校学生实习工作的高度重视。尽管如此，在实际执行过程中，仍然会不断出现一些新情况、新问题。对这些新情况、新问题，要及时加以研究和解决。

二、当前职业院校实习生管理情况分析

（一）学校对学生的管理情况分析

1. 学校在管理中存在脱节现象

通过对实习生的调研得出，有21%的实习生指出部分实习指导教师指导时间不足。按目前大部分的学校要求，每周要对学生进行一次及以上联系和指导，但是仍有些教师无视这些管理规定，与学生的联系实际上少于每周一次，有的教师甚至从没联系过学生。因此，必须对这些教师加以检查和督促，对于严重失职

者应清除出实习指导教师队伍。学生在岗位实习期间,要由学校的教师现场指导以及实习单位安排专人指导。但是由于部分高职院校所处地区经济发展相对落后,学生在本地集中实习的需求无法得到满足。于是,各高职院校就只能把学生安排在异地或是分散实习,这样不仅给岗位实习的组织和指导增加了难度,还使管理成本提高了,导致学校对学生在实习过程中管理力度不够、指导不足。应优化远程指导的水平,对指导教师网络指导能力和水平进行必要的调研,从而保障教育教学的质量。

2. 查找学生在实习过程中存在的主要问题

(1)学生在实习单位任务重且待遇较低。学生开始到企业去岗位实习时满怀希望和憧憬,但到企业生产一线工作一段时间后,发现现实的工作不是自己原先预想得那样,而且在学校那种衣食无忧的学习生活和工厂上班劳动的辛苦形成了鲜明的对比。此外,由于学生的基本技能较低,工厂安置学生的岗位大多是“农民工”都能胜任的操作简单、技术含量低、劳动强度大、工作时间长的一些岗位,直接导致部分学生身体吃不消,再加上生活等方面的不适应,这时学生思想就会产生较大的波动,产生退缩心理。有一小部分企业,待遇相对低,学生工资低于 2000 元,生活压力大。这实际上违背了国家关于职业院校实习生管理的规定和要求。

(2)有的学生一开始就不想参加实习。部分学生认为工作与专业关系不大,对提高自己的专业能力没有帮助,将来自己也不从事这样的工作,何必在这里花几个月时间卖“苦力”呢,从而出现无故请假、旷工、辞工或被工厂辞退等现象。实习学生应当遵守职业院校的实习要求和实习单位的规章制度、实习纪律及实习协议,爱护实习单位设施设备,完成规定的实习任务

(3)有升学打算的学生难以兼顾实习和备考。目前天津各高职院校的实习生中,准备考取本科院校的人比较多,基本每个班专升本的人数平均达到 13.5%,这一部分人在实习之余,还要参加外部培训的课程,学习压力较大。学生无法将注意力全部集中到工作之中,因此这一问题成了这部分学生无法跨越的鸿沟。为此,对这一部分学生应给予一定照顾,制定出相应的对策,将实习和备考分离开来。

3. 完善实习质量保证体系

建立健全教师、课程、教材、教学、实习实训、信息化、安全等国家职业教育标准,学校则从实际出发出台了更高要求的实习标准,且主动邀请行业组织、龙头

企业参与制定标准。严格按照国家相关管理规定提出的实习组织、实习管理、实习考核、安全职责和保障措施等全链条、全过程的基本要求，规定针对实习关键节点的明确行为准则，为实习管理划出底线和红线。

（二）查找实习单位存在的问题

1. 重视程度不够

调研发现，部分实习生在实习单位没有得到足够的重视。部分实习单位为了节省开支、追求利益，对实习生缺乏应有的指导和管理，甚至忽视了安全教育环节。调研发现，有5%的企业对学生实习的安排存在安全隐患。各级负有安全生产监督管理职责的部门要将实习安全责任履行情况作为安全生产检查的重要内容，在各自职责范围内对有关行业、领域实习单位落实安全生产主体责任实施监督管理①，依法对实习单位有关实习学生教育培训计划落实情况进行监督检查。

2. 存在违法加班现象

有部分企业把实习生作为廉价劳动力使用，甚至有些实习单位强迫学生加班，从而达到节约劳动成本的目的。调研中发现某家企业强制实习生加班，每月工作时长达320小时，而我国的劳动法规定每月工作时间不多于176小时。而且有的企业对加班的工资未按国家规定的额度补发，实际是克扣工资。

3. 指导培训少

有的实习单位没有为实习生提供相关的业务指导，也没有结合学校的教学计划进行有针对性的培训，任其自由发展。在企业导师的安排上敷衍，将资质低的，甚至是没有资质的导师安排给了实习生，实习生完全没有学习计划，也有一部分实习单位根本没有给实习生一个适应的过程，也没有根据实习生自身的特点制定工作的进度，使他们不能顺利进入工作状态。

4. 实习岗位与专业不对口

高职学生的岗位实习一般在学校的校外实训基地安排实习岗位，学校也允许学生自主落实实习岗位，但要求实习的岗位与所学专业对口，同时也鼓励学生将毕业论文带到实习单位去做。调研发现，87%的实习生的实习岗位与专业对口，8%的实习岗位与专业相近，也有5%的实习生与专业不对口；有部分学生虽

---

① 李玲琪. 构建多层次、信息化的实习生管理评价体系[J]. 职业，2015(22)：40-41.

然专业与岗位对口,但通过实习后发现不喜欢自己所学的专业,没有继续在这个行业发展的想法,因而实习效果大打折扣。因此,职业院校安排岗位实习,应当取得学生及其法定监护人(或家长)签字的知情同意书。对学生及其法定监护人(或家长)明确不同意学校实习安排的,可自行选择符合条件的岗位实习单位。

三、当前做好实习生管理工作的具体对策

(一)对学生开展专业意愿调查

调研发现,35%的学生在实习后不想从事本行业,要另找工作,这一部分学生不想继续留在实习单位,其中一部分人选择了升学。去除想继续升学的学生,还有23%的学生不想留在自己的实习公司,这里面既有学生的原因,也有公司的原因,其中学生觉得公司工作太辛苦,未获得相应报酬等原因比较多;公司方面的原因则是学生工作态度不好,实习表现差,工作不积极,单位实习考核不合格,不能继续留下。

(二)及时掌握实习生思想动态

学校与企业密切配合,做好入职教育,让学生进一步明确实习目的,引导学生尽快转变角色,并及时跟踪实习学生的思想动态。指导教师每周下企业与企业管理人员进行沟通,了解学生的实习情况及思想动态。加强与学生的联系,对学生在实习中出现的思想问题进行及时的掌握与疏导,引导学生尽快适应工作环境,树立爱岗敬业的精神,培养良好的职业道德。定期召开岗位实习学生座谈会,倾听实习学生反映的问题,就这些问题与企业和学校进行及时沟通,并提出解决方案,让学生真正感到学校、企业对自己的关爱,增强学生的归属感。① 由于企业不像学校那么自由,且有相应的规章制度,劳动强度大、工作时间长,这些不适应性使学生心理产生较大变化。调研发现,只有15%的学生接受过企业或学校的定期心理辅导。无论是企业还是职业院校,都应该将定期心理辅导纳入指导学生的范畴。

---

① 周大钧.技工学校实习生管理中的德育渗透[J].职业技术教育,2007,28(11):85-86.

（三）分析实习生企业实践培养效果

调研发现，实习学生认为实习有很大收获的比例为58%，收获一般的为27%。因此，学校要从实习生的培养目标入手，增强就业指导工作，并对学生进入企业岗位后的适应状况和能力素养的达成情况进行及时反馈，完善与之适应的培养过程体系。

（四）建立有效评价机制

严谨的考核评价制度应是管理岗位实习学生的主要环节，但实际上多数院校的考核制度流于形式。由于没有详尽的评价指标、学生又分散实习，不同实习单位的评价尺度不一样，致使实习单位对学生实习情况的评价难以作出横向比较。而学校的指导教师，在管理成本的制约下，对学生的实习情况也难以准确掌握，只能依据实习单位的实习鉴定和评语以及学生的实习笔记和总结等给出相应实习成绩。因此，必须完善实习成效的评价体系。

（五）处理好实习与培训考核、升学备考等方面的关系

各高职院校为了落实教育部的双证书要求，实习期间也穿插了一系列的岗位资格考试，如计算机等级证、会计证、会计电算化证、助理会计师证等从业资格证书或职称证书，而且要求学生获得高级工证书的比例逐年提高。有些用人单位价值取向偏差，只注重双证书要求，强调多证书，不注重实际技能发挥。有的学生看见别的同学报名各种证书考试，为了不甘落后，盲目报考。加上有部分高职生愿意进一步升学，客观上与实习产生矛盾。因此，要对学生的实习和技能培训取证、升学备考加以统筹考虑，以确保实习效果。

（六）强化实习监管和问责

着眼实习全程、聚焦关键节点，针对以实习为名组织学生到企业“流水线”务工、赚取“人头费”、强制实习等进一步划出红线、明确行为准则。对跨省实习、实习保险等规定全面解读，保障实习安全。对于向学生违规收取实习实训费用，发现一起，查处一起。积极探索职业院校实习生参加工伤保险办法。加快发展职业院校学生实习实训责任保险和人身意外伤害保险。调研发现，目前的保险制度还是以学校保险为主，给实习学生上保险的企业仅占到15%。因此，在实习过程要中强化保险内容，将保险纳入日常管理之中。

(课题承担单位为天津海运职业学院,课题主持人为马志超,执笔人为庞加茂。课题组成员:庞加茂、徐燕铭、庄连勇、庄连勇、潘丽红、廉赢、刘华伟。)

第六十一章　职业院校留学生管理

职业教育国际化背景下，大力推进职业院校留学生教育，有利于促进职业教育资源的国际化流通与职教人才标准的全球性衔接，同时也对职业院校留学生管理提出了新的要求。

一、有关职业院校留学生管理的政策文本梳理

在关涉来华留学生管理的国家和地方政策文本方面，目前来华留学生的管理规则均依据《中华人民共和国教育法》《中华人民共和国高等教育法》和《中华人民共和国外国人入境出境管理法》制定。教育部指示出国留学基金管理国家委员会，负责外国学生的计划国家招生工作和管理方面的详细工作。从政策源头上看，1991 年颁布的《关于普通高等学校授予来华留学生我国学位试行办法》，是我国首次针对来华留学生学位制度出台的政策，对外国留学生学位授予的条件、标准和程序做出了详细的规定。2000 年《高等学校接受外国留学生管理规定》对外国留学生招生录取、管理体制、教学管理、校内管理、社会管理以及奖学金制度等具体事项做了全面规定，此后出台的《关于对中国政府奖学金本科来华留学生开展预科教育的通知》《教育部办公厅关于进一步做好外国留学生学历证书管理和电子注册工作的通知》《关于完善中国政府奖学金资助体系和提高资助标准的通知》等文件，对来华留学生教育的质量控制、预科教育、学籍注册、奖助体系等管理事宜进行了明确说明。从 2010 年的《留学中国计划》到 2018 年颁布的《来华留学生高等教育质量规范(试行)》，国家和地方政府先后出台一系列政策文件予以支持，包括职教留学生教育与管理，逐步由最初的重数量向重质量转变。以 2020 年教育部发布的《关于规范我高等学校接受国际学生有关工作的通知》为例，该文件规定："自 2021 年起，外国留学生申请作为国际学生进入我高等学校本专科阶段学习，除符合学校的其他报名资格外，还应持有有效的外国护照或国籍证明文件 4 年(含)以上，且最近 4 年(截至入学年度

的4月30日前)之内有在外国实际居住2年以上的记录(一年中实际在外国居住满9个月可按一年计算,以入境和出境签章为准)。”由此可见,国家教育行政机关对外国来华留学生的国籍身份、报考资格、报考流程等均做出十分具体的规定。

以上政策文本的大量出台与相应管理机构的设计表明,来华留学生教育政策和管理要求是逐渐丰富的,但此时出台的教育政策大多仅针对来华留学生教育的特定方面进行规定,在留学生管理特别是职业院校留学生管理方面仍缺少配套的规范与措施。

二、有关职业院校留学生管理的研究现状

由于职业教育国际化起步较晚,自国家“一带一路”倡议发起之后,专门针对职业教育领域关于来华留学生的研究成果才开始大幅增加。

在有关管理模式方面,黄华、马嵘在《“一带一路”沿线国家来华留学生趋同化管理面临的挑战及对策》一文中,认为当前的“留学生管理模式呈现出趋同化管理趋势,这对职业院校留学生管理模式的选择提出了挑战”;①在有关管理理念上,周岚、徐芳在《浙江省民办高职院校招收老挝留学生调研分析》一文中,运用访谈和问卷调查方式,从跨文化适应、控制班级规模、对留学新生做好学前教育和入学指导等维度,对浙江省的民办高等职业院校招收的老挝留学生进行调研并提出有针对性的对策,以此构建特定地区留学生管理模式。② 在有关管理平台,赵金坡在《来华留学生区域性分层教育与管理平台的构建》中提出了学位和非学位的留学生管理问题,从构建留学生管理平台的视角提出建议。③

以上关于留学生管理的研究多侧重政府监管、学校宏观管理、留学生招生、教育教学和日常管理工作,初步建立起留学生的管理框架,但对职业院校留学生管理的制度设计还不够,需要加以完善。

---

① 黄华,马嵘.“一带一路”沿线国家来华留学生趋同化管理面临的挑战及对策[J].教育与职业,2019,(22),91-97.

② 周岚,徐芳.浙江省民办高职院校招收老挝留学生调研分析[J].山东商业职业技术学院学报,2016,16(04).

③ 赵金坡.来华留学生区域性分层教育与管理平台的构建[J].高教探索,2011,(05),92-95.

三、新时期职业院校留学生管理中的问题与成因分析

(一)招生管理方面

目前高校办学质量评价体系中,留学生数量对高校国际化和影响力水平评价起到重要作用,这就容易带来某些包括高职院校在内的高校,为了扩大来校留学生数量,在招生管理方面存在把关不严的现象。问题包括:留学生招生的政策不够规范、招收生源的标准不严格、招生中介结构管理不规范等。特别是高职院校,由于来校学习职业技术技能的外国留学生相较于普通教育类型人数更少,更易造成高职院校在招收国际学生时门槛、招收方法单一;在招生政策解读层面的合规性、规范性不足,如招生表述不够清晰,对传达国家和学校的招生政策与规定不够细致等。

(二)资助管理方面

一是留学生资助政策缺乏可持续性,目前来华留学生的资助资金来自中国国家预算资金和地方预算资金,其中地方预算资金受到地方财政的影响较大,再加上日益增长的留学生规模,这种资助资金在管理上的不确定性显著增强;二是学校对留学生资助管理的日常监督规范性不够,有的学校急于通过大规模招收留学生扩大国际影响力,在留学生资助管理中甚至出现"倒贴钱"现象,但在完成招生后则对奖学金资助管理不再关注,没有形成规范的、可持续性的制度。

(三)培养管理方面

一是管理理念落后,体现在对留学生培养的长远思考不足,例如过于关注招生数量与影响力指标等因素,盲目扩大留学生规模而忽略了培养质量;二是懂双语的教学师资力量不足,对于职业院校而言,相当一部分来华留学生汉语基础较差,这就要求职业院校教师在课堂能够使用双语甚至多语开展教学,这也亟需职业院校在"双师型"教师队伍建设基础上,更加注重"双语型"师资队伍培养;三是实践培养和技能教学管理方面,与汉语和中国概况类文化培养的融合不够,因为职业院校必须将中华优秀传统文化和职业精神作为留学生人才培养方案和培养管理工作的一项重要内容。

(四)日常管理方面

一是有的学校在管理的"差异化"与"标准化"上有误区,或是无法做到采取

和中国学生一视同仁的严格管理政策，给留学生特殊的待遇，或是没有根据实际情况为基础知识较差的留学生提供个别指导，完全照搬普通学生进行教育管理；二是促进来华留学生的自我管理与自理水平动力不足，大多数国际学生来自生活方式、文化背景和宗教信仰不同的国家，须面临一个文化交融甚至冲击的过程，这就需要通过润物细无声的日常管理与留学生自我认知的提升，减少文化差异对留学生的日常教育和管理带来的不利影响，从提供充足合格的教学设施和资源、加强互联网等信息技术手段的沟通、促进来华留学生与社会的正面良性互动等方式，在留学生住宿、饮食、医疗、生活等方面按照中外学生平等一致的原则做好管理服务工作。

（五）应急管理方面

受新冠肺炎疫情影响，不少学校都未允许来华留学生前来报到，有的学校则存在一定规模的留学生滞留。一是目前尚缺乏针对性较强的留学生群体疫情防控政策文件，与留学生群体疫情防控关系较为密切的法律法规有《中华人民共和国出境入境管理法》《中华人民共和国传染病防治法》《中华人民共和国治安管理处罚法》等，在面临具体的来华留学生疫情防控问题时无法可依，影响了有关防控工作的科学规范；二是受语言、文化和风俗习惯等因素的影响，我国高校的疫情防控动态和防控措施一时难以准确有效传达给来华留学生，导致部分留学生缺乏对疫情的准确感知和判断。

（六）管理制度建设

一是具有职业院校办学特色和技术技能教育特征的留学生管理制度建设滞后，例如在推进“鲁班工坊”平台建设以及探索订单培养留学生项目过程中，相应的留学生管理制度多参照既有制度实施，缺乏相对专门和有针对性的管理制度规范；二是制度建设上对来华留学生教育管理和服务的信息化建设水平还不够高，不少制度内容仍限于人工转达，无法通过信息化方式使每位职教留学生及时知晓；三是来华职教留学生教育管理体制和工作机制没有形成符合职教特色，体现校企合作、产教融合的制度体系。

四、职业院校留学生管理的原则与要求

（一）招生管理的原则与要求

一是明确职业院校留学生招生标准。根据职业院校来华留学生人才培养目标和培养能力，合理规定留学生入学标准，这些标准主要包括学历背景、学识水平、语言能力、身份资格、经济能力等，做到标准的信息公开，整合招生资源。二是招生和录取方面，应当如实、准确、全面地发布招生相关信息，在招生宣传和咨询中坚持诚信原则，为外国学生的求学选择提供充分的信息支持。职业学校的招生和录取须遵循规范、公开、公平的原则，不得委托任何外部机构或个人代理。建立健全管理制度，规定合理的考试考核方式，招收和选拔有学业能力和发展潜力的来华留学生，保障和持续提高生源质量，以此承担维护教育公平的社会责任。三是疫情条件下，留学生招生办公室应创新宣传方式，探索线上招生渠道，依托“一带一路”相关教育平台和“鲁班工坊”向海外统一发送招生信息，介绍我国抗击疫情的积极行动与安全学习环境、学校所采取的有效防疫举措以及对来华留学生的深切关怀。

（二）资助管理的原则与要求

职业院校应持续规范来华留学生的资助政策体系，精准用好留学生奖学金政策，着力吸引与本地区保持国际友好城市的优秀学子来校留学，培养学成归国后的技术技能人才资源成为爱华亲华友华的中坚力量；通过设立企业奖学金的方式同学生签约，在培养方案中订制或嵌入企业文化课程和技术技能培训项目，搭建平台推动一批国内外职业院校、校企之间的双向合作，推荐选拔留学生来华进行专项的学历提升和技能培训，形成模式可复制的留学生人才技能订单培养项目。

（三）培养管理的原则与要求

职业院校应当安排充足、适用的汉语课程和中国概况类课程，有计划地组织来华留学生参加中国国情和文化体验等活动，建立健全来华留学生联谊团体管理制度，确保来华留学生联谊团体活动合法合规，同时与当地群团组织、社区等积极合作，有效传播和树立中华优秀传统文化和中国职教品牌；来华留学生的实践实训教学管理应当成为职业院校留学生管理中的突出内容，在满足专业要求

的同时,将留学生实习实训管理与其职业规划相结合,与“鲁班工坊”“一带一路”合作项目结合,适应国际化人才培养的需要;师资方面应有计划地以培训、交流等形式提升教师的外语水平和跨文化能力,提高师资队伍国际化水平;硬件软件设施使用方面,要确保中外学生按照平等一致的使用条件、管理制度和收费标准使用学校提供的教学设施和资源,鼓励和引导中外学生开展教学互助,逐步实现中外学生教学管理的趋同。

(四)日常管理的原则与要求

职业院校应当围绕职业教育高水平国际交流与合作目标,建立健全来华留学生日常管理和服务制度。一是确定定位合理、目标明确的来华留学生日常管理原则,并有运作良好的管理实施和控制体系,设置专门的来华留学生教育日常管理部门,实施归口管理,统筹协调全校留学生教育管理和服务工作。二是依照《学校招收和培养国际学生管理办法》建设面向来华留学生的辅导员队伍,制定辅导员岗位标准,确保辅导员配备比例不低于面向中国学生的辅导员配备比例,同时有计划地采取培训等措施,提高工作队伍的业务能力、外语水平和跨文化能力。三是加强疫情条件下来华留学生教育日常管理和服务的信息化建设,提升业务信息化水平,保障来华留学生教育的健康发展和持续改进,推进中外学生日常管理和服务的趋同化。

(五)应急管理的原则与要求

一是职业院校所制定的应急管理制度和应急预案体系,应适应涉外公共突发事件应急处置要求和来华留学生教育发展要求。要有计划地组织来华留学生参加应急培训和消防、自然灾害、公共卫生事件等应急演练活动,为留学生提供基本医疗服务和心理咨询服务,制定来华留学生在中国境内遭遇重大疾病、意外、突发事件等紧急情况的援助预案,并积极为救援行动和医疗救护提供协助。二是推进疫情期间来华留学生管理的制度化和规范化建设,完善疫情信息通报制度,发挥和落实疫情防控宣传落实相关院系、实践实训基地的主体责任,做到网格化管理,建立多方机构相互畅通的沟通渠道和完善的疫情信息通报机制,及时回应、及时反馈、及时通报来华留学生的相关信息。三是加强舆论引导,编写和发布外文的疫情进展和防控宣传手册,构建以有效防控疫情为主要目标的留学生事务管理体系,精确严谨部署各项管理事务,注重留学生的利益诉求,主动为留学生提供各项疫情防控服务。

（六）管理制度建设的原则与要求

一是职业院校应当建立来华留学生校友工作制度，推动来华留学生校友和学校共同发展。有计划地收集和维护来华留学生联系信息，积极运用互联网等信息技术手段联络来华留学生校友，推动来华留学生建立海外校友组织或加入现有校友组织；建立留学生校友联系机制，发挥校友作用，充分利用已经毕业的"一带一路"沿线国家留学生和在校就读留学生，建立畅通的交流平台，作为留学生工作宣传和沟通的纽带，充分发挥文化的传播功能，争取更多优质生源来华就读。二是依托企业和地方国际化职教园区平台，积极推动通过校际合作、学生交换、工坊实践、访问学习等方式接收来华留学生进行非学历教育的管理制度创新，按照规范要求实施考勤和考试考核等教学管理，如实提供课程成绩单、学习证明、学分学时说明等记录文件。用好"鲁班工坊"和职教国家级示范区等"国家名片"，整合不同层次和类别职业院校优势资源，与人才需求企业共同走出去，联合招生招聘，探索订单培养留学生项目，优化留学生人才培养方案。

（课题承担单位为天津市三方现代职业教育发展研究院，课题主持人和执笔人为李墨。）

第七部分

校企合作

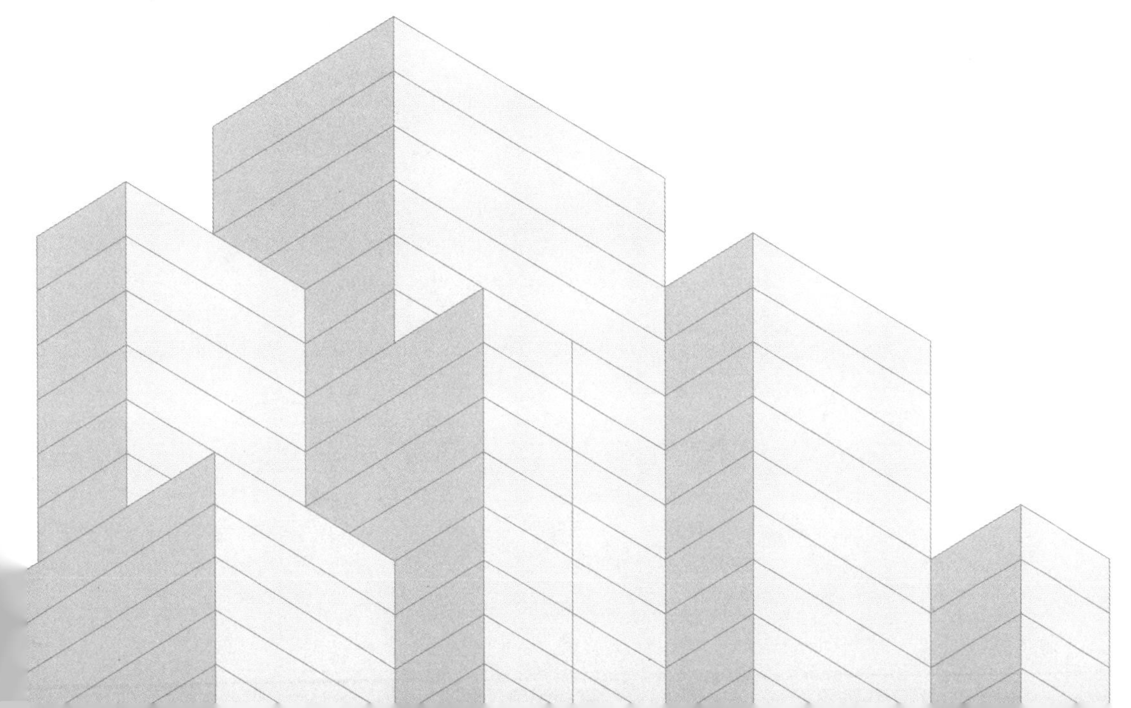

第六十二章　“1+X”证书制度推进策略

“1+X”证书制度作为《国家职业教育改革实施方案》的重要内容，是体现职业教育类型特征的重要制度设计，在创新职业教育人才培养与评价、深化职业教育改革等方面将会发挥重要作用。然而，证书试点在实施过程中存在的诸多问题，客观上制约了该制度推行的效果。为实现证书制度设计的目标，需要行政主管部门、培训评价组织和职业院校等各方主体在证书管理、开发与实施等方面发挥协同作用。

一、相关政策梳理和解读

关于职业教育与技能人才培养，习近平总书记曾多次发表重要论述。他在2014年和2021年先后作出重要指示，强调职业教育“肩负着培养多样化人才、传承技术技能、促进就业创业的重要职责”，以“培养数以亿计的高素质劳动者和技术技能人才”为根本任务，要“加快构建现代职业教育体系，培养更多高素质技术技能人才、能工巧匠、大国工匠”“各级党委和政府要加大制度创新、政策供给、投入力度，弘扬工匠精神，提高技术技能人才社会地位”。这些重要论述是职业教育发展的根本遵循，也为以证书制度为基础的职业教育改革指明了方向。

关于职业资格制度，国家曾先后出台一系列政策文件。1994年劳动部、人事部发布了《职业资格证书规定》，1995年发布了《职业资格证书制度暂行办法》。2013年国务院先后分七批取消了434项职业资格。在此基础上，2017年国家开始对国家职业资格证书实行清单式管理。职业资格制度实施的目的在于提升劳动者素质，并对就业实施准入。但由于职业资格过多、管理过乱，国家开始改革和完善技能人才评价，建立职业技能等级制度。

关于职业技能等级制度，国家先后出台了系列文件，逐步建立了与职业资格制度相衔接的制度体系。2019年国务院印发《国家职业教育改革实施方案》，明确提出“启动1+X证书制度试点工作”。随后国务院办公厅印发《职业技能提升行动方案(2019—2021年)》。人社部也发布《关于改革完善技能人才评价制度的意见》,提出“建立职业技能等级制度”的任务要求。2022年,人社部发布《关于健全完善新时代技能人才职业技能等级制度的意见(试行)》,提出“全面推行职业技能等级制度,健全技能岗位等级设置,完善职业标准体系”。

关于“1+X”证书制度,国家自2019年以来先后出台了一系列政策举措,逐步以试点的形式在职业院校推行。先后推出或发布了《关于在院校实施“学历证书+若干职业技能等级证书”制度试点方案》《关于扩大1+X证书制度试点规模有关事项的通知》《推进1+X证书制度试点工作的指导意见》《职业教育培训评价组织遴选与监督管理办法(试行)》等文件或通知,对于试点推进及具体工作做出了具体安排和指导。此外,在教育部等九部门印发的《职业教育提质培优行动计划(2020—2023年)》中又将“深入推进1+X证书制度试点”作为一项重要任务。天津市教委也将“1+X”证书制度试点作为深化职业教育改革的重要任务列入“创优赋能”建设项目。“1+X”证书制度实施的目的在于进一步深化职业教育改革,优化职业教育结构,创新人才培养和评价模式①,从而切实提升职业教育人才培养质量。

二、已有相关实践和研究成果综述

(一)“1+X”证书制度理论研究

从理论研究来看,自2019年国家启动1+X证书制度试点工作以来,很多专家学者分别从多个方面进行了研究,目前已形成一大批理论研究成果。主要涉及以下几个方面:一是教育科研论文。据不完全统计,截至2022年3月,以“1+X证书”为关键词进行搜索,仅在中国知网就有2653篇研究论文,其研究方向主要包括:宏观层面解析“1+X”制度运行及策略等方面的研究;职业院校“1+X”证书融入教学、试点建设等方面的研究;关于校企合作、模式转化、制度设计、教材开发等方面的研究;国内外职业培训制度等方面的研究;关于培训评价组织的证书开发等方面的研究等。二是学术会议资料及研究报告。教育行政主管部门、培训评价组织、各类学术团体还以专题研讨会、师资培训班等形式,组织专家学

---

① 彭小慧.国家职业教育改革背景下1+X证书制度实施的意义、难点与方略[J].教育与职业,2020(03):5-12.

者以“1+X”证书制度为核心内容,就政策解读与实施等进行学术研讨与交流,发布了很多重要的会议资料与研究报告。三是各培训评价组织依据证书内容组织专家、教师等开发了一系列适用的教材等。

(二)实践研究成果

从实践研究来看,随着“1+X”证书制度试点在全国范围内广泛推行,各方主体取得了一批实践研究成果。首先,行政主管部门出台了一系列文件和政策措施,成立了专门的组织机构,对试点工作形成了较大的推动作用。其次,培训评价组织积极参与证书开发。截至2021年底,已由306家培训评价组织开发447项1+X证书。再次,职业院校积极开展“1+X”证书教育教学改革研究,从专业对接来看,在高职院校789个专业中,有492个专业有对应的“1+X”证书试点,专业覆盖占比62%;从试点院校数量来看,全国1430余所高职院校中有1240所参与了“1+X”证书试点。① 其中,天津市有50所中、高职院校参与,2021年天津市试点学生规模达到41442人,占当年中、高职在校生比例的16.26%。②

三、“1+X”证书制度试点推进过程中存在的问题及对策建议

“1+X”证书制度试点推行过程中存在诸多困难与问题,需要行政主管部门、培训评价组织以及试点院校三方主体切实承担起管理、开发及实施的具体职责,在制度落地实施方面分工合作,发挥协同作用。

(一)开发高质量职业技能等级标准

职业技能等级标准是“1+X”证书制度实施的基础,设计是否科学合理,直接关系到获取“X”证书的人员是否能够适应职业岗位群的工作需要。从实际状况看,培训评价组织开发的证书标准存在良莠不齐的问题,这既影响了证书的效力和社会认可度,也影响了以证书为基础的人才培养模式改革的顺利进行。要解决这一问题,可从以下两个方面着手:

1. 多方主体共同开发

造成证书标准质量参差不齐的一个重要原因在于,当前标准开发多由某一

---

① 赖红,李钦,谭旭. 1+X证书制度实施的现状分析与改进建议——基于培训评价组织参与的视角[J]. 职业技术教育,2021,42(30):47-51.

② 天津市教育委员会. 天津市1+X试点院校“1+X工作报表”[R].(2021).

家企业承担,开发过程过度依赖企业自身资源和经验,使证书标准缺乏代表性和权威性。为此,政府主管部门应建立起多方参与的合作机制,并充分调动各方积极性,切实保障各方利益。这其中,行业协会作为政校企之间产学研合作的中介和桥梁,往往掌握人才需求及其变化情况,可由其牵头,政府、企业、院校等各方共同参与,充分研究并分析职业岗位能力构成,并依据职业能力成长规律进一步细化知识结构,设计实现的方法、手段、条件等,最终融合参与各方意见制定技能标准,使其既符合企业岗位人才需求,也符合院校专业教学实际。

2. 制订标准规范程序

造成标准开发质量不高的另一个原因是,不同培训评价组织开发标准的理念、思路、方法、程序不尽相同,开发的标准存在较大差异。同时,不同证书对试点院校在学生培训、考核认证等方面的组织过程、硬件条件等要求也各有不同,这也造成了试点院校在对接多个证书时困难重重、疲于应对。解决这一问题,需要行政主管部门在宏观上统筹规划好证书在标准开发、试点运行和反馈修缮等环节的要求。在明确各个环节利益相关者任务与职责的前提下,制定证书开发的质量标准,明确证书开发的程序以及组织实施过程。例如,可采取编制开发手册和技术规程的方式,详细规定标准的体例结构、开发工作流程、调研对象、调研内容、技术方法及验收标准等,同时对参与标准开发的专家的来源、资质、工作职责等做出更为明确的规定,确保标准开发与实施过程的科学性与严谨性。

(二)加大“1+X”证书推广力度

虽然已发布四批证书,且数量逐批次递增,但培训评价组织已充分感觉到,证书的推广也越来越困难,院校、学生对试点证书的认可度也呈现出较大差异,这必将影响制度的实施效果。要想解决这一问题,可从以下几个方面着手:

1. 提升证书效力

当前,在我国职业证书框架体系内,由于人社部门的职业资格证书、职业技能等级证书,与教育部门的“X”证书,存在某些重合问题,客观上造成了人们难以对不同证书进行有效区分,一定程度上影响了“X”证书的社会认可度。与此同时,由于证书制度还处于试点阶段,证书在技能人才选拔、聘用、考核及评价等方面还未切实发挥作用,对就业的促进作用也并不明显。调查数据显示,仅有

35.3%的学生认为自己在就业时企业对获取职业技能等级证书很重视。[①] 要解决这一问题,就需要首先从国家层面建立统一的职业证书框架体系,细化证书目录,对证书实施统筹管理,同时协调人社部门与教育部门联动开发职业标准与专业教学标准,使不同证书既相互衔接又能得到有效区分。其次,在证书效力方面,应由人社部门进行认定,使证书在技能人才就业、考核、评聘等方面发挥重要作用,切实提升证书效力。此外,还应加大宣传推广力度,利用多种媒体和渠道,以证书对接专业、对应职业的人员为受众进行广泛宣传,提升证书制度的社会认可度。

2. 加大财政支持

目前在证书试点推进过程中,院校积极性不高的主要原因,在于缺乏对试点建设、培训考核及相关教育教学改革等方面的资金支持,尤其一些工科试点专业,往往需要购入价值较高的设备,客观上限制了证书试点的推行。为此,各级政府部门作为政策制定者,有责任把握证书制度的发展大局,在政策及资金层面做好三个方面的安排:首先,为利益相关者参与证书制度提供必要的经费补贴,以经济手段刺激符合条件的组织或机构,尤其是行业协会和有影响力的社会企业参与培训评价组织的遴选;其次,鼓励高职院校挖掘校企合作的潜在资源,对参与合作企业实施政策倾斜,确保企业利益;最后,对试点院校和相应师资培训注入经费保障,并简化补贴申报手续等。

3. 强化项目牵引

目前在证书试点推进过程中,很多试点院校还只将其作为一个独立的任务,未充分发挥院校、专业群及相关项目建设对证书试点的牵引作用,这也是制约其推行效果的一个重要原因。为此,教育行政主管部门应首先将证书试点纳入教育规划,作为职业教育改革发展的重要任务。试点院校应充分发挥各类项目对证书试点的牵引和带动作用,在师资培训、考核站点建设等方面给予政策、资金、制度等各方面的保障等。其次,有关各方要对试点建设做好任务统筹,制定任务清单和时间表,并认真研究各项任务实现的方法、手段、措施、条件等。如学分银行体系作为一项重要任务,有关各方需着重研究并分析如何设计"学分互认"和"学分转换"规则,对学习效果如何进行测评,对学习成果如何进行认定等。

---

① 丁才成. 1+X 证书制度试点工作实施现状及提升策略——基于全国 31 个省(区、市)的调研[J]. 职业技术教育,2021,42(27):52-55.

4. 加强教师激励

在证书试点推进过程中，院校工作成效的关键在教师。然而，当前，普遍存在着教师参与试点工作及开展相关教育教学研究积极性不高的问题，原因主要在于当前很多试点院校缺乏对承担此项工作的教师形成有效的激励。这就需要试点院校建立相应的监督、考核、评价和激励机制，通过给予承担试点任务的教师在评优评先、职称评聘及奖励政策上的支持，鼓励教师积极参与此项工作和相关教育教学研究。在具体实施过程中，还可从试点专业出发，构建优势互补的项目团队，实施项目负责制，团队分工协作、共同研究，试点院校将此项工作纳入教师绩效考核，并对相关教育教学及研究成果实施奖励。

（三）拓展"1+X"证书试点专业领域

按照国家规划，证书试点首先"面向现代农业、先进制造业、现代服务业、战略性新兴产业等 20 个技能人才紧缺领域"①，如前所述，已发布的四批 447 个证书也切实符合这一规划。但是从证书结构来看，目前还存在与职业院校在校生专业结构、与国家"十四五"规划不相适应等方面的问题。如，在当前证书结构中，财经商贸大类等面向现代服务行业证书只占 12%②，所占比重明显偏少。要提升"1+X"证书制度的实施效果，深化复合型技术技能人才培养，使更多的院校、专业、学生有机会参与证书试点，政府主管部门还应在证书结构、总量等方面做好规划，既要充分研究国家整体发展规划，又应分析区域经济发展人才需要，同时还必须结合院校专业结构实际。在此基础上，逐步拓展试点专业领域，扩大证书覆盖范围，避免同类证书过度重复开发问题。

（四）加强监督管理和评估评价

证书试点推行过程中的监督管理、对有关各方的评价考核是确保证书制度实施效果的关键。然而，从目前情况来看，虽然国家出台了一系列文件及政策措施，省级教育行政主管部门也建立了专门的组织机构，却因缺乏统筹协调、具体指导以及有效监督等，不利于问题的发现与解决，使证书试点的实施效果无法得

① 教育部、国家发展改革委、财政部、市场监管总局. 关于在院校实施"学历证书+若干职业技能等级证书"制度试点方案[R].（2019-04-16）.

② 赖红，李钦，谭旭. 1+X 证书制度实施的现状分析与改进建议——基于培训评价组织参与的视角[J]. 职业技术教育，2021，42（30）：47-51.

到有效检验。要解决这一问题,可从以下两个方面着手:

1. 强化监督评价

造成证书制度监督评价不到位的一个重要原因是行政主管部门权责不清,且各类证书涉及专业领域较多,尚未建立起考核评价的指标体系。《推进1+X证书制度试点工作的指导意见》这一文件明确规定要对证书试点"严格监督管理",要"建立健全监督机制",对培训评价组织及试点院校"建立退出机制"。这就需要进一步明确"谁来监督、如何评价、怎样退出"等方面的问题。为此,首先应从国家层面建立相应的监督体系、评价标准和奖惩制度,建立起职业技能等级证书的遴选和淘汰的动态管理机制。其次,应建立起"1+X"证书专门行政管理机构,并赋予其对证书试点各项工作进行监督管理与考核评价的权力与责任。此外,还应按专业目录对证书实施分类管理,委托第三方机构对有关各方证书试点的工作成效进行考核评价,评价结果作为证书遴选与退出的依据,也作为激励各方积极参与的重要手段。

2. 加强体制创新

一方面,要加强体制机制创新,行政主管部门要建立起证书试点专业教育教学质量检查的体制机制,并采取行之有效的手段和措施对证书试点专业课程教学改革、师资队伍建设、人才培养质量等进行检查。另一方面,要加大内生动力培育,深刻把握证书制度在人才培养方面的内在逻辑,以证书试点为导向,倒逼试点专业实施"三教"改革。如在师资培养方面,院校可依托于所服务的行业企业,为教师搭建实践平台,提升教师职业技能;在教材改革方面,可在"X"证书与课程教学内容整合的基础上,积极开发新型活页式教材;在教法改革方面,可从"X"证书职业能力养成规律出发,将教学内容转化为工作任务,实现问题导向、能力导向、行动导向等多元教学方法的改革创新。此外,还应逐步推进证书国际化接轨,即逐步建立全球标准认证,与国际组织在职业技能标准与学分等方面形成互认,逐步扩大证书在国际范围内的认可度和影响力。

(五)协同推进适应"互联网+"的"1+X"证书制度

证书制度的推行,必须依赖于政府主管部门、培训评价组织和职业院校三方协同配合,充分利用信息技术优势,借助移动互联网、云计算、大数据、物联网等先进技术,提升证书开发质量与实施效果。为此,政府主管部门应借助上述先进技术,对证书制度推行情况进行实时数据采集与分析,对培训评价组织、院校与学生进行动态管控;培训评价组织在证书开发过程中,借助上述先进技术,了解产业、行业、职业发展趋势,及时掌握职业岗位人才需求变化,动态调整职业技能等级标准;职业院校应将上述先进技术引入证书组织实施和人才培养过程,逐步改革人才培养模式,探索“书证融通”路径,在将专业教学标准与“X”职业技能等级标准对标分析的基础上,调整培养目标、修正培养规格、重构课程体系、整合教学内容,实现专业与岗位对接、课程内容与职业标准对接,教学过程与生产过程对接,提高技能人才培养的适应性。

(课题承担单位为天津渤海职业技术学院,课题主持人和执笔人为曹永平。课题组成员:曹永平、李方文、徐文、边俊杰、王秋洋、常志远、焦洋、董月、兰天宇、刘春梅。)

第六十三章 信息技术应用创新产业学院建设

信息技术应用创新和产业学院以及二者的结合，是当前我国特别是我市职业教育改革发展中的一个重要课题。本研究通关政策与实践成果，以信创产业学院概念厘定为逻辑起点，对其建设意义、建设方法及运行机制等方面进行探讨并形成一条可操作的建设途径，为今后信创产业学院建设和规范发展提供借鉴案例。

一、信创产业和信创产业学院建设相关政策文本的梳理和解读

2019 年我国正式提出发展信创新产业，构建国产化信息技术软硬件底层架构体系和全周期生态体系，实现信息技术领域自主安全可控。2020 年全面推广以来，国内与信创相关的政策呈阶梯式增长，据不完全统计，截至 2022 年上半年，国家层面出台近百份相关政策，如 2020 年《关于扩大战略性新兴产业投资培育壮大新增长点增长极的指导意见》指出，要加快新一代信息技术产业提质增效；2021 年国家“十四五”规划和 2035 年远景目标纲要明确聚焦新一代信息技术等战略性新兴产业，这些政策为信创产业发展提供了顶层设计。在省级地方政府层面，天津市、广东省等地出台与信创相关的政策最多，如 2020 年《天津市科技创新三年行动计划》提出编制信创产业“十四五”规划，加强信创领域创新学科建设。进入 2022 年，多地政府发布信创专项资金奖励政策。在这些政策指引下，信创产业在各地落地生根，逐步形成规模不断扩大的产业生态，而且必将成为“十四五”期间拉动我国经济增长的重要抓手。

现代产业学院是我国职业教育在探索产教融合内涵及实施过程中逐渐创新形成的一种新型办学机制，是实现产教深度融合的重要载体。近年来，我国陆续颁布多项政策支持现代产业学院建设发展：2017 年《国务院办公厅关于深化产

教融合的若干意见》(以下简称产教融合意见)提出,鼓励企业依托或联合职业学校、高等学校设立产业学院;2019 年《国家职业教育改革实施方案》及“双高计划”建设计划明确提出促进产教融合,形成校企命运共同体,吸引企业联合建设产业学院和企业工作室等;2020 年《现代产业学院建设指南(试行)》(以下简称指南)提出以区域产业发展急需为牵引建设一批现代产业学院;2021 年《关于推动现代职业教育高质量发展的意见》提出,推动校企共建共管产业学院、企业学院,延伸职业学校办学空间。上述政策出台为建设现代产业学院给出了“顶层设计”。全国各省市自 2018 年起陆续出台一系列相关政策文件:2018 年天津市《关于深化产教融合的实施方案》鼓励有条件的职业院校探索推进股份制、混合所有制改革,允许企业以资本、技术、管理等要素依法参与办学并享有相应权利;2020 年山东省《关于推进职业院校混合所有制办学的指导意见(试行)》支持政府、学校与企业等社会力量实现混合所有制办学,推动形成多元办学格局;2021 年印发的《教育部天津市人民政府关于深化产教城融合打造新时代职业教育创新发展标杆的意见》(以下简称“部市标杆”)提出,建设 2 至 3 个信息技术应用创新产业学院对接国家自主创新源头和自主创新能力策源地建设需求。

通过对近年我国颁布的相关重要政策的梳理,可以看出自 2017 年起现代产业学院建设逐步作为职业教育校企深度融合、服务地区产业、提升育人水平、体现特色化办学的重要组成部分。职业教育结合当地信创产业布局特点,产教融合建设信创产业学院是助力信创产业发展的重要模式,也将成为我国职业教育进一步实现现代化、体系化发展的重要基石。

二、信创产业学院建设相关实践和研究成果综述

通过对目前互联网中关于信创产业学院建设的公开资料及中国知网中相关研究文献进行梳理分析,据不完全统计,我国高校中直接命名为信创产业学院的样本数量较少,职业院校中主要有武汉职业技术学院、柳州职业技术学院等少数院校建设了信创产业学院。同时,据山东商业职业技术学院对 12 个省市 71 个产业学院的调研结果,其中 61 个依托区域优势产业,其余 10 个依托新一代信息技术等国家重点发展产业,[①]上述有关信创产业学院的实践研究成果可以为本研究所借鉴。

---

① 张志东,王华新,陈琳. 高职院校产业学院的现状、问题及发展建议[J]. 中国职业技术教育,2021(34):77-81.

产业学院概念源自英国的产业大学，英国、新加坡等国的产业大学各具特色，但这些产业大学主要目的是为促进学习者终身学习，办学主体主要为企业，学习成员通常为企业员工，与我国职业教育主旨有所不同。

我国职业教育领域产业学院最早出现于2007年，但其后发展相对缓慢。随着2017年《产教融合意见》及至2020年《指南》印发，国内产业学院进入快速发展时期。通过对知网自2007年至2022年6月期间的学术期刊以“产业学院”为主题进行检索，共计有1225篇论文，其中2007年至2017年间共有171篇，年均发文不足20篇，研究内容主要以先行探索为主；2019年开始年发文量超过100篇，2021年更是超过400篇，研究主体更为丰富，研究对象更为具体，内容深入解决实践中遇到的诸如人才培养落地实施、打造校企命运共同体和混合所有制改革等诸多实际问题，检索数据符合研究文献数量与研究主题热度、问题聚焦度成正比的基本规律。

在产业学院建设实践与探索领域，大连东软信息学院和天津市大学软件学院虽都未定位于产业学院，但两所学院的实践特色经验对信创产业学院的建设研究具有较高的借鉴价值。大连东软信息学院是国内第一所由软件企业和软件园创办的高校，形成了举办者、企业、合作伙伴及大连高新区的协同育人生态系统；天津市大学软件学院由政校企共建，企业化运作，秉承“教学与产业相融，学校与企业互动”办学理念，通过建立高校与企业两个联盟，形成“多企业、多高校、多层次”互动融合的人才培养新机制，实现产业链、技术链、学科链和人才链的有效对接。

职业院校在产业学院建设研究与实践过程中，在建设类型与模式、机制探索等方面积累了丰富的经验。如柳州职业技术学院借鉴了天津职教文化传统的“五业联动”机制与地方经济发展特色相融合，构建出政校行企多元协同“共建、共管、共享”的产教深度融合机制体系，实现专业和产业间跨界融合，打造出国内知名的柳州螺蛳粉产业学院等多个产业学院[①]；天津轻工职业技术学院通过与行业内龙头企业、行业协会深度融合建立模具产业学院，既是具有混合所有制性质的办学实体，又是模具产业链的组成部分，实现社会多元主体办学、协同治理，形成行业引领、企业主导、学校组织实施、权责对等的校企命运共同体[②]；天

① 秦杰.“五业联动”多元协同产教深度融合新机制探索与实践——以柳州职业技术学院产业学院建设为例[J].现代职业教育，2022(13):4-6.

② 苏越，周树银，杨国星，李扬.基于产教融合的模具产业学院建设探索与实践[J].模具制造，2021，21(03):86-88.

津电子信息职业技术学院与华为及天津鲲鹏生态中心共建的津电—鲲鹏产业学院由各投资主体共同组建学院董事会作为最高决策机构，建立市场化运作规制的运行机制、与企业管理接轨的人事管理制度、市场化原则社会服务机制，探索创新出校企深度融合共建产业学院范式。

综合各项实践研究成果，现代产业学院建设积累的实践经验对信创产业学院建设具有极大借鉴价值，同时作为现代产业学院的重要分支，信创产业学院建设也会面临功能定位不清晰、同质化建设无法突出自身特色、利益结合点不明确、运营机制落后造成多元办学活力不足等现代产业学院建设中出现的共性难点问题。解决好这些问题，才能真正成为满足当地信创产业发展需求的多层次技能型人才"蓄水池"。

三、信创产业学院建设的思路与途径

信创产业作为我国战略发展新兴高端产业，具有技术创新度深、产业关联度广、高素质人才需求度高、技能水平跨度大，兼具知识技术密集、资金密集和劳动密集等特征，因而信创产业学院建设过程中应具有院校高起点、产教高融合、企业高层次和四链高衔接等与之相匹配的特色。

（一）信创产业学院建设的思路

1. 信创产业学院的概念界定

依据《指南》中现代产业学院建设原则，综合前述政策文件与实践成果，可将信创产业学院的概念界定为：在政策引导下，由院校、行业、企业等社会多元主体依据自身类型特征，以服务信创产业需求为导向，以"共建、共享、共管"为准则合作建设，政府协同管理，多元育人，实行市场化运作的集教育培训、技术创新、生产服务与科学研究于一体的开放性、创新型产教融合跨界式办学机构。信创产业学院将院校为代表的教育链、人才链与行业企业为代表的产业链有机融合，相互衔接，推动创新链升级，正与具有天津职教典型特色的"五业联动"创新发展理念相对应。

2. 信创产业学院运作机制与共建内容

信创产业学院建设主体具有多元化的特点，以传统的二级学院的路径方式进行建设在管理组织、运作机制等方面会存在较大障碍，而保障信创产业学院长期平稳运行的基础是利益均衡，因而建设各方主体要坚持党的领导，以长远服务国家发展战略和区域信创产业发展为视角,规划设置满足混合所有制的现代化组织架构和治理体系,明晰界定各主体的权责利,建立利益均衡、共建共享、协同育人、文化融合等市场化运行服务机制,完善内部监督评价机制及激励与退出制度,聚焦信创产业链发展的新技术、新工艺、新业态,构建高效的"产学研用创"校企协同育人体系,共建内容可以依据《指南》中提出的创新人才培养模式、提升专业建设质量、开发校企合作课程、打造实习实训基地、建设高水平教师队伍、搭建产学研服务平台和完善管理体制机制等7项任务,以信创产业学院为平台,实现人才共育、资源共享、优势互补,实现"量"到"质"的转变,培养高素质技术技能人才和大国工匠。

(二)信创产业学院服务区域经济发展建设方案建议

据观研天下数据,到2025年,我国信创领域市场规模将达1.3万亿,信创领域各类专业技术人才中长期需求达千万量级。以天津市为例,建设"中国信创谷"全力打造信创产业高地是"十四五"时期重点任务,麒麟、飞腾等大批信创龙头企业聚集,拥有核心技术领跑全国,产业链布局完整、聚集度高,形成产业联盟。据天津日报报道,仅麒麟公司2022年人才队伍规模将达到2000人,"信创谷"信创产业人才缺口较大;作为国家现代职业教育改革创新示范区,天津职业教育形成了独具特色的产教融合经验理念并成功推广到国际职教领域,面对信创产业链发展需求,天津职业院校拥有与之对接的优势特色专业群,具备探索建设信创产业学院的特色路径的实力,同时依托2021年《部市标杆》的政策支持,信创产业学院建设也将在全国起到标杆作用。下面结合津电—鲲鹏产业学院建设成果,给出信创产业学院服务区域经济发展的建设方案建议。

1. 根植区域优势产业,参与各方积极聚焦信创产业发展

信创产业学院建设不能盲目跟风,学院对接服务的信创产业应作为所在区域重点发展的优势产业,校企融合深度研判区域产业现状、发展趋势及学院优势专业群与信创产业之间的联系,用好用活产业政策,从而保障为产业发展提供大量高素质人才资源,赋能引领区域其他产业转型升级,积极促进区域经济发展。

天津电子信息职业技术学院以软件技术高水平专业群建设为龙头牵引,辐射带动校内计算机网络、信息安全等8个电子信息大类专业而形成了涵盖基础硬件、软件系统、"信创+"服务3大核心链条,信息安全一大保障及北斗军民融合一大特色的"津电"信创专业布局,紧密对接天津市"1+3+4"智能科技主导产业,聚焦区域信创产业发展的人才和技术需求形成专业群建设与产业发展谱系

图,与行业发展同频共振,构筑起信创产业人才培养高地,服务辐射京津冀地区信创企业,累计为信创产业输送人才近3000人,高端人才占比25%,支撑区域经济社会发展能力显著增强。

2. 明确对接产业链条层级,遴选合作对象确立模式与建设内容

信创产业学院建设专业链和人才链的层级关系要与产业链、技术链层级关系对应,信创产业链人才需求可分为研究型、工程应用型和技能型三个不同层次,能力素质要求差别较大,因此要结合层级实际合理遴选合作伙伴,这也与近期人力资源社会保障部《关于健全完善新时代技能人才职业技能等级制度的意见(试行)》相适配。信创产业学院建议先期可采用“1+1+N”模式,待理顺管理体制机制后,结合产业发展逐渐过渡到“N+N”模式。在“1+1+N”模式中行业协会和龙头企业是二者选一还是两者共同参与,可以依据区域实际确定,通常行业协会在中小微企业中具有较强的引导力和协调力;龙头企业具有技术与资源引领力,人才供给渠道相对丰富,因此不建议在合作企业集群中占比过高,应侧重人才供给渠道相对较窄且人才需求量大的中小微企业,“N+N”模式则没有上述限制。

天津电子信息职业技术学院结合优势专业群特色及人才培养层次,联合华为、长城等信创企业及相关院校等一百余家单位,牵头成立天津职业教育信创产教联盟,与天津高新区共同打造鲲鹏创新人才联合培养基地,共建津电—鲲鹏产业学院打造校企命运共同体,培养高度契合信创产业发展需求的高素质技术技能型人才。

鲲鹏产业学院成立以来,坚持校企协同育人,遵循“以岗定课,以赛促课,以证验课”逻辑关系,推动“岗课赛证”融通,基于职业能力成长规律构建“微专业”课程体系,实现对产业发展带动发展岗位需求变化的快速响应,有力支撑天津信创产业升级迭代。多元参与探索打造多个集“校企合作、师资培养、实践育人和技术服务”功能于一体的跨专业教学与技术服务系列特色团队“数字工匠工坊”,与华为、麒麟等多家领军企业签约,实现师资队伍互聘流动与学生高质量就业,累计6名专任教师被华为、新华三等龙头企业聘为技术专家,23名专任教师服务京津冀11家中小微企业,2019年至2021年工坊总计培养学员113人,进入华为等领军企业及其行业伙伴企业的学员比例超过60%。“数字赋能、快速迭代、跨界融合、自立自强”为特征的高质量发展,形成科技成果转化20余项,累计获得专利21项、软件著作授权8项,为企业实现经济效益超3000万元。其中师生团队为助力天津市小微企业数字化转型而共同开发的“智云”小微企业数

字化智能生产管理解决方案，累计为近百家中小微企业提供服务，在天津市双创比赛中斩获市赛金奖，人才培养对接服务天津市津南区首批国家产教融合试点城市核心区企业60余家，用人单位满意度达99.9%。

3.创新市场化制度机制，推进信创产业学院健康发展

借鉴津电—鲲鹏产业学院建设经验，信创产业学院可由各投资主体共同组建董事会作为最高决策机构，下设行使监督权的监事会和行使管理权的理事会两大二级机构，建立董事会领导下的产业学院院长负责制，通过搭建决策、执行和监督相互制约的现代法人治理结构，破除行政管理的干预，建立起独立决策、执行到位、有效监督的完善现代化治理体系；建立与企业管理接轨的人事管理制度与动态化职称评聘制度，促进学院教师与企业技术人员合理有序流动；建立学费动态调整机制，以市场需求为导向"明码标价"设置课程，信息全面公开，让各方都清楚投入的每一分资源所产生的收益，真正形成以产业学院为载体的利益共同体；以市场化原则向行业企业提供专业服务，增强产业学院"造血"能力、充实办学资金资源；鼓励教师以知识产权、管理和技术等要素入股产业学院，教师依法取得的技术服务、科技成果转化奖励等不纳入绩效工资和单位工资总额基数，提高产业学院各方活力和水平；建立预警和保障机制，提前预判运行问题及矛盾并给出应急解决方案，保障信创产业学院长期健康发展。

（课题承担单位为天津电子信息职业技术学院，课题主持人为高江，执笔人为高江、闫明、任雁汇。课题组成员：崔宝才、张文、闫明、孙健、钱国梁、张晶、任雁汇、于洋、王喜妹、刘远哲、刘磊、胡涛涛、张晓博。）

第六十四章 校企共建共管产业学院的政策与实践

产业学院作为深化产教融合、校企合作的重要形式,正在全面加快推进。本课题在对学者关于产业学院建设相关研究进行整理和分析的基础上,提出校企共建共管产业学院需进一步加强实践研究,以根植产业、服务产业、以人为本,协同育人、创新发展为思路和原则;在分析典型案例的基础上,提出产业学院建设的具体路径建议。

一、相关政策文本的梳理和解读

2014 年教育部等七部门印发《现代职业教育体系建设规划(2014—2022 年)》,首次提出“鼓励企业和公办职业院校合作举办混合所有制性质的二级学院”。这里虽然没有提这个二级学院是产业学院,但为后来开展混合所有制产业学院建设打下了政策基础。2020 年教育部办公厅、工业和信息化部办公厅印发的《现代产业学院建设指南(试行)》提出了为培养适应和引领现代产业发展的高素质应用型、复合型、创新型人才,决定在特色鲜明、与产业紧密联系的高校建设若干与地方政府、行业企业等多主体共建共管共享的现代产业学院。这是在国家层面正式提出了“现代产业学院”的概念。2021 年教育部办公厅、工业和信息化部办公厅公布了首批 50 个现代产业学院名单,标志着现代产业学院建设进入了一个新的发展阶段。

在国家政策推动下,全国各地在职业教育领域掀起了股份制或混合所有制办学探索热潮。河北省、山东省在全国职业教育混合所有制改革的实践探索中,率先推出具有操作性、规范性的《职业院校股份制混合所有制办学试点方案》和《关于推进职业院校混合所有制办学的指导意见(试行)》,开创了我国职业教育混合所有制办学具体政策制定的先河。2021 年出台的《教育部天津市人民政府关于深化产教城融合打造新时代职业教育创新发展标杆的意见》指出:“探索社会力量与职业学校通过股份制、混合所有制改革举办实体性的二级学院、产业学院和企业大学。”

当前在职业教育改革创新工作中，推动混合所有制办学在行动方向上是肯定的，但具体实施政策还严重缺失。在校企合作和产教融合办学的大视域下，“权责对等”是核心问题，而企业与学校的“权利”根据是利益，而利益分配又离不开资产关系。因此，国家出台一揽子具体实施政策尤为迫切。

二、已有相关研究和实践成果综述

陈小中、程建伟等分析了产业学院的科学治理、评价机制、数据平台等方面的问题以提升产业学院发展水平①；王艳，李宇红等总结了产业学院的诸多特征及“1+1”模式、“1+N”模式、“1+1+N”模式和“N+N”等模式②。张志东，王华新，陈琳等人对高职院校外部治理环境，社会适应性等内容做了研究，分析现存问题并提出了产业学院治理策略③；还有一些论文对全国高职院校产业学院的建设与运营管理基本状况进行调查分析。

由于我国现行法律尚不能解释混合所有制办学中的关键问题，导致高职院校大都是在探索中试行，但“大试”还是“小试”“表面试”还是“实体试”，诸多高职院校长存在不同程度的顾虑。由此，从另一个侧面证明了研究工作的不足。在中国知网检索相关关键词，检索到核心论文 233 篇，且大多缺乏对这一问题进行深入研究并得出具有权威性的结论。总的看，探究性研究和号召引领性的领导讲话较多，实践类研究和成果较少。目前的研究仅限于应然性的理论探讨，对职业院校产业学院的研究还缺乏来自多方面的实践支撑，无法全面满足当下我国高职院校全面推动并强力实施共建共管产业学院改革的要求。

---

① 陈小中. 高职现代产业学院的内涵逻辑、运行掣肘与发展路径[J]. 教育与职业，2022(12)：28-35.

② 王艳，李宇红. 高职院校产业学院办学模式类型研究[J]. 教育与职业，2022(04)：101-105.

③ 张志东，王华新，陈琳. 高职院校产业学院的现状、问题及发展建议[J]. 中国职业技术教育，2021(34)：77-81.

三、校企共建共管产业学院的相关问题及思考

(一)产业学院的界定

产业学院是由多元主体构成的二级学院,在学校党委领导下,实行科学合理的治理,做到行业引领、企业主导、学校组织实施、权责对等、运行顺畅。产业学院一般是非营利性、非法人办学单位,着力推动产教融合,立足于职业教育办学体制机制的创新,逐渐实行社会多元主体办学,构建命运共同体。产业学院的建设目标是使产教融合和校企合作更加紧密、信息更加畅通、权责更加清晰、运行更加合理、管理更加科学。

(二)校企共建共管产业学院建设理念

以立德树人为根本任务,以学生发展为中心,突破传统路径依赖,充分发挥产业优势,发挥企业重要教育主体作用,深化产教融合,建强优势特色专业,完善人才培养协同机制,造就大批产业需要的高素质应用型、复合型、创新型人才,为提高产业竞争力和汇聚发展新动能提供人才支持和智力支撑。产业学院核心在共建,要创新共建模式和共管机制,实现互利共赢。以校企共建为基础、以校企共管为机制、以互利共赢为目标。

(三)校企共建共管产业学院建设模式

目前产业学院建设模式主要有以下几种类型:校政合作模式,即学校与各级政府机构合作共建产业学院模式;校企合作模式,即学校与企业合作共建产业学院,这种模式是现代产业学院构建中较为普遍的一种模式;校政企合作模式,即学校与政府包括产业管理部门、企业合作共建产业学院模式;校行企合作模式,即学校根据专业群对接行业发展趋势,由学校与行业协会或职教集团以及企业联合共建产业学院的模式;校政研企合作模式,即学校与产业研究院、当地政府或行业主管部门以及行业龙头企业合作共建产业学院的模式;校企行校合作模式,即牵头高校与行业协会、若干龙头企业以及其他高校等合作共建共享的模式。

(四)校企共建共管产业学院建设存在的问题

第一,在国家政策推动下,尽管学术界对产业学院改革的呼声很高,实践领

域的成果和案例亦不少见，但改革步伐是在探索、徘徊、观望和质疑声中缓慢前行。深究其原因，主要是政府政策供给的不足。作为支持职业教育体制机制改革落地实施的具体政策，是其政策框架体系中最为重要、最具挑战性的政策类型。因此，加快推进职业教育产业学院办学具体政策的出台是重要推手。

第二，国家管理职业院校的体制机制改革是首先要攻克的“桥头堡”。其问题有三，一是国家急需制定具有强制性的条例，固化如“类型教育、高地建设、两个体系、弹性学制”的重大问题；二是国家和地方非教育管理部门必须对职业教育实施跨界管理，而不能“占住山头”其他不管；三是教育和人社分别管理职业教育的不正常状态应该改变，要“拆墙、整合、归一”。

（五）主要建议

1. 建立健全机制保障，充分释放办学活力

产业学院是学校的二级学院。在学校党委领导下，产业学院的组织管理体系是理事会领导下的院长负责制，建立利益相关各方“资产共投、人才共育、过程共管、成果共享、责任共担”的紧密型校企合作长效机制体系。产业学院运行应根据学院理事会确定的产业学院定位、战略发展规划和行动计划，始终坚持党的政治领导，坚持以立德树人为核心，紧紧围绕产教融合和校企合作办学的宗旨与目标，坚持服务产业发展，坚持学校主导、行业引领，坚持体现企业重要办学主体地位，坚持实施行、企、校多元主体下的科学治理。

例如，新疆交通职业技术学院于 2017 年与乌鲁木齐市傲立电梯有限公司，共同创办了该地区第一所以电梯教育教学为主的混合所有制二级学院——傲立电梯学院。在学院成立之始，校企签订了关于混合所有制办学的章程，明确了企业以技术、部分师资以及设备资金入股 49%，该院校以投入二级学院的办学场所、专业师资、教育教学管理等入股 51%，股权实行动态调整机制，旨在更好地适应市场的发展。章程同时规定了校企双方在人才培养方案的制定、日常教育教学管理、招生就业工作等方面的深度合作的规定，要求企业相关专业人员须全程参与此过程。在利益方面，按照市场化运行规则，按照绩效进行分配，按能力分配岗位。人员能进能出、职位可升可降、薪酬高低浮动，形成了校企命运共同体意识，逐步实现了校企资源共享、人才师资共用、课程建设共参、教学过程同施。

2. 多方利益契合，共创人才培养模式

校企共同制定人才培养方案，突出人才培养为产业服务，行、企、校共同办学

和优质教学资源共享的优势，将优秀产业文化融入立德树人的教学过程。产业学院各专业人文素养课由学校教务处统筹安排，各专业可根据合作企业要求组建“冠名班”，实施现代学徒制教学模式。产业学院根据不同企业“冠名班”的特点制定各具特色的人才培养方案，使学生能够在不同时间与空间下完成工学结合和工学交替的教学过程，产业学院各专业实行“1+X”证书制度和弹性学分制。

例如，贵州省磷煤化工集团在2010年就与贵阳职业技术学院合作，创办全省第一个产教融合型、具有混合所有制性质的产业学院。该产业学院的订单班（冠名班）的人才培养方案完全是校企双方共同制定，原则上是根据产业学院章程，充分考虑企业用人需要，并根据企业相关职业岗位和能力要求共创人才培养模式。在保证省教育厅规定的基础课前提下，职业类课程完全体现企业的生产过程和职业岗位能力要求，职业教育链与产业链对接；在全部课程教学中融入了企业优秀文化，将贵州省传统磷煤化工的产业优势作为课程思政元素。该产业学院运行至今已近十一年，培养学生近三千人，企业平均录用率超过90%，企业与学生满意率均达到95%以上。

3. 融合双方优质资源，重构课程体系

产业学院按照实施现代学徒制教学模式的要求，理论和实践教学内容要做到相互融合和支撑。专业课程应根据最新的行业标准，按照企业实际工作过程、工作场景和“1+X”制度要求进行项目化、模块化课程设计，编制课程标准。理论教学采取混合式教学模式，由学校教师担任主讲教师；实践教学采取“师带徒、徒跟师”教学模式，由企业教师按照岗位能力需求及其递进关系负责技能训练教学，鼓励学校教师积极参与教学过程，逐渐做到实践教学“一课双师”。

例如，2017年9月，浙江省机电技师学院与浙江省义乌工业园区签订协议，成为国内混合所有制办学在中职教育中的首例。学校创新办学模式，与园区内三十余家企业开展紧密合作，广泛实施了订单培养和现代学徒制。“大订单”固化了学校与园区、专业与企业的融合，人才培养与区内企业需求精准对接，课程设置与职业岗位需求对接、课程内容与职业标准对接、教学过程与生产过程对接、毕业证书与资格证书对接、职业教育与终身教育对接。学校各“冠名班”共建教师团队、共用优质资源、共享专业与课程建设成果，构建了跨界、融合的大专业群，做到基础课学校跨班统一开设，实训设施统一使用，校、园、企共建一支结构化教师团队、一个生产性实训基地、一套网络视频公开课、一个信息光电教学资源库、一套教学评价指标体系。

4. 实施教师多元配置机制

职业院校体制机制改革必须构建结构性教师团队,在择优聘任编制内专任教师的基础上,大比例聘用企业优秀技师。有的省明确规定“可从编制总额中拿出不低于20%编制聘用兼职教师,面向企业、行业聘用技术技能型人才,由同级财政购买服务”。利用园区或联盟优势组建“一体化”教师引进绿色通道,选拔高级专业技术职称和高级技师职业资格且有3年以上企业相应岗位工作经历的人员,可以参照高层次人才引进方式进行聘用。

(课题承担单位为天津轻工职业技术学院,课题主持人和执笔人为马俊红。课题组成员:王璐、姚嵩、白洁、刘建伟、李悦、张益、曹晔、冯楠、杜光辉、刘楠、常世平。)

第六十五章　基于命运共同体的校企共建共管产业学院

产教融合、校企合作是职业教育的基本办学模式和显著特征，而产业学院作为校企合作的一种新形式和新形态，对于推动产教深度融合具有重要的意义。本研究在梳理近几年国家及地区颁发的有关产业学院的政策文本和总结产业学院理论研究成果的基础上，从校企命运共同体构建的视角提出相应的建议和对策，为产业学院建设提供参考。

一、有关校企共建共管产业学院政策文本的梳理

从2013年开始，党中央、国务院及其办公室先后印发了《关于全面深化改革若干重大问题的决定》《关于加快发展现代职业教育的决定》《关于深化人才发展体制机制改革的意见》《关于深化产教融合的若干意见》《现代职业教育体系建设规划（2014—2020年）》《国家职业教育改革实施方案》《中国教育现代化2035》《关于推动现代职业教育高质量发展的意见》等政策文件，为校企共建共管产业学院提供了明确的发展导向。

2020年教育部办公厅、工业和信息化部办公厅印发的《现代产业学院建设指南（试行）》，明确提出"决定在特色鲜明、与产业紧密联系的高校建设若干与地方政府、行业企业等多主体共建共管共享的现代产业学院"，从落实建设路径和模式上明确了校企共建共管产业学院的方向。2021年印发的《教育部　天津市政府关于深化产教城融合打造新时代职业教育创新发展标杆的意见》强调："探索社会力量与职业学校通过股份制、混合所有制改革举办实体性的二级学院、产业学院和企业大学。"这就从落实任务上对产业学院的建设和发展提出了明确的要求。

产业学院近年来日益成为职业教育改革发展的重要抓手。由于产业学院是一个新生事物，各方面均在探索之中，本研究拟从校企共同构建命运共同体的角

度，对校企共建共管产业学院加以探讨。

二、有关校企共建共管产业学院的研究和实践成果综述

已有相关理论研究主要涉及产业学院的内涵建设、运行保障机制及育人模式等。蒋新革等从产业转型升级带来的人才培养要求变化角度，强调了新型产业学院是深化职业教育人才培养供给侧结构性改革的重要举措，能够有效地服务产业发展。① 胡文龙等认为产教融合背景下高职院校产业学院发展应明晰产业学院定位，明确混合制办学的复杂性特征，均衡各方利益关系、强化产业学院的协同功能、构建健全的组织机制等，提升产业学院治理的整体性和协同性。② 王静萍等认为产业学院建设需要充分发挥政、行、企、校多主体效能、多方协同发展与创新。③ 雷明镜、张华等针对产业学院人才培养过程中出现的人才需求认知、教学内容与方法、参与主体动力不足等资源分散和运行机制不成熟的问题，提出了构建协同型聚集模式、“政产学研用”多元协同“共建、共管、共享”人才培养机制。④

对于校企命运共同体视域下校企合作的研究，主要有梁玉国、赵立艳等从命运共同体内涵建设探究，提出产教融合命运共同体是多方主体基于一定的价值认同与理念共识，将共同利益与未来愿景联结而成的生命有机体，而产业学院是最优的载体。⑤ 赵国琴等从构建命运共同体视角切入，分析当前高职院校产教融合的困境，提出多角度、多维度打造校企产教融合共同体。⑥

近年来，国内产业学院建设成果明显。其中江苏省建设的职业院校产业学院不仅数量较大，而且在政府部门推动下，从专业建设、课程内容、教学实践、人才培养评价及师资建设等维度出发，多方协同，凝练出多方合作办学模式和多元

---

① 蒋新革. 新时代高职产教融合路径的探索与实践[J]. 职教论坛，2020(01)：123-127.

② 胡文龙. 论产业学院组织制度创新的逻辑：三链融合的视角[J]. 高等工程教育研究，2018(03)：13-17.

③ 王静萍，夏焘. “政行校企园”多主体协同作用下产教融合创新模式构建[J]. 创新创业理论研究与实践，2020，3(15)：133-135.

④ 雷明镜，张华，武卫东，盛健. “政产学研用”多元协同育人机制探索——以上海理工大学制冷空调产业学院(含山)为例[J]. 高等工程教育研究，2020(06)：81-85.

⑤ 梁玉国，赵立艳，李秋华. 产业学院：产教融合命运共同体的实践路径[J]. 煤炭高等教育，2021，39(05)：19-24.

⑥ 赵国琴. 命运共同体视角下高职院校产教融合建设的逻辑及路径[J]. 机械职业教育，2022(02)：26-31+41.

融合性专业群发展模式[①],他们的建设经验值得借鉴。至2021年江西省共建成17所产业学院,其中大部分由政府、高职院校、民营企业或外资企业共同参与举办,混合所有性质产业学院成为江西省高职产业学院的主流趋势。[②] 通过查询2022年天津市高等职业教育质量年报,共发现12所高职院校在其质量年报中提及产业学院,在建的职业学院产业学院数量不少于12所。

产业学院经过多年的建设和创新发展已取得了显著的成效,但是仍存在一些问题亟待解决。第一,多元主体协同共建共管产业学院决定了其治理体系和治理结构的复杂性,目前理事会模式已成为大部分产业学院的首选项,但是在实际运行中趋于形式化,使得部分产业学院形成以学校主导、企业为辅的治理体系,导致监管缺乏、效率低下等问题。第二,学院具有教育公益属性,而企业更多强调市场经营属性,使得产业学院在运行过程中存在属性方面和价值观领域的冲突,制约多方主体协同发展,严重影响产业学院的运行效能。第三,产业学院主体内驱力不足,一方面产业学院建设和发展周期长,前期投入成本高,短期内无法快速获利,并且当下各地区政府配套的政策鼓励和资金奖励体系尚未完善,严重影响企业参与办学的主动性;另一方面"双师型"教师激励考核机制、技术协同创新平台建设等的缺失,致使产业学院在技术服务、科技创新、成果转化等方面缺乏动力和渠道,降低了"自我造血"功能。这些问题都严重制约着产业学院的健康发展和可持续发展。

三、命运共同体视角下校企共建共管产业学院的发展路径

校企命运共同体是参照人类命运共同体理念,适应职业教育快速发展和社会经济转型升级需求,在职业院校与行业企业之间结成的相互依赖、相互影响、相互协助的关系框架。[③] 在新时代条件下,校企命运共同体是一种愿景目标一致、利益共享、文化融合的交叉融合体,从这个角度探讨产业学院的共建共管问题,可能是一个新的思路。

---

① 李巨银,赵婧婧,李鑫,桂文龙,刘明生,张健.产教融合视域下的江苏省重点产业学院:群像特征与发展启示[J].职业技术教育,2021,42(30):20-25.

② 王姣姣,柯政彦.产教融合视域下高职产业学院建设的现状、经验与展望——基于江西省17个产业学院的分析[J].职教论坛,2021,37(06):129-134.

③ 赵晓芳.职业教育校企命运共同体:理论逻辑、内涵特征与行动路径[J].职业技术教育,2021,42(25):69-74.

(一)加强顶层设计,构建利益共同体

产业学院是产教深度融合的新形态、新形式、新组织,由院校、企业等多个独立并互相密切关联的主体协同构建的有机共同体,其目标是培养符合区域经济发展的高技能人才。职业院校和企业不仅是产业学院建设的重要主体,也是主要的受益者,应互相认同,形成共同的价值取向。针对当下校企合作“学校热、企业冷”的现象,应完善政策体系,明确各方主体的职责和义务,激活市场动力,为构建利益共同体提供基础。

2019 年印发的《国家职业教育改革实施方案》,从国家财政方面建立了对产教融合型企业的组合式激励,对参与职业教育符合条件的企业给予资金、税收等支持。在 2022 年新修订的《中华人民共和国职业教育法》中有明确规定,“企业设立具备生产与教学功能的产教融合实习实训基地所发生的费用,可以参照职业学校享受相应的用地、公用事业费等优惠”。从宏观层面,政府以法律法规的形式在财政资源方面已对企业参与职业教育办学给予了政策上的支持;从微观层面,地方政府应充分发挥职能作用,根据社会经济发展特点,针对不同区域、不同行业、不同产业合理制定不同的区域产业型激励政策,将优惠政策和专项资金奖励落到实处。同时为校企合作建立信息资源共享平台,降低校企合作成本,为校企共建共管产业学院提供良好的机制环境。

(二)密切对接区域产业,构建实践共同体

产业学院作为实施人才培养供给侧结构性改革的重要方式,是在各主体共同努力下,将教育链、产业链与资金链有效衔接的办学模式。与学校普通教育相比较,产业学院更加注重人才培养的针对性及适应性,注重培养学生的职业综合能力,在课程内容、教学实践设计方面向实践能力培养倾斜,改变以理论知识为主线的培养模式,将企业要素有机融入教学中,实现人才培养供给侧与产业需求侧紧密对接,打造服务区域经济发展和产业升级并“留得住、用得上”的人才培养体系。

1. 坚持立德树人,注重人才质量

构建政府、行业、企业、学院等多方主体协作、优势互补、资源整合、开放共享的协同育人体系。共同育人是产业学院建设与发展的根本目的,因此校企共建的产业学院必须坚持立德树人根本任务,以契合区域产业发展人才需求为导向,培养符合“当地离不开、行业都认可”的高素质技术技能人才。

2. 面向产业链建设高水平专业(群)

专业群的建设为产业学院提供了教学资源保障,产业学院的建设为高水平专业群的建设提供了良好的环境机制。在区域产业及人才需求调研的基础上,以国家战略、区域产业链的发展方向为导向,以国家级或省级特色专业为骨干,围绕支柱产业、战略新兴产业和未来产业,合理规划专业群发展,建立可持续发展机制,持续优化专业构成,实现专业群与区域产业协同发展。以高水平专业群为依托与区域内高端企业共建共管产业学院,推动专业链、产业链与人才链的有机融合。

3. 深化学徒制培养,推进产业学院多层次培养形式

全面推行中国特色现代学徒制的培养方式,促进教学过程与生产过程对接、人才培养与产业需求融合。坚持产业发展需求为本,根据区域产业布局及特色,结合学校专业群特点及教育资源,由政府、园区或行业组织等第三方协调制定实施不同的产业学院共建形式。

(1)"1+1+1"模式。"1+1+1"模式主要由区域优质或特色高端企业根据自身产业发展对未来人才的需求,在政府或园区、行业组织的支持下与区域内具有与企业产业链衔接密切相关专业(群)的某一所院校合作共建共管的产业学院培养形式。人才培养过程中以企业冠名,全面推行现代学徒制培养,校企共同制定人才培养方案,共同开发课程和评价体系,共同建设实训基地,完成学分互换。

(2)"N+1+1"模式。"N+1+1"模式是由区域优质或特色高端企业根据自身产业发展对未来人才的需求,在政府或园区、行业组织的支持下与区域内具有与企业产业链衔接密切相关专业的多个院校联合共建的产业学院培养形式。在这种模式中,采取分段式培养策略:第一学年学生在所属学校进行理论知识学习;第二学年进入产业学院进行实践能力提升学习,课程体系由多方主体协同建设,以专业为划分的依据,打破了学校界限;第三学年进入企业顶岗实习。

4. 共建共管共育"双师"团队,强化师资力量

产业学院更加倾向于学生实践能力的培养,对教师实践教学能力要求较高,因此基于人才培养需求,校企双方协同发力、持续蓄力,共建共育共享师资队伍。第一,双师型教师培育实践中通过机制建设和特色举措,构建监督机制、激励机制及考核评价制度,激发产业学院师资队伍的活力,为高技能人才培养奠定雄厚的师资基础;第二,通过互通互融、外引内培、混编互聘等方式,实现师资队伍校企双向交流;通过打造"技能大师工作室""名师工作室",吸引海河工匠、企业能

工巧匠融入产业学院建设中；第三，企业内部通过设置“常态奖励”或“专项奖励”等方式，提升高技能人才参与校企合作的积极性。

（三）创新体制机制，构建治理共同体

高职院校产业学院建设虽然取得了一定成效，但作为产教融合的新形态、新模式，体制机制建设仍然存在不足，严重制约产业学院的发展。构建治理共同体，规范产业学院管理制度，明晰产权和各方权责，构建动态协调机制，由校企双方协商校企合作内容和方式，实现校企共治、融合共生。

1. 健全政策制度支持

由政府主导形成政、园、企、校多元主体共建共管的产业学院的形式，通过制定法律法规或标准确定产业学院的法人属性，明确法人地位，避免出现产权不清晰、运行不通畅等障碍因素；赋予产业学院运行管理自主权，产业学院可以根据产业、专业特色和主体特点等，实行“一院一制”。

2. 构建多元保障体系

产业学院的组建通过多方主体的结合，高效整合各方资源，达到产教深度融合，从而产生规模效益和范围效益，最大限度提高人才培养质量和效益。多元保障体系是产业学院发展的基石，保障各主体在产业学院框架内共同发展，实现利益共享。完善保障政策，探索推行负面清单制度，建立容错机制，提升各主体参与的风险保障。

（四）校企文化交融，构建文化共同体

当前产业学院建设中校园文化和企业文化之间严重脱节，促进校园文化和企业文化的融合，构建校企文化共同体对于人才培养目标的实现至关重要。校园文化与企业文化是两种不同的组织文化，两者之间必然存在着差异。校园文化是一种教育文化，更加注重精神环境和文化氛围；企业文化是一种生产经营文化，注重企业精神和管理理念。产业学院学生具有双重身份，既是校园学生又是企业员工，同时具备校园文化和企业文化，因此校企命运共同体视角下的文化融合需利用校企双重文化厚植文化育人基因。一方面，在专业教学和实习实训过程中渗透企业文化，将企业管理规定、安全教育、工匠精神等融入教育资源中，将企业文化嫁接入校园文化，使学生潜移默化中养成安全操作、质量意识、工作责任心等，实现校园和企业无缝对接；另一方面，校企协同开展文化活动，建立爱国

主义宣传教育阵地,开展劳动教育和角色模拟体验活动,加强岗位认知,提升岗位适应能力,培养学生爱国情怀和职业素养。

(课题承担单位为天津工业职业学院,课题主持人为李梅红,执笔人为刘旭。课题组成员:孔维军、谢金涛、赵辉、李蕊、章建新、吝永红、乔旭。)

第六十六章　基于混合所有制的校企共建共管产业学院

本研究以混合所有制产业学院为例，探讨校企共建共管产业学院的相关问题。以课题组所在学校与山东栋梁科技设备有限公司共建栋梁产业学院为例的思路为基础，指出混合所有制校企共建共管产业学院中相关理论与实践问题，并提出解决思路。

一、相关政策文本的梳理和解读

随着产教融合的不断深入，产业学院、企业学院、职教集团、产学研联盟和协同创新中心等各种产教融合平台应运而生。关于产业学院的直接文件，当属2020年教育部办公厅、工业和信息化部办公厅印发的《现代产业学院建设指南（试行）》，该文件提出了为培养适应和引领现代产业发展的高素质应用型、复合型、创新型人才，决定在特色鲜明、与产业紧密联系的高校建设若干与地方政府、行业企业等多主体共建共管共享的现代产业学院。这里提出了“多主体共建共管共享”和“现代产业学院”两个概念。2021年中办、国办印发的《关于推动现代职业教育高质量发展的意见》更加明确指出：“推动校企共建共管产业学院、企业学院，延伸职业学校办学空间。”这里单就职业学校的产教融合校企合作而提产业学院，而且只讲“校企共建共管”。这正是本研究所要深入探讨的问题。

产业学院是继校中厂、订单培养、职教集团、现代学徒制等之后职业教育产教融合的新组织形态，对创新校企合作办学机制意义深远。2021年底，教育部办公厅、工业和信息化部办公厅公布了首批50个现代产业学院名单，标志着现代产业学院建设进入了一个新的发展阶段。

现代产业学院是将教育与产业二者契合为一个整体，是政府、学校、行业、企业等多元主体在教育教学方面的全面融合，是以专业或专业群为纽带，为区域内特定产业服务，集人才培养、研发、培训和社会服务等功能为一体的新型办学模式。这里的多元主体有多种组合方式。本研究主要探讨多元主体之间按混合所有制形式共建共管产业学院问题。

二、已有相关实践和研究成果综述

关于产业学院的概念，国内学界还未形成统一认知，有人将其定义为新型办学机构，也有人将其定义为新型产教融合共同体、多元主体教育平台等。张志东等人的调研结果显示：30%被调研者认为这是一种产学研一体化的校企联合体；20%被调研者认为产业学院是人才培养与社会服务的综合平台；22%被调研者将其作为一种校企联合办学模式；另有约28%被调研者将其视为新型教育实体或者办学机构。[①] 这些定义代表着不同的视角，传递的信息是被调研者对产业学院的定位、功能等方面的理解存在较大差异，也预示了产业学院运营管理方面的差异。《现代产业学院建设指南（试行）》作为官方文件，未对产业学院进行明确界定，但提出要以打造多功能的“示范性人才培养实体”作为产业学院建设的主要目标，其中的“实体”二字如何落实，才是问题的关键。

不同角度对产业学院的定义不同，造成产业学院的类别划分有不同标准。从联合共建队伍成员即办院主体来看，可以划分为七类，高校与行业龙头企业联合共建的“校—企”型产业学院；高校与行业协会（或职教集团等）联合共建的“校—行”型产业学院；高校与地方政府（或政府部门）联合共建的“校—政”型产业学院；高校与行业协会（或职教集团等）、行业龙头企业联合共建的“校—行—企”型产业学院；高校与地方政府（或政府部门）、行业龙头企业联合共建的“校—政—企”型产业学院；高校与地方政府（或政府部门）、行业协会（或职教集团等）联合共建的“校—政—行”型产业学院以及高校与地方政府（或政府部门）、行业协会（或职教集团等）、行业龙头企业等联合共建的“校—政—行—企”型产业学院。[②] 上述类型基本涵盖了现实中的产业学院类别，其中比例较高的是由高校与行业龙头企业联合共建的“校—企”型产业学院。

目前产业学院存在最大的问题，是没有形成实体运行模式。“校—企”型产业学院大多数以院校为主体运营，院校投入场地、设备设施、师资、学生智力资源等方式，进行产业学院管理。同样因为运营管理主体是学校，地点大多建设在校

---

① 张志东，王华新，陈琳．高职院校产业学院的现状、问题及发展建议［J］．中国职业技术教育，2021（34）：77-81．

② 刘国买，何谐，李宁，梁俊平．基于“三元融合”培养应用型人才：新型产业学院的建设路径［J］．高等工程教育研究，2019（01）：62-66+98．

园内，远离产业主体，造成产业参与度有限，企业参与积极性一般。另一类则是企业投入设备设施，将产业学院建设在校园内，但只是作为企业培训、科研和生产基地，并没有实现深度参与院校人才培养，无法体现人才培养实体作用。

此外，作为一种新兴的产教融合载体，产业学院的管理也存在一定问题，比如缺乏专职管理人员，或主要专职管理人员来源于学校或企业一方，行业企业参与度低，校企深度融合不够。更为实质性的问题是：产业学院的法律主体界定；公办院校举办产业学院其收入归属和价值投入及产权界定问题；企业参与产业学院建设在土地、财政、金融、税收等方面的政策倾斜；产业学院认定、运营质量评价标准问题、治理模式等。这些都是制约产业学院发展的问题，需要认证研究，明确解决思路。

三、构建混合所有制产业学院路径探索①

（一）构建校企合作命运共同体

1. 确立校企深度融合共建育人共同体意识

作为联合育人主体，职业院校和合作企业均应深刻认识到产业学院对各自发展的意义，实现教育链与产业链有效对接，进而切实为区域产业发展提供技术技能人才支撑。一方面通过完善课程体系和教学方法提升学生专业知识和能力水平，另一方面以实际生产项目为标准，利用生产过程中的各个环节开发实践类课程，提升学生的实践动手能力。企业充分尊重人才培养规律，理解人才培养的复杂性和长期性，考虑可持续性，认识到技术技能人才能力素质结构越完善，其岗位适应能力越强，越能为企业创造更大价值。同时，职业院校充分认识到构建育人共同体必须有企业的参与，从师资联合培养、专业共建、资源共享、产学研相互转换等方面深度融合，切实达到人才培养效率和质量的双提升，彰显产业学院的办学活力。

2. 明晰产权归属和股权分配结构

混合所有制产业学院健康运行和发展的前提是明晰产权归属和股权分配结构。混合所有制产业学院股权分配结构很复杂，这需要各主办方进行磋商谈判，构建涵盖国有资本、集体资本及其他资本在内的产权结构，并辅以合理的制度设

① 周桂瑾，俞林，吴兆明，饶成明. 职业院校混合所有制产业学院发展需求、现实困境与建设路径[J]. 中国职业技术教育，2022(07)：88-91.

计。这需要政府强化制度建设和政策供给,对职业教育混合所有制办学产权归属予以立法或出台政策,从根本上解决体制机制问题;同时构建职业教育产权交易机构和市场,保障职业教育产权流转畅通。首先,要建立企业资本入股职业教育的准入资质审核制度,确保优质资本进入职业教育市场。其次,要搭建方便快捷的职业教育产业交易流程,减少职业教育产权交易障碍,保障职业院校产权优化重组和流转。此外,还要构建合理的产权退出机制,并确保这种退出不影响职业院校办学秩序。

3. 搭建多元共治的治理模式和体系

各办学主体都应切实理解产业学院的办学目的、主体性质等问题,探索出一条能够彰显校企合作办学的治理路径,构建多元主体参与的共治治理架构。各主体之间建立协调沟通、相互协商的制度,并采取民主集中的原则,在重大办学决策问题上,政府、学校、企业等充分发表观点,表达自身的权益需求,并成立由企业和学校组成的董事会作为决策机构,在教育行政主管部门指导下开展工作;同时设立理事会,履行相应的管理职责;理事会由董事会聘任,全面负责产业学院的具体日常运行。

4. 构建彰显市场化运作的运行机制

混合所有制产业学院既具有公益性属性,也具有营利性属性,合作各方的动机无论是实现自身可持续发展,还是为社会培养更高质量的技能型人才,都需要紧跟市场和企业需求,构建市场化运作的运行机制。一方面,根据实际生产环节中生产线操作对人才技能的需求,构建课程体系,从课程设置、课程内容安排、授课方法等方面进行体系化改革,力争使学生通过课程学习达到岗位操作的技术技能水平;另一方面,构建与企业管理相接轨的人力资源管理制度,企业人员定期进入学院授课,学院教师强化绩效考核,积极鼓励教师参与产业学院教学、校企项目开发、科研成果转化等,特别要强化培养教师的社会服务能力,切实为企业解决技术难题,让社会服务成为联结学校与企业的重要环节。

5. 建立能够释放办学活力的收益分配方案

产业学院健康稳定运行,需要建立一套能够促进办学活力释放的收益分配机制,其中,对办学收益是否可以分配、如何分配等问题,政府部门能以相关法律、制度的形式加以确认。产业学院在运行过程中可采取民办非企业形式进行收益分配,即产业学院在运行过程获得的全部收益纳入学院发展建设基金。鼓励学院教师对企业开展技术服务、员工培训、决策咨询等,产业学院的教职员工除享受国家规定的薪酬及绩效分配外，还能享受由于参与企业社会服务活动而带来的额外收益，激发教职员工的积极性。在运行过程中，企业作为社会力量参与办学，投入生产用的设备、原材料、企业师资；学校作为国有资本，投入场地、生源、校内师资，两种资本产生的营利状态，根据双方协议明确其分配比例。

（二）优化专业治理体系①

1. 创新培养模式

高职院校产业学院作为实施人才培养供给侧结构改革的重要方式，是在合作各方共同努力下，将人才培养标准和企业生产标准、岗位群标准全面对接的办学模式。产业学院的人才培养模式要从传统的以知识为主线的培养模式转向以能力为主线的培养模式，多措并举，通过分层分类、特色培养、工学交替、技能认定等各种方式，充分实现以学生为中心，有机融合生产要素和教学要素，以产业学院整体规划构建支持区域经济社会发展和产业升级的人才培养模式与人才培养体系。

2. 建设专业标准

高职院校产业学院建设往往与专业（群）建设紧密结合，因此要建设产业学院专业建设新标准，实现专业内涵的有效增值。依据国家职业标准和产业学院人才培养目标，从专业定位与特色、人才培养模式、师资队伍、课程与资源、实践教学、技能竞赛、科研服务、国际交流、质量保障等多个维度，持续深化专业内涵建设，不断增强产业学院专业的影响力，提升高质量人才的培养能力。

3. 完善课程体系

高职院校产业学院要打破常规，深入分析专业（群）人才培养面向的岗位群典型工作任务和岗位群核心能力，对接岗位群人才培养需求，引入企业先进的生产技术标准和真实生产项目，开展模块化、项目式、工单式等教学改革，科学构建提升学生基础能力、综合能力、专业能力、核心能力、创新能力“五级能力”递进的模块化课程新体系，立足技术技能人才能力培养，不断强化学生的职业胜任力和可持续发展能力，满足产业升级和经济社会快速发展对人才的需求。

4. 建设实践基地

以企业运营中使用的典型零件为产品，秉承“协同发展、创新共享”的理念，

---

① 林徐润. 高职院校产业学院内涵建设探析[J]. 教育与职业，2022(05)：51-55.

建设适应产业转型升级和创新发展需求的、具有区域特色的、集实践教学和科技研发于一体的实习基地、实训基地、研发平台、生产基地等实践新基地，打造高职院校技术技能人才培养和科技研发创新的实践高地，有力促进区域经济社会和产业创新发展。

5. 加强双师培养

高职院校产业学院的师资队伍建设要打破专业限制，建设专兼结合的结构化教师教学创新团队，有效支撑产业学院模块化、项目化和工单式等教学改革。产业学院可通过“柔性引进”方式聘请产业教授，通过“名师学者”等培育工程引培高端人才，通过校企“互聘共育”等方式组建共享师资团队。同时，校企各方共同研制师资队伍培养、聘用和激励机制，共同制订多元多渠道的教师培训方案，建立学校骨干教师和企业科研能手、能工巧匠互聘兼职或定期交流制度。

6. 完善评价机制

考核评价主要针对人才培养、实训教学、实训基地运营等情况。通过确定考核因素、考核比重、绩效考核实施等步骤实施，主要考核战略吻合度、资源共享度、过程融合度、成果认可度、社会贡献度、协同创新度六个方面，各因素的考核权重根据产业学院在运行和建设的不同阶段做适当调整。

(三)搭建产学研服务平台

“教育、产业、科研”是产业学院的三大要素，需要建立相应的组织、制度、平台以促进各资源之间的流动与共融，以提升产业学校服务产业的能力。契合区域经济产业环境，对接产业设置专业，完成“专业链”与“产业链”的啮合，建立以企业化组织为框架的研发体系。企业产品研发涉及多环节、多部门，需建立严格的研发流程和规范，可在企业组织框架基础上，建立系统、严谨、完整的研发体系，紧密连接教学、实训、实习、就业。发挥不同形式平台的作用，对优质的教育教学资源、企业优势资源进行整合，共享校企师资力量，面向社会提供技术服务、开展技术技能培训，联合开展职业技能等级证书培训及认证工作等。

（课题承担单位为天津城市建设管理职业技术学院，课题主持人为刘春光，执笔人为张冰。课题组成员：张冰、赵渤、魏楠、张弛、党天伟、杜鹏、邹小雨。）

第六十七章　高职院校"1+1+N"产业学院建设

本研究在梳理相关文件精神和综述已有研究成果的基础上，对产业学院进行基本分析，并以课题组所在学校与智能制造龙头企业深化合作而构建的"1+1+N"〔即1个学校，1个行(产)业龙头企业，N个产业链关联企业〕产业学院为例，探讨产业学院的运行和发展问题。

一、有关产业学院建设的相关政策梳理

2017年《国务院办公厅关于深化产教融合的若干意见》提出"鼓励企业依托或联合职业学校、高等学校设立产业学院"。这是国家文件首提"产业学院"建设要求。

2020年教育部办公厅、工信部办公厅印发《现代产业学院建设指南》，首次提出"现代产业学院"概念，指出"在特色鲜明、与产业紧密联系的高校建设若干与地方政府、行业企业等多主体共建共管共享的现代产业学院"，并从创新人才培养模式、打造实习实训基地、完善管理体制机制等方面提出了产业学院建设的内容。

2021年《教育部　天津市人民政府关于深化产教城融合打造新时代职业教育创新发展标杆的意见》指出："探索社会力量与职业学校通过股份制、混合所有制改革举办实体性的二级学院、产业学院和企业大学。"

2021年中办、国办印发的《关于推动现代职业教育高质量发展的意见》指出："推动校企共建共管产业学院、企业学院，延伸职业学校办学空间。"

以产业学院建设为载体完善产教融合办学体制，已成为国家职业教育改革的重大课题。上述这些政策举措，将有力推动产业学院的建设，充分发挥企业教育主体作用。

二、高职院校"1+1+N"产业学院建设相关研究与实践综述

近年来,产业学院建设受到学者们的深入研究并在高校广泛开展实践,取得了一定成果。从知网搜出400多篇有关产业学院文章,主要集中在建设模式、运行机制、人才培养模式等方面的探讨。从产业学院实际建设模式上,出现了"1+1、1+N、N+N"模式等多种类型产业学院。搜索发现,"1+N"产业学院的研究只有1篇论文,关于"1+1+N"产业学院的研究论文目前尚没有。

发达国家自20世纪70年起就强调产业、学校、政府之间合作办学,产业大学得到快速发展,出现了英国全民终身教育模式、德国双元制培养模式、日本产学结合模式、美国合作教育等,充分发挥了企业在职业教育中的作用。

目前国内产业学院建设仍处于初步探索阶段,相关法律制度还是粗线条式的宏观号召,实施细则有待于在实践中不断摸索和探讨。

三、高职院校"1+1+N"产业学院建设案例分析

(一)"1+1+N"产业学院内涵的理论研究

产业学院作为产教融合的新载体,于2006年首次被时任浙江经济职业学院党委书记俞步松提出,浙江经济职业学院与浙江物产集团在2006年创建的物流产业学院和汽车后服务连锁产业学院即是我国职业教育产业学院的源头。随着2020年《现代产业学院建设指南》印发,职业院校产业学院纷纷挂牌,对产业学院的研究已成热点。

文献显示,关于产业学院的定义目前国内学者尚未达成统一共识,以下界定如校企产教融合联合体、校企联合办学模式、校企人才培养和社会服务的综合平台等提法均占据一定比例。张志东等将产业学院定义为:以支持区域产业发展需求为宗旨,以复合型、高素质技术技能人才培养为核心,整合校、企、行、政等多元投资者资源,融"产、学、研、创、培、服"等功能于一体的新型产教融合载体。这一定义从产业学院的建设目标、运营管理模式、功能等多个方面对产业学院的内涵做出了明确界定。本研究提出的"1+1+N"模式产业学院是从产业学院联合共建者组合的维度对产业学院类型的细分,参照上述产业学院的定义,可将"1+1+N"模式产业学院定义为:以支持区域产业集群发展需求为宗旨,以复合型、高素质技术技能人才培养为核心,学校、行(产)业龙头企业和N个关联企业以契约为纽带,整合共享教育资源,基于良性互动的运行保障机制,形成的融

"产、学、研、训、培"等功能于一体的新型产教融合载体。

（二）"1+1+N"产业学院与其他产业学院的异同

大多数产业学院为"1+1"模式,即1个学校,1个企业。校企共建产业学院,学院提供生源及教师团队,企业提供实训设备及场地、企业技术专家等,校企在人才培养、培训基地、教学团队、课程资源等方面合作。本研究提出的"1+1+N"模式,第1个"1"为本课题组所在学校——天津滨海职业学院,第2个"1"为天津中石化四公司,校企共建产业学院,共建职业教育教师企业实践基地,打造结构化创新团队,开发智能制造岗位群课程资源,共同建立职工培训基地,构建智能制造产教协同育人平台;后面加入的"N"即吸纳区域周边重钢机械、华威科技、海油工程、保税区职业技能实训中心、芯愿景等N家产业链关联企业与产业学院联动办学,为企业量身定制培养人才,一企一策地制定合作方案,学院供给侧和企业需求侧精准对接。产业学院与N家企业紧密合作,产业学院是办学主体,强化学生的专业基础能力培养,推动实训基地建设,教学团队建设等,但不涵盖所有办学过程。N家合作企业是产业学院的有力补充,在第二、三学年参与订单班、新型学徒制、岗位实习、员工培训、技术服务、课程开发等,打破了单一途径的校企合作方式,让N家企业都能从平台找到合作切入点,实现了多维度产教融合校企合作,解决企业全过程、深层次参与意愿低的问题。(如图67-1)

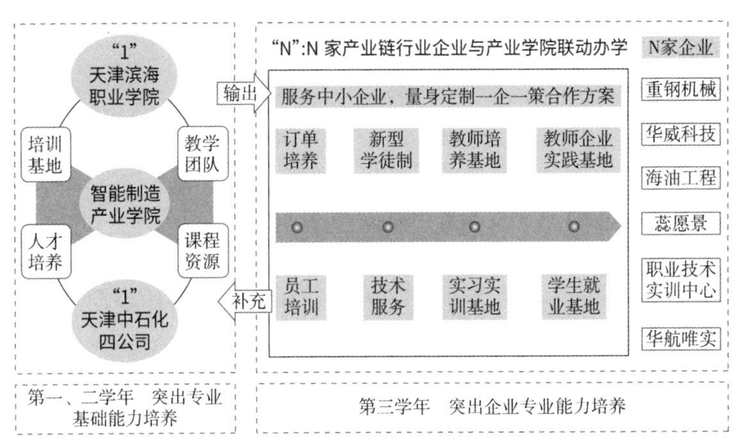

图67-1　"1+1+N"产业学院产教融合协同育人模式

（三）“1+1+N”产业学院运行保障机制

“1+1+N”产业学院是学校、行业龙头企业和 N 个关联企业之间的互利共赢的利益契约集合，必须在校企高度信任前提下，建立起完备的运行保障机制，才能确保产业学院良性可持续发展。

本研究通过总结产业学院建设实践，认为产业学院的运行保障须从组织决策、运行管理两个层面细化产业学院制度机制，如图 67-2。

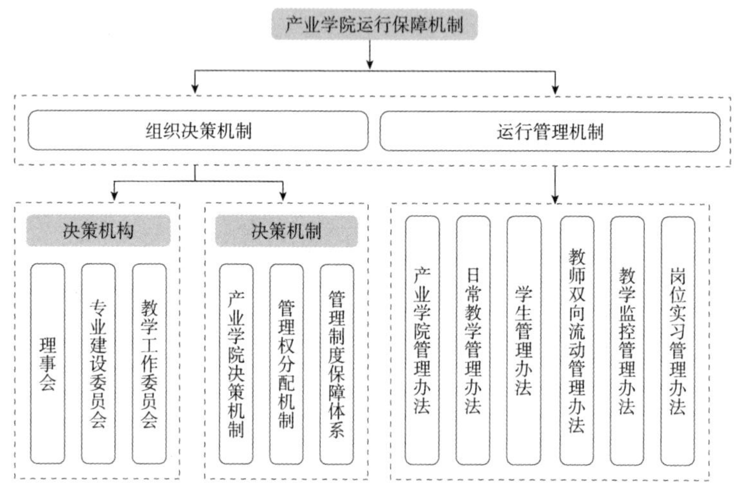

图 67-2 产业学院运行保障机制

在组织决策方面，首先要建立起产业学院各层级的组织决策机构，如组建由行业、企业及学院权威专家、职教研究专家组成的产业学院理事会、专业建设委员会、教学工作委员会等组织机构。其次，建立科学民主的决策制度，如制定《理事会章程》，明确理事会工作职责、议事决策形式、各方权利和义务，形成稳定的决策机制、管理权分配机制以及管理制度保障体系。

在运行管理方面，本着资源共享、责任共担，多方共赢的原则，综合校企互动的利益平衡点和持续合作的激励点，构建产业学院管理、教学、评价系列制度。实践中以理事会领导的院长负责制为运作机制，负责落实理事会决策，全面负责产业学院教育和行政管理工作。建立如产业学院管理办法、教学管理办法、教学监控管理办法、校企双师联合指导学生岗位实习管理办法、校企联合发布导师遴选标准并组建学院导师库和企业师傅库，建立校企教师双向流动管理办法等系列制度，保证产业学院的顺利运行。

通过系列制度体制的建立，形成产业学院突出企业主体作用，激发企业参与育人的内驱力，校企共同治理的产业学院可持续发展的现代产业学院治理体系。

（四）“1+1+N”产业学院的实践研究

1. 开展“四双四共”新型学徒制人才培养模式，探索学分银行

本课题组所在的智能制造学院，在探索新型学徒制人才培养模式的过程中，尝试了“1+1+N”产业学院办学形式。根据企业需求，2019 级焊接专业与华威科技公司合作成立“华威科技”新型学徒制班，与企业共同构建“双元主体、双重身份、双向导师、双方场所”，校企“共管、共建、共育、共赢”的“四双四共”的新型学徒制人才培养模式。

校企双方共同制订学徒班人才培养方案。学生入学后进入企业进行企业文化及就业前景宣讲，增强学生对企业了解，校企生三方共同签订“新型学徒制培养协议”，明确学生的学徒身份和准员工身份，同时校企双师对学生进行思想引领和学业指导，学生三年以“1+0. 5+0. 5+1”模式在学校、企业交替学习知识、技能和素养。第一学年校企双师指导学生在校进行文化及专业基础课和企业文化课学习；第 3 学期校企双师指导学生利用校内实训基地进行职业技能课学习及实训；第 4 学期学生到华威企业开展“一对一”师带徒学习，学习考核合格后计入个人学分银行替代相应学分；第三学年通过入职考核的学生带薪进行岗位实习，完成学徒到员工的身份转变，实现人才培养供给侧和企业需求侧精准对接。

2. 建构“课证融合、岗课对接、育训结合”课程体系，重构教学内容

（1）课程体系建设。在产业学院背景下，以服务职业岗位技能为主线，以职业综合技能课模块化为引领，以“X”证书考核内容为依托，构建“课证融合、岗课对接、育训结合”的课程体系。制订专业群模块化教改计划，梳理专业群平台课，对接专业 X 证书培训内容进行课程教学内容重构，将证书考核模块合理融入教学实施过程。对接培养目标将专业综合技能归类集中形成专业课程模块，构建专业综合技能课程体系框架。

（2）开发校企合作课程。通过产业学院的企业资源，组建双师团队合作开发专业群技能课程。企业导师善于将新工艺、新标准融入课程内容形成教学资源，学院教师善于利用信息化技术、教学方法及评价等手段组织资源适应教学需要。双师团队的合作开发课程将极大提升产业学院人才的实用性，提升学生就

业力。

(3)新形态教材及教学资源库建设。依托产业学院,校企团队通过对标行业标准、岗位工作标准,修订课程标准,梳理典型工作过程、分解典型工作任务,形成支撑工作任务的知识点和技能点,合作挖掘企业的思政元素,建设思政育人资源,设计思政教育与典型工作任务相结合的活页教材以及资源案例库。

3. 形成校企共聘共育教师双向互动机制,打造结构化教学团队

探索实施产业导师特聘岗位计划,完善产业兼职教师引进与使用机制,形成校企共聘共育教师双向互动机制。在具体实践中,采用以下方式进行操作:

(1)组织保障机制。通过产业学院建立常态化组织保障机制。打造大师工作室,引进焊接以及数控技能大师,以"高水平、带项目、出成果"为目标,在教育教学、技术研发等方面,发挥名家大师引领作用。

(2)校企互聘共享共育常态机制。"1+1+N"模式带动了区域内制造类企业参与办学,企业高管、技术骨干成为学校的实训指导老师,企业成为教师下企业实践的基地。校方教师到企业开展理论指导、员工培训等。企业教师对职业教育规律、教学方法等存在短板,院校教师在实践上存在欠缺。通过教研、内外部培训、随堂听课等方式,把企业教师培养成懂教育、会教学的教学能手;院校教师通过企业跟岗、融入项目建设等,增强企业实践能力。

(3)项目导向、任务驱动机制。校企师资要在项目、任务中成长锤炼。院校和企业要提供项目平台,如院校实训基地建设、科研项目,企业研发、技改项目等,将产业学院建设成"双师双能型"教师培养培训基地,以项目带动团队建设。

4. 打造特色实训创新服务平台,服务滨城经济发展

坚持产教融合,将人才培养、教师专业化发展、学生实习实训就业、企业服务科技创新功能有机结合,打造集产、学、研、训、培于一体的技术创新服务平台。

(1)打造教师培养培训基地和教师企业实践基地。学校与中石化四公司签署了产业学院合作协议,梳理了包含共建教师培养培训基地和教师企业实践基地在内的 19 项合作任务清单,其中全国职业教育教师企业实践基地已进入教育部遴选名单。在教师培养培训方面,双方根据专业及行业标准制定培养方案及考核标准,共同开发模块化培训资料,共同组建培训队伍,为后续承接全国师资培训做好准备。在教师企业实践方面,随着订单班的组建,学校安排 2 名教师共同进入企业,参与学生管理的同时也参与企业培训,一位年轻教师已拜企业技能大师为师。学校将进一步完善教师企业实践制度,通过企业实践为教师"赋

能”。

（2）打造学生实习实训及就业基地。学校与保税区公共实训中心共同建设智能制造实训教学基地，积极探索适应制造产业发展所需的技能工匠培养新路径。双方共同商讨培养方案，培养结束时共同为学生推荐高质量就业单位。

（3）打造企业员工培训及科技服务基地。学校依托滨海职教集团主办方优势，组织承接智能制造类企业员工的岗前培训、技能提升培训，同时借力中石化培训中心的优势共同为智能制造业提升、转型、发展服务，已完成了重钢机械100人的员工培训。在科技服务方面，学校与中石化四公司焊接研究所共同建设科技服务基地，共同承接课题，开发可视化、模块化培训资料，开发活页式教材。

（课题承担单位为天津滨海职业学院，课题主持人和执笔人为刘秋艳。课题组成员：孙桂英、刘永新、翟玲、赵塘滨、徐公仁、李迅、沈艳辉、李坤、高峰。）

第六十八章　职业院校实体性混合所有制产业学院建设

校企共建产业学院是深入推进职业教育育人方式、办学模式、管理体制、保障机制综合改革的重要载体。本研究通过对实体性产业学院建设的理论研究和实践探索,可在推动职业教育资源配置的市场化运作,深化混合所有制办学改革,打造校企合作命运共同体,实现教育链、人才链与产业链、创新链的有机衔接等方面,提供可复制、可推广的思路和经验。

一、有关混合所有制产业学院政策文本的梳理

随着混合所有制经济重要地位的确立,职业教育领域陆续出现了以校企等多方共建混合所有制产业学院为代表的混合所有制办学的实践探索。相应地,2014 年以来,国家在多个重要文件中提出了引导产教深度融合的职业教育混合所有制改革的合作办学方式与要求。

表 68-1　职业教育混合所有制改革相关政策内容

年份	政策文件	相关内容
2014 年	《国务院关于加快发展现代职业教育的决定》(国发〔2014〕19 号)	首次提出探索发展股份制、混合所有制职业院校,允许以资本、知识、技术、管理等要素参与办学并享有相应权利
2016 年	《国务院关于鼓励社会力量兴办教育促进民办教育健康发展的若干意见》(国发〔2016〕81 号)	鼓励探索多元主体合作办学,推广政府和社会资本合作(PPP)模式,鼓励社会资本参与教育基础设施建设和运营管理、提供专业化服务。探索举办混合所有制职业院校,允许以资本、知识、技术、管理等要素参与办学并享有相应权利。鼓励营利性民办学校建立股权激励机制

续表

年份	政策文件	相关内容
2017 年	《关于深化产教融合的若干意见》(国办发〔2017〕95 号)	将产教融合视为国家的制度安排,鼓励企业依托或联合职业学校、高等学校设立产业学院,“产业学院”首次进入国家政策文件中。通过购买服务、委托管理等,支持企业参与公办职业学校办学。鼓励有条件的地区探索推进职业学校股份制、混合所有制改革,允许企业以资本、技术、管理等要素依法参与办学并享有相应权利
2019 年	《国家职业教育改革实施方案》(国发〔2019〕4 号)	职业教育由政府举办为主向政府统筹管理、社会多元办学的格局转变,支持和规范社会力量兴办职业教育培训,鼓励发展股份制、混合所有制等职业院校和各类职业培训机构
2021 年	《关于推动现代职业教育高质量发展的意见》	构建政府统筹管理、行业企业积极举办、社会力量深度参与的多元办学格局;推动校企共建共管产业学院、企业学院,延伸职业学校办学空间
2021 年	《教育部天津市人民政府关于深化产教城融合打造新时代职业教育创新发展标杆的意见》	支持混改后的企业以独资、合资、合作等方式依法参与举办职业教育,允许以资本、技术、管理等要素依法参与办学并享有相应权利。探索社会力量与职业学校通过股份制、混合所有制改革举办实体性的二级学院、产业学院和企业大学

以上可见,国家职业教育混合所有制改革政策经历了从“探索发展”到“鼓励发展”的升级,从“要素参与”到“方式参与”的升级,从“股份制、混合所有制职业院校”到“企业重要主体”“校企命运共同体”“双元育人机制”“类型教育”等一系列指导性意见的重大变化。

在具体操作层面,2020 年教育部办公厅工业和信息化部办公厅印发《现代产业学院建设指南(试行)》,提出现代产业学院建设的指导思想、建设目标、建设原则,围绕产教融合校企合作的主线,明确了产业学院建设的具体任务。同年教育部办公厅转发山东省《关于推进职业院校混合所有制办学的指导意见(试行)》,作为全国首个职业院校混合所有制办学政策文件,为全国职业院校混合所有制改革提供制度和模式参考。

二、已有相关实践和研究成果综述

在国外，校企共建产业学院最早可追溯到英国倡导的“产业（企业）大学”，其由英国教育与就业部于1998年开始策划和酝酿，2000年正式运营。产业（企业）大学并非真正意义上的大学，而是通过现代化的网络和通信技术，向社会提供高质量的学习产品及服务的开放式远程学习组织，是学习者和学习产品之间的中介机构。① 其成立的主要目的是：提高企业特别是中小型企业的生产力和竞争力；帮助个人获得知识和技能，提高他们的就业能力。

在国内，产业学院已成为深化产教融合、校企合作的具体办学形式，但总的来看，还处于探索实践之中。通过对产业学院研究领域关键词进行频次分析，混合所有制、产教融合、校企合作、人才培养、体制机制等是产业学院目前的研究热点。②

梳理近年来国内职业教育校企共建产业学院研究文献，最早的实践始于2007年，但是研究在2015年以后开始集中涌现，在2018年以后进入迅速发展阶段，研究成果数量不断攀升。在研究过程中，很多学者已意识到校企等多方共建产业学院作为产教融合新型组织形态对培养符合产业发展的高素质技术技能人才的重要作用，对产业学院的概念、发展模式等提出了自己的观点。一是产业学院概念内涵及出现意义的研究，如金炜、杨欣斌等对产业学院出现背景、概念及实践进行了探讨。③④ 二是产业学院的建设模式探讨，如徐正兴等提出的校行产业学院模式⑤，孙柏璋等提出的校地产业学院建设模式⑥等。三是产业学院的发

① 张艳芳，雷世平. 论混合所有制产业学院的内涵、地位及属性[J]. 中国职业技术教育，2018(34)：50-55.

② 李媛媛. 我国产业学院研究现状及热点分析——基于citespace知识图谱[J]. 浙江工商职业技术学院学报，2020，19(01)：72-75.

③ 金炜. 新时代高职产业学院的建设逻辑、现实困境与破解路径[J]. 教育与职业，2020(15)：28-34.

④ 杨欣斌. 基于特色产业学院的校企双元育人模式探索[J]. 中国职业技术教育，2019(31)：10-13.

⑤ 徐正兴，顾永安. 地方本科院校行业学院的定位与展望[J]. 职业技术教育，2017，38(22)：48-52.

⑥ 孙柏璋，龚森. 产业学院：从形态到灵魂重塑的转型发展[J]. 教育评论，2016(12)：14-17.

展(运行)模式研究,如赵东明等提出的混合所有制产业学院发展(运行)模式①,黄振胜提出的公办民助发展(运行)模式②等。四是产业学院的治理体系研究,如蒋新革等提出的基于利益相关者理论建设的产业学院治理体系③,王建平等提出的基于战略联盟理论的高职产业学院共同治理探究。④

三、职业院校实体性混合所有制产业学院内涵与特征

混合所有制是指公有资本和非公有资本共同出资的所有制形式,是一种特殊形式的股份制,单纯的公有资本或单纯的非公有资本共同投资的经济实体可以是股份制经济实体,但不是混合所有制经济实体。在教育领域,混合所有制产业学院也必须有公有资本和非公有资本的共同投入,即公办办学机构须引入非公有资本、民办办学机构须引入公有资本,才能形成混合所有制办学形式。

实体性混合所有制产业学院界定为:具有混合所有制基本特征,即产权的公有制与非公有制性质以及多元化产权主体,建立了现代法人治理模式,运行模式市场化,服务特定行业产业发展需求,以特色优势专业(群)为载体,以培养高素质技术技能人才为目标,以产业技术创新为牵引,创新资源集聚形式,与行业、企业、地方政府等多元主体融合资金、专业、平台、基地、人才、管理等多种合作资源及要素共建共管共享的校企协同育人平台,是集职业教育(培训)、人力资源建设、技术创新、企业服务、学生创业等功能于一体的新型人才培养实体。如果说产业学院是产教融合校企合作的深化和发展,那么混合所有制办学则是校企合作的更高级的形式,是实现产教融合的最佳形式之一。

四、职业院校实体性混合所有制产业学院建设的对策

(一)以“四链融合”为导向,构建高职混合所有制产业学院模式

依托高职院校、产业人才联盟、产业创新中心、产业细分领域龙头企业四方

① 赵东明,赵景晖.高职校企混合所有制二级产业学院建设研究[J].教育探索,2016(06):42-46.

② 黄振胜.适应教育发展需求,创新高校投入机制——探索开创“公办民助”新办学模式[J].教育财会研究,2018,29(04):93-96.

③ 蒋新革.产教融合视域下产业学院治理体系建设研究[J].职业技术教育,2020,41(24):30-34.

④ 王建平.基于战略联盟理论的高职产业学院共同治理探究[J].大学教育,2020(06):182-185.

建设主体,汇聚教育链、人才链、创新链和产业链四链资源,实现教育、人才、创新和产业各领域的有效融合,探索产业学院共建共管共享模式,将产业学院建设成为兼具职业教育(培训)、人力资源建设、技术创新和产业发展的“四链融合”机构。

产教融合的育人价值在于能使学校及时将产业发展(升级)的新技术、新工艺、新规范等元素融入人才培养过程中,使人才教育供给与产业需求结构无缝对接。但是,受机制体制的制约,缺少有效的中间组织来对接教育供给与产业需求。基于此,创新产业学院组织结构,建立兼具职业教育(培训)、人力资源建设、技术创新和产业发展功能的“四链融合”产业学院,以此为途径和载体,以打破教育与产业之间的隔阂,实现知识、人才、创新、生产各领域的有效结合,促进教育链、人才链、创新链、产业链互融,推动职教资源市场化运作,实现人才培养供给侧和产业需求侧结构要素全方位融合,打造校企命运共同体。

产业学院下设专业(群)建设中心、人才培养中心、产业技术服务中心、产教融合信息服务平台、产业创客中心、产业研究中心、实践教学基地和秘书处等内设机构。

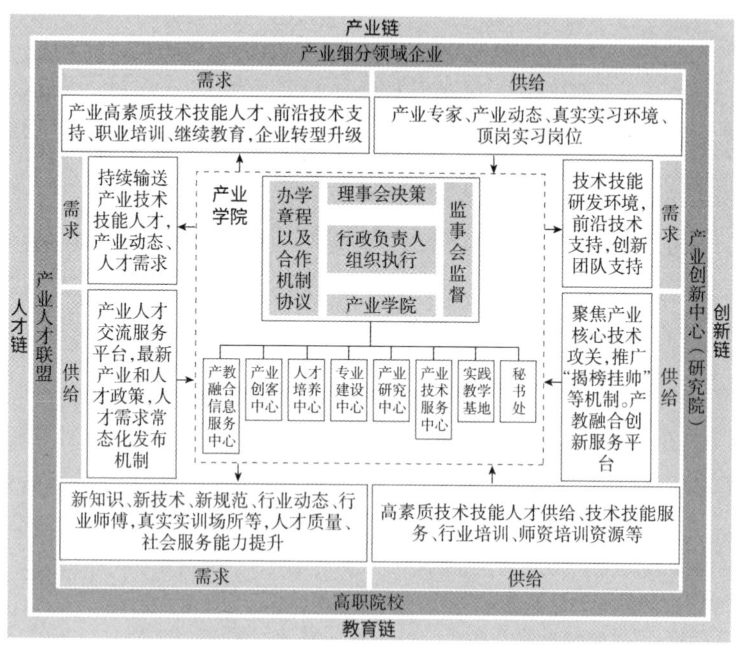

图 68-1 “四链融合”产业学院构建模型

（二）以混合所有制为基础，构建校企合作命运共同体发展模式

打破传统的一元办学体制和管理体制，将社会主体以资本、知识、技术、管理等要素参与办学列为校企合作办学的重要途径，吸引、调动社会各方面参与产业学院建设的积极性，深化办学体制改革，明晰各方投入学校的产权归属及所享有的相关权益，切实增强"混合"办学的信心，以资本关系为纽带，构建校企长效合作机制，打造职业教育混合所有制命运共同体，建成资本来源多样化、办学主体多元化、发展（运行）模式市场化的混合所有制产业学院。

1. 用人管理

制定产业学院灵活的人才引进与薪酬分配机制，充分发挥市场在教育资源配置中的决定性作用，推动产业学院市场化运作。可从学校选派教师和管理人员，可面向社会自主招聘。同时，企业选派具有相关资质和行业经验的讲师。

2. 专业设置与招生管理

产业学院内所设置的专业从学校原有系部剥离（独立招生），产业学院招生计划由学校统筹本校年度招生计划合理安排。学校招生部门在招生简章中注明校企合作办学专业名称、招生计划和收费标准等信息。学校负责落实产业学院内所设置专业招生计划审批和招生工作实施，保证每年的招生计划不少于校企协商的合作培养学生数量。

3. 收费标准

产业学院模式下产业人才的培养要求和难度远远超过传统专业人才培养，需要较大的投入。常规专业收费标准远不足以支持产业学院人才培养的成本。调整收费政策，提高收费标准，是保证产业学院完整建设、健康运行的物质前提。

产业学院收费标准执行校企合作办学等差别化收费政策，由产业学院在主管部门规定的收费标准幅度内，遵循成本补偿和合理回报原则，根据培养成本、学生承受能力、财政投入、合作项目健康发展等情况，确定具体学费标准。由于天津市目前尚未出台职业院校校企合作办学专业收费标准，参照外省相关文件政策，结合产业学院实际情况，提出如下收费标准方案：产业学院合作办学专业收取费用包括学费和职业技能费（培训、实习、就业等服务费）两部分，其中学费由产业学院所在学校收取，参照非合作办学专业收费标准收取，职业技能费由企业收取，收费标准依据实际情况校企协商确定。

4. 财务管理

在学校财务设立专门账户,统一办理收支业务。校企合作项目中的费用支出、收入以及对外服务收入中学院的收益部分应按财务规定执行,不得体外循环或私设小金库。

5. 薪酬管理

自主确定薪酬发放管理办法,面向市场建立灵活的薪酬分配机制,优化薪酬结构,充分调动教职工和管理队伍积极性。产业学院里的领导班子成员,可采用协议工资、项目工资、年薪制等方式发放薪酬,其中学校派出干部的薪酬发放按有关政策规定办理。

6. 资产(产权)管理

产业学院采用多元投入主体结构,实行股份制,通过协议约定校企双方所占比例,明晰产权,保护各类资本权益,尤其是要强调国有资本保值增值,突出国有资本的放大功能,体现国家对职业教育办学资源总量控制幅度的价值取向。学校以办学场地、实验实训设备、知识产权、校名校誉等形式投入,企业以货币资金、实验实训设备、校外办学场地、商誉等形式投入,校企合作项目实施期间,产业学院应明确合同(协议)所涉及的固定资产的权属,涉及有形、无形等资产价值的认定以第三方评估或者双方协商为准,并明列仪器设备清单。合作企业购置的设备,设备所有权归属企业,学校有使用权,属合作企业承诺或书面约定赠予学院的仪器设备,应办理入账手续。

7. 年度绩效评价

产业学院校企合作项目将实行年度绩效评价制度。校企合作项目的年度绩效评价,主要从校企合作项目的资源使用、人才培养、实践教学、科研成果、师资培养、社会培训、功能利用等情况进行年度绩效评价,各个校企合作项目合同(协议)里应规定具体评价指标内容。

8. 就业管理

产业学院合作企业提供行业标准的认证考试培训,最大限度提升学生的取证通过率,以提高就业质量。产业学院合作企业负责为校企合作办学专业学生提供到产业上下游知名企业实习机会,企业实习时间不得少于合作协议里规定的时间(一般企业实习时间不少于6个月),实习期间学生的日常管理由企业负责。企业负责为学习成绩合格学生提供产业领域的就业推荐,帮助学生实现成功就业。

9. 收益分配

产业学院的性质(是否可登记为独立法人、是否为营利性机构)将直接决定产业学院的收益分配原则,产业学院的项目收益,包括学费、职业技能费(培训、实习、就业等服务费)、生产经营性收入等,作为经营性收入主要用于产业学院建设、教师绩效奖励。若产业学院为盈利性质的法人机构,则股东可以按照所占股份比例分配收益,否则产业学院所有收益应全用于办学。目前天津市尚未出台相关政策,产业学院性质同学校一样,为非营利办学机构,收益全部用于办学。

(三)以章程为根本,构建产业学院多元治理模式

高职混合所有制产业学院的治理结构是为了保证产业学院办学和育人目标的实现,产权所有者对产业学院的管理、运作及绩效进行监督、激励、控制和协调的一整套制度安排。目前全国各地在混合所有制产业学院建设上进行了大量探索,已经基本形成了较为成熟的混合所有制产业学院治理模式。从已有的实践经验看,顶层设立股东大会、董事会和党委会,中层设立监事会、理事会、院长,基层设立各类职能部门,是混合所有制产业学院治理的典型结构。广州科技贸易职业学院"广州开发区科学城产业学院"形成了以产教融合问题为导向、理事会治理章程为依据、运行制度为关键、建设方案为基本的治理模式,构建了通过做实产教融合生态环境、夯实治理结构、抓实治理机制和落实治理能力的"四实"治理体系。中山职业技术学院产业学院在实际运作中探索出利益相关者的共同治理模式,其主要内容是:产业学院由中山职业技术学院和产业集聚区政府共同投资创办,形成二元投资启动机制;引入产业企业投入资金或设备形成多元投资主体;签订校企合作协议,以契约精神形成协同育人机制;实施理事会领导下的院长负责制,形成共同治理运行机制。

混合所有制产业学院的管理较为复杂,一般来说,产业学院应以章程为根本,构建产业学院多元治理模式。加强校企双主体育人机制体制建设,组建由学校、行业、企业代表组成的产业学院理事会,宏观统筹产教融合、校企合作发展,负责对产业学院发展规划、资金预算、人才培养、设施建设、师资队伍建设、考核评价管理和改革等重大事项决策权。制定《产业学院管理制度》《产业学院理事会章程》等产业学院制度文件,明确理事会的职能、成员组成、工作内容、成员权责利等,确定各方主体沟通协调方式和议事规则。探索产业学院实行理事会领导下的院长负责制,构建以章程为根本、理事会决策、行政负责人组织执行、监事

会监督、专家治学的产业学院治理运行机制。

（课题承担单位为天津电子信息职业技术学院，课题主持人为张丹阳，执笔人为屈金星。课题组成员：李平、焦鹏昊、曹晨宇、陈力、杨阳。）

第六十九章 人工智能技术产业学院建设

国务院印发的《新一代人工智能发展规划》等文件中提出高校应积极建立人工智能学院，可见国家对人工智能技术人才培养的高度重视。调研发现职业院校人工智能产业学院的建设，基本在原有信息化类专业上进行升级改造。但在非信息化类专业与人工智能技术的交叉融合、专业的升级与改造方面还存在极大的不足。本研究主要探索非信息化类专业与人工智能技术交叉融合的人工智能产业学院的建设路径与人才培养模式。

一、人工智能以及产业学院相关政策文本的梳理

（一）有关"人工智能"的政策文本梳理

2015 年国务院发布《中国制造 2025》，"智能"首次进入高层的战略布局。该文件提出的九大战略任务之一，就是"信息化与工业化深度融合"，也就是两化融合。

2016 年国务院发布的《"十三五"国家科技创新规划》提出：重点开发移动互联、量子信息、人工智能等技术，推动增材制造、智能机器人、无人驾驶汽车等技术的发展，发挥纳米技术、智能技术、石墨烯等对新材料产业发展的引领作用。同年国务院《国民经济和社会发展第十三个五年规划纲要（草案）》中提出，要重点突破人工智能技术。这个阶段人工智能概念首次出现在"智能制造""互联网+"的相关政策中。

2017 年国务院发布《新一代人工智能发展规划》，提出新一代人工智能发展分三步走的战略目标。第一步：到 2020 年，人工智能总体技术和应用与世界先进水平同步，人工智能产业成为新的重要经济增长点，人工智能技术应用成为改善民生的新途径；第二步：到 2025 年，人工智能基础理论实现重大突破，部分技术与应用达到世界领先水平，人工智能成为我国产业升级和经济转型的主要动

力,智能社会建设取得积极进展;第三步:到2030年,人工智能理论、技术与应用总体达到世界领先水平,成为世界主要人工智能创新中心。

2020年中央网信办等五部门发布的《国家新一代人工智能标准体系建设指南》明确,到2023年,初步建立人工智能标准体系。

2021年9月国家新一代人工智能治理专业委员会发布《新一代人工智能伦理规范》,将伦理道德融入人工智能全生命周期,为从事人工智能相关活动的自然人、法人和其他相关机构等提供伦理指引。该文件的发布标志着人工智能政策已从推进应用逐渐转入监管状态,确保人工智能处于人类控制之下。

(二)有关“产业学院”的政策文本梳理

教育与产业相结合,院校与企业合作进行人才培养,早已成为业界共识。产教融合的核心是要让行业企业成为重要办学主体,这是深化教育供给侧结构性改革的重大举措,既涉及宏观的教育布局和结构,又涉及人才培养模式改革,还事关教育组织形态和服务供给多元化,是完善现代办学体制和教育治理体系的一项制度创新。

2017年国务院办公厅发布了的《关于深化产教融合的若干意见》明确指出:“鼓励企业依托或联合职业学校、高等学校设立产业学院和企业工作室、实验室、创新基地、实践基地。”

2020年教育部办公厅、工业和信息化部办公厅印发《现代产业学院建设指南(试行)》,在相关通知中指出:决定“在特色鲜明、与产业紧密联系的高校建设若干与地方政府、行业企业等多主体共建共管共享的现代产业学院”。

(三)关于“人工智能产业学院”建设的文件梳理

在人工智能产业学院建设方面,2017年国务院印发的《新一代人工智能发展规划》中提出:“尽快在试点院校建立人工智能学院。”教育部《高等学校人工智能创新行动计划》提出:“鼓励有条件的高校建立人工智能学院、人工智能研究院或人工智能交叉研究中心。”由此可以看出,当前我国部分高校建立人工智能产业学院具有较强的现实意义,符合人工智能产业对人才的迫切需求。

二、人工智能产业学院建设现状

以学院名称主要体现“人工智能产业学院”为标准,对目前我国高校成立人工智能产业学院的文件、新闻报道、学院网站等内容进行检索,据不完全统计,截至2021年10月底,已有30所高校成立了人工智能产业学院。从成立时间来看,这30所高校成立人工智能产业学院集中在近四年,并且呈现逐年递增趋势;从地域分布来看,被调研的高校人工智能产业学院主要分布于华东、华南、华中地区;从主办学校类型来看,有3家主办学校为国家“双一流”建设高校,有12家主办学校为省属公办本科高校,有3家主办学校为民办本科高校,有12家主办学校为专科(高职)院校。调研也发现,我国“双一流”建设高校和部分行业类本科高校多以成立人工智能学院、研究院为主;而成立人工智能产业学院的学校主要是地方本科高校、专科(高职)院校,这类学校更加突出为社会培养人工智能领域的应用型人才。

人工智能产业学院建设需要政府、行业协会、企业、学校多方共同参与,整合多方资源,加快专业设置与区域产业对接、课程设置与企业需求对接、科技研发与企业技术创新对接,建立行业企业深度参与专业建设和人才培养的新机制,形成高效协调的制度体系,有效解决原有校企合作模式中企业参与度不高、运行成本过高等问题。此外,人工智能技术还应赋能其他专业,采用“人工智能+N”模式,引领带动其他专业发展,促进专业升级与数字化改造,培养复合型高素质技能人才。

三、人工智能行业岗位技能需求分析

通过调研新一代信息技术环境下的各行业领域对人才岗位的需求,可以看到我国整体人工智能产业规模仍在保持增长,同时国家也在不断出台各类人工智能产业扶持政策,资本市场对人工智能行业的投资热情不减,技术方面不断突破是产业增长的核心驱动力。同时,通过分析人工智能专业人才需求量,得出专科层次要求占比最高的岗位是数据分析岗,岗位需求占比为50.47%;其次为系统运维、数据标注,其需求分别为15.06%和13.73%,详情如图69-1所示。

随着人工智能技术的进一步成熟,同时随着5G商用时代的逐渐来临,人工智能技术连接效率也将进一步提升,深度学习、数据挖掘、自动程序设计等领域也将在更多的应用领域得到实现。因此,需要推动学校人才培养的“供给侧”与产业“需求侧”紧密对接,全方位、全过程采取多重举措来落实人才培养,以满足我国各行业数字化转型高质量发展和创新需求的应用型人才需求。

四、人工智能技术产业学院运营模式及路径研究

以本课题组所在的天津医学高等专科学校(以下简称“学校”)医药卫生等

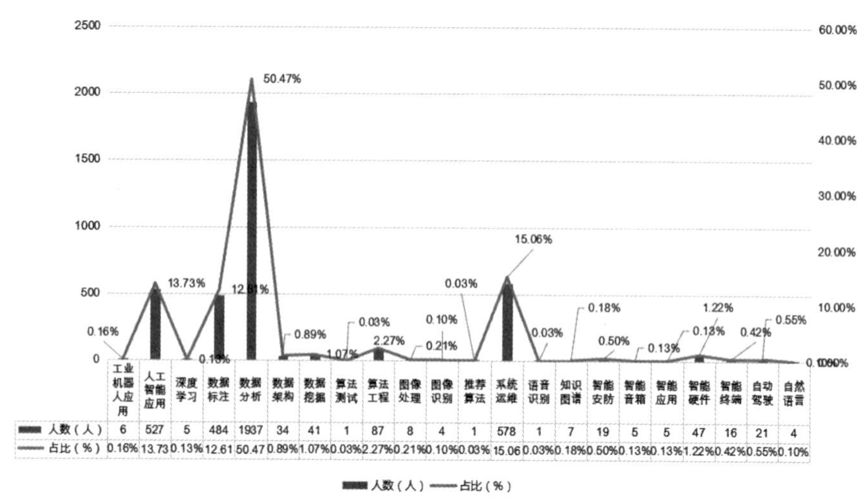

	工业机器人应用	人工智能应用	深度学习	数据标注	数据分析	数据架构	数据挖掘	算法测试	算法工程	图像处理	图像识别	推荐算法	系统运维	语音识别	知识图谱	智能安防	智能音箱	智能应用	智能硬件	智能终端	自动驾驶	自然语言
人数（人）	6	527	5	484	1937	34	41	1	87	8	4	1	578	1	7	19	5	5	47	16	21	4
占比（%）	0.16%	13.73	0.13%	12.61	50.47	0.89%	1.07%	0.03%	2.27%	0.21%	0.10%	0.03%	15.06	0.03%	0.18%	0.50%	0.13%	0.13%	1.22%	0.42%	0.55%	0.10%

图 69-1　专科层次人工智能岗位人数占比

专业为例，探索学校联合中软国际与华为技术有限公司共同建设人工智能技术产业学院的相关问题，以实现政、校、行、企多主体协同育人，实现教育链、产业链、创新链的深度融合。学校专门成立人工智能技术产业学院理事会，由校企各方委派高级管理人员组成，是该产业学院的决策机构，设理事长（院长）、副理事长（副院长）。理事会负责决定人工智能技术产业学院的重大事项。

（一）实施人才共育，创新人才培养模式

基于产业学院开展人才共同培养。面向全校学生，建立 AI 公共选修课，成立“智能医学实验班”，采用线上线下混合学习的模式，完善人才培养的多元结构。

企业方全程参与医药卫生类相关专业的智能化改造，将人工智能的应用技术植入相关专业的课程中。校企双方参照行业用工标准进行人才培养方案的修订，增加人工智能相关课程、实践类课程的占比。引入健康大数据分析和数据管理等课程，培养健康大数据采集、分析、处理和开发等行业岗位所需高素质技能人才。

（二）建设服务医药卫生专业实践的实验室和教学云平台

依托企业方的技术力量，在学校建设用于开展人工智能深度学习、机器视觉处理的实验室，搭建先进的智慧教学云平台，实现“人工智能+”相关专业课程的

在线教学、在线实验和团队实训，提供学生和教师的学情数据分析和数据治理，为产业学院理事会开展专业教学质量评估、教学教法改革决策提供数据支撑。

（三）建设服务医药卫生专业群的 AI 教学资源库

产业学院针对学校的高水平专业群共建“AI+”专业教学资源，包括 Python 程序设计、计算科学与数据分析、深度学习、机器学习等基础课程，开发医学影像类的 AI 实训案例、虚拟仿真教学资源等，进一步支撑相关专业的智能化发展。

校企联合制定“智能医学导论”课程大纲，包含智能医学概述、智能医学技术与应用、互联网医院与智慧医院系统、区域卫生健康系统等通识模块课程资源以及 AI+医学影像模块、AI+医药健康数据管理模块、Python 程序设计等课程。

（四）共建教师企业实践基地

依托企业在信息技术和人工智能领域的专业经验，共建实践基地，为学校培养一批能够熟练运用人工智能科技、紧密结合现代医疗场景、创新医护教学方式的、具有 IT 工程师背景的“双师型”教师队伍，助推学校高水平师资队伍建设。

建设“全国职业教育教师企业实践基地——天津医学高等专科学校工作站”，共同申报基于大数据、人工智能的全国职业教育教师企业实践国培项目，扩大学校影响力。

（五）建设先进的 AI 医学体验中心

为进一步打造产学合作的标志性成果，积极响应《天津市新一代人工智能发展行动计划（2019－2023 年）》中提出的“打造 100 个人工智能行业应用场景示范项目，打造人工智能应用创新先锋城市”的目标，以产业学院为基础共建天津市公共卫生智慧医学体验中心。通过先进的 AR/VR 技术，使用最新的 5G 通信技术，融合声光电沉浸式环境，打造可以实时直播的智慧医护中心，打造面向天津市中小学生的医学科普基地和智慧医疗体验中心，使该中心成为天津市人工智能行业应用场景示范项目。

（六）共建协同创新中心

依托产业学院内建设协同创新中心，组建创新创业团队，开展“人工智能+”相关专业的创新项目孵化。

培养学生参加“海河工匠杯”“互联网+大学生创新创业大赛”智慧医疗领域

赛项，以赛促教、以赛育人，为学生提供广阔的合作平台和学术交流的机会。与全国同类院校联合举办各项竞赛，扩大产业学院的影响力，打造竞赛品牌。

(七)建设职业认证考试中心

将校内实训基地建设成为职业认证考试中心，为相关专业的人才培养带来便利，使得校企合作培养的学生更加贴近产业需求，符合企业用人标准。积极响应《国家职业教育改革实施方案》的要求，扎实推进“1+X”证书制度试点工作，坚持育人为本、协同创新、产教融合，以学分制改革为抓手，拓宽技术技能人才持续成长通道。

(课题承担单位为天津医学高等专科学校，课题主持人和执笔人为王慧。课题组成员：张彦文、刘玉、王洪新、袁静、王德银、刘冬莹、刘芳、薛梅、马菲菲、王占云、魏溶、王一夫、曲璐、李君、王晓华。)

第七十章　职业教育产教融合联盟建设

产教融合、校企合作是实现职业教育高质量发展的核心路径和有力措施，也是职业教育区别于普通教育的本质特征之一，在现阶段，职业院校热情较高，企业参与度不足。建设产教融合联盟对深化产教深度融合具有重要意义。

一、产教融合相关政策梳理和解读

2007 年，《中国职业技术教育》《中国劳动保障报》等报刊报道紫琅职业技术学院、青岛技师学院等院校时，首次用到了“产教融合”的概念。2011 年，教育部发布《关于加快发展面向农村的职业教育的意见》，提出“促进产教深度合作”。教育部《关于 2013 年深化教育领域综合改革的意见》中提出，改革办学体制，完善职业教育产教融合制度，具体包括研究制定职业教育校企合作促进办法，出台职业教育集团化办学的指导意见，提升行业指导职业教育的能力，建立健全行业企业参与办学的体制机制，建立职业学校与行业企业联动开发课程机制。2014 年《国务院关于加快发展现代职业教育的决定》提出：构建以就业为导向的现代职业教育体系，进一步确定现代职业教育体系的主要任务是服务发展、促进就业；基本特征是产教融合、校企合作。同年《现代职业教育体系建设规划（2014—2020 年）》中提出：“到 2020 年，形成适应发展需求、产教深度融合、中高职衔接、普职沟通，体现终身教育理念，具有中国特色和世界水平的现代职业教育体系。”

伴随我国经济的发展，我国的职业教育得到快速发展，但是由于体制、机制等因素影响，人才培养供给侧和产业需求侧的不匹配，导致产与教“两张皮”现象始终存在。国家为从根本上解决此问题，出台了一系列政策来适应产业转型升级和经济社会高质量发展的要求。2017 年底国务院办公厅出台了《关于深化产教融合的若干意见》。2019 年教育部和财政部联合发布的《关于实施中国特色高水平高职学校和专业建设计划的意见》，把产教融合提到前所未有的地位，并作为“双高计划”的指导思想和基本原则，还要求通过创新产教融合的运行模式推动高职学校与行业企业形成命运共同体。同年国家发展改革委、教育部等6部门印发《国家产教融合建设试点实施方案》，提出将通过由点到面的方式，以试点产教融合型城市为基础辐射全国，打造具有区域特色的产教融合型行业，建设培育产教融合型企业。2021年中办、国办印发《关于推动现代职业教育高质量发展的意见》更加明确地提出了完善产教融合办学体制，协同推进产教深度融合，各级政府要统筹职业教育和人力资源开发的规模、结构和层次，将产教融合列入经济社会发展规划，积极培育市场导向、供需匹配、服务精准、运作规范的产教融合服务组织。2022年新修订的《中华人民共和国职业教育法》再次明确“坚持产教融合、校企合作”，强调“国家发挥企业的重要办学主体作用，推动企业深度参与职业教育，鼓励企业举办高质量职业教育”。该法律共69条，其中关于产业、行业、企业相关内容多达26条，而提到“产教融合”则有10处、“产教深度融合”2处、“校企合作”6处。由此可见，坚定走中国特色职业教育产教融合之路，是现代职业教育培养技术技能型人才的重要手段，是加快现代职业教育改革健康发展的重要推动力，也是提高职业院校人才培养质量、增强人才就业竞争力的重要保障。

为做好产教融合，天津市更提出了“产教城融合”的概念。2021年初印发的《教育部　天津市人民政府关于深化产教城融合打造新时代职业教育创新发展标杆的意见》，其中明确提出以职业教育产教城融合推动城市高质量发展，主动融入“一基地三区”建设，紧密对接智能科技、生物医药、新能源、新材料等战略性新兴产业，重点建设云计算、大数据、人工智能等相关专业，着力升级改造传统产业相关专业。

近年来国家和各省市出台的产教融合政策，为职业教育产教融合、校企合作指明了方向。产教融合是指行业企业的研发、生产与教育行业互动发展的一种新形态，由此推动职业教育与行业企业协同、高质发展。这一发展理念在现实社会生产中已被广泛实践，产教融合是提高现代职业教育质量的必由之路。

二、已有相关实践和研究成果综述

尽管产教融合取得了一定成效，但不容乐观的是融合过程中学校和企业理念不统一，导致企业参与度不高、动力不足，学科专业设置与产业发展契合度不够,人才培养定位不精准,主体责任不明晰、校企合作要素单一等问题始终存在。① 职业教育产教融合仍处于初级阶段,形式上开展了广泛合作,但融合程度还远远不够;专业群与产业链对接精度不高;高、尖端人才培养不足;协同推进不力。

针对这种情况,职业教育界开展了很多积极的探索,其典型的方式包括职业教育集团化办学、混合所有制办学等,但两种模式都存在一定的矛盾和局限性。如职业教育集团作为由职业院校、相关企事业单位以资产、契约等形式为链接纽带组成的职业教育联合体,上联政府主管部门,下联各办学主体及利益相关者。职教集团一方面代表政府与行业对话、与企业联系,按照各区域或行业企业的需求培养人才,争取有利的发展环境;另一方面,协调职业教育内部的关系和行为,解决一些依靠单个学校或企业解决不好或解决不了的问题,增强职业教育发展的计划性和有序性,以更好地适应市场经济发展的要求。目前职业教育集团化办学已得到充分肯定,但发展过程中也遇到了校企关系不够深入,校企合作缺乏深度和广度,企业行业参与集团化办学的积极性不高,集团内部成员之间分工、权责不明等一系列问题。②

职业教育的人才培养是面向职业岗位培养技术技能人才,具有跨界的特点,本身具有复杂性。国际上也没有符合我国国情的发展模式,国外多是企业主导的职业教育,而我国是学校主导的职业教育,这导致我国企业对职业教育的参与意愿并不强烈。在此基础上,学者们寻求联盟形式破解产教融合瓶颈,提出创新联盟、专业联盟和产教融合联盟等多种形式。③ 产教融合联盟作为一种新型的校企合作方式,相比职教集团化办学具有建设形式多元化、校企形成有机命运共同体等诸多特点。④

天津市为深入贯彻落实习近平总书记对天津工作一系列重要指示批示要求,积极发挥人才工作引领高质量发展关键作用,以优化人才创新创业生态为突

---

① 宋维英,柳军.我国职业教育产教融合研究综述[J].扬州大学学报(高教研究版),2019,23(06):12-16.

② 崔永华,张凯,聂瑞睿.职教集团发展的困境与对策——以江苏省为例[J].职业技术教育,2008,29(01):30-32.

③ 周湘杰.政行校企专业联盟的深度产教融合研究[J].石河子科技,2020(03):43-44.

④ 罗小玲,傅贻忙,邓昭俊,杨小洁.基于"三位一体"的产教融合联盟体系构建内容与思路[J].现代经济信息,2019(20):333-334.

破口,在全国率先组建高端装备和智能制造等十大产业联盟。① 此外,天津市进一步发挥企业、院校和科研院所的资源优势,本着“服务、合作、创新、共赢”的原则,达成共识,形成合力,政校企行等成员单位之间结成互相协作和资源整合的合作模式,促进校企结成更为紧密的国际化产教融合校企合作纽带,积极服务优化全市营商环境,共同推动区域经济社会的发展,还形成了一批具有区域特色的产教融合联盟。例如鲁班工坊产教融合发展联盟、工业互联网(京津冀)产教联盟,新能源、工业机器人、无人机等海河教育园区九大产教融合联盟。本研究以天津职业教育信创联盟自身建设经验为例,提出产教融合联盟建设的核心原则与建设运行机制。

三、产教融合联盟建设原则与机制探究

(一)职业教育产教融合联盟建设原则

1. 区域性

由于在同一区域内经济社会发展水平、产业结构和文化价值观念具有相同或相似性,“区域性”程度越高,表明该联盟内部各组成部分相互依存、交流、文化同质性、内聚力、行为能力尤其是解决冲突的能力就越高,而随着“区域性”的日益增强,区域内的产教融合联盟将成为拥有自己权利的行为主体。

2. 整体性

产教融合联盟是一个由诸多要素结合而成的有机整体存在并发挥作用的一个集合体,因而要把握联盟的整体情况,还需要了解产教融合联盟的各种组成要素、各个办学机构和管理部门等个体,通过对各个个体的了解,抽象出共性的内容,才能形成产教融合联盟的整体性。

3. 阶段性

由于不同职业教育产教融合联盟所处的经济社会发展水平不同,所在区域职业教育处于不同的发展阶段,因而在建设职业教育产教融合联盟时,要合理地按照区域经济社会发展的阶段或其他标准来进行划分,从而反映不同阶段发展的差异性。

---

① 以赛聚引人才 搭建应用场景 提供孵化服务 海创赛获奖项目与十大产业联盟对接[J].求贤,2021(11):24.

4. 综合性

职业教育产教融合联盟是一个综合体,需满足联盟内各经济社会组织各方面的需要,培养企业和社会所需要的多种类、多层次的人才。此外,产教融合联盟应使联盟内各个成员单位形成有机联系,为联盟所在区域或行业的经济社会发展提供全方位服务。

(二)联盟建设过程中各主体的角色定位

1. 政府层面

政府的角色是从政府主导、统筹管理迈向政府推动、多元治理。政府作为政策出台部门,着力健全需求导向培养机制,提高企业参与的积极性,运用好市场作为资源配置的决定性力量,处理好有效市场和有为政府的关系。例如各级部门应把产教融合联盟作为落实结构性减税政策、鼓励社会集资支持职业教育发展和企业参与办学的动力源泉,助推产教融合联盟落地,引导企业与学校、研究院所形成命运共同体。全社会各合作主体间明确"权、责、利",建立"四链合一(教育链、人才链、产业链、创新链)"的产教深度融合运行机制,形成"共同利益"的联盟共同体,提升产教深度融合发展的效度,推动社会经济高质量发展。

2. 学校层面

学校要完善现代学校制度,加快治理结构和治理能力的现代化步伐,建立学校、行业、企业、社区等共同参与的学校理事会或董事会,作为产教融合的协调机构,协同多方利益主体之间的关系。加快构建产教融合、专兼结合的"双师型"教学团队。注重教师的教育教学与专业实践两者能力的配合。基于产教融合联盟,更加广泛地学习相关技能和开展科研,从而不断提升高职教师的"双师型"素质。学校与企业优势互补,共同组建优质教师、技术达人和企业专家的教学科研创新团队,彼此互相学习、互相渗透、相互帮助,达到人力资源共建共享共荣,发挥产教融合联盟的最大优势。

3. 企业行业层面

企业行业参与产教融合联盟需构建提供符合行业企业用人标准的技术技能人才培养体系,为相关行业企业培育技能型人才、培养和输送专业技术人才。企业行业应主动参与联盟内部的培养体系构建,利用联盟共同培养机制解决企业员工文化基础和职业素养的培训问题。形成企业员工培训的系列课程,包括通用职业素养课程、职业素养仿真教学视频、职业素养实训平台、技术素养课程等体系化职业素养教育资源。建立行业人力资源需求预测和就业状况定期发布制度,及时发布行业人才需求信息。参与制订人才培养方案和指导教育教学改革、开展技术技能人才评价和承担职业技能等级鉴定等职责,将产教融合以及融合过程的合作创新,作为企业发展的重要新兴力量。

(三)职业教育产教融合联盟机制探索

天津电子信息职业技术学院基于信息技术类专业特色,定位于服务"云计算、大数据、物联网、人工智能"新一代信息技术产业链中高端技术应用发展,将产教融合、校企合作为发展主线,牵头成立了天津职业教育信创联盟。该联盟是在自愿、平等、互利、合作的基础上,结成的跨行业、开放性、非营利性的合作组织,聚焦信创产业链细分领域,以"服务、合作、创新、共赢"为宗旨,以校企合作促进创新发展为主要任务,把握云计算、大数据、物联网、人工智能与产业革新带来的战略机遇,推动成员间资源的开放和共享,打造产、学、研、用多元的协同创新发展平台,力争形成产教联盟全国示范平台,为京津冀协同发展、"一基地三区"建设、信创产业发展提供高素质技术技能人才支撑,促进教育链、人才链与产业链、创新链的有机衔接。产教融合联盟运行机制由学校、企业、科研机构等共建联盟理事会,学校教师承担基础课程教学,企业工程师承担技术课程教学,并共同带领学校教师、学生开展相关研究,让学院教师提高技术创新应用能力,让学生在"研中学",充分理解产品的设计理念、技术要求、检验标准及企业管理文化、团队协作精神、绩效意识等,提高学生将知识资源转化为知识资本的能力,同时促进了企业产品研发的开展和教师专业能力的提升。

1."四融合"产教融合联盟建设机制

坚持"产教融合、校企合作、工学结合、知行合一",深入探索校企供需对接和流程再造,提出并构建形成"团队融合、环境融合、项目融合、管理融合"的"四融合"校企协同产教融合联盟运作模式,有效地激发了企业参与校企合作的积极性和主动性,实现校企良性互动,为产教融合共赢发展探索出一条新的路径。

2."四层面"职业教育产教融合联盟管理体制

天津职业教育信创联盟从校企协同机制、岗位行动规范、流程质量监控、职业行为导向等四个层面,完善与之配套的管理体系,制定形成合作模式、组织协作、过程实施、标准控制、质量评价、诊断改进、供需服务、反馈调控等各项管理体系内容。在联盟建设过程中,教师是连接学生与人才、学校与产业、技术服务与行业企业等的关键枢纽，对建成一体化的职业教育产教融合联盟起着桥梁和纽带的作用。

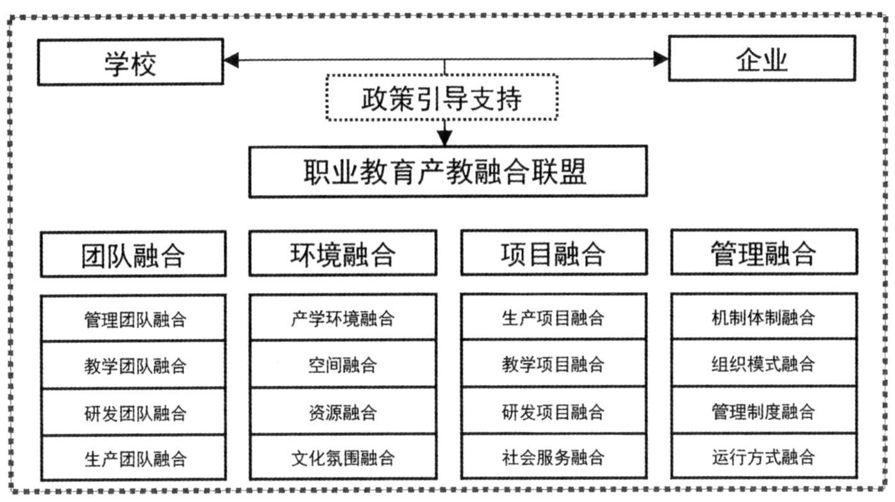

图 70-1 “四融合”职业教育产教融合联盟建设模式

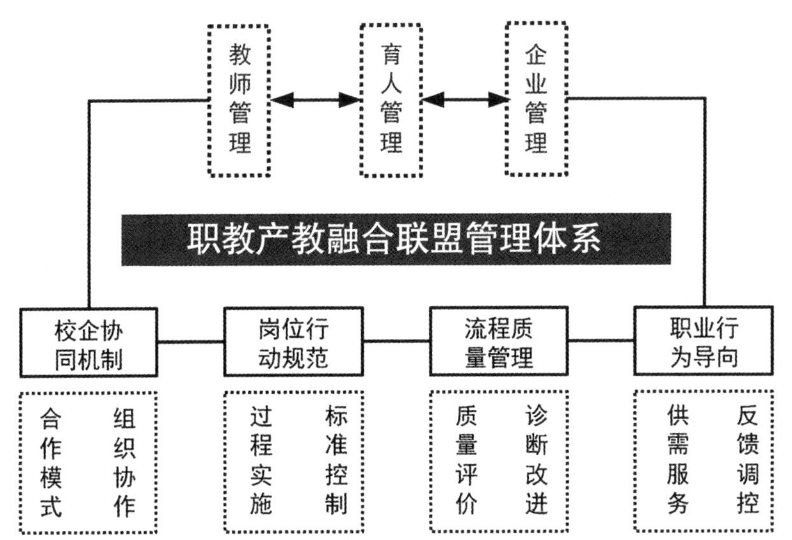

图 70-2 “四层面”职业教育产教融合联盟模式管理体系

（课题承担单位为天津电子信息职业技术学院，课题主持人为李平，执笔人为曹晨宇。课题组成员：焦鹏昊、屈金星、陈力。）

第七十一章　校企共建“双师型”教师培养培训基地

从中央到地方，对职业教育教师培养培训工作一直都很重视，但与新时代国家职业教育改革发展的新要求相比，职业教育教师队伍还存在着数量不足、来源单一、校企双向流动不畅、专业化水平偏低等问题。通过校企共建“双师型”教师培养培训基地来提高教师教育教学能力和专业实践能力，是职业教育教师队伍建设的一项紧迫任务。

一、有关校企协同“双师型”教师队伍建设的政策文本梳理和解读

党的十八大以来，党中央、国务院推出了一系列职业教育改革发展的重大举措，将“双师型”教师队伍建设作为建立现代职业教育体系的核心战略要点。2017年底，印发的《国务院办公厅关于深化产教融合的若干意见》，首次提出校企“合作建设‘双师型’教师培养培训基地”。2019年教育部印发《全国职业院校教师教学创新团队建设方案》，指出推动院校与企业形成命运共同体，共建高水平教师发展中心或实习实训基地，在人员互聘、教师培训、技术创新、资源开发等方面开展全面深度合作、促进“双元”育人，切实提高复合型技术技能人才培养质量。同年教育部等四部门印发《深化新时代职业教育“双师型”教师队伍建设改革实施方案》，从专项政策的角度集中对“双师型”教师进行政策规划，提出“建立校企人员双向交流协作共同体”，鼓励校企共建教师发展中心，在教师和员工培训、课程开发、实践教学、技术成果转化等方面开展深度合作，推动教师立足行业企业，开展科学研究，服务企业技术升级和产品研发。

2021年中办、国办印发的《关于推动现代职业教育高质量发展的意见》，再次强调强化双师型教师队伍建设，明确指出：“支持高水平学校和大中型企业共建双师型教师培养培训基地，落实教师定期到企业实践的规定，支持企业技术骨

干到学校从教,推进固定岗与流动岗相结合、校企互聘兼职的教师队伍建设改革。”这里所说的校企共建“双师型”教师培养培训基地,正是本研究所要尝试回答的问题。

二、校企共建“双师型”教师培养培训基地的实践与研究成果综述

“校企共建”指职业院校与行业龙头企业共建“双师型”教师培养培训基地,以提升职业院校教师专业技术技能为主要目标,并由学校和企业共同建设和管理。在企业内开展教师培训,由企业提供设备场地、技术骨干、培训方案等要素;同时在学校内开展企业职工知识培训,使教师培养培训基地既是一个教师培训的平台,又是一个校企深度合作的平台。

通过校企共建“双师型”教师培养培训基地,意在打造专兼结合的“双师”型教学团队,建立健全企业兼职教师和校内指导教师的选拔、培养、考核、激励制度,通过校企互相挂职锻炼的形式,既要求学徒制的专业指导教师到合作企业学习,让教师真正到学生的工作岗位中实际操作,学习企业的相关技术要求和标准,并将其转换成教学讲义和课件应用到教学中;又要聘请合作企业的师傅作为学校的兼职教师,到学校来听课、讲课从而提升教育教学能力。校企间的密切合作与优势互补形成创新型、复合型人才培养的强大合力,使得企业全程参与教育教学课程体系建设,真正实现专业设置与产业需求对接,课程内容与职业标准对接,教学过程与生产过程对接,提高人才培养质量和针对性,打通技术技能人才培养和成长通道,推动校企深度融合。

以天津轻工职业技术学院为例,学院贴近“一带一路”倡议、京津冀协同发展和天津市功能定位需要,深化教师队伍建设改革,建立了教师发展专家智库和“双师型”教师培训基地,发挥专业群领军人才作用,组织实施高层次人才“引培计划”、骨干教师“提升计划”和青年教师“育苗计划”,打造结构合理、梯次递进、类型鲜明的专业群建设带头人队伍和“双师型”结构化教师教学创新团队,先后与瑞士 GF 集团、德国卡尔蔡司公司等企业合作,建立了教师培养培训基地,在专业技术技能人才培养上形成共同体,在校企战略发展上相互依存。与此同时,学院分别与行业龙头企业共建了 5 个具有混合所有制特征的二级学院,共同培养高端技术技能人才。与企业共同开展横向科研教研,“双师型”教师团队开发的产品获得了第十八届中国国际模具技术和设备展览会精模奖二等奖等多个奖项,学院教师的技术服务能力显著增强。同时,企业与学院携手“走出去”,培养

更加适合产业要求的技术技能人才,服务于区域经济的发展和国际化发展需要。

三、校企共建“双师型”教师培养培训基地的对策建议

(一)加强相关理论研究

在系统研究和全面掌握国内外有关校企融合、双师培养、协同创新等相关理论的基础上,梳理国内相关法规制度,依据《中华人民共和国职业教育法》《国家职业教育改革实施方案》《深化新时代职业教育“双师型”教师队伍建设改革实施方案》《关于健全完善新时代技能人才职业技能等级制度的意见(试行)》《全国职业院校教师教学创新团队建设方案》,深入分析职业教育、企业、科技、产业等相关领域校企融合协同“双师型”教师队伍培养的成功实践经验,为校企共建“双师型”教师培养培训基地的实施奠定坚实的理论基础。

校企共建“双师型”教师培训基地不同于普通的教师培训基地。“双师”是职业院校教师的特点,既需要相关专业知识和技能,又需要教育教学的知识和技能,与之相应的既包括教学方法手段的创新,又包括专业知识和操作技能的创新,因此具有“双创”特征。借鉴学习型组织理论,基于产教融合型实训基地的创新建设经验,校企共建“双师型”教师培训基地既要融入职业教育的特点,分析清楚职业院校“双师型”教师培养的内涵、基本特征、功能价值、构成要素、治理结构、运行机制等,又要深入了解校企协作存在的困难和障碍,剖析成因,为构建有效的运行机制提供事实依据。

(二)对合作企业的遴选与管理

校企共建双师培训基地,在合作企业遴选过程中应紧密对接学院专业,原则上可参照产教融合型实训基地建设标准进行遴选,也可根据行业发展现状考虑以下三个层次:一是行业龙头企业,牵头或参与国际、国内产业最新规范标准的制定,具有规模及技术积累;二是高精尖技术企业,优势在于某项技术居于产业高端,拥有国内一流技术工艺,具有良好的成长性;三是技术成长型企业,规模虽然不大,但教师可以深度参与并充分对接区域服务项目。

校企共建“双师型”教师培养培训基地的管理,应在现代大学的治理结构下,实现行业引领、学校主导、权责对等、运行顺畅。行业技术协会可允分发挥行业引领作用,整合行业优质资源,及时向学校提供国内专业领域最新、最先进的标准和数据;引进世界水平的产品、标准、技术和工艺,协助建设“虚实一体”校

内实训基地；行业领先企业可以发挥他们在行业内研发、生产、销售一体化优势，开展贴近行业的“双师型”教师培养，通过他们所拥有的国内一流的装备、研发、检测等为校企联合培训提供生产实践支持；学校专业群将强力发挥主导作用，整合各方优势资源，引领该行业“双师型”教师培养培训，通过培训基地的建设使产教、校企合作更加紧密、信息更加畅通、权责更加清晰、运行更加合理、管理更加科学，增加专业的核心竞争力并为企业提供有力的技术服务以及专业人才培养的支撑。

（三）制订基地运行制度

在教师培养培训方面，校企之间既有共同的目标，又有各自的利益，需要建立有效的运行机制来实现整体目标，包括建立决策机制、沟通协调机制、利益共享机制、约束机制、发展机制等五大方面。决策机制主要解决建设培养的重要大问题，建立由校企双方共同负责的集体领导机构；沟通协调机制，指通过有效的沟通，避免重复研究，研究解决实施过程中出现的各种问题；利益共享机制包括经费或资源的分配、人才的使用、成果的署名使用等涉及共同体相关利益；约束机制包括两方面的内容，既要明确各自的任务，按时保质保量完成任务，又要时刻保持相互负责的工作关系，建立起人人负责的工作机制；发展机制就是既要保护每位教师的知识、技能、创新能力的充分发挥，又要促进校企双方合作与创新能力的发展，促进教学、技能、创新能力之间的协同等。

（四）完善基地考核与评价

校企协同实施“双师型”教师培养培训，需要对培训结果进行评价。参加培训的教师应坚持立德树人根本任务，全面落实国家相关文件要求，聚焦产业、行业领域最新技术，以创新发展为内生动力，以产教融合校企合作为抓手，以职业教育发展及专业建设为契机，从“双师、双能、双创、双语”四个维度，聚焦校企协同打造师德高尚、技艺精湛、锐意进取、国际视野、凝聚力强、专兼结合的高水平结构化双师型教师团队。教师个人通过培训，应在人才培养、教育教学、能力提升、科学研究和技术服务等方面取得一定的成效。培养培训考核将从教师的能力提升、课程体系重构、教学模式创新、课题研究项目四个方面进行综合打分，同时考核培训基地的机制体制建设和典型经验总结。对参与培训的教师考核评价包括：多渠道、多途径提高教师能力水平，方案完整可实施，教师能力提升显著；模块化课程体系构建及相关配套教材开发；项目式、行动导向式等新教法的研究与应用;科研项目研究的成果产出及转化情况。

(五)推动基地可持续发展

2022年新修订的《中华人民共和国职业教育法》,对企业举办职业教育的政策导向、学校属性、财政投入、收费标准、师资建设等做出了具体规定。未来教育管理部门将落实"金融+财政+土地+信用"组合式激励政策,建立产教融合政策执行落地情况的监测机制,探索发展职业教育产教服务型组织。这样能使校企协作实施"双师"培训基地具有可持续发展的基础。在校企层面,深度挖掘双方需求,尝试接受企业以资本、技术、知识、设施、设备、场地和管理等要素参与办学;支持企业设置专职或者兼职实施职业教育的岗位,深度参与职业学校专业设置、教材开发、培养方案制订、质量评价、实习实训基地建设全过程;鼓励行业组织、企业等与职业学校共同开发理实一体化课程和活页式、工作手册式等新形态教材和数字资源,并进行动态更新。通过非资金形式,满足企业在增强行业影响力、增大技术技能人才聘任等方面要求。同时,建立有效的校企决策机制,通过校企共建"双师型"教师培训基地领导小组,明确企业和学校在合作共建中的职责、权益,定期召开工作推进协调会,解决基地运行中所遇到疑难问题;制订相关规章制度、落实具体组织、畅通沟通渠道。共同对培训教师的需求、师资安排、培训内容、培训过程、培训评价进行管理,为培训基地的运行管理解决资源共享、信息交换、业务访问、业务集成等问题。

(课题承担单位为天津轻工职业技术学院,课题主持人为姚嵩,执笔人为姚嵩、侯俊芳。课题组成员:侯俊芳、崔立鹏、孙艳、郭瑞华、王欣、孟宪阳。)

第七十二章　校企共建"双师型"教师企业实践基地

"双师型"教师是职业院校教学质量的基本保障,"双师型"教师企业实践基地则是"双师型"教师培育培养的摇篮和孵化器。因此,研究校企共建"双师型"教师企业实践基地的建设目标和运行机制,具有重要意义。

一、教师企业实践基地建设相关政策梳理

有关教师到企业实践的最初文件,是2005年《国务院关于大力发展职业教育的决定》(以下简称《决定》)。该《决定》首次提出要"建立职业院校教师到企业实践制度",明确指出"专业教师每两年必须有两个月到企业或生产服务一线实践",这让职业院校教师到企业参加实践锻炼活动从笼统的教师培训中剥离出来,成为一种制度。

为有效调动企业参与职业院校专业教师企业实践的积极性,2010年《国家中长期教育改革和发展规划纲要(2010—2020年)》中就提出,要"制定优惠政策,鼓励企业接收学生实习实训和教师实践,鼓励企业加大对职业教育的投入"。2011年教育部、财政部联合发布的《关于实施职业院校教师素质提高计划的意见》中明确指出:"中型企业要承担高职院校专业教师企业实践任务"。

2016年教育部等七部委正式印发《职业学校教师企业实践规定》,将职业院校专业课教师企业实践时间由"每2年不少于2个月"调整为"每5年必须累计不少于6个月",同时明确规定"没有企业工作经历的新任教师应先实践再上岗"。首次提出要"遴选一批共享开放的示范性教师企业实践基地,引导职业学校整合校内外企业资源建设具备生产能力的校级教师企业实践基地,逐步建立和完善教师企业实践体系"。至此,本研究的对象"教师企业实践基地"正式提出,且后来在各个相关文件中被陆续提及。2019年教育部等四部门发布了《关于公布首批全国职业教育教师企业实践基地名单的通知》,将教师企业实践基

地建设向前大大推进一步。

二、已有相关实践及研究成果综述

为了分析高职教师企业实践现状，本课题组通过问卷星制作调查问卷，对天津市16所高职院校及滨海新区2所中职院校进行了较为全面的调查，并结合各位专家、学者的相关理论研究，针对职业教育教师企业实践所取得的成绩进行总结和分析。

（一）体系框架已初步建立

目前，关于职业院校教师企业实践的文献非常多，但研究职业院校教师企业实践基地建设的相关文献少之又少。课题组在中国知网首页，分别以“教师企业实践”和“教师企业实践基地”为篇名检索词进行检索，结果分别为1177篇和40篇，但当我们以“教师企业实践基地建设”进行检索时，仅检索到3篇相关文献。

虽然国内各专家学者对教师企业实践基地建设的研究文献比较少，但国家对此非常重视，从2005到2021年，平均每年出台一项政策。在政策法规的积极促动之下，可以判定已初步形成职业教育教师实践体系框架。

（二）观念层面已认识到位

虽然专家学者对“教师企业实践基地建设”的研究文献不多，但大家对有关“教师企业实践”的探讨一直没有停止。通过对诸多专家的观点梳理总结，以及对周边兄弟院校的调查，发现大家对教师企业实践基地的重要性认知高度一致。

比较有代表性的当属周琦玮的观点，他认为集中到企业进行实践活动，是提高职业院校教师专业实践能力、建设“双师型”教师教育教学创新团队的有效途径。[①] 随着信息化的快速发展，教师们最熟悉的授课方式已远远不能满足当前职业教育发展的需要。加强教师企业实践基地建设，提升教师实践教学水平和能力显得尤为迫切。

（三）三级框架格局已初步形成

2019年教育部等四部门发布了首批全国职业教育教师企业实践基地名单，

---

① 周琪玮. 高职院校教师企业实践基地建设的调查与分析[J]. 职教通讯,2019.

表明经过多年的改革与发展，已初步形成院校级、省部级、国家级等三级实践基地格局。

三、校企共建"双师型"教师企业实践基地的探索——以天津滨海职业学院智能制造专业群为例

国家在大力发展高职教育的同时，对高职教育的师资培养也提出了更高且不断更新的要求。为响应国家实施职业院校教师素质提高计划建立 100 个"双师型"教师培养培训基地，落实教师 5 年一周期的全员轮训任务[①]，天津滨海职业学院凭借独特的地理优势，主动服务区域经济发展，以智能制造专业群建设为抓手，联合周边规模及以上企业，先后建立了四家"双师型"教师企业实践基地，并扎实开展相关工作。

（一）借力产业学院，校企共建"双师型"教师企业实践基地

1. "双师型"教师企业实践基地建设，合作共赢是前提

从利益相关者角度说，企业作为"核心利益相关者[②]，如何实现合作共赢是校企长期稳定合作的前提。天津滨海职业学院创新实践基地平台载体，通过推行"1+1+N"人才培养模式，借搭建产业学院平台为抓手，拓展校企合作渠道，完善校企深度合作机制，校企共建"双师型"教师企业实践基地，实现"协同创新，合作共赢"目标。

天津滨海职业学院为促进智能制造专业群下的设机电一体化技术、电气自动化技术、智能焊接技术、工业机器人技术以及电子信息工程技术等五大专业的可持续发展，先后与天津重钢机械装备股份有限公司、天津港保税区先进制造职业技能公共实训中心、中国石化第四建设有限公司、中国海洋石油股份有限公司等四家企业，签署了"双师型"教师企业实践基地建设协议。

2. "双师型"教师企业实践基地建设，校企共建是关键

天津重钢机械装备股份有限公司企业实践基地是学院组建的第一家"双师型"教师企业实践基地，除了考虑地域优势、专业对口、企业规模、企业意愿等因

---

① 国务院. 国家职业教育改革实施方案[S]，国发[2019]4 号.

② 槐福乐，郎铎，任梦. 高职教师企业实践的现状及调节措施[J]. 长沙航空职业技术学院学报. 2020(6)，19-22.

素外，关键的一个因素就是该公司是天津市滨海职教集团理事长单位、天津市中小企业协会主任单位，其下的资源为校企双方后期稳定合作奠定了坚实的基础。从校企合作共赢的角度，学校有需求，企业有意愿，再加上企业领导有情怀，让这项合作顺利开展起来。

3. “双师型”教师企业实践基地建设，细化管理是保障

为了避免校企合作流于形式或者被架空，天津滨海职业学院智能制造学院同中国石化第四建设有限公司结合校企双方意愿，搭建了合作框架，梳理了详细的合作内容。校企共同成立项目管理领导小组，结合校企双方实际需要，采用列清单方式，实行项目、责任人、督办人网格化管理，通过责任到人，提升工作效率。

表 72-1　智能制造产业学院校企合作项目清单

序号	合作项目	学校联系人		企业联系人		预计完成时间	备注
		姓名	联系电话	姓名	联系电话		
1	申报全国职业教育教师企业实践基地						
2	共建技能竞赛孵化基地						
3	师傅带徒弟，技能大师培养年轻教师						
4	订单班学员入企业培训并入职						
5	共同培育选手参加××××杯比赛						
6	建立教师实践流动站						
7	新生安全教育（岗位认知实习）						
8	合作建立企业大师工坊						
9	校企联合开展技术及工艺研发项目						
10	研究制定×××××专业人才培养方案						

续表

序号	合作项目	学校联系人		企业联系人		预计完成时间	备注
		姓名	联系电话	姓名	联系电话		
11	组建学徒制班,开展现代学徒制人才培养						
12	共同开发课程资源、教材						
13	共建校外实训基地,把课堂搬进企业						
14	建立智能焊接协同创新中心						
15	共同建立职工技能培训基地						
17	共同组建智能制造职教集团(联盟)						
18	1+X 职业技能等级证书取证、培训						

清单是校企双方经过多轮反复磋商确立的合作项目,体现了双方的需求,细化了双方的职责和义务,让合作切实可行。

(二)深化内涵建设,完善教师企业实践管理制度

1. 瞄准教师实际需求,做好实践内容精准对接

依据公司的的优势项目及行业产业地位,确定对口专业。中石化第四建设有限公司是一个拥有 60 年发展历程的中国石化直属大型驻津央企,结合该企业优势,对接我校智能焊接技术、电气自动化技术两个专业教师的相关培训。海洋石油工程股份有限公司是中国唯一集海洋石油、天然气开发工程设计、陆地制造和海上安装、调试、维修以及液化天然气、炼化工程为一体的大型工程总承包公司,结合该企业优势,对接学校机电一体化技术、电气自动化技术两个专业教师的相关培训。天津滨海新区先进制造职业技能公共实训中心由天津港保税区管理委员会建设,建筑面积近四万平方米,教学总使用面积近二万平方米,可同时容纳 1160 人实训学习。结合该企业优势,对接学校机电一体化技术、电气自动

化技术和工业机器人技术三个专业教师的相关培训。天津重钢机械装备股份有限公司是一家面向国际从事非标机械装备和高端钢制品加工制造的一家高新技术企业，结合该企业优势，对接学校智能焊接技术、机电一体化技术、电气自动化技术等三个专业教师的相关培训。

在企业实践内容方面，学校一般会根据教师自身的需求，在实践的内容上尽可能将专业、课程与企业生产实践工作相结合，分析职业岗位能力要求，把握专业发展方向，了解从事的专业和教授的课程与目前企业的实际需求之间存在的差距，通过企业实践弥补教师自身专业技能存在的不足，提高对职业标准、专业标准和课程标准的认识，有助于教师将更多的企业真实项目和需求引入课堂，真正实现专业与产业、职业岗位对接，专业课程内容与职业标准对接，教学过程与生产过程对接，培养出符合产业发展、企业需求的高端技能型人才。

2. 对接专业建设需要，创新教师企业实践模式

为进一步拓宽教师多元化、多渠道的培养途径，提升教师专业实践能力，天津滨海职业学院制定了《教师赴企业实践锻炼管理办法》。学校通过效能、对口及计划等原则，将实践模式划分为到企业进行顶岗作业、去生产一线指导学生实习、挂职锻炼、短期培训等四种方式。在薪资保障上，规定凡经批准脱产到企业实践锻炼的教师，实践锻炼期间，视同完成满绩效教学工作量，按标准发放奖励性绩效工资。

（三）强化激励机制，多种形式对接教师企业实践培养

1. 校企双方分工负责，学校实行两级管理

在每年度实习前，学校人事部会提前下发教师企业实践的工作通知。各二级学院根据本学院教师实际实践需求，结合各产业学院情况，统筹做好规划计划，并对教师企业实践前、实践中以及实践后期等各个环节、整个过程，做出统筹安排。为充分保障教师的合理合法权益，落实教师的待遇，学校将教师企业实践环节纳入绩效考核、职称评定、“双师型”教师认定等范畴。完成学校内部的审批及其他环节后，二级学院结合前期和对应企业的沟通意见，签署学年度教师企业实践合作协议，明确双方的责权利。

结合学院实际要求，各企业专门负责人与二级学院对接人、实践教师等一起，对本次教师企业实践的具体内容进行细分和布置，参与实践的教师每天要到企业负责人处报到，沟通实践过程中出现的具体问题，并由企业联络员负责协

调、沟通、处理,实现全过程的管理和监督。

2. 做好基层调研,严格准入机制

教师企业实践面向的是全校教师,不同的教师处在不同的发展阶段,其目标各有不同。为最大程度地调动教师参与企业实践的积极性,二级学院每年都会深入基层进行调研,了解教师企业实践的需求,对不同年龄、教龄及专业能力的老师,予以区别对待。在选派教师参加企业实践准入机制上,二级学院一般都要结合现有实训基地情况,指定对口企业实践,围绕教师的教学内容和实际需要开展企业实践,实现与岗位的对接,尽量避免教师自行联系企业。

3. 采用项目驱动,加大教师企业实践的时效性

学校和企业在制定教师企业实践内容时,一般都要与教师所从事的专业和研究方向保持一致。这样,既有利于教师的教学工作,又有利于教师的专业发展。实践内容要具体,具有较强的针对性。有时可能是几位教师同时到一家企业进行实践,但学校和企业会根据教师各自的实际情况,区别对待。刚入职的青年教师一般会安排其基于认知企业目的的项目内容,主要是对企业生产进行认知观察,开展调研、分析明确企业对高职院校人才的需求。对于有一定实践经验的教师,会安排其基于实践能力提升的项目内容,针对具体设备进行操作和使用,提高教师的动手操作能力和解决问题的能力。对于实践经验丰富的资深教师,一般都安排其基于社会服务能力提升的项目内容,重点与企业对接,开展项目的研究与推广。

4. 加强过程监管,实现管理常态化和周期性

实行全过程监管。学校每年都派一名教师专门负责教师企业实践工作,定期到企业了解实践教师在企业的实践表现,定期和企业专门负责人进行信息沟通,监督落实教师企业实践计划的完成。教师要填写企业实践记录,形成教师个人企业实践的个人档案。企业管理员在日常管理中,对参训教师不能"特殊照顾",要按照对待企业自身员工的标准,来约束实践教师的行为规范。对教师实践全过程的出勤、实践工作表现、实践过程中出现的问题等做好记录,最终对实践教师进行相应的考核评定,并将过程记录、考核结果及时反馈给学校。

5. 实行多元考核,确保教师企业实践的实效

每年教师实践结束,校企双方即启动"企业+学校+教师"多方联动考核的方式。企业作为第一主体,对实践教师实践过程进行量化考核,考核内容主要包括教师实践期间的出勤率、实践态度、实践内容的难度、实践的工作量、技能掌握的

熟练程度、职业素养情况等,形成总的评价得分。学校一般会结合教师的个人成长情况和对专业建设的贡献两个维度,对实践教师进行量化考核,考核的内容包括教师在企业实践的内容、岗位和专业及课程的契合度、教师掌握的职业技能、对生产工艺流程的熟悉度、对新技术开发的掌握以及对企业管理流程的熟悉度等方面。教师本人一般要对自己在企业实践的情况进行总结,生成企业实践报告作为自评得分的一部分。

(课题承担单位为天津滨海职业学院,课题主持人和执笔人为陈天祥。课题组成员:杨怡婷、曹月、张妍、解广娟、王磊、李钦红、王继成。)

第七十三章　依托企业建立示范性教师企业实践流动站

职业院校教师普遍缺乏实践经验，这样的教师队伍自然不适应职业教育高质量发展要求。以产教融合的思路，建立有效、可行的教师企业实践流动站，是值得探索且解决这个问题的重要路径之一。

一、相关政策文本的梳理

国家一直重视职业院校教师参加企业实践活动，在若干重要文件中反复强调这一点。如2017年国务院办公厅印发的《关于深化产教融合的若干意见》指出："加强产教融合师资队伍建设。支持企业技术和管理人才到学校任教，鼓励有条件的地方探索产业教师（导师）特设岗位计划。探索符合职业教育和应用型高校特点的教师资格标准和专业技术职务（职称）评聘办法。推动职业学校、应用型本科高校与大中型企业合作建设'双师型'教师培养培训基地。完善职业学校和高等学校教师实践假期制度，支持在职教师定期到企业实践锻炼。"

2019年国务院印发的《国家职业教育改革实施方案》再次指出："建立健全职业院校自主聘任兼职教师的办法，推动企业工程技术人员、高技能人才和职业院校教师双向流动。""完善企业经营管理和技术人员与学校领导、骨干教师相互兼职兼薪制度。"这里明确指出了校企教师双向流动和相互兼职兼薪问题。

同年教育部等四部门印发的《深化新时代职业教育"双师型"教师队伍建设改革实施方案》进一步指出："加大政府统筹，依托职教园区、职教集团、产教融合型企业等建立校企人员双向交流协作共同体。""建立校企人员双向流动相互兼职常态运行机制。发挥央企、国企、大型民企的示范带头作用，在企业设置访问工程师、教师企业实践流动站、技能大师工作室。"这里明确提出了设置"教师企业实践流动站"的问题。

2020年教育部等九部门印发《职业教育提质培优行动计划（2020—2023

年)》,将“教师企业实践流动站”建设任务具体化,提出:“培育数以万计的产教融合型企业,建立覆盖主要专业领域的教师企业实践流动站。”该文件特别提出,依托国有企业、大型民企建立1000个左右示范性教师企业实践流动站,是本次提质培优行动计划的重点任务之一。这样,如何建设教师企业实践流动站,正是本研究所要探讨的问题。

二、已有相关实践和研究成果综述

(一)国内职业院校的相关举措

根据教育部等九部门《职业教育提质培优行动计划(2020—2023)》中提出的“依托国有企业、大型民企建立1000个左右示范性教师企业实践流动站”的具体要求,我国众多高职院校迅速开展了设立“教师企业实践流动站”行动,并积极向教育部申报教师实践流动站试点建设单位。据2021年4月15日消息,本次共有131个申报主体,共计216个单位提交建站申请,首批获批89个申报主体。

这方面有代表性的事例有:2021年5月11日,湖北三峡技师学院汽车运用与维修、数控技术应用专业现代学徒制开班暨“教师企业实践流动站”授牌仪式在学院艺术中心举行。2021年5月8日,成都农业科技职业学院发布消息,该校与四川铁骑力士集团、成都逸田生态农业科技有限公司开展教师实践流动站模式的探索研究和建设试点并挂牌成立“教师企业实践流动站”。2021年4月3日,武汉软件工程职业学院发布消息,格力电器(武汉)有限公司领导来校访问,与该校举行“教师企业实践流动站”“企业工匠访问站”签约授牌仪式。

(二)国内相关研究

有论者认为,定期到企业实践是职业院校教师提升专业技能的必要途径。制约我国教师企业实践的主要障碍是法律制度、工作机制、条件保障和供需矛盾,建立教师企业实践流动站制度为突破这些瓶颈提供了一条新路子。为此,必须对企业实践流动站的功能定位、制度可行性和政策框架进行系统研究,开展政策制度框架顶层设计和路径规划。①

① 王克杰.建立教师企业实践流动站制度架构与可行性分析[J].职教论坛,2017(23):5-8.

（三）国外相关经验

美国职业教育教师培养体系的模式较为成熟，其中纽约州的“成功学徒计划”（SVA）具有代表性。该项目旨在把部分优秀职业高中的毕业生培养为职教教师，包括教师教育课程、企业实践和教学实习三部分，以此为纽约市成功招募并保留了一批年轻的高质量的职业教育教师。这一做法对我国职业技术师范教育和职业教育教师的在职培训有一定的借鉴意义。

德国已经建立了完善的职业教育“双师型”教师培养体系，集中表现在完善的教师在职培训网络、独具特色的师资校本培训、高度融合的校企合作培训以及完备的外部制度保障等方面。与德国相比，当前我国“双师型”教师队伍建设还存在对“双师型”概念的认识不清、校本培训的优势发挥不足、缺乏企业的有效参与、法律支持薄弱等问题。

三、依托企业建立示范性教师企业实践流动站的对策建议

（一）教师企业实践流动站的普遍性问题

高职院校的专业教师绝大多数是高等院校毕业生直接进入高职院校的，普遍不具备企业实战经验。由此才提出让专业教师进入企业实践流动站工作锻炼的问题。现在的困难也是普遍存在的，主要表现在以下几个方面：

1. 教师企业实践活动流于形式

教师缺少企业实践这个问题历来存在，所以出台了以产教融合为核心的一系列指导性政策。例如前文所引述的“推动企业工程技术人员、高技能人才和职业院校教师双向流动”“发挥央企、国企、大型民企的示范带头作用，在企业设置访问工程师、教师企业实践流动站、技能大师工作室”等。各院校也制订了相应的教师企业实践制度，但由于种种原因，执行起来基本是流于形式。

2. 合作各方缺乏实质性动力

首先是教师没有动力进行真实的企业项目实践，因为缺少经验根本无法按质、按量、按时完成相应的实践任务，特别是要达到产品级项目的技术要求，必须付出大量的时间与精力去学习与实践，还要放下身段从最基础的简单项目做起，这是大多数教师所抵触的。

其次是企业不太欢迎这种敷衍的实践行为，本来企业就没有太过富余的工

位及生产资源，还要安排一些干不了实际项目的教师占用资源，如果管理不好，还会影响正式员工的生产与工作。

最后是很多职业院校对教师有工作量要求，且工作量考核往往只考核课时量，而企业实践只是考核的附加项，并不计入工作量，这样去企业实践只能在课余时间安排，大多数专职教师为了完成企业实践任务只能敷衍一下。

3. 各管理部门之间政策不统一

在教师企业实践问题上，各部门制定的政策并不一致，执行中往往发生矛盾。例如，教育部等机构的政策是支持高校教师、科研单位的科研人员到企业兼职的，甚至支持技术入股，但有些地方将职业院校的教师等同于公务员要求，不得兼职兼薪，导致职业院校教师甚至院校领导无所适从，很多改革项目难以落地。

4. 校内师资力量不足

各高职院校普遍存在专职师资数量不足，而兼职教师待遇过低。兼职教师待遇低导致职业院校无法聘请到高水平且经验丰富的技师、专家。为了保障教学质量，很多专职教师都在超负荷工作，没有更多的时间与精力去企业实践。如果安排部分教师整时间去企业实践，会出现部分课程没人上的局面。

（二）解决问题的路径与方法

建设教师企业实践流动站是解决当前教师企业实践困难的有效办法，但要把这个办法落实到位，必须采取相应配套措施。

1. 建立校内教师与企业技师的交流轮换机制

无论是教师企业实践流动站还是教师企业实践基地，短期走马观花似的实践形式不会有任何实质效果，所以教师必须以月为单位进入企业顶岗实践，较理想的时长为 3 至 6 个月，甚至更长。然而原本校内教师就短缺，教师长时间进入企业，缺少校内教师的问题就会更加严重，比较理想的路径就是实行交流轮换机制，即教师下企业，企业派优秀技师进校代课，但这需要满足各方利益才能真正落地。

2. 满足各方利益，实现合作共赢

针对不同的教师要有不同的利益安排，首先是态度积极的这部分教师，要明确他们在实践活动中所创造的价值可以获得相应的报酬，这样也可以调动部分态度消极的教师转变为积极态度。

企业的根本目标是获利,在获利的基础上完成一些公益事业,是锦上添花,所以与企业不能只谈奉献不谈利益。如果不减少企业现实收益并且能够为企业培养后备员工,计划实施后总体上收益大于现有收益,企业会愿意积极配合。

从企业技师这个角度,单纯的兼职教师制度难以请到有经验有实力的企业导师,因为现有制度下给兼职教师的课时费普遍偏低;如果是企业派遣,或者学校能够给予教师不低于企业的待遇,则这个问题可以解决。

3. 多部门联合出台指导性文件

本文所讨论的示范性教师企业实践流动站已经有教育部层面的指导性文件,并且是最近阶段提质培优行动计划的重点任务之一,但是在市省级相关管理机构没有出台有效的细则之前,是不太可能真正落地的。真实的产教融合必然牵扯各方利益,需要相关部门出台明确的指导细则,才能完全落地。

(三)示范性教师企业实践流动站的建设与运行的基本思路

一是市教委会同各行政区区政府以及市人社局、工信局、财政局等多部门联合出台指导性文件,明确项目建设的必要性及对区域经济发展的促进作用,确保项目实施过程中没有相关部门的政策冲突与阻碍。

二是依托国有企业、大型民企建设教师企业实践流动站。国有企业、大型民企可以保障流动站可持续运行,减少因企业变化产生的存续风险,可以提供业内主流、典型及多样性的工作岗位供给教师进行实践。

三是基于多方共赢的合作原则进行建设,只有参与建设与运营的各方均有实质性所得,才能产生内在驱动力,保障项目真实落地并可持续运行。

四是以专业群专业方向为目标,选择相关产业内的典型性企业开展合作建设。例如,天津滨海职业学院数字创意专业群,选择国家动漫产业园为目标企业,国家动漫产业园内入驻的多家数字创意类企业,可提供丰富的专业相关岗位供教师选择,经磋商,签订教师企业实践流动站项目合作协议,投入相应资金,为教师企业实践营造相应的软硬件环境。

五是负责项目执行的二级学院负责人、学科带头人及专任教师与企业相应部门负责人、技术人员进一步磋商运行内容与细节。如校内教师在了解企业项目的实施流程与规律后,可担任什么岗位的具体工作,在实践过程中如何利用自身的理论优势帮助企业提升项目品质与生产效率等。制订针对企业技术人员的培训计划,让实践经验丰富的企业技术人员初步掌握人才培养目标、学情、教学规律及课堂组织方法等教学知识。明确人事管理、考核评价、奖惩激励等相关制度,明确项目启动时间、周期、双方参与人员,形成具体执行方案。

六是教师企业实践流动站要有具体的可操作的运行方案。根据教师企业实践流动站执行方案,校内教师进入企业顶岗实践,进一步掌握企业项目具体流程与细节要求,完成相应的工作任务,在有一定实践经验后,协助企业完成技术研发、设备改造等增值项目。企业技术人员进入课堂,向学生传授专业知识与工作经验,将企业真实项目带入课堂,指导学生按真实项目要求完成项目实践。一个交流周期结束后,按人事管理、考核评价、奖惩激励等相关制度进行考评与奖励。然后根据执行方案启动下一个运行周期,更替循环,形成良性闭环。

(课题承担单位为天津滨海职业学院,课题主持人和执笔人为赵塘滨。课题组成员:王建枝、景丹、李欣、陈婷婷、王一夫、陈为宁、林占欣、侯庭卓、王欣、王超、孙羽、刘蕴涵、崔凯。)

第七十四章　职业教育集团实体化运作

职业教育集团实体化运作是深化产教融合、校企合作,激发职业教育办学活力,促进优质资源开放共享的重大举措。在现有的制度体系框架下,亟须探索出具有中国特色的职业教育集团实体化运作路径,为职业教育高质量发展提供支撑。

一、有关职业教育集团实体化运作的政策文本梳理

关于职业教育集团实体化运作的政策依据,首先是2019年教育部发出的《关于开展示范性职业教育集团(联盟)建设的通知》。该通知提出了到2020年初步形成300个左右的示范性职业教育集团(联盟),要求这些示范性职教集团(联盟)必须有特色、成规模,具有可借鉴、辐射和带动作用,在全国或省域内、行业内产生重要影响;优先支持一批紧密对接国家重大产业发展的大型职业教育集团,支持跨区域实体化运作的职业教育集团。2020年教育部在《关于公布第一批示范性职业教育集团(联盟)培育单位名单的通知》中提出:"待培育期满后,将组织统一认定500个左右实体化运行的示范性职教集团"。

2021年中办、国办印发的《关于推动现代职业教育高质量发展的意见》再次提出:"鼓励行业龙头企业主导建立全国性、行业性职教集团,推进实体化运作。"

上述文件精神表明:职业教育集团要大力推进建设步伐,而职教集团实行实体化运作是改革方向。

二、职业教育集团实体化运作现状与原因分析

通过分析我国当前一千多家职教集团的实际情况,能够在整体上作为独立法人的职教集团只占极少数。通过全国职业教育集团化办学统计与公共服务平台数据分析,可以看到:

第一,绝大部分职教集团由职业院校牵头成立,极少数职教集团由职业学校的上级主管企业集团或行业协会牵头成立,基本由理事会或者秘书处管理,尚未建立完善的多元合作、集团化办学的实体化运作体系。

第二,在职教集团内部管理上,绝大部分都是松散型的联盟型的以章程为纽带的共同体,相应的资产管理制度、考核奖励制度、定期交流制度、成员加盟与退出制度等均不健全,从客观效果上看不到实体化运行的特点。

之所以出现这种普遍性的问题,主要有两个方面的制约因素:

一是在法规政策层面,国家相关部委出台的关于职教集团的指导性文件,虽然明确鼓励和支持职教集团向实体化方向运行,但还仅限于政策层面的意见建议,缺少对职教集团法律主体的明晰界定,至于对职业教育集团的地位、运作权限、业务范围以及职教集团实体化办学中各行为主体的责任、权利、义务等均缺乏明确的规定。更为困难的是,因为职教集团实体化必然涉及国有或公有资产的保值增值或流失问题,公办职业院校负责人作为领导干部的兼职兼酬问题,特别是,国家已有相关法规政策对职教集团跨地区冠名、政府等公有部门参与职教集团实体活动等均有限制性规定。由此决定了职教集团不可能比照公司治理模式,实现以符合市场化要求的自主经营、独立核算、承担风险等为基本要求的实体化运作。

二是运行机制层面,受相关法规政策缺失的影响,各职教集团的章程、制度都是自搞一套,有的职教集团虽有内部制度也执行不力,有的职教集团甚至没有集团运行的制度设计,这就很难保证职教集团的可持续运行。一般来说,以校企核心利益为基础的合作各方"利益链"的形成,才是职教集团实体化运行的生命力之所在。当前,各种职教集团在章程中明确规定了参与集团的主体原产权不变。这就必然对校、行、企之间人员、资产、管理的有效整合带来不利影响,职教集团只能是一种松散型的联盟共同体,不可能真正形成实体化的运行机制,也就难以将职教集团化办学"优势互补、资源共享"落实到位,职业教育集团实体化运行也就只能停留在一般性号召之上。

三、职教集团实体化运作的一般要求与案例剖析

一般来说，实体组织应当具有独立法人资质或产权，具有一定的治理架构、运营机制及运作环境，具有依托社会、自我管理、可持续发展的绩效衡量。这一内涵特征界定将实体化的职教集团与松散型职业教育组织联盟区分开来：以“独立法人资质或产权”“绩效衡量”等特征表明其内在的“市场化属性”，即所有集团成员基于独立经营、利益共享、风险共担的法人治理机构与制度化运行方式，通过实体化的项目开发与运营，向市场提供职业教育项目服务或产品。

根据我国现行法律法规和党纪政纪要求，将整个职教集团注册为独立法人，在短期内还不可能全面实现。在这种情况下，职教集团建设多在“实体化”上下功夫，而不是停留于集团在整体上是否为统一实体这一固化思维上。换个思路：如果将职教集团的组成部分做实做好，则整个职教集团在事实上达到了实体运行效果。在这方面，本课题组所在的天津医学高等专科学校牵头的天津卫生职业教育集团，是一个有效的典型案例。

天津医学高等专科学校牵头建设天津卫生职业教育集团，作为国家示范性职业教育集团培育项目，针对卫生职业教育对健康产业发展需求供给局限；医学教育投入成本高、办学效益低，多元投入、合作办学范围局限；卫生职业教育东中西部发展不平衡、资源共享局限的问题，学习借鉴德国、澳大利亚等国家产教融合、跨区域协作发展理论，较早提出“多层面实化”的职教集团实体化运作思路；创新设计“全方位集聚”的职业教育集团实体化运作治理结构；系统制定“项目化运营”的管理制度和评价机制，以“利益”为纽带，以“项目”为载体，通过体制机制建设，破题现有国有资产管理、人事管理制度障碍，形成产教融合、区域协同的集团化办学实体，为职业教育集团特别是公办职业院校为主体建设单位的职业教育集团实体化运作提供系统的解决方案。

1. 多层面实化，解决卫生职业教育与健康产业发展需求不适应的问题

天津卫生职业教育集团从指导层、决策层，执行层到基础层分层实化，层层推进、落实与卫生健康产业及其相关主管部门的对接，从指导、决策、执行、基础各个层面上进行产业要素与教育要素的对接，实现产业链、教育链、创新链、人才链紧密相连。

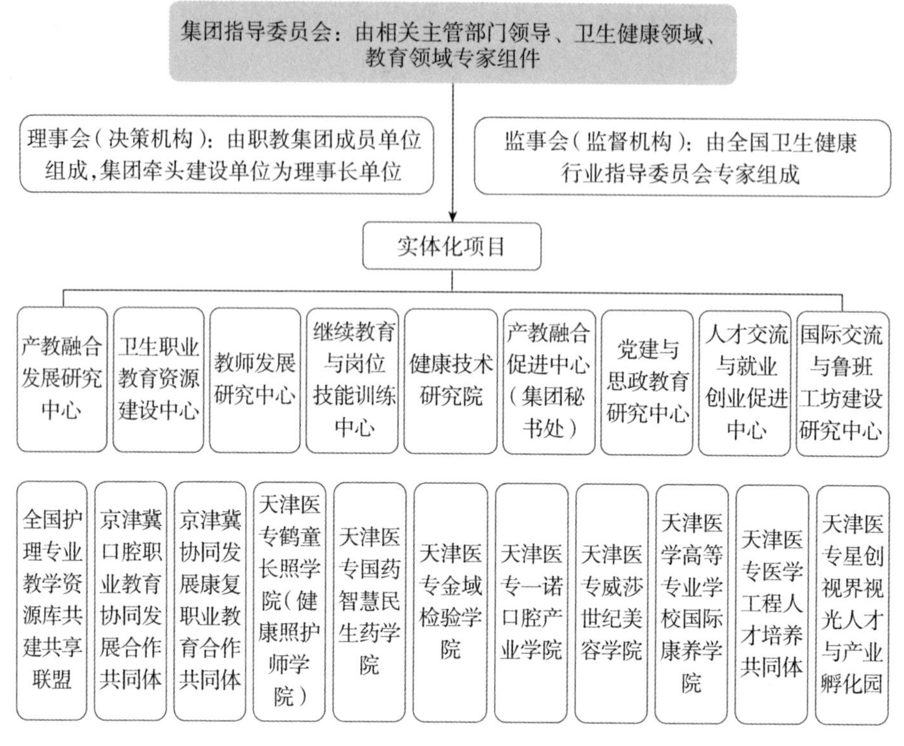

图 74-2　分层实化的天津卫生职业教育集团组织架构

2. 全方位集聚，解决卫生职业教育资源东中西部不平衡、共享度低的问题

围绕卫生职业教育产教融合发展关键要素，在实体化运作执行层搭建课程资源建设中心、产教融合促进中心、大学生创业就业促进中心等 9 个职能中心，与学校 9 个职能部门合署办公，在各个关键要素上全方位集聚，引导实体化项目开展跨区域合作，通过资源建设、师资培训、学生大赛、定向帮扶等促进校际交流，促进优质资源共建共享。

3. 项目化运营，解决卫生职业教育投入成本高、办学效益低的问题

对接健康中国战略和卫生产业发展需求，学校在集团框架内，以“专业群”为单元，以“利益链”为纽带，依据产业、企业发展需求，建立 6 个产业学院、1 个协同创新中心（健康技术研究院）、5 个共同体联盟，以“项目”为载体，通过协

议、章程等法律文书，对实体化项目的投入、运行以及人权、事权、财权等加以规范。探索基地共用、设备共享、师资共培、资源共建、标准共研，合作办学、合作育人、合作就业、合作发展新模式，有效提升学校办学活力，提高育人质量。

这种以"利益"为纽带，以"项目"为载体，从基层的项目做起，把项目做实，通过实体化的项目运行实现整个职教集团的实体化运作，能破解现有国有资产管理、人事管理制度障碍，实现产教融合、区域协同的集团化办学实体的思路与国家政策的有效契合。

四、职业教育集团实体化运作建议

(一)规范职业教育集团实体化运作的治理体系

职业教育集团一般按指导、决策、执行、落实四个层次构建治理体系：设立由政府部门、行业组织参与的集团管理委员会(指导委员会)，并成立相应的基层党组织，突出党建引领；成立理事会(董事会)和监事会，作为集团最高决策和监督机构；建立由集团秘书处直接领导和协调的专门办事机构，包括教学、科研、师资、资源、招生就业、财务以及咨询等实体性工作委员会(专业委员会)；各参与集团单位独立或通过实体化项目(如产业学院、协同创新平台等)落实集团的决策和年度工作计划。

(二)推进以项目为载体的实体化运作模式

建设集人才培养、团队建设、技术服务、就业创业等功能于一体的产教融合平台，并融入区域产业发展，推动平台以产业学院、协同创新平台、生产性实训基地等项目为载体，从虚拟走向实体化，职业院校以优质办学资源及智力资源参与实体化运作。职业教育集团各组成单位以独立主体依法依规参与集团活动，履行实体化办学义务，享有相应的收益等权益。

(三)建立职业教育集团实体化运作效益分配机制

对应治理体系，完善指导、决策、执行、落实等环节日常工作机制。建立年度质量报告制度和评价反馈机制。制定专门制度保障各参与单位的利益诉求得到实现。在集团内部建设的生产性实训基地，由各参与单位提供技术、资金、管理等投入，获得收益由各单位按出资比例公平分配。对深度参与产教融合、校企合作，在提升技术技能人才培养质量、促进就业中发挥重要主体作用的企业，按照规定给予奖励;对符合条件认定为产教融合型企业的,按照规定给予金融、财政、土地等支持,落实教育费附加、地方教育附加减免及其他税费优惠。

(课题承担单位为天津医学高等专科学校。课题主持人为张彦文,执笔人为马菲菲。课题组成员:郭巧云、刘洪亮、曾昭全、张妤、周琳滨、刘芳、薛梅、许有华、李媛媛、张秀丽、方嘉珂、刘宏、王平、刘雁飞、董玉舒。)

第七十五章　技工教育联盟组建办法

天津市一些优质技工院校在技能人才培养上取得了突出成绩，为区域经济发展提供有力的技能人才保障。但在发展过程中也存在着专业技术更新不及时、行业产业信息不对称、师资力量薄弱、资金投入不足、实习实训设备场地资源受限等问题，亟须通过走联盟（集团）化发展道路，整合各方资源优势，为技能人才培养高质量发展注入动能。本研究的内容就是技工教育联盟组建问题。

一、有关技工教育联盟组建的政策文本梳理

2022 年人社部印发的《推进技工院校工学一体化技能人才培养模式实施方案》指出，要努力扩大校企合作工作面，大力推动校企合作建设，探索组建区域性、行业性等多类型技工教育联盟（集团），积极组织产业龙头、行业头部企业、区域性代表企业力量，以推进工学一体化培养模式为纽带，以技师学院为枢纽，加强互助合作，形成整体优势。

在此之前，已有多份文件提出组建技工教育集团（联盟）问题：2020 年教育部等九部门印发的《职业教育提质培优行动计划（2020—2023 年）》中首提打造 100 个左右技工教育集团（联盟）。2021 年人社部等三部门印发的《关于深化技工院校改革大力发展技工教育的意见》提出，支持集团化办学、引企入校、企业办学等多种校企合作模式，将校企合作开展情况纳入技工院校评价体系；积极探索组建区域性、行业性等多类型技工教育联盟，打造 100 个左右技工教育联盟（集团）。2021 年人社部印发《技工教育"十四五"规划》也提到打造"100 个左右技工教育联盟（集团）"。这些都是从全国范围讲技工教育集团（联盟）组建要求的，我们要认真领会，积极落实。

二、技工教育联盟组建的相关实践和研究成果综述

近些年，技工教育联盟（集团）在全国范围已稳步发展起来。2000 年，苏州

成立首个跨行业、跨部门的区域性技工教育联合集团。2009 年，河南省人社部门批准，以专业领域作为组建核心，建立了 9 个技工教育集团，以此带动全省技工教育规模化、集约化发展。2012 年，青岛市人社局根据产业布局发展需要，组建了 4 个技工教育集团。

2021 年，技工教育联盟更是雨后春笋般崛起。2021 年 9 月 28 日，由淄博市技师学院发起、由淄博市人社局牵头组建的淄博市技工教育集联盟正式成立。2021 年 10 月 15 日，潍坊市技工教育联盟成立。2021 年 12 月 3 日，由阜阳技师学院、芜湖技师学院、六安技师学院、蚌埠技师学院、安徽理工技师学院等 5 家单位联合发起的安徽省技工院校联盟成立。2021 年 12 月 30 日，由广东省粤东技师学院发起的粤东地区技工教育联盟成立。

未来，技工教育联盟的发展将呈现出更强劲的发展势头。2022 年，《山东省技工教育"十四五"发展规划》强调了"十四五"期间，全省将发展 15 个左右地域性、行业性技工教育联盟。山东将积极推动以区域优质技工院校、龙头企业、大型企业为主体组建技工教育集团，实行共同招生招工、共商专业规划、共议课程开发、共组师资队伍、共创培养模式、共建实习基地、共搭管理平台、共评培养质量、共促实习就业。

技工教育集团化办学成效比较突出的是青岛市。本课题组以青岛海洋技工教育集团为例，通过分析该集团的组建情况、办学模式、管理体制、运行机制等，为本研究完成准备条件。

（一）青岛海洋技工教育集团运行的基本情况

青岛海洋技工教育集团隶属于山东省国有资产投资控股有限公司，集团以青岛海洋高级技工学校为核心，与山东中鲁远洋渔业股份有限公司、中国水产集团总公司、青岛远洋运输公司、淄博柴油机厂、北海船舶重工等企业结合，在产权、隶属关系等不变的情况下组建的合作式技工教育集团。①

1. 办学模式

青岛海洋技工教育集团选择项目合作型作为集团组建和运行方式，以青岛海洋高级技工学校为核心，以项目合作为纽带选择合作主体，建立起"四步"工作法，构建了程序严谨、确保实效的海洋技工教育集团项目化运行机制，激发集团成员参与动力，增强集团成员凝聚力，促进集团成员深度融合，推动全方位的

① 张巍. 青岛市技工教育集团化发展初探[J]. 中国科技投资，2012(27)：83.

共建共享。

第一步:提出合作项目。学院作为第一需求人,根据专业需求对接行业和企业需求的原则,从七大类合作项目中确定所需项目作为合作选项,确认该项目实施会填补学院所缺、弥补专业所需、获得企业认同。

第二步:寻找合作对象。各专业带着确定的项目调研行业企业、院校、科研院所,寻找合作单位。

第三步:达成项目协议。根据双方洽谈结果,学院与合作方签订项目合作协议,签约单位同时承认《青岛海洋技工教育集团章程》,成为青岛海洋技工教育集团的一员,各自履行义务和职责。

第四步:开展项目建设。合作双方共同成立项目建设工作领导小组,下设办公室,确立项目负责人。学院和合作方共同制定《项目运行管理办法》,使项目能够持久发挥效能,并不断改进和提升,做到共建共享。①

2. 管理体制

青岛海洋技工教育集团理事会是该集团的领导机构,负责集团章程修订、年度计划和中长期规划,批准加盟会员,召开集团年会。

集团下设"海洋技工教育集团校企合作办",与教务处合署办公,是校企合作执行机构。青岛海洋技工教育集团理事会构成分类明确。投资 1 至 2 个合作项目或一星级项目(10 万元以上)为成长型合作伙伴,是集团的理事会员;投资 3 个合作项目或二星级项目(20 万元以上)为紧密型合作伙伴,是集团的常务理事会员;投资 4 个以上合作项目或三星级项目(30 万元以上)为核心型合作伙伴,是集团的副理事长会员。理事长由青岛海洋技师学院院长出任,秘书长由教育集团校企合作办主任(教学副校长)兼任。②

3. 运行特点

青岛海洋技工教育集团成立以来,创新了一种"以项目为纽带"的教育集团的新模式,探索了一条"四部曲"工作法的集团运行机制,全面开展多领域、多层次、立体式校企合作,形成规模适度、结构合理的发展格局,提高了技工教育服务产业结构调整与转型升级的能力。其运行特点主要有:一是核心突出——集团

---

① 王佐恺. 以项目为纽带的青岛海洋技工教育集团模式建设及运行机制探索[J]. 职业,2015(12):14-16.

② 王佐恺. 以项目为纽带的青岛海洋技工教育集团模式建设及运行机制探索[J]. 职业,2015(12):14-16.

以学校为核心组建,不是以行业企业主导。二是目的明确——集团成员为校所用。学校不是随便选合作伙伴,而是以学校发展规划为原则。三是项目运作——集团运行的载体是项目。集团不是产权型,也不是契约型和混合型,而是纯粹的项目合作型,不做没有项目的校企合作。四是机制有效——运行机制有效。制定有效的制度,确保集团化运行和校企合作的有序进行。[①]

(二)青岛海洋技工教育集团对天津市技工教育联盟组建和运行的可借鉴性

青岛海洋技工教育集团按照学校专业发展的需要,实行"以项目为纽带"的教育集团发展的新模式,调整优化现有资源,建立政府主导、行业企业共同参与的体系,就产学研开发、人才交流培养及实训基地合作建设等内容开展长期合作。这种运行模式为天津市组建技工教育联盟提供了很多有价值的参考。

1. 建立统一专业建设平台

联盟将在专业建设方面商定统一的培养目标、专业开发方案、教学计划、教材选用、实训要求和考核评估标准的情况下,推动联盟内技工院校规范化教学,全面提升人才培养质量。

2. 建立统一招生就业平台

联盟推进院校、企业联合招生,实现招工即招生、入企即入校、企校双师共同培养。

3. 建立统一培训鉴定平台

面向联盟院校师生、企业职工、社会人员开展职业技能提升培训和技能鉴定工作,为行业企业发展提供优质人力资源支撑

4. 建立统一技能人才创新发展平台

整合联盟资源,深度参与企业技术创新和研发,培养竞赛选手,参与国家、世界技能大赛,推进科技成果转化。

5. 建立统一监督评价制度

制定完备的监督评价制度,保障技工教育联盟的有序运行,提升办学质量与效益。

---

① 王佐恺.以项目为纽带的青岛海洋技工教育集团模式建设及运行机制探索[J].职业,2015(12):14-16.

三、天津市技工教育联盟组建办法的探索

目前，天津市技工院校组建或参与联盟建设的意识尚未形成，缺乏整体规划，尚未形成成熟综合性或专业性的技工教育联盟。津南区人社部门正在积极探索依托海河教育园区技工教育院校集聚优势，建立“津南区技工教育联盟”，整合公立技工院校与私立技工院校发展上的优势资源，提高技能人才培养的质量，为服务区域经济发展提供技能人才支撑。本研究旨在探索天津市技工教育联盟的组建办法，从概念界定、性质、任务、组织机构与运作上进行设计与规划。

（一）概念界定

1. 联盟性质

天津市技工教育联盟是在天津市人力资源和社会保障局指导下，以培养现代技术技能型人才服务天津市社会经济发展为目标，以平等互利为基础，以校企合作为重点，以校际合作、校企合作和工学结合为主要形式，由具有独立法人资格的技工院校和企事业单位、行业协会、职业技能培训机构、咨询机构按照自愿原则组成的非营利性的技工教育协同发展联合体。联盟自身不具有事业单位法人资格，合作各方原有的隶属关系、单位性质、管理体制、经费渠道、人事关系、法人权利等保持不变。成员单位在学校办学合作、专业设置及调整、招生就业、职业技能培训和鉴定、竞赛培养、师资队伍建设、实习实训基地建设、教学信息及人才信息资源共享、产教结合及校企联办等方面开展紧密合作，以达到各成员学校合作的“共赢”，实现共同发展。

2. 联盟宗旨

以联盟为平台，适应天津市产业化与信息化发展的需要，通过整合技工教育资源，形成整体优势，突出专业特色。以提升高技能人才培养质量为目标，不断提高技工院校适应市场的竞争力和提升技工院校发展的综合实力。通过加强校际合作、校企合作、学校与行业协会、科研机构、培训机构等合作，优化技工教育资源配置，形成以院校为主体、以企业和行业为依托的多元化的技工教育办学体系，实现资源共享，整体提高技工院校服务企业和行业的能力。充分发挥群体优势、组合效应和规模效应，打造天津市技工教育品牌，提升技工教育综合实力，服务天津市经济社会发展，打造全国技工教育联盟标杆。

(二)天津市技工教育联盟建设任务

1. 共建特色专业

联盟院校成员间通过互相学习和借鉴专业设置、课程开发、教学管理、课堂授课等方面成熟经验,发挥技工院校现有专业优势,促进专业区域特色的形成,培育具有地方特色的优势专业。联盟可对院校成员申报新专业提出指导建议以及评审,对专业建设与行业发展的有效对接提出建设性意见。联盟可每年选择若干特色专业学科进行互帮互学,促进院校间专业优势互补。

2. 共育师资力量

探索建立联盟院校师资信息库和师资培训基地,通过校际优秀教师互兼互派、顶岗交流、练训结合等方式,开展院校间师资共同培养工作,拓展师资培养的合作渠道等方式,探索企业技术能手任教带徒的长效机制,提高师资培养的针对性、实用性和有效性,加快联盟院校骨干教师培养,提升师资队伍整体素质。

3. 共筑服务平台

联盟成员单位广泛开展调研、考察、政策研究、学术交流等各项协作活动,促进各技工院校间的对话与协作,为技工院校转型发展和职业教育创新实践提供指导、交流。共建联盟院校招生和区域化就业平台,打通专业技能人才招生就业的"出入口",推动技工院校网络化、信息化招生就业工作,实现良性可持续发展,提升联盟成员企业与院校之间订单式、定向式、委托式的培养与人才供给模式内涵与水平。

4. 共创合作项目

搭建科研、竞赛、技能培训服务平台,组建项目研究团队,各联盟成员院校充分利用自身软硬件资源优势,对联盟内有前景的科研课题、产业项目、竞赛培养、技能培训等领域进行技术、管理、梯队搭建。联盟成员在联合申报重大研究课题、开发专业技术服务培训项目、开发世界技能大赛赛项、组织学生进行内部技能比武、联手承接社会培训服务项目、做好区域的技术技能推广转化等方面加强合作,实训基地、培训中心等资源开放共享,扩大服务社会的影响力。

(三)天津市技工教育联盟的机构、职责及运作

联盟实行理事会制与专门工作委员会制。联盟在天津市人力资源和社会保障局的指导、协调和监督下开展工作。联盟设理事大会、常务理事会、秘书处、专

门工作委员会等机构。理事大会是集团最高权力机构;常务理事会是理事大会的执行机构,在理事大会的领导下进行工作;秘书处是联盟的常设机构,具体负责联盟的日常工作事务;专门工作委员会负责专项主题工作研究与政策制定、咨询指导、监督评估等,初期暂设专业建设工作委员会、师资培养工作委员会、招生就业工作委员会、项目竞赛培训工作委员会等 4 个专门工作委员,分别对应联盟四大根本任务。

1. 理事会

联盟成员单位推荐 1 名代表担任理事(原则上由成员单位的主要领导担任),代表其所在单位参加联盟的会议及有关活动,市人社部门相关负责同志任监事。

理事会的职责:制定和修改联盟章程;选举产生和撤销联盟所设的工作机构;根据市人社部门工作报告精神,研究制定联盟年度工作任务与计划;审议常务理事会及各专门工作委员会的年度工作报告;制订联盟规章制度;审议通过联盟理事或常务理事提出的议案;审议和决定联盟的其他重大事项。

理事会的运行:联盟理事会每年至少召开一次会议,需三分之二以上理事出席会议方为有效。如遇特殊情况,可由理事长提议,常务理事会(由副理事长单位和常务理事单位组成)讨论通过后召开临时理事会。在召开理事会期间,理事长因故不能出席时可委托一名副理事长或秘书长主持会议。

理事会和常务理事会实行民主集中制,决议重大问题需经半数以上理事同意方为有效。理事会实行常任理事长制,原则上以联盟倡导、发起院校为常任理事长单位,市人社部门相关领导任常任理事。副理事长、秘书长和副秘书长每届任期三年。特殊情况下可以在届中改任,也可连任。

2. 常务理事会

常务理事会是理事会的执行机构,其成员一般为联盟主体院校、企业、机构等,常务理事人数一般不超过理事人数的三分之一。

常务理事会的职责:执行联盟理事会决议;实施联盟年度工作计划;督促协调各专门工作委员会计划实施;向理事会提交技工教育发展议案;审议和接受新的成员单位;决定理事会召开的时间、地点和审议的主要内容;讨论和决定联盟的有关重要事项。

常务理事会的运行:常务理事会可根据需要定期或不定期召开,在理事会闭会期间常务理事会行使理事会权力。

3. 秘书处

秘书处是联盟的常设机构，为联盟理事大会及其常务理事会的日常办事机构，设在联盟发起院校办公室，各单位推荐 1 名代表担任秘书处成员，原则上为各单位办公室负责人。

秘书处的职责：负责联盟成员的联络协调工作，建立联盟单位校长、办公室主任互联互通系统；完成理事长、副理事长交办的日常工作；收集、发布职业教育人才培养信息和人才供求信息；负责联盟的宣传和有关文档管理工作；负责筹备理事会议和常务理事会议，起草会议文件，撰写工作报告；负责联盟网站维护、运转。

秘书处的运行：由发起单位办公室负责日常运行与信息发布与维护等。

4. 专门工作委员会

各专门工作委员会属于联盟分支机构，对理事会负责，完成理事会安排的各专项工作。联盟暂设 4 个专门工作委员会：专业建设工作委员会、师资培养工作委员会、招生就业工作委员会、项目竞赛培训工作委员会。

各专门工作委员会的运行：根据联盟年度工作报告内容，细化分解工作计划任务，依此开展全年工作，组织协调联盟成员通力合作，推进成员单位积极参与并完成年度工作任务目标，负责实施年度任务开展与落实情况绩效考核，考核结果作为市人社部门对各技工院校绩效考核依据。理事会召开期间同步举行各专门工作委员会会议；理事会闭会期间，由三分之一以上委员提议，可召开专题工作会，商议各类事项。

(四)天津市技工教育联盟的绩效评价

1. 建立绩效评价机制

由于联盟各成员均为独立法人，整个联盟具有松散性，若没有绩效评价机制，各成员之间将失去约束，难以形成合力。由上级主管部门作为评价主体，由联盟理事会作为评审，以评价促发展，促进联盟成员向着共同发展目标前进。

2. 建立绩效评价指标体系

建立组织、行为、制度、效益四类评价指标。

(1)组织评价

主要评价指标围绕成员单位在联盟组织机构中参与情况、人员配置情况、内部机构设置情况等。

(2)行为评价

主要评价指标围绕联盟年度工作任务分解内容设置,涉及成员单位在人才培养、师资培养、专业建设、招生就业、培训竞赛等方面完成实际任务。

(3)制度评价

主要评价指标围绕管理制度、监督制度、投入产出制度等进行。

(4)效益评价

这是绩效评价的核心内容,是对联盟教育发展、经济及社会发展所能做出的贡献的评价,也是反映联盟运行社会效益的重要外在标志,主要评价对教育、产业、社会的贡献度。

(课题承担单位为天津市电子信息技师学院,课题主持人为王喜华,执笔人为田媛媛、张玥。课题组成员:杨毅、赵浩达。)

第七十六章　以产教城融合理念深化传统文化的传承与发展——以天津曲艺为例

本课题以天津曲艺为例，立足天津艺术职业学院曲艺人才培养和专业建设实际，探究产教城融合理念与职业教育有关传统文化专业发展之间的关系，为职业院校传统文化人才培养形成新机制、探索文旅融合新路径、促进城市高质量发展作贡献。

一、相关政策文本的梳理和解读

“产教城融合”的官方提法，首次出现在2021年1月教育部与天津市人民政府共同发布的“关于深化产教城融合、打造新时代职业教育创新发展标杆的意见”中。该文件从职业教育应对接经济结构优化、融入产业高端发展、融入学习型城市建设、融入城市文化建设和人文交流、融入高技能社会发展、建设一流技术技能队伍、加强组织领导七大方面提出二十项指导意见。这表明，在天津经济社会进入高质量发展阶段的时期，职业教育应以“产教城”和“高质量”为关键，以深化产教城融合为主线，以职业教育体制机制改革为重点，支撑天津经济转型服务产业升级、支撑民生改善服务终身学习、支撑天津城市品牌服务国内国际。

将产教城概念融入职业教育创新发展，亦为曲艺的传承与创新发展提供指导和启迪。实际上，随着社会主义文化强国建设的不断推进，对于曲艺在内的非物质文化遗产保护与传承的工作随之不断铺展，尤其是2019年文化和旅游部《曲艺传承发展计划》以及2020年《天津市曲艺传承发展计划》等相关指导性文件的印发实施，更为曲艺人才的培养传承、曲艺资源的保护保存、曲艺展演的繁荣扩大、曲艺研究指导的完善加强等工作作出了强有力的部署统筹和实施保障。根据上述文件精神，天津曲艺的传承与发展有了更加明确的整体性保护理念，曲艺传承与发展的现实途径也得以拓展。

具体来说，“产教城”融合对传统文化（如曲艺）传承与发展的意义、指导与

启迪,可以从如下几个层次来体现:

(一)"产教城融合"理念顺应职业教育高质量教学发展趋势

在新教学理论和新教学技术发展的今天,职业教育不再是灌输简单规则而是通过教学情境化教授复杂知识,即力求通过调动社会的支持性、教师的启发性为学生创设一系列丰富而真实的学习环境,使职业教育不再表现为流于形式的学生活动或表演展示,而是学生的探究性和体验性,最终实现学生的发展与社会需要的契合性。相较于产教融合理念,产教城融合理念更能顺应职业教育高质量教学的发展要求,因为后者除要求职业院校"根据所设专业积极开办专业产业","将学校办成人才培养、科学研究、科学服务为一体的产业性经营实体"之外,还要求其与社会发展相结合,更加强调的是职业教育与专业产业对于城市建设、社会发展的互相作用。毫无疑问,旨在发展学生探究性、体验性的职业教育,能够为学生实现终身教育,建立学习型社会并"提供教育理论的补充和行动空间的延伸"①,是有利于城市建设和社会发展的。从这一意义上看,产教城融合理念,是顺应现代职业教育,包括传统文化教育教学高质量发展趋势的。

(二)"产教城融合"理念有利于推动对传统文化(如曲艺)中人文精神的认知

在这一理念下,教学目标制定者必须从学校文化出发、从企业文化出发、从城市文化出发,积极寻求育人方式。从这一意义上看,产教城融合理念可以推动整个社会,包括学校、企业、师生对传统文化和社会主义文化中人文精神的认知。而在"人文素质教育的弱化已经凸显为高职院校人才培养系统的弱势"②的今天,这一意义无疑更加突出。

(三)"产教城融合"理念为传统文化(曲艺)传承与发展提供更多发展机会

从经济意义上看,产教城融合理念是将传统文化教育与产业、城市相结合,可以擦亮城市名片,提振城市社会知名度和辨识度,带动城市文旅经济,优化城

---

① 邢宇,陈红玉."互联网+职业教育"教学产教融合具身认知载体研究[J].林区教学,2021(06):42-45.

② 陈丽红.以人文素质教育区域化促进产教融合的必要性分析[J].广东技术师范学院学报,2015,36(10):60-63.

市配套设施建设,对于优秀营商环境的构建具有重大意义。同时,在“产教城融合”理念指导下,能够推动学生利用自身能力和实践经验从传统与现实的结合中创新或改进符合社会主义核心价值观、反映新时代新面貌的艺术作品,从而推动整个社会人文性与和谐性的提升。

二、已有相关实践和研究成果综述

“产教城”融合概念,是立足于已有的产教融合、产城融合、城教融合基础上形成的新型职业教育人才培养理论。其中对产城融合理念研究起步较早的如马歇尔的产业集聚理论、佩鲁的增长极理论等。我国学者如李文彬、张昀等将产城融合理念侧重放置于“融合”之上,即“把产业和城市看作一个良性互动的有机整体,从而实现产业和城市协同发展,使产业依附于城市,城市更好地服务于产业”。① 而关于产教融合、城教融合理念的研究略晚,目前对产教融合的理解大致有两类:一是微观层面的校企合作,即育人过程中的生产与教学的融合,如刘俊心指出职业教育的经验总结,是“提高学生创业就业能力的需要”②;一是宏观层面的产业与教育的互动融合,如杨如安、张诗亚所指出的“产教融合应推动教育教学改革与产业转型升级衔接配套”③。对于城教融合理念的理解则相对同一,杨如安、张诗亚指出:“城教融合是城市发展需要高等教育人才供给,高等教育人才需要城市提供保障两者互动共生”④。韩宪洲、李润华指出:“城教融合是以城市为基础、以教育为支撑,实现城市与教育的互动互促”⑤。

当前关于产教城融合的研究,基本上是从宏观到微观多层次地考量各种经济资源在各个使用方向间和不同经济主体间的分配,其目的是达到政企校城的共同利益,正如周吉所述,“产教城三者齐头并进才能加速城市建设、推动产业

① 李文彬,张昀.人本主义视角下产城融合的内涵与策略[J].规划师,2014,30(06):10-16.

② 刘俊心.结合高职教育特色构建产教结合的办学模式[J].教育与职业,2005(36):12-14.

③ 杨如安,张诗亚.少数民族地区高职院校产城教融合的理论基础与实践探索[J].民族教育研究,2016,27(03):77-82.

④ 杨如安,张诗亚.少数民族地区高职院校产城教融合的理论基础与实践探索[J].民族教育研究,2016,27(03):77-82.

⑤ 韩宪洲,李润华.城教融合视野下东京公立高校功能定位与实践探索——以东京都立大学为例[J].北京联合大学学报,2022,36(02):1-6.

升级、实现现代教育”①。然而，由于产教城概念和实践还在探索期，故现有研究中严格意义上以“产教城融合”为主题的学术研究仅10余篇，主要探究产教城融合理论意义和实践路径。如白海力提出天津借助产教城融合新格局，不断实现增强职业教育适应性的重要目标。为了实现这一目标，必须“对接经济结构优化升级需求，必须瞄准国家重大战略，必须立足全面建成技能型社会的要求等，只有这样才能为城市产业转型升级和建设现代化强国目标的实现提供数量充足的高素质技术技能人才、能工巧匠和大国工匠”②；曲彤、刘东岳则提出了“创新合作促进职教高质量发展、积极推进职教体系纵向贯通、构建全面发展的人才培养体系、打造科研平台全面支撑职教发展、技术创新助力区域经济社会发展、职继协同助力高技能社会体系构建等六大理论路径”③。冯春盛、唐薇薇等则指出，虽然近年来产教融合的平台得以在从上到下的层级上建立，但是目前仍面临着“模式大多还停留在依靠政府投资建设，学校管理，存在企业融入不够，学校管理方式简单，对外交流方式刻板等问题，我国的产教城建设正处于探索阶段”④。总的看，现有的研究在微观层面有聚焦校园建设、工作室建设、职教集团发展、城市建设等方面的，但无一聚焦于曲艺文化的传承与发展的研究与实践方面。故本研究拟通过产教城融合理念，以天津曲艺文化积淀及天津艺术职业学院为载体，探究曲艺艺术在新时代新背景下的传承与发展模式。

三、产教城融合理念下曲艺传承与发展的研究与实践

有专家对天津曲艺深入研究后得出结论：虽然天津曲艺整体早就达到曲艺名城的标准，但是目前仍未荣列其中；“天津曲艺不仅是市民文化繁荣发展的结果，也是市民文化的重要组成，实际上，两者是互相进步、互相成就的”⑤。这实际上，体现了曲艺与社会生活、城市文化的互相作用和互相成就，也为天津曲艺

---

① 周吉.产教城融合下艺术设计工作室教学实践探索[J].大观,2021(07):137-138.

② 白海力.夯实产教城融合机制,增强职业教育适应性[J].职业教育研究,2022(03):1.

③ 曲彤,刘东岳.以职业教育产教城融合推动城市高质量发展——天津市打造新时代职业教育发展创新标杆[J].天津教育,2022(13):8-11.

④ 冯春盛,唐薇薇.浅议职业教育“产教城”的概念及国内现状[J].中外企业家,2020(09):160-161.

⑤ 微信公众号津云.「闻鼓论津」变曲艺之乡为曲艺名城,应是天津曲艺发展的大方向[OL].(2019-10-09).

插上产教城融合理念翅膀，助推传承发展、提升城市建设提供了可行的方向。

（一）良好基础及存在问题

从打造曲艺名城的角度，天津具有巨大的基础优势，亦存在着一定的不足。

1. 在政策扶持方面

“传统文化是国家建设与发展的基石。实施中华优秀传统文化传承发展工程，是建设社会主义文化强国的重大战略任务。”①近年来，对于传统文化的保护与传承力度不断加大，各级政府及有关部门相继出台了多项旨在促进传统文化保护传承的政策法规，如 2021 年中办、国办印发的《关于进一步加强非物质文化遗产保护工作的意见》及上文提到的文化和旅游部《曲艺传承发展计划》、《天津市曲艺传承发展计划》等等，这些政策都为健全曲艺保护传承体系、提高曲艺保护传承水平、加大曲艺传播普及力度提供了从中央到地方、从宏观到微观的组织领导、财政支持、人才队伍建设、政策法规保障等方面的扶持与统筹。这是本研究的时代环境基础。

2. 在文化资源方面

从历史发展上看，曲艺是破解天津城市文化的符号。天津自明清以来是北方曲艺的重要发源地和发祥地，具有曲种众多、说唱兼备、艺术精良、传承完备的特点，得天独厚的地理条件和深厚的群众基础，塑造了天津市民积极乐观的精神面貌，亦成为具有鲜明特征的天津城市形象。同时，在中央“推陈出新”和“说新唱新”方针的指引下，天津曲艺的各项工作都走在全国的前列，曲艺创作、曲种创新、曲艺人才接续培养都厚积了天津“曲艺之乡”的传统艺术土壤。曲种繁荣、创新手段众多、群众基础丰厚都为本研究提供了先天的文化环境基础。

3. 在曲艺教育及人才培养方面

天津曲艺的后备力量十分充足。天津艺术职业学院由 1956 年成立的天津戏曲学校及 1986 年成立的北方曲艺学校合并建立，在培养曲艺等传统文化人才上优势明显，被教育部认定为骨干专业、被文旅部确立为“中国非物质文化遗产传承人群研修研习培训基地”，毕业生中多人次获得“中国戏曲梅花奖”“中国曲艺牡丹奖”等。在曲艺人才培养上，有针对性地培养适需对路的文艺人才，与天津旅游集团、天津德云社演艺公司、“开心麻花”等企事业单位建立联合培养机

① 人民日报. 关于实施中华优秀传统文化传承发展工程的意见[N]. 2017-01-26(6).

制，共建共享优质实习实训基地，使毕业生保有较强就业优势。这是本研究的现实基础。

4. 在肯定上述良好基础的同时，也要看到存在的问题

(1)课程教学与用人单位需求存在不一致

随着曲艺行业发展，对曲艺演员的综合素质和能力要求更高，演员不仅要有过硬的专业基本功，还需要不断提升人文素养，结合时代发展需要，创新表演内容和表演形式。此外，还需要掌握一定信息化知识。部分曲艺表演专业毕业生对学校创新教育的满意程度不高，他们认为创新教育通常置于通识教育模块，与曲艺课程的交叉性和融合性不足，在实际工作不能满足其工作需求。

(2)产教城融合理念还不够深入人心

目前，天津艺术职业学院在曲艺教育中会引入一些曲艺名家来校开办讲座，亦联系去天津演艺集团、德云社、开心麻花等企事业单位开展实习实训，但是对于优秀企业导师、工作室、剧团等人士开办讲座分享经验的次数相对较少，在与"城"的融合方面理念传导还不够深入，学生中较少能领悟推动曲艺发展与促进天津高质量发展之间的关系。

(3)政校企三者信息渠道需要进一步拓宽

调研发现，随着学习时长的增长，学生对于通过学校课程所学而获得的对本专业应具备的知识与能力的正面肯定亦同步增长，这说明，天津艺术职业学院在对曲艺专业的理论知识和实操能力的培养是成熟的。但是，学习者中对曲艺专业对应的岗位要求的理解却并不明确，这表明专业设置与产业需求、职业标准的信息沟通渠道还需要进一步畅通。

(4)对曲艺专业课程优化与教育改革的研究还需进一步提升

课题组在对 2020 年及 2021 年作者来源单位为天津艺术职业学院的相关研究进行统计时发现，探究课程优化、教育模式改革的研究占比约三分之一，而其中大部分都围绕思政课堂，对于戏曲曲艺戏剧方向的研究不足 10%。因此，亟须进一步提升对曲艺专业课程优化、教育模式改革等相关课题的研究。

(5)天津曲艺传播的力度需进一步加大

一是对曲艺资源的挖掘和宣传力度极为不足，除相声、快板、京韵大鼓等全国知名的曲种外，还需对天津时调、梅花大鼓等曲种进行进一步的挖掘、整理和宣传；二是曲艺广场和景观小品的建设还需要进一步设计和装置，尤其是缺乏天津曲艺符号与天津地域文化、市民接受方式和审美习惯相契合的文化景观；三是在曲艺展演方面还应该进一步加大支持力度，提升以天津为举办地的曲艺展演

和学术研讨活动的档次和权威,特别是与中国曲艺家协会等建立强有力的合作关系,将一些永久性的奖项奖杯花落天津,从而提升天津曲艺的知名度;四是在培养曲艺人才方面,除现有的与曲苑茶园和一些文化单位等对接外,其他可供曲艺人才实践创新的路径乏善可陈,还需进一步拓宽渠道,形成曲艺大产业链。

(二)产教城融合理念下职业院校曲艺传承与发展策略

1. 建立共享互评平台

在设计课程体系时,要始终将培养目标、课程目标、教学目标保持一致,而要保证三者一致的关键就在于建立其有效的对话、监督和审查体系,为不同目标的设计主体(如学校教务处、学院、任课教师等)提供共享互评平台,在交流和共享中使教学过程中的设计目标和聚焦的内容达成一致。同时,还应该组建由课程专家、行内名人、优秀企业家、文化部门负责人以及学生代表在内的督导队伍,对设计的课程体系进行多方检查,并提出具体的建议和意见。

2. 将创新创业教育与专业教育紧密结合,与理论研究紧密结合,与天津地域特性紧密结合

在产教城融合理念下,要使创新创业教育对曲艺专业学生达到真正效用,就应该建立新的有针对性的创新创业教育体系。一是在课堂模块分类上,避免将创新创业教育沦为单一普通的"知识普及"课程,而是要将创新创业教育与曲艺专业的通识教育、专业技能教育以及实操教育结合在一起,在理论和实践中为学生灌输和培养创新创业知识和技能;二是在内容设置上,曲艺专业的创新创业教育应该关注曲艺展演、曲艺艺术创新、曲艺文化管理相关政策等领域的前沿和发展趋势,引导学生了解曲艺专业发展前景,协助学生明确职业规划和定位。三是在具体实践上,引导学生将自身艺术修养与学科理论研究紧密结合,在指导老师的帮助下,将专业知识引导到进行创业型应用型科研活动。

3. 充分利用新媒体传播的优势和年轻曲艺人才的优势,深度挖掘曲艺价值

吸引更多人喜爱曲艺,塑造更为健康的曲艺生态环境。除了以传统茶园书场为基地,探究文旅结合新路径,依靠现场传播的强大感染力吸引年轻观众的好奇心和兴趣之外,还应该"借助新媒体的立体多元传播生态,扩大网站、广播、手

机 APP、户外显示屏、直播、VR 等多种渠道的曲艺呈现方式"[①]，增强曲艺与观众的体验感，同时，还可以将当下最为流行的影视、书籍、歌曲等艺术形式加以曲艺化改编融合，推动曲艺艺术真正融入社会生活之中，助推曲艺艺术反映时代新风。

4. 开发曲艺文创产品，将曲艺形象和曲艺艺术内涵转化为实际的文化产品

为此，需要做到以下两点：一是高颜值，只有令人眼前一亮又别具一格的形象才能抓住消费者眼球；二是深内涵，曲艺专业的学生已具备系统的理论和表演知识，能够更容易地选择和创作具有鲜明符号特性的曲艺文创作品。

（课题承担单位为天津艺术职业学院，课题主持人和执笔人为李萌。课题组成员：胡亚菊、韩阅扬、孙旭、汤琛、盛书琪。）

① 盛书琪. 曲艺如何"潮"起来，"活"起来？[J]. 曲艺，2022(05)：13-16.

第七十七章　基于“区校联合体”的职业院校服务终身学习体系建设

全民教育与终身教育、全民学习与终身学习问题是关系中华民族能否持续发展与实现民族复兴大业的重大战略问题。在构建服务全民终身学习的教育体系中,职业院校可以发挥重要作用。本研究以课题组所在学校的“区校联合体”实践为例,证明“区校联合体”模式是职业院校服务终身学习的有效形式。

一、有关终身学习政策文本的梳理和解读

2019 年,《中国教育现代化 2035》《中共中央关于坚持和完善中国特色社会主义制度推进国家治理体系和治理能力现代化若干重大问题的决定》(以下简称《决定》)两份战略性、纲领性文件先后发布,均强调终身学习是指导教育改革与发展的统领性理念。尤其《决定》把“建立全民终身学习制度环境”作为教育改革新要求,把“构建服务全民终身学习的教育体系”列为统筹城乡民生保障制度的重点任务,强调这是坚持和完善我国教育制度的总体目标。2020 年 9 月,习近平总书记在教育文化卫生体育领域专家代表座谈会上提出:“构建方式更加灵活、资源更加丰富、学习更加便捷的终身学习体系。”这实际上指出了终身学习体系具有方式灵活、资源丰富、方便快捷的重要特征。

关于职业院校在终身学习体系中的角色定位,2019 年教育部、财政部《关于实施中国特色高水平高职学校和专业建设计划的意见》提出的改革发展任务中,明确高职学校要提升服务发展水平,其中包括“拓展社区教育和终身学习服务”。高职院校服务社区教育的使命进一步得以明确和强化。

2021 年初印发的《教育部　天津市人民政府关于深化产教城融合打造新时代职业教育创新发展标杆的意见》中提出,推广复制“区校联合体”终身学习服务模式,建设市、区、街镇、村居、家五级终身学习支持服务体系。“区校联合体”是对国家关于终身学习的政策从职业院校角度进行的回应,具有鲜明的天津

特色。

同年《市教委等六部门关于进一步推进天津市老年教育发展的意见》中,把老年教育作为我市学习型城市建设的重要内容,纳入我市终身教育体系,并强调要持续打造"区校终身学习联合体"品牌。要求各区与高等院校建立"区校终身学习联合体",推动各类高等院校利用自身优势,因地制宜开展老年教育服务,提升高等院校社会服务能力。天津在全国率先开展"区校终身学习联合体",利用高校的优质教育资源,服务市民终身学习,已成为全民终身学习的品牌项目。

二、关于终身学习的研究与实践述评

全民终身学习体系的主体是为终身学习提供学习机会、学习资源、学习活动等全方位支持的各级各类组织(群体)。社区、社区学院等是全民终身学习体系中的主要载体。目前,各地的社区学院办学影响力不断扩大,已经逐渐成为构建终身教育体系和建设学习型城市的另一支重要力量。

社区学院(也叫社区大学、社区教育学院或区级社区教育中心;在中小城市设立在市级),指的是设立于社区、由地方教育行政机构认可并接受其督导的、主要为所在社区成员提供高等教育、职业技术教育或社会性的文化生活教育等方面服务的教育或培训实体。20 世纪 90 年代中期,我国大城市出现了第一批社区学院。此后,北京、上海等大城市教育行政部门明确提出,要大力推进社区教育培训基地和网络建设,夯实社区教育发展的物质基础,社区学院得以快速发展;虽然经历了近三十年的发展历程,取得了一定成绩,但仍处于初级阶段。目前建设的形式主要有三种:一是独立建设;二是依托已有的成人教育机构并整合其他资源建设;三是依托县级电大并整合成人教育和职业教育等资源建设。其中第三种建设形式在浙江省甚至在全国已成为主流形式。从治理层面看,有行政制、理事会制、董事会制。

很多研究表明,由社区主导的社区教育存在各种局限性。范会芳、黄玉平等指出目前的社区教育供给存在着内容单一、同质化严重的问题。从社区教育内容上来看,教育内容单一,技能教育、职业培训教育、科普教育以及素质教育等教育活动开展频次较少。从社区举办的教育活动类型来看,知识讲座类活动最为常见,无法充分调动社区成员的积极性,居民实际参与率较低。从社区教育师资来看,由于社区教育师资队伍水平参差不齐,教学内容重理论轻实践,导致社区教育表现出更多的形式化、模式化特征。还有研究指出个别社区邀请市场培训机构提供社区教育,但教育方式内容单一、吸引力不够、居民参与意愿不高。①② 李永红研究指出,当前我国的社区学院仍面临着管理归属不明、建设与管理法规缺失、办学自主权不足、专业开办与社区发展联系不紧密、课程设置实用性不强、资金来源不畅等问题。③ 陈新文指出了职业院校建设社区教育学院的管理体制与运行机制缺乏社会性和有效性,融合职业教育理念的社区教育学院机构和人员缺乏职业性和专业化。④

为解决终身学习实践中存在的种种问题,仅靠政府和社区的力量是远远不够的,相关部门要支持、引导多元力量参与,充分发挥社会和市场的优势已成为社会共识。为此,不少学者从教育资源供给的角度提出多种建议,例如,范会芳提出解决社区教育供需矛盾问题,必须从供给导向转变为需求导向,构建需求为本的供给机制,指出高校、广播电视大学、社区学校要充分利用自身的师资和场地设备等资源,发挥学校在社区教育中的独特优势,开发优质课程,构建完备的课程体系,引领社区教育发展。⑤ 陈联记也提出职业教育服务功能不断强化为高职院校深化服务社区教育带来新契机,强调了要重视与政府和社区的沟通,争取对接政策和机制的保障。⑥ 由此可见,职业教育开展社区教育是终身教育体系建设的一种新的实践形式。

"区校终身学习联合体"的提出,则创新了"院校融入"全民终身学习服务模式,它是终身学习体系中的有效形式。刘彦洁概述了天津市从建立"校区终身学习联合体"到"区校终身学习联合体"的实践探索过程,认为从"校区终身学习联合体"到"区校终身学习联合体"的服务区域拓展和创新发展,形成了具有天

---

① 范会芳,张宁. 需求视角下社区教育供给机制的构建——以河南省社区教育实践为例[J]. 成人教育,2021,41(04):23-27.

② 黄玉平,吴挺立,万昭阳. 职业院校与社区教育协同发展的路径研究[J]. 河北职业教育,2022,6(02):11-15.

③ 李永红,陈文轩,蒋志勇,李恬. 地方高职院校社区学院建设的探索与思考——以岳阳职业技术学院社区学院建设为例[J]. 岳阳职业技术学院学报,2021,36(05):1-6. DOI:10.13947/j. cnki. yyzyxb. 2021. 05. 001.

④ 陈新文,周志艳. 职业教育与社区教育融合的实践特征与现实问题[J]. 成人教育,2018,38(10):64-68.

⑤ 范会芳,张宁. 需求视角下社区教育供给机制的构建——以河南省社区教育实践为例[J]. 成人教育,2021,41(04):23-27.

⑥ 陈联记. 高职院校服务社区教育的机遇、挑战与对策[J]. 中国职业技术教育,2020(01):87-91.

津特色的模式,探索出高校继续教育转型发展的新模式。[①] 天津市自 2016 年率先开展"校区终身学习联合体"实践活动,在津各类高校联合区域所属社区,服务社区教育与老年教育。到 2019 年,开展一系列的高校支持服务终身教育体系路径的实践,逐步探索出高校继续教育转型发展的新方向、新思路、新方法,拓展高校继续教育自身结构化调整与转型发展的空间。高校优秀先进的教学资源,"落地"于民,服务天津市学习型城市建设,探索出高校继续教育支持服务地域区属社区教育、老年教育和农民教育的新路径。目前已有 8 个行政区与在津高校建成"区校终身学习联合体",使"院校融入"全民终身学习服务模式得以确立。

三、职业院校服务终身学习体系的"区校联合体"模式

(一)相关概念辨析

1. 成人教育、继续教育与社区教育

成人教育是指有别于普通全日制教学形式的教育形式,它不限年龄、性别,主要由各类成人学校实施。继续教育是面向学校教育之后所有社会成员特别是成人的教育活动,是终身学习体系的重要组成部分。我国成人继续教育学历有四种主要形式,分别是高等教育自学考试(自考)、网络教育(远程教育)、成人高考(学习形式有脱产、业余、函授)、开放大学(原广播电视大学现代远程开放教育)。社区教育,简而言之即以社区全体成员为对象而开展的满足社会成员各种教育需求、培养和提高社区成员的素质、提高社区成员的生活质量、促进社区发展的教育活动。很明显,这三个概念既有联系又有区别。

2. "终身学习体系"与"终身教育体系"

有论者认为终身学习体系就是协调发展并有机联系的各级各类教育与学习活动的总和,构建终身学习体系的根本目标和任务就是增强教育与学习活动的终身性、系统性、整体性、协调性、连通性和灵活性,以满足全民终身学习需求。终身学习体系也是每个社会成员在终身都能够获得学习机会的社会制度建设,需要社会制度、机构、组织、技术等多方面的支持与变革。终身教育体系不是成

---

① 刘彦洁,王建斌. 天津市全民终身学习活动策略与作为研究[J]. 天津职业院校联合学报,2021,23(06):15-22.

人教育、社区教育或者老年教育的别名，虽然这些方面的教育都是终身教育的重要组成部分，需要大力发展和加强。终身教育体系也不是传统的学校教育与成人教育、继续教育、非正式教育等各类教育的简单叠加，而是需要以终身教育思想为指导，重建具有内在一致性、关联性和持续性，使学校和各种教育机构以及广大学习者的潜能都能得到充分开发的新的教育体系。①

3. 区校联合体

本研究中的区校联合体主要是指以城市职教集团为模板的区域型职教集团，发挥天津市中心城区职业院校（成人高校）和政府之间的纽带关系，促进职业教育与成人教育、社区教育、老年教育协调发展，共同服务全民终身学习的有效载体。

综上所述，构建服务全民终身学习的教育体系是教育治理模式的深化和改革，强调体系化思维，重在打通各级各类教育的关节。而职业院校作为教育体系中的重要载体，兼具教育性和职业性的特点，应该可以在构建终身学习服务体系中发挥一定的作用。因此，本研究的终身学习服务模式是指以职业院校和所在区的“区校联合体”为载体，不断发挥职业院校自身优势以及科普、民生类优质特色资源，因地制宜开展社区教育和老年教育服务，从而满足各级各类人群终身学习需求的支持体系。

（二）“区校联合体”模式在终身学习服务体系中的独特优势

1. “区校联合体”模式体现地方治理现代化水平

在终身学习服务体系开放化、融通化、系统化的结构影响下，终身学习体系将突破单向度的学校教育而形成多向度的包含正规教育、非正规教育及非正式学习等具有更大教育场域的教育结构；将突破学校空间而将教育延伸至家庭及整个社会；将突破单一、割裂的教育类型发展现状而形成多序列、系统性、高效性的组合形态。区校联合体模式实现了区域内中心教育机构（职业院校）行使政府职能，将多种教育类型整合，并有计划地将教育延伸至社区和家庭，实现教育治理融入社区治理，大大提升了治理现代化水平。

2. “区校联合体”模式突出了职业学校服务终身学习功能

我国一直实行职业学校教育和职业培训并举，目前要求更加明确。职业培

① 陈乃林．“十四五”时期我国构建终身教育体系前瞻［J］．宁波大学学报（教育科学版），2021，43（05）：11-15.

训也是职业学校教育的重要任务,有助于国家人力资源开发和劳动者终身发展。“区校联合体”模式使职业教育更加充分发挥学校教育的硬件资源和教师资源优势,面向行业企业,走出学校进社区、企业,不断扩大社会培训的范围、种类及时适应社会发展需要,在学习型社会建设中发挥积极作用。

3.“区校联合体”模式将有效扩大终身学习资源供给

区校合作建设终身学习联合体,将进一步盘活高校各类优质学习资源,实现课程、师资、设施、数据等与社区居民全方位共享,建立人人皆可随时随地自主选择、享受个人所需学习资源的“泛在学习”,以更大范围的学习者的获得感、幸福感、满意度作为检验尺度,培养全民终身向学的兴趣和能力。

(三)基于“区校联合体”的职业院校服务终身学习实践范例

1. 区校一体实现社区教育集约、高效发展

本课题组所在的天津城市职业学院是天津市河北区政府主办的社区型高职学院,以“职业教育社区化、社区教育职业化”为办学特色,适应城市生活服务类人才和学习型城区建设需求,为河北区和天津市培养了一大批高技术技能型人才。

2008 年学院以河北区社区教育办公室身份和职责,组织实施区社区教育工作。区社区教育工作办公室设在学院,与学院社区教育与继续教育处合署办公,学院院长担任委员会委员、办公室主任,负责对全区社区教育的具体管理。社区教育工作办公室以制度管理、年度专题会议部署、选树学习典型、项目建设推动为工作机制,组织 10 个街道和有关部门创设社区教育环境,指导 118 个居委会和 80 余个老年社团开展老年教育办学和教育活动。这样的区校共同体管理体制和工作机制,解决了行政隶属条块分割,管理过程中因管理主体不明确出现多头管理和无人管的问题,保证了社区教育的稳定长效,更好地实现每一位社区居民参与社区教育的权利。同年学院开设社区管理与服务的高职专业,与河北区各街道签订了人才培养合作协议,开启了“政校一体、职继协同”服务区域终身学习的实践探索。

职业学院利用其在社区专业发面的优势,探索社区教育的发展规律,激发社区教育新的活力、增强社区教育发展动力、确保社区教育向纵深持续发展作用,不断推动全域社区教育实践创新,形成了项目引领的长效机制。近五年,区校合作共创出 7 项全国终身学习品牌,其中 1 项获得“特别受百姓喜爱的终身学习品

牌项目”,3 人荣获“全国百姓学习之星”称号,1 人荣获“事迹特别感人的百姓学习之星”称号。2017 年,区校合办的老年大学被中国成人教育协会评为“事迹特别突出的优秀成人继续教育院校(培训机构)”。

2. 区校一体促进老年教育高质量、跨越式发展

区校合办的老年大学(河北区老年大学)于 2002 年成立,实行“多块牌子、一套班子”管理。2008 年以来,学院开设社区管理与服务、养老管理与服务、老年教育等高职专业,特别是推进“职继(老)协同”实践而有效服务于老年教育。老年大学则坚持办优质老年大学的宗旨,为社区居民提供“就近、便捷、快乐”的老年教育服务。老年大学办学章程、规章制度齐备,管理人员和课程教师以学院教职工为骨干,建立了教师库、教学测评指标体系。老年大学不仅做到了在 2000 平米空间内一百三十多个班级和三千两百余人在校学习的高效自循环,还创新实践了“章鱼式”办学模式。“章鱼式”办学模式就是以老年大学为中枢,一是在社区办老年大学分校和学习点;二是培育老年大学学员为主的社区老年教育的骨干教师和管理者队伍;三是在社区养老机构办养教结合学习点;四是建设老年大学学习社团和志愿服务队;五是选聘社会能人开发适合老年人的特色课程;六是开辟老党员服务基地开展共建老年人精神家园活动;七是建设指尖上的老年大学。由老年大学一点向全区各街道、各社区的面上发展,与社区老年教育相得益彰,走出极具特色老年大学办学之路。

(课题承担单位为天津城市职业学院,课题主持人为李娜,执笔人为李娜、郭敏。课题组成员:李彦、郭敏、袁美灵、吴彦云、阮利。)

第七十八章 职业学校产教融合视域下“街企校”协同育人模式创新

在“三全育人”大视角下的社区育人范畴内，探讨“街企校”三方合作协同育人模式，具有重要现实意义。本研究以智慧健康养老专业为例，探讨产教融合视域下的协同育人实践成效，以为相关专业人才培养模式创新提供新鲜经验。

一、相关政策梳理和解读

（一）“三全育人”教育理念为构建街企校协同育人模式提供理论依据

“三全育人”是中共中央、国务院《关于加强和改进新形势下高校思想政治工作的意见》中明确提出的，即坚持全员、全过程、全方位育人。在“三全育人”体系中，“育人”是前提和总纲领，强调一切教育工作要以培养人才为目标，特别要注重调动一切积极因素参与学生的教育培养过程，包括教育人员的全员性、教育过程的完整性、教育资源的全覆盖等；从教育主体出发，力图在时间维度、空间维度营造全方位联动的育人格局。将这一理念运用到职业院校街道社区育人，就是要确立社区育人的本职定位，在育人目标引领下通过扩大社区建设的主体参与，把握学生发展过程和规律，优化利用社区物质资源、人文环境，多方发力，共同促进学生综合素质和专业能力的培养。

（二）国家和天津市有关智慧健康养老产业规划为街企校协同育人提供政策基础

2017 年工信部、民政部和国家卫健委联合印发的《智慧健康养老产业发展行动计划（2017—2020 年）》，首次将智慧健康养老的概念予以明确：利用物联网、云计算、大数据、智能硬件等新一代信息技术产品，能够实现个人、家庭、社区、机构与健康养老资源的有效对接和优化配置，推动健康养老服务智慧化升级，提升健康养老服务质量效率水平。同年天津市工业和信息化委、民政局、卫生计生委联合制定《天津市智慧健康养老产业发展实施意见(2018—2020年)》，提出到2020年，在居家、社区和机构三个层面，坚持“居家为基础，社区为依托，机构为补充”的基本思路，基本形成具有天津特色的智慧健康养老产业模式，建立一批智慧健康养老应用示范基地，培育一批具有示范引领作用的行业领军企业和智能健康养老服务产品，打造一批智慧健康养老服务品牌。

在此背景下，天津城市职业学院联合天津市河北区江都路街道办事处以及北京怡养科技有限公司、天津乐聆智慧养老服务有限公司、天津爱德励科技有限公司等现代化智慧养老服务提供商，实现“街企校”共同打造可运营、线上线下相结合的实体智慧养老服务平台，为学生的实习实训提供一个真实的现代化智慧养老实训及实体运营的真实环境——天津城市职业学院老年日间照料中心。以社区型智慧居家养老的示范平台为依托，将整合社区、驿站、医院、养老院、学校等养老资源，基于积极养老、智慧养老与健康养老的理念，将健康促进服务技术、生活照料服务技术、便民服务技术、照护服务技术、智慧养老等国际先进的、标准化的服务流程、服务内容、服务操作规范等在实体服务型养老实训基地中系统运用，有力支撑智慧健康养老服务与管理专业(以下简称“智慧养老专业”)人才的街企校协同培养。

二、相关研究成果综述

近些年来，有关职业院校产教融合的研究著述颇丰，但将相关研究聚焦到街道(社区)、学校和企业“协同育人培养模式”上成果非常少。据此，本研究在产教融合视域下探讨以高职智慧养老专业为研究对象并通过“街企校”一体化的人才培养途径加以实现，在职业院校产教融合的应用研究上具有一定的创新性，为街道、企业深度参与协同育人提供一个可资借鉴的范例。

三、智慧养老专业“街企校”协同育人模式的探索与实践

(一)智慧养老专业“街企校”协同育人模式的构建

1. 搭建线上育人空间——“医+养+护”综合智慧养老实训平台

依据“互联网+”和智慧发展理念，“街企校”联合构建安全、智慧和便捷的健康养老管理体系，通过多领域合作、跨部门协同，为老年人提供“医+养+护”的综

合照料服务,并使其具备三方面功能:建立一套医养结合服务发展的激励、规范和监督机制,明确机构的考核和评估,推动机构间的合作;利用“互联网+”、云计算等信息化手段,搭建医养结合服务数据库和信息共享平台,发挥电子医疗和远程诊断新技术的作用;以需求为导向,根据老年人的身体素质、购买意愿和经济能力,在科学评估、细化市场基础上整合内部资源,有针对性地供给健康养老服务,实现供需精准匹配。

2. 建设线下育人实体——开放运营型智慧健康养老实训基地

“街企校”协同共建开放式、实体性的智慧养老型老年日间照料中心以及集教学与服务双重功能于一体的智慧养老专业人才培养实训基地,形成可复制的运营模式和专业性、示范性智慧健康养老服务实体。一方面,校企利用平台功能共同开发“互联网+”社区居家养老服务实体性教学与服务项目,通过智能腕表、床垫、马桶盖等智慧养老终端采集社区老人的健康数据,形成数据分析和健康报告,打造“无围墙敬老院”;另一方面,专业教师、学生根据健康报告制定健康管理方案,而向社区老年人进行入户探访、配餐、照料、理疗、健康指导等专业化服务,实现社区居家养老实体服务及网络化运营,培养学生专业服务意识、动手操作能力和社会实践能力。

3. 构建“线上线下”相结合服务体系——智慧健康养老综合服务

“街企校”共同发挥智慧健康养老综合服务平台的功能,带领专业师生团队开展“线上线下”相结合的智慧养老综合服务。其线上服务主要包括:

(1)日常健康管理服务。如下图。

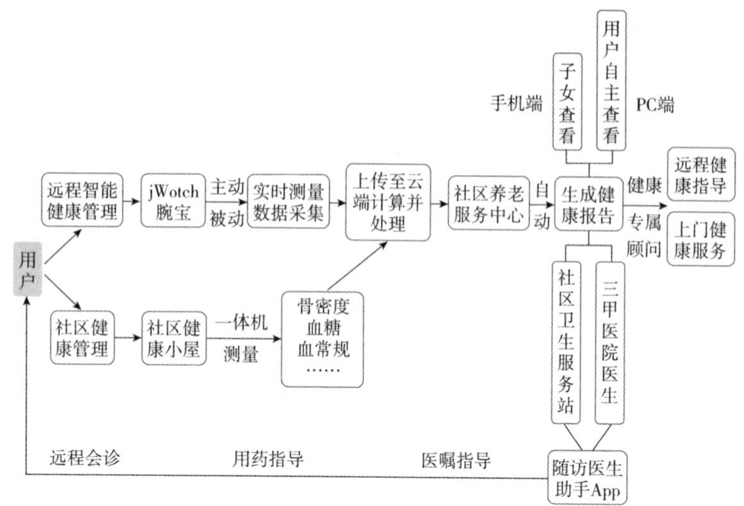

图 78-1　日常健康管理服务

(2)日常生活服务。如下图。

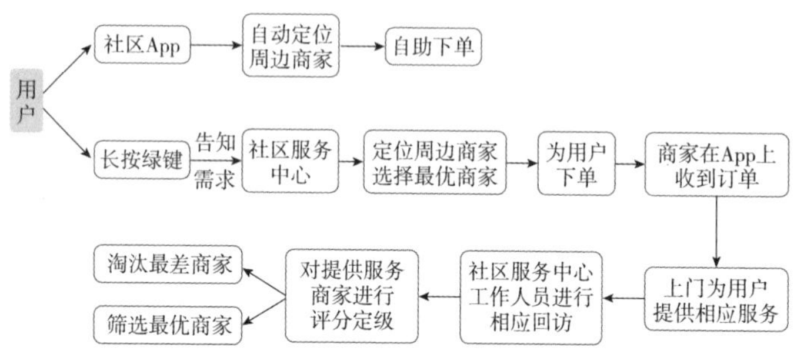

图 78-2　日常生活服务

(3)安全监测服务、在线医生服务(家庭医生 & 远程诊疗、互联网医疗、智能分诊等)等其他线上服务。

主要包括四项:生活照料类服务,含家政、配餐、助餐、生活缴费、日间照料等;医疗康复类服务,含预约挂号、转诊导医、送药上门、康复服务等;保健护理类服务,含健康讲座及健康教育、康复理疗等;精神慰藉类服务,含邮政订报、关怀访视、心理咨询、生活陪伴、文娱活动、老年大学等。

4. 创新“四对接、两引入、一共同”智慧养老人才培养方案

“四对接”,即按照“养老专业建设与智慧养老职业岗位对接”“专业课程建设与智慧养老岗位职业标准对接”“教学过程与智慧养老工作过程对接”“教学项目与智慧养老工作任务对接”的要求,完善养老人才培养方案的设计。

“两引入”,即按照“岗课证融合”的要求,引入老年照护“1+X”职业技能等级证书,引入智慧养老职业标准,强化职业核心能力和职业道德培养要求,完善课程体系。

“一共同”,即校企围绕智慧养老岗位的核心技能,共同开展智慧养老专业课程系统开发,修订养老专业人才培养方案。同时,依托智慧养老综合服务项目的深化开展,不断深入分析其典型工作任务及职业能力标准,有效推进对专业核心课程及教学内容的项目改造。

5. 打造“实训教学与社会服务一体化”的师生专业实践载体

利用街道的场地条件以及合作企业先进的互联网技术和智能化手段,以“街企校”共建的智慧养老实训基地为依托打造了智慧养老社会服务网络平台,有效延伸养老实训基地的社会服务功能,实现实体性、可运营、集教学与服务双重功能于一体,打造市级一流的生产性老年人才培养实训基地。以智慧健康综合养老服务为主线,专业师生团队深入开展“助医、助餐、助浴、助洁、助急、助困、助学、助乐、助聊以及健康指导”等现代化综合居家养老服务,满足师生的专业认知、职业素养训练、生产性实训、顶岗实习等环节的教学要求和就业需要,有效锻炼师生的专业实践能力。

(二)智慧养老专业“街企校”协同育人的实践

近年来,“街企校”共同开展一体化智慧养老专业人才培养,使智慧健康养老技术应用有效转化为教学成果。

1. 搭建综合实体性、教学服务一体化协同创新平台

通过街校企在智慧健康养老领域的深入合作,使天津城市职业学院智慧养老实训基地成为引领区域智能化、专业性居家养老的服务实体,成为集教学与社会服务于一体的实训平台和培养教师“双师素质”的实践平台,也成为校企协同创新项目的转化平台和提升大学生创新创业能力的孵化平台。

2. 有效开展“康养健”为老服务与培训

2018 年至 2021 年,依托智慧健康养老实训基地开展市级公益创投项

目——居家养老智慧照护平台下的"康养健"为老服务与培训:面向江都路街50名重点高龄空巢老人,开展智能健康体测、康复理疗和居家助洁等"康养健"综合为老服务,每项服务年均覆盖1200余人次;承接"养老机构院长培训班",利用基地智能养老设施设备专项培训养老机构院长500人/年。

3.取得智慧健康养老校企协同创新成果

根据校企合作的运行模式,合作申报教育部"职业教育校企深度合作项目",形成"基于物联网的数字化远程康养(远程健康监护)科技项目建设方案","5G虚拟网基础上的智慧养老数字信息化服务系统项目"荣获第四届绽放杯行业虚拟专题赛—医疗赛道优秀项目奖;完成智慧养老类市级重点调研课题并申报智慧养老专利一项;以校企合作成果为题的大学生创新创业项目获得第三届、第六届中国"互联网+"大学生创新创业大赛二等奖、三等奖4项,有效实现了校企合作的新跨越。

(三)智慧养老专业"街企校"协同育人的成效

1.依托"街企校"智慧养老岗位实践深化专业教学改革

"街企校"共同确定"现代化、智慧型养老专业人才"的培养目标,通过共建智慧养老型实训基地开展实体服务型实训实习,以真实岗位对接专业化的居家养老服务系统,形成实体经营,进行有序化智慧健康养老教学实践,打造市内智慧型居家养老服务圈,有效推进专业教学改革。围绕智慧养老核心岗位能力要求,改革教学内容与教学模式,将现代化智慧养老实训融入其中,创立以实践及创新能力为主线、以工作任务为载体、项目驱动为导向的教学做一体化教学模式,不断优化学校专业核心课程。

2."街企校"协同育人实践彰显智慧养老专业人才培养特色

"街企校"合作探索智慧健康养老实训基地和老年日间照料中心的实体运营,使线上线下相结合的智慧健康养老综合实践成为校企合作和专业建设的特色或亮点——智慧养老专业的"多元化""个性化"的培养方式。该智慧健康养老服务项目为师生养老服务技能训练提供了真实性的环境,接收学生实习实训不少于100人次/年,向社区开展居家养老服务培训不少于100人次/年,至少满足5名专业教师顶岗锻炼2个月以上。

3.积极探索天津市智慧养老产教融合的人才培养模式

通过"街企校"合作,应用互联网、大数据、现代信息技术,打通不同企业、组织间的边界，协同社区、养老驿站、医院、养老院、智慧养老设备提供企业等资源，促进各方的资源优势互补和协同作用，建成一个以健康和养护为中心、智慧健康老年产品为支撑、智慧健身娱乐等产业为辅助的智慧健康养老生态圈，实现居家养老、社区养老和机构养老的无缝链接，为高龄空巢居家老人、社区居家养老老人提供生活照料和医疗服务，实现智慧助老、智慧孝老和智慧用老的全面功能，探索出一套具有天津特色的智慧健康养老产业模式和人才培养模式，形成了智慧健康养老产教融合的品牌。

（课题承担单位为天津城市职业学院，课题主持人和执笔人为付健。课题组成员：黄小萍、李娜、吴彦云、菅亚珏、王立鹏、吴思、徐华伟、金建红。）

第八部分

职业培训

第七十九章　互联网+职业技能培训

在职业技能培训需求个性化、前端性的新形势下，传统的职业技能培训已无法满足社会需求，“互联网+职业技能培训”应运而生。在看到传统培训与“互联网+”培训各自优缺点的基础上，才能有效界定和推进“互联网+职业技能培训”。

一、“互联网+职业技能培训”相关政策文件梳理

随着我国网络教学环境的显著改善，“互联网+”与学校职业技能培训的结合是大势所趋。对于构建“互联网+”职业技能培训体系，教育信息化基础设施建设是必不可少的一环。2012 年教育部发布《教育信息化十年发展规划(2011-2020 年)》明确指出，教育信息化尤其是职业技能培训信息化的发展步伐应该继续加快，有关部门应着力建设其发展环境，各职业院校的教育信息化水平应该得到全面地、系统地提升，尤其要重视农村学校特别是职业学校的数字校园的建设。同时，要加强数字仿真实验室和模拟实训基地等信息化教学设施等硬件设施和核心业务领域的数字化管理等软件系统的建设和应用，从而建立健全能够支撑学生、家长、教师和教学管理者进行自主学习和各类教学活动以及科学管理的数字化平台。

为响应 2020 年政府工作报告提出的“今明两年职业技能培训 3500 万人次以上”的要求，当年印发的《人力资源社会保障部财政部关于实施职业技能提升行动“互联网+职业技能培训计划”的通知》明确提出了，2020 年，实现“511”线上培训目标，征集遴选 50 家以上面向全国的优质线上职业技能培训平台，推出覆盖 100 个以上职业(工种)的数字培训资源，全年开展 100 万人次以上的线上职业技能培训；2021 年，健全“互联网+职业技能培训”管理服务工作，构建线上培训资源充足、线上线下融合衔接、政策支持保障有力、监管有序到位的工作格局，进一步扩大线上培训规模，提高线上培训质量。

二、“互联网+职业技能培训”相关理论与实践成果综述

传统职业技能培训是“填鸭式”地照本宣科，依靠大讲堂、传帮带和自我探索，学员学到的知识与技能比较零散，无法满足现代企业的快速发展和产业的多元化需求，存在如下弊端。

一是传统的职业技能培训管理多为纸质资料管理，数据查询效率低，教务人员对培训资料的整理和保存需要花费较多的时间和精力，很难做到内容更新和形式创新。①

二是传统的职业技能培训采用教师集中统一授课，学员培训考核、参加考试、教师判卷分析，确定领取合格证书和资格证书，周期长，耗时耗力，培训成本高。

三是传统培训教师单独备课、授课，教学资源不能共享，培训课程设置存在不合理、专业设置不匹配、培养目标分级不明确、缺乏量化性考核，教师讲授的知识、技能难以在实践中体现和巩固，不利于职业技能培训的实质性提高。

四是传统职业技能的培训中，互动性与听课人数成反比，教师难以兼顾学员的不同需求，很难针对性地讲解并指出个人问题，更无法充分记录每个学员的学习进度，学员自主学习能力得不到培养，学习积极性不高，培训效果不尽如人意。

当然，传统职业技能培训的优势是教师上课可以通过肢体语言、面部表情与学员进行人性化交流互动，教师通过语言、手势、眼神会给学员的思维带来诱导，深奥的知识经过教师讲解、演示，可以很好地理解和融会贯通。教师可以根据学员对培训内容接受的程度随时对教学内容、方法做出相应调整，确保培训效果。②

虽然传统的职业技能培训体系历经多年发展，逐步充实和完善，却仍未能从整体上带领职业技能培训走出困局，而在“互联网”被广泛提及，并给各行各业带来巨大变革的今天，社会的发展对职业技能培训和职业人才供给提出了更高的需求。然而，社会上同时出现的全国范围内的“技工荒”“人才荒”和各类职业院校和培训机构因生源不足而不得不降低标准以保证入学率这两类现象，从应用层面展现出教育供给无法适应经济发展需求，社会对职业教育及职业院校和

---

① 吴卓盈，李雨鸿，刘颖，杨扬，刘佩茵.“互联网+”视角下职业生涯规划的服务应用[J].人才资源开发，2021(07):57-59.

② 王淑娟，毛建梅，李影.“互联网+”背景下新型职业农民技术技能培训模式改革研究[J].山西农经，2020(10):16-17.

培训机构培养的人才不认可的现状。由此可见,我国现行的职业技能培训体系面临着前所未有的重大挑战。因此,本研究尝试从"互联网+"的角度,对新型的职业技能培训体系的构建进行探索和研究。

三、"互联网+职业技能培训"的发展趋势探讨

互联网及新一代通信技术迅速发展,使"互联网+"概念运用和渗透到各个领域,"互联网+""大数据"对于社会各个层面的影响都十分深远。从核心层面上讲,将"互联网+""大数据"与职业技能培训、管理深度融合,对提高技能培训效果和职业技能认定效果,以及系统的、科学的、合理的、规范的管理起着举足轻重的作用。① "互联网+"职业技能培训的优势如下。

一是"互联网+"职业技能培训平台为每一名学员配置唯一性学习账号,账号、学员身份和学习信息绑定,形成个人职业技能培训档案。学员在职业培训管理系统中进行培训项目报名,系统会自动更新学员报名信息,学习情况转化为学分,学分积累和互认实现取证的恰当衔接,培训平台帮助学员更严格地监督和管控自己,学习内容从补短教育走向扬长教育,增强"互联网+"培训的实用性。②

二是教师利用"互联网+"教学平台针对性地备课和制作课件,有效整合教学资源、优化培训课程,科学制定课程目标、合理搭建课程结构和教学设计,改进教学方法,形成考、学、评模式,教师针对所授课程范围的留言进行答复,实现教与学的互动,学员既掌握本专业的知识和技能,又学习相关专业知识,新型的项目制学习实现培训的精准订单化和按需培养。

三是"互联网+"职业技能培训师生技术互学、观念互通、作风互鉴、共同发展,真正实现共享。学员融入培训角色中,按照自己需要选择适合自己的教学,学校不再给每个学员规划知识体系,而是留下足够空间,建构属于学员的知识体系,什么知识与生产实践密切相关就学习什么,学员随时随地有选择地学习、接受培训和考核,提升学习兴趣,提高课堂效率,强化学习效果。

四是"互联网+"培训集娱乐、视、听、说、写于一体,缤纷多彩的培训让学员感到轻松舒适。"互联网+"培训改变了培养目标、教学内容、教学方法、课堂教学形式、内容呈现形式、考核方式、教学管理、教学评价等,一定程度上涵盖综合

---

① 丁艳,吴海燕."互联网+职业培训"模式探索与实践[J].中国培训,2019(11):23-24.

② 阮兆金."互联网+"背景下,职业教育课程智慧教学研究[J].智库时代,2019(30):5-7.

技术能力、管理能力和创新意识,针对性培养和训练,工学结合,学做一体,教学效果明显提升,为职业培训发展奠定坚实的基础。

然而,“互联网+”职业技能培训的弊端也是明显的,如学习连续性差、交互性弱、诱惑和干扰多,缺乏学习氛围,对学员的悟性和自学能力要求较高。学员必须坚定学习信念,避免被不良媒介信息干扰和错误思想误导,要求具备较高的互联网素养;教师必须引导学员正确认识、有效运用互联网提升选择能力和判断能力,自觉抵制不良信息和错误思想侵袭,打下科学的思想基础、扩大知识视野,提升人文素养、完善知识结构,学会互联网为我所用。

传统培训与“互联网+”职业技能培训各有利弊,二者相互取其精华而升华,促进现行传统培训与“互联网+”培训的深度融合和衔接,二者之间取长补短、优劣互补、和谐发展。

围绕职业技能培训课程系统来建立新型的“互联网+”职业技能培训体系,将是职业技能培训未来可能的发展方向。在具体的体系构建过程中,应遵循以下几个原则:

第一,该体系的建立应由国家主导,各级政府提供支撑,学校、行业协会、企业、社会培训机构共同参与,依托互联网平台,面对社会中所有对职业技能培训有需求的群体。形成在国家资格认证框架下,由国家统筹规划的互联网职业技能培训平台。在该平台上每一名受教育者都会被分一个配实名制的学习账号,该账号与受教育者的身份和学习信息绑定,能够基于人们参加的各类职业技能培训学习的记录形成个人职业技能培训档案,并将学习的内容转换为学分,在全国范围内实现学分的累积和互认,从而实现学历教育和非学历教育的无缝衔接,增强体系的可用性。

第二,在这一围绕课程的体系构建过程中,课程系统的设计仍应与现有的较为完善的线下课程系统保持一致。即要尊重和遵循学习的有关规律,科学地制订课程目标、研发课程内容、搭建课程结构、选择授课方式,涉及的内容则应有所拓展,既要包含多元知识结构,又要涵盖综合技术能力、管理能力和创新意识等。由于该体系是将目前分散的职业技能培训整体迁移到一个平台上,因此在设计课程系统时,要充分考虑同一课程不同阶段间的连续性和主体课程与相关或旁支课程的逻辑关系,并且同样要形成学、考、评的模式,通过对整体学习情况的分析及时修正存在的问题,同时让各方都参与到课程体系的构建以实现精准的“订单化”按需培养,从而保障教学和人才培养的质量,以提升该体系的科学性。

第三,该体系应形成由政府和行业联合管控的准入机制,从内容提供的源头来对体系内资源的质量进行监管。要实现职业技能培训体系对于职业技术人才培养的基础性作用,保证这一体系持续有效的运行是重中之重。过去,对于课程内容质量的监管一直存在很大的难度,尽管已有较为详尽的评价标准,但由于课程数量过多、信息量过大,很难逐一监测课程的质量是否合格,而在互联网时代,强大的信息提取、动态识别和语义分析等技术使得质量监测成为可能,政府、行业协会的联合管理使得这一监测流程得到保障。

第四,应充分发挥互联网及相关技术的优势。一方面,教学形式有了多种可能,充分发挥慕课(MOOC)等开放的课程在通识知识学习中的作用,而利用更具有针对性和限定性的私播课(SPOC)来进行小众的、专业的知识的学习。同时,教育内容的展现手段也有了更多的选择,特别是在实训类课程的教学上,可利用实体平台、增强现实(AR)环境和虚拟现实(VR)环境等技术手段来实现对视觉、触觉、听觉乃至嗅觉和味觉的全方位虚拟仿真;另一方面,要充分利用各类移动终端普及、便携的特点,同一课程内容适配多个终端的同步学习,在云平台保留学习痕迹并现漫游功能,让受教育者能够随时随地获取到他所需要的资源和服务,使科学技术作用的发挥达到最大化。

综上所述,构建"互联网+"职业技能培训体系将有助于提升社会对职业技能培训的认可度,实现终身学习的职业技能培训发展目标,促进我国职业技能培训持续向好发展。

(课题承担单位为天津机电职业技术学院,课题主持人和执笔人为赵之眸。课题组成员:王艳君、闫坤、王存雷、袁淑宁、岳梦园。)

第八十章　中国特色企业新型学徒制培训

中国特色企业新型学徒制培训是一种全新的职业培训模式。本研究将对国家和地方层面出台的相关文件进行系统梳理的基础上，通过不同时期文件内容的比较，以天津市为例，对实施中存在的问题进行分析，提出破解之法。

一、有关中国特色企业新型学徒制政策文本的梳理

2021 年 3 月，《中华人民共和国国民经济和社会发展第十四个五年规划和 2035 年远景目标纲要》正式发布，其中第四十三章"建设高质量教育体系"部分提出"创新办学模式，深化产教融合、校企合作，鼓励企业举办高质量职业技术教育，探索中国特色学徒制"，这是新时期党和国家对培养技术技能人才和培养模式的新部署。中国特色企业新型学徒制是中国特色学徒制的重要组成部分，要贯彻落实好并取得实效，对相关政策的进行梳理、研究，理解其内涵要义十分必要。

自 2012 年开始，国家层面出台了一系列文件，逐步探索企业新型学徒制。2012 年《国务院办公厅转发人力资源社会保障部财政部国资委关于加强企业技能人才队伍建设意见的通知》提出，"探索建立企业新型学徒制度"，并对培训模式、培训方式、培训对象、学徒期限等做出了明确规定。2015 年人社部、财政部共同印发《关于开展企业新型学徒制试点工作的通知》，同时制定《企业新型学徒制试点工作方案》，进一步明确了实施举措。自此至 2017 年，共有 22 个省份分两批参与了企业新型学徒制试点工作，参加试点企业 158 家，培养新型学徒制职工达两万余人。

2018 年印发的《人力资源社会保障部财政部关于全面推行企业新型学徒制的意见》，决定在前期试点工作基础上，在全国 30 个省区市面向各类企业全面推行企业新型学徒制，提出"深化产教融合、校企合作，创新中国特色技能人才培养模式"，对"中国特色"加以强调。

2019年国务院办公厅印发《职业技能提升行动方案(2019—2021年)》,明确要求三年培训100万新型学徒。在该部署下,企业和院校积极参与企业新型学徒制培训,仅2019年至2020年,全国累计培养企业新型学徒已超过80万人。2020年人力资源社会保障部、财政部、共青团中央印发《百万青年技能培训行动方案》,对此进一步推动落实。

2021年人社部、财政部等5部门印发《关于全面推行中国特色企业新型学徒制加强技能人才培养的指导意见》,要求面向各类企业全面推行中国特色企业新型学徒制培训,创新中国特色技能人才培养模式,进一步扩大技能人才培养规模,为实现高质量发展提供有力的技能人才支撑。

随着国家层面的部署相继出台,各省区市也相继制定了细化政策,如《北京市全面推行企业新型学徒制的实施方案》《天津市企业新型学徒制实施办法》《江苏省企业新型学徒制工作实施方案》等,以及各参与试点的企业、职业院校等均制定了相关制度,为中国特色企业新型学徒制的实施提供了全面保障。

2022年新修订的《中华人民共和国职业教育法》明确提出"国家推行中国特色学徒制"。至此,中国特色企业新型学徒制上升为国家层面的制度,并以法律形式得以确立。可以预见,该制度将成为技术技能人才培养的基本模式之一。

二、已有相关实践和研究成果综述

在国际上,为促进就业,众多国家形成了各具特色的学徒制模式。例如,德国的"双元制"以学校教育与工作培训的紧密结合、交替实施为典型特征。学徒主要在企业内接受培训,学校配合企业进行通识课程和职业课程拓展部分的教学,这与我国的新型学徒制模式基本一致[①],不同的是德国已形成了一系列成熟的法律法规,能够为校企双方合作提供有力的支持与保障。美国实施注册学徒制,所谓注册是指学徒制的发起者必须向美国劳工部授权的各州学徒制事务局申请注册,以获得相应的资格及权益保障。该模式是由企业雇主发起,高等院校参与,也非常具有吸引力。

在我国,企业新型学徒制作为典型学徒制模式之一,由企业牵头开展,是政府推动校企合作、产教融合的创新举措[②]。经前期试点实践证明,推行中国特色

① 张晶晶.德国双元制与我省企业新型学徒制比较研究[J].工业技术与职业教育,2020,18(04):24-27.

② 中国青年报.落实企业新型学徒制,难点究竟在哪[N].2018-12-03(10).

企业新型学徒制,有利于更好推行终身职业技能培训制度,推动实施职业技能提升行动,进一步拓展职业培训工作领域,创新职业培训模式,为高质量发展和供给侧结构性改革提供技能人才支撑。

三、中国特色企业新型学徒制培训的实施

(一)概念界定

中国特色企业新型学徒制培训,是按照政府引导、企业为主、院校参与的原则,面向企业技能岗位新招用和转岗等人员,采取培养和评价"双结合"、企业实训基地和院校培训基地"双基地"、企业导师和院校导师"双导师"培养模式,通过校企合作、工学交替方式实施的一种创新型培训模式,是我国现代职业教育体系的重要组成部分,也是构建终身职业技能培训制度的重要组成部分。

(二)中国特色企业新型学徒制培训内涵的演变、拓展和升华

由"企业新型学徒制"到"中国特色企业新型学徒制",学徒制的内涵在深度和广度上发生了深刻变化,体现在以下几个方面。

1. 培养对象、培养目标与期限

试点初期培养对象为"与企业签订 6 个月以上劳动合同的技能岗位新招用人员和新转岗人员",培养目标以中、高级技术工人为主,培养期限为 1—2 年;2018 年,培养对象变为"至少签订 1 年以上劳动合同的技能岗位新招用和转岗等人员",培养期限改为"1—2 年,特殊情况可延长到 3 年"。2021 年,学徒培养目标提升至"技师、高级技师"层次。

文件中提高合同签订时间要求,延长培养年限以及提升培养层次等做法,更有利于促进企业与员工签订中长期劳动合同,提高劳动者就业稳定性。同时,也为劳动者技术技能的持续提升建立了通道,提供了政策和资金支持,更好满足了企业和员工的个性化需求,也有助于推动职业技能提升行动的落实。

2. 培养模式

试点初期为"企校双制、工学一体"的培养模式,由企业与技工院校、职业培训机构、企业培训中心等教育培训机构采取企校双师带徒、工学交替培养、脱产或半脱产培训等模式共同培养新型学徒。2018 年文件在表述上延续了该培养模式,但"教育培训机构"在前期基础上并列增加了"职业院校"。2021 年,培养

模式升华为“发挥企业培养主体作用，培养和评价‘双结合’，企业实训基地和院校培训基地‘双基地’，企业导师和院校‘双导师’培养模式”，由此突显“中国特色”企业新型学徒制培训模式正式形成。

3. 主要方式

试点初期，企业培养主要是通过企业导师带徒方式，培训机构培养主要是采取工学一体化教学方式；学徒培训期满，经鉴定考核合格，可按规定取得相应职业资格证书或培训合格证书。2018 年后，国家倡导积极应用“互联网+”、职业培训包模式。在取得证书方面增加了职业技能等级证书、专项职业能力证书、培训合格证书及毕业证书，从而拓宽了证书类型，更好满足了企业员工职业发展需求。2021 年，随着全面推行，政策层面针对规模以上和中小微两类典型企业，又分别提出了更符合企业实际的培训方式，比如针对中小微企业培训人员较少的情况，可由地方工商联及所属商会，会同当地人力资源社会保障部门根据培训职业，统一协调和集中多个中小微企业人员开展培训，这样可极大增加培训组织的灵活度，尤其为无法单独实施培训的中小微企业指明了路径，强化了政府在地方层面的引导作用，从而为更多企业和员工享受政策红利提供制度保障。

4. 培训内容

初期，培训内容主要包括专业知识、操作技能、安全生产规范、职业素养等。2018 年，增加并特别强调了“工匠精神”的培育。2021 年后，培训内容实现了质的飞跃，要求根据产业转型升级和高质量发展要求，紧扣制造强国、质量强国、网络强国、数字中国建设之急需和企业未来技能需求，依据国家职业技能标准和行业、企业培训评价规范开展相应职业（工种）培训。加大企业生产岗位技能、数字技能、绿色技能、安全生产技能和职业道德、职业素养、工匠精神、质量意识、法律常识、创业创新、健康卫生等方面培训力度。这一改变，直接为“中国特色”的“特”提供了强有力的支撑，突显了“中国特色企业新型学徒制培训”坚持党的领导，坚持以习近平新时代中国特色社会主义思想为指导，全面贯彻落实党中央、国务院决策部署，服务就业和经济社会发展，适应培育壮大新动能、产业转型升级和现代企业发展需要，促进劳动者更高质量就业和经济高质量发展的本质属性。

5. 培养主体职责

学徒培养的主要职责由企业承担。试点初期，明确了“企业应与学徒签订培养协议”，协议中涵盖培养目标、培训内容与期限、考核办法等内容；与企业合作的培训机构“应签订合作协议”，要求明确培训的方式、内容、期限、费用、双方责任等具体内容；承担企业学徒培养任务的院校，在与企业签订合作协议后，要对企业学徒进行非全日制学制教育学籍注册，加强在校学习管理。随着企业新型学徒制的发展，企业与学徒所签订的“培养协议”内容由“考核办法”变为“质量考核标准”，为与国家职业技能标准和行业、企业培训评价规范对接提供了落脚点。提出“同一批次同类职业（工种）可签订集体培养协议”，简化了操作环节，提高了工作效率。

（三）中国特色企业新型学徒制培训企业申报及申领补贴流程（以天津为例）

一是企校双方确定合作并拟定合作协议，明确各自权益、申报工种等内容，筛查并确定参加培训人员。制订培训计划，要求每年培训时间不得少于600课时（含考核鉴定）。其中，在培训机构进行的专业理论和技能实训不少于160课时。

二是企业向天津市职业培训指导中心提交备案材料，包括企业营业执照、银行开户许可证复印件、合作协议、经办人身份证复印件和学校骨干专业备案表等，并按要求完成培训学员个人信息和企业导师信息的录入。

三是企业向坐落地区人社局提出申请，提交材料包括企业新型学徒制补贴培训申请表、企业与学徒签订的培养协议和与培训机构签订的合作协议、学徒名册、导师资质证书、员工社保缴费证明、培训计划等。区人社局审核合格后，企业获得开班备案号，区人社局下发50%培训补贴费。

四是按培训计划组织培训，培训时进行视频录制（后期要上交不低于10次、不少于40课时的培训视频资料）。企业需及时核减离职人员，接受区人社的现场检查。

五是培训结束后组织考试（录像），阅卷、成绩登统等工作。企业向坐落地区人社局提交材料，包括结业证书申领表、试卷、学徒成绩单、学徒社保缴费证明、培训过程确认书、视频材料等，申请结业证书号。区人社局审核合格后，拨付剩余补贴资金。

（四）中国特色企业新型学徒制培训实施中存在问题分析

本研究通过分析企业新型学徒制实施过程及相关案例，发现现有中国特色企业新型学徒制培训中存在的问题，主要有以下几个方面。

第一，高技能人才供需矛盾依然严峻，但企业和院校对国家和地方企业新型学徒制培训政策研究不够深入，在一定程度上影响了工作的效果。

第二，企业培训主体作用发挥不够，校企合作沟通不足，合作的途径不够通畅，利用企业新型学徒制提升技术水平、文化程度、劳动素质的培养能力有待提升。

第三，校企合作、技能人才培养模式急需紧跟形势。培训管理机制和培训服务体系还不够完善，教材跟不上行业的要求，相关专业的职业标准与考核标准也跟不上市场的需求。

第四，培训实施过程中灵活性不够，工学矛盾突出。

第五，国家层面出台的文件中提出“弹性学制”，学徒可获得毕业证书，但地方层面缺乏实施细则，在很多地区不具备可操作性。

(五)破解中国特色企业新型学徒制培训问题的探索

全面推行中国特色企业新型学徒制，离不开政、企、校各尽其职，上述问题的解决需要多方的共同协作与努力。

1. 政府层面

政府推动是开展企业新型学徒制工作的重要支撑，要充分发挥其地区统筹及政策引领作用。聚焦重点产业、人群、工作难点等，出台落实国家政策的地方性政策或相关实施细则，确保将国家部署落到实处。另外，政府要承担起搭建校企合作平台的关键作用，指导企业和院校高效开展培训，确保规范组织，做好评价和补贴管理工作，保障培训质量和资金安全。同时，广泛深入动员，多层面开展政策宣传，针对政策要求、实施过程管理等方面进行详细地解读和说明。

2. 企业层面

企业是企业新型学徒制的培养主体，应强化对相关政策的学习，明确职责要求、激励举措，尤其是企业新型学徒制能为企业带来的各种明显的和潜在的效益，提高实施的积极性。要给予技工院校等培训机构足够的信任，主动提供岗位要求、职业标准、评价依据等内容，积极联合培训机构共同研制培训计划、教材、课程资源等。同时，符合要求的企业要积极在企业内部设置培训中心、培训负责人，与培训机构携手共同培养技能人才。

3. 院校层面

职业院校等培训机构是中国特色企业新型学徒制培训的重要参与者和直接

获益者，因此，可积极发挥主动作用，从以下几个方面发力来破解目前实施过程中的难题。

（1）主动做好政策的宣传与解读。很多企业没有积极性，培训效果不突出，是因为企业对相关政策了解不深入，或只关注了短期效益，而忽视了长期效益。因此，职业院校可发挥自身在政策理解方面的优势，主动向企业宣传、解读政策。同时院校可提供具体工作流程及相关合作协议、培训计划的样本，从而减轻企业负担，引导企业将符合条件的员工纳入培训中来。

（2）主动联系企业制定相关制度。在培训实施的过程中，企业与院校需要在国家与地方层面政策基础上，制定出更加详细且贯穿全程的各项制度。因此，院校可结合自身工作经验进行梳理，构建制度体系和样例，并形成范本进行推广。

（3）创新培养方案。院校专业领域与企业生产领域相对应是开展合作的前提与基础，但由于企业的实际情况千差万别，对培训内容的需求也会多种多样。所以，从该角度考虑，院校要准备足够丰富的内容供企业选择，积极构建“菜单式”的培养方案，从而提高培训的吸引力和实效性。

（4）创新培训方式。工学矛盾是中国特色企业新型学徒制培训中的主要问题，尤其是小型企业，企业员工的大部分时间都要去完成每天的工作任务，很难抽出成块的学习时间。因此，院校推广国家提出的“互联网+”培训模式，联合企业在开发培训课程的同时，大力建设相关培训资源，在培训计划上做好统筹协调，将培训内容分解到周或月完成，从而为学徒提供更加灵活和便捷的学习方式，提高培训效率。

（课题承担单位为天津市劳动保障技师学院，课题主持人为勾东海，执笔人为宋丽。课题组成员：宋丽、静燮平、孟惠娟、宋文娟、史丽均。）

第八十一章 高职院校境外培训办法

境外培训即境外职业培训,对它的界定以2019年中国高等教育学会发布的《高等学校境外办学指南(试行)》(以下简称《指南》)关于实施高等学历教育境外办学的政策界限和基本定位为据:中国高等职业院校独立或者与境外政府机构、具有法人资格并为所在地政府认可的教育机构或其他社会组织合作,在境外举办以境外公民为主要招生对象的教育机构或者采用其他形式实施职业培训的教育教学活动。本研究对这类培训的实施提出具体对策。

一、相关政策文件的梳理和解读

近年来,“一带一路”倡议的提出对高等教育服务国际产能合作的要求升级,对职业教育国际化日益重视,一系列政策陆续出台,教育部乃至中办、国办对境外培训的指导日渐具体,内涵日益丰满。

2015年教育部在《高等职业教育创新发展行动计划(2015—2018年)》中提出,高等职业教育要“主动发掘和服务‘走出去’企业的需求,培养具有国际视野、通晓国际规则的技术技能人才和中国企业海外生产经营需要的本土人才”;“发挥专科高等职业院校专业优势,配合‘走出去’企业面向当地员工开展技术技能培训和学历职业教育”。为此国家“支持专科高等职业院校到国(境)外办学,为周边国家培养熟悉中华传统文化、当地经济发展亟须的技术技能人才”。

2016年中办、国办印发《关于做好新时期教育对外开放工作的若干意见》(以下简称《意见》)。同年教育部制定《推进共建“一带一路”教育行动》(以下简称《教育行动》),提出“要鼓励优质职业教育配合高铁、电信运营等行业企业走出去,探索开展多种形式的境外合作办学,合作设立职业院校、培训中心,合作开发教学资源和项目,开展多层次职业教育和培训,培养当地急需的各类“‘一带一路’建设者”。

2020年教育部等九部门印发的《职业教育提质培优行动计划(2020—2023

年)》(以下简称《提质培优行动计划》)进一步提出,加强职业学校与境外中资企业合作,支持职业学校到国(境)外办学,培育一批“鲁班工坊”,培养熟悉中华传统文化、中资企业急需的本土技术技能人才。

在《意见》《教育行动》《提质培优行动计划》和《指南》的指引下,中国优质职业教育走出国门,助力中资企业“走出去”参与国际产能合作,为服务国家发展战略、推动国际产能合作、促进人文交流、提升我国职业教育国际影响力做出了贡献。

对本研究有特别重要意义的是 2021 年科技部办公厅印发的《境外培训机构合作指南》,明确了当国内方委托境外培训机构完成境外培训任务时的合作内容及各方责任,规定了合作机构应具备的基本条件,以及合作机构评估和质量评估的重点事项,这就为本研究提供了有效依据。

二、有关境外培训的相关实践与研究述评

目前,关于境外培训的相关研究主要集中在以下几个方面:

一是根据项目发起和牵头主体不同,研究主要集中于以“鲁班工坊”为代表的“政府统筹推进型”案例研究①,如由教育部统筹建设的“中非高校 20+20 合作计划”②;由天津市政府直接推动的,天津铁道职业技术学院等院校先后在泰国、吉布提、尼日利亚等 19 个国家建成了 20 个“鲁班工坊”。③

二是以行业企业为主导的“企业需求驱动型”案例研究,如中国有色金属矿业集团,依托中国有色金属工业协会与全国有色金属职业教育教学指导委员会,牵头联合北京工业职业技术学院等 8 所职业院校在赞比亚合作建立“中国—赞比亚职业技术学院”。

三是以职业院校国际化办学为主导的“院校自主探索型”案例研究,如广西职业技术学院牵头成立“中国—东盟边境职业教育联盟”,重庆工业职业技术学院与重庆力帆实业(集团)进出口有限公司联合打造俄罗斯“鲁班工作坊”,与长

① 韩云鹏,高惠琴. 我国职业院校境外办学的现状、困境与推进路径[J]. 职教论坛,2021,37(10):19-26.

② 高旭,吴多利. 中非高校 20+20 合作计划对我国教育援外工作的启示[J]. 国际公关,2019(08):3+7.

③ 杨延. 鲁班工坊 品牌·内涵·布局·目标[J]. 职业教育研究,2022(06):1.

安国际汽车销售服务有限公司共建沙特阿拉伯"鲁班工作坊"①。

四是根据办学能力，主要集中于"国际化办学顶层设计""校企合作可行性""教学模式""课程标准"和"师资队伍建设"等方面的案例研究。

通过调研发现，各职业院校的境外培训时间较短，经验相对缺乏，为当地企业员工、社会人员提供职业技能培训的理念固化、方法单一、机制欠缺，具体表现为：

一是起步难。我国职业院校境外培训面临政策保障措施不完善、办学资金筹集困难等，导致申报职业培训机构的过程艰难。

二是生源少。校企协同机制尚未健全，对企业培训项目的依赖严重，对境外其他生源的影响不足，受国际经济形势、企业"工学矛盾"、学员参与培训的积极性不高等条件的制约明显，导致招生数量低于预期，绝大多数培训班次与人数无法形成规模。

三是实力弱。职业院校培训教师队伍存在缺少国际化背景和视野、欠缺双语教学能力、未及时更新职业技能等问题，教学模式和课程标准中缺少文化传播元素，不能很好地适应合作国本土文化。

三、做好境外培训的对策建议

(一)培训需求分析与开发

开发生源渠道是职业培训机构生存下去的第一法则，核心在培训需求分析，主要可分为企业需求分析和市场需求分析，以分别解决职业培训机构的生存问题和可持续发展问题。

1. 调研企业需求

根据相关文件精神，职业院校首先要结合自身专业优势，选择合适的"走出去"企业(以下简称"企业")洽谈合作。一般情况下，这样的企业资金实力雄厚，海外投资数额较大，本土用工需求大，并且在合作国开展的项目将持续一定时期。除关注已与之建立良好"校企合作"关系企业的海外建设项目外，还可从商务部"对外投资项目信息库"中检索有关行业、企业或项目地点，通过分析项目地点经济社会发展对人才的需求，重点分析经济结构、产业布局、经贸往来、人文

① 茹蕾，张科. 多元合作平台助造中国职教品牌——重庆工业职业技术学院国际合作交流办学案例[J]. 世界教育信息，2020(S1)：28-30.

交流对人才的需求，有选择、有计划地在项目启动初期主动与企业洽谈合作。

洽谈的原则是基于正确义利观谋求社会效益和经济效益的平衡，通过提供培训服务提高企业产品的附加值。洽谈的内容应包括介绍职业院校的办学定位、国内培训及境外培训的成功案例以及围绕该项目开展境外培训的办学思路，了解该项目所需本土职工岗前培训的数量与质量、培训内容、培训形式、课时数和人均预算，对职业技能升级和相关专业群培训的计划等。定期就已运行项目如何继续开展合作与企业进行对话交流，查摆问题和困难，协商解决对策。

2. 明确办学定位

根据职业院校自身专业特色，明确境外培训办学定位，可以使顶层设计精准到位，招募生源有的放矢。

如果投资项目符合当地经济、民生发展现状，境外培训合作项目的生源、范围、特色及规模等办学定位应为“快速落地、广泛适用、较短周期、惠及大众”。

如果投资项目是以“援建提升”为目标，在投产建设之后需要移交给当地自主运营管理，则培训定位应为“前期跟踪筹备（培训范围以建设施工技能为主，规模视项目需求），后期持续关联（培训范围分为运营技能及维护技能两大类，针对不同职业技能、不同等级分别开展持续、深入的培训，培训规模普遍较小）”，并做好学员技能升级调整衔接的需求调查。

3. 调研市场需求

当项目及培训平稳运行一定时期后，可通过项目所在地的中国驻外使领馆、华人社团、专业服务机构、企业以及友好人士等多种渠道（以下简称“多种渠道”），调研当地进一步开展职业培训的需求潜力，如当地劳动及教育主管部门在宏观层面针对面向本土劳动力市场同类职业培训的需求与规划；再如该项目所在地周边地区相关企业的培训需求。不仅如此，还应参考人才流动、与已合作企业间用工竞争关系、职业能力可深化程度等因素，制定下一阶段办学规划。定期就提升职业学校境外培训办学能力与行业协会、校企联盟研讨培训市场走势、磋商培训合作形式，促进学科专业建设，推动校企广泛、深入合作。

（二）办学环境分析与改善

1. 了解语言及人文环境

通过商务部“走出去”公共服务平台的《国别（地区）指南》，走访“多种渠道”，针对职业岗位与职业培训，了解合作国官方语言及俚语的使用范围，分析文化差异，了解合作国民众的价值观念、生活习俗、宗教信仰、文化传统等，调研培训机构运行管理和双语教学的可行性，通过谋划合情合理合法的培训机构及学员管理制度、教学计划，制作教学资源、宣传及文娱活动方案，推动培训成果落地，促使培训效果卓著。

2. 寻求办学支持政策

在遵守相关政策法规的基础上，通过项目企业，统筹推进"鲁班工坊"建设的国内政府机构，以及当地多种渠道的影响力，尽可能寻求合作国政府的支持，包括硬件条件审批政策，含教师及管理人员在内的用工审批政策，培训计划制定、专业设置、培训形式等教学审批政策以及收费许可、宣传活动、年度审查等办学许可所需政策。争取使学科（专业）得到合作国教育主管部门认证，纳入当地国民教育体系，为学科（专业）建设和境外培训的可持续发展夯实制度基础，营造政策氛围。

3. 推行建立中国标准

根据人社部《关于健全完善新时代技能人才职业技能等级制度的意见》，对于一些职业教育欠发达地区，可尝试帮助其建立中国标准。就如何提供相适应的职业培训以满足合作国劳动力市场培训需求，援助合作国更新或重建职业培训标准及职业标准，建立或提升与国家职业资格制度相衔接、与终身职业技能培训制度相适应，并与使用相结合、与待遇相匹配的新时代技能人才职业技能等级制度，普及职业培训工作评价标准，定期会同企业与合作国劳动主管部门及教育主管部门磋商标准研制、注册审批等一系列工作。

（三）合作伙伴共建"培训中心"

合作伙伴指与职业院校合作开展境外培训的企业、政府机构、教育机构或其他社会组织。对合作伙伴的办学资质、发展战略、办学目标、办学水平进行综合分析，把合作意愿、办学条件、管理能力、财务状况等作为选择合作伙伴的重要参考指标，选择与自身发展水平和办学目标相匹配的合作伙伴开展多角度、多层次、多形式的合作，重点遴选已经与中国的企业或其他职业院校开展合作的当地职业院校。

1. 建立多级协商机制

围绕共同研究制定的培训需求解决方案，建立与合作伙伴间的协商落实推进机制。依托企业及其项目影响力，与当地其他合作伙伴开展对话。调研"和谁谈”“谈什么”“拿什么谈”“什么时机谈”等协商机制内涵问题。

2. 场地及配套设备设施

优先征求企业对共建“培训中心”的培训场地及配套设备设施的支持，便于开展以提高本岗位需要的工作能力或生产技能为重点的岗位培训。确有困难的，可征求当地劳动主管部门、教育主管部门以及诸如当地职业院校等教育机构的支持。在这种情况下，职业院校应与合作伙伴共建“培训中心”，由职业院校提供培训所需的实训设备，负责教学资源开发；由合作伙伴提供职业培训所需场地及基础设备设施等。

3. 与其他境外培训机构横向联合

当职业院校服务企业职业培训的合作国已有院校建成的“培训中心”，则可根据实际情况，与举办者洽谈合作，充分利用企业生源条件、职业院校学科（专业）基础、已有培训场地条件，共同承担培训成本，共享培训收益。

（四）全面强化境外培训办学能力

1. 资金的筹措和管理能力

包括但不限于：(1) 申请我国政府财政支持职业院校国际化办学的基金项目；(2) 争取企业的投入资金与运营经费，合作共建“培训中心”；(3) 广泛发动社会力量，通过基金会等社会组织筹集捐赠；(4) 探索利用“高等教育融资”的多种措施，挖掘更多的社会资源投入并取得合理的回报；(5) 相应的风险防控能力等。

2. 教育教学能力

探索“123+N”模式，即以本土化“中文+技术技能”人才培养培训为中心，人才培养与产业需求、中国标准与国际标准双对接，按照基础中文、专业中文、专业中文+职业技能三层递进的思路，与 N 家企业共同培养培训本土化技能人才。借助孔子学院的平台开展中文教育，通过大数据、云计算、5G 网络、区块链、人工智能等现代信息技术，辅以慕课、翻转课堂、微课、微视频等教学方式，实现线上线下融合（OMO）教学新模式；借助“培训中心”这一平台开展职业教育，将中国标准、中国技术和中国装备融入合作国职业教育专业体系和技能认证体系，实现中国职业教育整体输出。

3. 涉外管理能力

包括但不限于：(1) 涉外行政管理，指遵照管理部门的相关要求，开发对接企业、市场培训需求，最终转化成各级各类培训成果的能力。(2)涉外宣传，包括举办“办学特色及培训成果展览”“职业培训公开课/宣讲课”等，宣传培训品牌形象，介绍办学经历特色成果，长期与临时结合，定点与流动结合，力求深入当地民众内心，提升培训品牌知名度。(3)跨文化管理，主动适应所在地文化，包括举办具有中国传统文化特色及本土文化特色的文娱活动，邀请熟悉中国文化的本土职工或者熟悉本土文化的华侨华裔与学员或职工座谈，增进中外文化交流互鉴，增进跨文化理解，有效防范文化冲突。

(课题承担单位为天津铁道职业技术学院，课题主持人为祖晓东，执笔人为杨乐。课题组成员：赵学术、杨晓丹、马妍妍、叶欢、姚晗、牛增祥。)

第九部分

信息化建设

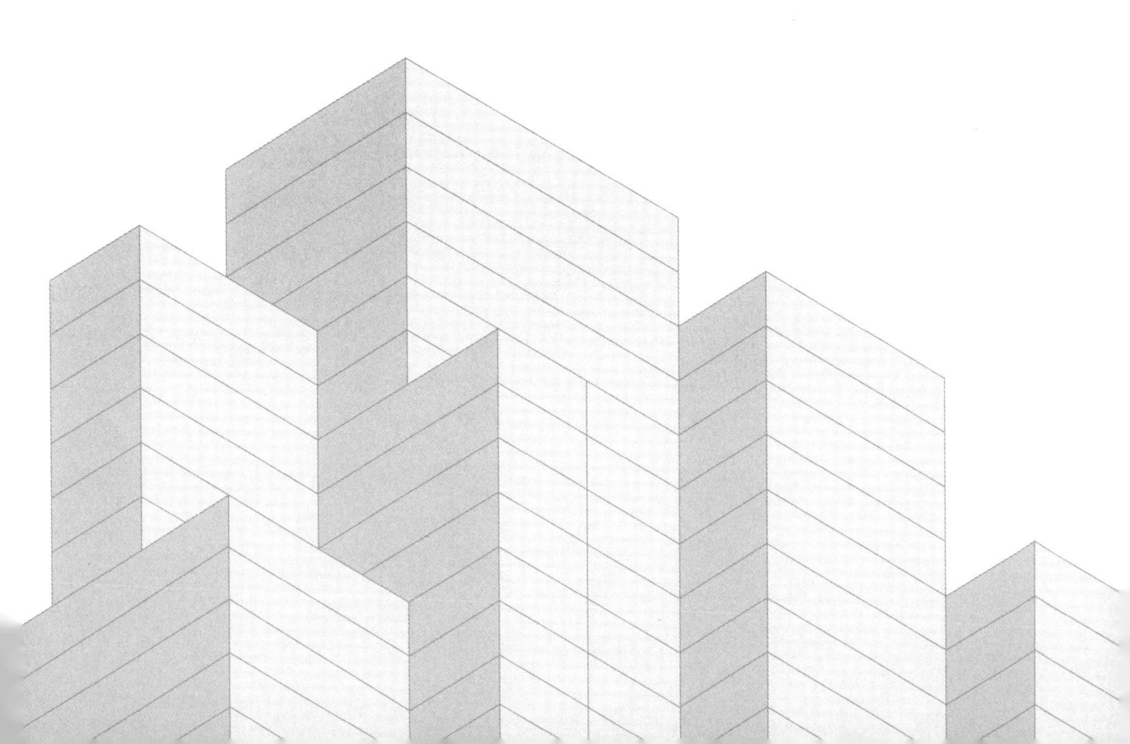

第八十二章 职业院校信息化标杆学校建设

职业院校信息化建设是职业教育数字化转型的关键部分,而职业院校信息化标杆学校建设则是一个具体抓手。学校通过对标标杆校信息化建设标准,可有效提升信息化建设的质量,刺激和推进学校内部治理信息化进程,利用信息化的手段,优化学校内部管理和服务业务流程,改进办事效率,从而提升校园服务质量。

一、相关文件精神的梳理和解读

(一)相关文件的梳理

国家一直重视职业教育信息化建设,较早的相关文件是2012年教育部印发的《教育信息化十年发展规划(2011—2020年)》,该文件提出:大力推进职业院校数字校园建设,全面提升教学、实训、科研、管理、服务方面的信息化应用水平。2015年教育部发布《职业院校数字校园建设规范》,作为第一版职业院校数字校园建设规范,在"十三五"期间为职业院校开展数字校园建设明确了目标。2017年发布的《教育部关于进一步推进职业教育信息化发展的指导意见》中提出了到2020年,90%以上的职业院校建成不低于《职业院校数字校园建设规范》要求的数字校园。2018年教育部发布的《教育信息化2.0行动计划》中提出了要坚持信息技术与教育教学深度融合的核心理念,坚持应用驱动和机制创新的基本方针,建立健全教育信息化可持续发展机制,构建网络化、数字化、智能化、个性化、终身化的教育体系,建设人人皆学、处处能学、时时可学的学习型社会,实现更加开放、更加适合、更加人本、更加平等、更加可持续的教育,推动我国教育信息化整体水平走在世界前列,真正走出一条中国特色的教育信息化发展路子。2019年国务院发布的《国家职业教育改革实施方案》提出了要适应"互联网+职业教育"发展需求,运用现代信息技术改进教学方式方法。同年发布的《中国教育现代化2035》提出了"加快信息化时代教育变革"的战略任务,旨在推动教育组织形式和管理模式的变革创新,以信息化推进教育现代化。2020年教育部等九部门发布的《职业教育提质培优行动计划(2020—2023年)》中提出了要推动信息技术和智能技术深度融入学校管理全过程,大幅提高决策和管理的精准化科学化水平。

2021年天津市教委等15部门印发《天津市职业教育创优赋能建设项目和资金管理办法》专门提到建设"信息化标杆学校"。这是本研究任务的直接来源。

(二)相关政策的解读

在教育信息化特别是职业教育信息化发展规划方面,国家层面的政策及规划思路主要有三个方面的特点:

一是连续性。主要表现在从2012年3月教育部印发的《教育信息化十年发展规划(2011—2020年)》开始到2020年教育部等九部门发布的《职业教育提质培优行动计划(2020—2023年)》为止,基本上按照时间的推移,教育信息化建设的重点从最开始的数字化校园的软硬件建设逐渐过渡成与"互联网+"结合的教育信息化模式,最终结合当下最流行的人工智能技术形成"智慧+职业教育"的一整套教育现代化理论体系。

二是广泛性。主要表现在始终关注职业教育信息化的方方面面,包括信息化硬件建设、教学信息化、平安校园、绿色节能、科学治理、产教融合等,几乎覆盖职业教育的所有层面。

三是先进性。主要表现在每个发展阶段的规划都与当时最先进最前沿的理论或科技相结合。例如2019年的"互联网+职业教育"和2020年的"信息技术和智能技术深度融合"等。

二、相关实践和理论研究成果综述

(一)国外信息化发展现状

美国高等教育信息化专业组织EDUCAUSE于2002年发起项目核心数据服务(CoreDataService,简称CDS),该项目每年都针对高等教育信息化实践进展进行大规模、国际性的问卷调查。CDS项目致力于创建美国高等教育信息化发展的基础信息数据库,并通过应用促成了美国大学之间在信息化战略、政策、制度、财政等方面实现数据的共享,促进大学相互之间信息化成功经验的交流和学习。它本质上是一套基于大数据的高等教育信息化标杆管理体系,高等教育机构可以使用这套标杆管理体系来制定自己的信息化发展战略,推进美国高等教育信息化的变革管理。

(二)国内信息化发展现状

在国内,各省市在积极推动教育信息化方面也做了扎实的工作。上海、江苏、湖北、湖南、广西、宁夏等二十多个省区市积极制定了具有地方特色的个性化指标体系以及区域教育信息化工作评估方案。上海市教委在 2019 年启动了教育信息化应用标杆学校创建,作为上海市教育信息化 2.0 行动计划的重要组成部分,从策划立项伊始就坚持育人为本、整校推进、数据驱动、常态发展、点面结合的工作原则,以构建服务学生个性化发展、具有先进教育理念和现代化治理体系的新型学校为工作目标,全面推进数字学校建设,培育面向未来的新时代教育信息化应用标杆学校。

三、职业院校信息化标杆学校建设标准

标杆,原义为一种测量用具,用以指示测量点。因此,标杆是对标准是否达标的一种衡量。职业院校信息化标杆主要以国家及地方关于职业教育改革及教育信息化等方面的各项政策,综合参考国内优秀职业院校在信息化方面建设的典型案例,得到一套职业院校信息化建设的标准作为衡量标杆。考虑到国内职业院校信息化建设存在已有建设基础不均衡、建设资金不够充裕等客观条件,建设标准将职业院校信息化建设过程分为 A、B、C 三种情况,分别为必须具备的基础条件、达到标杆的建设内容和进一步提高信息化水平的建设内容。下面将从数字校园支撑体系、网络安全体系、教学服务体系、管理服务体系、数字素养能力建设体系这五个方面分别研究各自在三种情况下的建设标准。

(一)数字校园支撑体系建设标准

数字校园支撑体系建设标准是信息化建设服务师生和教学的基础条件,包括校园基础网络设施、服务器计算节点性能、存储设备、其他各类信息化设施和设备,这些设备和设施为校园管理、教学、科研服务提供必要的基础支撑资源。因此,在同等资金状况下,应首先考虑基础支撑设施的建设。

情况 A:网络基础设施、存储和网络带宽是信息化建设的根基,因而是建设

前需具备的基本条件。此外,校园网络支持 IPV6 为上级要求,也应作为基本条件。具体如下:

(1)校园网络的规模建设应采用二层或三层架构,并能够提供有线、无线两种网络接入方式,其中校园有线网络完成校园全覆盖并通过购买使用边界路由设备或其他具有集成功能设备实现对外连接,校园网络万兆到核心,千兆到终端,校园网络系统、网站系统、网络应用及信息服务支持 IPv4 和 IPv6,购买 2 个及以上运营商出口带宽,且总带宽不低于 500M。

(2)建设统一存储设备或者分布式存储设备。

(3)建设支持教师教学、学生学习、实训实习教学与管理需要的信息化教学环境。

情况 B:校园网络建设和存储设备的购置应作为信息化建设的基础环境而优先规划建设。具体如下:

(1)建设无线网络全覆盖、有线网络核心交换速率大于等于 40GB 的校园网络,且部署网络管理与用户行为管理系统。

(2)建设至少具备双活主机热备的统一存储或至少具备三节点以上副本的分布式存储。

(3)建设支持与校外实训基地、合作企业协同开展实训实习的信息化教学环境。

(4)建设满足信息化教学需要的智慧教室并与学习平台资源融合使用。

情况 C:在已有信息化建设情况较好的前提下,可以考虑将存储和网速进行提升,更好地为信息化建设服务。具体如下:

(1)建设可达到 Wi-Fi6 标准的校园无线网络并能够通过网管软件实现校园网络的统一管理。

(2)将存储可用容量扩充到大于等于 100TB 并配备容灾备份设备。

(3)建设技防、物防、人防联动协同处置的平安校园系统,实现安防与消防一体化管理。

(二)网络安全及管理体系建设标准

网络安全体系建设标准是信息化建设的前提条件,通过建立网络安全体系,实现对校园网络和信息数据的保护。网络安全体系建设必须贯穿整个信息化建设的始终,不断推进和加强防护功能。依据《中华人民共和国网络安全法》和《中华人民共和国数据安全法》要求,在网络安全体系中重点围绕网络和数据安全进行优先建设，并且作为标杆院校建设的重点衡量指标。

情况 A：校园网站及信息系统的等保备案工作是《中华人民共和国网络安全法》明确要求的内容，而为了更好地防护各系统和网络设备的安全，基本的防入侵、防病毒、漏扫和审计设备应为信息化建设在网络安全方面的基本必备条件。具体如下：

(1)对学校的网站与信息系统完成网络安全等级保护定级备案工作，二级及以上信息系统完成网络安全等级保护测评整改工作。

(2)配置防火墙、入侵检测系统、防病毒系统、漏洞扫描系统、安全审计系统。

情况 B：网络安全应作为信息化建设的前置条件，因而应优先考虑网络安全的设备购置。具体如下：

配置流量监控系统、上网行为管理系统和 WEB 应用防火墙等重要的网络安全设备。

(三)教学服务体系建设标准

教学服务体系建设标准主要围绕信息化教学及配套数字资源的建设进行，将培养高级技术技能型人才的人才培养方案与信息化教学相融合，发挥信息化技术在教学的各个环节的支持和服务作用。

情况 A：教育信息化作为学校信息化建设的核心部分，基础条件应依托已有教学条件的基础之上包含信息化教学元素，其中软件正版化和国产化有明确的文件要求，校本资源和数字图书资源以及标准化多媒体教室的建设为近些年多数学校信息化建设的基础条件的平均水平。具体如下：

(1)建设至少覆盖学校 60%专业及课程的校本资源且需满足学校实习实训、顶岗实习等需要。

(2)建设可覆盖学校所有专业领域的数字图书资源，以满足学生对各方面知识学习的需要。

(3)建设覆盖学校全部专业的教学软件，其中包括专业课程数字化教学所需的主流软件及平台和常见的通用教学软件，并且正版化率应达到 100%，国产化率应高于 60%。

情况 B：虚拟仿真实训室应作为职业院校信息化建设在教学信息化建设方面的优先选择。此外，校本资源的建设情况也应进一步深化。具体如下：

(1)建设覆盖学校至少 60%以上专业的开放资源及相关平台网站同时使用

开放资源为课程教学、实习实训提供服务,建设支持学生终身学习的校本资源,可以通过校企合作方式建设。

(2)根据需要,为多媒体教室和机房、实训室等配置电子锁、IC卡读卡器等电子设备并能支持教师通过刷卡、指纹、人脸识别等方式认证身份并打开讲台。

(3)建设符合专业实训要求的虚拟仿真实训室。

情况C:在已有信息化建设情况较好的情况下,应重点建设智慧教室以及实现校本资源的社会服务化。具体如下:

(1)建设能为社会服务提供支持的校本资源。

(2)建设常规教学及专业教学要求的智慧教室。

(3)进一步建设高水平的虚拟仿真实训室。

(四)管理服务体系建设标准

管理服务体系建设主要为广大师生提供校园生活服务,通过信息化平台加强对学校各领域业务的管理和服务,实现管理服务职能。从服务师生的角度出发,对高职院校常用的几个服务应用如学工、人事、办公、财务、资产等进行建设标准的制定。针对建设资金相对紧张的学校,突出对中心数据库及一站式服务集成的建设。

情况A:信息化平台建设的基础是数据标准的统一和数据治理,因而在信息化建设之初应保障统一数据作为建设基础。具体如下:

建设符合国家、行业数据标准,满足学校应用服务需要的完整的数据标准并对学院数据进行统一治理,完成学校统一的中心数据库建设。

情况B:优先考虑建设具备全校服务功能的信息化平台和服务于教学、学生、公文流转等重要业务的信息化平台。具体如下:

(1)建设统一身份认证平台、统一门户平台和网上服务大厅平台,实现服务的整合,人员信息的统一管理。

(2)建设通过信息管理和过程管理对教学管理工作中主要教学活动进行信息化支持的教学管理服务平台。

(3)建设满足学校学生从招生阶段到毕业就业阶段全过程的学生管理工作核心业务的学生管理服务平台。

(4)建设为教职工的职业生涯发展提供全方位信息化服务的人力资源管理系统。

(5)建设包括公文流转、公文管理、文件呈报等办公自动化服务的协同办公服务平台。

(6)建设主要功能满足学校财务管理工作涉及的主要业务的财务管理服务平台。

(7)建设以校园卡系统为核心的校园生活服务平台。

情况C:此阶段应将已建设的信息化平台进行功能补齐,还应建设其他业务包含的信息化平台和大数据分析平台。具体如下:

(1)建设面向学校决策层和管理层,能够及时动态提供学校发展现状数据并对数据进行关联分析的校情决策支持服务平台。

(2)建设科研、资产、后勤等相关信息化管理平台。

(3)建设服务于校企信息共享、校企合作育人,实现学校与企业间的双向信息交流、事务协同办理等功能的校企合作管理系统。

(五)师生数字素养体系建设标准

师生数字素养体系建设标准主要是对师生数字技术的应用能力的提升所需的课程建设进行建设标准的描述。

情况A:完整的信息化建设规划和奖惩制度是信息化建设的制度保障,高水平的建设团队为信息化建设提供质量保障,因而以下三点是基本条件:

(1)建立一支由网信或信息化相关专业背景的高级人才组成的专业信息化团队且团队技术人员不少于5人,相关专业主要包括:软件工程、计算机科学与技术、电子信息科学与技术等。

(2)制订一套未来5至10年的完整的学校信息化建设规划方案。

(3)建立一套完整的信息化建设制度和奖惩机制。

情况B:课程信息化和专业信息化是教学信息化的重要组成部分,这里强调利用已建设的智慧校园环境逐步对专业和课程进行改造,同时专业团队建设也应该更加细化。具体如下:

(1)进一步扩充和优化信息化团队成员组成结构,按照信息化建设、网络安全保障、网络意识形态建设等具体职责规划人员专业结构和业务分工。

(2)充分利用信息化教学手段,在智慧化校园环境的影响下,从微观上构建课堂教学模式和课程标准、从宏观上将信息化元素融入专业人才培养方案之中,逐步完成对传统专业群的信息化改造。

情况C:随着课程资源建设的不断完善,一套统一的课程资源平台成为此阶段的首要建设目标。具体如下:

充分利用智慧校园平台和环境，通过建立统一的课程资源平台，推进数字资源、优秀师资、教育数据共建共享，推进服务供给模式升级，实现各类信息化资源共建共享。在专业、教师与学生之间建立有效的互联互通机制。

以上通过数字校园支撑体系、网络安全体系、教学服务体系、管理服务体系、师生信息素养与能力建设体系五个方面分别在必须具备的基础条件(情况A)、达到标杆的建设内容(情况B)和进一步提高信息化水平的建设内容(情况C)三个方面来衡量职业院校信息化建设的水平。因此，初级信息化建设标杆内容应为A+B，各学校可根据自身建设程度在方案C中选择不同的提高点。

(课题承担单位为天津电子信息职业技术学院，课题主持人为刘杰，执笔人为田帆。课题组成员：张子鹤、刘呈龙、韩涛、杨功铭、王雅喆、鲁馨月、张锡芳、刘刚。)

第八十三章 职业教育精品在线开放课程的开发和建设

在抗击疫情的特殊时期,在线开放课程的运行和实施显得更加重要。关于职业教育精品在线开放课程的开发和建设的研究,重点要探索在线开放课程建设的方法和路径。这不仅有利于优化"网络平台+职业教育"服务模式与能力,也为其他在线开放课程研究工作提供了参考。

一、相关政策的梳理和解读

从2011年开始,我国网络课程资源日渐丰富。教育部先后发布《关于国家精品开放课程建设的实施意见》《关于印发〈精品资源共享课建设工作实施办法〉的通知》等文件,强调要突出开放、共享与应用,要在原有精品课程基础上转型升级和立项新建一批国家精品开放课程。2015年印发的《教育部关于加强高等学校在线开放课程建设应用与管理的意见》,要求各地各高校积极推进在线开放课程的建设与应用。2019年国务院印发的《国家职业教育改革实施方案》,明确提出遴选认定一大批职业教育在线精品课程。2020年教育部等九部门印发的《职业教育提质培优行动计划(2020—2023年)》,明确提出实施职业教育"三教"改革攻坚行动,以及实施职业教育信息化2.0建设行动,主要包括推动信息技术与教育教学深度融合、积极建设在线精品课程等措施。

2021年中办、国办印发的《关于推动现代职业教育高质量发展的意见》提出,进一步推动现代信息技术与教育教学深度融合,实现现代职业教育高质量发展。2022年新修订《中华人民共和国职业教育法》提出,支持运用信息技术和其他现代化教学方式,开发职业教育网络课程等学习资源。这些都说明,从2011年起,国家先后出台多项政策法规,大力推动职业教育信息建设,这为本研究提供了必要的政策依据。

二、已有相关实践和研究成果综述

对于职业院校建设精品在线开放课程，很多研究者都提出了建议和对策。

戴勇提出国家精品在线开放课程的建设应用是高职教学改革的重要领域，要结合高职专业教学资源库项目开发精品慕课，并建立高职慕课建设应用的长效机制。①

刘峥指出随着职业教育现代化的深入，精品在线开放课程的建设的开发和使用必将进一步发展，而现代教学模式在高职院校是一个复杂的系统，必须加强课程的教学设计，开发优质的课程内容资源，同时吸收一些国外的优质资源，提高学校精品在线开放课程的利用率。②

赵娟提出“三教”改革直接关系到人才培养的质量和职业教育发展的全局。深化“三教”改革，从教师、教材和教法这三个方面，解决好“谁来教”“教什么”“怎么教”的问题，其中包括进一步完善精品在线开放课程。③

张志萍指出在线开放课程建设是一项系统工程，需要统筹考虑课程学习对象、教学内容、教学手段、习题设计、视频制作、平台维护等，同时也要讲究在线教学的技巧。④

王云提出精品在线开放课程是高职教育的一种新教学模式，与以前的教育模式不同，“以学习为中心”，运用翻转课堂的模式，强化自由学习、自由讨论，通过线上线下的混合教学，提高学生的学习积极性，并提升教师教学的针对性，提高教学的效率。⑤

管春玲指出精品在线开放课程是一种以网络平台为依托、以互联网为媒介，将优质的课程资源通过大规模开放、在线交流互动的形式，传递给更多学习者，实现远程教学的一种新型教学形式。教育部已经明确了国家精品在线开放课程

---

① 戴勇. 高职国家精品在线开放课程建设的思考[J]. 中国职业技术教育，2018(05)：52-55.

② 刘峥. 对高职院校精品在线开放课程的几点思考[J]. 教育现代化，2018，5(07)：136-137.

③ 赵娟，张然，韩玫，崔俊霞，吴俊芹. “三教”改革背景下《数字电子技术》精品在线开放课程的应用[J]. 科技资讯，2022，20(04)：173-176.

④ 张志萍. 从慕课建设谈高职在线开放课程的建设与应用——以国家精品在线开放课程《基础会计理论与实务》为例[J]. 延安职业技术学院学报，2020，34(05)：44-47.

⑤ 王云. 高职精品在线开放课程建设开发与使用探究[J]. 延边教育学院学报，2021，35(06)：111-113.

的重要性，高职院校应当重视国家精品课程的建设，通过建立课程开发、应用与推广长效机制，提前统筹布局，确保课程建设的规范化和系统化。①

通过分析已有研究成果发现，精品在线开放课程还存在网站管理不规范、内容适用性不强、师生交互机会较少等问题。

三、精品在线开放课程开发现状

（一）在线开放课程平台

职业教育精品在线开放课程平台，可以根据平台规模和特色划分为全国性综合平台、地方性综合平台、专业性课程平台三类。第一类，职业教育国家精品在线开放课程主要分布在爱课程、智慧树、智慧职教、学银在线等全国性综合平台上；第二类，部分精品在线开放课程分布在浙江省高等学校在线开放课程共享平台、安徽省网络课程学习中心平台等地方性综合平台上；第三类，还有部分在线开放课程分布在如中国医学教育慕课联盟等专业性课程平台上。

2022 年 3 月，教育部在总结以往中国高校慕课与在线教学发展经验基础上，广泛汇聚优质课程资源，建设了“国家智慧教育公共服务平台”，严格规范服务平台的管理。

（二）在线开放课程

截至 2020 年底，我国大规模在线开放课程建设数量超过 3.4 万门，学习人数超过 5.4 亿人次，规模位居世界前列。为进一步推动在线开放课程建设及应用，教育部在 2017 年至 2019 年共认定 232 门职业教育国家精品在线开放课程。

通过深入研究职业教育国家精品在线开放课程发现，232 门课程集中分布于财经商贸大类（占 20.3%）和电子信息大类（占 15.5%）；课程平均学时数为 59 学时，平均教学周数为 16.7 周，平均单元数为 10.6 个单元，与职业院校教学安排大体一致；课程团队教师数量平均为 7.5 名；课程学习资源包括微课视频、音频、图片、PPT 课件、电子教材等资源，但是内容的适用性有待提高；课程主要包含三类学习活动，即理解类活动（如学习指导）、交互类活动（如讨论）、评价类活动（如测验）。整体说来，交互类活动有待增加。

① 管春玲. 高职院校国家精品在线开放课程建设——以轨道交通车辆制动机维护与运用课程为例[J]. 南方职业教育学刊，2021，11(02)：51-56.

四、精品在线开放课程建设途径

(一)重在促进信息技术与教育教学深度融合

在线开放课程利用信息技术的传播特性,以提供优质的教学资源为目的,为参与教学活动的师生提供交流互动的平台。因此,开发精品在线开放课程应该突出“学生受益第一,开放共享为先”的理念,利用信息技术手段将教学活动及相关的拓展资料整理,并在互联网教学平台上有效呈现出来。

(二)深化校企融合,对照岗位标准,校企共建数字化教学资源

加强校企深度融合,充分发挥校企双方场所、设备及人员优势,组建课程团队,校企共同开发课程,将行业标准、企业岗位标准、职业技能证书标准纳入课程标准,将新技术、新工艺、新规范等产业先进元素融入教学内容。在教学设计和课程运行中要坚持方向性、先进性、创新型相统一,加强教学资源审核,既要确保课程资源的政治方向正确,又要符合“三教”改革中教法改革要求。

(三)重建线上与线下的师生互动、生生互动,跨区跨校共享优质课程资源

通过校校合作,跨片区跨学校整合优质教学资源,综合考虑全社会学习者的学习基础,以开放包容的姿态优化、整合相同或相近的资源,重构线上与线下师生互动、生生互动的学习场景。另外,各职业院校可以进一步建立相应的机制、体制,在鼓励、奖励教师建设并应用精品在线开放课程的基础上,尽快出台制定学分认定、证书发放、学籍管理等方面的规定,使同一片区不同学校的学生可以共同学习与交流。

五、精品在线开放课程建设范例

《深度学习技术应用》课程是软件技术专业人工智能方向专业课程,开设在人才培养方案第三学期,课程共 48 学时。课程目标是介绍人工智能技术使用方法,使学生通过一个完整项目工程体验集前端页面开发、后台服务程序开发与人工智能模型训练与调用于一体的全栈式开发流程,实现软件技术与人工智能技术的交叉融合。本课程在天津电子信息职业技术学院已经开设了 3 年,共有三届 1500 余名学生学习线下课程,现在开设线上课程是为推进教学模式改革,增

强教学吸引力,激发学习者的学习积极性和自主性。

(一)产教深度融合,重构知识技能体系

组建校企联合课程建设团队,以培养学生核心能力为主线,将生产过程、技术标准、岗位规范融入课程,实现教学过程与生产过程对接,对标国际职业资格标准,共同重构课程知识技能体系,共同完成知识技能图谱。《深度学习技术应用》课程将软件技术专业中的前端、后端核心技术与人工智能技术结合,为学生打破课程间的知识技能孤岛,建立更立体全面的知识技能体系。

(二)校企深入合作,推进项目案例转化教学资源

《深度学习技术应用》课程以企业实际工作任务为引领,提炼 5 个单元教学模块,拆分为 4 个子项目及 24 个细分任务,将知识点渗透到每个工作任务中,融“教、学、做”为一体,共同建成主要包括课程教学标准、课程知识技能图谱、教学方案、教学课件设计、实验指导手册、习题库和教学视频等 100 余项资源的动态教学资源库,配套出版活页式教材 1 本。

(三)组建融合团队,保障课程实施质量

校企联合组建项目实践与专业教学相融合的“协作型”教学团队,采用以项目+任务驱动模式进行教学组织,共同开展线上线下混合式教学实施。

以“项目 3—卷积神经网络 CNN 初识”任务为例,首先创设学习情境,展现实际生活中“动物识别模型”的应用场景,再巧妙设计系列问题进行层层引导,承接先前知识,触发学习者思考。然后给出“深度神经网络工作原理”微课与动画资源,帮助学生理解难点知识,完成任务。针对每个任务,运用大量多种媒体教学资源。以“项目 3—卷积神经网络 CNN 初识”任务为例,配有问题提出、问题解决的微课讲解,辅助的相关资源素材有动画、视频资料、PPT 课件、电子教材、知识图谱等,需要完成对任务有技能训练、习题及在线测试等。在完成知识学习后,学生在企业教师指导下进行项目实践,进一步巩固理论知识,锤炼实践技能。

(四)面向企业岗位要求,探索考核评价新模式

深入解析企业工作评价机制与课程考核评价机制,以项目化教学模式为切入点,实现考核评价方式的融通,强化过程性考核,特别是实践动手能力的考核,

实现教学考核与企业评价一体化,建立面向工作过程的考核评价体系。

1. 评价考核方式多元化

《深度学习技术应用》课程考核以就业为导向,能力培养为主,考核强化过程性考核和结果性考核,两种考核方式相结合,实现教学考核、企业评价、学生互评一体化。

2. 评价考核方式过程化

过程性考核包括出勤情况(反映学生学习态度)、平时作业(考查知识点掌握)、课堂讨论(考查学生搜集资料的能力、自我学习能力、思维表达能力)、任务演练(反映对技能的掌握)、项目答辩(反映理性的判断)、企业实战项目实战活动(反映学生的综合能力)等方面。多角度、多层次地考核学生的学习情况,促进学生全面提高。

(课题承担单位为天津电子信息职业技术学院,课题主持人和执笔为王美蕾。课题组成员:张璇、颜健、耿韶光、韩美琪。)

第八十四章 职业院校示范性虚拟仿真实训基地建设

本研究在对虚拟仿真实训基地建设的相关政策和实践材料进行梳理的基础上,提出示范性虚拟仿真实训基地建设思路、建设目标、建设内容、资源建设、团队建设等,使成果具有"示范性"。

一、相关政策文件的梳理

2018年教育部印发的《教育信息化2.0行动计划》,2019年中办、国办印发的《加快推进教育现代化实施方案(2018—2022年)》,2019年国务院印发的《国家职业教育改革实施方案》,都对教育信息化提出了要求。2020年教育部等九部门印发的《职业教育提质培优行动计划(2020—2023年)》,要求推动信息技术与教育教学深度融合,以"信息技术+"升级传统专业,及时发展数字经济催生的新兴专业,大力推进"互联网+""智能+"教育新形态,推动教育教学变革创新,其中特别提出遴选100个左右示范性虚拟仿真实训基地。随后教育部职业教育与成人教育司印发《关于开展职业教育示范性虚拟仿真实训基地建设工作的通知》,要求基地建设过程中要坚持科技引领,虚实结合;育训结合,教学创新;一校一策,共建共享;科学管理,规范考核。2021年教育部科技发展中心发布《职业教育示范性虚拟仿真实训基地建设指南》,明确了虚拟仿真实训基地的建设目标,并对基地的环境建设、资源建设团队建设及组织管理提出了明确要求。

二、示范性虚拟仿真实训基地建设实践综述

目前,国内的深圳信息职业技术学院、河南工业职业技术学院、无锡职业技术学院、广州番禺职业技术学院、顺德职业技术学院、天津市职业大学、天津医学高等专科学校等众多"双高"院校已初步完成虚拟仿真实训基地的建设,依托虚拟仿真实训基地开展科普教育、普适性教育、专业实训、社会培训。通过虚拟仿

真实训基地的建设,可有限降低实验实训教学成本,构建开放式的实验实训教学环境,增强了课堂趣味性与学生学习主动性,提高了实验实训融合性。

通过实训基地的建设与运行,提升了教师的虚拟仿真技术应用研发能力与创新能力,拓展了实践领域,创新了教学模式。同时,各院校虚拟仿真实训基地的运行实践表明,虚拟仿真实训基地在建设过程中要充分考虑跨专业交叉实训和社会培训的不同特点,兼顾实训课程设计的专业性和兼容性,建设与虚拟仿真相适应的实训教学课程体系,合理确定实训教学内容,研究开发实训教学资源,打造高水平教学团队,优化人才培养方案和实训方式,科学安排虚实结合实训体系所需的课程时长、教学要求等。

以天津轻工职业技术学院为例,模具设计与制造专业群和新能源技术专业群在人才培养过程中针对一些抽象知识点的讲解(能源管理、多连杆机构的运行、成形原理、多轴联动、探伤检测)、高风险的操作(电场设备调试、模具冲压、机床维修)、难以现场演示的内容(风力发电场、排产管理、异形件检测)等无法通过现有的实训设备和资源进行难点突破。通过虚拟仿真实训基地的建设,将虚拟现实技术与智能制造深度结合,解决了“三高三难”实训问题,产生了积极的成效,实现实践教学的数字化、可视化、智能化管理。

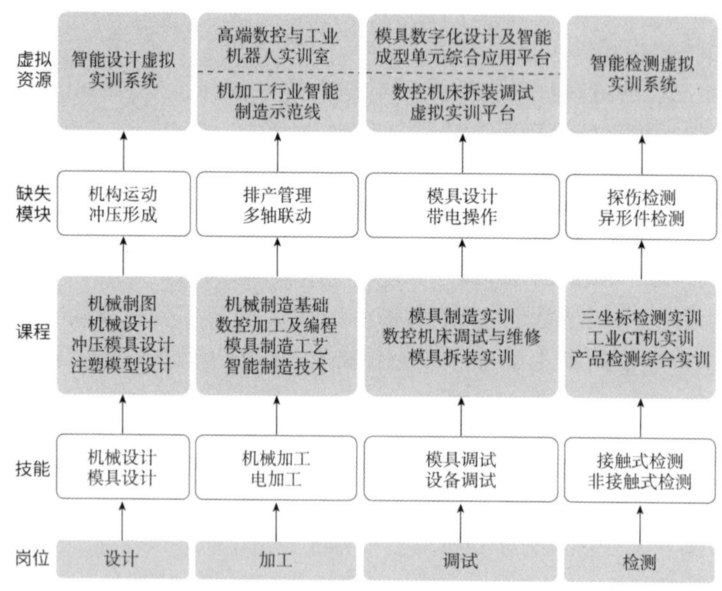

图 84-1　模具设计与制造专业群岗位—技能—课程—资源对应关系图

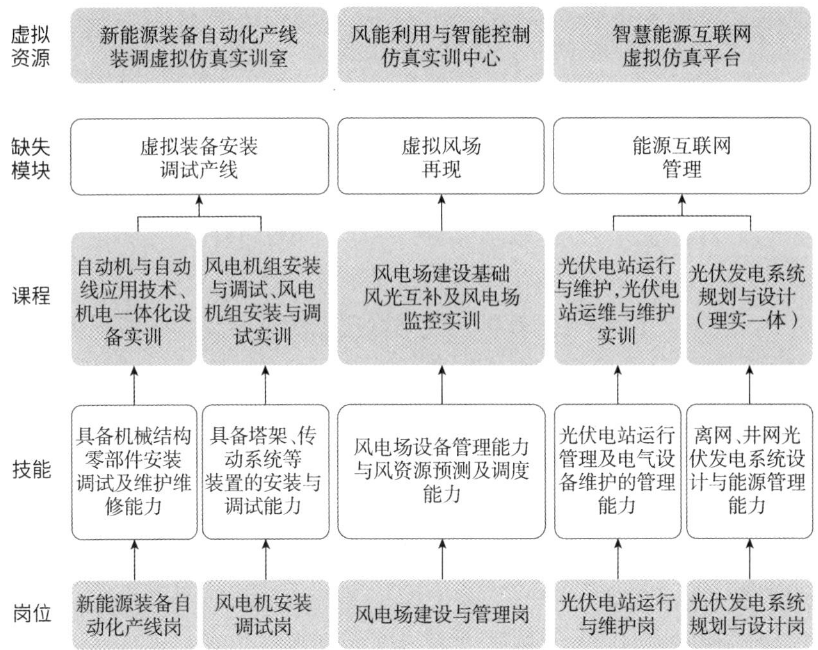

图 84-2　新能源技术专业群岗位—技能—课程—资源对应关系图

国外高校构将虚拟仿真技术视为对传统教学进行改革、提升人才培养质量的重要方向,是现代教育发展的重要引领手段。英国开放大学实验室应用网络、虚拟现实等技术开发了虚拟仪器共享使用项目,能够在线实现所有实验室功能,学生可下载虚拟仪器软件进行在线实验,也可以借助遥控仪器进行远程控制实验。美国大学采用平板电脑完成分子生物学、细胞生物学、发育生物学等课程实验,教师通过苹果平板电脑(iPad)上的移动应用程序与学生分享从中心实验室数字显微镜中获取的数据和图象资源。加拿大大学建设了 3D 实验室和人类创客虚拟仿真教学实验室,配备最先进的 3D 扫描仪和打印机、动作传感器以及激光切割机等高科技设备,真正做到"虚实结合. 能实不虚"的教学原则。

三、虚拟仿真实训基地建设思路和目标

依托虚拟现实(VR)、5G、人工智能、数据库等新一代信息技术以及软硬件系统,着力打造集教学、实训、创作等功能于一体的虚拟仿真实训基地,推进企业参与人才培养过程,对接行业产业生产流程、职业标准、行业标准和岗位规范,将信息技术和教学实训设施深度融合,构建虚拟实训场景,模拟专业群内相关实训

内容，以新一代信息技术赋能实习实训，调整实训课程整体架构，更新实训课程内容，深化实训课程改革，进一步提高实训基地对人才培养工作的针对性。

充分考虑跨专业交叉实训和社会培训的不同特点，兼顾实训课程设计的专业性和兼容性，按照育训结合、长短结合、内外结合的要求，建设与虚拟仿真相适应的实训教学课程体系，研究开发虚拟仿真教学实训资源，积极开展校企联合创新创业培训，打通基于专业的教学、实验实训、创研等各环节，培养创新创业型技术技能人才，促进科研成果孵化，达到“教学研创一体”的效果。

基于大数据技术，构建云教学大数据管理系统。通过师生使用智能云教学工具 APP 开展互动教学产生的教与学行为大数据，为学校教学管理部门、督导部门和质量评估部门提供教学大数据，从学校、院系、教师、学生等不同层面进行数据的汇总、管理、统计、分析、挖掘和预警，进而帮助学校高效地开展教学管理、教学分析、教学监督、课堂教学质量诊断与评估等工作，最终能够自动生成科学的课程实施质量评价报告。

建立综合型、开放型、共享型、生产型先进制造与新能源技术专业群示范性虚拟仿真实训基地，其目的是将职业教育示范性虚拟仿真实训基地打造成集教学、实训、培训、科研、竞赛、科普等功能于一体的综合性实训基地、虚拟仿真实训教学资源校企协同开发平台和虚拟仿真实训技术成果展示与应用推广平台；解决实训教学过程中高投入、高损耗、高风险及难实施、难观摩、难再现的“三高三难”痛点和难点；服务新时代复合型技术技能人才培养、服务“双师型”教师队伍建设、服务企业员工和各类人员就业培训、服务区域经济转型升级和乡村振兴、服务行业企业技术创新、服务“一带一路”沿线国家和地区发展；发挥示范、引领、辐射、带动作用，为推动现代职业教育高质量发展增效赋能。

四、虚拟仿真实训基地建设内容

(一)虚拟仿真实训基地建设步骤

第一步，通过对京津冀产业的调研，修改专业群人才培养方案，梳理课程体系，找出现在教学过程中的痛点和难点；

第二步，通过校企合作借助最先进的虚拟仿真技术深挖虚拟技术与专业教学的结合点，校企协同建设虚拟仿真资源；

第三步，建设虚拟仿真教学管理平台，将现有虚拟仿真资源和新建资源融入平台，实现资源平台的多面向共享服务；

第四步,实训基地建设。通过前期调研与研讨,校企共同完成基地规划与设计,确保场地空间规划、设备布置、网络带宽、信息通信设备满足虚拟仿真实训教学;

第五步,实训基地运行及推广。

(二)虚拟仿真实训环境建设

1. 虚拟仿真实训教学场所

虚拟仿真实训教学场所一般由专业虚拟仿真实训中心、公共虚拟仿真实训中心、虚拟仿真体验中心和虚拟仿真研创中心组成。

(1)专业虚拟仿真实训中心。依托院校最具特色和优势的专业群,系统设计实训教学体系,打造若干个专业特色突出的高水平专业虚拟仿真实训中心,每个专业虚拟仿真实训中心下可设若干按一定逻辑组合的虚拟仿真实训室,组合逻辑可选择产业链逻辑、人才培养逻辑、工序工艺逻辑、生产流程逻辑等,应覆盖行业企业前沿技术和新业态。此中心应优先建设最急需和难点、痛点最集中的实训室,确保资金投入产出实效的最大化。

(2)公共虚拟仿真实训中心建设。公共虚拟仿真实训中心利用沉浸式 VR 大屏、多人协同系统等先进虚拟仿真设备与技术开展通识教育课程及可通过通用性设备开展的专业基础课程的虚拟仿真实训,包含:思政教育、安全教育、工匠精神、“鲁班工坊”、劳育美育、科普体验、党建教育等模块。公共虚拟仿真实训中心以高端的沉浸式硬件设备环境为依托,结合学院专业基础课程设置与虚拟实训软件教学需求,实现尖端技术与虚拟实训软件教学的深度融合。

(3)虚拟仿真体验中心建设。虚拟仿真体验中心主要用于学生活动和参观体验,通过沉浸式 VR 移动便携交互显示系统(设备)开展科普、宣传、社团活动等。结合先进制造与新能源技术专业群及学院其他专业建设的虚拟仿真资源,学生可进行技能巩固、分享交流、头脑风暴,满足学生在学习过程中操作能力逐步达到定向、模仿、整合和熟练过程的需求。

(4)虚拟仿真研创中心建设。针对虚拟仿真项目普遍存在的“最后一公里”和“一次性工程”问题,立足于培养“文化+技能”的“双创型”技术技能人才的长远目标,建设创新研发区,作为对内进行创客培养、教研;对外进行项目合作、开发培训的综合创作型场所,进行新媒体资源自我开发与更新、虚拟仿真资源建设、项目开展实施、VR 工程师培训等内容,创新研发区定位为专业认知、实训开发和资源研创场所,为师生自主设计、自主研发以及应用提供了必要场地与设施。

2. 虚拟仿真实训教学管理及资源共享平台

虚拟仿真实训教学管理及资源共享平台包括综合门户子系统、实训基地管理子系统、实训教学管理子系统、实训资源管理子系统、虚拟仿真实训数据分析子系统等五大子系统,实现虚拟仿真教学资源的跨专业、跨院校、跨地域的统筹管理以及虚拟仿真实训教学过程的监控分析和资源的汇聚分配管控统计等功能,同时平台提供标准的数据接口,用于与学校原有的系统进行数据对接,消除信息孤岛,数据交换,实现各系统的互联互通。

(三)虚拟仿真实训资源建设

厘清实训教学过程中的“三高三难”问题,有针对性地开发虚拟仿真实训资源,并随着产业转型升级持续更新升级,切实遵循“以实带虚、以虚助实、虚实结合”原则,避免“为虚而虚”。应发挥不同类型及交互方式虚拟仿真实训资源的优势,按照“三教”改革要求,对传统实训教学模式进行创新再造,实现实训教学的生动性、趣味性、互动性和自主性;还应将立德树人和“三全育人”“课程思政”和“思政课程”元素有机地融入其中。

1. 以实带虚的纯虚拟资源

遴选自成体系、相对独立、公共性强的实训课程,在实际实训或生产的带动下,将实训课程内容全部转化为线上纯虚拟的仿真实训资源,并与时俱进地更新完善。

2. 以虚助实的模块化资源

针对存在痛点和难点的实训教学环节,开发相应的虚拟仿真实训模块,一一加以取代或补充,通过单纯虚拟仿真实训或先虚拟仿真实训再实操实训的方式助力实训教学全面性、安全性及质量的提升。

3. 虚实结合的数字孪生资源

开发虚拟仿真实训资源时,将虚拟仿真模型与实际设施设备彼此映射,形成一一对应的“数字双胞胎”,实现“虚拟的也是真实的”“所见即所得”“仿真与实际相统一”,鼓励加强此类资源的建设。

(四)虚拟仿真实训基地项目团队建设

基地项目应为“一把手”工程,由学院院长担任项目负责人,全面主持基地建设、运行及管理工作;教学副院长负责基地的顶层设计与建设方案制定;二级学院负责人负责专业虚拟仿真实训中心的建设与专业虚拟仿真资源的开发;教务处、科研处及其他职能部门负责人负责公共虚拟仿真实训中心、虚拟仿真体验中心与虚拟仿真研创中心的建设、教学管理与资源共享平台的建设与管理;邀请国内行业领先的虚拟仿真企业技术人员与科研院所专家进行虚拟仿真研创技术指导,进行教师虚拟仿真技术培训与资源开发。

采取“内培”或“外引”的方式遴选和培养虚拟现实技术应用专业带头人和骨干教师,支持和助力虚拟仿真实训资源开发。“内培”既选拔具有丰富实训教学经验的中青年教师(优先选拔技能大师、专业或专业群带头人、实训中心主任或教研室主任),经较全面的虚拟现实软件设计开发培训后,担任虚拟现实技术应用专业带头人或骨干教师;“外引”即从校外引进具有3至5年以上虚拟现实企业工作经历和丰富虚拟现实软件开发经验的技术骨干(业内高层次领军人才、高级别技术技能人才、技能大师优先)担任虚拟现实技术应用专业带头人或骨干教师。

发挥“内培”虚拟仿真教师的引领带动作用,提升整体教师信息化水平,着力建设一支VR+特色专业课程教学经验丰富、教学技能精湛的师资队伍,对内进行师资培养、教研;对外进行项目合作,以创促教、以创促学,实现“产教共建,产教共享”。

结合教师业绩考核办法、评先评优、职称评聘办法等,将教师参与开发和持续完善虚拟仿真实训资源以及开展虚拟仿真实训教学设计和虚拟仿真实训教学模式研究等纳入教师工作量计算、评优评先、绩效考核和职称评聘等。

(课题承担单位为天津轻工职业技术学院,课题主持人为王宝龙,执笔人为马绪鹏。课题组成员:李云梅、马绪鹏、姚嵩、苏越、李悦、赵博闻、李超、秦琳。)

第十部分

国际化发展

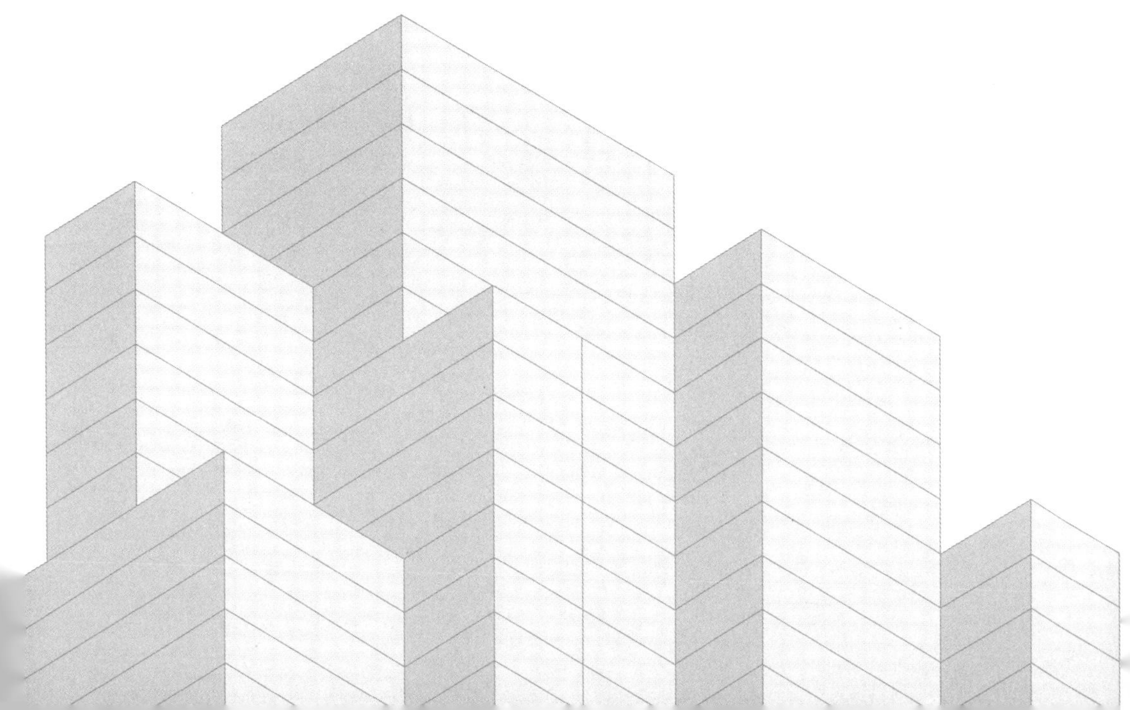

第八十五章 “鲁班工坊”建设标准

自2016年至今,天津职业院校陆续在19个国家建成了20个“鲁班工坊”(其中埃及2个),还有若干在建项目。在6年多的时间里,天津职业院校边建设边总结,逐步完善“鲁班工坊”的建设标准。对“鲁班工坊”建设标准进行系统化总结,有利于职业教育国际化发展。

一、“鲁班工坊”建设相关政策的梳理

2016年教育部印发的《推进共建“一带一路”教育行动》中明确提出了要“大力提升教育对外开放治理水平,完善教育对外开放布局,充分发挥教育在‘一带一路’建设中的重要作用”。为此,天津市委、市政府首次提出建设“鲁班工坊”,确立了主动服务国家“一带一路”倡议,支持中国企业“走出去”,加强国际产能合作,与合作国家共同提升当地职业教育水平,推动中国职业教育以低水平的输入逐渐转为高水平的输出,开展高质量的国际合作与交流。

2018年以后,习近平总书记多次肯定“鲁班工坊”建设,并直接提出在非洲和其他“一带一路”沿线国家建设“鲁班工坊”。中共中央、国务院印发的《中国教育现代化2035》提出:“加快建设中国特色海外国际学校,鼓励有条件的职业院校在海外建设‘鲁班工坊’”,并积极参与全球教育治理。《教育部财政部关于实施中国特色高水平高职学校和专业建设计划的意见》明确提出:“开展国际职业教育服务,承接‘走出去’中资企业海外员工教育培训,建设一批鲁班工坊,推动技术技能人才本土化。”2021年中办、国办印发《关于推动现代职业教育高质量发展的意见》中明确提出:“完善‘鲁班工坊’建设标准,拓展办学内涵。”这表明,“鲁班工坊”在大量建设之后,有必要规范其标准,拓展其内涵。这也是本研究所要回答的问题。

二、“鲁班工坊”已有实践和研究成果综述

（一）“鲁班工坊”建设实践成果

2016年3月，天津渤海职业技术学院在泰国建成我国首个境外“鲁班工坊”。此后五年间，先后在英国、印度、印度尼西亚、巴基斯坦、柬埔寨、葡萄牙、吉布提、肯尼亚、南非、马里、尼日利亚、埃及、科特迪瓦、乌干达、马达加斯加、埃塞俄比亚、保加利亚、摩洛哥等国家建设“鲁班工坊”，合计共20家，建立起从中等职业学校到高等职业院校再到应用型本科院校，从技术技能培训到学历教育全覆盖的职业教育走出去体系。有关院校做了大量卓有成效的工作，取得了实质性的阶段成果。

（二）研究成果综述

1.“鲁班工坊”的概念和建设定位

“鲁班工坊”是以鲁班的“大国工匠”形象为依托，遵循平等合作、因地制宜、优质优先、强能重技、产教融合基本原则，与海外教育机构合作开展职业教育学历教育与技术培训，分享中国优秀的职业教育成果和职业文化的国际合作新模式。“鲁班工坊”建设的目标在于借助职业教育与职业培训，加强中国与世界各国（各地）职业教育、职业技术和职业文化的交流合作，增进国际理解、文化互鉴，促进世界各国（地区）的人文交流与民心相通，服务国际产能合作，促进世界经济社会可持续发展，共建人类命运共同体。

天津各相关院校在“鲁班工坊”建设认识上已形成以下共识：一是依托校际合作选择海外合作院校共同建设“鲁班工坊”；二是与国内著名企业或海外中资企业合作与国外职业院校共建“鲁班工坊”；三是结合国家外交和地方政府间合作的战略规划，融入对外人文交流机制共同建设“鲁班工坊”；四是鲁班工坊建设应做到教学模式中国化、教学装备中国化、专业标准中国化。

总体上看，我国职业教育国际化发展大致经历了教育国际化思想孕育、职业教育“引进来”、职业教育“引进来”与“走出去”双管齐下三个阶段。当前，我国的高等职业教育实现了历史性的新跨越，高等职业教育已经成为目前世界上规模最大的职业教育体系。随着“一带一路”倡议的提出，为职业教育国际化提供了新的机遇，也赋予了职业教育新的内涵和更广阔的发展空间。我国职业教育国际化办学已经由低水平的输入转向高水平输出，逐渐与国际接轨，在职业教育

国际舞台上已经成为重要角色。“鲁班工坊”是一种能够代表中国特色职业教育的形式,对促进我国职业教育国际化发展具有重要的意义。在这种形势下,有必要在总结已有建设经验的基础上,规范“鲁班工坊”的建设标准。

三、“鲁班工坊”建设标准体系构建

1. 基本原则

(1)以班墨文化为底蕴的教育理念。墨子兼爱包容,崇尚科学,以人为本,兼通工匠技巧。鲁班积极进取,钻研技术,精益求精,善于创新,专攻匠艺。班墨二人,一个善于实践,一个善于总结。他们同在墨家集团,志同道合,互为补充。墨子靠思想学说传世,鲁班靠技术发明传承。班墨二人智慧关系的特质,是技术家和哲学家的结盟。要在充分挖掘“班墨文化”内涵的基础上,提炼中国职业教育理念,使“鲁班工坊”不仅传授技术技能,也成为中外人文交流的一个重要平台。

(2)以产教融合为核心的教育模式。产教融合是我国职业教育深化改革的核心内容,要通过系统总结我国产教融合、校企合作培养模式的经验,为发展中国家提供职业教育培养模式的中国方案和中国经验,促进发展中国家职业教育与产业的有机融合。

(3)实行 EPIP 教学模式。工程实践创新项目(EPIP)是现代产业转型视野下,探索出的一种教育界与产业界互动,以实际工程项目为导引,以实践应用为导向,以创新能力培养为目标,以项目实践为统领的应用型技术技能型人才培养新途径。在“鲁班工坊”教学中,一般采用 EPIP 教学模式。

2. “鲁班工坊”建设标准体系研究

以天津市已经建成的“鲁班工坊”为基础,本课题组研究设计了“鲁班工坊”建设标准体系,包括输入国合作院校的遴选标准、合作专业的确定标准、实训场地的建设标准、教学装备建设标准、外方教师培训标准、国际化教学资源的建设标准、中外校企合作标准一共七个一级指标,21 个二级指标,具体见下表。

表 85-1 鲁班工坊建设标准体系表

序号	一级指标	二级指标	指标说明
1	国外院校遴选	合作院校资质	纳入本国国民教育体系的院校或由国家层面认定的教育培训机构
		所在地区发展环境	所在国家政治人文外部环境情况
		合作院校办学水平	合作院校在当地的声誉与影响力
		基础设施情况	能够为项目建设提供合适的独立空间以及配套设施
2	合作共建专业	合作专业筛选	外方合作机构根据当地经济和产业发展需要提出需求,国内承办院校该专业应达到一流水平
		专业教学空间	满足教学功能和展示功能
		专业教学基础设施	基础实验实训条件、教学相关基本用具以及水、电配套条件等
		专业教师水平	拥有具备相关专业基础知识或者相关教学工作经验的教师
		相关产业适配性	符合中资企业、当地企业的人才需求与技术合作需求
3	实训场地建设	实训场地面积	工科类专业实训基地建设场地不少于500平方米 文科类专业实训基地建设场地不少于300平方米
		标识与装饰设计	场地建设使用统一的标识与装饰要求
		区域空间布置	教学区与实训区空间分割符合教学模式要求
4	教学装备技术	教学装备产地	中国自主知识产权
		装备技术水平	国家级职业技能竞赛指定设备代表行业企业先进水平
		装备应用功能	满足专业实验、实训及综合实训教学要求

续表

序号	一级指标	二级指标	指标说明
5	外方教师培训	中国与本土培训	来华系统培训时长为五周,150 个学时; 本土继续教育培训一周
		来华培训内容	中国先进职教模式; 实训教学; 行业企业参观学习; 专业教学资源合作研发; 中国文化体验等
6	教学资源建设	专业教学标准	开发中外相互融合专业教学标准
		核心课程标准	合作开发的专业核心课程标准、 实训课程教学标准
		专业教材开发	理实一体化、模块化的双语专业教材; 能适用于学历教育与培训
7	国际校企合作	校企共建	与海外中资企业共建
		企业参建	国内企业参与建设; 国外本土企业参与建设

对以上建设标准体系表中所列一级指标与二级指标,简要做以下解读:

(1)国外院校遴选标准。在海外选择具备合作条件的职业院校是鲁班工坊建设项目顺利实施首要任务。遴选海外合作院校的标准应当考虑以下因素:一是合作院校所处的地缘背景,在合作国政治稳定、社会安定的前提下,合作院校所在区域的政治和生态及人文环境应当是优越的,适合"鲁班工坊"的建设与发展;二是合作院校应具有非常强烈和积极的合作、共建愿望,院校各级行政主管认同"鲁班工坊"的建设理念与核心内涵,当地政府对于"鲁班工坊"建设抱有极大的热情和支持;三是合作院校在场地、办学规模和办学条件方面具有明显优势,能够为项目建设提供合适的独立空间以及配套设施。

(2)合作专业的确定标准。一是合作专业由外方院校根据当地国经济产业发展需求提出,同时国内匹配合作院校的专业需能代表我国院校顶尖一流水平;二是合作的外方院校能够为合作专业的建设提供充足的空间,以满足专业教学活动及相关展示所需;三是合作的外方院校应具备基本的专业教学基础设施,满足建设专业所需要的基础实验实训条件、教学相关基本用具以及水、电配套条件等;四是外方院校有相应专业教师,且教师具备相关专业基础知识或者相关教学工作经验。

(3)实训场地的建设标准。工科类专业实训基地建设场地不少于500平方米;文科类专业实训基地建设场地不少于300平方米。而且,具体的场地建设使用统一的标识与装饰要求。

(4)教学装备技术标准。一方面,"鲁班工坊"输出的设备与技术必须拥有中国自主知识产权;另一方面,装备技术水平需达到如下标准之一:国家级职业技能竞赛指定设备;代表行业企业先进水平,教学装备的技术水平应是代表我国新时期技术发展前沿、与国际先进水平相对接的。

5)外方教师培训标准。在"鲁班工坊"正式揭牌前,外方院校专业教师应来华参加至少5周的集中培训,总课时数不少于150个学时,专业教师回国后还要继续完成相关的培训,教学时长为一周。

6)教学资源的建设标准。一方面,专业教学标准是由中外双方以中方院校专业原有教学标准为依据,结合外方合作院校的实际,合作开发的具有国际水平且符合当地职业教育实际、满足产业需求的专业教学标准;另一方面,核心课程标准是由中外双方专业教师根据合作专业的核心专业课程、实训教学的要求,合作开发的课程标准,包含专业核心课程标准与实训课程教学标准。鲁班工坊教学资源包括:专业教学资源库、视频资源和教材等。

7)国际校企合作共建标准。"鲁班工坊"国际校企合作可以分为校企共建与企业参建两种方式,校企共建是指在"鲁班工坊"建设伊始就由中资企业直接参与;企业参建是指在"鲁班工坊"建成之后,有中资企业或者合作国家本土企业加入共同开拓发展的建设模式。

(课题承担单位为天津轻工职业技术学院,课题主持人和执笔人为王娟。课题组成员:霍琳、王丹阳、张梦龙、丁冉、王妍、张如意、郭世杰、王璐。)

第八十六章 “鲁班工坊”品牌建设

“鲁班工坊”是由天津职教人首创的职业教育国际交流项目，在短短几年间产生了重大影响。对工坊发展中的问题进行总结，对照国家相关政策的要求，有可能将其建成促进中外职业教育和人文交流的知名教育品牌。

一、有关“鲁班工坊”建设的重要文件精神梳理

2018 年以来，习近平总书记多次对“鲁班工坊”建设发出重要指示。当年在中非合作论坛北京峰会上宣布，中国将“在非洲设立 10 个鲁班工坊”；2021 年又在上海合作组织成员国元首理事会第二十一次会议上提出：未来 3 年，中方将在上海合作组织国家建成 10 所“鲁班工坊”；2021 年在中非合作论坛第八届部长级会议开幕式上，重申中国将继续同非洲国家合作设立“鲁班工坊”；2022 年在会见来华出席北京 2022 年冬奥会开幕式的塔吉克斯坦、土库曼斯坦、吉尔吉斯斯坦三国总统时，均提出在这些国家建成“鲁班工坊”。

“鲁班工坊”首次出现在国家重要文件中，是 2017 年 7 月由中央全面深化改革委员会会议审议通过的《关于加强和改进中外人文交流工作的若干意见》中，该文件明确要求在人文交流领域形成“鲁班工坊”等一批有国际影响力的品牌项目。2018 年 2 月印发的《教育部 2018 年工作要点》，明确提出继续实施“鲁班工坊”“中非 20+20”“丝路 1+1”“友好使者”等特色项目，构建教育对外开放新格局。

2019 年中共中央、国务院在《中国教育现代化 2035》中提出，鼓励在海外建设“鲁班工坊”。当年发布的《关于实施中国特色高水平高职学校和专业建设计划的意见》，提出要积极参与“一带一路”倡议和国际产能合作，建设一批鲁班工坊，推动技术技能人才本土化。2020 年教育部等九部委联合发布《职业教育提质培优行动计划（2020—2023 年）》，提出支持职业学校到国（境）外办学，培育

一批“鲁班工坊”,培养熟悉中华传统文化、中资企业急需的本土技术技能人才。[①] 2021 年中办、国办印发的《关于推动现代职业教育高质量发展的意见》,明确提出完善“鲁班工坊”建设标准,拓展办学内涵。这正是本课题所要研究的问题。

作为“鲁班工坊”创办地的天津,对“鲁班工坊”的建设和研究有明确的部署。2018 年天津市教委出台《关于推进我市职业院校在海外设立“鲁班工坊”试点方案》,对鲁班工坊建设思路、建设模式及保障措施等提出了明确规范。提出建立“鲁班工坊”研究与推广中心,对“鲁班工坊”的需求与流程、规范与标准、模式与机制、质量与评价、宣传与推广等进行系统研究,持续优化建设机制。这份文件对本研究有重要指导意义。

二、有关“鲁班工坊”的研究和实践综合性评述

(一)有关“鲁班工坊”的理论研究状况

对鲁班工坊的理论研究,主要围绕三个方面:

一是鲁班工坊的内涵、特质、核心要义。吕景泉专门描述了“鲁班工坊”的核心要义,即一块品牌、两种功能、三条路径、四个内涵、五项原则[②]。张磊引入金字塔构型解析“鲁班工坊”的核心要义及构型[③]。杨延以“鲁班工坊”多年发展的成功经验为基础,从职业教育国际化发展模式创新与职业教育服务国家战略功能角度阐述“鲁班工坊”的建设动因;从项目的发展定位与实施内容角度分析“鲁班工坊”的建设内涵;从“鲁班工坊”的核心要素教学标准、教学模式、教学装备与教学资源角度阐明“鲁班工坊”应具备的基本特征[④]。

二是梳理总结推广“鲁班工坊”的实践经验。王岚以“鲁班工坊”为例探讨

---

① 吕景泉. 鲁班工坊溯源,国际品牌创成,内涵要义构建,发展策略研究——再论坚持鲁班工坊核心要义,完善建设标准,拓展办学内涵[J]. 天津职业院校联合学报,2021,23(09):3-9.

② 吕景泉. 鲁班工坊的核心内涵——中国职业教育的国际品牌[J]. 天津职业院校联合学报,2020,22(01):3-11.

③ 张磊. 鲁班工坊核心要义的构型及特征解析[J]. 职业教育研究,2022(06):5-12.

④ 杨延. 鲁班工坊建设的动因、内涵与特征分析[J]. 中国职业技术教育,2019,(28):67-71.

中国参与全球职业教育治理的权力、机制与成效①。查英、庞学光以“鲁班工坊”建设为例探讨职业教育服务“一带一路”倡议的逻辑理路、实践困境及改革策略②。曹晔通过对天津市首创的“鲁班工坊”进行较系统的梳理和总结，认为它为推动高职院校国际化提供了有益的经验③。吕景泉从项目建设发展布局角度，分析了亚欧非三大洲“鲁班工坊”发展策略，并结合典型项目建设，深度阐释了“鲁班工坊”建设原则以及推广应用价值④。杨延，王岚以天津“鲁班工坊”五年的建设经验为基础，提出打造职业教育国际人文交流品牌项目的发展策略⑤。

三是结合“鲁班工坊”建设实践，研究探索课程体系、人才培养模式、师资队伍建设等。吕景泉等人专门探讨了以“鲁班工坊”为课程教学平台的工程实践创新项目（EPIP）教学模式及其实践⑥。徐纯、李晓锋以天津中德应用技术大学为例，研究与探索“鲁班工坊”中高本硕贯通人才培养模式⑦。秦武对“鲁班工坊”“双语双师双能”师资队伍建设进行了研究⑧。

（二）天津“鲁班工坊”建设的实践成果

1.“鲁班工坊”的建设现状

天津是首个将具有中国特色的职业教育教学模式、专业标准、课程标准和教学资源向海外“输出”的城市。天津“鲁班工坊”建设起源可以追溯到首个国家

---

① 王岚. 中国参与全球职业教育治理的权力、机制与成效——以“鲁班工坊”为例[J]. 职业技术教育，2021，42(31)：27-33.

② 查英，庞学光. 职业教育服务“一带一路”倡议的逻辑理路、实践困境及改革策略——以“鲁班工坊”建设为例[J]. 职教论坛，2021，37(10)：11-18.

③ 曹晔. 天津海外“鲁班工坊”建设调研报告[J]. 职教论坛，2019，(06)：147-152.

④ 吕景泉. 鲁班工坊溯源，国际品牌创成，内涵要义构建，发展策略研究——再论坚持鲁班工坊核心要义，完善建设标准，拓展办学内涵[J]. 天津职业院校联合学报，2021，23(09)：3-9.

⑤ 杨延，王岚. 中国职教“走出去”项目“鲁班工坊”国际化品牌建设研究[J]. 中国职业技术教育，2021，(12)：124-127+136.

⑥ 吕景泉，汤晓华，史艳霞. 工程实践创新项目（EPIP）教学模式的研究与实践[J]. 中国职业技术教育 2017，(05)：10-14.

⑦ 徐纯，李晓锋. 鲁班工坊中高本硕贯通人才培养模式研究与探索——以天津中德应用技术大学为例[J]. 天津中德应用技术大学学报. 2021，(05)：37-43.

⑧ 秦武. 基于鲁班工坊的轨道交通“双语双师双能”师资队伍建设研究[J]. 天津职业院校联合学报，2021，23(08)：37-43.

职业教育改革试验区时期(详见图 86-1)[①]。

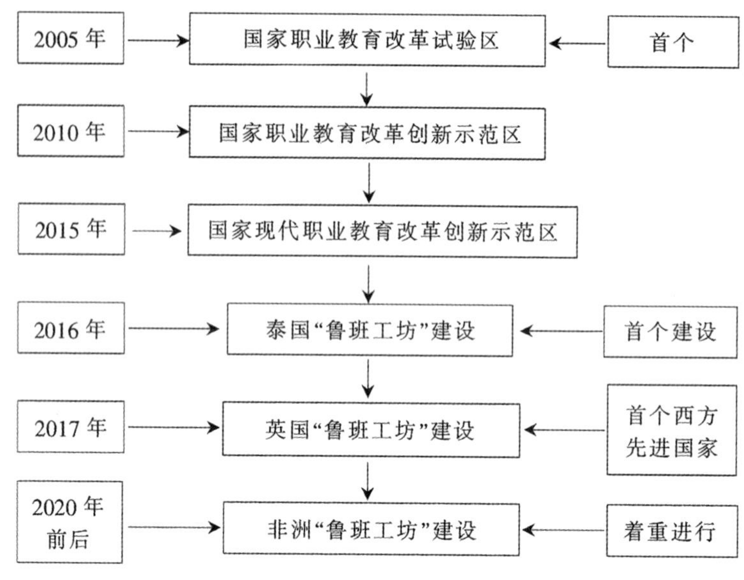

图 86-1 “鲁班工坊”起源

鲁班工坊以“国家现代职业教育改革创新示范区”的建设成果为总体支撑,以平等合作、优质优先、强能重技、产教融合、因地制宜为重要原则,以“工程实践创新项目(EPIP)”为教学模式,以教育部主导开发的国际化专业教学标准为基本依据,以全国职业院校技能大赛赛项装备为主要载体,以“师资培训先行”及教材教学资源为必要保障,在境外实施学历教育和技术培训。

2016 年,天津渤海职业技术学院与泰国大城技术学院合作共建了首个“鲁班工坊”。2017 年,英国“鲁班工坊”建成,开创了中国中等职业学校建设鲁班工坊的先河。随后的几年间,在中外相关各国政府部门的大力支持下,“鲁班工坊”在亚、非、欧三大洲 19 个国家落地扎根。截止到 2021 年 5 月,天津已建成 20 个“鲁班工坊”(具体见表 86-2),中外合作建设的专业 47 个。

① 田怡,齐莉丽. 新形势下“鲁班工坊”建设与天津职业教育国际影响力提升[J]. 职业教育研究,2022,(04):18-23.

表 86-2　已建成的"鲁班工坊"分布

序号	项目名称	所在国家或地区	中方院校	海外院校
1	泰国鲁班工坊	泰国	天津渤海职业技术学院 天津铁道职业技术学院	泰国大城技术学院
2	印度鲁班工坊	印度	天津轻工职业技术学院 天津机电职业技术学院	印度金奈理工学院
3	巴基斯坦鲁班工坊	巴基斯坦	天津现代职业技术学院	巴基斯坦旁遮普省技术教育与职业培训局
4	柬埔寨鲁班工坊	柬埔寨	天津中德应用技术大学	柬埔寨国力理工学院
5	葡萄牙鲁班工坊	葡萄牙	天津机电职业技术学院	葡萄牙塞图巴尔理工学院
6	英国鲁班工坊	英国	天津市经济贸易学校	英国奇切斯特学院
7	印度尼西亚鲁班工坊	印度尼西亚	天津市东丽区职业教育中心学校	印尼东爪哇省波诺罗戈市第二职业技术学校
8	吉布提鲁班工坊	吉布提	天津铁道职业技术学院 天津市第一商业学校	吉布提工商学校
9	南非鲁班工坊	南非	天津职业大学	德班理工大学
10	马里鲁班工坊	马里	天津医学高等专科学校 天津红星职业中等专业学校	巴马科科技大学 巴马科艺术与人文大学
11	肯尼亚鲁班工坊	肯尼亚	天津城市职业学院	肯尼亚马查科斯大学
12	尼日利亚鲁班工坊	尼日利亚	天津中德应用技术大学	尼日利亚阿布贾大学
13	埃及鲁班工坊	埃及(艾因夏姆斯大学)	天津轻工职业技术学院 天津交通职业技术学院	埃及(艾因夏姆斯大学)

续表

序号	项目名称	所在国家或地区	中方院校	海外院校
14	埃及鲁班工坊	埃及(开罗高级维修技术学校)	天津轻工职业技术学院 天津交通职业技术学院	埃及(开罗高级维修技术学校)
15	乌干达鲁班工坊	乌干达	天津工业职业学院	埃尔贡乌干达技术学院
16	科特迪瓦鲁班工坊	科特迪瓦	天津理工大学	亚穆苏克罗国立博瓦尼理工学院
17	马达加斯加鲁班工坊	马达加斯加	天津机电职业技术学院	马达加斯加塔那那利佛大学
18	埃塞俄比亚鲁班工坊	埃塞俄比亚	天津职业技术师范大学	埃塞俄比亚技术大学
19	保加利亚鲁班工坊	保加利亚	天津农学院	保加利亚普罗夫迪夫农业大学
20	摩洛哥鲁班工坊	摩洛哥	天津商务职业学院	摩洛哥阿伊阿萨尼应用技术学院

2.“鲁班工坊”的建设模式

“鲁班工坊”的建设模式可归纳为以下三类:第一类是政府合作共建的“鲁班工坊”。这类工坊是基于国家或地方政府共同制定合作发展的战略规划,统筹人文交流机制建设。其中,由东盟政府和我国共同推动组建的柬埔寨“鲁班工坊”是这类工坊的典型代表。第二类是校际合作共建的“鲁班工坊”。这类工坊是由国内的中职、高职或普通本科院校与国外的院校进行合作办学,共同建设工坊。这类工坊以泰国“鲁班工坊”为代表,由中国院校与泰国院校共同协商组建。第三类是校企合作共建的“鲁班工坊”。这类工坊是国内外企业与我国学校合作办学,如印度“鲁班工坊”①。

① 金永伟、杨延. 2020 鲁班工坊建设与发展报告[M]. 天津:天津人民出版社,2020:262-267.

3.“鲁班工坊”建设中存在的问题

“鲁班工坊”已经成为我国职业教育服务国际合作的知名品牌，获得了合作国政界、商界、教育界的高度认可。但随着“鲁班工坊”建设进程的不断深入，一些问题和不足也日益凸显。

一是建设经费来源单一。“鲁班工坊”近几年发展迅速，已成为职业教育“走出去”的代表性项目。“鲁班工坊”建成后要持续实现高质量运营，仍需大量资金支持。从中外合作院校实际情况看，后续运营经费尚无着落。

二是内涵建设后劲不足。鲁班工坊内涵建设主要围绕教学模式、国际化专业教学标准、教学仪器装备、师资培训、教学资源建设等方面开展。其中EPIP教学模式也要随着合作院校的专业发展与时俱进，提高适切性。国际化专业教学标准等标准体系建设目前基本上是“以我为主”，缺乏对合作国相应标准全面而细致的研究。教学装备以我国职业院校技能大赛的竞争装备为依据进行遴选输出。后续高质量、可持续运营涉及到教学装备的保养维护与升级、更新、换代等问题。目前的师资培训主要是通过中外教师互访培训与“空中课堂”线上培训的方式来完成，但随着产业转型、提速、升级，技术技能也随之升级革新，这就需要中方院校的教师持续更新知识结构与技术技能。教学资源建设主要以基本技能训练为主，实训内容融入技能大赛的技术标准、技能规范，辅以基本概念和基本理论知识，但教学资源也要随着知识技能的更新适时调整。

三是鲁班工坊校际合作、校企合作的内生动力不强。目前，对“鲁班工坊”的建设与运营还没有在合作国形成校际合作联动机制，没有构建形成中、高、本、硕贯通式学历及职业技能教学体系，学历层次组成存在不足。此外，参与“鲁班工坊”建设的企业多为中资企业，国外企业投入工坊建设的积极性不高。究其原因，一方面是因为国外合作院校校际合作、校企合作的基础不强；另一方面是因为建设过程中对工坊的宣传和推广比较少，国外其他院校、当地企业对工坊在当地的积极作用和意义缺乏了解，导致校际合作、校企合作的动力不强。

四是疫情常态化下“鲁班工坊”推广建设举步维艰。2020年以来，受国内外新冠肺炎疫情影响，国际互访互学受阻，大多采用线上会议形式进行交流，极大地影响了国际化交流的深度与效果，自然加大了新建“鲁班工坊”的建设难度，对“鲁班工坊”的运营也产生较大影响。

三、"鲁班工坊"实现高质量和可持续发展的建设对策

(一)总结天津建设经验,多渠道筹措资金

依据天津市出台的方案、政策、办法,带动其他省市制定相关财政管理办法和项目绩效评价体系,进一步强化工坊绩效管理和评价结果应用,合理安排资金支持工坊建设的发展,规范"鲁班工坊"资金使用。同时加大"鲁班工坊"在国内外的品牌宣传与推广,中外合作院校持续加强校际合作,同时共同发力拓展校企合作的领域,多渠道、多来源筹措资金,解决"鲁班工坊"高质量和可持续发展的经费问题。

(二)加强"鲁班工坊"内涵建设,持续加以推动

"鲁班工坊"内涵建设的关键是加强师资队伍建设。中方院校的教师作为"鲁班工坊"师资培训的主体,要紧盯专业领域前沿及产业需求,持续高效能地吸入新知识、输出新技能,革新教学方法、提升教学技能。外方院校要安排"鲁班工坊"一线教师到企业实践锻炼,学习行业最新技术,实时掌握并跟进企业需求的变化,更具针对性地培养企业急需的高素质技术技能人才。同时,合作院校双方要共同培养具有双语双师能力的教学团队,掌握熟练的语言和技术,培养具有国际视野和国际化思维且素质过硬的教师。尝试构建教师、工程技术和高级技术人才库,实施国际化校企互聘,实现师资培训基地共享。

在学生培养方面,EPIP 教学模式要因地制宜、与时俱进、适时调整。在标准体系制定、课程设置、教学资源开发等方面,要全面、持续、深入地与合作院校沟通交流,在此基础之上开展互学互鉴,实现国际互融。同时利用空中课堂等现代化教学手段对"鲁班工坊"的学生进行线上教学,更好地实时检测教学效果,保证人才培养质量。国外合作院校也要加强与当地企业的合作,紧密对接企业需求,安排学生顶岗实习,工学交替完成所有学习课程。

教学装备建设方面,外方院校要加强"鲁班工坊"教学设备仪器的管理与维护保养,及时更新软硬件,确保教学、培训正常使用。同时,加强校企合作,对接产业技术一线,适时革新教学设备仪器。中方院校及教学装备供应企业要做好教学装备仪器的维护技术指导,确保各类仪器、设备按照运维要求完成维护保养。此外,合作院校双方要以中国和世界职业院校技能大赛为抓手,充分展示"鲁班工坊"在职业技能培训领域的魅力,使更多"鲁班工坊"成为继泰国鲁班工

坊和印度鲁班工坊之后新的职业技能大赛延伸赛场，提升“鲁班工坊”的国际知名度及影响力。

（三）加强校际交流，深化国际化产教融合合作

在目前国外所具备的中职、高职、应用本科教育层级基础上，进一步拓宽“鲁班工坊”学历教育层次，从“中、高、本”的教育体系逐渐过渡到“中、高、本、硕”的国际化高级技术人才学历体系。继续加大天津现有参建院校的成果分享力度，以吸引天津及其他省市地区更高层级的院校参与。同时，与国外知名院校合作，增强学历认可度，提高“鲁班工坊”的国际声誉。

吸引中资及外资企业加入到产教协同育人中，根据企业需求有针对性地进行“订单式”人才培养，加大“鲁班工坊”学生进入企业进行实习就业的机会。以产教融合为契机，吸引中外资企业落户鲁班工坊所在地，共同构建校企实训基地。推行天津职教校企“共研、共建、共享”的产教融合经验，在推进学历教育的基础上，助推海外技能等级证书接轨工作。一方面解决“鲁班工坊”学生就业问题，另一方面解决“鲁班工坊”运营费用问题，确保“鲁班工坊”高质量运营。

上述各项对策，是以将“鲁班工坊”建成国际交流中职业教育的品牌为根本目的的。尽管现在存在诸多困难，但只要坚持开办宗旨，不断改革创新，“鲁班工坊”的品牌效应将会日益显现。

（课题承担单位为天津城市建设管理职业技术学院，课题主持人为张弛，执笔人为赵敏慧。课题组成员：吕行、赵敏慧、吕雪、韦林、邹小雨、张占静、孙也。）

第八十七章 “鲁班工坊”所在地区产教融合推进策略

职业院校在海外建设“鲁班工坊”是服务“一带一路”倡议，配合国际产能合作，促进职业教育国际化的重要举措。其核心目标是为合作国家培养急需的技术技能人才，而在工坊所在地区实施产教融合是“鲁班工坊”解决合作国家当地青年学习和就业的重要途径，对合作国经济社会发展和“鲁班工坊”本身的发展具有重要意义。

一、相关政策梳理和解读

习近平总书记非常重视“鲁班工坊”，多次强调在“一带一路”沿线国家建设“鲁班工坊”。2018 年 9 月和 2021 年 11 月，他在中非合作论坛北京峰会和第八届部长级会议开幕式上提出“八大行动”和“九项工程”，两次提出在非洲设立“鲁班工坊”，为非洲青年提供职业技能培训，解决非洲青年就业问题。2021 年 9 月，他在上合组织成员国元首理事会第二十一次会议上讲话指出，未来三年将在上合组织国家建设 10 所“鲁班工坊”；2019 年和 2022 年分别同埃及总统塞西、塔吉克斯坦总统拉赫蒙、土库曼斯坦总统别尔德穆哈梅多夫、吉尔吉斯斯坦总统扎帕罗夫提出建立“鲁班工坊”。

自 2019 年开始，国家相继出台政策文件，明确鲁班工坊建设要求。教育部财政部《关于实施中国特色高水平高职学校和专业建设计划的意见》、教育部等九部门《职业教育提质培优行动计划（2020—2023 年）》、中办国办印发的《关于推动现代职业教育高质量发展的意见》《教育部　天津市人民政府关于深化产教城融合打造新时代职业教育创新发展标杆的意见》等文件，都强调要建设并完善“鲁班工坊”，实施职业教育服务国际产能合作行动，加强职业院校与境外中资企业合作，为“走出去”中资企业海外员工提供教育培训，推动技术技能人才本土化，促进中外人文交流，提升中国职业教育国际影响力。2022 年新修订的《中华人民共和国职业教育法》明确规定国家鼓励职业教育领域的对外交流与合作，支持引进境外优质资源发展职业教育，鼓励有条件的职业教育机构赴境外办学，支持开展多种形式的职业教育学习成果互认；同时规定职业学校、职业培训机构实施职业教育应当注重产教融合，实行校企合作。这些法律规定为本研究提供了重要依据。

二、“鲁班工坊”及产教融合研究成果综述

（一）“鲁班工坊”实践和研究成果综述

迄今为止天津市已在泰国、英国、印度、印尼、巴基斯坦、柬埔寨、葡萄牙、吉布提、肯尼亚、南非、马里、尼日利亚、埃及、科特迪瓦、乌干达、马达加斯加、埃塞俄比亚、保加利亚、摩洛哥等亚非欧三大洲 19 个国家建成 20 个鲁班工坊。

其中，建有坊外实训基地的“鲁班工坊”有吉布提“鲁班工坊”、乌干达“鲁班工坊”和尼日利亚“鲁班工坊”，乌干达“鲁班工坊”是第一个将实训基地建设在工业园区的“鲁班工坊”。

有关“鲁班工坊”的理论研究从 2016 年开始，主要集中在“鲁班工坊”内涵、标准、模式与实践、运营管理与可持续发展等方面，关于“鲁班工坊”建设当地产教融合的研究相对缺乏，其主要观点有：“鲁班工坊是助力天津职业教育走出去，服务企业走出去的创新型国际化职业教育服务项目，旨在创立国际合作与教育交流的新窗口，探索职业教育+国际产能合作的新支点”①；“鲁班工坊产教融合原则要求实施产业、行业、企业、职业、专业的‘五业联动’”②；“鲁班工坊的发展定位于服务于输入国的社会经济发展、服务于我国企业产能输出和服务输出”③；“鲁班工坊的主要任务之一是服务国际产能合作，为区域社会经济发展、中资企业培养本土化的技术技能人才”④。可见，以合作国家产业行业需求为导向、配合企业发展规划、合理设置专业、为合作国家培养职业技术技能人才，是

---

① 吕景泉，杨延，芮福宏，杨荣敏，于兰平.“鲁班工坊”——职业教育国际化发展的新支点[J].中国职业技术教育，2017(01)：47-50.

② 吕景泉.服务“一带一路”，职业教育的新作为——“鲁班工坊”[J].天津职业院校联合学报，2018，20(01)：3-8.

③ 杨延.天津职业教育海外输出模式探索[J].天津市教科院学报，2016(05)：29-31.

④ 杨延.鲁班工坊建设的动因、内涵与特征分析[J].中国职业技术教育，2019(28)：67-71.

"鲁班工坊"在所在国家实施产教融合的有效方式。

(二)在国外开展产教融合的实践和研究成果综述

全国有四百余所高职院校与国外办学机构开展合作办学,除"鲁班工坊"外,在海外开展产教融合的院校和项目也有很多,比如中国有色金属工业协会、中国有色矿业集团组织设立的中国-赞比亚职业技术学院;黄河水利职业技术学院建设的大禹学院;金华职业技术学院建设的穆桑泽国际学院;天津职业技术师范大学援建的埃塞俄比亚技术大学等,都为合作国家培养了很多专业技术技能人才,为当地经济社会发展提供了强有力的人才支持。

近年国内关于产教融合的研究与实践很多,主要涉及产教融合模式、机制、人才培养等方面;而对于海外进行产教融合、国际产教融合及国际产教合作相关问题的研究较少。于此,本研究可为其他院校或项目在海外开展产教融合提供借鉴。

三、以"鲁班工坊"为载体在海外推进产教融合的策略

本课题组以所在学校天津工业职业学院建设的乌干达"鲁班工坊"为例,以该工坊依托的中乌姆巴莱工业园实践为据,对域外产教融合开展初步研究。

(一)以需求为导向,建立专业动态调整机制

乌干达是农业国,生产力落后,亟须引进先进技术和设备向现代农业转变,提高农产品生产数量和效率;工业处于起步发展阶段,以建筑业与制造业为主,工业领域企业少、设备差、效率低,钢铁和水泥是乌干达稍有基础的行业,其亟待发展的产业大多正是国内需要转移的;服务业以对外贸易为主,旅游、教育为辅。随着乌干达工业化进程的加速和城镇化快速发展,使从事工业领域不多的劳动力数量缺口继续增大,其工业的快速发展,亟需具有生产制造能力的技术技能人才。

中乌姆巴莱工业园靠近乌肯边境,由乌干达天唐集团投资建设,规划以农产品及食品加工、冶金建材、装备制造、生活用品、服装纺织、电力电子和医药化工等乌方亟待发展产业为主导,完全建成后可吸引入驻 60 家企业,为乌干达当地创造 1.5 万个就业岗位,有利于对当地及周边国家输出中国成熟的生产技术和管理经验。调研发现,中乌姆巴莱工业园企业大多属于建筑业和制造业,中型企业为主,采用机械和自动化的生产方式居多,企业多数是因扩大再生产而需要招

聘新员工；企业员工以青年劳动力为主，大多具备大专或技校中专学历、具有初级技术技能，绝大多数员工来自乌干达且从事生产岗位；园区企业亟需具备技校中专学历的男性青年劳动力，对机械维修工、维修电工、电子设备装配工和各类检验员的需求较大；园区企业期望员工具备的技能主要为设备操作、电焊、产品检验、产品包装和销售。

天津工业职业学院以其优质专业设置，在乌干达“鲁班工坊”第一阶段开设黑色冶金技术和机电一体化技术专业。随着园区入驻企业的增多，将结合国际市场发展需求和合作国家产业发展规划不断扩大合作专业，优化专业布局，建立专业动态调整机制，以反映当下乌干达产业需求和劳动力诉求，以此为依据确定合作专业和招生规模，确保人才培养适应其产业发展需求。

（二）加强制度建设，确立合作方之间常态化沟通机制

乌干达“鲁班工坊”当地产教融合的实施，以乌干达产业需求为导向，以行业标准为引领，与中乌姆巴莱工业园园区企业开展合作，通过校企共建实训基地、共同开发专业标准和资源，为乌干达青年提供学历教育与技能培训。

天津工业职业学院、埃尔贡乌干达技术学院和乌干达天唐集团共同签署了一份三方协议和两份校企合作协议，明确三方各自的权利和义务。三方充分发挥在乌干达“鲁班工坊”建设过程中的作用，保障“鲁班工坊”的顺利揭牌和后期运行。其中，乌干达天唐集团为乌干达“鲁班工坊”提供实训基地建设场地，协助完成“鲁班工坊”场地装修、设备安装、调试、师资培训等相关工作；为乌干达学生提供岗位实习和深入企业的机会，根据工业园人才需求反馈指导乌干达“鲁班工坊”的教育和培训；共同完成专业教学标准和资源建设；推荐当地优秀企业和企业家参与“鲁班工坊”建设。为此，该集团专门设置负责“鲁班工坊”建设与运营的管理部门，担起中乌两国联络员角色，有效沟通乌干达当地政府和乌方院校，使“鲁班工坊”得以顺利建设和运营。

天津工业职业学院与乌干达天唐集团建立了常态化沟通机制。校领导与乌干达天唐集团领导每季度进行一次沟通，在顶层设计上指导产教融合深入顺利开展；项目负责人与天唐集团鲁班工坊管理部门负责人每个月进行一次沟通，就产教融合的开展情况展开交流或问题解决；项目实施人员与天唐集团鲁班工坊管理部门人员每两周进行一次沟通，持续跟进乌干达社会经济发展变化，跟进“走出去”企业的新工艺、新技术和新标准，结合国际先进专业技术、先进工艺流程与最新国际标准，不断调整教学标准、教学场地设备、师资培训和资源建设，丰

富"鲁班工坊"服务功能,使"鲁班工坊"具备可持续发展性。

(三)校企紧密结合,着力提升当地青年技术技能水平

乌干达"鲁班工坊"校企共建实训基地,将部分设备放在实训基地,以便为中乌姆巴莱工业园非洲员工提供技术技能培训。2022 年 1 月利用"鲁班工坊"专业设备为乌干达天唐集团培训 45 名员工,不仅提升了非洲青年专业技术技能水平,同时也提高"鲁班工坊"设备利用率。

校企合作共同开发专业所需的配套教学资源,是实施产教融合的具体路径之一。乌干达"鲁班工坊"专业教学标准、9 门核心课程教材、人才培养方案、数控车工培训资源等,均以乌干达官方语言英语编写,以企业生产实践为导向,注重技术能力培养。在开发资源的过程中,校企校三方加强资源整合和信息共享,中方院校主要贡献中国优质专业建设方案、优质技术装备;合作企业结合合作国家市场需求的人才素养和生产实践能力以及企业的新工艺、新技术、新理念和新标准;外方院校根据当地教育教学标准,三方共同出台教学标准和人才培养方案。这种校企合作的方式不仅能够有针对性地培养当地青年,提升当地青年技术技能水平和就业水平;还能促进合作企业的高质量发展,提升"鲁班工坊"在当地的影响力,真正达到双赢效果。

(四)探索职业教育学习成果国际互通互认

探索职业教育学习成果国际互通互认,是在海外进行产教融合的重要成果之一。2022 年人力资源社会保障部《关于健全完善新时代技能人才职业技能等级制度的意见(试行)》指出了要探索职业技能等级认定结果国际互认;《教育部 天津市人民政府关于深化产教城融合打造新时代职业教育创新发展标杆的意见》也强调要扩大与其他国家和地区的学历证书和技能等级证书的互通互认。

"一带一路"背景下,中国不仅要积极对接国际职业资格标准,将国际标准"引进来";更要通过国际产能合作,将中国优质标准"走出去"推广到世界,做到中国标准与区域标准乃至国际标准的互通互认。"鲁班工坊"作为国际知名品牌,在专业教学标准和学历认证等方面做到了国际对接,例如泰国"鲁班工坊"6 个国际化专业通过泰国职业教育委员会认证,纳入泰国国民教育体系;英国"鲁班工坊"中餐烹饪艺术二级学历、三级学历、中餐烹饪艺术管理四级学历均已通过英国 Qualifi 教学质量体系认证;吉布提"鲁班工坊"4 个国际化专业获得吉布提教育部认证。乌干达"鲁班工坊"黑色冶金技术和机电一体化技术专业已通

过乌干达国家高等教育委员会的两次考察，完成专业认证后将填补乌干达冶金类高等职业教育的空白，提升乌干达机械与电气类高等职业教育水平。学历证书和技能等级证书的互通互认将有利于“鲁班工坊”在海外推进产教融合，有利于“鲁班工坊”开展持续性的职业发展教育与培训，有利于提升我国职业教育国际影响力。

(五)借助联盟竞赛等平台，探索能力建设合作之路

“鲁班工坊”已建立产教融合发展联盟，由参建鲁班工坊的 17 家院校及 32 家企业组成，举办了 3 次企校研讨会，对加深企业和院校之间的联系、充分了解企业需求和现有先进技术、促进产教深度融合具有重要意义，可为优化人才培养方案和标准提供现实依据。

应当建立中国—东非产教合作联盟，而乌干达“鲁班工坊”可探索以工坊为中心的工业园—乌干达—东非地区能力建设发展之路，通过提升乌干达工业园非洲员工就业机会和能力，提高乌干达青年收入巩固项目取得的成果，逐步辐射东非地区，实现可持续发展目标。依托中乌姆巴莱工业园，尝试在工业园区建立产业学院，将以知识、经验、技术转移为主的“知识合作”向“强化知识合作，促进投资合作”转变。借助国际技能大赛，充分体现现代技术与传统技艺，达到以赛促学、以赛促教的效果，使中外双方师生及中资企业员工通过参加职业技能比赛，不断增强自身的技术技能水平，拓宽国际视野，促进双方友谊，为“鲁班工坊”海外产教融合营造良好氛围。

(课题承担单位为天津工业职业学院，课题主持人为梁国勇，执笔人为宋佳。课题组成员：梁国勇、宋佳、王英刚、冯坤、李桂云。)

第八十八章　职业院校适应“鲁班工坊”需求的“双语”教材建设

在“鲁班工坊”建设中，“双语”教材建设是一项重要工作。“双语”教材是培养“双语”技术技能人才的专业教材，应统筹利用国内外优质教育资源，在借鉴、吸收和创新的基础上，与合作方合力编写以满足“鲁班工坊”建设的需求，注重全面开展项目式、情境化、模块化教学，促进鲁班工坊教学切实取得成效。

一、有关政策文件的梳理

（一）关于教材建设的相关政策文件

2019 年国务院印发的《国家职业教育改革实施方案》提出，建设一大批校企“双元”合作开发的国家规划教材，倡导使用新型活页式、工作手册式教材并配套开发信息化资源等。同年国家教材委员会印发的《全国大中小学教材建设规划（2019—2022 年）》指出，职业教育教材关键是体现“新”“实”，反映新知识、新技术、新工艺、新方法，并及时编修。2020 年教育部印发《职业院校教材管理办法》，从教材管理、教材规划、教材编写、教材审核、出版与发行、选用与使用、服务与保障、评价与监督 9 个方面进行了规定，为职业院校适应“鲁班工坊”需求的“双语”教材建设提供规范要求。

2021 年初印发的《教育部　天津市人民政府关于深化产教融合打造新时代职业教育创新发展标杆的意见》，将“满足鲁班工坊需要的‘双语’教材”作为职业教育优质教材的“重点支持”内容。这正是本研究所要回答的问题。

（二）关于“鲁班工坊”建设的相关政策文件

2020 年，“鲁班工坊”建设联盟成立并制定《鲁班工坊建设规程》和《“鲁班工坊”建设联盟工作办法》等文件，引领工坊建设。随后，出台了《“鲁班工坊”建设评审标准(试行版)》,通过8个一级指标、26个二级指标更加细致地规定了“鲁班工坊”的准入门槛,使鲁班工坊项目建设更加标准化、规范化,并将“鲁班工坊”需求的教材资源的观测点指标设置为理实一体化、模块化的双语专业教材及配套信息化教学资源。

教育部和天津市关于深化产教城融合打造新时代职业教育创新发展标杆的意见中提出,“满足鲁班工坊需要的‘双语’教材”之后,有关方面又推出文件:《“鲁班工坊”建设项目任务书》《“鲁班工坊”建设实施方案》《关于推进我市职业院校在海外设立“鲁班工坊”试点方案》《天津市“鲁班工坊”研究与推广中心建设方案》《“鲁班工坊”运营项目认定标准(试行)》《“鲁班工坊”建设与发展报告》等。这些文件对鲁班工坊“双语”教材建设提供了参考依据和操作路径。

二、有关“双语”教材建设的相关研究综述

(一)关于“双语”教材建设的相关研究

陈英提出了“双语”教材和外语教材的区别:外语教材的编写侧重外语语言的能力训练和知识结构,“双语”教材的编写则侧重专业知识的传播和讲授,语言只是作为知识传播的工具。同时,在“双语”教材编写过程中融合各方力量,扎根国情和对外开放,运用任务型驱动理念,推动“双语”教材出版创新与发展。[①] 荆鹏等从双语教材的形式上进行了论述,认为“双语”教材的建设不应局限于书本,建立成体系的多媒体资源库是提升专业“双语”教学水平的重要手段。[②]

(二)基于“一带一路”背景的“双语”教材建设的相关研究

在“一带一路”倡议背景下,中国积极发展与沿线60多个国家与地区开展全面合作。据不完全统计,“一带一路”沿线国家共有53种官方语言,涵盖9大语系的不同语族和语支。[③] 为适应当地岗位需求,为中国“走出去”企业培养急需的技术技能人才和国际化创新人才,必须发挥“双语”教材桥梁纽带作用,将

---

① 陈英. 国际贸易双语教材的出版创新与发展[J]. 出版广角,2021(12):91-93.

② 荆鹏,张金喜,但雅琼,许琰. 城市轨道交通双语课程初探——服务“一带一路”和“走出去”目标[J]. 教育教学论坛,2022(27):81-84.

③ 邓飞. 造纸专业课程双语教学模式的研究——评《制浆造纸基础》(英文原版)[J]. 中国造纸,2020,39(07):99-100.

专业知识、技能和标准传递到“一带一路”沿线国家，促进双方文化交流，满足跨国技能培训与学历教育的需要。

经研究分析，目前在“鲁班工坊”建设中，部分“双语”教材缺乏、教学资源不足、线上教学应用较薄弱、没有形成慕课等线上资源库，因而要积极开展“鲁班工坊”“双语”教材建设研究，以更好地服务“一带一路”倡议。

（三）关于“鲁班工坊”“双语”教材建设相关的研究

赵丽霞等认为，“鲁班工坊”职业教育形成品牌和影响力主要体现在三个方面：一是教育理念要先进，职业教育要突出高素质技术技能和工匠精神；二是要建立有效的、可通用共享的国际教学标准；三是教育资源开放①。“鲁班工坊”需求的“双语”教材的建设也以此三个方面为遵循和依据。

王磊认为，将教学内容与“鲁班工坊”和相关合作企业实际生产接轨，要结合国内外生产企业实际情况，充分考虑国内外企业需求和学生的实际情况。同时在“双语”教材的编写中，需要注意专业术语和基本概念的准确性、有关不同国家标准的说明及外语表述准确性等问题②。

三、职业院校适应“鲁班工坊”需求的“双语”教材建设模式

（一）职业院校适应“鲁班工坊”需求的“双语”教材建设内涵界定

职业院校适应“鲁班工坊”需求的“双语”教材，主要从以下几个方面体现满足“鲁班工坊”需求：一是从“鲁班工坊”的教材使用方的需求出发，即满足“鲁班工坊”合作国院校和企业的学历教育或职业培训教育的需要；二是从“鲁班工坊”服务对象的需求出发，即“鲁班工坊”建设目的为“一带一路”倡议服务，积极推动中国职业教育与企业合作“走出去”，为中国企业培养本土化技术技能人才服务；三是从“鲁班工坊”建设目的出发，“双语”教材的编写要以技能大赛装备为载体，在教材中融入中国优质职业教育理念、专业技能标准，所以“双语”教材要满足“鲁班工坊”提升当地职业教育师生技术技能水平、为社会和民众提供更多的就业机会的需要。

---

① 赵丽霞，张建. 跨文化语境下工业汉语海外传播与应用研究——以非洲“鲁班工坊”建设为例[J]. 哈尔滨职业技术学院学报，2019(04)：1-3.

② 王磊. 冶金行业棒线材生产培训双语课程建设[J]. 天津冶金，2020(01)：68-71.

职业院校适应“鲁班工坊”需求的“双语”教材，既要满足“鲁班工坊”需求，又要与职业院校适应。一是“鲁班工坊”培养的是技术技能人才，如何培养技术技能人才，“双语”教材的编写要能满足技术技能人才的培养需求，同时“双语”教材的编写要符合职业特性，基于工作过程设计教学项目，突出学生知识的应用和实践能力的培养。二是“双语”教材不仅可以用在“鲁班工坊”的人才培养上，同时还能满足我国职业教育人才培养的需求，充分发挥“双语”教材的优势及配套资源的作用，为职业学校的人才培养提供支撑。

(二)职业院校适应“鲁班工坊”需求的“双语”教材建设标准

1. 内容构建模式方面的建设标准

《“鲁班工坊”运营项目认定标准(试行)》中将教学资源一级指标分解为 4 个二级指标，专业标准、课程标准、教材资源、实训装备，这 4 个指标相辅相成，缺一不可，其逻辑关系如图 88-2 所示。

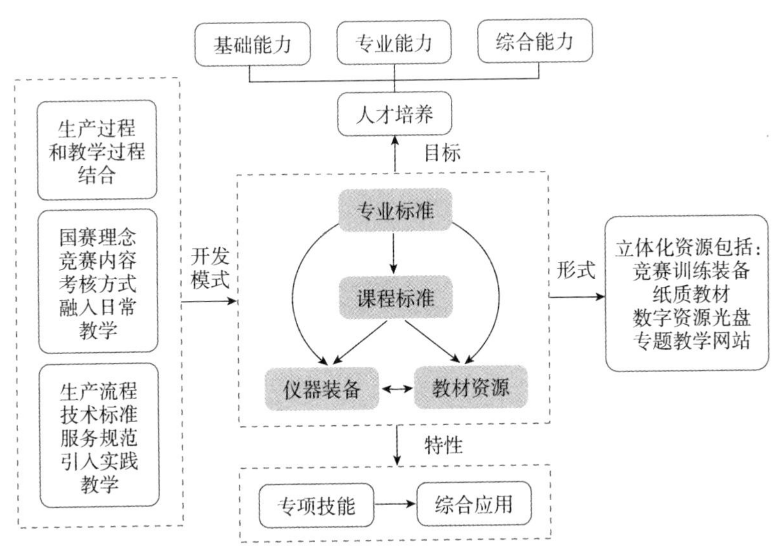

图 88-2 教学资源建设逻辑图

教材资源的观测点为：理实一体化、模块化的双语专业教材及配套信息化教学资源。

一是教材模块化即结合工作岗位需求，将专业课程设置成专业模块，依据实际工作岗位对知识与技能的要求，整合梳理相关理论知识和实践经验，将其有机结合，形成基于岗位需求的完整的、有机的整体教材结构，以确保教材能够发挥课程与教学的载体作用、岗位与教学的连接作用。

二是教材理实一体化应从工作任务中分析出职业能力，并依照职业能力选取与之相对应的理论知识和实践知识，按照职业活动的逻辑，即围绕职业岗位的工作任务来进行教材内容的组织，采用"项目—任务"式的编写结构，将理论知识与实践知识有机融合。

三是配套信息化教学资源，通常是指能够反映课程教学内容、教学方法、教学过程及应用于各教学环节，支持教师教和学生学的辅助资源，包括课程标准、教案及配套演示文稿、参考资料、教学视频、动画、工作手册、试题库等①。

总体来说，模块化是在工作岗位需求下的课程体系设计，以学习者必需、足够的基础知识和熟练的应用能力为目标；理实一体化是在特定工作任务的前提下，以学生的认知规律为依据，制定科学讲授顺序的知识整合方式和理实一体的学习方式，信息化教学资源是立体化教材的重要部分，其三者的关系构建了"双语"教材建设模式，如图 88-3 所示。

2. "双语"教材形式及配套信息化教学资源质量标准

"鲁班工坊""双语"教材形式宜采用新形态立体化教材、活页式、工作手册式教材形式。其配套信息化教学资源宜根据《职业教育专业教学资源库建设工作手册(2019)规定》和《职业教育专业教学资源库验收评议重点和指标》的相关规定建设。

(三)职业院校适应"鲁班工坊"需求的"双语"教材建设模式

在教学资源开发建设中，天津职业院校探索出了一套"将国赛理念、竞赛内容、考核方式融入日常教学，将现代生产流程、技术标准、服务规范引入实践教学，将生产过程和教学过程结合"的资源开发模式②。

1. 职业院校适应"鲁班工坊"需求的"双语"教材建设思路

"双语"教材的编写应符合合作国当地教学实际，结合合作国当地的文化、

---

① 韩新洲. 职业院校信息化教学资源建设研究[J]. 工业和信息化教育，2021(04)：89-91.

② 吕景泉. 鲁班工坊溯源，国际品牌创成，内涵要义构建，发展策略研究——再论坚持鲁班工坊核心要义，完善建设标准，拓展办学内涵[J]. 天津职业院校联合学报，2021，23(09)：3-9.

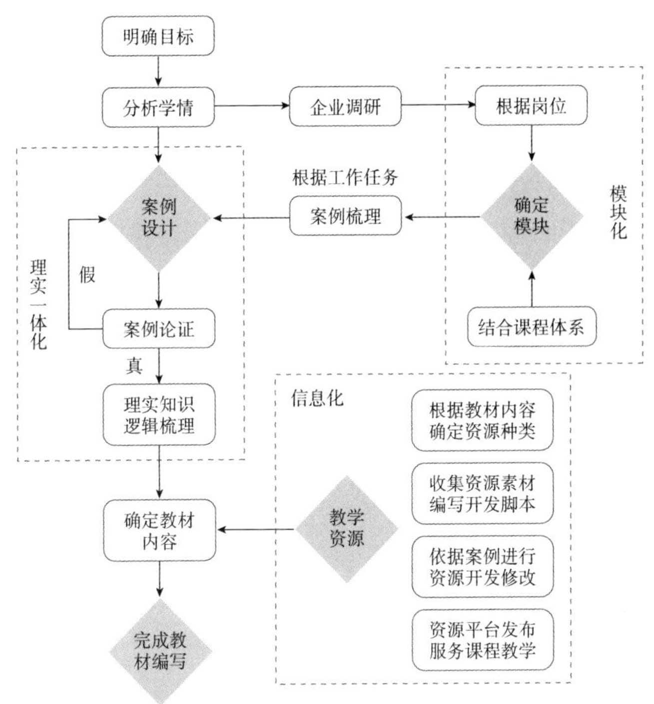

图 88-3　“双语”教材建设模式要求

教育、技术水平，进行教学标准的重新设定，将相应课程进行重新设计和资源整合，与合作国人员进行充分的探讨，找到两地之间的差异，并力求根据本土的情况，对相关内容进行重新修订，因地制宜地进行教材开发和建设，以便更好地开展教学。同时教材的编写以完成真实项目为线索，采用 EPIP 教学模式编写，通过小任务学习专项技术技能，通过大任务学习技术综合应用，技能训练、工艺素养、道德培育贯穿全过程①。

2. 职业院校适应“鲁班工坊”需求的“双语”教材建设团队组成

组建一支理论水平高、实践能力强、写作经验丰富的校企专业团队，开发建设“鲁班工坊”合作专业的“双语”教材及配套教学资源。在团队成员甄选上：一是拥有相关科研、教学或企业生产实践经验；二是了解政策，熟悉行业企业发展

① 吕景泉. 鲁班工坊溯源，国际品牌创成，内涵要义构建，发展策略研究——再论坚持鲁班工坊核心要义，完善建设标准，拓展办学内涵[J]. 天津职业院校联合报，2021，23(09)：3-9。

动态；三是具有较高的写作水平。应尽量争取职业院校的“双师型”教师和行业企业“能工巧匠”参与教材编写，有效避免教材内容与生产实际脱节。

3. 职业院校适应“鲁班工坊”需求的“双语”教材建设实施步骤

（1）依据鲁班工坊建设需求，确定调研内容。了解“鲁班工坊”合作建设国相关专业领域设备、技术现状、人才需求状况与合作学校的相关专业人才培养、课程设置、实训条件等方面的情况，借鉴“鲁班工坊”建设经验，进行细致分析、论证，并确定教材建设目标。

（2）结合“鲁班工坊”仪器装备，构建教材框架。以“鲁班工坊”设备和技术为载体，参照国家相关职业标准以及专业相关教学标准精选教学重点内容，再进一步整合、重组，最后以项目化方式构建教材框架。

（3）依据教材建设相关标准，确定样章文稿。“鲁班工坊”“双语”教材应结合相关标准、技能大赛、职业技能鉴定和教学实训等需求，每个项目包括若干典型工作任务，根据学生的认知规律，每个任务建议由任务引入、相关知识、任务实施、技能训练、思考与练习等部分组成。以 EPIP 教学模式指导教材编写是有效的方法和手段。

（4）通过实践检验，优化教材内容。通过教学及生产实践检验，收集反馈信息，发现问题并动态调整教材内容，同时注重新知识新技能的补充，充分体现实用性、有效性、可持续性，不断提高“鲁班工坊”“双语”教材资源建设的质量。

（5）依据建设标准，开发信息化教学资源。通过合理设计教学情境，重构知识、序化内容，校企双元主体深度合作，开发出深入浅出、图文并茂、形式多样的活页式、工作手册式双语教材，配以电子课件、微课、教学视频、教学动画为内容的数字化教学资源库，建设与课程相匹配的课程标准、实训指导书等相关教学资源，为“鲁班工坊”教学和培训提供保障。

（课题承担单位为天津城市建设管理职业技术学院，课题主持人为于新文，执笔人为张智明。课题组成员：李艳双、王素霞、聂明、党天伟、魏旭春、王新华、李才荣。）

第八十九章 职业教育国际化教学资源建设

职业教育国际化教学资源的建设对建立具有中国特色与国际化水平并适应现代产业发展的教学体系,具有重要促进作用。本研究拟对职业教育国际化教学资源的建设内涵、过程和方法,进行全面探讨。

一、有关政策文本的梳理

2021 年中办、国办印发的《关于推动现代职业教育高质量发展的意见》第十九条提出:"积极打造一批高水平国际化的职业学校,推出一批具有国际影响力的专业标准、课程标准、教学资源。"这是本研究立论的直接依据。在此之前,在相关文件中已有类似要求。如《关于实施中国特色高水平高职学校和专业建设计划的意见》明确要求:"加强与职业教育发达国家的交流合作,引进优质职业教育资源,参与制订职业教育国际标准。"又如 2020 年教育部等九部门印发的《职业教育提质培优行动计(2020—2023 年)》明确提出要提升职业教育国际影响力,引导职业学校与国(境)外优秀职业教育机构联合开展学术研究、标准研制、师生交流等合作项目,促进国内职业教育优秀成果海外推介。所以,开发职业教育国际化教学资源是必要的,也是本研究的指导原则。

二、关于职业教育国际化教学资源建设的已有成果

2015 年教育部印发的《关于深化职业教育教学改革全面提高人才培养质量的若干意见》明确提出:要"在教学标准开发、课程建设、师资培训、学生培养等方面加强国际交流与合作,推动教育教学改革创新,积极参与国际规则修订,提升我国技术技能人才培养的国际竞争力。"同时并组织上海和天津重点围绕现代服务业和制造业试点建设职业教育国际化专业教学标准,进一步提升职业教育质量和吸引力,推动职业教育改革创新。职业教育如何建设国际化教学资源,由此成为热门问题。国内大部分学者对普通高等教育的国际化发展现状、基础

理论和建设路径进行了深入研究,但对于职业教育国际化发展的研究,只是近几年才兴起。已有的研究成果缺乏对高职国际化教学资源的概念界定,忽视了职业教育国际化发展的重要性,而且大部分沿用了普通本科国际化教学资源的框架,没有体现职业教育要与产业人才需求相适应的特点,这些都有待完善。①

三、建设好职业教育国际化教学资源的对策建议

教学资源是为教学的有效开展提供的素材等各种可被利用的条件,通常包括教材、案例、影视、图片、课件等,也包括教师资源、教具、基础设施等,广义上也应该包括教育政策等内容。从广义上来讲,教学资源可以指在教学过程中被教学者利用的一切要素,包括支撑教学的、为教学服务的人、财、物、信息等。从狭义上来讲,教学资源(学习资源)主要包括教学材料、教学环境及教学后援系统。本课题组认为,职业教育国际化教学资源 包括适应国际规则的课程、教材、教学环境等一切教学材料,应从四个维度共同建设,即标准国际化、师资国际化、课程国际化、路径国际化。

(一)标准国际化

职业教育国际化专业教学标准是指围绕行业国际化人才需求,对接国际先进水平行业和产业,对标国际领先院校,同世界先进企业或教育组织开展合作交流对接国际职业资格标准和教学标准,结合国内高职专业发展特色,着重培养学生具备国际视野、国际领先技术技能和高水平职业素养的教学标准。

1. 教学标准的特性

职业教育国际化专业教学标准区别于普通高教国际化专业教学标准。职业教育国际化专业标准紧贴行业发展,具有明显的职业特征,侧重提升学生国际化岗位实践应用能力和高水平职业素养,培养国际水平的工匠人才和技术能手。一方面,始终聚焦国际先进行业用人标准和岗位要求,培养目标、课程内容和教学方法等应体现应用性和实践性,使学生能够掌握国际化技术技能要求;另一方面,强调基础性职业素养培养,高职教育面向的是一线生产、服务和管理岗位,对于基础性职业素养要求更高,例如一丝不苟、沟通合作、精益求精、灵活创新等工匠精神。因而高职国际化人才不仅要求具备国际视野、掌握基础国际语言,了解

① 雷珊珊,高扬.高职国际化专业教学标准建设路径探析[J].天津职业院校联合学报,2019,21(12):66-70.

国际文化，还要凸显出更极致的基础性职业素养。

2. 教学标准的编制

按照分组及内容规划分析归纳国际化企业岗位的工作领域及职业能力，与发达国家的职业能力标准进行对照，构建人才培养目标；形成教材标准的开发方案；深入分析国内外相关国际化专业的课程体系与课程标准的内涵，梳理课程体系设计思路，并最终确定国际化专业的课程体系；选择适合国际化办学的教学方式和教学方法，并进行合理的教学设计，完成各门课程的国际化课程标准开发工作；根据部分国外院校的专业化设备和设施、一些优秀的教师团队及部分国际相关的跨国企业所需的职业资格证书等内容，从而顺利编制并完善高等职业院校国际化专业教学标准。

（二）师资国际化

教育资源建设各项工作主要是由各专业的教师来承担的，因而职业教育国际化教学资源的建设必然需要高职师资队伍的国际化作为支撑。同时，师资国际化所形成的国际视野和外语应用能力，有助于职业院校在全球范围内遴选专业教材，对接国际先进标准建设专业课程，提升高职专业建设的国际化水平。

1. 创新在职教师的国际化培养方式

国际化师资的自主培养是当前以及未来一段时期内我国高职院校师资国际化建设的主要方式。在国际化师资培养上，学校依托中外联合办学项目，与国外优质高职教育机构联合开展课题研究，邀请职业教育界知名人士、专家学者到校指导培训，进一步提升高职院校教师群体的国际化素养。同时，还应分析不同类型的专业能力所需要的培养条件；可以通过开发教师国际交流合作项目的方式来培育。可以定期选派优秀教师赴海外教育机构进行研修学习和交流活动，研究海外职业院校成功的教育经验以及所采取的教学模式，参与国际标准、方案的研制和多语种教学资源的开发，以全力助推高职院校国际交流与合作工作的改革创新，助力高职国际化教学标准建设有条不紊地向前推进。

2. 建立以引导为基础的软性激励机制

职业院校建立师资国际化建设的激励机制，首先要从意识层面引导广大在职教师积极参与国际化建设相关工作，建立以引导为基础的激励机制。职业院校应通过开展全方位的文化交流与合作，使得广大在职教师在思想认识层面认同师资国际化建设，从情感体验上乐于参与师资国际化建设。

3. 建立以评价为重点的考核监督机制

完善教师绩效考核指标，以目标管理和成效评价为重点，建立集国际化能力评价、国际化素养评价、国际化教学贡献评价于一体的考核体系，奖优罚劣，督促每一位高职院校在职教师积极参与师资国际化建设项目，全身心地投入到自身国际化素养的提升过程中。

（三）课程国际化

在教学标准的制定上，不仅要与发达国家的大学或技术院校相对接，而且要根据世界中大多数知名的跨国企业要求的最新职业技术标准和相关岗位需求。

（1）紧密围绕当代先进产业、跨国企业的人才需求，重点将现代服务业、先进制造业和新兴产业等国家重点发展产业的先进知识、技能和素养要求纳入课程体系。

（2）在国家职业资格标准基础上，将国际职业资格证书纳入课程框架，保障学生能够全面学习国际水平的基础知识和技能。通过引进国内外具有影响力的国际资质证书，一方面实现课程的国际接轨，让学生享受国际上优质的课程资源；另一方面使学生获得国外通用的职业资格证书，并以此实现职业资格认证的国际化。

（3）将国际先进企业的岗位能力要求纳入课程标准，着力构建与世界先进生产过程紧密对接的课程体系，培养学生实践应用能力。同时针对部分国内领先世界的产业，依托行业指导委员组织国内先进行业、企业、院校，针对部分专业主动开发世界水平的行业人才标准，为课程标准提供标杆。

（4）丰富国际化课程体系，除了引入国际化专业课程，适当增加国际知识与文化等课程的比重，开发多种课程形式，举办多元文化体验、讲座等活动，拓宽学生视野，增强国际理解力和国际意识。

（四）路径国际化

1. 开展国际调研

选取职业教育发达国家的跨国企业、一些国家相关学院的部分专业作为国际化专业教学资源的参考对象，在人才培养模式、课程体系设置、课程标准、教学条件建设和课程管理标准等方面进行对标，从而寻找到与之对接融合的路径，并完成相应调研报告。

2. 借助合作项目建设教学资源

加强与海外职业院校的合作与交流，成立“国际学院”“鲁班工坊”“培训基地”等，深入学习丰富的国际教育理念以及国际化办学方法，且将海外教育先进经验迁移到国内高职院校教学中，实现国际优质职教资源的引入吸纳与本土转化，从而保证将国际化的专业课程融入我国的课程体系中，形成既具有国际化内容又具有中国特色的教学资源。提升国际化教学资源时也可以对国外的优秀教材进行适当的改变，形成“双语”教材，从而保证学生在学习的过程中接触到更多的语言和教学资源。还可以对我国的高等职业教育机构进行相关课程标准的设置，从而保证课程的国际化。

（课题承担单位为天津医学高等专科学校，课题主持人和执笔人为王德银。课题组成员：张彦文、许有华、詹少凡、程素利、兰岚、王慧、马菲菲、从琳、董玉舒、王苹、马国海。）

第九十章 “中文+职业技能”国际化发展模式

本研究在对中共中央、国务院、中办、国办、教育部、天津市委、市政府以及市教委有关我国职业教育“走出去”的文件和实践的梳理基础上，对职业教育的国际化发展提供自身的认识进而对“中文+职业技能”国际化发展模式提出初步的概括和提炼。

一、相关政策的梳理和解读

2014 年《国务院关于加快发展现代职业教育的决定》提出，职业教育要加强国际交流与合作。从职业教育发展层面鼓励职业院校实施中外职业院校合作办学项目，以及到国(境)外办学。

2018 年天津市委、市政府印发《关于做大做强做优职业教育的八项举措》明确提出：要把天津院校在境外开设的“鲁班工坊”打造成为国际知名职教合作项目，更好服务国家的“一带一路”倡议。

2019 年中共中央、国务院印发的《中国教育现代化 2035》重点部署了面向教育现代化的十大战略任务，特别提出鼓励有条件的职业院校在海外建设“鲁班工坊”。

2020 年教育部等九部门印发的《职业教育提质培优行动计划(2020—2023 年)》明确提出：为增强职业教育的国际交流，鼓励职业院校到境外办学，着力培育一批“鲁班工坊”；同时积极推进“中文+职业技能”项目，加快中国职业教育的国际化发展进程。这里首提“中文+职业技能”，正是本研究的直接来源。

2021 年印发的《教育部　天津市人民政府关于深化产教城融合打造新时代职业教育创新发展标杆的意见》提出：要通过构建中国职业教育国际化标准模式、扩大与其他国家和地区的学历证书和技能等级证书的互通互认的方式，积极推进“中文+职业技能”项目“走出去”。同年天津市教委等 15 部门印发的《天津市职业教育创优赋能建设项目和资金管理办法》再次强调，鼓励职业院校到国

(境)外办学,大力推进"中文+职业技能"项目"走出去"。

2021 年中办、国办印发的《关于推动现代职业教育高质量发展的意见》,明确提出"探索'中文+职业技能'的国际化发展模式"。这里将"中文+职业技能"定为"职业教育国际化发展模式",意义深远,值得深入研究。

二、已有相关实践和研究成果的综述

(一)相关理论研究评述

有关高等职业教育国际化与文化关系的研究,潘海生、孙一睿《澳大利亚高等职业教育国际化的策略分析与启示》强调,高等职业教育国际化要以文化相融为软实力,形成本国职业教育的国际化品牌,同时注重职业教育国际化关系的友好性。①

有关人类命运共同体和职业教育国际化关系的研究,张俊宗《教育国际化:构建人类命运共同体的重要力量》认为,人类命运共同体理念为更好地推进教育国际化提供了根本遵循,教育国际化在推进构建人类命运共同体进程中彰显出特殊价值。②

有于关高等职业教育国际化面临的问题研究,刘必旺、谈颖《高职院校'中文+职业技能'境外办学实施路径研究》指出,我国高等职业教育国际化主要面临办学定位不清晰、办学质量参差不齐、助力境外企业能力不足等问题;而高职院校实施"中文+职业技能"境外办学模式就能很好地帮助高职院校摆脱困境。③

关于"中文+职业技能"的内涵问题,刘必旺、谈颖在《高职院校'中文+职业技能'境外办学实施路径研究》指出:我国高职院校在境外办学过程中呈现出"重技能培养,轻文化熏陶"的特征,应结合当地经济社会发展和产业需求,在课程设计中有效融合中文教育和职业技能培训;但其所指"中文"侧重指中国传统

① 潘海生,孙一睿. 澳大利亚高等职业教育国际化的策略分析与启示[J]. 教育与职业,2020(07):85-92.

② 张俊宗. 教育国际化:构建人类命运共同体的重要力量[J]. 高校教育管理,2020,14(02):21-28+36.

③ 刘必旺,谈颖. 高职院校"中文+职业技能"境外办学实施路径研究[J]. 职业技术,2022,21(02):1-5.

文化,这方面还缺乏具体实操性。[①] 尤咏在《跨文化背景下‘中文+职业技能’国际推广基地的发展策略研究》中指出,研发具有中国特色的职业技能课程系列培训教材,教材内容既包括中国文化、中国元素、中国企业文化和价值理念,又包括职业技能标准。这里将“中文”理解为中国文化元素、中国企业文化和价值理念,但未能实现二者的有机统一和融合。此外,作者还提出既要注重中国文化元素的输入,又要兼顾文化的国际性、包容性,确保符合不同国家文化的差异性和个性化需求。[②]

教育项目研究组的《构建“中文+职业技能”教育高质量发展新体系》中阐述了“中文+职业技能”教育领域开展的实践探索,如开设“中文+”特色课程、推动共建全国首个“中文+职业技能”国际推广基地、加强师资培训等,同时也指出“中文+职业技能”教育还存在很多方面的不足,如教学资源、师资人才国际化以及与东道国在职业标准体系和职业技能培训、证书认证等方面衔接的问题。[③]

曾广煜在《卢旺达“中文+职业技能”教育实践与理论探索》中将“中文+职业技能”归纳为四种模式——加和模式、结合模式、整合模式、融合模式,并详细阐述了每种模式的特点以及代表。[④] 但是作者只关注二者结合的模式,而忽视对于其中“中文”的内涵和外延的阐释。

(二)相关的数据分析和整理

通过对涉及“中文+技能培训”的相关学校及用人单位的调查,本课题组从收集的有效问卷调查结果来看,如表90-1所示,无论是从用人企业、培训教师还是到国际学生,他们都将专业工作用语培训和操作技能培训作为中文培训的第一要义,将语言学习放在了其次的位置,这也直观地说明,在对外合作中应始终以工作技能语言的培训为核心和前提,以跨文化知识的学习为辅助手段。

---

① 刘必旺,谈颖. 高职院校“中文+职业技能”境外办学实施路径研究[J]. 职业技术,2022,21(02):1-5.

② 尤咏. 跨文化背景下“中文+职业技能”国际推广基地的发展策略研究[J]. 职业技术教育,2021,42(32):77-80.

③ 教育项目研究组. 构建“中文+职业技能”教育高质量发展新体系[J]. 中国职业技术教育,2021(12):119-123.

④ 曾广煜. 卢旺达“中文+职业技能”教育实践与理论探索[J]. 中国投资(中英文),2022(Z4):48-51.

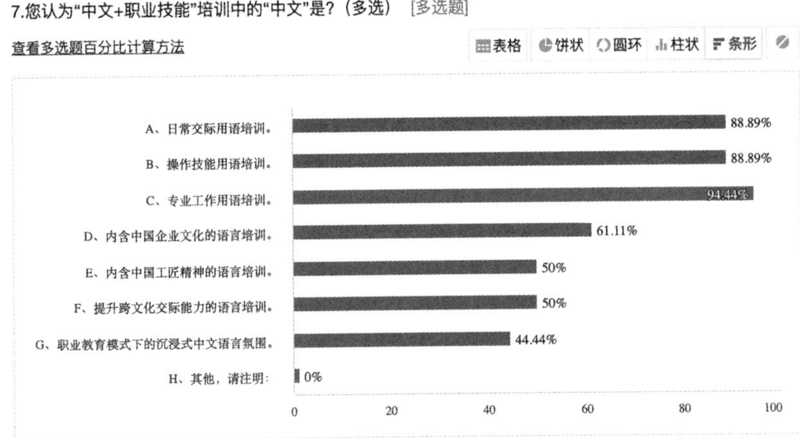

图 90-1　调研对象对于"中文+职业技能"中"中文"的理解

同时，本课题组也针对现有的理论概念，对"中文+职业技能"中的"+"进行了调研，根据表 90-2 调研结果，我们可以看到，中文教育与职业技能教育有机融合是以教学内容为职业技能，教学语言为中文的有机模式。从此结果中，我们可以得出，"中文+职业技能"模式想要可持续发展，二者之间的有机融合是前提，而其融合模式则是保持其旺盛生命力的核心。

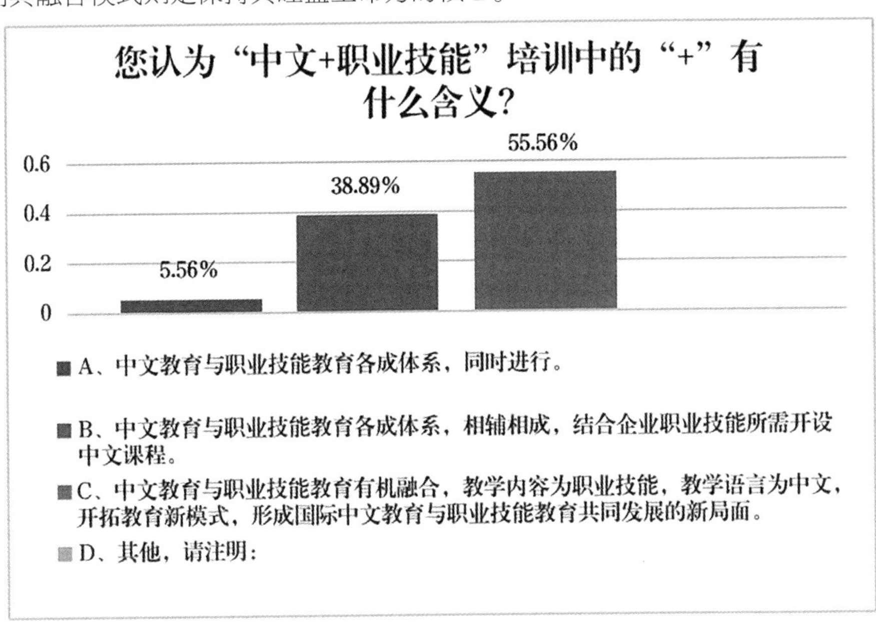

图 90-2　调研对象对于"中文+职业技能"中"+"的理解

根据以上情况的梳理,可以发现:先前的研究对“中文+职业技能”的核心概念解释很大程度上将“中文”与“职业技能”二者分开讨论,忽略了二者之前的必然联系,以及二者的协同作用,这势必会影响该模式的可持续发展。于此,本课题组将重心放在“中文”与“职业技能”的有机融合上,重点研究该模式的内涵与外延,进而给出其可操作的实施建议。

三、职业教育“中文+职业技能”国际化发展模式的构建与实施

(一)“中文+职业技能”的内涵和外延

1.“中文+职业技能”的内涵

首先,“中文+职业技能”的发展模式中的“中文”的内涵,是培养国外学生职业技能而需掌握的专门用途汉语,重心在于着重培养职业技能语言,通过专门用途汉语的培训,加强学生对于职业技能的理解,解决职业技能培训中的实际问题,进而解决外国学生与中国企业文化融合困难等一系列的突出矛盾和问题,增强外国学生对我国职业技能教育的认同感。

其次,该模式中的职业技能需要贴合合作国家的需求,即适合境外办学合作国家的职业技能需求。在此基础之上,该模式的“职业技能”更多的是体现“中文”与“职业技能”的有机融合。培训符合境外办学合作国家需求的职业技能,搭配适合职业技能教学的中文教材,突出技能学习与实训的教学资源、教师、教材。

2.“中文+职业技能”的外延

从上述内涵理解出发,可以得出该模式主要肩负了四项职能:提升国际中文教育和中国职业教育全球适应性,增强中国教育品牌整体国际影响力,助力各国经济社会发展,促进中外民心相通。“中文+职业技能”的外延就体现在这四项职能的实现中。

首先,“中文+职业技能”的模式将推动我国职业中文能力培养体系的发展,实行以职业要求、常用职业语言、工作语言为主的专门用途语言教学体系。职业

中文等级标准建设将助力完善《国际中文教育中文水平等级标准》[①]，推动建立一个与职业相适应的中文能力规范标准，指导职业中文教育教学实践，亦能与现有的《等级标准》共同构成国际中文教育领域的顶层设计。

其次，“中文+职业技能”的模式将推动我国职业教育的国际化进程，推动专业发展的国际化水平，促进专业的转型与升级，为专业发展谋划新的国际机遇。该模式的建设有利于反哺国内高职院校的专业建设，包括研究适用于国际化的专业教学体系、人才培养标准、国际化教材、国别化职业技能标准和证书与海外推广基地，等等。

最后，“中文+职业技能”的模式为企业全程参与人才培养提供了平台。企业在此模式下有着广泛的参与度，学生可以在实践生产中，使自己的语言和技能得以运用，更好地将抽象化的语言学习和技能运用落在实处，加强自身工作能力与对企业文化的认识，这些都有利于参与企业的发展。

(二)职业教育“中文+职业技能”的国际化发展模式构建

职业教育“中文+职业技能”国际化发展模式的构建，要立足于国际中文教育和职业教育基本属性，即坚持以中文教学为基础推动、以职业教育为特色抓手、以提高质量为核心目标、以产教融合为途径方法，不断完善体制机制，加强国际化专业标准建设，加大“双师双语”师资培养力度，大力开发“线上线下”教学资源，多措并举推动“中文+职业技能”教育模式创新发展。

1. 明确“中文+职业技能”的国际化发展模式宗旨

近年来，我国出台了各级各类的鼓励高职院校“走出去”开展国际化办学的政策和文件，这是我国经济发展的客观要求，同时也体现了职业教育对经济发展的支持作用。这无疑给“中文+职业技能”的国际化发展打造了坚实的基础。

但从整体来看，我国高职院校“中文+职业技能”境外办学尚处于早期发展阶段，办学经验还不丰富，在实际办学中，容易出现办学定位不清晰、中文与技能教学不匹配的问题，影响教学质量。因此，考虑到高职教育和培训学制短、学时有限等因素，高职院校境外办学中文教育应该遵循“实用为主、够用为度”的原则。在此基础上，基于技能需求、学生特点等因素，做到中文与技能教育的有效

---

① 中华人民共和国教育部.《国际中文教育中文水平等级标准》[R/OL].(2021-03-31)[2022-06-02],http://www.moe.gov.cn/jyb_xwfb/gzdt_gzdt/s5987/202103/t20210329_523304.html。

融合，以中文教育推动技能教育的发展，发挥“中文+职业技能”模式的内涵精神，不断提高教学质量。

2. 加强前期调查研究，确保“中文+职业技能”得以实施

高职院校开展“中文+职业技能”教育，前提是对合作国政治、经济、文化、教育状况和政策的深入调研，以及当地企业对于人才需求的深度把握。这其中必然包括对所在国职业技能培训、现有职业技能证书以及相关法律法规等进行研究。

在此基础上，也要结合海外市场需求，联系“走出去”中资企业，因地制宜做好合作领域的选择工作，了解该领域在合作国家的发展历程、当前现状、未来规划，确保首先使技能教育落在实处，奠定好“中文+职业技能”模式的发展基础。

3. 有效运用已有成果，强化内涵建设

基于该模式的定位以及目标，在国家政策与学校配套资源的支撑下，全面提高“中文+职业技能”教育的政策保障和可持续发展能力。各高职院校在推动其建设时，可以利用高职院校自身的国际化办学成果，将“走出去”的成果融入模式构建。在充分调研论证的基础上，完善体制机制，寻求多元、多渠道合作，建立成熟的项目管理运行机制和服务保障体系。注重运用多种方式充分调动外方政府、机构的参与积极性，实现共赢。

天津各高职院校可以牢牢把握“鲁班工坊”这一有效抓手，在已有的、成功境外合作基础上，拓展双边教育合作途径，强化“中文+职业技能”的基础平台，增强其可持续发展能力。

（三）职业教育“中文+职业技能”的国际化发展模式的实现路径

1. 构建中文和职业技能相融合的课程体系

注重中文教学的交际性和实用性、强化职业技能培训的专业性和实操性。高职院校可以加强与当地的教育机构或企业合作，通过线上精品课程，或线下院校教师和企业导师共同参与的方式，努力构建模块化教学资源体系，融入中国企业文化和职业素养教育。

2. 设置教学质量标准和考核评价体系

中文课程可以在《国际中文教育中文水平等级标准》下，积极构建职业中文能力系列标准，帮助解决语言习得与职业技能同步提升问题。对于专业课程而言，可以通过与境外机构的合作，着力推进职业技能证书衔接，筹划包括“1+X”

证书在内的技能证书衔接体系，逐步实现课证融通和学分互认。

3. 以技能语言学习带动跨文化知识学习

在教授学生技能语言的同时，鼓励学生积极学习了解包括中国企业文化在内的跨文化知识和专业的“工匠精神”，充分激活职业技能教育与培训过程中的文化动力，更加立体地展现岗位职责，更好地服务“走出去”的中国企业人才需求。

（课题承担单位为天津商务职业学院，课题主持人为李惠翔，执笔人为李惠翔、王晓红、黄麟媛。课题组成员：尚应辉、郝婕、杨玥、孙明、罗浩、李平。）